"十二五"普通高等教育本科国家级规划教材

北京高等教育精品教材

BEIJING GAODENG JIAOYU JINGPIN JIAOCAI

高等学校经济管理类主干课程教材

◀市场营销系列▶

市场营销

（第2版）

王永贵　编著

中国人民大学出版社

·北京·

图书在版编目（CIP）数据

市场营销 / 王永贵编著. --2 版. -- 北京 ：中国人民大学出版社，2022.1
“十二五”普通高等教育本科国家级规划教材 北京高等教育精品教材 高等学校经济管理类主干课程教材 . 市场营销系列
ISBN 978-7-300-30001-6

Ⅰ. ①市… Ⅱ. ①王… Ⅲ. ①市场营销学－高等学校－教材 Ⅳ. ① F13.50

中国版本图书馆 CIP 数据核字（2021）第 218638 号

“十二五”普通高等教育本科国家级规划教材

北京高等教育精品教材

高等学校经济管理类主干课程教材·市场营销系列

市场营销（第 2 版）

王永贵 编著

Shichang Yingxiao

出版发行	中国人民大学出版社		
社 址	北京中关村大街 31 号	邮政编码	100080
电 话	010－62511242（总编室）		010－62511770（质管部）
	010－82501766（邮购部）		010－62514148（门市部）
	010－62515195（发行公司）		010－62515275（盗版举报）
网 址	http://www.crup.com.cn		
经 销	新华书店		
印 刷	北京宏伟双华印刷有限公司	版 次	2019 年 6 月第 1 版
规 格	185 mm × 260 mm 16 开本		2022 年 1 月第 2 版
印 张	26.25 插页 1	印 次	2022 年 2 月第 2 次印刷
字 数	684 000	定 价	65.00 元

前言

今天，出版了整整10周年的本土营销教材——《市场营销》的更新版即将跟广大读者见面。伴随着中华民族从站起来、富起来到强起来的伟大飞跃，中国的市场营销理论与实践也在引进、消化、吸收、创新和应用的过程中为中国经济和中国企业的蓬勃发展做出了卓越的贡献。在立足新发展阶段、贯彻新发展理念和构建新发展格局的今天，我们更应该反思和探讨：本土的市场营销学教材如何才能更好地满足立德树人根本任务的要求？如何更好地服务于高水平社会主义市场经济体制？如何更好地服务于企业的营销实践需求？如何更好地服务于人民对美好生活的需要？

就像之前的版本所描述的，我先后与美国学者迈克尔·J. 埃特泽尔（Michael J. Etzel）、布鲁斯·J. 沃克（Bruce J. Walker）和威廉·J. 斯坦顿（William J. Standon）共同编写了《市场营销》（第14版）（2009年），与北京大学、清华大学、中山大学等国内高校的营销学者共同翻译了营销管理大师菲利普·科特勒等所著的《营销管理》（第13版）（2009年），为迈克尔·所罗门的经典力作《所罗门营销学》（2009年）作推荐序，翻译了菲利普·科特勒等所著的《营销管理》（精要版·第6版）（2016年），与菲利普·科特勒等合著了《市场营销学》（中国版）（2017年），翻译了菲利普·科特勒等所著的《营销管理》（亚洲版·第6版）（2020年）。基于此，我更加坚定了持续出版立足于中国本土的现代市场营销管理教材的信心和决心。

本书是2011年《营销管理》和2019年《市场营销》的更新版。在更新过程中，我积极听取了清华大学、复旦大学、南京大学、南开大学、对外经济贸易大学、中国人民大学等高校两个存在显著差异的市场群体——学生和教师的反馈建议。对于学生而言，他们需要购买教材，并希望从教材中学习市场营销知识，而且多数学生是从大学才开始学习市场营销课程，只有少数学生有一定的兼职或全职工作经验。他们希望买到具有可读性（清晰地解释了相关概念、能够引起他们的学习兴趣、内容简洁贴切并囊括了前沿理论与实践进展）的教材，希望所购买的教材既有助于自己学习相关的市场营销知识和营销技能，又有助于提高自己准备课程考试的效率和效果。对于教师而言，他们为学生选取合适的教材，但他们不是教材的实际购买者，而是决策者。他们所选择的教材会对学生的学习效果产生极大影响，进而对教师的授课效果产生重要影响。很多教师认为，“市场营销”是经济管理相关专业的基础课，是学生未来从事市场营销相关工作的基础。因此，他们希望书中包括尽可能多的主题，以使各类学生都能够从中受益，既要有一定的普及性，又要有一定的深度。同时，他们还希望教材内容的组织和辅助材料有助于提高授课的效率和效果。

作为新时期最有效的学习与参考工具之一，本教材吸取了国内外学术界和企业界的许多前沿观点和实践，以广阔的视野、丰富的案例、独到的点评，全面系统地阐述了市场营销的核心内容和方法，深化和拓展了对市场营销的理解和实际应用，使学生更好地应对不断变化的、动态的、充满机会与挑战的新环境。此外，在修订过程中，本教材进一步突出了五个特点。第一，特别融入了课程思政元素，强化了社会主义核心价值观的引领作用。党的十九大报告指出："中国特色社会主义进入新时代，我国社会主要矛盾已经转化为人民日益增长的美好生活需要和不平衡不充分的发展之间的矛盾。"毋庸置疑，人民日益增长的美好生活需要是否能够得到满足，市场营销管理在其中发挥着十分重要的作用。同时，我们也必须在人民对美好生活需要的向往的大背景下研究消费者的需求及其变化趋势，重视供给侧结构性改革及其影响，并通过精准的营销管理来满足日益个性化的消费者需要，进而通过创造和交付卓越的顾客价值来赢得消费者的满意和忠诚。第二，特别关注了移动互联网、大数据、云计算、人工智能等当今时代的重要主题及其对市场营销的影响，强化了本书的时代性和针对性。第三，特别充实了国内外市场营销领域的新近理论发展与实践，在企业营销实践调研、经理人员访谈和学术期刊研读的基础上，引入了大量有关营销实践的新探索和新案例，进一步强化了本书的前沿性和实践性。第四，特别强调了市场营销管理中的核心问题、基本概念和关键工具以及面向未来的营销变革与创新，并特别突出了价值、体验、服务、品牌、关系、网络以及伦理与社会责任行为等。第五，在篇章设计与内容安排上突出了顾客价值这条主线，全书始终沿着理解价值、锁定价值、创造价值、传播价值、交付价值和提升价值的逻辑逐步展开。

同时，在修订过程中，本教材借鉴了不少业内的优秀文献与资料。尽管我竭尽所能地与各位作者联系，但还是有一些未能取得联系，请这部分作者见书后与我联系。对于这些优秀的作者，再次表示诚挚的谢意。此外，借此机会还要特别感谢对外经济贸易大学的博士生李霞、汪淋淋、焦冠哲、王帅、胡宇、刘冬梅、洪傲然以及对外经济贸易大学图书馆的张欣老师，他们承担了各章的资料充实、内容更新和文字校对等相关工作。没有他们的付出和努力，本书更新版很难与读者见面。

我深信，市场营销是同每个人都密切相关的一门科学，同时也是一门艺术。不论是为企业工作并优化自己的职业发展路径，还是为政府机构或非营利组织工作，都离不开市场营销。因此，市场营销适用于且可以广泛应用于任何生活和工作场景。本书既是为那些已经认识到"市场营销的重要作用及未来发展趋势"的学生和商业人士所编写，适用于经济管理相关专业本科生、研究生和 MBA 学员，也是为各行业从事或关注市场营销活动的管理人员所编写，适合他们培训或自学使用。

鉴于时间和作者水平有限，书中不当之处在所难免，敬请广大读者不吝赐教，以便再版时加以修正！

王永贵
于北京

目 录

03

第 3 篇
锁定价值

04

第 4 篇
创造价值

06 第 6 篇 交付价值

07 第 7 篇 提升价值

01

第 1 篇

理解营销

众所周知，市场营销无处不在，无时不有！在深入学习营销管理的理论和方法之前，有必要先对市场和营销管理及其发展形成比较清晰的认识，这样往往会事半功倍。

营销管理学不仅适用于产品与服务，而且适用于组织与个人。所有组织，不管是否进行货币交易，事实上都需要从事市场营销工作。

——菲利普·科特勒

第1章

市场与市场营销概述及发展

本章要点

市场和市场营销的产生有其必然性，而且市场和市场营销在产生之后也必然是动态发展的。具体而言，市场与市场营销的动态发展过程可以通过营销主体、营销客体、营销内容和营销核心概念的变化来加以体现。市场营销哲学就是妥善处理企业、顾客和社会三者之间的利益关系，围绕价值主线由创造效用价值阶段、价值主张提炼阶段发展到团结利益相关者及价值共创阶段，并经历从生产观念、产品观念、推销观念到市场营销观念、关系营销观念、服务营销观念、体验营销观念、互动营销观念和数字化营销观念的转变。

学习目标

- 了解并掌握市场的定义。
- 了解并掌握市场营销的定义。
- 了解并掌握市场营销的基本概念。
- 了解并掌握市场营销哲学的主要观念。
- 了解并掌握市场营销的逻辑范式。

第1节　市场与市场营销概述

一、市场概述

市场是社会分工的产物，是产品经济的产物。随着社会分工越来越细化，产品交换日益复杂，形成了买方和卖方的集合。从宏观角度来理解：卖方的集合是行业，买方的集合是市场。图1-1描绘了行业和市场之间的关系。其中，买方和卖方通过四个流程连接在一起：卖方把产品、服务和信息传递给市场；反过来，它们又获得了货币和信息（消费者的态度与销售数据）。在图 1－1 中，内圈表示货币和产品 / 服务的交换，外圈则表示信息的交换。

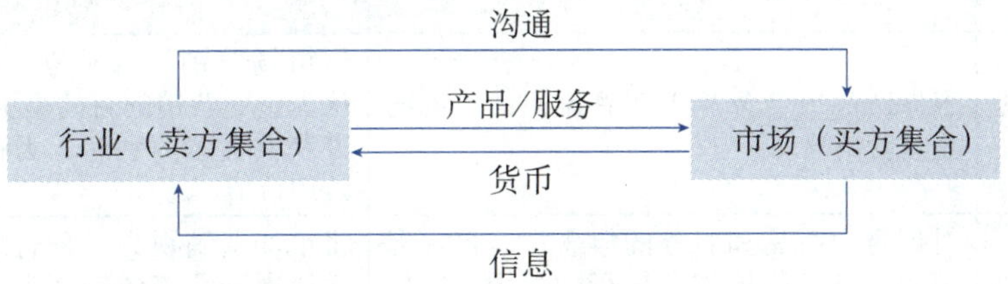

图 1－1　简化的营销系统

资料来源：科特勒，凯勒．营销管理：第 13 版．王永贵，于洪彦，何佳讯，等译．上海：格致出版社，2009.

从微观角度，美国市场营销协会（AMA，1960）将市场定义为“一种产品和劳务的所有潜在购买者的需求总和”。菲利普·科特勒指出，市场是由一切具有特定需求或欲望、愿意且可能从事交换来满足需求和欲望的潜在顾客组成的，即市场 = 人群 + 购买欲望 + 购买力。也就是说，市场是由有购买意向、具有支付能力的人群构成的，缺少任何一个条件都难以构成市场。

在营销管理学中，市场往往特指组织的顾客群体，如“市场细分”和“目标市场”等概念中的“市场”就是站在企业（卖方）的角度分析市场，强调的是特定顾客群体。对市场这一概念更为合理的解释是可以将市场看作一枚硬币的两面，其中一面是生产商和其所提供的产品，另一面则是顾客和其所寻求的利益。以前，人们通常在有形市场（购物广场和菜市场等实体场所）中购物，这些市场都是传统意义上的市场。但随着信息时代的到来，人们逐渐把市场区分为传统市场和空间市场（marketplace）。空间市场只存在于虚拟的网络空间里，但与传统市场相似，空间市场也包括彼此进行交易的买方和卖方。[①] 在中国，截至 2020 年 12 月，网民规模已达到 9.89 亿，其中网络购物（在线购物）用户规模达 7.82 亿，占 79.1%。具体来看，2020 年中国网络零售市场交易额高达 11.76 万亿元，已连续八年成为全球最大的网络零售市场。[②] 随着互联网信息技术和社交媒体的不断发展，网络零售市场呈现出新的态势，短视频和网络直播逐渐成为消费市场的新动能。具体来看，短视频用户规模已高达 8.73 亿，占整体网民的 88.3%；直播电商成为越来越多消费者青睐的购物方式，其中 66.2% 的直播电商用户选择通过直播电商购买商品。[③]

二、市场营销的界定

（一）市场营销的定义

市场营销是一门不断发展的学科。在不同阶段，不同的营销学者对市场营销的界定有所不同，对市场营销的认识也呈现出不断发展变化的过程。学者们已经从最初将市场营销看成“同其他部门相分离的管理职能”发展到认为市场营销是“指引整个企业网络为利益相关者谋取利益的管理责任和组织能力”。[④] 这一变化在表 1－1 中有所体现。

① 埃特泽尔，沃克，王永贵，等．市场营销：第 14 版．南京：南京大学出版社，2009.

② 中国互联网络信息中心．第 47 次《中国互联网络发展状况统计报告》.（2021-02-03）. https://www.cnnic.net.cn/hlwfzyj/hlwxzbg/hlwtjbg/202102/t20210203_71361.htm.

③ 同②.

④ Lusch R F，Webster F E. Marketing’s responsibility for the value of the enterprise. Marketing Science Institute Working Paper Series 2010 Report，No.10-111：1-48.

表 1－1　市场营销的关键定义

关键代表	定义	特征
美国市场营销协会（1960）	引导产品或劳务从生产者流向消费者的企业营销活动	将市场营销视为独立的管理职能部门，认为企业营销的目的是更好地进行销售，以获取更多的利润，为顾客创造更多的效用价值
美国市场营销协会（1985）	对创意、商品和服务的概念、定价、促销和分销进行策划和执行的过程，以便推动和促进能够实现个人和组织目标的交易	将市场营销视为一种管理职能，注重科学地展开营销活动并满足顾客需求的过程，但仍以企业为主导，强调的只是顾客和企业的价值互换过程
菲利普·科特勒（1994）	个人或集体通过创造并同别人交换产品和价值，从而使个人或集体满足其欲望或需要的一种社会管理过程	强调顾客和企业的价值互换
卢施和韦伯斯特（2010）	市场营销是一种组织能力，引导企业感知、认识和获取并了解顾客和市场，同时提炼出一种价值主张，并在价值共创（共同创造）和企业整体价值提高的过程中将利益相关者整合为一体	强调企业与利益相关者共创价值，而不再仅涉及简单的交易关系

资料来源：埃特泽尔，沃克，王永贵，等. 市场营销：第 14 版. 南京：南京大学出版社，2009；Lusch R F, Webster F E. Marketing's responsibility for the value of the enterprise. Marketing Science Institute Working Paper Series 2010 Report，No.10–111：1–48.

简而言之，市场营销就是以有利可图的方式满足顾客的需要，理解、创造并向目标市场和顾客交付价值的过程，它可以为组织提供一种获得与所交付价值相当的回报的方法。以交换和组织的可操作性为基础，可以将市场营销定义为：市场营销是组织活动的综合体系，是用来计划、定价、促销以及向目标顾客分销能够满足其需求的产品，以克服交换障碍并实现组织目标的过程。这个定义主要有三层含义：（1）市场营销的重点在于"组织活动的整个体系必须是顾客导向的"，这就意味着必须识别和满足顾客的需求。（2）市场营销应该从有关满足顾客需求的产品构思开始，直到顾客需求得到完全满足为止。有时候，顾客需求的完全满足可能发生在交换完成之后，这就意味着交换发生之后仍然可能涉及市场营销活动。（3）"交换"是市场营销概念中的核心要素，如何克服市场交换障碍并顺利实现市场交换，进而实现组织目标和社会经济效益，是营销管理学研究的核心内容。①

（二）市场营销概念的演进

市场营销概念的演进可以通过营销主体、营销客体、营销内容和营销核心概念的变化加以体现。

1. 营销主体的变化

营销主体从"企业"发展成"企业和利益相关者"。传统的市场营销将企业视为一种管理职能部门，认为市场营销是企业的活动；现代市场营销对这一概念进行了扩展，将"企业和利益相关者"视为主体，认为市场营销是指企业和利益相关者共同创造价值。

2. 营销客体的变化

营销客体从"产品"发展到"知识和技能"。传统的市场营销是产品的交换，现代市场营销交换的则是知识和技能，往往包括产品与服务特定组合问题的解决。

① 埃特泽尔，沃克，王永贵，等. 市场营销：第 14 版. 南京：南京大学出版社，2009.

3. 营销内容的变化

营销内容由原来的“销售”发展到“定价、促销、分销和产品”阶段，再发展到后来的“社会与管理过程”阶段，进而发展到“与利益相关者共同创造价值”的崭新阶段。

4. 营销核心概念的变化

营销管理从刚开始单纯地同顾客进行“交易”阶段逐渐发展到与顾客建立“关系”阶段。在最初的交易阶段，企业更易功利化，不顾长期利益而只顾眼前利益。然而，在关系阶段，企业需要兼顾长期和短期发展目标，这更有利于企业的发展壮大。[①]

随着改革开放的不断深入，我国成功地实现了从计划经济向中国特色社会主义市场经济的转变并取得了显著成就。相应地，市场营销在中国也经历了从早期萌芽到逐步繁荣发展的演化过程，市场营销的概念和内涵也不断地被赋予新的内容元素。以中国市场营销学术研究为例，学者们从早期的关注按需生产、以销定产以及市场经济、交换经济等主题，逐步发展为聚焦分销渠道、市场营销组合、关系营销、网络营销、客户关系管理以及服务营销、绿色营销、直播营销、价值共创等研究热点。[②] 2017 年 10 月，党的十九大报告指出，中国特色社会主义进入新时代，我国社会主要矛盾已经转化为人民日益增长的美好生活需要和不平衡不充分的发展之间的矛盾。在这一新的重大论断下，作为满足人民的美好生活需要、提升人民生活质量的关键力量和助推器，中国企业的市场营销实践面临着新的时代要求和发展机遇，市场营销的内涵更加突出并强调消费者的中心地位以及消费者需求的满足。为此，企业应该把握新时代市场营销的内涵，以消费者需求作为市场营销战略制定的起点，真正解决消费者实实在在的需求，帮助消费者创造价值，在获得收益的同时助力社会长远利益的实现。

三、营销管理中的重要概念

1. 需要、欲望和需求

营销管理是识别需求并满足需求的过程，交换是其中最核心的要素。在描述交换时，我们往往使用如下三个相似却又不同的概念：需要、欲望和需求。其中，需要是营销管理的基石，是指顾客感知到的实际需求与理想或欲望之间的差异，是生理意义上的一个概念，强调的是人不能缺少的东西，如基本的衣、食、住等。欲望是需要的派生，是指对于特定产品的渴求，这种产品通过一种独特的方式来满足需求，而这种方式会受到社会和文化因素的影响。相较于需求，欲望更具个体差异性，如饥饿思饮食为共性需求，但面对饥饿需求，有人需要一份面包，有人需要一碗面条，这些就是欲望。需求是指有支付能力的欲望。一般来说，欲望是无节制的，而需求是有限的。举例而言，对于渴望获得特定产品或服务的顾客来说，如一辆昂贵的汽车，如果没有支付能力，这只能算得上欲望，不能看作需求。

总之，需要可能引发欲望，欲望产生需求。面对市场，营销管理最重要的任务就是：立足需要，创造欲望，满足需求。数字经济时代，除了关注顾客的实际需求外，企业还应充分利用大数据等技术手段，挖掘用户的潜在需求，发现新的利益增长点。

2. 效用和价值

效用创造价值。这里所说的效用是指顾客从使用产品或服务中获得的所有利益。[③] 一般而言，效用包括以下几种类型：（1）形式效用，即营销者把原材料加工成成品所提供的利益，如

---

① 万后芬，汤定娜，杨智．市场营销教程．北京：高等教育出版社，2003.

② 王永贵，王帅，胡宇．中国市场营销研究 70 年：回顾与展望．经济管理，2019，41（9）.

③ 所罗门，马歇尔，斯图尔特．所罗门营销学．李东贤，杨露，刘青，译．北京：中国人民大学出版社，2009.

服装生产商把丝线加工成衣服。（2）地点效用，即营销者使顾客能够在需要的地方获得产品所提供的利益，如阿里巴巴推出了新零售平台——盒马鲜生，使得顾客既可以到店挑选生鲜商品，也可以足不出户，在手机APP上下单购买。（3）所有权效用，即通过交换使顾客拥有产品所提供的利益。需要指出的是，共享经济的兴起颠覆了人们对所有权的追求。在共享经济中，供给方可以将自己的闲置资源与需求方分享，通过使用权而非所有权进行利益交换。[①]（4）时间效用，它意味着顾客想要拥有某种产品的时候就可以获得这种产品。以淘宝、京东、苏宁易购等为例，顾客可以随时随地通过手机访问这些电商平台，浏览、购买商品，不受时间限制。（5）信息效用，即让潜在购买者知道某种产品的确存在。除非顾客知道某种产品的存在并知道在哪里可以找到，否则该产品没有任何价值。另外，象征效用是信息效用的一种特殊形式，如声誉或社会地位赋予产品或品牌的情感价值或心理价值，通常与声望或由设计师所设计的服装、昂贵的进口轿车或某些住宅小区等高端产品相联系。[②]

在营销管理学中，价值涉及顾客的付出和得到之间的比较，通常称作顾客的让渡价值。在顾客购买决策中，顾客不仅会考虑企业为其创造效用的大小，而且会考虑相关的购买成本。总的顾客价值包括产品价值、服务价值、人员价值和形象价值等，总的顾客成本包括货币成本、时间成本、体力成本和精力成本等。[③]需要指出的是，随着营销实践和学术研究的不断发展，顾客价值的内涵也相应发生变化。结合已有学术研究，顾客价值的基本特征可总结如下：（1）顾客价值意味着主体（也即顾客）和客体（如产品、服务、商店等）之间的相互作用；（2）顾客价值涉及顾客对客体的收益和成本之间的权衡；（3）顾客价值不是客体固有的，而是源于顾客对客体的体验，也即价值由顾客感知并决定；（4）顾客价值具有主观性和个体性，由顾客根据个体特征（如需求、知识、技能、使用经验等）主观决定；（5）顾客价值具有情境差异性（situation-specific），取决于消费情境及其变化；（6）顾客价值是多维的，由多种价值类型组成；（7）顾客价值是顾客通过资源整合（共同）创造的。[④]

3. 交易型关系与合作型关系

营销关系的核心在于价值付出和价值获取的交易过程。交易型关系是指双方把交易视为零和游戏，一方的利益获取往往意味着另一方的利益损失，交易条款等细节取决于双方的谈判结果。合作型关系强调的是密切的信息、社会与过程联系以及相互投入和对长期利益的预期。[⑤]交易型关系与合作型关系的比较如表1-2所示。

表1-2　交易型关系与合作型关系的比较

项目	交易型关系	合作型关系
目标	达成交易（销售的终点和成功的标志）、顾客需求的满足（顾客购买价值）	创造价值（销售的起点和关系的标志）、顾客整合（与顾客共同创造价值）
对顾客的理解	匿名的、独立的买方和卖方	熟悉的顾客、买卖双方相互依赖
营销人员的任务和绩效目标	基于产品和价格的评价、关注获取新顾客	基于问题解决能力的评价、关注提升现有顾客的价值
交易的核心	关注产品、把销售视作征服活动、面向大众的沟通	关注服务、把销售视作一种协定、与顾客的个人对话

资料来源：王永贵．服务营销．北京：清华大学出版社，2019.

① 郭泽德．共享经济：缘起＋动力＋未来．北京：北京联合出版公司，2016.

② 埃特泽尔，沃克，王永贵，等．市场营销：第14版．南京：南京大学出版社，2009.

③ 王永贵．服务营销．北京：清华大学出版社，2019.

④ Leroi-Werelds S. An update on customer value：state of the art，revised typology，and research agenda. Journal of Service Management，2019，30（5）：650–680.

⑤ 同③.

4. 顾客的新能力和企业的新能力

在信息不太发达的时代，顾客能力是顾客在选择和购买产品过程中所表现出来的识别能力、评价能力、鉴赏能力、挑选能力、计算能力和决策能力的综合。然而在移动互联网时代，顾客逐渐表现出一些新的能力：购买能力、获取各种产品信息的能力、鉴别产品和服务的能力、影响同龄人和公众的能力等。具体来看，移动互联网、物联网、人工智能等技术重塑了顾客的消费行为，顾客可以借助手机、电脑等智能终端随时随地搜寻商品信息并完成购买，还可以借助 VR（虚拟现实技术）、AR（增强现实技术）等体验虚拟场景消费。除此之外，顾客还可以在微博、微信、抖音等社交媒体上与他人进行分享互动，表达对产品的观点和品牌的评价。围绕某一品牌，志同道合的用户会形成一个社区或群体，如华为花粉俱乐部、小米社区论坛等。再者，由于顾客的选择多了，当顾客对企业提供的产品或服务不满意时，他们就会更换目标企业。企业要对前述能力加以运用，扬长避短，提升顾客黏性。

相应地，企业在当代社会中也表现出一些新的竞争能力，如利用互联网渠道向消费者传递信息的能力，高效管理内部员工的能力，建立网络社区和品牌社区的能力，获取、分析和利用消费者信息的能力，利用社交媒体快速触达顾客的能力，以及满足消费者差异化的定制需求的能力等。企业要运用各种能力更好地满足顾客需求，如利用微博、微信、抖音等社交媒体上的网红资源来扩大产品的知名度和影响力，构建出可持续竞争优势。

5. 付费媒体、自有媒体和免费媒体

传播媒体是企业与消费者之间的桥梁，便于双方信息的传递、获取和收集。传播媒体可以划分为三种类型：付费媒体、自有媒体和免费媒体。其中，付费媒体是指企业支付费用后才能为其进行品牌广告宣传的媒体，如传统的电视、报纸、杂志等媒体。自有媒体与付费媒体相对，是指企业自身拥有的传播渠道，如公司网站、微博账号以及手机 APP 等。免费媒体是指消费者、大众媒体等自愿为企业进行口碑宣传，既包括在微信朋友圈、微博、抖音短视频等的转发、评论等，也包括线下的口头传播。随着移动互联网和数字技术的不断发展，社交媒体在营销活动中的地位和作用越发凸显。这些社交媒体既可以作为企业与消费者、消费者与消费者之间沟通互动的平台，还可以为企业收集消费者行为数据提供便利。① 在数字化营销时代，利用新兴媒体开展营销活动是企业应该具备和掌握的新能力。

第 2 节　市场营销哲学及其演进

市场营销哲学是一种观念、态度或思维方式，也是企业营销活动及管理的基本指导思想。市场营销哲学的实质是如何处理企业、顾客和社会三者之间的利益关系。通常所说的市场营销哲学主要包括以下几个观念：生产观念、产品观念、推销观念、市场营销观念、关系营销观念、服务营销观念、体验营销观念、互动营销观念和数字化营销观念。从价值创造角度来说，市场营销哲学其实经历了三个阶段：创造效用价值阶段、价值主张提炼阶段以及团结利益相关者及价值共创阶段。②

① Li F，Larimo J，Leonidou L C. Social media marketing strategy：definition，conceptualization，taxonomy，validation，and future agenda. Journal of the Academy of Marketing Science，2021，49（1）：51–70.

② Lusch R F，Webster F E. Marketing’s responsibility for the value of the enterprise. Marketing Science Institute Working Paper Series 2010 Report，No.10–111：1–48.

一、创造效用价值阶段

创造效用价值阶段是一系列以企业为中心的观念，包括生产观念、产品观念和推销观念。在这一阶段，市场营销被看作负责将产品传递给消费者的职能部门。在生产过程中，企业创造形式效用，如生产商把原材料加工成产品；在促销或者分销过程中，企业创造地点效用，如消费者可以方便地在网上购买自己想要的产品；在交换过程中，企业创造所有权效用，将产品传递给消费者。[①] 下面围绕上述三种观念进行详细介绍。

（一）生产观念

19 世纪末 20 世纪初，西方国家处于工业化初期，由于物资短缺，需求旺盛，许多产品供不应求。在中国改革开放初期，物资较为短缺，只要生产出产品，市场就有销路，因而生产观念非常流行。在生产观念盛行的时期，企业的口号往往是：我们生产什么就卖什么。

那么，到底什么是生产观念？生产观念认为消费者喜欢可以随处买到的价格低廉的产品[②]，企业的主要任务就是扩大生产、提高效率、降低成本，生产出尽可能多的产品以获取利润。

（二）产品观念

与生产观念只重视产量相比，产品观念有所进步。20 世纪初，随着经济的发展，市场上出现少量竞争，生产观点的弊端逐渐显现出来，企业开始重视产品的质量。实际上，产品导向是一种以产品的生产及其改进为中心、以提高现有产品的质量和功能为重点的市场营销观念，是一种“以产定销”的观念，表现为重生产轻销售、重产品质量轻顾客需求。在这一阶段，企业管理人员认为，顾客所关注的主要是产品的性能、质量和特色，顾客愿意寻找并购买质优价廉的产品，所以设计和开发优良产品才是组织参与市场竞争的主要手段。因此，企业用来开发与占有市场的手段由主要依靠降低成本转向依靠提高产品质量。

营销视角 1-1　缘何失败？索尼犯了“营销近视症”

产品观念认为消费者喜欢那些质量高、性能好、有特色的产品，只要提高产品质量，企业就会开拓新的市场并占领市场。产品观念虽然对生产观念有所改进，但该观念只重视企业内部产品质量和技术，忽略了对外界和消费者的关注，使企业易患“营销近视症”（marketing myopia）。“营销近视症”是指企业把主要精力放在产品或技术上，而不是放在市场需要（消费需要）上，导致企业丧失市场，失去竞争力。因此，在权力逐渐从企业手中转移到顾客手中的过程中，产品导向的市场营销理念一定程度上限制了企业的发展。[③]

（三）推销观念

20 世纪 30—40 年代，西方国家经济有了较大的发展，产品种类增多，部分产品出现了供过于求的局面。企业在注重生产的同时，逐渐开始重视产品的推销。生产过剩和消费者收入分配的相对分散促使企业为了生存，竞相采用人员推销和广告宣传来向消费者兜售商品，促进顾

① 所罗门，马歇尔，斯图尔特．所罗门营销学．李东贤，杨露，刘青，译．北京：中国人民大学出版社，2009.

② 阿姆斯特朗，科特勒，王永贵．市场营销学：第 12 版．王永贵，郑孝莹，等译．北京：中国人民大学出版社，2017.

③ 郭贤达，蒋炯文．战略市场营销：经理人精要指南．王永贵，董伊人，译．北京：北京大学出版社，2006.

客对产品的理解，目的就是劝说消费者购买产品。因此，以对促销活动的依赖为特征的推销导向开始成为一种普遍现象。[①]

推销观念认为消费者有一定的惰性，如果没有动力，消费者不会主动去购买产品。因此，企业需要积极主动地组织促销和推销，促使消费者购买本企业产品。与生产观念和产品观念相比，推销观念有了较大进步，不仅关注企业内部，而且开始关注企业外部。但是，这种推销和外部关注仍以企业现有产品为基础，企业口号为“我们卖什么，就让人们买什么”，对消费者的需求重视不够。[②] 除此之外，再加上日益激烈的外部市场竞争，推销的效果必然逐渐减弱。

二、价值主张提炼阶段

价值主张提炼阶段主要包括市场营销观念和关系营销观念。在这一阶段，企业以顾客为导向，提出独具特色的经营理念与核心价值观，并将其有效地传递给消费者。下面对市场营销观念和关系营销观念进行详细介绍。

（一）市场营销观念

市场营销观念形成于 20 世纪 50 年代，是在市场激烈竞争的条件下产生的，是一种“以消费者需求为中心，以市场为出发点”的经营指导思想。该观念认为，组织目标的实现依赖于对目标市场需要和欲望的正确判断，并以较竞争者更有效的方式去满足消费者的要求。[③] 这一观念不仅关注企业内部，而且关注外部消费者和竞争者。在竞争日益激烈的情况下，随着市场营销导向的发展，企业逐渐认识到单纯地考虑顾客需求是不够的，还必须从市场角度、整个社会角度来考虑问题，不仅要考虑顾客需求的满足，更要考虑竞争对手的经营战略以及相关方案的具体实施。也就是说，企业应该从顾客导向、竞争导向和跨职能的协调与整合这三个角度来理解市场导向。[④] 例如，在共享单车早期市场中风靡一时的摩拜和 ofo，都致力于满足用户“最后一公里”的用车需求，但为了能在市场上存活下去，两者的营销策略有所不同。摩拜以公关营销为主，ofo 则将资源放在广告营销上，包括布局公交站、地铁站等线下渠道以及微信、微博等线上渠道。摩拜以产品为中心，重视单车的定位系统、智能锁等技术配置，而 ofo 更加看重用户的骑行体验等。

（二）关系营销观念

关系营销观念源于 20 世纪 70 年代欧洲的服务营销学派和产业营销学派（industrial marketing & purchasing，IMP），主要致力于顾客关系管理，通过发展长期稳定的顾客关系来建立顾客忠诚，提高企业的市场竞争力。关系营销观念的提出推动了市场营销哲学的发展，突破了交易营销的思想局限，企业开始将市场上竞争制胜的焦点转向忠诚顾客的培养和关系资产的积累。

在关系营销导向阶段，企业不再单纯强调单笔交易的盈利性，而是旨在通过建立对双方都有利的长期稳定关系实现双赢。相应地，诸如关系的盈利性、顾客终身价值、顾客资产和顾客关系生命周期等问题日益成为学术研究与营销实践的主题。[⑤]

---

① 埃特泽尔，沃克，王永贵，等．市场营销：第 14 版．南京：南京大学出版社，2009.

② 科特勒，凯勒．营销管理：第 13 版．王永贵，于洪彦，何佳讯，等译．上海：格致出版社，2009.

③ 阿姆斯特朗，科特勒，王永贵．市场营销学：第 12 版全球版．王永贵，郑孝莹，等译．北京：中国人民大学出版社，2017.

④ 王永贵．顾客资源管理．北京：北京大学出版社，2005.

⑤ 王永贵．服务营销与管理．天津：南开大学出版社，2009.

三、团结利益相关者及价值共创阶段

团结利益相关者及价值共创阶段涉及服务营销观念、体验营销观念、互动营销观念和数字化营销观念。这一阶段强调以利益相关者为核心，主张与利益相关者共同创造价值。下面对服务营销观念、体验营销观念、互动营销观念和数字化营销观念进行详细介绍。

（一）服务营销观念

服务营销产生于 20 世纪六七十年代，80 年代后期开始引起人们的重视。在这一时期，服务营销能够迅速发展得益于科学技术的进步和社会生产力的显著提高以及产业升级和生产专业化加速发展带来的产品服务含量日益增多。另外，随着市场竞争越来越激烈，消费者需求呈现出鲜明的多样化、个性化特征，在一定程度上促进了服务营销的发展。

服务营销观念认为，对企业而言，消费者购买产品仅仅意味着销售工作的开始而不是结束，企业应更加注重消费者在接受服务全过程中的感受。因此，服务营销要求企业充分认识顾客需求，以顾客为导向，通过相互交换和承诺以及与顾客建立互动关系来满足顾客对服务过程消费的需求。另外，服务营销也要求企业及其员工把顾客的利益放在首位，通过优质服务来满足顾客的需求，发展企业与顾客之间的合作关系。此外，在服务导向理念的发展过程中，一个重大突破就是企业对员工的服务导向，由此产生了内部营销的概念。由于员工的服务态度和行为是判断企业服务质量的关键指标，因此员工的服务导向就显得尤为重要。企业对员工的服务导向会极大地影响员工对顾客的服务导向。①

（二）体验营销观念

1. 体验营销的内涵

体验营销是指企业通过看（see）、听（hear）、闻（smell）、用（use）、参与（participate）等手段，调动目标顾客的感官（sense）、情感（feel）、思考（think）、行动（act）和关联（relate），使其亲身体验企业提供的产品或服务，切身体会产品或服务的品质和性能，从而促使顾客认知、喜好并购买产品或服务的一种营销方式。②

星巴克作为体验营销的经典应用者，在实践中将体验营销的要点发挥得淋漓尽致，为其赢得了一大批忠诚顾客。在感官体验方面，星巴克注重营造整体环境的情调氛围，为顾客营造视觉、听觉、触觉、味觉与嗅觉的独特体验，如温暖的灯光、艺术性的室内装修、柔和的音乐、舒适的座椅、香浓的咖啡等。除了感官体验外，星巴克还致力于为顾客创造积极的情感体验，如通过艺术的墙面设计为恋人制造浪漫气氛，借助柔和的音乐唤起情侣或朋友心灵的共鸣。再者，通过将咖啡店开在书店内，让顾客享受读书与品味咖啡的双重体验，同时为顾客创造了新的思考空间，提升顾客的思考体验。在行动体验方面，星巴克的价值主张是积极享受生活、体验生活，为消费者带来的不仅是一杯咖啡，更是一种体验和一种新的生活方式。关联体验则是使品牌中所体现的社会、文化背景与顾客个体相关联（包括与他人或社群相联系）的一种体验。2017 年 9 月，星巴克开始布局社区体验店，与一贯开在核心商圈或写字楼的定位不同，这些体验店开始浸入社区周边，且店铺在整体装修、内部空间布局、菜单设计等方面更加注重互动和社交，让消费者有家的感觉。③ 星巴克根据顾客需求为其创造独特的营销体验，如顾客可以参与咖啡的制作过程，星巴克甚至还专门为带宠物的顾客设置专属休息区，使顾客拥

① 王永贵．服务营销．北京：清华大学出版社，2019.
② Schmitt B H. Experiential marketing. Journal of Marketing Management，1999，15（1）：53–67.
③ 政雨．星巴克低调布局社区店，持续加码“第三空间”.（2018–12–16）. https://www.iyiou.com/p/87748.html.

有不同的感知和新奇体验，并愿意与企业进行互动，这是星巴克快速成长的一个重要原因。

2. 体验营销的过程

体验营销是顾客与企业共创价值的过程，具体来说是指企业提出价值主张并传递价值，顾客从各个角度感知价值并为企业创造价值的过程。①

从顾客角度来说，体验包括体验前、体验中和体验后三个过程（见图 1－2）。以顾客美容为例，在体验前，顾客首先可能希望通过美容来改变形象（想象），接着可能会预估自己的消费水平并制订计划（预算和计划），最后通过朋友推荐或在网上寻找各种美容院的相关信息做出决定（寻找）。在体验过程中，顾客通过对美容环境的观察（感官），会在心理上形成一定的感知，如档次能否满足自我要求、内部设施是否完备等。服务人员专业的美容技能可能促使顾客产生积极态度（情感），并促进顾客价值的形成。顾客当然也希望通过此次美容体验达到较好的效果（功能 / 实用性）或者希望通过此次美容了解如何保养自己的皮肤（信息）。服务人员若能在顾客生日当天为其准备特殊礼物（新奇）或者在为顾客美容的时候同顾客愉快地交流，则有利于与顾客形成长期关系（关系）。体验结束后，顾客如果觉得此次体验效果不错，就会产生愉悦的心情（愉悦），顾客与服务商的互动也是一种享受（享受）。在体验的过程中，如果顾客确实学到不少美容知识和技能（学习和技能），那么顾客就很可能会为企业推荐其他顾客（劝服）。②

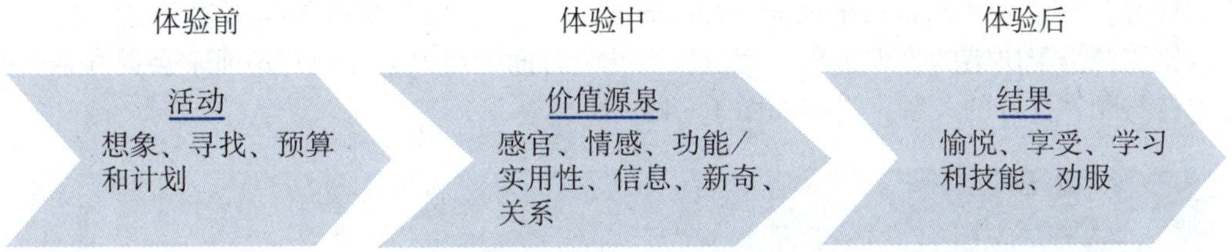

图 1－2　从顾客角度看顾客体验的全过程

资料来源：Tynan C，McKechnie S. Experience marketing：a review and reassessment. Journal of Marketing Management，2009，25（5）：501–517.

从企业角度来说（见图 1－3），企业首先应该制定顾客体验管理战略，对顾客体验进行设计，具体可以从社会环境、服务交界、服务环境、价格以及体验渠道等方面入手进行设计，让顾客参与进来，为企业创造价值，如提升企业市场份额、品牌资产和顾客资产等。

（三）互动营销观念

1. 互动营销的内涵

互动营销是指企业在营销过程中通过各种途径使顾客参与进来，充分利用消费者的意见和建议，将其用于产品开发，生产出真正适销对路的产品。③ 互动营销的实质就是让顾客参与进来，充分考虑消费者的实际需求并生产出顾客需要的产品。互动导向的营销通常包括以下几个方面：顾客概念、互动回应能力、顾客授权和顾客价值管理。其中，顾客概念（customer concepts）是指将顾客作为营销活动的起点；互动回应能力（interaction response capability）是指在不同时间、不同地点、不同情境与不同顾客互动的能力；顾客授权（customer empowerment）

---

① Gentile C，Spiller N，Noci G. How to sustain the customer experience：an overview of experience components that co-create value with the customer. European Management Journal，2007，25（5）：395–410.

② Tynan C，McKechnie S. Experience marketing：a review and reassessment. Journal of Marketing Management，2009，25（5）：501–517.

③ Ramani G，Kumar V. Interaction orientation and firm performance. Journal of Marketing，2008，72（1）：27–45.

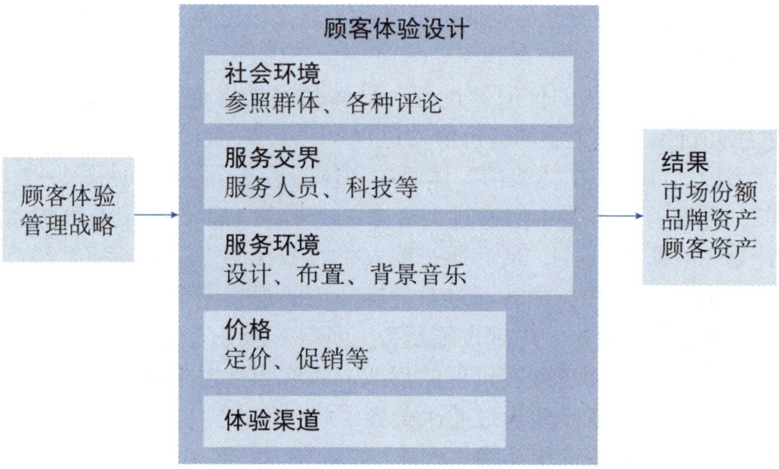

图 1－3　从企业角度看顾客体验的全过程

资料来源：Verhoef P C，Lemon K N，Parasuraman A，et al. Customer experience creation：determinants，dynamics and management strategies. Journal of Retailing，2009，85（1）：31–41.

是指在共创价值的过程中，企业为顾客提供联系企业、共享产品和服务信息、建议以及创意的渠道；顾客价值管理（customer value management）是指企业定义并测量顾客价值，将其用于指导营销资源分配决策的管理过程。通过以上几个方面的努力，互动营销通常会提升企业的收益并保持与顾客良好的关系，具体如图 1－4 所示。

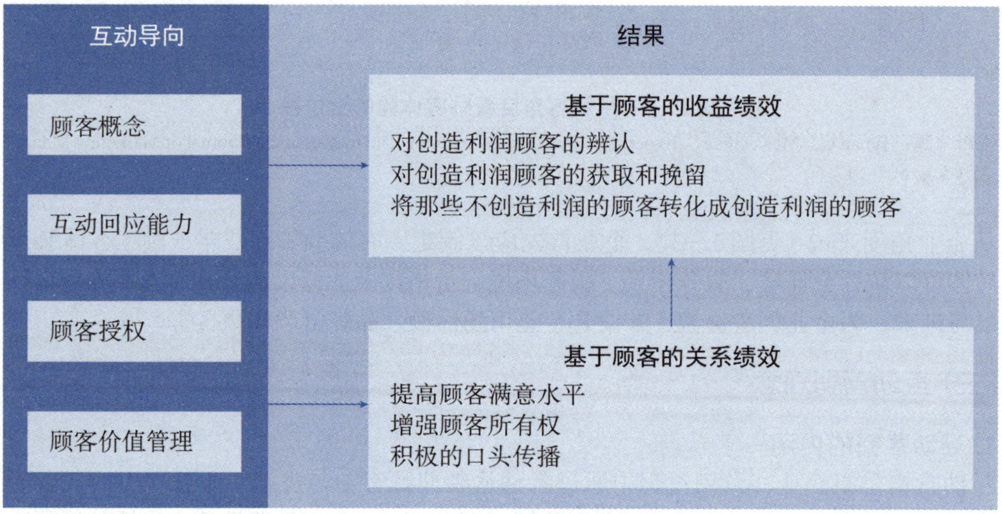

图 1－4　互动导向与企业绩效

资料来源：Ramani G，Kumar V. Interaction orientation and firm performance. Journal of Marketing，2008，72（1）：27–45.

2. 互动营销的途径

互动营销可以通过顾客参与或者品牌社区实现。顾客参与通常指顾客为企业提供产品或服务的信息或者深层次参与到产品的开发和设计中。[①] 营销的最终目的是推出让顾客满意的产

① Fang E. Customer participation and the trade-off between new product innovativeness and speed to market. Journal of Marketing，2008，72（4）：90–104.

品，没有人比消费者更了解自己的需求。作为使用者，顾客比任何一家企业的研发部门都更活跃、更具创造力。顾客通过参与也会提升购买意向并保持与企业的长期关系。可见，通过顾客智力资源的参与，企业可开发出更加符合市场需求的产品，同时节省大量的人力、物力，并获取较为忠诚的顾客。

品牌社区是指建立在使用某一品牌的顾客之间的一整套社会关系基础上的、专门化的、非地理意义上的社区。[①] 品牌社区通常以顾客对品牌的情感利益为联系纽带。在品牌社区内，如华为的花粉俱乐部、海尔的智家社群等，社区成员基于对某一品牌的特殊感情或认同品牌所提出的价值主张，产生心理上的共鸣，这有利于提升顾客对产品和企业的认可度。再者，品牌社区的建立为成员之间的信息交流提供了平台，在加强顾客与企业之间的联系的同时，也提升了顾客之间的情感联系，进而满足顾客的社会化需求，最终带来顾客品牌忠诚度的提高。[②]

（四）数字化营销观念

1. 数字化营销的内涵

营销大师菲利普·科特勒在其著作和演讲中多次提到，随着数字化时代的到来，营销经历了从传统到数字化的转变过程，从营销 1.0 时代发展到现在的营销 4.0 时代。如表 1－3 所示，营销 1.0 时代的营销涉及上述提到的生产观念和产品观念，即以产品为中心的营销。

表 1－3　营销时代的演进和对比

项目	1.0 时代	2.0 时代	3.0 时代	4.0 时代
营销导向	产品导向	顾客导向	价值驱动	共创导向
营销目的	产品销售	满足顾客需求	精神需求和物质需求	顾客自我价值的实现
营销助力	工业技术	信息技术	互联网等科技	物联网、大数据、人工智能等
营销重点	产品细化	企业和产品定位	顾客价值创造	顾客参与、社交媒体和社区营销
营销形式	一对多	一对一	多对多	参与和整合网络

资料来源：王赛．营销的进化卷轴：从营销 1.0 到营销 4.0．新营销，2018（2）：70–73.

营销 2.0 时代以消费者为中心，企业不再只为消费者提供产品和服务，开始向消费者传递自身的文化、产品的形象和价值等。营销 3.0 时代以价值为导向，企业的营销活动以价值驱动。在这一阶段，满足消费者需求的同时，企业更加关注消费者价值、期望和精神层面的问题，目的在于迎合消费者的心智，凸显企业的价值观。[③] 营销 4.0 时代为营销发展的“现在时”阶段，其主要目的在于满足消费者对自我价值实现的需求。移动互联网、大数据、人工智能等技术的不断发展，为消费者接触产品、服务、企业以及围绕产品和服务衍生出的具有相同需求的消费群体提供了平台。越来越多的社交媒体涌现出来，企业用来宣传和推广的数字传播手段也越来越丰富，消费者与企业、消费者与消费者之间的沟通和交流更加便利。正是基于这些活动，产生了大量的消费者行为数据，企业要做的就是利用这些行为数据，分析和预测数据背后

① McAlexander J H，Schouten J W，Koenig H F. Building brand community. Journal of Marketing，2002，66（1）：38–54.

② Schau H J，Muñiz Jr A M，Arnould E J. How brand community practices create value. Journal of Marketing，2009，73（5）：30–51.

③ 王赛．营销 4.0：从传统到数字，营销的“变”与“不变”：“现代营销学之父”菲利普·科特勒专访．清华管理评论，2017（3）：60–64.

消费者真正的诉求。在这一过程中，企业营销活动的重点在于利用数字技术，搭建社群等平台以吸引用户，实现企业和消费者之间的价值共创以及消费者自身的价值需求。① 可以说，营销进入了数字化时代。

数字化营销这一概念兴起于 2000 年前后，是指以数字化技术为基础，企业、合作伙伴以及顾客共同参与创造、沟通、传递和维系所有利益相关者价值的过程。② 不同于传统营销，数字化营销的核心要素是数字技术和数据信息。在数字化时代，企业能够依据“技术 + 数据”双重驱动，通过数字化平台为消费者提供产品和服务。学术界对数字化营销的研究可分为五个阶段：（1）2000—2004 年为第一阶段。这一阶段与数字化营销相关的研究多将数字化营销视为个性化网络、搜索和决策支持工具以及智能营销工具。（2）2005—2010 年为第二阶段。该阶段的研究主要集中于在线口碑营销，同时也开始关注用户内容生成。（3）2011—2014 年为第三阶段。该阶段涌现出大量社交媒体平台，借助社交媒体的智能营销成为重点。（4）2015—2016 年为第四阶段。此时，搜索广告、数据分析工具成为学者们关注的热点问题。（5）2017 年以来为第五阶段。学者们开始深究数字化营销的碎片化问题，更加关注消费者行为背后的原因探究，如消费者为何使用社交媒体、数字化时代消费者的决策过程如何转变。③

2. 数字化营销的特征

（1）大数据驱动产品生产。在数字化营销时代，用户参与产品开发的全过程。同时，借助大数据，企业还能为客户定制个性化产品和服务，如红领集团的个性化大规模定制就是由数据驱动的。消费者可以在企业的 APP 上自行选择衣服每个细节的样式，这些汇总的个性化数据会传到数据库中，之后由计算机对生产工序进行分解并传达给一线工人，完成衣服的定制生产。④

（2）定价由标准化向动态转变。不同于传统的标准化定价，数字化时代的定价以市场需求为依据。以某网约车平台为例，该平台会根据顾客用车时段的不同，动态调整计费价格，如在出行早晚高峰时段，用车单价明显高于其他时段，这一举动的目的在于实现供需的实时平衡。除此之外，该网约车平台还针对专车推出司机和消费者分别计价的创新计价模式，以保证司机和消费者互不影响，计价方式更为透明。

（3）点对点渠道兴起。共享经济的兴起催生了点对点渠道营销，即产品和服务的提供形式由企业-企业（B2B）、企业-消费者（B2C）扩展到个体-个体（P2P），产品和服务的供给方式更加便捷。共享经济背景下，小猪短租、爱彼迎等新兴模式的出现，冲击了传统酒店等产业，涌现了一批个体服务提供者。以共享住宿为例，共享住宿的服务提供者多为拥有闲置房源的房东，且与标准化、流程式的酒店服务相比，消费者不但可以选择多样化、个性化的房源，还可以享受“家”一样的服务，如在租住的房间里做饭，像朋友一样与房东交谈、互动等。除此之外，有的消费者还会主动打扫卫生，保持房间的整洁，以作为对房东提供服务的回馈。⑤

（4）多元互动实现促销。得益于微博、微信、抖音等一系列社交媒体，传统促销概念在

---

① 王赛．营销的进化卷轴：从营销 1.0 到营销 4.0．新营销，2018（2）：70-73.

② Kannan P K，Li A. Digital marketing：a framework，review and research agenda. International Journal of Research in Marketing，2017，34（1）：22-45.

③ 兰伯顿，斯蒂芬，刘国华，等．数字营销：过去、现在与将来（一）．公关世界，2017（11）：43-47；兰伯顿，斯蒂芬，刘国华，等．数字营销：过去、现在与将来（二）．公关世界，2017（13）：34-39；兰伯顿，斯蒂芬，刘国华，等．数字营销：过去、现在与将来（三）．公关世界，2017（15）：26-31；兰伯顿，斯蒂芬，刘国华，等．数字营销：过去、现在与将来（四）．公关世界，2017（17）：30-35；兰伯顿，斯蒂芬，刘国华，等．数字营销：过去、现在与将来（五）．公关世界，2017（19）：28-33.

④ 青岛红领：大数据驱动的个性化大规模定制模式．（2018-07-16）．http://www.sohu.com/a/241439303_286727.

⑤ Wang Y G，Xiang D D，Yang Z Y，et al. Unraveling customer sustainable consumption behaviors in sharing economy：a socio-economic approach based on social exchange theory. Journal of Cleaner Production，2019，208：869-879.

数字化营销时代有了新的内涵。首先，促销不再仅由企业单方面向顾客传递信息，顾客在参与企业的促销活动时，可以与其他顾客共享产品信息；其次，促销的手段和渠道更加丰富，如微信 H5、直播平台等。企业还可以借助虚拟现实技术，为消费者营造多场景、立体化的极致消费体验。[①]

通过以上对各种营销观念的介绍，表 1－4 对以价值为导向的市场营销观念演进的三个阶段进行了概括。

表 1－4　各个阶段市场营销观念的对比

项目	创造效用价值阶段	价值主张提炼阶段	团结利益相关者及价值共创阶段
主要观念	生产观念、产品观念、推销观念	市场营销观念、关系营销观念	服务营销观念、体验营销观念、互动营销观念、数字化营销观念
价值创造	员工和机器创造价值	企业提出价值主张	企业、顾客以及利益相关者共创价值
价值关注点	交换价值	使用价值	场景 / 情境价值
关注焦点	企业和生产	顾客和市场	顾客和利益相关者
基本目标	利益最大化	企业和顾客的价值	所有利益相关者的价值
营销的目标	创造效用	满足顾客	服务顾客和利益相关者
资源	自然资源	顾客和市场数据	知识和技能

资料来源：Lusch R F，Webster F E. Marketing’s responsibility for the value of the enterprise. Marketing Science Institute Working Paper Series 2010 Report，No.10-111：1-48.

需要指出的是，伴随着环境问题的日渐严峻，以环境保护为导向的绿色营销观念开始成为企业实现可持续发展战略的重要工具。[②] 绿色营销有时也称为环境营销，是指将环境目标整合到企业战略中，同时实现企业利益、消费者需求满足和环境利益的经营过程。[③]2017 年党的十九大报告提出“建设生态文明是中华民族永续发展的千年大计”。2020 年党的十九届五中全会通过了《中共中央关于制定国民经济和社会发展第十四个五年规划和二〇三五年远景目标的建议》，进一步提出“深入实施可持续发展战略，完善生态文明领域统筹协调机制，构建生态文明体系，促进经济社会发展全面绿色转型，建设人与自然和谐共生的现代化”。该建议还提出“促进消费向绿色、健康、安全发展，鼓励消费新模式新业态发展”。在这些目标和要求之下，中国企业的市场营销观念和营销模式也应该做出相应的调整，树立绿色营销观念，在为消费者提供绿色产品的同时持续培育消费者的绿色消费观念，参与到生态文明建设以及“个体美好和群体美好、当下美好和长远美好以及创造美好与享受美好”三个统一实现的进程中来。

第 3 节　市场营销范式

根据世界银行统计结果，截至 2019 年年底，服务业增加值占全球 GDP 的比重已高达

① 科特勒，卡塔加雅，塞蒂亚万. 营销革命 4.0：从传统到数字. 王赛，译. 北京：机械工业出版社，2018.

② Papadas K K，Avlonitis G J，Carrigan M. Green marketing orientation：conceptualization，scale development and validation. Journal of Business Research，2017，80：236-246.

③ Ajay Menon，Anil Menon. Enviropreneurial marketing strategy：the emergence of corporate environmentalism as market strategy. Journal of Marketing，1997，61（1）：51-67.

65.04%。[1] 中国服务业的发展也不断提速，总体呈现稳中向上的良好态势，服务业增加值占比于 2015 年首次突破 50%。到 2020 年，这一比例约为 54.53%。[2] 伴随着服务业供给能力和增长质量的显著提升，服务业已发展成为促进我国经济增长、提升人民生活质量的主引擎之一。尤其是进入数字经济时代以来，大数据、人工智能、云计算等新型数字技术的发展推动了传统服务业的转型升级，一些新的服务形式或业态不断涌现，如线上线下一体化生鲜超市、无人餐馆、无接触物流配送和线上就医等。基于此，很多企业把服务作为获取竞争优势的源泉，服务正在逐渐替代产品成为基本的交易单位，市场营销范式也从产品主导逻辑向服务主导逻辑转变，并将指导企业的战略和行动。

一、产品主导逻辑和服务主导逻辑的内涵

产品主导逻辑是指生产者与消费者相割离的生产方式，在这种方式下，顾客是被动性操作资源（operand resource），企业对其进行细分、定位、促销和分销，以提高效率并获取最大利润。[3]

营销视角 1-2　苹果公司构建的数字化价值网络

服务主导逻辑注重生产者和消费者之间、其他供应链和价值链之间在不断的互动过程中共同创造价值。在这种方式下，顾客是主动性控制资源（operant resource），顾客在交易的过程中获取知识和技能，并与企业共同创造价值。瓦戈和卢施（Vargo & Lusch）基于对服务主导逻辑的深入研究，先后三次补充和丰富研究命题，最后提出了 11 个体现服务主导逻辑核心思想的基本命题，具体如表 1－5 所示。

表 1－5　服务主导逻辑的 11 个基本命题

	基本命题	解释
P1	专门技能和知识的应用是交换的基本单位	企业与顾客在交易中交换的是知识和技能，强调交易中双方是对等的、互动的，服务是所有交换的基础
P2	间接交换掩盖了交换的基本单位	产品、货币和制度掩盖了“服务与服务”交换的本质属性
P3	产品是服务供应的交付机制	购买产品主要是为了享受产品带来的服务
P4	知识是竞争优势的根本来源	知识难以复制和模仿，是企业竞争力的源泉
P5	所有经济都是服务经济	不断增加的专业化和外包使服务变得越来越普遍
P6	顾客总是价值的共创者	意味着价值创造是交互的
P7	企业只能提出价值主张	只有顾客在对产品或服务进行消费的过程中才能创造价值，企业无法单独创造和传递价值
P8	服务中心观是顾客和关系导向的，顾客是交换的积极参与者	服务是由顾客决定和共同创造的，互动、整合、定制化和共同生产是服务中心观的核心

① The World Bank. Services，value added（% of GDP）. https://data.worldbank.org/indicator/NV.SRV.TOTL.ZS.

② 2020 年四季度和全年国内生产总值（GDP）初步核算结果.（2021-01-19）. http://www.stats.gov.cn/tjsj/zxfb/202101/t20210119_1812514.html.

③ Vargo S L，Lusch R F. Evolving to a new dominant logic for marketing. Journal of Marketing，2004，68（1）：1-17.

续表

	基本命题	解释
P9	所有社会与经济实体或个人都是资源的整合者	企业、顾客、供应商等都是资源整合者，价值创造发生在这些资源网络中
P10	价值总是由受益人以独特的方式决定	价值具有独特性、体验性和情境性
P11	价值的共同创造是通过参与者创造的制度和制度安排来协调的	资源整合和服务交换需要通过参与者的协调来促进，通过程序化、多样化的协调机制、制度安排、制度组合等对共同创造进行管理和评价

资料来源：Vargo S L，Lusch R F. Service-dominant logic：continuing the evolution. Journal of the Academy of Marketing Science，2008，36：1-10；Vargo S L，Lusch R F. Institutions and axioms：an extension and update of service-dominant logic. Journal of the Academy of Marketing Science，2016，44（1）：5-23.

二、两种主导逻辑的异同

当企业以产品主导逻辑为基准时，销售产品为其主要目的，销售更多产品被看作获取利润的关键，销售是交易的终结。然而，当企业以服务主导逻辑为基准时，企业将产品看作提供服务的手段，消费者购买的是服务流程而不仅仅是有形产品。因此，销售仅仅是交易的开始。表 1－6 比较了上述两种主导逻辑的异同。

表 1－6 产品主导逻辑和服务主导逻辑的比较

项目	产品主导逻辑	服务主导逻辑
交换单位	产品（被动性操作资源）	知识和技能（主动性控制资源）
产品角色	产品是被动性操作资源，营销者可以改变其形式、地点、时间和所有权	在价值共创的过程中，产品是主动性控制资源的实现载体
顾客角色	顾客是产品的接受者，是一种被动性操作资源	顾客是服务的共同创造者，是一种主动性控制资源
价值决定	价值是由生产者决定的，是一种交换价值，体现在产品当中	价值基于使用价值，是由顾客感知并决定的，企业只能提出价值主张
企业顾客互动	同顾客互动就是与顾客进行交易	顾客在关系交换和价值共创中是主动参与者和创造者
经济增长的源泉	财富来自有形资源和产品	财富来自知识和技能的交换

资料来源：Vargo S L，Lusch R F. Evolving to a new dominant logic for marketing. Journal of Marketing，2004，68（1）：1-17.

1. 交换单位从产品转移到知识和技能

产品主导逻辑下，企业通常交换的是有形产品，即静态的被动性操作资源，并且需要主动性控制资源对其产生作用。然而在服务主导逻辑下，人们交换的是知识和技能（以服务换服务），是动态的主动性控制资源。[①] 所有在价值创造过程中的参与者（客户和服务供应商以及辅助服务系统）都可看作动态的主动性控制资源。在服务主导逻辑下，企业的重要任务是与主动性控制资源共同创造价值。

服务主导逻辑下，企业竞争优势的最主要来源是对无形资源（知识和技能）的了解和掌握。如在数字化营销时代，越来越多的企业借助大数据、人工智能等新型数字技术开拓市场、

① Vargo S L，Lusch R F. Evolving to a new dominant logic for marketing. Journal of Marketing，2004，68（1）：1-17.

发现顾客，通过精准营销实现最优营销效果，提升企业竞争优势。

2. 顾客从被动接受者转移到共同创造者

顾客从被动接受者转移到共同创造者体现在产品角色和顾客角色的转变中。产品主导逻辑下，顾客是产品和广告的被动接受者。如今企业之间的竞争越来越激烈，狂轰滥炸式的广告宣传，只会招致顾客对那些骚扰性的、泛滥的广告产生反感。此时，如果能将顾客视为主动性控制资源，使其参与到企业的价值创造过程中，与企业共同创造价值就显得尤为重要，服务主导逻辑强调的正是这一点。①

作为价值的共同创造者，企业可以构建各种渠道使顾客参与新产品的开发流程，如从传统的线下渠道到数字化时代的全渠道。② 这种企业和顾客之间的合作，对双方都是有利的。从企业的角度来说，企业一方面希望提高产品和市场绩效——获取更多的创意源泉、减少新产品开发的风险和开发时间及成本、抓住市场需求、抓住未来产品发展的趋势、形成核心竞争力、获得满足顾客需求的优质产品等；另一方面希望保持良好的顾客关系——提升公共关系、保持长期的顾客关系、提升顾客未来参与意愿等。

从顾客的角度来说，不同的顾客群体参与新产品开发的动机不同，对一般消费者来说，参与动机分为经济激励和心理激励两个因素。经济激励指参与新产品开发所获得的报酬；心理激励指顾客在新产品开发中由增加控制获得的自尊提升、制定决策时更多的机会和自主权，以及在参与过程中获得别人的认可、满足好奇心、获取知识、提升能力、结交新朋友等。

3. 价值决定者从生产者转移到顾客

产品主导逻辑关注的焦点是交换价值，认为价值是商品的属性，是由企业创造并销售给顾客的，而顾客仅仅是消费它，企业很少强调与顾客的互动，财富主要来自企业有形的资源。服务主导逻辑关注的焦点是使用价值，认为价值不是在市场交换中实现的，而是一定情境下在使用中实现的，企业更加注重同顾客的互动，财富来自企业和顾客的知识与技能的交换。③ 例如，咨询公司提供给客户的方案并不是在交易中实现价值，而是客户将方案进行实际运用后才产生价值。

服务主导逻辑下，企业只能提出价值主张（value proposition），并将核心认同和价值观有效传达给消费者，也就是说企业提出价值主张，最终由顾客来决定。在产品同质化日趋严重的今天，企业获得成功的关键在于寻找不同于甚至优于同类产品的利益点。以共享住宿为例，从2011年国内第一家在线短租平台爱日租成立后，中国迎来了在线短租发展的新局面，涌现出大量的短租平台。尽管竞争激烈，小猪短租、榛果民宿、爱彼迎、蚂蚁短租等平台依然凭借自身的特色定位，赢得了消费者的青睐和忠诚，从民宿大战中脱颖而出。比如，爱彼迎注重旅游服务的社交化，在平台中新增“故事”功能，通过房东与消费者之间的情感互动营造社交归属感；蚂蚁短租聚焦家庭旅游，推出了“房客安心计划”，旨在开辟行业新标准，保障消费者的入住安全和卫生。④ 企业可以提出不同的价值主张，而价值主张优于竞争对手且得到顾客认同才是获取长期竞争优势的关键。

价值最终由顾客在体验服务或使用产品过程中的感知价值以及使用价值来决定。⑤ 顾客感知价值（customer perceived value）是指顾客将所能感知到的利益与其在获取产品或服务时所付

---

① Vargo S L，Lusch R F. Evolving to a new dominant logic for marketing. Journal of Marketing，2004，68（1）：1–17.

② Kumar V，Rajan B，Gupta S，et al. Customer engagement in service. Journal of the Academy of Marketing Science，2019，47（1）：138–160.

③ 同①.

④ 2018上半年中国在线短租行业监测报告.（2018–08–30）. https://www.iimedia.cn/c400/62324.html.

⑤ Leroi-Werelds S. An update on customer value：state of the art，revised typology，and research agenda. Journal of Service Management，2019，30（5）：650–680.

出的成本进行权衡后对产品或服务效用的总体评价。[①] 顾客感知价值体现的是顾客对企业提供的产品或服务所具有价值的主观认知，不同的顾客对企业价值的感知有所不同。使用价值是顾客在使用产品或服务中体现的价值，已经延伸到消费者购买后的程序中。

三、从市场营销到顾客营销

互联网、大数据、人工智能等信息技术的发展，在为企业的产品和服务营销带来新机遇的同时，也对企业传统的营销思维模式提出了挑战。尼尔马利亚·库马尔（Nirmalya Kumar）曾指出，营销的命运取决于营销经理能否将其扮演的角色从以促销为中心的战术家提升到以顾客为中心的变革性创新行动的领导者。面对新的营销环境，企业需要变革营销思维和营销理念，从以产品为中心转向以顾客价值为核心，在持续满足顾客需求的同时，构建新的竞争优势。

1. 以顾客价值为核心

基于以顾客为中心的营销思维，尼尔马利亚·库马尔在其著作《营销思变：七种创新为营销再造辉煌》一书中首次提出 3V 模型，即下面的三个核心原则（如图 1－5 所示）：重要顾客（valued customer）、价值主张（value proposition）和价值网络（value network）。不同于传统的基于企业视角的营销思考，该模型以外部目标顾客为核心，指导企业在不确定性环境下，围绕顾客的价值需求展开营销活动，实现营销创新。

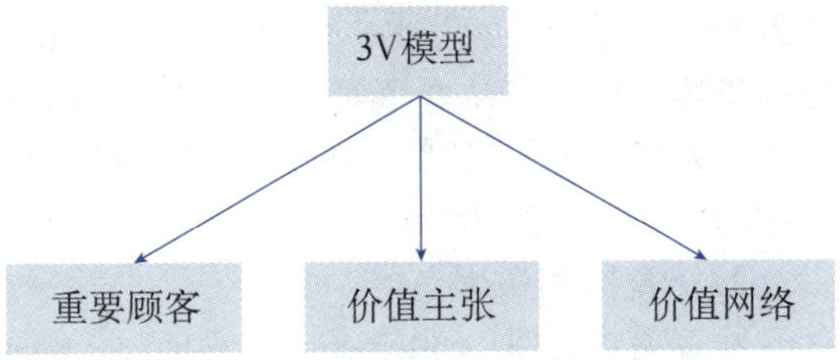

图 1－5　3V 模型

资料来源：库马尔．营销思变：七种创新为营销再造辉煌．李维安，张世云，译．北京：商务印书馆，2006.

重要顾客，即发现与识别重要的顾客，明确为谁服务。该原则主张，并非所有的顾客对企业都同等重要。不同于只关心产品和价格、通过购买行为为企业带来销售额的交易型顾客，关系型顾客关注产品或服务本身，能够作为企业口碑的传播者为其带来额外利润，这些顾客即为企业的有价值的顾客。[②] “二八法则”指出企业 20% 的顾客能够为其创造 80% 的利润，这 20% 的高价值顾客就是企业的核心客户，是企业的重要战略性资源。在数字化时代，企业应具备运用大数据、人工智能等信息技术发现和识别核心顾客的能力，并针对这些核心顾客展开定制化的营销活动，在满足顾客需求的同时，获得更多的企业利润。

价值主张，即向顾客提出并实现独特的价值承诺。价值主张是企业用来传达其如何为顾客提供价值的战略工具，关乎价值创造的过程。[③] 价值主张的提出和实现以企业的资源为基础，包括市场资源（如市场知识、企业创新）和组织层面的资源（如领导层支持、组织结构和流程的形式化以及产品知识）。[④] 其中，市场知识主要指企业具备的顾客知识和竞争对手知识。只有充分了解顾客亟需解决的关键问题、具有深刻的顾客洞察力，同时深谙竞争对手针对顾客关注的问题提出的解决方案，企业才能够提出以顾客为核心的价值承诺并为顾客创造独特的价值。创新则强调价值承诺的实现，即企业以新的方式整合各种营销资源和实践，以帮助顾客解决关

① 王永贵．服务营销．北京：清华大学出版社，2019.

② 王永贵，马双．客户关系管理．2 版．北京：清华大学出版社，2021.

③ Payne A，Frow P，Eggert A. The customer value proposition：evolution，development，and application in marketing. Journal of the Academy of Marketing Science，2017，45（6）：467–489.

④ Kozlenkova I，Samaha S，Palmatier R. Resource-based theory in marketing. Journal of the Academy of Marketing Science，2014，42（1）：1–21.

键问题，实现对顾客的价值承诺。[①] 例如，数字化时代，企业可以整合新型信息技术资源（如大数据、人工智能、云计算等），基于消费数据的分析实现精准营销，满足顾客的个性化需求。除此之外，将顾客置于顶端的组织结构和流程、来自领导层的支持以及对产品或服务应用的技术和能够满足的潜在需求等知识的理解，能够进一步激发市场资源的潜力，两者的有效匹配有助于顾客价值主张的更好实现。[②]

价值网络，即构建向顾客传递价值和交付价值的网络。区别于传统以生产企业为核心的价值链，价值网络是一种以顾客为核心的互动模式，表现出明显的顾客参与的特点。[③] 基于此，价值网络能够按照顾客要求以“端对端”的形式减少沟通信息的冗余层次，以确保对顾客需求的快速响应。同时，处于核心地位的顾客可以参与产品或服务的开发过程，实现产品或服务的高度定制。互联网、大数据等信息技术的出现与发展，为价值网络中成员之间的沟通提供了更为便利的数字渠道，使得企业能够更有效地为顾客创造、传递和交付价值。

此外，为了应对和适应未来的不确定性，企业在营销实践中，还应该特别关注另外三个 V，分别是价值共创（value co-creation）、价值共鸣（value resonance）和价值创新（value innovation）。其中，价值共创强调的是顾客与企业共同创造价值，顾客不再是被动的购买者，而是主动的参与者，参与产品与服务的研发、设计、生产和交付等重要环节 [④]；价值共鸣指的是企业的产品和服务价值与目标顾客的共鸣，品牌、广告和渠道与目标顾客的共鸣或者市场定位和价值理念等方面与目标顾客的共鸣；价值创新往往意味着一次关于企业成长的战略思维转变，即企业将战略思维的出发点从竞争对手转变成“为目标顾客创造出全新的市场或重新勾勒和诠释现有的和未来的市场曲线”。[⑤] 在本书中，我们把这三个 V 跟上述模型中的三个 V 合并在一起，统一称作“6V 营销模型”。

2. 培育顾客关系

顾客关系管理（customer relationship management）是企业的一种经营哲学和总体战略，重点围绕“将个别顾客视为焦点”以及“利用各种营销努力来维持与现有顾客的关系以获取顾客终身价值”两大焦点。因此，以顾客为中心的营销理念必然涉及对顾客关系的培育和管理，也即企业对有价值的顾客进行策略性地发展并维护互利关系，以最大限度地提高顾客忠诚，实现增加企业经营效益的目的。顾客关系管理主要指企业采用先进的信息技术来获取和分析顾客数据，挖掘顾客的需求特征、偏好变化趋势和行为模式，积累、运用和共享顾客知识，进而通过有针对性地为不同顾客提供具有优异价值的定制化产品或服务来管理处于不同生命周期的顾客关系及其组合，通过有效的顾客互动来强化顾客忠诚并最终实现顾客价值最大化和企业价值最大化之间的合理平衡的动态过程。[⑥]

具体来看，顾客关系的培育和管理主要体现在企业对顾客在整个消费旅程中的“接触点”——顾客接触到产品或服务的任何机会——的管理。正因为如此，对顾客旅程（customer journey）的研究才逐渐发展成为现代营销中最新、最具影响力的主题之一。[⑦] 需要指出的是，随着大数据、人工智能等数字技术的爆炸式增长以及抖音、微博等社交媒体的兴起，顾客与企业

① Skålén P，Gummerus J，von Koskull C，et al. Exploring value propositions and service innovation：a service-dominant logic study. Journal of the Academy of Marketing Science，2015，43（2）：137–158.

② Payne A，Frow P，Eggert A. The customer value proposition：evolution，development，and application in marketing. Journal of the Academy of Marketing Science，2017，45（6）：467–489.

③ Peppard J，Rylander A. From value chain to value network：insights for mobile operators. European Management Journal，2006，24（2–3）：128–141.

④ 普拉哈拉德，拉马斯瓦米．消费者王朝：与顾客共创价值．王永贵，译．北京：机械工业出版社，2005.

⑤ 金，莫博涅．蓝海战略：扩展版．吉密，译．北京：商务印书馆，2016.

⑥ 王永贵，马双．客户关系管理．2 版．北京：清华大学出版社，2021.

⑦ Research priorities 2018–2020．Cambridge，Mass：Marketing Science Institute，2018.

营销视角 1-3　海尔集团的顾客关系管理战略

互动的接触点也变得越来越新颖、越来越丰富，这无疑增加了企业管理顾客旅程的复杂程度。对顾客接触点的管理不当，可能会对企业与顾客的关系带来负面影响。[①] 因此，企业应该在整个顾客旅程中尽可能清楚地了解不同旅程阶段的所有接触点，明确影响每个接触点的所有关键因素，通过改善与每个接触点相关的顾客体验来提升顾客的整体感知价值，并与顾客之间构建起长期关系，进而提升顾客终身价值和实现企业的持续成长。

3. 顾客资产最大化管理

营销活动的本质在于吸引和维系能够为企业带来盈利的顾客。提到盈利顾客（为企业带来利润的顾客），就会引出顾客资产的概念。顾客资产（customer equity）是指在某一计划期内，企业现有的与潜在的顾客在忠诚于企业的时间里所产生盈利的折现价值之和。[②] 企业要真正实现以顾客为中心的营销理念，就必须重视顾客的终身价值，通过顾客资产的最大化管理，构建强大的顾客忠诚，进而塑造动态竞争优势，获取持续的超额收益。

传统顾客资产模型主张顾客资产主要受价值资产（value equity）、品牌资产（brand equity）和关系资产（retention equity）这三个关键因素的驱动和影响。[③] 其中，价值资产是指顾客对某个品牌的产品或服务效用的客观评价，主要由产品或服务的质量、价格、便利性等因素驱动；品牌资产是顾客对品牌的主观评价，其构成要素包括顾客对品牌的认知度、对品牌的偏好以及对品牌美誉度和品牌伦理的感知等；关系资产是指顾客偏爱某一品牌的产品或服务的倾向，是企业通过顾客维系和保留等营销活动而获得的顾客资产，主要包括顾客信任、顾客满意以及顾客忠诚等因素。[④] 大数据、人工智能等的出现，在给传统营销活动带来冲击的同时，也重塑着顾客资产的内涵。大数据分析技术为企业追踪顾客行为提供了机会。[⑤] 企业可以借助大数据分析技术，对顾客的基本信息和消费行为数据进行分析和总结，据此向顾客提供个性化的产品或服务推送，进而实现基于顾客信息的精准营销，将潜在顾客变为产品或服务的真正用户。基于此，企业可以进一步挖掘顾客资产价值，发现新的潜在需求和利益增长点，以最大化顾客资产价值。

案例

大数据 + 零售：ZARA 的数据营销

借助“大数据 + 零售”的完美结合，ZARA 在众多时尚服装品牌中大放异彩，长期保持着市场领先地位，成为消费者心目中“快时尚”的品牌代表。ZARA 的数据营销主要体现在以下几个方面。

1. 多方式收集消费者信息

ZARA 深谙消费者数据对品牌生产和经营的重要性。因此，在 ZARA 的线下门店里，除了安装摄像头记录消费者的购物行为外，门店经理还担负收集一手数据的任务。比如，每个经理都

---

① Kuehnl C，Jozic D，Homburg C. Effective customer journey design：consumers' conception，measurement，and consequences. Journal of the Academy of Marketing Science，2019，47（3）：551–568.

② Bayon T，Gutsche J，Bauer H. Customer equity marketing：touching the intangible. European Management Journal，2002，20（3）：213–222.

③ Zeithaml V A，Lemon K N，Rust R T. Driving customer equity：how customer lifetime value is reshaping corporate strategy. Simon and Schuster，2001.

④ 王永贵，马双. 客户关系管理. 2 版. 北京：清华大学出版社，2021.

⑤ Xie K，Wu Y，Xiao J，et al. Value co-creation between firms and customers：the role of big data-based cooperative assets. Information & Management，2016，53（8）：1034–1048.

会随身配有 iPad 等移动设备，以确保随时记录消费者购物过程中的疑问及其对产品的意见，如有的消费者会对某件衣服的颜色、配饰或摆放表达自己的看法，有的消费者则会向店员咨询衣服的尺码、款式等问题。收集到这些数据后，门店经理会及时将其上传到 ZARA 内部的全球资讯网络。总部管理层依据这些信息，分析和预测消费者的需求偏好，做出产品修改及更新决策。

2. 多渠道联合发力

除了线下门店外，ZARA 在欧洲、美国以及日本等地也有自己的线上网络商店。这些线上平台最主要的功能在于充当数据盒子，也即通过消费者在平台上的购买行为，ZARA 技术后台能够从中挖掘消费者的购买数据信息，如消费者在每件衣服展示页面上停留的时间、在购物车中加入的衣服款式等。通过对这些数据的深度挖掘，ZARA 可以实现线上平台的精准营销。再者，线上商店也可以反哺线下，作为线下门店的新品试金石，如 ZARA 推出新品前，会借助线上平台进行新品意见调查，收集消费者的反馈意见，以此作为新品改善的依据。

3. 多部门助力营销

ZARA 营销部门收集到的数据除了第一时间被送到生产部门外，整个集团的其他部门（如设计部门、客服中心等）也会使用这些数据信息。借助数据信息勾勒出的消费者画像，设计团队能够及时调整产品风格，不断创新产品款式，以更好地迎合消费者的偏好，同时保证产品更新迭代的速度。

资料来源：王晓锋，张永强，吴笑一．零售 4.0 时代．北京：中信出版集团，2015.

本章小结

本章介绍了市场、市场营销、市场营销中的基本概念以及市场营销哲学的演进过程等内容。市场与市场营销的动态发展过程可以通过营销主体、营销客体、营销内容和营销核心概念的变化来加以体现。市场营销哲学就是妥善处理企业、顾客和社会三者之间的利益关系，其发展经历了创造效用价值阶段、价值主张提炼阶段以及团结利益相关者及价值共创三个阶段，并实现了从生产观念、产品观念、推销观念到市场营销观念、关系营销观念、服务营销观念、体验营销观念、互动营销观念再到数字化营销观念的转变。最后，本章阐述了服务主导逻辑与传统的产品主导逻辑的异同，并指出营销理念从以产品为中心的市场营销到以顾客为中心的顾客营销的创新和发展。

思考与练习

1. 市场营销哲学是如何演进的？
2. 服务主导逻辑在企业中如何体现？
3. 数字化营销具有哪些特征？

基本概念　第1章

延伸阅读　第1章

02

第 2 篇

理解价值

在竞争日益激烈的今天，市场营销成功的关键不再依赖于传统的产品生产和交换，而是集中体现在创造价值和交付价值上。因此，成功营销管理学的首要任务就是理解价值，而且要持续不断地理解动态的价值。

要管理好一个企业，必须管理好它的未来，而管理未来就是管理信息。

——菲利普·科特勒

第2章

营销环境与市场感知

本章要点

任何企业的经营活动都处在一定的环境之中。营销部门必须对企业所处的营销环境进行深刻的洞察和理解，进而制订有效的营销计划。一方面，企业要理解内部环境并保持内部环境的有条不紊；另一方面，企业要关注外部产业竞争环境和宏观营销环境的状况及变化趋势，顺应并利用这种发展趋势。同时，对市场营销环境的洞察和理解取决于对环境的感知，企业应发展其感知环境变化的能力。

学习目标

- 概述营销环境的特征及其与企业经营的关系。
- 讨论营销环境的主要内容及其对企业营销活动的影响。
- 阐述营销环境分析的经典方法。
- 指出营销环境感知的重要意义。

第1节　营销环境与经典分析方法

企业营销处于一个变幻莫测的动态复杂环境中，与社会的各个方面有着千丝万缕的联系。这就要求企业必须密切关注营销环境的变化，一方面要适应市场营销环境，另一方面要通过企业自身的营销活动改善或创造有利于企业发展的营销环境。尤其是在企业的竞争重心从产品主导逻辑范式转变为服务主导逻辑范式、企业的关注点向“与顾客共同创造与分享价值”转移的过程中，企业更应该关注环境的变化，在顾客和竞争环境的研究上投入更多时间。

一、营销环境概述

（一）营销环境的内涵

不同领域对环境一词有着不同的定义，但共同点在于环境是相对于某一对象而言的，是对该对象产生影响的所有内部与外部因素的统称。在营销管理中，营销环境是相对于组织的市场营销活动而言的，是指影响营销管理效率和效果的所有因素。一般而言，营销环境可以分成组织内部营销环境、外部宏观营销环境和产业竞争环境。① 其中，外部产业竞争环境包括供应商、顾客、竞争者、替代者和新进入者等与企业营销密切相关的组织和个人；外部宏观营销环境包括人口、经济、自然、技术、政治和文化等影响产业竞争环境和组织内部营销环境的社会力量。一般而言，组织内部营销环境和外部产业竞争环境会受到外部宏观营销环境的制约，而前两者也会在一定程度上对外部宏观营销环境产生影响。另外，从组织内部营销环境、外部产业竞争环境再到外部宏观营销环境，组织的可控程度越来越低，发生改变的可能性也越来越小。毫无疑问，任何环境因素的变化都可能给组织带来成功营销的机会，也可能给组织的营销管理带来一定程度的阻碍。所以，全面认识和研究营销环境，主动提高组织适应环境的能力，对组织营销活动的成败具有十分重要的意义。

（二）营销环境的特征

1. 差异性

营销环境的差异性主要表现在不同国家、不同地区、不同体制、不同种族、不同世代之间的营销环境存在差别。同时，差异性还表现在不同组织受不同环境因素的影响，同一种环境因素的变化对不同组织的影响也可能不尽相同。由于这种差异性的存在，组织必须采取不同的营销战略以在激烈竞争的市场上求得生存和发展。以海尔冰箱为例，在进军国外市场时，根据东道国营销环境的差异性，海尔推出了一系列本地化创新产品，如针对印度市场的大容积冷藏室冰箱、面向美国市场的变温对开门冰箱以及迎合德国市场的全开式冷藏抽屉冰箱。

2. 动态性

营销环境处于不断演进的动态发展变化之中，表现出动态属性。例如，学术界之所以对消费者心理与行为密切关注，正是因为消费者心理与行为总是表现出明显的动态性和差异性，而这些会对组织的营销活动产生非常直接的影响。尤其在数字化时代，消费者的需求、行为方式以及购物模式都在不断变化，如何收集、挖掘和分析井喷式的消费大数据以发现消费者需求，如何利用数字新技术创新传统生产和服务形式，如何布局与数字化时代相契合的营销战略以抓住稍纵即逝的市场机会，是企业面对动态营销环境时必须思考与解决的问题。

3. 不可控性

一个组织所处的营销环境往往是复杂多变的，诸如自然、国家法律法规、经济发展政策和人口等外部环境的变化往往是组织无法改变或很难改变的，这就意味着营销环境有一定的不可控性。尽管营销环境是不可控的，但组织在营销环境变化面前并非束手无策。实际上，组织仍然可以通过自身的努力来适应营销环境的变化，甚至对其施加一定程度的影响，最终促使某些环境因素朝着有利于组织目标实现的方向转变。其中，诸如此类的努力包括建立战略联盟、参与行业协会和运用政治力量等。以小米手机进入印度市场为例，为了快速攻破印度市场，小米尤为重视搭建关系网络，运用多方力量来营造有利的营销环境。② 除了在进入之初选择当地

① 埃特泽尔，沃克，王永贵，等. 市场营销：第 14 版. 南京：南京大学出版社，2009.

② 王永贵，李卅立. 从 1 到 M：让企业走出去的国际战略画布. 北京：中信出版集团，2020.

在线零售商 Flipkart 快速推广自身品牌外，小米还与当地知名企业塔塔集团达成战略联盟，凭借联盟企业的声誉和实力快速推进本地化。除此之外，小米紧跟印度政府的步伐，充分发挥一把手外交的独特作用。2018 年，雷军与印度总理成功会面，这一举措为小米手机在印度市场的未来发展打下了坚实的政策支持基础。

营销视角2-1　青花汾酒——你骨子里的中国Style，究竟是谁?

4. 系统性

营销环境是一个复杂的系统，其内部各个因素相互依存、相互影响并相互制约。其中，某一营销环境因素的变化往往会带动其他一些相关因素发生变化，从而形成新的营销环境。同时，各种营销环境又相互作用，共同影响着组织的营销活动。例如，随着互联网、大数据、人工智能、云计算、5G 网络等技术的变革与发展，身处其中的企业面临着不同以往的营销环境，传统 4P（产品、价格、促销和渠道）营销组合战略不断升级迭代，进而转向 4C（顾客、成本、便利和沟通）、4R（关联、回报、关系和反应）、4V（差异化、附加值、功能化和共鸣）以及新 4P（力量、心理、民众和乐享）等营销组合战略，营销市场充满了无限机遇与挑战。

二、新经济时代的来临及其营销影响

当今世界充满动荡性、不确定性、复杂性和模糊性，国际政治关系变幻莫测，经济增长动能有所放缓，技术日新月异，这些使得组织面临的内部与外部营销环境更趋复杂。在新经济时代，互联网技术（如大数据、移动互联网、云计算）、信息技术（如虚拟现实、人工智能）、先进制造技术（如 3D 打印）等新兴技术成为经济发展和变革的动力，也为企业孕育新的经营业态、商业模式提供了大量机会。不同于土地、劳动力等传统生产要素，数据成为新的生产要素，企业可以借助大数据技术，实时分析并掌握消费者的行为数据，洞察消费者的真实需求，挖掘潜在消费者；人工智能在制造业和服务业的应用不断加强，同时也在不断塑造提供产品和服务的新方式，成为企业创新的主要来源。①

实际上，诸如此类的环境变化也导致企业的经营范式（paradigm）发生相应变化。在传统的经营范式中，存在着许多需要企业进行抉择的两难困境，如表 2－1 所示。

表 2－1　传统经营范式下企业需要进行抉择的两难困境

逐渐变化	快速巨变	大量制造	定制化
低交付成本	高感知价值	强调成本最小化	强调质量最好
生产率	反应性	短期导向	长期导向
日常活动	战略活动	产品开发	过程开发
本地 / 地区	全球	企业转化	业务单位变革项目
现有顾客	新顾客	产品	服务
制造	营销	实体资本	智力资本
技术驱动	顾客驱动	低价格	战略伙伴关系
效率	柔性	低库存	顾客服务

资料来源：王永贵．营销管理．大连：东北财经大学出版社，2011．

新经济时代的信息技术为企业更好地解决这些两难困境提供了坚实的技术基础，使兼而

① 董小征．浅析新经济时代的特征．中外企业家，2018（35）：60．

得之成为可能。例如，在数字技术的支持下，面对动态环境的挑战，企业可以更好地解决供应中的两难困境，如效率与柔性、低价格与战略伙伴关系、内部化与外部化等。

相应地，市场营销相关人员的行为方式也在变化，具体如表 2-2 所示。在旧经济中，企业以产品为导向进行组织；而在新经济下，企业以顾客为导向进行组织。例如，银行早期设有独立的储蓄、贷款、信托和保险等部门，随着外部环境的变化与企业发展需求的出现，银行开始对其业务进行重组，组建了零售银行业务部与公司银行业务部等。显然，后者是以细分顾客群体为导向进行重组的，目的是使销售人员更有效地向顾客出售各种产品，实现交叉销售。[①]同时，越来越多的企业意识到，构成企业利润稳定源泉的是顾客的终身价值，而不是从每次单独交易中获得的收益。也就是说，在竞争越来越激烈的经营环境中，对于组织来说，为了留住顾客而取悦顾客往往比使顾客满意更有意义。在旧经济下，企业主要关注的是财务方面的绩效；而在新经济下，企业开始关注市场营销计分卡在顾客等方面的绩效。[②]

表 2-2　旧经济和新经济的主要差异（基于市场营销的视角）

旧经济	新经济
以产品单位为基础进行组织	以细分顾客群体为基础进行组织
关注盈利性交易	关注顾客终身价值
主要考虑财务状况	同时关注市场营销计分卡的各个方面
关注股东	关注利益相关者
市场营销人员从事营销活动	所有人都从事营销活动
通过广告打造品牌	通过绩效壮大品牌
关注获取新顾客	关注挽留老顾客
追求顾客满意度	追求顾客惊喜
过度承诺、交付不足（言过其实）	低水平的承诺，高水平的交付

资料来源：科特勒，凯勒．营销管理：第 13 版．王永贵，于洪彦，何佳讯，等译．上海：格致出版社，2009.

三、营销环境的经典分析方法

营销环境中的所有因素都会对组织的营销活动产生不同程度的影响。这些因素的变动既能给企业的市场营销活动带来机会，也能对营销活动产生威胁。因此，企业在进行营销活动之前，必须对营销环境的条件进行分析，正确识别营销环境所带来的机会与威胁。限于篇幅，本节仅对其中一种营销环境的经典分析方法加以介绍。

SWOT 分析法由旧金山大学的管理学教授韦里克于 20 世纪 80 年代初提出，又称态势分析法，已广泛地应用在企业的战略制定、竞争对手分析和营销环境分析之中。具体来看，SWOT 由英文 strengths（优势）、weaknesses（劣势）、opportunities（机会）和 threats（威胁）四个单词的首字母组合而成，该方法主要分为优势与劣势分析以及机会与威胁分析两个部分。其中，机会与威胁分析关注外部环境的变化及其对企业的可能影响，优势与劣势分析则主要着眼于一个组织自身的实力及其与竞争对手的比较。

（一）机会与威胁分析

一般而言，营销环境的影响基本上包括两大类：环境威胁和环境机会。其中，环境威胁

① 郭贤达，蒋炯文．战略市场营销：经理人精要指南．王永贵，董伊人，译．北京：北京大学出版社，2006.
② 埃特泽尔，沃克，王永贵，等．市场营销：第 14 版．南京：南京大学出版社，2009.

指的是环境中一种不利的发展趋势所形成的挑战。如果不采取果断的营销行为，这种不利趋势将削弱企业的竞争地位，损害企业的竞争优势。一般来说，环境威胁可能来自两个方面：一方面是环境因素对企业营销活动的直接威胁，如行业管制等；另一方面是企业的目标、任务及资源与环境机会不匹配带来的威胁，如诺基亚手机由盛转衰，宝丽来相机、柯达胶卷等被数码相机所取代。

环境机会就是环境变化在时空领域中某个或某些方面形成对企业的吸引力，使企业在这一领域拥有相应的竞争优势。就其实质而言，任何环境机会最终都可以归结为市场上尚未满足或未完全满足的某种需求，如数字经济时代消费者不断升级的体验需求要求企业不断开发新的产品或服务模式来满足这些需求，而这也为企业的商业模式更新提供了机会。不过，环境机会并不是对所有组织都是相同的。同一个环境因素对某些组织来说是有利的机会，对另外一些组织来说就有可能是威胁。

（二）优势与劣势分析

在对组织的外部环境进行分析之后，还需要对组织内部的资源条件进行分析。这些资源条件形成了一个组织的优势与劣势。当两个组织处在同一市场或都有能力向同一顾客群提供产品和服务时，如果其中一个组织具有更高的盈利能力，那么这个组织就比另外一个组织更有竞争优势。一般而言，一个组织的优势不仅是指它能做什么，更重要的在于它可以在哪些方面比竞争对手做得更好。因此，组织必须采取适当措施认识自身的资源与能力，并借此来维持自己的竞争优势。同时，由于已建立的竞争优势必然会因引起竞争对手的注意而被模仿（或引发新的竞争反应），所以管理者维持竞争优势的过程也是竞争对手反应乃至反击的过程。劣势则是指一个组织较其竞争对手在某些方面存在的缺点与不足。这些缺点可能来自产品种类、产品质量、企业规模或市场占有率等方面。企业应该定期积极主动地检查自己的劣势，但不应陷入试图纠正所有劣势的误区，而应明确在现有条件下是选择只局限在已有优势的机会当中，还是选择去获取和发展一些新的优势以找到更好的机会。

综上所述，SWOT 分析实际上是根据一个组织自身的条件，对组织的优势、劣势以及机会、威胁进行分析，找出企业应利用的机会、需要避免的威胁、应该改进的劣势和需要发展的优势。如表 2-3 所示，优势和劣势多为一个组织的内部因素，机会和威胁则多为一个组织的外部因素。在具体分析时，管理人员常常会构造 SWOT 矩阵，对矩阵中的不同区域赋予不同的分析意义，进而形成四种内外匹配的战略。其中，SO 战略表示依靠内部优势、利用外部机会，ST 战略表示利用内部优势、回避外部威胁，WO 战略表示利用外部机会、克服内部劣势，WT 战略表示减少内部劣势、回避外部威胁。

表 2-3　SWOT 矩阵

		内部	
		优势（S）	劣势（W）
外部	机会（O）	SO	WO
	威胁（T）	ST	WT

资料来源：汤普森，斯特里克兰，甘布尔．战略管理：概论与案例：第 14 版．王智慧，译．北京：北京大学出版社，2009．

需要强调的是，在很多情况下，一个组织的外部环境变化可能会导致组织优势的变化，这也表明了组织内外联系的紧密性。SWOT 分析将组织的内部与外部环境进行分割，使分析具有便利性、直观性和系统性，但应注意的是，这种分析方法具有一定程度的主观臆断，并非组织的全部实际情况。因此，在使用 SWOT 分析法时，要尽可能真实、客观、全面、精确地分析和判断事实，必要时可通过搜集定量数据来弥补 SWOT 分析的不足。

第 2 节　宏观营销环境分析

宏观营销环境是指为组织的营销活动带来市场机会和环境威胁的那些外部因素，主要包括政治环境、法律环境、经济环境、社会文化环境、技术环境、自然环境和人口统计特征信息等。

一、宏观营销环境分析概述

对外部宏观营销环境的分析通常会运用 PEST 分析和 PEST–LED 分析（如图 2－1 所示）。其中，PEST 分析是一种综合分析环境中的政治（political）、经济（economic）、社会（social）与技术（technological）四种因素的模型。在该模型的基础上，再将法律（legal）、自然环境（natural environmental）和人口统计（demographic）等因素归纳进来，就形成了 PEST–LED 模型。进行市场研究时，利用这类工具可以有条理地把一个组织的宏观营销环境中的不同因素展示出来。

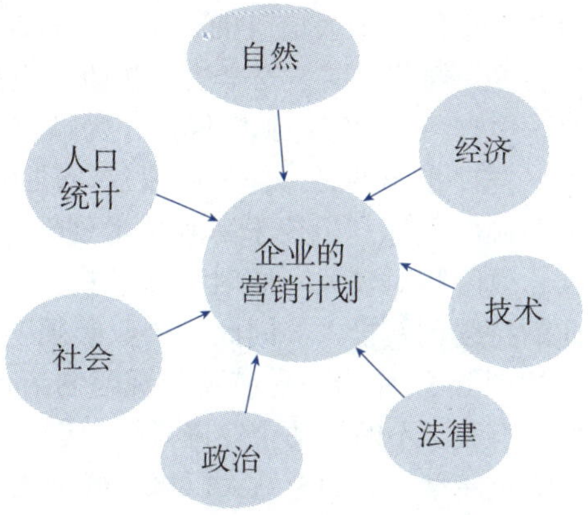

图 2－1　宏观营销环境的构成要素

资料来源：埃特泽尔，沃克，王永贵，等. 市场营销：第 14 版. 南京：南京大学出版社，2009.

二、政治环境

政治环境是指企业市场营销的外部政治形势。概括而言，政治环境对一个组织营销活动的影响主要表现为政府制定的方针政策，如人口政策、能源政策、物价政策、财政政策、货币政策等。例如，国家通过降低利率来刺激消费的增长，通过个人收入所得税调节消费者收入的差异等，进而影响消费者的购买行为。如果涉及国际市场，还必须考察国际市场中对营销产生影响的各种因素。例如，国际的政治形势、企业母国与东道国之间的关系等。同时，还要注意不同国家干预外国企业在本国开展营销活动的政策，如进口限制、税收政策、价格管制、外汇管制等。

2017 年，习近平主席在联合国日内瓦总部的演讲中提出构建人类命运共同体的思想，这是中国面对全球局势不断变化、从全球人类共同利益和发展角度提出的中国方案。在这一整体方案的指导下，企业也应承担起社会责任，立足和平发展与合作共赢的主旋律，在推动中国经济发展的同时为世界发展提供新的契机。2020 年，党的十九届五中全会通过了《中共中央关于制定国民经济和社会发展第十四个五年规划和二〇三五年远景目标的建议》，该建议指出：我国发展环境面临深刻复杂变化。一方面，企业面临着新时代带来的前所未有的发展机遇；另一方面，国内外错综复杂的形势和日趋激烈的国际竞争也为企业发展带来了相应的挑战。对于国内企业而言，辩证地看待国内外政治经济形势的深刻变化，合理统筹利用好国际、国内两个市场，提前洞察有利的市场机会与可能存在的危机，并努力化危机为先机，是其在新发展阶段应该具备的战略理念和发展能力。

三、法律环境

法律环境是指政府的法律法规及其他有关规定，特别是涉及企业市场营销活动的有关立法。在营销过程中，研究并熟悉企业所在地的法律环境，既有利于保证组织行为的合法性，也有助于运用法律手段保障组织自身权益。从法律环境对营销的影响来看，一方面，法律环境可能限制了市场营销人员的活动；另一方面，市场营销人员也可以采取一定的措施，如利用行业协会，使法律环境朝着有利于本组织发展的方向转变。对从事国际营销活动的中国企业来说，不仅要遵守中国的法律法规，还要了解和遵守国外的法律制度和有关的国际法规，以确保制定切实有效的营销对策并在“走出去”的过程中获得成功。

以中国为例，随着“互联网 +”模式带来了新兴业态和传统行业升级，为了进一步规范市场发展环境，国家陆续颁布了《互联网信息服务管理办法》《中华人民共和国网络安全法》《网络食品安全违法行为查处办法》等法律法规。再者，大数据等信息技术的发展强化了顾客信息和数据对企业成功开展营销活动的关键作用。基于此，有关顾客隐私保护的问题也愈发得到重视。2017 年 12 月，国家发布了《信息安全技术个人信息安全规范》，明确提出企业收集、使用和分享用户个人信息的要求，并规定了企业落实用户个人信息控制权、制定隐私政策的责任。这一规范与网络安全法等法律法规相结合，在为企业合规开展市场营销活动指明方向的同时，也有利于顾客隐私的保护，为顾客更好地参与营销过程提供了制度保障。

需要指出的是，作为新发展阶段的主旋律，创新和绿色两大主题为国内企业的发展确立了明确的目标。相较于一般技术创新，绿色创新往往需要更多的资源投入且获利周期相对较长、风险相对较大。同时，绿色技术的溢出加剧了企业之间的竞争，在一定程度上阻碍了企业的持续创新投入。因此，企业必须明确：“创新是引领发展的第一动力，保护知识产权就是保护创新。”作为一种鼓励和规范创新行为的重要制度，构建完善的知识产权保护体系至关重要，有利于不断推动企业进行绿色创新，进而提升绿色消费观念，最终实现经济社会发展的全面绿色转型。党的十八大以来，我国更加重视知识产权保护工作并将其摆在突出位置，进而推出了一系列相关政策和行动，为企业开展创新活动和绿色产品营销构建了良好的市场环境。尤其是在数字化时代，一方面，需要在借鉴传统知识产权保护的基础上不断推动新领域、新业态的知识产权保护制度，以便优化市场环境和激发企业活力；另一方面，需要在产品创新和营销活动实践中，以社会主义核心价值观作为制度建设的基点，培育并践行以“诚信”“公正”“法治”“平等”为核心的正确、积极的营销价值观，致力于营造健康的市场竞争。

四、经济环境

经济环境一般是指影响市场营销活动的经济因素，如收入与支出状况和经济发展状况等。

（一）收入与支出状况

1. 收入

（1）人均国内生产总值。一国的国内生产总值（GDP）反映了该国市场的总容量和总规模，人均 GDP 是对一个国家核算期内（通常是一年）实现的 GDP 除以这个国家的常住人口数得到的。人均 GDP 从总体上影响和决定消费结构与消费水平。

（2）个人可支配收入。个人可支配收入是指从个人收入中减除缴纳税收和其他经常性转移支出以后所剩余的实际收入，即能够用以作为个人消费或储蓄的数额。《中国统计年鉴 2020》相关数据显示，2019 年，我国城镇居民人均可支配收入为 42 358.8 元，农村居民人均可支配收入为 16 020.7 元，两者相差 26 338.1 元，差距较大。[①]

（3）个人可任意支配收入。在个人可支配收入中减去维持生活所必需的支出后就是个人可任意支配收入，这是影响消费需求变化的最密切因素。《中国统计年鉴 2020》相关数据显示，2019 年，我国城镇居民人均全年消费支出为 28 063.4 元，农村居民人均全年消费支出为 13 327.7 元，计算后得出城镇居民人均可任意支配收入为 14 295.4 元，农村居民人均可任意支配收入为 2 693 元，两者差距较大。[②]

2. 支出

支出主要体现在消费者支出模式和消费结构上，它在很大程度上受收入的影响。德国统计学家恩斯特·恩格尔曾经对英国、法国、德国和比利时等国家不同收入水平的家庭进行调查，发现工人家庭收入变化与各方面支出变化的比例关系具有规律性，这就是著名的恩格尔定律。其中，食物支出占总支出的比例称为恩格尔系数。[③]一般认为，恩格尔系数越大，生活水平越低；恩格尔系数越小，生活水平越高。《中华人民共和国 2019 年国民经济和社会发展统计公报》显示，2019 年，中国居民恩格尔系数为 28.2%，比上年下降 0.2 个百分点。其中，城镇为 27.6%，农村为 30.0%。[④]同时，消费者支出模式与消费结构不仅与消费者收入有关，而且受家庭生命周期所处的阶段和家庭所在地等情况的影响。例如，有子女和没有子女的年轻家庭的支出情况是不同的。类似地，所在地不同的家庭在住宅、交通和食品等方面的支出也有所不同。

3. 消费者储蓄与信贷

储蓄来源于消费者的货币收入，最终用于消费，其主要形式包括银行存款、购买债券或手持现金等。一般而言，较高的储蓄率会推迟现时的消费支出，加大潜在的购买力。另外，储蓄的增减变化会引起市场需求规模和需求结构的变化，从而对一个组织的市场营销活动产生影响。因此，只有把握消费者的储蓄动机，才能为消费者提供恰当的产品和服务，并成功诱发消费者的购买动机。此外，消费信贷使消费者可利用贷款先取得商品使用权，再按约定期限归还贷款，即消费者预先支出未来的收入提前消费，如支付宝推出的“蚂蚁花呗”、京东商城推出的“京东白条”以及网易考拉推出的“网易白条”等，改变了消费者以往的消费方式，创造了新的购买力。

（二）经济发展状况

一个组织的市场营销活动不仅受到一个国家或地区经济发展状况的制约，在经济全球化的条件下，还受到国际经济形势的影响。

1. 经济发展阶段

美国学者罗斯托将世界经济发展历史分为六个经济成长阶段，即传统社会阶段、起飞准备阶段、起飞阶段、成熟阶段、大众消费阶段和超越大众消费阶段。[⑤]根据国家统计局发布的

---

① 国家统计局. 中国统计年鉴 2020. http://www.stats.gov.cn/tjsj/ndsj/2020/indexch.htm.

② 同①.

③ Timmer C P，Falcon W P，Pearson S R. Food policy analysis. Baltimore：Johns Hopkins University Press，1983：43.

④ 国家统计局. 中华人民共和国 2019 年国民经济和社会发展统计公报.（2020-02-28）. http://www.stats.gov.cn/tjsj/zxfb/202002/t20200228_1728913.html.

⑤ Rostow W W. Politics and the stages of growth. Cambridge：Cambridge University Press，1971：428.

数据：2019 年，全年国内生产总值为 990 865 亿元，比上年增长了 6.1%。[1] 尽管增速有所放缓，但整体仍处于稳中有进的良好态势，是世界经济增长的主要动力源泉。不过，伴随着这些举世瞩目的成就，传统发展方式的不协调、不平衡与难以持续等问题日益突出，如内外需投资与消费之间的关系不协调、城乡区域发展不平衡和居民收入差距扩大、资源消耗以及污染物排放高、生态环境压力日益增大、服务业发展滞后和产业结构不合理等。这些问题都在一定程度上反映了中国经济发展的阶段性特征。目前，中国是世界第二大经济体，正在成为拉动世界经济增长的最大引擎。中国正积极发展新兴产业，这不仅可以创造新的市场需求，而且将为全球经济复苏做出贡献。

2. 经济形势

距 2008 年的全球金融危机已过去十多年，世界经济开始触底回升，整体呈温和增长态势，但增长动能有所放缓且存在下行风险。随着贸易保护主义抬头，逆全球化趋势愈发明显。尤其 2020 年新冠肺炎疫情暴发，对全球产业链和供应链造成巨大冲击，国际经济大循环动能减弱，整体持续衰退。

再来看中国，经济运行整体上保持稳中有进的发展态势。一方面，自改革开放以来，我国积极顺应经济全球化态势，通过实施出口导向型发展战略，鼓励企业走出去，参与全球价值链分工，实现了经济的有效增长。“一带一路”倡议的实施，为中国经济新一轮发展注入了动力，进一步提升了国家对外开放水平，这无疑给企业的市场营销带来了新的契机。另一方面，全球贸易摩擦、逆全球化危机等也为中国企业的发展带来了巨大挑战和阻碍。

面对外部市场环境带来的不确定性和挑战，我国经济发展战略也开始从出口导向转向扩大内需。供给侧结构性改革的提出、推进和深化，提升了经济的供给质量，有效改善了国内市场的供需关系。在国内市场规模和潜力不断提升、经济平稳健康发展的态势下，党的十九届五中全会提出“加快构建以国内大循环为主体、国内国际双循环相互促进的新发展格局”，完善并部署了“十四五”和未来更长时期我国经济发展的整体战略。在这一新发展格局下，企业应及时调整营销战略，合理布局国内国际两个市场，抓住新发展阶段带来的机遇。再者，党的十八大以来，伴随着我国将“实现全体人民共同富裕”的宏伟目标放在了更加重要的位置上，脱贫攻坚战不断推进并取得全面胜利。在脱贫攻坚实践中，国内企业积累了一系列营销实践经验。对于企业，尤其是国有企业而言，应该在现有理论认知和实践经验之上，继续承担起巩固脱贫成果的时代责任，结合企业自身特色，创新与贫困地区产业发展融合的方式，采取特色营销活动，推动电商扶贫和旅游扶贫等新业态的不断发展，实现更加稳固、持续的脱贫效果，助力全体人民共同富裕目标的实现。

五、社会文化环境

社会文化环境是指社会的特征以及影响价值和利益的社会文化等因素。无论是在国内市场还是国际市场，营销人员都必须了解当地居民的风俗习惯、信仰和价值观等，这些因素不仅影响人们的需求，而且会影响人们对一个组织的营销活动的反应。

（一）价值观

每个社会都有一套文化价值观，或者是关于正确或错误的为人处世的坚定信仰。这种信

① 国家统计局．中华人民共和国 2019 年国民经济和社会发展统计公报．（2020-02-28）．http://www.stats.gov.cn/tjsj/zxfb/202002/t20200228_1728913.html.

仰在社会成员中广为流传，影响生活的方方面面。实际上，价值观的差异可以在一定程度上解释为什么相同的营销活动在一个地区取得了成功，在另一个地区却惨遭失败。迄今为止，已经有大量营销实践表明：改变人们的核心文化价值观基本不可行。因此，营销人员正确判断不同社会文化价值观的差异就成为制定科学营销战略的核心所在。

心理学家、管理学家霍夫斯泰德（Hofstede）曾指出，在全球经济一体化过程中，许多跨国公司的战略着眼于满足最大市场或最多顾客的产品与服务需求，而对不同文化和价值观进行深入的研究是这种战略取得成功的关键所在。① 其中，文化价值观差异的一个主要方面体现在是趋向于集体主义还是个人主义。在集体主义文化中，如中国、泰国和土耳其等，人们往往服从于稳定社会的大目标，而不是只考虑个人目标。在这种文化背景下，从众性是消费者行为最显著的特点之一。相比之下，在个人主义文化中，如美国、英国和加拿大等，消费者往往更加重视个人目标。显然，诸如此类的差异给奉行标准化的营销人员带来了相应的挑战——他们试图把相同的产品卖给尽可能多的人。②

（二）规范

规范由价值观衍生而来，支配着有关什么是正确的、什么是错误的、什么是可以接受的、什么是不可接受的判断。一般而言，规范通常包括风俗、道德观和习俗等方面。风俗是前人流传下来的控制基本行为的规定，如对家庭劳动分工的规定等。道德观是带有道德色彩的习俗，一般涉及禁忌或者被禁止的行为。通常，违背道德观的人会遭到社会其他成员的强烈谴责，而规范则时刻存在于人们生活的各个方面，制约着人们的一举一动、一言一行，甚至在诱发行为动机中起着决定性作用。在日常生活中，规范还直接影响消费者的购买决策。人们一方面看重价值，另一方面不愿意违背社会规范。类似地，消费习俗也影响人们的购买决策，它促成了消费者购买心理的稳定性和购买行为的习惯性，从而强化了他们的消费偏好。同时，习惯性和稳定性的存在会大大延缓消费者心理及行为的变化速度，进而对消费者适应新的消费环境和采取新的消费方式产生一定的阻碍作用。③

（三）语言

市场营销活动的成功依赖于管理者与员工、供应商、中间商、消费者和其他利益相关者之间的有效沟通，而语言是沟通的有力工具。然而，由于语言存在差异，沟通可能会出现障碍。为了克服语言障碍，营销成本无疑会增加。同时，身体语言差异是语言差异的一个方面。各民族在长期的发展中，逐渐形成了独特的身体语言，且具有地域性。例如，在世界大多数国家中，点头表示肯定，摇头表示否定，但在印度恰恰相反。不同的语言习惯，如直截了当或十分含蓄，也会对沟通产生影响。比如，日本人的表达很含蓄，他们给出否定回答时会加入身体语言，美国人则直接给出肯定或否定的回答。

六、技术环境

科学技术是第一生产力，科技的发展会对经济发展产生巨大影响。一般来说，技术不仅会直接影响组织内部的生产和经营，还会通过与其他环境因素的相互作用对营销活动产生有利

① Hofstede G. Cultures and organizations：software of the mind. New York：McGraw-Hill，1991：177–180.

② 所罗门，斯图加特. 市场营销学（实践篇）. 王宝，来婷妍，译. 桂林：广西师范大学出版社，2003.

③ 所罗门，马歇尔，斯图尔特. 所罗门营销学. 李东贤，杨露，刘青，译. 北京：中国人民大学出版社，2009.

或不利的影响。具体来看，一种新技术的应用可以为企业创造前所未有的利益，但也可能会迫使企业放弃传统产品，甚至完全退出市场。当然，新技术的应用也会引起企业市场营销策略的变化以及企业经营管理的变化，甚至会改变消费习惯。在这方面，互联网技术的出现是很好的例证。互联网技术的发展颠覆了传统的商业形态、商业模式和商业逻辑，互联网 + 零售、餐饮、教育、旅游、医疗、交通等喷涌而出，这种大融合打破了产业间原有边界和壁垒，重新定义了产品和服务、经营业态和商业模式，蕴含着无穷无尽的商业机会。[①]2018 年 12 月，新型基础设施（简称“新基建”）这一概念被首次提出。从狭义角度来看，“新基建”主要强调对以 5G、人工智能、云计算、物联网、工业互联网等为代表的数字基础设施的投资建设。显然，“新基建”是布局并推动数字经济发展的基础保障和关键动力，有利于实现我国经济的高质量发展和企业的数字化转型。可以说，“新基建”的推动离不开企业的创新实践，同时也为企业构建竞争优势和实现可持续发展带来了新的机遇，越来越多的企业开始尝试数字平台企业的转型实践。

新技术是一股可以给市场营销环境带来巨大变化的力量，企业必须随时关注其发展动向，以便在激烈的市场竞争中站稳脚跟。在数字经济时代，大数据、云计算、人工智能、物联网、区块链等数字化技术不断发展，对企业的营销实践产生了深远的影响。基于已有学术研究和企业营销实践，应用在市场营销方面的数字化技术主要包括以下五个方面：人工智能技术（以数字或机器人形式呈现）、应用于医疗保健的技术（health technology，如基于物联网的可穿戴设备、传感器等）、会话代理和聊天机器人、移动互联网和社交媒体以及店内零售技术（in-store retail technology，如增强现实、虚拟现实、智能显示器等）。[②] 对企业而言，数字化技术是一把双刃剑。如图 2 - 2 所示，一方面，企业可以基于对顾客消费数据的分析来改善顾客体验，提升顾客满意度；另一方面，大数据分析带来的信息安全和潜在隐私风险也会增加顾客的担忧，进而对企业造成不利影响。

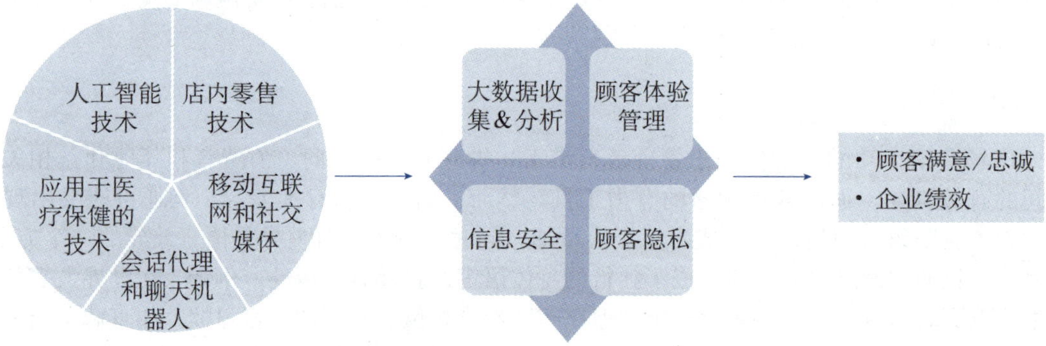

图 2 - 2　市场营销中的数字化技术及其影响

资料来源：Grewal D，Hulland J，Kopalle P K，et al. The future of technology and marketing：a multidisciplinary perspective. Journal of the Academy of Marketing Science，2020，48（1）：1-8.

（一）对顾客的影响

技术对顾客的影响并不只限于为其带来多种多样差异化的产品和服务，更重要的是改变了顾客的消费模式。举例而言，移动互联网技术的应用打破了营销渠道的壁垒，企业和消费者

① 薛金福，李忠玉．互联网 +：大融合与大变革．北京：中国经济出版社，2015.

② Grewal D，Hulland J，Kopalle P K，et al. The future of technology and marketing：a multidisciplinary perspective. Journal of the Academy of Marketing Science，2020，48（1）：1-8.

可以全渠道（购物渠道的多样化，线上、线下和线上 + 线下的渠道融合），甚至全天候（购物的随时性）、全频道（购物的随地性，消费者可以在任何场景完成购物）地完成交易，如苏宁打造的 24 小时不打烊的实体 + 互联网超市同时满足了消费者线上和线下的购物需求。[①] 移动支付以及商品数字化、二维码技术的发展不断丰富交易方式和手段，如消费者在实体店购买一件商品后，可以在手机、电脑等智能终端设备上通过扫描二维码，借助支付宝、微信钱包、QQ 钱包、京东闪付等方式完成支付。

在数字化时代，消费者已从被动接受产品营销转变为在市场经济中占据主导地位。因此，企业需要确立真正的顾客导向，将"以顾客为中心"的思维贯穿经营活动的始终。另外，企业还应该在条件允许的情况下，在价值创造与交付的任何一个环节都尽可能地把顾客纳入其中。随着社交媒体（如微博、微信、在线社区等）的不断发展，营销人员越来越重视通过社交媒体平台来增加顾客的参与。[②] 以小米为例，通过建立小米社区，用户可以参与到产品的研发和设计过程中，随时反馈自己对产品的使用意见。小米可以此为依据，持续更新手机产品和服务，抓住无数"发烧友"的心。

（二）对企业营销管理的影响

科学技术进步给企业营销管理带来的影响越来越大。例如，大部分产品的生命周期明显缩短，这促使企业必须加快新产品的研发速度，并努力跟进适当的营销措施。企业要懂得如何利用现有资源在快节奏的生活环境下，捕捉顾客需求并迅速转化为生产力。

数字化时代，顾客在消费产品和服务的同时，也在时刻生成大量的数据信息。借助数字化技术，企业能够更为有效地分析并运用所获取的顾客数据，通过对顾客进行高效、精准的定位，为其提供更好的产品或服务，满足个性化需求，而这也是大数据、人工智能等数字化技术为企业带来的最显著的价值体现。[③] 再者，从企业内部来看，通过使用数字化技术如社交媒体，内部沟通得到显著改善。营销管理者和相关部门能够快速捕捉新市场需求并迅速感知可能的市场风险，从而有助于企业更好地开发新的产品和服务，拓展新的顾客和市场。

诚然，数字化技术有助于企业基于顾客需求来增强产品和服务，改善整体顾客体验，但其对企业营销实践带来的负面影响也不容忽视。以大数据技术的应用为例，一方面，随着社交媒体的增多，企业和顾客的互动渠道越来越丰富，使得企业借助大数据技术除了获取顾客的交易行为数据外，还能获得有关顾客在微博、微信、抖音等平台上的社交行为数据。这些不同类型、不同渠道的海量顾客数据会增加企业处理和分析数据的难度以及数据管理的成本。同时，如何确保所获得的数据的真实性和安全性也是企业进行数据分析面临的挑战。[④] 另一方面，借助数字化技术广泛访问、获取和使用顾客的个人信息会增加顾客的隐私担忧。已有研究表明，顾客会将个人信息披露的后果与企业提供的价值进行权衡，只有当感知到的收益超过感知到的成本时，顾客才愿意主动提供个人信息。[⑤] 否则，顾客可能会提供虚假信息，或者当感知到个人信息泄露或被非法使用时，会引发顾客一系列的消极反应，如拒绝点击商品广告、负面口碑

---

① 王晓锋，张永强，吴笑一. 零售 4.0 时代. 北京：中信出版集团，2015.

② Meire M，Hewett K，Ballings M，et al. The role of marketer-generated content in customer engagement marketing. Journal of Marketing，2019，83（6）：21–42.

③ Fitzgerald M，Kruschwitz N，Bonnet D，et al. Embracing digital technology：a new strategic imperative. MIT Sloan Management Review，2014，55（2）：1–12.

④ Anshari M，Almunawar M N，Lim S A，et al. Customer relationship management and big data enabled：personalization & customization of services. Applied Computing and Informatics，2019，15（2）：94–101.

⑤ Martin K D，Murphy P E. The role of data privacy in marketing. Journal of the Academy of Marketing Science，2017，45（2）：135–155.

传播或更换商家等。因此，如何以合理、透明的方式收集和使用顾客数据，增加顾客在消费过程中对个人信息的感知控制权，进而弱化顾客的隐私担忧，是数字化时代企业进行营销管理需要解决的关键问题。

七、自然环境

自然环境主要是指自然资源因素，包括矿物和动物群体、自然界的其他方面以及生态系统的变化等。对自然资源的利用会对当地的营销活动产生深远的影响。例如，石油矿藏丰富的地区可能会致力于煤油和石蜡等相关产品的生产和销售。当然，有利的自然环境对营销活动的开展是有益的，不利的自然环境会阻碍组织的营销活动。因此，既然营销活动受到自然环境的影响，那么管理者就对自然环境负有一定责任。例如，当前的全球自然环境面临着资源短缺和环境污染严重等问题，这已经引起国际社会的广泛关注，唤起了人们的生态环境保护意识，许多国家政府对自然资源管理的干预日益加强。在这一大背景下，越来越多的组织担负起社会责任，努力开展生态营销或绿色营销，引导公众可持续消费。这既是维护世界人民长期福利的必然要求，也是企业获得成功的必然选择。

八、人口统计特征信息

人口统计特征信息主要指从人口数量、年龄、性别、种族、收入、受教育程度、职业和家庭结构等方面测量人口特征的数据，是了解社会特征的关键环节。显然，人口统计特征信息的获取有助于预测未来，如果加以利用，一个组织往往可以从中极大获益。具体而言，人口状况的变化对人们的购买选择和购买数量都有重大影响，各地市场的人口数量、具体构成和分布情况也会对营销产生影响。因此，深入观察社会人口的变化往往可以帮助管理者和投资者准确进行目标市场的定位，从而适应市场的变化。所以，对人口统计特征的探究有助于营销人员开展营销工作和做出正确的营销决策。

（一）人口规模与增长速度

相关数据显示，目前，全世界总人口约为 76 亿。中国是世界上人口最多的国家，人口约为 14 亿，紧随其后的是印度，人口超过 13 亿。美国、印度尼西亚和巴西分别排名第三、第四和第五。从某种程度上说，中国是世界上最大的消费市场。

（二）人口结构与家庭结构

人口结构决定了消费结构，人口结构的变动也决定了消费结构的变动。美国人口学家曾经依据出生年代的不同，把美国人口划分成三个主要的世代，即生育高峰的一代、X 一代和新新人类。很多美国知名企业成功抓住了社会人口结构变化的契机，及时调整营销战略，获得了成功。

《中国统计年鉴 2020》抽样调查数据显示，2019 年中国 65 岁以上的抽样人口约占总抽样人口的 12.6%。按照联合国的标准，如果 65 岁以上老人占总人口的 7%，即视该地区进入老龄化社会。由此可见，中国已步入老龄化社会的初期，80 后、90 后逐渐成为社会的主导力量。在企业的营销活动中，要仔细甄别年龄结构带来的差异，巧妙、准确地定位目标市场，只有这样才能获得成功。在中国，针对老年人的市场开拓才刚刚开始，老年特色旅游、老年医疗保健、老年养老护理、老年教育等市场的潜力巨大，有待深入激发。

由于家庭是商品购买、消费的基本单位，所以家庭结构是营销活动的重要影响因素之一。目前，大家族式的家庭已慢慢消失，取而代之的是小型化的家庭模式。这种家庭模式带来了家政服务等方面的强大需求，为企业提供了巨大的市场机会。

营销视角2-2　新生新我Better Me：美素佳儿妈妈奶粉营销新模式

第 3 节　产业竞争环境与组织内部营销环境分析

除了政治环境、经济环境、社会文化环境、技术环境以及自然环境和人口统计特征信息等外部宏观营销环境因素以外，任何组织的营销活动都不可避免地受到诸如外部产业竞争环境以及组织内部营销环境等因素的影响。

一、产业竞争环境与组织内部营销环境分析概述

一般而言，通常使用五力分析模型对产业竞争环境进行分析。该模型由迈克尔·波特（Michael Porter）于 1979 年初提出，主要基于市场的竞争环境角度对企业所处的产业竞争环境进行分析，是一种外部环境的微观分析。[1] 其中，“五力”分别指供应商的讨价还价能力、顾客的讨价还价能力、潜在进入者的能力、替代者的替代能力、行业内竞争者的现实和潜在竞争能力。具体来看，产业竞争环境包括供应商、顾客、市场新进入者以及竞争者、替代者等因素，它们直接制约和影响一个组织的营销活动，所以管理者必须对这些因素进行分析，以更好地协调组织与利益相关者的关系，促进组织目标的实现。

组织内部营销环境是指影响组织营销规划与实施的内部环境因素。相较于外部宏观营销环境和产业竞争环境，组织内部营销环境具有可控性，可由组织自身控制或调节。影响组织营销活动的内部环境因素通常包括财务能力、生产设备、人力资源、地理位置、研发能力以及企业形象等。在此基础上，我们绘制了图 2－3，清晰地勾勒出组织外部产业竞争环境和内部营销环境因素。

二、产业竞争环境分析

（一）供应商及其分类

供应商是指直接向零售商提供商品及相应服务的组织和个体工商户，包括制造商、经销商和其他中间商。供应商的分类方法众多，其中一种较为有效的方法是把供应商分为战略供应商、优先供应商、考察供应商、消极淘汰供应商、积极淘汰供应商和身份未定供应商。[2] 其中，（1）战略供应商指那些对特定的组织具有战略意义的供应商。如果供应商所提供的技术复杂或者所提供的产品生命周期较长，那么对特定的组织而言，可供选择的供应商数量往往相对较少，甚至是唯一的。这种供应商的存在对该组织来说至关重要，更换供应商的代价非常大。因

① Porter M E. How competitive forces shape strategy. Harvard Business Review，1979，57（2）：137–145.

② 刘宝红．供应商分类．（2007–01–16）．https://scm-blog.com/2007/01/supplier-classification.html.

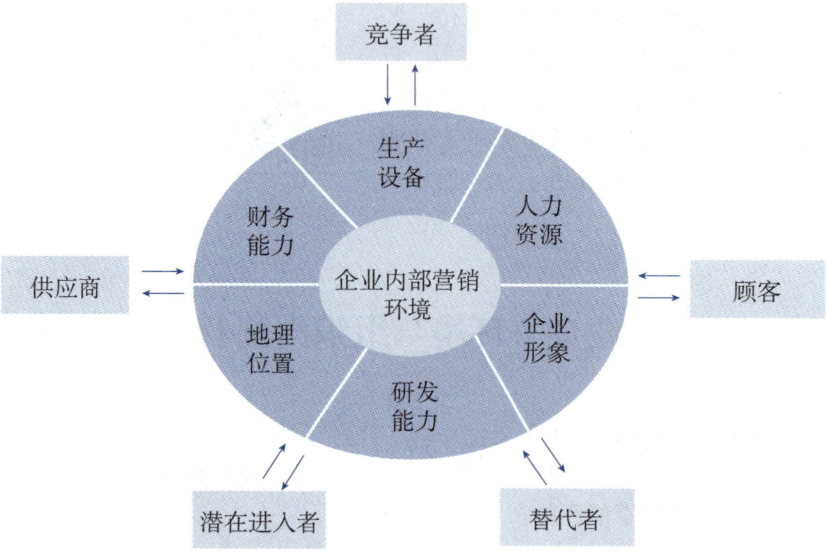

图 2－3　产业竞争环境和组织内部营销环境因素

资料来源：埃特泽尔，沃克，王永贵，等．市场营销：第 14 版．南京：南京大学出版社，2009．

此，针对这类供应商的策略是着眼于培养长期的关系。(2) 优先供应商提供的产品或服务并不具有特殊性，特定的组织具有从其他供应商那里选择的权利。但在对供应商的总体绩效进行评价（通常包括对价格、质量、交货准时程度、技术、服务、人员管理等方面的评价）后，该组织很可能倾向于优先选择某一供应商，那么该供应商就属于优先供应商。(3) 考察供应商一般是第一次为特定的组织提供产品或服务的供应商。由于其表现尚不确定，通常给予其一定的考察期限（如一年）。在考察完成之后，此类供应商可能升级为优先供应商，也可能降为淘汰供应商。同时，优先供应商如果出现绩效下降的问题，也可能成为考察供应商。(4) 针对消极淘汰供应商的一般做法是不再给予其新的业务，随着协议产品生命周期的终结，此类供应商被自然淘汰。(5) 积极淘汰供应商不但不能获得新业务，还可能面临现有业务都被转移走的风险。对于这类供应商，企业必须防止其做出极端行为。供应商一旦知道自己现有的业务将被转移走，很可能会采取抬价和中止供货等极端措施。所以，企业在做出最终淘汰决策前，一定要确保畅通的额外供货渠道。(6) 顾名思义，身份未定供应商的身份尚未确定。在分析评价之后，此类供应商可能升级为考察供应商，也可能被企业定义为消极淘汰供应商或积极淘汰供应商。

在整个顾客价值交付系统中，供应商是很重要的一环，它们向组织提供生产产品以及服务所必需的资源。作为企业所在价值链的上游企业，供应商的变化对企业营销有重要影响。企业的营销部门必须随时关注供应商供应能力的变化，因为供应短缺、质量参差不齐等问题不仅会在短期内影响企业的销售，从长期来看还可能降低顾客满意度，造成顾客流失等后果。营销部门也必须关注主要供应品的价格变化趋势，因为供应成本的上升会导致企业产品的价格上升，从而影响销售。再者，随着数字技术的不断发展，企业选择供应商的传统模式被颠覆。例如，企业可以应用人工智能、物联网、数据挖掘等技术，构建供应商信息数据库，随时监测供应商的经营风险并对其经营绩效进行预测，同时还可以评估备选供应商的经营实力，形成与企业发展战略最为契合的未来供应商选择群。除此之外，企业还可以借助虚拟现实技术，与供应商进行线上交流和沟通，省去线下沟通的时间成本和金钱成本，提升合作效率与效果。①

① 采购的未来：数字化颠覆传统采购模式．(2017-10-31)．https://www.sohu.com/a/201442080_483389.

（二）顾客市场分类与顾客角色

著名的营销专家菲利普·科特勒将顾客市场分为五种类型，分别是消费者市场、产业市场、零售商市场、政府市场和国际市场。其中，消费者市场由个体和家庭组成，购买产品和服务是为了个人消费；产业市场为进一步加工或在生产过程中使用而购买产品和服务；零售商市场购买产品和服务是为了再出售以获得利润；政府市场由政府机构组成，购买产品和服务的目的是提供公共服务或使这些产品和服务转移到需要的人手中；国际市场由其他国家的购买者组成，包括消费者、制造商、经销商和政府机构等。显然，每种市场类型都有自己的特征，营销部门需要根据不同类型的市场制订相应的营销计划。需要指出的是：不论哪种市场，当顾客拥有强大的或不断增强的议价能力时，该细分市场对企业的吸引力可能并不大。营销管理者可能会选择那些谈判能力或转换供应商能力较差的购买者。面对强势购买者，较好的防御方式是开发优质的产品或服务，让其无法拒绝。

营销视角2-3　没有用户，只有粉丝：小米的粉丝营销

传统的营销观念认为顾客是商品的接受者，是被操控的资源，营销管理者对顾客进行细分，然后展开渗透并对顾客进行促销。基于传统的观念，为了实现生产效率的最大化，企业常常将生产者和顾客分开。然而，在以服务为中心的营销中，顾客经常参与价值的创造。对于有形商品来说，产品不是制造过程的终点，而是其中一环。商品是服务供应的一种载体，在交付服务时，顾客必须学会使用、维护和适应这种载体，以满足他们的独特需要。为此，2004 年，斯蒂芬·L. 瓦戈和罗伯特·F. 卢施（Stephen L. Vargo & Robert F. Lusch）提出了“服务主导逻辑”，强调顾客是服务的合作生产者，是关系交换和合作生产的参与者，营销是企业与顾客互动的创造与体验过程。[①] 如本书第 1 章所述，在服务主导逻辑下，价值最终由顾客在体验服务或使用产品过程中的感知价值以及使用价值来决定，顾客的角色从价值的被动接受者转化为价值的共同创造者。[②] 因此，企业的营销活动应注重顾客参与价值创造的问题，充分发挥顾客创新的作用，挖掘顾客资源，以增强企业的竞争优势。

（三）新进入者

对新进入者而言，最有吸引力的是进入壁垒高而退出壁垒低的市场。尽管进入壁垒和退出壁垒都高的市场能够给新进入企业带来较高的潜在利润，但企业面临的风险也会很大，因为经营绩效较差的企业会继续留在该市场上死战到底。如果某一市场的进入壁垒和退出壁垒都低，那么企业将易于进入或退出，虽然经营回报稳定但利润较低。相对而言，最差的情形是某一市场的进入壁垒低而退出壁垒高，企业在形势好的时候易于进入，但在形势差的时候却难以退出，结果可能是企业面临着长期的产能过剩和收入衰退的困境。[③] 在市场竞争中，企业必须综合考虑上述因素，并时刻对新进入者的威胁进行评价。

（四）竞争者及其类型

营销管理的一项基本任务是通过分析产品大类、式样和品牌等来辨别竞争者，并争取做

---

① Vargo S L，Lusch R F. Evolving to a new dominant logic for marketing. Journal of Marketing，2004，68（1）：1–17.

② Vargo S L，Lusch R F. Institutions and axioms：an extension and update of service-dominant logic. Journal of the Academy of Marketing Science，2016，44（1）：5–23.

③ 埃特泽尔，沃克，王永贵，等. 市场营销：第 14 版. 南京：南京大学出版社，2009.

得比竞争者更好，让顾客更满意，进而提升顾客黏性。显然，如果一个细分市场已经有大量强大的竞争者，它就失去了吸引力，这种情形必将导致频繁的价格战、广告战，甚至是不断推出新产品，结果竞争者为之付出高昂的代价。

在实践中，可以从行业、市场和竞争地位等不同视角对竞争者进行分类。具体而言：

（1）从行业角度看，可以把竞争者分为现有厂商、潜在进入者和替代品厂商。其中，本行业内的现有厂商会构成企业的直接竞争者。当本行业的前景乐观时，有动机进入的厂商就成为潜在进入者。如果某一产品具有与本企业产品相类似的功能，这种产品就成为替代品，替代品厂商构成了企业在行业内的另外一种竞争者。①（2）从市场角度看，竞争者可以分为产品式样竞争者、产品大类竞争者、一般竞争者和预算竞争者。② 其中，提供类似产品或服务的企业构成了产品式样竞争者。一般而言，进行产品式样竞争的产品是面向同一细分市场、特色取值相近的产品。产品式样竞争是最直接的竞争，强调品牌的作用，如家用空调市场中的格力空调、美的空调和海尔空调等之间的竞争。提供同种或同类产品，但规格型号以及款式不同的企业构成了产品大类竞争者，此类竞争者基本属于行业竞争层次，所以也称为行业竞争者，它们多经营特色相似的产品或服务，相互争夺行业市场份额。③ 如果企业可以提供不同种类的产品，能满足消费者的同种需要，那么这种企业就称为一般竞争者或需要竞争者。例如，航空公司、铁路客运公司和长途客运公司之间的关系就属于这种情况。在中国，随着高铁技术的发展以及高铁的日益普及，它们之间的竞争无疑会变得更为激烈。如果企业提供不同的产品来满足消费者的不同愿望，目标消费者却相同，那么它们就构成了预算竞争者或消费竞争者。例如，顾客的收入增加以后，增加的收入可用于旅游，也可用于购置汽车或首饰，预算竞争企业之间存在相互争夺顾客购买力的竞争关系。（3）从竞争地位的角度来看，竞争者可以分为市场领先者、市场挑战者、市场追随者和市场补缺者。其中，市场领先者在某一行业的市场上占有最大的市场份额；市场挑战者在行业中处于次要地位，往往试图通过主动竞争来扩大市场份额并提高市场地位；市场追随者在行业中也处于次要地位，安于现状，倾向于在技术与营销方面追随市场领先者；市场补缺者多是行业中相对较小的企业，其目标市场为被大企业忽略的细分市场，在夹缝中求得生存和发展，但有时可以通过生产和提供某种特色产品和服务赢得发展空间。

（五）替代品的威胁

如果某一细分市场存在实际或潜在的替代品，则该市场的吸引力就会降低。一般而言，替代品会对被替代品的价格和利润造成负面影响，使得生产被替代品的企业利润下跌。替代品所在行业的技术进步或者竞争程度提高，能够决定替代品产生的威胁大小。尤其在数字化时代，随着大数据、人工智能、云计算等新型数字技术的发展，许多传统产品、服务甚至提供服务的人员都经历着不同程度的危机。举例而言，随着互联网信息技术的发展和共享经济时代的到来，爱彼迎、小猪短租等互联网住宿平台涌现，这使得传统酒店行业的利润受到威胁。再比如，优步等共享出行平台也对出租车行业造成了一定的威胁。有关替代品的内容在前面对竞争者的讨论中已有涉及，此处不再赘述。

---

① 希尔，琼斯．战略管理：第 6 版．孙忠，译．北京：中国市场出版社，2007.

② 王永贵．产品开发与管理．北京：清华大学出版社，2007.

③ 关于对企业竞争者分类及其行为分析．（2005-12-06）．http://www.chinavalue.net/Article/Archive/2005/12/6/15585.html.

三、组织内部营销环境分析

任何组织的营销活动都会受到可控制的内部环境的影响，包括组织的财务能力、生产设备、人力资源、地理位置、研发能力以及在公众心目中的形象等因素。举例而言，制造商企业在决定开发新产品时，往往需要考虑自身的研发能力以及财务能力，同时确定能否利用现有的生产设备和专家资源。除此之外，工厂的位置往往决定了企业市场的地理限制，在运输成本较高且产品容易腐烂变质的时候，情况更是如此。对营销中间商而言，商店的位置（对零售店）或仓库的位置（对批发商）也会影响企业吸引的顾客数量和运营成本。当然，随着互联网技术的发展，在线零售商可能不必担心商店的地理位置，但是需要考虑仓库的位置。

需要指出的是，在企业内部，营销职能通常由营销部门来实现。营销职能只有通过良好的管理、计划和合理的资源配置才能达到良好的效果。但企业的营销部门不是孤立的，而是在企业环境下运作的，营销部门的业务活动与其他部门的业务活动密切相关。实际上，企业营销是一个全员营销的过程，企业营销活动经过多年的发展，已经从一种营销部门的工作发展到遍及整个企业的一系列复杂活动。企业的各职能部门是一个有机整体，所有职能都应与最后的产出相联系。在企业的竞争重心向服务主导逻辑转变、企业的关注点向“与顾客共同创造与分享价值”转移的背景下，所有这些职能都应该以顾客为中心，并协调一致，如研发部门广泛倾听顾客的意见，采购部门主动寻找最好的供应商来为顾客提供高质量产品，生产部门则生产出能够满足顾客定制化需求的产品。同时，营销部门还必须与高层管理部门、财务部门等保持密切联系。例如，营销部门在将营销计划呈递给高层管理部门前，必须征求财务和生产部门的意见，以获得资金和生产能力的支持。营销部门的决策制定也关系到高层管理部门的意图，营销计划必须在高层管理部门的战略计划范围内实行，并且在实施前得到了高层管理部门的批准。

第 4 节　市场导向与市场环境感知

在营销管理实践中，企业对市场营销环境的重视从来就没有减少过。对营销的外部宏观环境、外部微观环境和组织内部环境的了解和分析只是企业成功开展营销管理活动过程中最基础的一步。所有组织必须以正确理解市场导向为基础，在持续感知市场的实践中不断强化市场感知能力。

一、市场导向

在当今的顾客中心时代，企业需要持续地了解和监控顾客，知悉顾客的需求与期望以及其他市场环境，并交付优异的顾客价值。[①] 克里和贾沃斯基（Kohli & Jaworski）把企业的上述行为称作“市场导向”。[②] 迄今为止，已有无数研究表明市场导向与组织绩效呈正相关关系。[③]

① 王永贵．顾客资源管理．北京：北京大学出版社，2005.

② Kohli A K，Jaworski B J. Market orientation：the construct，research propositions，and managerial implications. Journal of Marketing，1990，54（2）：1–18.

③ Narver J C，Slater S F. The effect of a market orientation on business profitability. Journal of Marketing，1990，54（4）：20–35.

所谓市场导向，是企业生成和传播市场信息并对这些信息做出反应的能力。显然，市场导向是有效发现和满足不断变化的、日益个性化的顾客需求所必需的。一般而言，顾客的需求往往以两种不同的状态存在，即显性状态和隐性状态。与此相应，旨在发现、满足顾客需求的市场导向包括两种基本导向：一种是反应型市场导向；另一种是先动型市场导向。①

（一）反应型市场导向与市场驱动型企业

反应型市场导向指的是“顾客引导”（customer led）、“顾客驱动”（customer driven）或“市场驱动”（market driven），即企业通过集中自身现有的知识和经验，试图去发现、理解和满足顾客的显性需求。举例而言，乔治 · S. 戴伊（George S. Day）将市场驱动型企业描述为：它坚持“一套流程、信念和价值观”，并将其贯穿所有部门和活动之中，而对顾客需求和行为以及竞争对手能力和意图的深入理解构成了上述流程、信念和价值观的基础。企业这样做的目的是通过满足顾客来实现优于竞争对手的绩效水平。②

一般而言，市场驱动型企业奉行的是典型的反应型市场导向，很好地实现了竞争导向和顾客导向之间的平衡。尽管市场驱动型企业把顾客放在第一位，围绕细分顾客群体进行组织，但它们具有高度的竞争性，而且从长期来看，这类企业会毫不犹豫地用升级换代的产品来逐渐替换那些销售成功的、有利可图的老产品，并以此来防止竞争对手胜过它们。在进入市场之前，这类企业首先会确定战胜竞争对手的关键成功因素，然后努力掌控这些关键因素，且倾向于进入自己有竞争力的市场。在进入市场之后，这类企业会与市场保持紧密的关系，并迅速地对观察到的市场环境变化做出反应。③不过，就其本质而言，奉行反应型市场导向的企业往往更多地表现为被动地对市场做出反应，或者说最多只是对市场进行预测，它们接受既定的市场结构和行为，并在限定的范围内展开经营活动。

（二）先动型市场导向与驱动市场型企业

先动型市场导向往往指的是“驱动顾客”（customer driving）。与关注顾客的显性需求相反，先动型市场导向侧重于寻求企业当前经验范围之外的、多种多样的新知识和新信息，依靠的是探索性学习活动，强调的是发掘、理解和满足顾客的隐性需求或者通过与领先用户紧密合作来发现新的市场机会以及通过市场测试来发现未来的需求，包括顾客未明确表达出来的需求、不知道如何表达的需求以及尚未意识到的需求等。④

与市场驱动型企业相对应，一些企业重新界定了产业标准，并重新塑造了市场行为，这就是我们所说的驱动市场型企业，即奉行先动型市场导向的企业。它们倾向于不断寻求更新、更好的经营方法，重新界定在市场和产业中应该如何行事，并努力塑造市场结构或市场行为，或者两者兼顾，以创造更优异的顾客价值，并最终提升企业的经营绩效。同时，这类企业倾向于实施创造型市场营销，以便改变消费者的偏好和行为，或努力创造出消费者从没想到自己会需要的产品。移动互联网、人工智能等信息技术的发展，为消费者的消费方式提供了多样化的选择。如消费者在就餐时，除了传统到店就餐消费外，还可以通过线上平台选择外卖服务，抑或选择在无人餐厅享受智能技术带来的全新就餐体验。市场驱动型企业和驱动市场型企业的比

---

① Narver J C，Slater S F，MacLachlan D L. Responsive and proactive market orientation and new-product success. Journal of Product Innovation Management，2004，21（5）：334–347.

② Day G S. The capabilities of market-driven organizations. Journal of Marketing，1994，58（4）：37–52.

③ 郭贤达，蒋炯文．战略市场营销：经理人精要指南．王永贵，董伊人，译．北京：北京大学出版社，2006.

④ 王永贵，邢金刚，史有春，等．对市场导向、顾客资产导向与新产品开发绩效之间关系的探索性研究：基于中国背景的调节效应模型．南开管理评论，2008（3）：12–19.

较如表 2－4 所示。

表 2－4　市场驱动型企业和驱动市场型企业的比较

市场驱动型企业	驱动市场型企业
在既定的市场边界内开展经营活动	跨越市场边界
接受给定的产业和市场规范	努力重新界定产业和市场规范
检测和预测环境趋势的变化	设定趋势
试图预测顾客偏好的改变	塑造顾客的偏好
实施响应型和预测型市场营销	实施创造型市场营销

资料来源：郭贤达，蒋炯文．战略市场营销：经理人精要指南．王永贵，董伊人，译．北京：北京大学出版社，2006.

二、环境监控与市场感知

（一）环境监控

本质上，企业的市场营销能否获得成功在很大程度上取决于企业在所处环境中的营销管理能力。为此，企业的营销管理人员必须识别本企业外部环境的构成要素，并系统、持续地监控这些要素，以便机警地识别出构成企业机会或威胁的外部环境变化及其可能产生的影响。一项对 100 家大型企业所做的研究表明，拥有先进的外部环境监控系统的企业往往比那些没有这种系统的企业成长快，获利也更多。实际上，已有研究表明，“环境扫描的确能够帮助企业占据战略地位，从而使企业更好地应对无法控制的外部环境因素”。[①] 那么，到底什么是环境监控？简单地讲，环境监控也称环境扫描（environmental scanning），主要指企业获取、分析和利用有关外部环境的信息，进而根据分析结果推测外部环境的变化趋势及其影响的行为。[②] 通过环境监控，企业高层管理者能够有效预测外部环境变化，进而采取相应的营销战略，保持或提升企业的竞争优势。

（二）市场感知

市场感知（market sensing）是生成市场知识的过程。这里所说的市场知识可以为企业中个体（如组织市场管理者、销售人员或高级经理）的决策提供参考信息和指导。从本质上看，市场感知是一个市场驱动的学习过程，意在了解现有顾客、潜在顾客、竞争对手以及对它们（包括企业自身）产生影响的其他参与者，如经销商和监管机构等。通过市场感知，营销管理人员和企业中的其他相关个体能够制定、测试、修正、更新并提炼他们的市场观点。其中，市场观点是指对市场以及市场运作方式的简单描述。[③]

简单地说，企业进行市场感知的特殊能力就是越来越受关注的市场感知能力。在实践中，典型的市场感知流程如图 2－4 所示。市场感知流程能够为企业创造出一种超越其竞争对手的优势，但大多数企业并没有认识到这一点。在实践中，从来就没有哪一家公司由于拥有太多的市场知识而陷入困境。与此相对照的是，一些公司由于对市场缺乏认识或者没有正确理解市场而陷入困境。

---

① Albright K S. Environmental scanning：radar for success. Information Management Journal，2004，38（3）：38–45.

② Aguilar F J. Scanning the business environment. New York：Macmillan，1967.

③ 安德森，纳罗斯．组织市场管理：理解、创造和传递价值：第 2 版．王永贵，译．北京：北京大学出版社，2007.

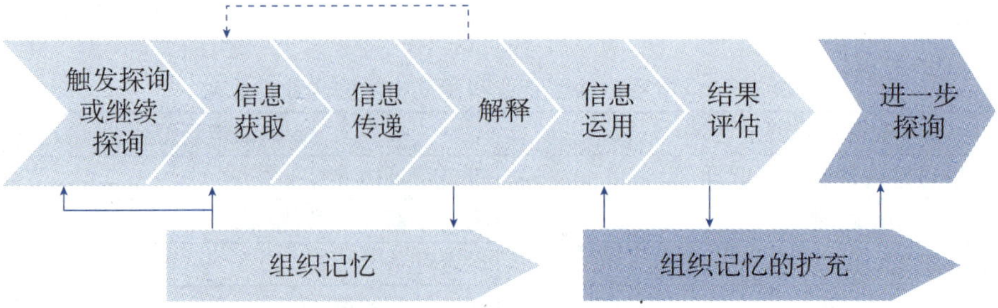

图 2－4　市场感知流程

资料来源：Day G S. The capabilities of market-driven organizations. Journal of Marketing，1994，58（4）：37–52.

具体而言，市场感知包括四个主要方面：界定市场、监控竞争、评估顾客价值和获取顾客反馈，如图 2－5 所示。

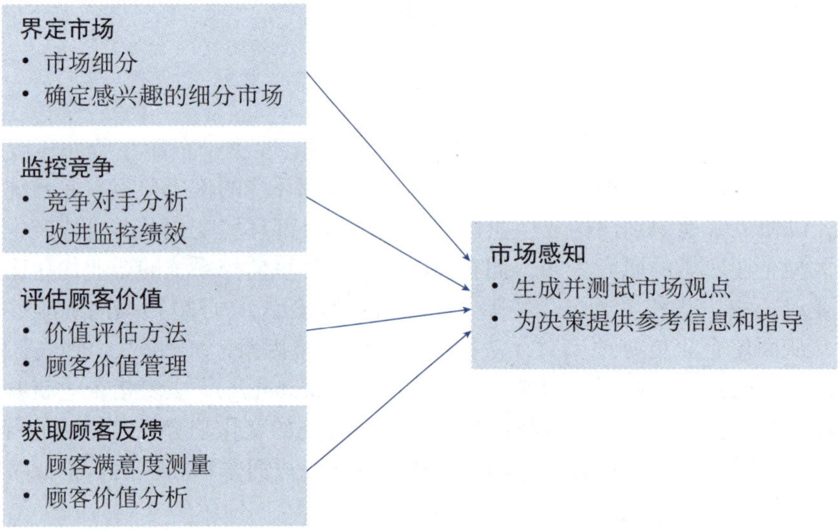

图 2－5　市场感知的四个主要方面

资料来源：安德森，纳罗斯．组织市场管理：理解、创造和传递价值：第 2 版．王永贵，译．北京：北京大学出版社，2007.

为了获得市场感知方面的独特能力，企业应该努力在上述四个方面优于竞争对手。具体来看：（1）界定市场。它主要包括市场细分和确定感兴趣的细分市场，相关内容将会在本书后面的章节加以介绍。（2）监控竞争。营销管理就是理解、创造并向目标细分市场和顾客交付价值的过程。营销管理者把获得有关当前顾客和潜在顾客需求和偏好的知识作为首要目标。然而，由于顾客对产品或服务价值的判断是在存在其他企业的同类产品或服务的背景下进行的，所以营销管理者需要获得有关竞争对手的知识，以策划本企业的市场战略，预测竞争对手对该战略的反应，以及决定如何对竞争对手在市场上的行动做出反应等。在此过程中，营销管理者还特别需要监测相关行业中的兼并和收购活动，这些相关的兼并和收购活动有可能造就强大的、潜在的竞争对手。（3）评估顾客价值。这主要包括价值评估方法和顾客价值管理两个部分。当然，重点在于后者。一方面，对于供应商所提供的产品或服务对自己的实际价值，顾客并非总能形成准确的理解。这就要求供应商想方设法向顾客展示如何增加价值或者减少总成本。另一方面，企业必须进行科学的顾客价值管理，以把优异的价值交付给目标细分市场及顾客，同时获得与所交付的价值相当的公平回报。显然，顾客价值管理要依赖于顾客价值评估，以获得对顾客需求和偏好的理解，并从货币形式的角度来看满足这些需求或偏好是否值得。

（4）获取顾客反馈。这是指获得有关供应商在满足顾客需求和偏好方面表现如何的知识。通过顾客反馈，企业往往能够了解自己在履行对顾客的承诺上做得如何，获悉顾客对自己提供的产品或服务的功能和性能的期望。因此，顾客反馈为企业提供了一个纠正问题和维护顾客业务的机会，使企业能够及时察觉不断变化的顾客需求和偏好。[①]

三、市场营销环境感知能力

尽管人们对营销环境的内容和环境监控及市场感知已经形成了深刻的认识，但并不是每个组织都能够很好地理解和掌握环境现状和变化趋势，并得出有效的结论。面对同样的机会，有的企业可以快速抓住机会并加以利用，有的企业则会错失良机。面对同样的威胁，有的企业可以尽快转变战略决策，减少威胁带来的损害，甚至化危机为契机；有的企业却做不到这一点，甚至会放大威胁带来的损害。原因在于，企业对市场营销环境的感知能力不同。可见，企业对市场营销环境的感知能力是企业应对环境变化的必要条件。接下来，我们将从市场营销能力、组织学习和吸收能力的视角来探讨企业的市场营销环境感知能力。

（一）基于市场营销能力的视角

市场营销能力涉及一种整合过程，该过程旨在运用集体的知识、技能和资源来解决市场相关问题和创造优异的顾客价值。[②] 市场营销能力不同于营销资源，它是企业通过有效而快速的流程和活动配置组织资源以满足顾客需要的潜能，反映了企业生成和整合市场信息的能力，是企业营销实践的积累性结果，具体包括研究市场、管理营销渠道和顾客关系、识别并对竞争对手的行动做出快速反应、获取顾客知识与获取顾客等能力。[③] 对市场营销能力的研究大致可以分为两个方面：一是与营销组合相关的能力，包括产品开发和管理、定价、销售、营销沟通和渠道管理等方面的能力；二是与营销战略发展和执行相关的能力，这些能力可以给企业带来绩效良好的、稀有的、有价值的、不可替代的以及不可模仿的优势资源。这两个方面的能力常常是相关的。

市场营销能力与环境息息相关，是对环境进行积极反应的能力。鉴于企业所处营销环境的动态性，企业必须发展和培养自身应对环境动态性的营销能力。比如，在感知市场机会方面，企业要随时在市场机会和企业实力两者之间寻找平衡点，通过市场细分实施个性化经营战略；在感知消费者变化和动态市场需求方面，企业要实施有效的客户管理；在感知服务需求方面，企业要建立服务规范化和服务创新机制；在感知竞争方面，企业要掌握相关竞争者的发展动态，并做好建立战略联盟的准备；在感知数字经济和信息技术对企业的影响方面，企业要建立关于市场信息的快速反应机制。

大数据、物联网（IoT）、区块链、人工智能（AI）和云计算等数字技术的日益普及，在为企业带来创造价值的新机会的同时，也使企业生成了新的能力。[④] 对数字技术的关注和应用是企业提升市场营销能力的前提。[⑤] 以耐克为例，该企业将数字技术作为强有力的媒介，以获取来自市场的丰富信息，进而快速制定触及顾客的营销战略。具体来看，通过在运动鞋中嵌入数字传感器，耐克可以准确地收集来自用户的数据（如鞋子类型、使用频率等）。基于此，耐克

---

① 安德森，纳罗斯．组织市场管理：理解、创造和传递价值：第2版．王永贵，译．北京：北京大学出版社，2007.

② Day G S. The capabilities of market-driven organizations. Journal of Marketing，1994，58（4）：37-52.

③ 张骁，王永贵，杨忠．公司创业精神、市场营销能力与市场绩效的关系研究．管理学报，2009，6（4）：472-477.

④ Kopalle P K，Kumar V，Subramaniam M. How legacy firms can embrace the digital ecosystem via digital customer orientation. Journal of the Academy of Marketing Science，2020，48（1）：114-131.

⑤ Li H，Wu Y，Cao D，et al. Organizational mindfulness towards digital transformation as a prerequisite of information processing capability to achieve market agility. Journal of Business Research，2021，122：700-712.

能够以更为精准、有效的营销方式面向用户，进而为其提供个性化的服务体验。

（二）基于组织学习的视角

在组织学习领域，著名学者阿吉里斯和舍恩（Chris Argyris & Donald Schon）认为，组织学习是企业为了促进长期绩效和生存发展，在回应环境变化的实践过程中，对其根本信念、态度行为、结构安排所做的各项调整活动，以正式和非正式的人际互动来实现。[①] 组织学习能力的提高能够促进企业绩效的改善，企业绩效的改善也能促进组织学习能力的形成。组织学习是一种整合组织内部个人、团队和组织之间的互动过程以及组织与外部环境之间的互动过程。通过组织学习，组织可以不断审视现有的产品和服务及其相应的运作程序和系统，调整战略定位并进行变革。对于营销部门来讲，面对营销环境的动态变化，营销部门可以借助组织学习，不断审视营销活动并对其进行调整。

1. 组织学习类型

现有研究大致将组织学习分为三类：（1）单环学习或低阶学习，也即最基本的学习。通过这类学习，企业可以发现自身策略和行为的错误，并加以纠正，使企业运作的效果符合既定的规范和各项要求。单环学习关注的问题是"我们是否做对了"。以促销计划为例，组织学习的过程首先是及时发现促销过程中出现的问题，再确定问题产生的原因，然后追究责任人，最后制定措施以防止同类问题再次产生。需要指出的是，进行这类学习的企业仅仅致力于解决当前问题，其目的在于适应环境，使企业在变动的环境中维持稳定。（2）双环学习或高阶学习，是指组织对既有的假设（规范、要求和目标）提出质疑，从而对其进行修正，以达到应对环境变化的目的。双环学习关注的问题是"我们做的是否对"。这类学习要求企业不仅要发现策略和行为存在的问题，还要发现指导策略和行为规范方面的错误，通过转换企业运作模式来增强企业的学习和创新能力，增强企业的竞争优势并提高企业绩效。例如，如果促销过程中出现问题，企业不仅要反思促销实施过程中的问题，还要反思对促销所做的规定是否得当，是否规定不当导致了实施不力。（3）"再学习"或"三环学习"。通过这类学习，企业对过去组织学习的过程和方式进行探索和研究，找出妨碍和有助于组织学习的因素，然后提出有效的新策略以提高组织学习的效率。以上三类组织学习的比较如图 2－6 所示。

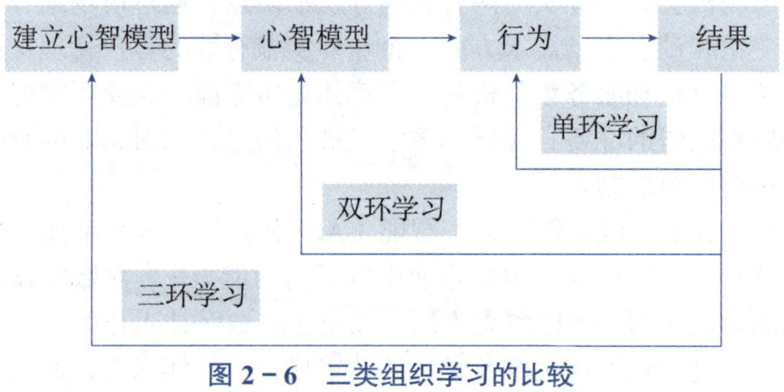

图 2－6　三类组织学习的比较

资料来源：Snell R，Chak A M. The learning organization：learning and empowerment for whom. Management Learning，1998，29（3）：337–364.

2. 组织学习过程

组织学习过程是研究组织学习的另外一种视角。该领域的学者将组织视为一个信息处理

① Argyris C，Schon D. Organizational learning：a theory of action perspective. Addison-Wesley Publishers，1978：135–137.

系统，该系统涉及知识的获得、解释、发布和存储。基于此，组织学习可以理解为组织获得、理解、传播、拓展和运用其经验的过程。其中，许多学者基于过程的视角对组织学习过程的阶段进行探讨。基于已有研究，可以将组织学习过程归纳为信息获得、信息分享、信息运用和组织记忆四个阶段。①

其中，信息获得是指获得知识的过程；信息分享是指组织把获得的信息传递给组织的其他部门，让所有的组织成员理解这些信息；信息运用是指将获得和理解的信息在实际组织中运用，使其产生效果；组织记忆是指通过组织机制将组织学习的成果保存下来，以供组织未来使用。在大数据时代，企业对消费者信息的获取、处理和吸收利用关乎营销活动的成功。对于爆炸式涌现的数据，企业需要借助大数据分析技术，从中挖掘有价值的信息，让数据"活"起来。只有充分利用这些消费者数据，企业才能更有效地了解消费者的行为特征，预测其潜在需求，实现精准营销。以亚马逊为例，2013 年 12 月，亚马逊获得了"预测式发货"专利并将其应用到营销活动中。具体来说，"预测式发货"就是指通过收集分析用户数据（如用户以前的订单信息、商品浏览轨迹、购物车甚至浏览某商品所用的时间等），后台预测出用户的购买需求，从而在用户正式下单前可以预先将商品派发到离用户较近的仓库或转运中心，这样用户一旦下单，就能在短时间内收到商品。②

（三）基于吸收能力的视角

知识已成为当前企业发展的关键资源，为了获取和保持竞争优势，企业需要不断地调整、更新和创造知识。吸收能力被看作企业获得和保持竞争优势的来源之一，日益成为研究的热点问题。其中，科恩和莱温特（Cohen & Levinthal）关于吸收能力的观点被广泛接受：所谓吸收能力就是企业识别、评价、消化和应用外部新知识的能力。③ 不过，也有学者认为企业在获取有价值的外部知识之后未必有能力应用这种知识。随着数字化时代的到来，越来越多的企业开始利用数字化技术来改善企业绩效，实现可持续的竞争优势。但需要指出的是，如果企业缺乏相应的吸收能力将技术知识有效地嵌入组织内部运营和外部利益相关者管理过程中，企业将很难发挥数字化技术的巨大潜力。④

在营销活动中，吸收能力表现为企业从营销环境中获取有价值的信息，在全面考虑自身的组织结构、人员安排、企业资源和企业文化后，将其与营销计划相匹配的能力。从企业层面来分析，影响吸收能力的因素主要包括经验、组织结构和企业战略等。其中，经验是企业环境扫描、与顾客交往以及与其他企业联盟的产物，有助于企业发展新的运营模式，影响了企业未来的信息搜寻方式以及识别和消化新信息的能力；组织结构为组织成员共享信息创造了基础，促进了企业内部信息的转移和吸收；企业战略体现了企业努力的方向，通过资源分配的方式影响企业识别、吸收和应用有价值的信息，并最终影响企业目标。⑤

综上所述，企业对营销环境的感知往往取决于企业自身的感知能力，而感知能力可以通过市场营销能力、组织学习能力和吸收能力等方面表现出来。企业不仅需要理解和掌握市场营销环境的分析方法，还需要提高对市场营销环境的感知能力，只有这样才能将企业有限的资源

---

① 杨智，刘新燕，万后芬．国外组织学习研究综述．外国经济与管理，2004，26（12）：15-20.

② 揭秘亚马逊大数据新应用：未下单，先发货．（2014-01-20）．https://www.chinastor.com/datacenter/060VR92014.html.

③ Cohen W M，Levinthal D A. Absorptive capacity：a new perspective on learning and innovation. Administrative Science Quarterly，1990，35（1）：128-152.

④ Siachou E，Vrontis D，Trichina E. Can traditional organizations be digitally transformed by themselves? The moderating role of absorptive capacity and strategic interdependence. Journal of Business Research，2021，124：408-421.

⑤ 林枫，徐金发．国外企业吸收能力理论研究综述．情报杂志，2010，29（5）：75-80.

与环境相匹配，通过高效运用，实现企业的营销目标。

案例

九阳的偶然与必然

九阳股份有限公司成立于 2002 年 7 月，其前身为山东九阳小家电有限公司，2007 年 9 月正式改制为股份公司。该公司专注于豆浆机领域，成功研发了世界上第一台全自动家用豆浆机，之后不断开拓厨房小家电研发、生产和销售的一体化产品供给，在电磁炉、原汁机、电压力煲等产品领域也分得一杯羹，在国内小家电市场上占有不可撼动的地位。

九阳公司的使命是："九阳致力于让全球消费者悦享健康生活，品质小家电让家更美好。"九阳公司将"人本、团队、责任、健康"的价值观融入产品，作为独特鲜明的市场卖点，并以"豆浆"这一饱含传统文化元素、符合中国人饮食需求的产品为抓手，开启自己的豆浆机事业。2008 年的婴幼儿奶粉事件激发了国内消费者对豆浆机的需求，为九阳公司的快速发展带来了契机，这是九阳公司取得成功的偶然之处，也是必然之处。九阳公司借助这一事件，分析并把握市场机会，为产品造势，紧盯当下消费者对健康饮食的需求，将豆浆机迅速推向全国。

九阳公司的成功还依赖于其核心的研发和创新能力，它成功地将一种产品做成了一个行业。与其他小家电企业相比，九阳公司的核心竞争力在于研发技术，目前该公司拥有国内外专利 2 000 余项。2015 年，凭借"快速制浆的豆浆机"专利，九阳荣获第十七届"中国专利金奖"。这些专利技术帮助九阳公司建立了行业壁垒，进而奠定了其在豆浆机领域的牢固地位。

为了突破豆浆机市场容量饱和的困境，应对新进入者的冲击，九阳公司开始寻找新的着眼点。目前，九阳公司已将视野扩展到电磁炉、料理机、榨汁机、电压力煲、面包机等产品领域，力求充分发挥自身的创新能力。同时，九阳公司在销售渠道、经营理念、品牌传播和网络营销方面也有突出表现，这显然对其保持竞争优势至关重要。以销售渠道为例，为了应对饱和的线下市场，九阳公司迅速调整营销战略，重点开发线上营销渠道。尤其在新冠肺炎疫情暴发后，九阳公司抓住一些消费者居家隔离这一特征，通过线下导购"上线"加入直播的方式，推广健康类小家电。借助疫情时期敏捷的市场感知能力，九阳公司的线上销售额实现了明显的增长。

资料来源：一杯豆浆引发的天下逐鹿.（2010–10–21）. https://www.sjfzxm.com/hangye/201810-12-185845.html；功在专利 成就创新：访山东九阳股份有限公司董事长王旭宁.（2017–09–04）. http://www.nipso.cn/onews.asp?id=37748；线上营销如何进行，小家电品牌九阳做得很好.（2020–02–23）. https://www.sohu.com/a/375302893_120507082；公司文化. https://www.joyoung.com/culture/.

本章小结

企业营销处于一个变幻莫测的动态复杂环境中，市场营销环境具有差异性、动态性、不可控性、系统性的特征，这要求企业必须密切关注营销环境的变化。企业可以采用市场营销环境分析工具来理解和掌握内外部环境。既要持续分析组织内部营销环境、外部产业竞争环境，如供应商、顾客、竞争者、新进入者和替代者等因素，也要分析外部宏观营销环境，如政治、经济、社会、技术、法律、自然和人口统计等方面的因素。同时，企业需要随时随地对市场环境进行监控和感知，并努力提升市场感知相关能力，使企业有限的营销资源与营销环境相匹配，实现组织的营销目标。

思考与练习

1. 什么是企业的营销环境？影响企业的产业竞争环境和外部宏观营销环境的因素有哪些？
2. 试举例说明企业内部营销环境如何影响企业的营销活动。
3. 在服务主导逻辑下，企业应如何把握与顾客的关系？
4. 什么是市场感知？市场感知的流程是什么？请举例说明。
5. 在数字化时代，企业如何提高市场营销环境感知能力？

基本概念　第2章

延伸阅读　第2章

第3章

营销战略规划与价值主张

本章要点

为什么许多企业卷入了基于同质产品的恶性竞争？为什么许多企业的产品热销只是昙花一现？为什么许多企业的产品缺乏竞争力？问题的答案可能有很多，但其中最核心的可能是这些企业的营销战略和价值主张出了问题。为此，本章将重点从战略层面探讨营销管理的一些核心问题。

学习目标

- 明确战略规划和营销战略规划的地位。
- 掌握营销战略规划的常用方法与具体过程。
- 掌握企业价值主张的内涵与层次。
- 熟悉企业价值主张的类型与作用。
- 明确企业价值主张的提炼与展示方法。

第1节　企业的战略规划

“当今世界正经历百年未有之大变局”，这是习近平总书记坚持并运用历史唯物主义和辩证唯物主义的立场、观点、方法，深刻分析当前国内外发展大势所得出的一个重大科学论断。大变局既是大挑战，也是大机遇，我们如何应对挑战，抓住机遇，离不开科学的战略规划。在国家层面，有五年发展规划、总体布局和战略布局等；在企业层面，则有长期战略规划、短期战略规划、产品战略规划和营销战略规划等。在当下的大变局时代，企业之间的竞争无论在内容、形式还是范围、层次上都发生了重大变化。其中，最重要的当属战略层面的竞争。由此，战略规划得到了前所未有的重视。

一、战略规划的内涵及作用

作为一个管理过程，战略规划就是在组织目标、组织资源和不断发展的营销机会之间建立并保持一种匹配性，最终实现组织目标。[①] 因此，管理者在进行战略规划决策时，不仅需要明确组织目标，还要分析长期的资源供给和市场需求情况。明茨伯格认为，战略规划与战略思想不是一回事。事实上，最成功的战略通常是愿景而不是规划，但战略规划往往是战略或愿景的细化。[②] 通常，战略规划是把战略目标或战略意图分解成一些具体的步骤，然后对每个步骤进行规划，并使整个目标体系的结构更加清晰。相对而言，战略思想只是一种综合，涉及直觉和创造力两类因素，直接结果就是关于企业的整合观点，并常常表现为表述得不太清晰的一种愿景和方向。在实践中，错误的战略规划会危及企业的生存，正确的战略规划则有助于企业在激烈的市场竞争中获胜。例如，格兰仕如果一直把精力放在生产羽绒制品上，就不会成为世界领先的微波炉企业。

显然，战略规划会对企业产生长期而深远的影响，不仅影响企业的资源配置，最终还将影响企业能否在市场上获得成功。以芬兰的诺基亚为例，该公司成立于 1865 年，早期是一家造纸厂。为了紧跟世界工业发展形势，诺基亚不断调整战略方向，成立了橡胶厂、电缆厂，并于 1960 年成立了电子部门，经营电子计算机业务。此后，诺基亚合并芬兰橡胶电缆厂组建诺基亚集团，对电子工业进行了大规模投资，先后制造出车载电话和全球通手机。最终，诺基亚通过重大战略调整，一步一步成长为移动通信巨人。[③] 然而，随着新兴的安卓和 iOS 系统对诺基亚塞班系统的不断挑战，诺基亚未能及时调整战略，错失了战略先机和翻盘机会，难挽发展颓势，于 2013 年向微软低价出售了手机业务。[④]

二、战略规划的层次

根据企业的经营活动，可以把战略规划分为三个主要层次，即总体战略、经营战略和职能战略。

（一）总体战略

总体战略是指企业层面的战略，也称企业战略，它是指导企业一切行动的最高纲领。在企业宗旨和目标的指导下，企业根据使命选择参与竞争的业务领域，合理配置资源，并努力使各项业务尽可能地实现协同。由此可见，总体战略的任务主要是指出：企业的使命和目标；企业应关注的业务范围和发展方向；企业如何获取资源和形成能力；企业如何在业务之间配置资源；企业如何进行业务协同，实现总体效益最大化；企业如何优化组织结构，确保企业股东利益最大化。

通常，总体战略是由企业管理层负责制定和落实的，是涉及企业全局性、整体性和长期性的战略计划，对企业的发展具有深远的影响。其中，企业管理层包括企业总经理、其他高层管理者、董事会以及有关专业人员。在实践中，总体战略往往表现为三种形式：发展战略、稳定战略和收缩战略。其中，发展战略决定了企业的总体发展方向——是在原有行业中进行市场扩展、产品渗透，还是通过横向一体化、纵向一体化或多元化进入新的产品领域。当然，发展

① 兰姆，海尔，麦克丹尼尔．市场营销学．时启亮，朱洪兴，译．上海：上海人民出版社，2005.
② Mintzberg H. The fall and rise of strategic planning. Harvard Business Review，1994（1/2）：107–114.
③ 同①.
④ 150 年历史诺基亚兴衰启示录．（2015–08–14）．http://finance.huanqiu.com/roll/2015-08/7269366.html?agt= 15438.

战略也决定了企业采用什么方式实现发展，即在企业内部积累、外部并购、合资和共同研发等多种方式中做出选择。[①]

（二）经营战略

经营战略又称业务单位战略，是指各个战略业务单位（事业部或子公司）根据公司总体战略要求，经营各自的业务和制定竞争策略，从而建立在该领域的相对竞争优势。很多规模较大的公司通常会根据业务发展的需要，把一些具有共同战略因素的业务组合成一个战略业务单位，建立事业部或子公司。[②] 每个战略业务单位都有自己相对独立的产品细分市场领域，以便充分利用在该领域的相对竞争优势。在事业部中，各战略业务单位更是具有高度的自主权。例如，在总体战略指导下，海尔公司内部成立了众多事业部，包括冰箱事业部、空调事业部等。随着互联网不断发展，海尔公司开始实施网络化战略，向平台型结构转型。比较而言，经营战略主要着眼于公司的相关事业部或子公司，只能影响某类具体的产品市场，是局部性的战略决策。所以，经营战略的制定者主要是具体的事业部或子公司的领导层或决策层。

（三）职能战略

职能战略又叫职能部门战略，有时称为职能层战略，是为了贯彻、实施和支持总体战略与业务单位战略在企业特定的职能部门制定的战略。根据职能部门在企业经营中扮演的功能角色，可以把职能战略分为营销战略、人力资源战略、财务战略、生产战略、研发战略等。其中，市场营销职能引导企业与市场需求相适应，主要解决如何满足目标顾客的需求并为产品的市场交换提供便利的问题。通过营销管理，企业可以科学地识别、确认和评估市场上的需求和欲望，选择目标市场，从而明确企业的发展方向。例如，华为经历“以技术为核心”向“以客户为中心”的战略转型，打造了“客户代表 + 营销 + 服务”的“铁三角”组织，制定了以客户为中心的营销战略，即华为营销战略“四步走”：第一步营销战略分析，即分析数字化时代背景下客户的需求变化、竞争对手的情况、企业营销的敏捷性、组织的资源和效能等；第二步战略选择与决策，基于外部环境分析和市场布局，抓住营销战略机会和关键战略举措；第三步排兵布阵，优化组织资源，实现营销目标；第四步匹配经营计划，实现营销战略规划与业务部署、组织考核和年度目标等的匹配。[③]

总体来看，上述三个战略层次非常清晰，它们共同构成了企业的战略体系。其制定与实施过程实际上是各管理层充分协商与密切配合的结果。

三、战略规划的步骤

如前所述，战略规划涉及公司如何利用不断变化的环境中的机会的问题，并通过清晰界定公司使命、划分战略业务单位、规划合理的业务或投资组合以及协调各种职能战略来实现公司目标。也就是说，首先要在公司层面界定其使命，然后由公司总部决定到底什么样的业务组合和产品最为适合，以及公司资源如何在各项业务和各种产品中配置。在战略规划的具体实施过程中，各业务领域要制订详尽的营销计划和其他事业部计划，以支持公司的总体战略规划。

① 贺金社．战略管理．郑州：河南科学技术出版社，2005.

② 吴健安．市场营销学．2 版．北京：高等教育出版社，2004.

③ 从土狼到世界级企业，华为如何打造营销铁军．（2020-10-25）．https://mp.weixin.qq.com/s/HSRFCwVpHIc90gwhA6krLA.

图 3－1 清晰地勾勒出了公司战略规划的步骤。①

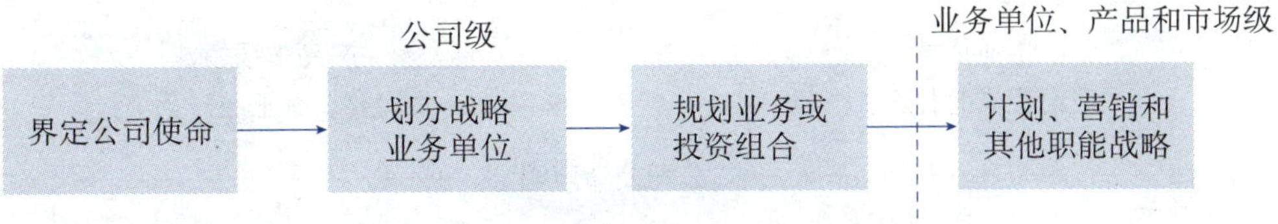

图 3－1　公司战略规划的步骤

资料来源：阿姆斯特朗，科特勒，王永贵．市场营销学：第 12 版．王永贵，郑孝莹，等译．北京：中国人民大学出版社，2017.

（一）界定公司使命

在制定总体经营战略时，公司首先要准确地界定公司使命。其中，公司使命反映了公司的目的、特征和性质。例如，华为的公司使命是：把数字世界带入每个人、每个家庭、每个组织，构建万物互联的智能世界。德鲁克曾就公司使命的界定提出五个经典问题②：我们公司是干什么的？谁是我们的顾客？我们能为顾客创造什么价值？我们的业务应该是什么？我们的业务未来会是什么？一般而言，公司使命是公司生存与发展的理由，它回答的是“我们要做什么、为什么要这样做”的现实问题，体现了公司全体员工的行为共识，是全体员工持之以恒为公司不断实现新的发展和超越而努力奋斗的动力之源。正如上面的例子所暗示的，公司使命揭示了公司成长的基本原则和思路。

公司使命回答了公司为什么而存在的问题，是公司价值主张的重要构成部分。价值主张是对顾客在与公司交易过程中所获得的吸引人的、值得信赖的、有特色的利益的一种清晰表述，能够为顾客带来区别于竞争对手的独特价值。公司的价值主张就像指南针，对公司在特定产品市场上的营销决策具有指引作用。如全球能效管理与自动化领域的数字化转型专家施耐德电气的使命是“成为您的数字化伙伴，以实现高效和可持续”。核心宗旨与价值主张是“赋能所有人对能源和资源的最大化利用，推动人类进步与可持续的共同发展”。为客户实现高效和可持续的使命，体现了施耐德电气赋能所有人对能源和资源最大化利用的价值主张。

在实践中，公司使命分析的结果常常是形成一份公司使命声明。从作用来看，公司使命声明为公司未来的发展指明了方向和目标，促使管理者、顾客和员工形成共同的使命感。公司使命声明的形式多种多样，但内容一般包括：公司的经营领域、公司的主要经营政策和公司的愿景等。由此可见，界定公司使命的关键在于：进行环境扫描与感知，深入分析公司的外部环境与内部条件，详细了解管理者、顾客和员工对公司的要求、期望和约束，进一步归纳出公司目前的特征和未来理想的特征。③同时，在实践中，公司还需要运用一定的技术手段定期对公司使命进行分析和诊断。图 3－2 列出了界定公司使命时可利用的有效对使命问题进行诊断的工具。公司使命声明通常包括如下内容④：（1）企业哲学，中心问题是“我们想成为什么？”（2）产品市场领域，中心问题是“我们要在哪里展开竞争？”（3）关键成功因素，中心问题是“我们想让员工如何表现？”（4）关键价值，中心问题是“我们必须擅长什么？”以通用电气为

① 阿姆斯特朗，科特勒，王永贵．市场营销学：第 12 版．王永贵，郑孝莹，等译．北京：中国人民大学出版社，2017.

② 科特勒，凯勒，洪瑞云，等．营销管理：亚洲版：第 6 版．王永贵，金夏芳，王帅，等译．北京：中国人民大学出版社，2020.

③ 吴健安．市场营销学．2 版．北京：高等教育出版社，2004.

④ 兰姆，海尔，麦克丹尼尔．市场营销学．时启亮，朱洪兴，译．上海：上海人民出版社，2005.

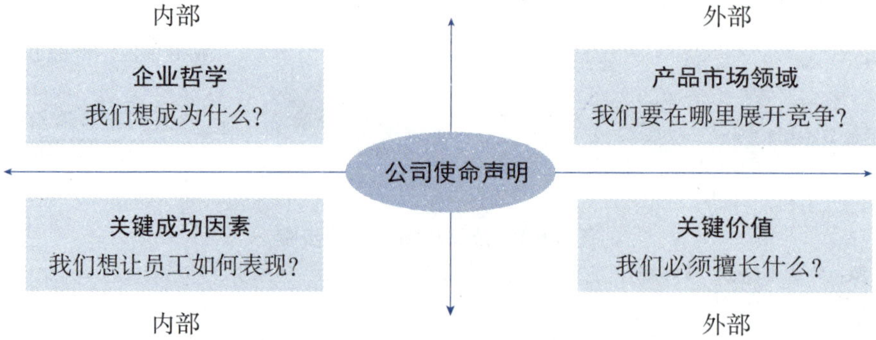

图 3－2　公司使命声明的界定与诊断

资料来源：皮尔斯．市场导向的战略转变．吴晓明，张华，战祥森，等译．北京：清华大学出版社，2005.

例，该公司的使命声明为“以科技及创新改善生活品质；在对顾客、员工、社会与股东的责任之间求取互相依赖的平衡”。由此可以判断，通用电气的产品市场领域是高科技电气产品，关键成功因素表现为技术创新，关键价值是改善顾客的生活品质，企业哲学表现为实现各方利益的平衡。

（二）设置公司的目标

公司的使命为公司设置目标指明了方向。公司的目标应该细化到各个管理层，如财务目标、业务目标、市场目标、营销目标等。公司的每个管理者都应该有目标并负责实现它们。营销战略和规划必须能够支持营销目标的实现。公司战略规划的目的，也是为了实现公司的目标。因此，设置公司的目标，是战略规划的重要步骤。

（三）设计业务组合

多数公司可能同时拥有若干个业务单位。例如，一家公司原来生产家电产品，后来又开发了房地产业务。实际上，即使生产家电，也有白色家电和黑色家电之分。显然，每项业务都有自己的特性，面对的细分市场也各不相同。因此，在实践中还要根据业务的性质和经营领域设计业务组合。

为了整合公司的竞争优势进而获得长期稳定的发展，公司在规划总体战略时必须考虑如何对公司有限的人力、物力和财力等资源进行合理配置。因此，公司有必要对各种战略业务单位及其业务状况进行评估和分类，确认它们的前景和潜力，进一步决定它们的投资结构和资源分配情况。通常来说，公司一般同时拥有多种业务，而每种业务的增长机会各不相同。在资源约束条件下，公司必须对各种业务进行分析和评价，以便确认哪些业务应当发展、哪些业务应当维持、哪些业务应当缩减或者淘汰。为此，公司可以在实践中运用波士顿矩阵或通用电气公司矩阵来解决业务组合的设计问题。

1. 波士顿矩阵

波士顿矩阵由美国波士顿咨询集团首创，是一种基于四个象限的分析法，又叫市场增长率-相对市场占有率矩阵，用以对现有业务组合进行评价，由此做出战略投资组合决策。[①] 如图 3－3 所示，市场增长率是指战略业务单位所在市场或行业一定时期内销售增长的百分比，一般以 10% 为分界线，划分出高和低两个等级；相对市场占有率是指战略业务单位在该市场

① 张德鹏，汤发良，李双玫．市场营销学．广州：广东高等教育出版社，2005.

全部销售额中所占的份额。在波士顿矩阵中，一般运用相对市场占有率来表示市场占有率，它指的是与本市场最大竞争对手的市场占有率之比。相对市场占有率的分界线一般是 1.0，以此为基础划分出高和低两个区域。在图 3－3 中，每个圆圈代表一个战略业务单位或一项具体的业务，其面积大小代表战略业务单位或业务的销售额多少，圆圈的位置由各战略业务单位或业务的市场增长率和相对市场占有率共同决定。这样一来，就可以把企业所有战略业务单位或业务划分为四种基本类型。

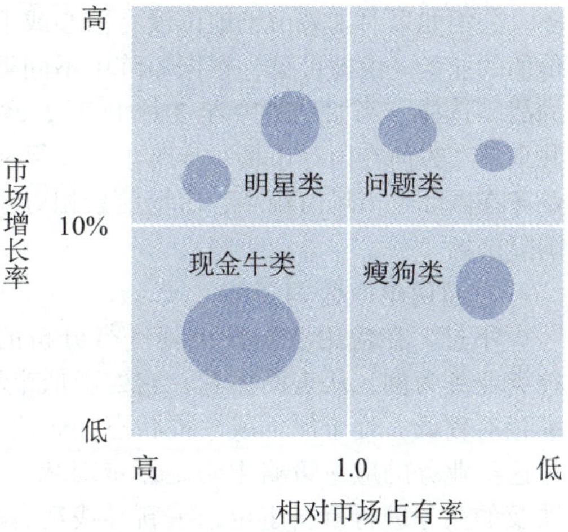

图 3－3　波士顿矩阵

资料来源：科特勒，凯勒. 营销管理：第 14 版：全球版. 王永贵，等译. 北京：中国人民大学出版社，2012.

（1）现金牛类。现金牛类（又叫金牛类）业务是低市场增长率、高相对市场占有率的业务。这类业务比较成功，处于成熟的稳定阶段，不需要投入多少资金就能维持现有的市场份额。同时，高相对市场占有率意味着现金牛类业务可以产生大量的现金来源，既是公司的收入来源，又能为其他业务的发展提供资金。

（2）明星类。明星类业务是高市场增长率、高相对市场占有率的业务。这类业务处于快速增长阶段，业务的高增长率和发展意味着需要投入大量资金，高相对市场占有率则意味着可以在未来提供大量现金流，成为未来之星。随着业务发展的逐渐平稳，这种业务最终会转变为现金牛类。在公司的全部业务中，明星类业务在增长和盈利上有极好的长期机会，但也是公司资源的主要消耗者，需要大量投资。为了确保明星类业务在增长的市场中占据主导地位，公司应该在短期内优先供给它们所需的资源，以支持它们继续发展。

（3）问题类。问题类业务是高市场增长率、低相对市场占有率的业务。一方面，这类业务的市场需求很高，另一方面，其在市场上的竞争力相对偏弱。高市场增长率意味着公司需要投入大量资金来维持高增长率，而低相对市场占有率意味着公司尚未在该市场上形成竞争优势，能够获得的收益也比较少。公司在该业务上的投入能否增加市场优势、是否可以将其打造为“明日之星”都是不确定的，因此公司面临着较大的风险。一般而言，公司对问题类业务的投资往往相对谨慎，需要做进一步的分析，判断其成长为明星类业务所需的投资量，分析未来是否盈利，研究是否值得投资等。

（4）瘦狗类。瘦狗类业务是低市场增长率、低相对市场占有率的业务。这类业务处于相对饱和的市场，竞争激烈，可获利润极小，不能成为公司主要的收入来源。而且，其市场需求往往不高，市场前景黯淡。相对市场占有率低意味着业务在市场上缺乏竞争力，获利能力不佳，无法为公司带来大量现金流；市场增长率低则表明市场需求状况不是很好，前景堪忧。因此，公司可以根据市场前景做出灵活的选择。如果这类业务能自我维持，公司应缩小经营范围，加强内部管理。如果这类业务能够获得市场领先地位，公司可以继续增加投入，使这类业务尽快向现金牛类转化。如果这类业务已经彻底失败，公司则应及时采取措施，清理业务或退出该经营领域。

波士顿矩阵分析的目的在于帮助公司确定投资业务组合。根据各种业务在波士顿矩阵中的分布情况，公司可以对业务投资组合进行战略调整，对不同的业务做出继续发展、维持现状或淘汰的决策。具体而言：（1）发展战略（build）主要适用于某些问题类业务，目的是扩大市场占有率，追加投资，努力促使其转变为明星类业务。（2）维持战略（hold）主要适用于现金牛类业务，公司不追加投资，而是利用现有市场优势地位，获取尽可能多的现金流。（3）收缩战略（harvest）主要适用于仍有利可图的问题类或瘦狗类业务，这取决于公司未来能否增强其市场地位。如果较小的投资能够带来市场地位的提升，对公司则较为有利。此时，公司主要着眼于追求短期利益，不需做长远打算。（4）放弃战略（divest）常用于某些瘦狗类或问题类业务。公司如果对未来市场地位没有信心或不抱希望，可以考虑放弃该项业务，把资源用于更有价值的业务。由此可见，根据矩阵中不同类型的业务，公司可以做出发展、维持、收缩或放弃的战略选择。例如，2019 年 3 月 11 日，摩拜单车宣布将逐步退出国际市场。风靡国内市场的共享单车为何在国际市场举步维艰？如果利用波士顿矩阵进行分析，就会发现摩拜共享单车的业务在国际上市场份额小、市场前景相对黯淡，属于瘦狗类业务，所以摩拜单车宣布逐步退出国际市场。

2. 通用电气公司矩阵

不过，在应用波士顿矩阵进行分析的时候，不能仅仅局限于矩阵的基本分类。仍以瘦狗类业务为例，从表面上看，它处于低市场增长率、低相对市场占有率这一象限，产品利润率相对较低，处于保本或亏损状态，无法为公司带来效益。按照波士顿矩阵的相关理论，针对这类业务的应对策略主要是逐步削减，直到退出市场。但如果能摆脱思维定式的约束，对涉及的业务进行重新定位，重新寻找适宜的细分市场，瘦狗类业务也可能再创辉煌，且与新产品开发相比，费用相对较低，风险也相对较小。我们仍以风靡国内的共享单车为例，随着出行工具的更新换代以及公共汽车、小汽车的普及，自行车市场逐渐没落。但是共享经济以及共享模式的出现，使得传统的自行车摇身一变成为新型的共享单车，解决了人们出行最后一公里的难题，拯救了本来要走向没落的自行车行业。通用电气公司矩阵是美国通用电气公司在波士顿矩阵的基础上加以改进和创造的一种矩阵，又称多因素业务组合矩阵。通用电气公司认为，在评价公司的业务组合时，不能只简单地考虑波士顿矩阵中的市场增长率和相对市场占有率两个因素，这两个指标并不能全面反映产业吸引力和公司的竞争地位。同时，波士顿矩阵隐含一个假设——“资金是公司的主要资源”，并没有考虑其他因素。实际上，对许多公司而言，重要的资源不是资金，而是时间和组织员工的创造力。因此，通用电气公司矩阵主张从市场吸引力（market attractiveness）和业务实力（business attractiveness）两个综合指标来评价公司的战略业务单位。每个指标都综合考虑了多种不同的因素。市场吸引力分为大、中、小三个层次，业务实力分为强、中、弱三个层次。市场吸引力主要涉及总体市场规模、年市场成长率、历史毛利率、竞争密集程度、技术要求、通货膨胀、能源要求、环境影响和社会 / 政治 / 法律等因素；业务实力则主要涉及市场份额、份额成长情况、产品质量、品牌知名度、分销网、促销效率、生产能力、生产效率、单位成本、物资供应、开发研究实绩和管理人员等因素。在实践中，可以采取头脑风暴或焦点小组访谈等方法来确定具体应该考虑的因素。其中的关键是不能遗漏重要因素，同时也不能将微不足道的因素纳入分析模型。

一般来讲，可以采用五级评分标准（如 1= 毫无吸引力，2= 没有吸引力，3= 中性，4= 有吸引力，5= 极有吸引力；或 1= 极度竞争劣势，2= 竞争劣势，3= 同竞争对手持平，4= 竞争优势，5= 极度竞争优势）判定每个因素。在此过程中，应该选择一个总体上最强的竞争对手作为比较对象，并依据其权重计算加权值，加权后得出该单位的市场吸引力和业务实力的总分。具体的相关因素和相应的权数及计算如表 3 - 1 所示。

表 3－1　通用电气公司矩阵

评价因素		权数	定值（1～5）	值
市场吸引力	1. 总体市场规模	0.20	4.00	0.80
	2. 年市场成长率	0.20	5.00	1.00
	3. 历史毛利率	0.15	4.00	0.60
	4. 竞争密集程度	0.15	2.00	0.30
	5. 技术要求	0.15	3.00	0.45
	6. 通货膨胀	0.05	3.00	0.15
	7. 能源要求	0.05	2.00	0.10
	8. 环境影响	0.05	1.00	0.05
	9. 社会 / 政治 / 法律	必须可接受		
	合计	1.00		3.45
业务实力	1. 市场份额	0.10	4.00	0.40
	2. 份额成长情况	0.15	4.00	0.60
	3. 产品质量	0.10	4.00	0.40
	4. 品牌知名度	0.10	5.00	0.50
	5. 分销网	0.05	4.00	0.20
	6. 促销效率	0.05	5.00	0.25
	7. 生产能力	0.05	3.00	0.15
	8. 生产效率	0.05	2.00	0.10
	9. 单位成本	0.15	3.00	0.45
	10. 物资供应	0.05	5.00	0.25
	11. 开发研究实绩	0.10	4.00	0.40
	12. 管理人员	0.05	4.00	0.20
	合计	1.00		3.90

资料来源：张德鹏，汤发良，李双玫．市场营销学．广州：广东高等教育出版社，2005.

然后，可以绘制如图 3－4 所示的通用电气公司矩阵。在图 3－4 中，圆圈 A ～ G 分别表示各个战略业务单位，并分别以市场吸引力和业务实力两个综合指标作为坐标维度。圆圈直径与相应战略业务单位的销售总额成正比，深色阴影面积的占比则代表了相对市场占有率的大小。

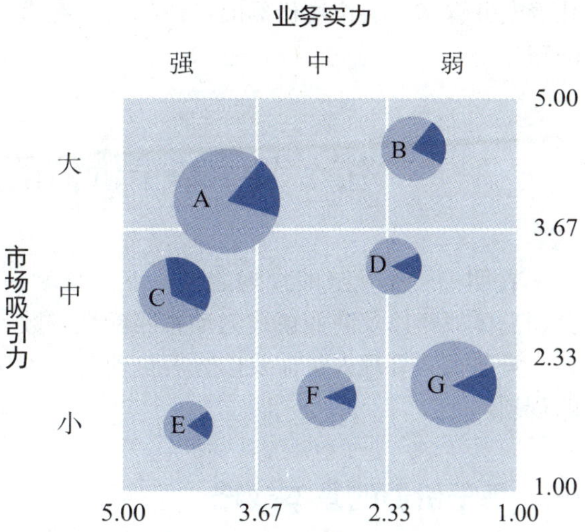

图 3－4　通用电气公司矩阵

资料来源：张德鹏，汤发良，李双玫．市场营销学．广州：广东高等教育出版社，2005.

如图 3－5 所示，可以根据业务实力和市场吸引力两个综合指标把公司现有业务分为九个区域，分别对应以下三类战略带：

（1）发展战略带。该战略带由大强、大中、中强三个区域组成，市场吸引力和业务实力都处于较高水平。在该战略带，企业往往倾向于采取继续投资的发展战略。例如，中国最具竞争力的服装品牌之一红领集团在营销调研中发现，顾客对个性化、定制化的热衷度越来越强，对服装定制的精准性和交互时间也有一定的要求。基于此，红领集团继续深耕定制化的服装设计与生产，引进技术，精益生产，实现从传统“红领定制”发展到“酷特智能个性化定制”的成功蜕变。如图 3－5 所示，这一战略又可以进一步细化为在市场吸引力和业务实力均强的区域采用尽量扩大投资并谋求主导地位的具体战略，在市场吸引力中等、业务实力强的区域采用选择细分市场并大力投入的具体战略，在市场吸引力大、业务实力中等的区域采取市场细分并追求主导地位的具体战略。

市场吸引力 \ 业务实力	强	中	弱
大	尽量扩大投资 并谋求主导地位	市场细分 并追求主导地位	基于并购的专门化
中	选择细分市场 并大力投入	选择细分市场 并进行专门化经营	专门化经营并谋求 小块市场份额
小	维持地位	减少投资	聚焦或放弃

图 3－5　通用电气公司矩阵战略带

资料来源：科特勒，凯勒．营销管理：第 14 版：全球版．王永贵，等译．北京：中国人民大学出版社，2012.

（2）稳定战略带。该战略带在图 3－5 中从左下角贯穿至右上角，由小强、中中、大弱三个区域组成，其市场吸引力和业务实力均处于中等水平。在这个战略带，企业可采取维持稳定的战略。具体而言，该战略可以进一步区分为在市场吸引力小、业务实力强的区域采取简单的维持地位战略，在市场吸引力和业务实力中等的区域采取选择细分市场并进行专门化经营的具体战略，在市场吸引力大、业务实力弱的区域实施基于并购的专门化战略。

（3）撤退战略带。该战略带由小弱、小中、中弱三个区域组成，市场吸引力和业务实力弱小。在该战略带，企业一般采取撤退或放弃战略。具体而言，企业可以在市场吸引力小、业务实力中等的区域采取减少投资的具体策略，在市场吸引力中等、业务实力弱的区域采取专门化经营并谋求小块市场份额的具体战略，在市场吸引力小、业务实力弱的区域采取聚焦或放弃战略。

第 2 节　基于价值的战略与营销战略规划

在明确了企业战略规划之后，下一步就是制订适合本企业的营销战略规划，努力谋求与公司总体战略以及商业模式的动态匹配性。数字化时代背景下，为顾客创造价值已成为企业的核心竞争力，管理人员需要以顾客价值为基础深化对企业战略的理解，据此制订相应的营销战略规划。

一、基于价值的基本战略

一项成功战略的核心是在理解目标细分市场的基础上，深入分析构成优异价值的要素并努力向目标顾客交付这些价值要素的组合。不过，在哪些要素最终构成优异价值方面，并非所有市场和企业都持有同样的看法，这就意味着企业可以通过多种方式来提供优异价值。对基于价值的基本战略有多种界定，但基本上可以将其分为三种类型：产品领先战略、顾客亲密战略和卓越运营战略。[①]

（一）产品领先战略

产品领先战略是指向顾客提供质量上处于领先地位的产品和服务，从而不断强化顾客对产品的选择偏好，并以此使竞争对手的产品过时。因此，这类企业往往会将精力集中于产品的创新，即广泛地从其他企业寻求可以创造性地解决产品问题或提高产品性能的技术，努力在竞争对手行动之前主动推出新的换代产品。同时，这类企业倾向于运用自己的知识和经验来加快新产品的开发速度并努力降低成本。例如，“为发烧而生”的小米公司一直基于“极致单品”的逻辑实施“爆品战略”，积极打造小米的新零售产品业态。

（二）顾客亲密战略

顾客亲密战略是指首先精确地进行市场细分并选择目标市场，然后在此基础上通过提供定制化的产品或服务来满足目标市场的需求。因此，这类企业往往特别强调维持长期稳定的顾客关系，以便从顾客那里获得更多的利润。当企业追求更亲密的顾客关系时，它们能深入地理解并更好地预测顾客需求和偏好的变化，进而努力通过更高的价值或更低的价格来提供定制化的产品或服务，从而持续地为目标顾客提供优异的价值。

（三）卓越运营战略

卓越运营战略是指以简单便利的形式向顾客提供物美价廉、质量可靠的产品或服务。这类企业往往努力以最低的成本提供能够满足特定顾客需求和偏好的产品或服务。为此，它们常常在业务流程的设计和实施方面具有创新性和领先性，并持续消除无法为顾客创造价值的冗余活动。表 3－2 从典型企业案例的角度出发，对三种战略进行了简单的比较。

表 3－2　产品领先战略、顾客亲密战略和卓越运营战略的案例比较

产品领先战略	顾客亲密战略	卓越运营战略
微软公司 ● 具有创新性的微软办公软件能够让用户利用粘贴链接功能在多项应用中自动更新	空中快递公司 ● 面向顾客的运送部门在凌晨 1 点仍然能够接收公司当日清晨需要运送的包裹 ● 定制化的交付时间是上午 8 点到 9 点 30 分，能更好地满足施乐复印机服务业务的需要	联邦快递公司 ● 为利用飞机空闲的运输能力，与里昂比恩公司合作，利用公司空闲的运输能力专门为里昂比恩公司提供运输服务 ● 利用信息技术来协调包裹的运送
凯登集团 ● 创造了一种从用过的纸张中提取打印机墨粉的方法，造纸商可以利用回收的纸张生产洁白干净的纸	大东电报局 ● 开发有针对性的专业服务，如为法律人士提供便于向客户索费的电话追踪功能	通用电气公司家电部门 ● 创建“直接连接”这一“虚拟存货”系统，减少了存货需求并改善了对小家电分销商的服务水平

① 安德森，纳罗斯．组织市场管理：理解、创造和传递价值：第 2 版．王永贵，译．北京：北京大学出版社，2007.

续表

产品领先战略	顾客亲密战略	卓越运营战略
英特尔公司 • 首席执行官的要求是“每年在单位价格上创造两倍的机器绩效” • 对研发的大量投资使自己能够迅速推出新一代产品和延伸现有产品，如奔腾芯片产品系列	英特尔公司 • 保持与个人计算机制造商和终端客户的积极对话，以促进产品开发 • 内置英特尔和其他目标营销活动有助于终端客户了解新产品的性能	戴尔公司 • 低成本、直复营销和销售方法是为顾客提供卓越服务和具有竞争力的价格选择的基石

资料来源：安德森，纳罗斯．组织市场管理：理解、创造和传递价值：第 2 版．王永贵，译．北京：北京大学出版社，2007.

二、商业模式与价值主张

随着企业营销观念由产品导向向顾客导向的转变，企业由关注效用创造逐渐过渡为关注价值主张和价值共创，价值创造成为企业战略制定新的着眼点。与此同时，商业模式以价值为导向，描述企业如何为自己及顾客创造价值。在商业模式下的各种要素中，价值主张的提炼是重中之重。[①] 不得不说，不论是在企业实践还是学术研究中，商业模式与企业战略以及营销战略之间都存在交叉与融合。下面对商业模式的相关内容做简要介绍，帮助读者从整体层面了解商业模式与企业战略以及营销战略的联系。

营销视角3-1　拼多多商业模式的思考

1. 商业模式定义

随着互联网技术的不断发展，无数新兴企业如雨后春笋般涌现，凭借着独特的商业模式，创造了一个又一个奇迹，如小米、摩拜、美团等。新技术与商业模式的结合为企业发展带来了大量机会，商业模式的构建成为企业经营制胜的关键。再者，数字经济时代，企业的经营和发展被重新定义，如何利用数字化技术、数字化平台以创新经营实践，如何发现新契机、新方式以实现变革和转型，成为企业亟待解决的问题。基于以上背景，商业模式逐渐成为企业界和学术界关注的热点。

“商业模式”最早见于 20 世纪 50 年代的文献中，互联网、电子商务的出现使其内涵悄然发生变化，从早期信息管理领域扩展到企业管理领域这一更广阔的空间。有关商业模式的定义，学术界目前还未形成统一的认识。总体来看，有关商业模式定义的研究主要集中在三个方面：（1）强调商业模式“价值创造”的内涵，关注的是企业如何为顾客创造价值，如奥斯特瓦德（Osterwalder）等将商业模式描述为企业向顾客提供价值的一种工具，并列出了支持价值创造和交付的要素和架构。[②]（2）强调商业模式“获取利润”的逻辑，即企业的盈利模式或在价值链中为自身创造和攫取价值的过程。[③] 需要指出的是，也有学者将（1）和（2）进行更进一步的展开和划分，将商业模式看成一个由企业结构、资源、活动等组成的系统，用以为顾客、企业以及合作伙伴创造价值。[④]（3）强调商业模式“战略运用”的选择，即将商业模式看成企

① Chesbrough H. Business model innovation：opportunities and barriers. Long Range Planning，2010，43（2–3）：354–363.

② Osterwalder A，Pigneur Y，Tucci C L. Clarifying business models：origins，present，and future of the concept. Communications of the Association for Information Systems，2005，16（1）：1–25.

③ Shafer S M，Smith H J，Linder J C. The power of business models. Business Horizons，2005，48（3）：199–207.

④ Sorescu A，Frambach R T，Singh J，et al. Innovations in retail business models. Journal of Retailing，2011，87（1）：3–16.

业的一种战略选择或获取持续竞争优势的战略运用。[①] 在这一点上，商业模式与企业战略有着密切的联系。综上所述，本书借用奥斯特瓦德等对商业模式的定义[②]，并结合当前的时代特征，将商业模式界定为"描述了企业如何创造价值、交付价值和获取价值以及分享价值的商业逻辑"。

2. 商业模式构成要素

对于商业模式构成要素，不同学者的主张各不相同，具体如表 3－3 所示。总体来看，可以分为两种观点：一种是从企业内部出发，考虑商业模式构成要素，如企业的产品、组织结构、资源、财务构成等；另一种则是从企业外部出发，包含与企业利益相关者有关的内容。后者已成为当前研究商业模式构成要素的主流趋势。[③] 本书将重点介绍奥斯特瓦德和皮尼厄等提出的商业模式九要素。[④]

表 3－3　商业模式构成要素

代表学者	要素数量	构成要素
蒂默斯（1998）	4	价值网络、收入 / 价格、信息流、产品 / 服务流
阿密特和卓德（2001）	10	资源 / 资产、功能 / 能力、信息流、产出、产品 / 服务流、商业机会、价值创造、交易内容、交易治理、交易结构
奥斯特瓦德、皮尼厄和图斯（2005）	9	价值主张、目标客户、配送渠道、客户关系、价值结构、核心能力、伙伴网络、成本结构、收入来源
约翰逊和克里斯坦森（2008）	3	盈利模式、企业核心资源、关键流程
蒂斯（2010）	5	嵌入产品 / 服务的技术和特征、顾客从消费 / 使用产品 / 服务中获利、识别并选定目标市场、可行的收入流、价值获取机制
左特和阿米特（2011）	3	运营模式、盈利模式、战略定位
奥普和莫勒（2015）	4	交易结构、价值主张、价值交互界面、价值创造网络
瓦萨、马萨罗、巴伽罗托和马斯（2021）	2	价值主张、价值获取

基于 2005 年的研究，奥斯特瓦德和皮尼厄在之后的《商业模式新生代》一书中，对商业模式构成要素进行了更为深入的阐述，将商业模式分为九个构造块，分别为：客户细分、价值主张、渠道通路、客户关系、收入来源、核心资源、关键业务、重要伙伴以及成本结构。图 3－6 为商业模式九要素框架，可将这九个要素进一步归纳提炼为提供物、基础设施、财务和客户四个层面。在整个商业模式九要素框架中，左侧代表效率，右侧代表价值。其中：（1）提供物层面是指企业的价值主张，用来描绘为特定顾客创造价值的产品或服务以及所能满足的顾客需求。有关价值主张的内容将在下一节做具体说明。（2）基础设施层面包括重要伙伴、关键业务和核心资源，是企业确保商业模式有效运作的基础要素。具体来看，重要伙伴即企业的合作伙伴，如供应商、零售商等。关键业务是指保障企业目标实现、顾客需求得到满足的核心业务活动。核心资源（如人力资源、技术、知识、实体资产等）是企业所拥有的能够确保组织计划顺利实施的资源要素。（3）财务层面由成本结构和收入来源构成，是企业维持商业模式运作所需资金流等的输出和输入。（4）客户层面是整个框架中最为重要的因素，用来描述

---

① Morris M，Schindehutte M，Allen J. The entrepreneur's business model：toward a unified perspective. Journal of Business Research，2005，58（6）：726–735.

② 奥斯特瓦德，皮尼厄．商业模式新生代．王帅，毛心宇，严威，译．北京：机械工业出版社，2011.

③ 陈标宏．国外商业模式研究综述．经济论坛，2014（2）：90–92.

④ Osterwalder A，Pigneur Y，Tucci C L. Clarifying business models：origins，present，and future of the concept. Communications of the Association for Information Systems，2005，16（1）：1–25.

企业服务的目标客户以及与目标客户的关系和关系联结的通道。至此，企业创造、交付以及获取与分享价值的全部活动在图 3－6 中得到了展现。

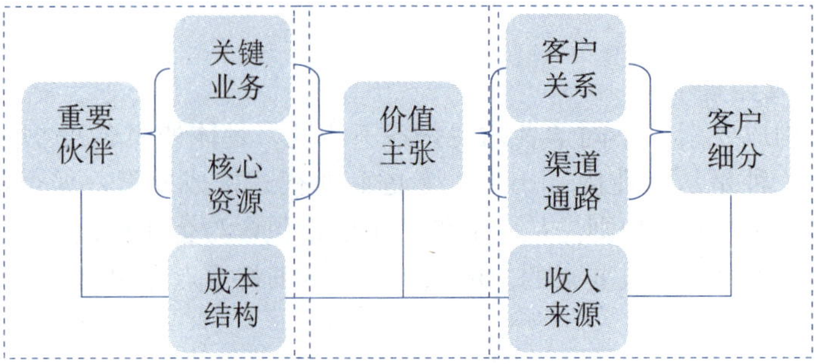

图 3－6　商业模式九要素框架

资料来源：奥斯特瓦德，皮尼厄．商业模式新生代．王帅，毛心宇，严威，译．北京：机械工业出版社，2011.

3. 商业模式设计原则

对于商业模式的设计，麦克唐纳等人（2020）通过对五家新兴市场的企业进行研究，开发了一个企业家有效设计商业模式的新颖框架——平行游戏，即企业家专注于同行服务或产品的替代品、形成广泛的商业模式模板、模式测试。[①] 一般来讲，企业在设计商业模式时应遵循四条原则[②]：（1）新奇（novelty），即商业模式的创新性，强调企业应采用新的营销举措或对已有活动进行组合。如海底捞创造性地将人工智能技术引入传统餐饮服务，建立了海底捞智慧餐厅，以“员工＋机器人”的组合形式为顾客提供用餐服务。（2）锁定（lock-in），即商业模式的吸引力，强调企业在设计商业模式时，应确保吸引顾客参与，以致顾客不转向其他产品或服务提供商。以网易考拉为例，顾客在该平台上购物时，除了能够享受到其他平台提供的随时随地、方便快捷、种类丰富的购物体验外，还能够购买到比其他平台价格更为低廉的产品，这是网易考拉“锁定”顾客的关键。（3）互补（complementarities），即商业模式的系统性，强调企业在设计商业模式时，以系统的观点设计所有价值活动，也即围绕价值主线开展各种活动。（4）效率（efficiency），即商业模式的整合能力，强调企业在设计商业模式时，应通过价值活动的整合达到降低交易成本、提高经营效率的效果。以京东到家为例，为了实现“1 小时快速送货上门”，该平台采取了物流众包模式，即由全职员工和兼职员工共同承担配送任务。相较于全职员工，兼职员工的人工成本较低，且能够在订单高峰期分担配送任务，保证配送效率。

三、营销战略规划的内涵

营销战略规划是指根据公司总体战略设计和制定与营销目标以及瞬息万变的营销环境相关的营销活动。因此，营销战略规划是所有营销战略决策的基础。一般而言，营销战略规划是书面材料，用以指导营销管理者进行市场营销活动，贯穿营销环境分析、市场细分、目标市场选择以及产品市场定位等所有环节，并涵盖了产品种类、分销渠道、营销交流和产品定价等多方面内容。

---

① McDonald R M，Eisenhardt K M. Parallel play：startups，nascent markets，and effective business-model design. Administrative Science Quarterly，2020，65（2）：483–523.

② Zott C，Amit R. Business model design：an activity system perspective. Long Range Planning，2010，43（2-3）：216–226.

20 世纪 60 年代，麦卡锡教授提出了著名的 4P 营销组合策略，即产品（Product）、价格（Price）、渠道（Place）和促销（Promotion）。4P 理论以满足市场需求为目标，重视产品导向，构建了企业营销战略规划的基本框架。然而随着环境的变化，尤其是在当今的买方市场条件下，营销战略规划越来越强调以顾客为中心，并表现出很强的环境适应能力，有助于促使各项资源（人、物、资金、专有诀窍）在市场导向的理念指导下投入使用，并设计出能够配合策略执行的组织结构，以完成企业的使命，最终达到组织目标。换句话说，营销战略规划在考虑营销战略的同时，还必须思考环境、经营资源和组织的反应能力。因此，营销战略规划必须超越过去强调的 4P 营销理论。1990 年，劳特朋教授以追求顾客满意为目标，提出了营销组合策略的 4C 理论，即顾客（Consumer）、成本（Cost）、便利（Convenience）和沟通（Communication）。4C 理论强调企业应该以顾客满意为导向，努力降低顾客成本，为顾客提供便利性和良好的营销沟通。然而随着市场环境的剧烈变化，企业在追求顾客满意的同时，也需要关注行业内外的竞争，相较于顾客满意，企业更加注重顾客的忠诚度，基于此，以建立顾客忠诚为目标的 4R 理论应运而生。4R 理论，即关联（Relativity）、反应（Reaction）、关系（Relation）和回报（Retribution），以关系营销为核心，重在建立顾客忠诚，强调了企业与顾客的长久互动与联系、企业对变化做出的快速反应以及对市场回报的重视。4R 理论不仅停留在满足市场需求和追求顾客满意，还以建立顾客忠诚为最高目标，是对 4P 和 4C 的发展与补充。数字经济时代，提升企业的核心竞争力成为企业市场营销活动的着眼点，基于此，也有学者提出 4V 理论，即差异化（Variation）、功能化（Versatility）、附加价值（Value）、共鸣（Vibration）。4V 理论以提高企业竞争力为核心，强调企业通过实施差异化营销，树立自己的独特竞争优势，满足顾客的个性化、定制化需求。实际上，不管是 4P、4C、4R 还是 4V，企业的营销战略规划都应根据企业存在的价值和使命去选择具有竞争优势的市场，并依据顾客需求提炼富有特色的价值主张，进而围绕价值主张规划自己的营销活动，并使营销策略具体化。例如，麦当劳在中国市场要达到的营销目标是：为每位顾客提供最好的快餐产品、最周到的服务，让麦当劳的品牌与形象深入每个中国顾客心中，成为中国最受欢迎的快餐连锁企业。为此，该公司在价值主张提炼的基础上，进一步细化了各项营销策略，如表 3－4 所示。

表 3－4　麦当劳在中国市场的营销策略

营销策略	内容
产品策略	麦当劳在全世界采取统一标准，无论是哪家餐厅，麦当劳都努力向顾客提供标准化的、稳定的、高质量的产品
价格策略	相比于肯德基等竞争对手，麦当劳采取了相对低价的销售手段，如 6 元起的天天超值早餐
促销策略	加强电视广告的宣传力度，且广告中注重引入中国元素；将青年群体定位为主要目标顾客，并在微博、微信等多种网络平台上推出优惠活动
渠道策略	在选择分店地址时，经过周密测算，尽量选择客流量大和交通便利的区域；通过特许连锁经营的方式扩展新店，并对加盟店开业提出严格要求
人员策略	拥有一整套完备的员工培训体系，在全球设立 7 所汉堡包大学，为公司培养了许多杰出的精英管理人才。即使是寒暑假临时打工的大学生也要经过严格培训才能上岗
过程策略	由优秀的管理团队制定优秀的服务开发程序，从而为顾客提供好的服务
有形展示	麦当劳根据不同细分市场和顾客接触程度设计服务场景，如在餐厅内设立“情人角”“儿童乐园”等专门区域

资料来源：麦当劳在中国：麦当劳的本土化营销策略和 SWOT 分析.（2019-11-13）. https://www.360kuai.com/pc/900094ff715baa006?cota=4&kuai_so=1&tj_url=so_rec&sign=360_57c3bbd1&refer_scene=so_1.

四、有效营销战略规划的特征

营销战略规划是营销规划的重要组成部分。营销战略规划具有全局性，虽不如营销战术细致，但具有一定的可实施性和可操作性。营销战略规划的制订需要以企业的共同利益为基础，从本身的相同点出发，追求战略业务单位之间的高度协调一致，即“协同”。为了实现这种协同，企业采取的比较有效的策略是把创新文化作为“黏合剂”。如果企业的知识能够永远处于“新”的状态，那么企业就能够保持创造力，持续向前发展，进而实现不同战略业务单位之间的高度融合。[①] 此外，有效的营销战略规划表现出持续关注、不断创新和管理层承诺等基本特征。[②]

（一）持续关注

营销战略规划不是一年一度的活动，应是持续的过程，管理者需要关注从营销战略规划的形成、实施到下一个营销战略规划形成的整个过程。在此期间，企业所处的外部环境不断变化，企业的资源及能力不断拓展，管理者需要保持动态意识，根据外界变化对营销战略规划做出适当调整。

（二）不断创新

营销战略规划不是一成不变的。从长期来看，它需要根据外在环境的变化做出调整。管理者应当仔细分析企业的内外部环境，对既有营销战略规划做出适当调整。例如，当小轿车需要频繁的、更精良的服务时，一些大型石油公司仍然坚持全面服务的理念，进一步拓展了加油站服务战略。与此形成对照的是，一些独立经营者快速顺应这一新形势，迅速做出反应，避开与大型石油公司的正面竞争，转而从事低成本、自助式、便利店式的汽车服务业务，成效显著。

（三）管理层承诺

高层管理人员的支持和参与是制订有效营销战略规划最为关键的因素。以小米为例，可以说小米手机取得的成绩离不开小米创始人、董事长雷军的支持和参与。雷军提出“专注、极致、口碑、快”七字诀，开辟了小米手机网络营销的新模式。[③]

五、营销战略规划的步骤

随着环境变化越来越迅速，营销战略规划的范围逐渐扩大，营销战略规划和企业战略规划的相似之处也越来越多。成功的营销战略规划往往涉及：获得有关新产品和市场机会的信息；评估市场潜力以及企业利用市场机会的能力；为特定目标市场制订详细的市场营销计划，形成市场营销策略组合（4P、4C、4R、4V）；实施市场营销计划；等等。一般而言，营销战略规划的制订过程如图 3－7 所示。首先，在企业总体战略规划阶段明确企业的目标、使命和限制；其次，在全面、系统的环境分析的基础上提出科学的营销战略，并通过有效的市场细分，确定目标市场；最后，通过明确的定位和营销策略组合实现营销战略目标。[④] 通过图 3－7，我们不难理解营销战略规划的地位。

---

① 周凡．试论企业营销战略规划．经济师，2002（9）：169.

② 兰姆，海尔，麦克丹尼尔．市场营销学．时启亮，朱洪兴，译．上海：上海人民出版社，2005.

③ 小米雷军成功七字诀：专注　极致　口碑　快．（2012-04-09）．https://edu.qq.com/a/20120409/000209.htm.

④ 皮尔斯．市场导向的战略转变．吴晓明，张华，战祥森，等译．北京：清华大学出版社，2005.

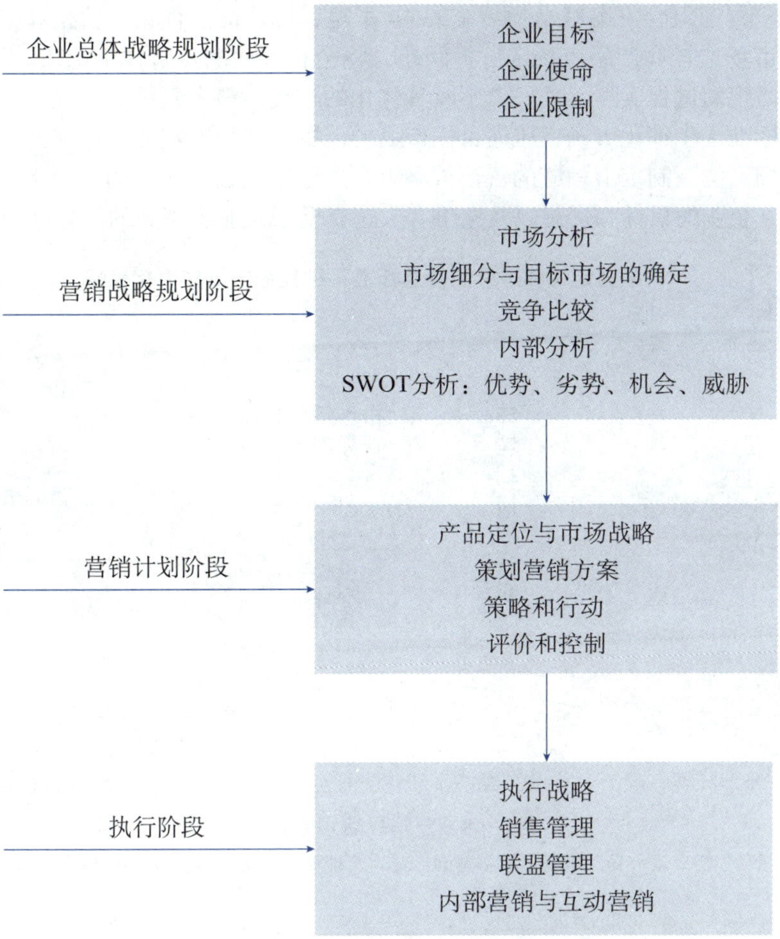

图 3－7　营销战略规划的制订过程

资料来源：皮尔斯．市场导向的战略转变．吴晓明，张华，战祥森，等译．北京：清华大学出版社，2005.

(一) 企业总体战略规划阶段

企业使命往往会明确地覆盖产品市场领域。营销战略规划的目的是在企业现有内外部条件和顾客市场预期之间进行协调和匹配。企业在开始制订营销战略规划时，就应当明确营销战略规划期内的销售、市场份额、利润率、现金流以及资产结构平衡等方面的目标。当然，营销战略规划本身也会受到一定限制，特别是会受到企业内外部环境和资源条件的限制。为此，管理者一开始就必须明确企业能做什么、不能做什么以及能获得什么和如何获得。具体来看，企业需要确切地知道人员、新产品和服务、顾客转变、组织结构、营销战略、新技术以及其他关键问题的相关情况，并努力克服不利情境。因此，营销战略规划的基础是明确“我们想要获得什么”“在哪里”“在什么方面”“我们不能做什么”等问题。[①]

(二) 营销战略规划阶段

图 3－8 清晰地概括了典型的营销战略规划过程，主要是在分析市场状况和资源状况的基础上，明确企业选择的细分市场，进行市场定位并据此策划营销组合方案，以便成功地吸引目

① 德鲁克．管理：使命、责任、实务．王永贵，译．北京：机械工业出版社，2006.

标市场。其中，营销组合方案就是指传统的 4P 策略，即产品、促销、价格和渠道。[①] 有关市场细分、目标市场选择和产品市场定位等问题，将会在后面的章节详细论述。从图 3－8 可以看出，营销战略规划过程实际上是一个不断具体化的过程。整个营销战略规划过程是根据定性和定量的筛选标准逐步细化市场，压缩目标市场的范围，选择特定的目标细分市场，进而确定相应的产品市场定位，制定出相应的营销策略组合。该过程始于对市场的广泛关注，特别是关注顾客的需求、企业的目标和资源以及竞争者，这有助于企业识别新的、独特的机会。

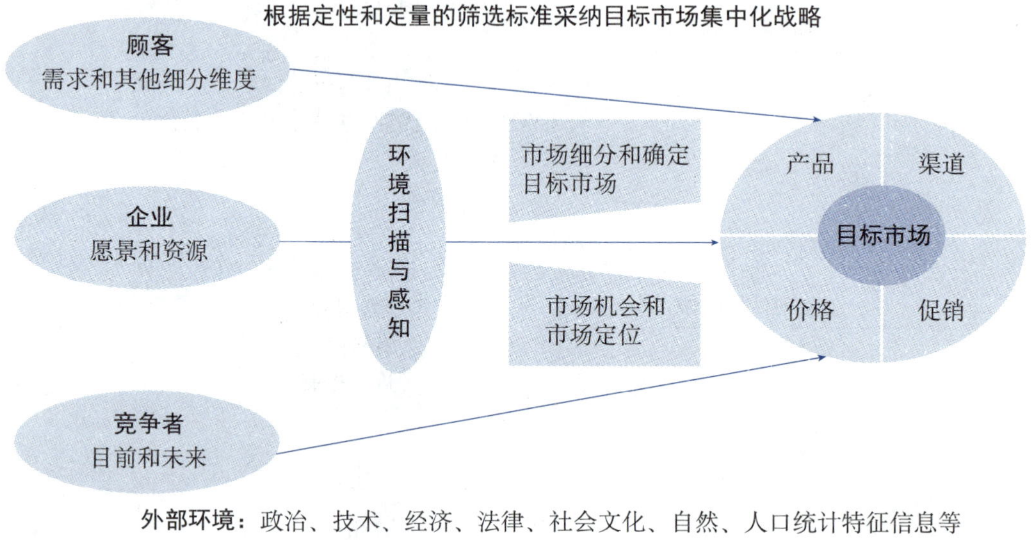

图 3－8　营销战略规划过程

资料来源：佩勒尔特，麦卡锡．市场营销学基础：全球管理视角：英文版：原书第 14 版．北京：机械工业出版社，2002.

1. 灵活确定筛选标准

每家企业都有自己的优势和劣势，外部营销环境的变化也可能会使潜在机会或多或少地具有某种吸引力，但这种复杂性很难使企业得到最佳的目标市场和营销组合。所以，实践中往往需要形成一组特定的定性和定量筛选标准，以帮助营销管理者确定企业希望从事什么业务和在哪个市场上展开竞争。同时，这些标准有助于企业放弃不适合的战略。在特定环境中，企业选择的标准是由外部环境、企业目标和资源共同决定的。在确定筛选标准的实践中，本书第 2 章提及的环境扫描与环境感知十分重要，它们有助于营销管理者集中利用企业优势和机会，努力避免存在的劣势和面临的威胁。例如，阿美利亚·安东尼蒂的营销战略显示了环境扫描与环境感知的基本逻辑：她的儿子对清洁剂中的化学物质过敏，她发现很多孩子有同样的问题。于是，她创办了一个肥皂工作室，开发了一系列抗过敏的清洁产品来抓住这一市场机会。与大企业相比，工作室既没有渠道关系，也没有资金在全国性的电视台做广告。为了克服这些困难，她采用便宜的广播广告，并将肥皂工作室宣传成关爱孩子的母亲所创办的项目，她坚信这是大企业无法实现的。最后，她的广告使其产品在零售货架上获得了一席之地。[②]

2. 市场细分和确定目标市场

制定目标市场战略就是集中精力关注一个或几个细分市场。营销的一个关键目标是满足

① 佩勒尔特，麦卡锡．市场营销学基础：全球管理视角：英文版：原书第 14 版．北京：机械工业出版社，2002.

② 同①.

企业所服务的特定顾客群体的需求，特别是寻找那些需求还没有得到很好满足而企业有能力和资源使其满足的顾客。显然，潜在顾客的需求往往是不同的，不同的顾客有着不同甚至完全相反的偏好。不过，总是存在一些具有类似需求的细分市场，可以通过相同的营销组合方案很好地满足这些顾客的同质需求。所以，企业可以根据人口统计特征信息、心理特征和购买者行为等标准，把这些不同的顾客群体识别出来，即进行市场细分。在对细分市场进行描述之后，企业应该将目标定位于其中的一个或多个市场。企业选择目标市场的战略一般有三种：对整个市场运用一种营销策略组合、集中精力关注某个细分市场、对多个细分市场运用多种营销策略组合。

3. 关注市场机会

在很多顾客的需求还没有得到满足的情况下，精明的营销管理者总能抓住这些有吸引力的机会。很多机会似乎只有在其他企业识别出来之后才变得清晰起来。因此，在营销战略规划过程的早期阶段，营销管理者通常可以利用图 3－9 所示的框架来分析市场机会。如图 3－9 所示，可供营销管理者选择的市场机会识别战略主要包括四种：市场渗透、市场开发、产品开发和多元化。其中，市场渗透是指企业努力增加现有产品在现有市场的份额，这可以通过更具进取性的营销组合来实现，如努力增强与顾客的关系来增加顾客的使用频率和购买频率，或吸引竞争对手的现有顾客或潜在顾客等。市场开发是指在新市场上销售现有产品，包括寻找产品的新用途。产品开发是指向现有市场提供全新或改进的产品。通过了解现有市场的需求，企业可能会发现满足顾客需求的新途径。多元化是指转向与现有业务不相关的业务系列或者完全陌生的市场。例如，中粮集团是国内最大的粮油食品企业，也是实力雄厚的食品生产商。除了农产品和食品领域，中粮的地产业务也做得风生水起，目前旗下拥有中粮地产和大悦城地产两家上市公司，后续中粮将持续创新，以期引领行业发展。[①]

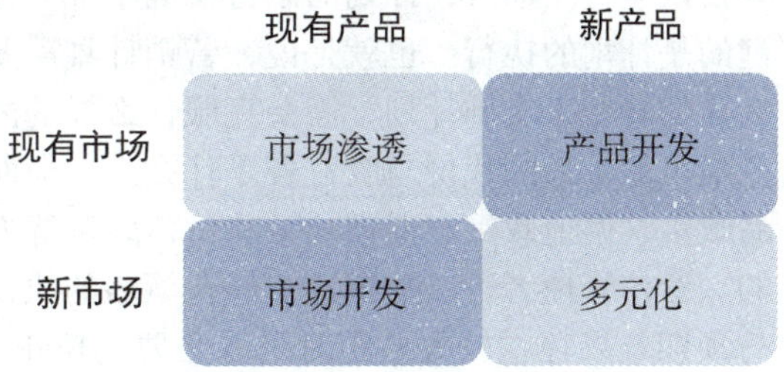

图 3－9　市场机会识别框架

资料来源：阿姆斯特朗，科特勒，王永贵．市场营销学：第 12 版．王永贵，郑孝莹，等译．北京：中国人民大学出版社，2017.

（三）营销计划阶段

1. 营销计划的构成要素

一般来说，营销计划是基于企业战略的意图而展开的，是整个公司战略规划的一部分，具有职能性作用。随着全员营销理念的普及，这种职能性作用的地位逐渐上升到战略高度。如图 3－10 所示，营销计划一般包含市场分析、营销目标、计划实施、控制与修正等。营销计划最终要形成一份完整且逻辑清晰的计划书以指导企业具体营销工作的开展。营销计划是比较具体的营销行动方案，在实践中，企业虽然可以一次性地规划营销战略，但不能一次性地执行整体营销计划，其执行过程更多地体现为一种持续迭代的过程。

图 3－10　营销计划的构成要素

2. 营销计划是实施营销战略的指南

营销战略决定了目标市场和营销组合，也决定了企业在某个既定市场上如何开展经营活

① 看中粮集团如何发展产业地产．（2018-07-17）．https://www.sohu.com/a/241645817_114835.

动。相对而言，营销计划是营销战略的一种更为详尽的书面阐述，包含了执行战略过程中与时间及地点有关的一些细节：（1）制定什么样的营销组合方案，向哪些目标群体提供产品与服务，提供多少，提供多长时间等；（2）需要什么样的企业资源，以什么样的速度做出反应等；（3）期望得到什么样的结果，如销售额、利润或顾客满意度等。同时，营销计划还应当包括适当的控制程序，以确保任何人在执行计划时都能知道战略的实施是否顺利。控制工作可以提供反馈，帮助营销管理者及时修正营销战略。在实践中，为了保持控制，营销管理者可以使用大量的工具，如电脑销售分析、营销调研以及成本和利润会计分析等。① 在数字化时代，得益于大数据、物联网、人工智能等数字化技术，企业可以借助更为有效的数据系统、智能营销平台等，对营销战略和计划的执行进行实时监测和控制。

（四）执行阶段

在形成营销计划的基础上，营销管理者需要特别关注营销计划的实施，即让营销计划实际投入运行。通常，计划的制订明确了谁应该做什么，但仅仅制订计划是远远不够的，更为关键的是计划的执行。也就是说，营销计划需要一个详细的执行战略，其中包括企业需要进行什么样的转变来实施计划、需要克服什么样的内部障碍、需要管理什么样的外部关系以及上述转变最可能带来的代价与收益各是什么。一般而言，这使得营销战略规划不可避免地涉及诸如产品政策、渠道政策、促销政策和价格政策等方面，以通过这些政策的执行来达到战略实施的目的。营销管理者可以根据这些经营策略的执行情况，评价战略规划的实际效果，并在实际效果与预期效果存在较大差距时采取必要的矫正措施。表 3-5 列举了产品、渠道、促销和价格方面的一些战略政策及与之对应的经营决策，它们都是实施营销战略不可或缺的。

表 3-5　婴儿鞋公司的战略政策及与之对应的经营决策

营销组合	战略政策	经营决策
产品	通过限定颜色、款式、尺寸以及数量和时间等来满足目标市场的独特需求	当顾客试用时，可以增加、改变或剔除某些颜色、款式或尺寸
渠道	通过选定的婴儿用品零售商来进行分销，涵盖完整的产品线，并提供良好的库存销售支持和促销支持	在销售潜力还没有达到预期标准的市场区域，可以增加新的零售渠道，或放弃绩效糟糕的零售商等
促销	增加经过特殊设计的利益和价值要素，并及时了解这些要素是如何满足顾客需求的	当零售商雇用了新的销售人员时，及时进行培训并在产品销售现场有效落实促销方案；在需求高峰期，增加印刷广告的使用等
价格	维持价格水平，但可以通过购买数量折扣来鼓励零售商大批量订购	当新款上市时，可以向零售商提供短期的推介性价格优惠

资料来源：佩勒尔特，麦卡锡．市场营销学基础：全球管理视角：英文版：原书第 14 版．北京：机械工业出版社，2002.

第 3 节　企业的价值主张

21 世纪的今天，世界处于大发展、大变革、大调整的时期，新冠肺炎疫情在全球的持续、贸易摩擦、全球化市场、能源管理、数字经济等促使经济社会环境发生了巨大的变化，在这

① 佩勒尔特，麦卡锡．市场营销学基础：全球管理视角：英文版：原书第 14 版．北京：机械工业出版社，2002.

个具有易变性（Volatile）、不确定性（Uncertain）、复杂性（Complex）、模糊性（Ambiguous）的乌卡（VUCA）时代，好的发展离不开战略规划。习近平总书记强调，要牢记全心全意为人民服务的根本宗旨，牢记人民对美好生活的向往就是我们的奋斗目标。这充分体现了党情系群众、关注民生的为民情怀，也体现了党的“价值主张”。国家的发展规划与人民对美好生活向往的价值主张息息相关，而好的营销战略与企业以提升顾客价值为中心的价值主张紧密相连。

一、价值主张的内涵与层次

（一）价值主张的内涵

企业的价值主张应该阐明为目标市场提供的独特利益。从提供的利益角度来看，价值主张通常包括价格、服务、安全、交付、设计、功能和质量保证等方面。例如，顾客购买香水时会考虑香味、颜色、包装、价格和品牌关系等要素。同时，客观因素和主观情感因素也会纳入考虑范围。即使是购买一块面包，也会涉及许多客观因素（如新鲜程度、口味和价格等）和主观情感因素（如品牌关系和价值认同等）。此时，本书第 1 章提及的体验营销方面的知识就派上用场了。

营销视角3-2　华为的核心价值观

在实践中，价值主张往往表现出注重价格的一面，并明显地表现为“价格主张”。例如，既然顾客在购买产品或服务时会体现出不同的客观特征和主观情感特征，为什么还有那么多的营销管理者退而求其次，经常把价格作为与竞争对手区分开来的重要手段？为什么“选择我——我是最便宜的”这一主张在很多行业中如此普遍？一个主要原因可能是大多数顾客很容易受到“价格主张”的干扰。尤其是零售商，它们处于产品营销的最前端，它们提倡“价格主张”往往是为了同其他对手有效竞争。不过，必须强调的是，在营销实践中，顾客以价格为基础进行决策的情况相对较少。对于企业而言，不贯彻价值主张，仍然回到“价格主张”的旧有模式，是营销思维的彻底失败。从短期来看，在许多行业里，对潜在顾客的争夺可能主要集中在相对于竞争对手的产品或服务价格方面。但从长期来看，要获得更高的市场份额，企业必须高度重视顾客的心理和情感要素。从这个意义上讲，企业价值主张就是提高顾客忠诚度的关键所在，因为只有准确地理解顾客的购买行为和潜在需求，并将所提供的产品或服务与顾客需求匹配起来，企业才能真正赢得顾客和竞争。[1] 因此，概括而言，价值主张是对顾客在与企业交易过程中所获得的吸引人的、值得信赖的、有特色的利益的一种清晰表述，是顾客抛弃竞争对手而选择本企业的原因。

（二）价值主张的层次

价值主张把关注焦点从产品信息转到顾客导向的信息，即企业对为顾客提供的利益的清晰表述。准确地描述企业所提供的产品或服务是促进企业成长的有效途径之一。因此，企业需要清晰地展现相关信息，具体的实现方式就是提出有效的价值主张，即通过对现有顾客与潜在顾客的价值主张来明确企业所能提供的价值，并宣传企业的价值主张，最终促进企业的成长。通常，价值主张由三个层次组成：价值描述、验证要素和描述展示。[2]

① Meredith B H. Where is the value. NZ Business，2007，21（2）：61.

② Carrington P. Value propositions：making your message stick. Money Management，2007，21（11）：15.

（1）价值描述。价值描述是对目标顾客期望以及企业意图提供何种核心利益的一种清晰表述，这种描述回答了“企业是做什么的”这一问题。

（2）验证要素。价值描述本身不足以赢得潜在顾客，企业还必须提供充分的证据来支持这种描述。这时，验证要素就显得至关重要。所谓验证要素就是指能够为企业的价值描述提供验证和支持的要素。这些要素必须以事实为基础，通常包括以下信息：专业证书或认证、多年的经验、顾客保留率、目标市场上满意顾客的数量与比重以及顾客满意水平的变化趋势、企业管理总资产的数量、战略关系、特殊领域的专长、企业的资源或许可证等。总之，验证要素是企业能力的一种让人信服的证据表述。

（3）描述展示。企业必须展示自己的价值创造与交付实力。只有这样，现有顾客才能尽快对企业有充分的了解，进而促使这些顾客把该企业推荐给自己的亲戚朋友、客户和同事等。一般而言，一项价值主张往往包括三个或四个关于如何给顾客带来价值的描述展示。描述展示与验证要素不同，描述展示强调和突出企业实际的价值创造与交付实力，为企业未来的顾客关系建立起某种预期。

上述三个层次是相辅相成的，共同决定了企业价值主张及其有效性。价值描述、验证要素、描述展示的完美结合往往能够准确地反映顾客与员工及企业“彼此合作”的体验预期。构建良好的价值主张能够有效地表达企业提供的有形利益与无形利益，进而能够提高市场营销的效率。所以，它是企业的一种重要能力，在奉行以顾客为中心的营销理念时更是如此。

二、价值主张的类型与作用

（一）价值主张的类型

与前面探讨的基于价值的战略相一致，企业的价值主张也包括三种基本类型：产品领先型价值主张、顾客亲密型价值主张和卓越运营型价值主张。它们分别表明企业希望实现产品领先（如质量利益）、形成与顾客的密切关系（如关系利益）、立足于追求卓越的运营效率（如价格利益）。在实践中，企业往往需要在上述三种基本的价值主张中做出选择，然后结合特定的目标市场需求和特定的产品与服务利益提炼出独具特色的价值主张，从而向顾客提供与众不同的价值。对于没有选中的价值主张，虽然它们不是企业的关注重心，但企业必须确保它们能够达到最低门槛（不能超出最低容忍限度），否则会引起顾客的不满。这样做可以帮助企业树立良好的形象，保留更多的“回头客”，并为企业提供良好的声望。[①] 这里所说的“形象”主要指顾客如何看待企业。概括而言，与上述三种价值主张相对应，存在三种基本形象感知，它们有不同的驱动因素，并在各个价值要素的相对重要性方面表现出明显的差异，如表 3－6 所示。

表 3－6　三种基本形象感知

形象感知	关键驱动因素	运营效率	产品领先	与顾客的密切关系
最优质的产品 / 服务	独特属性	入门水平的低端	首要关注：很高	符合入门水平
最好的朋友	关系水平	入门水平的低端	符合入门水平	首要关注：很高
最佳交易	价格	首要关注：很低	入门水平的高端	入门水平的高端

资料来源：Scholey C. Targeted marketing with value propositions：leadership is all in the image. CMA Management，2002，76（7）：14–17.

① Scholey C. Targeted marketing with value propositions：leadership is all in the image. CMA Management，2002，76（7）：14–17.

如表 3－6 所示，第一种形象感知是“最优质的产品 / 服务”，其关键驱动因素是产品或服务的独特属性。在这类形象感知中，企业主要采用产品领先型价值主张，关注相较于竞争对手的产品属性差异，对运营效率和顾客亲密程度的要求则相对较低。这种情况类似于市场差异化竞争战略，顾客不太关注价格，而更关注那些能为其带来独特价值的独特属性。例如，苹果公司的 iPhone 手机就属于这种情况。

第二种形象感知是“最好的朋友”，其关键驱动因素是与顾客的关系水平。在这类形象感知中，企业主要采用顾客亲密型价值主张，立足于长远利益，从改善服务着手，加强与顾客的关系，而对运营效率和产品领先则不是非常关注，认为维持最低水平即可。例如，许多金融服务机构推行的贵宾理财计划或大客户理财计划就体现了这种顾客亲密型的价值主张。

第三种形象感知是“最佳交易”，其关键驱动因素是价格。不过，这里所说的价格因素不仅包括标签价格，而且包括购买过程和消费过程中出现的“看不见”的隐性价格，如等待时间和返利政策等。换句话说，这是一个总成本概念。在这类形象感知中，企业更多地把价格作为“最佳交易”的驱动因素，对于价值主张的选择主要关注产品领先与顾客的密切关系，对运营效率的关注度则相对较低。例如，沃尔玛就是遵从这种价值主张的例子，它追求低价，但对顾客和产品的关注度也达到了一定的水平。

（二）价值主张的作用

企业的价值主张就像指南针，对企业在特定产品市场上的营销决策具有指引作用，同时引导着员工的行为。如前所述，企业的价值主张必须能够与竞争对手区别开来，必须是独一无二的。再者，企业的价值主张必须与企业形象和顾客价值吻合，这既是为了避免引起市场混乱，也是为了引起顾客共鸣。而且，与企业标志或广告等有形载体不同，企业的价值主张是隐性的，很难为顾客所认知和识别，反映的是企业长期发展的本质、内涵，而顾客在购买与消费过程中却能够切切实实地体验到。因此，价值主张往往需要企业在长期发展过程中，通过各种辅助手段和宣传工具加以传播，并尽可能让内部员工和外部顾客理解并接受。

从这个意义上讲，价值主张有助于企业与竞争对手区别开来，体现企业的竞争优势。同时，价值主张有利于向顾客和竞争对手传达与众不同的信息与特色，建立企业的独特品牌形象。对于顾客而言，越能清楚地辨别出企业价值主张的不同之处，越有利于获得独特价值，也就越有利于形成品牌忠诚度；对于员工而言，越能理解独特价值主张的差异之处，对企业的忠诚度就越高。①

三、价值主张的提炼与展示

（一）价值主张的提炼

在理解了价值主张的基本内涵之后，一个十分重要的现实问题是在实践中如何提炼并识别企业的价值主张。图 3－11 展示了一个常用的提炼价值主张的工具。②

（1）市场使命是指企业在市场上想成为什么、想代表什么。由此可见，市场使命和公司使命以及公司目标的区别在于：市场使命更关注企业的市场地位（如市场领导者）和市场形象（如负责任的诚信供应商），公司使命则立足于长远的顾客利益，注重公司未来的发展方向和经营战略。

---

① Meredith B H. Where is the value.NZ Business，2007，21（2）：61.

② 皮尔斯．市场导向的战略转变．吴晓明，张华，战祥森，等译．北京：清华大学出版社，2005.

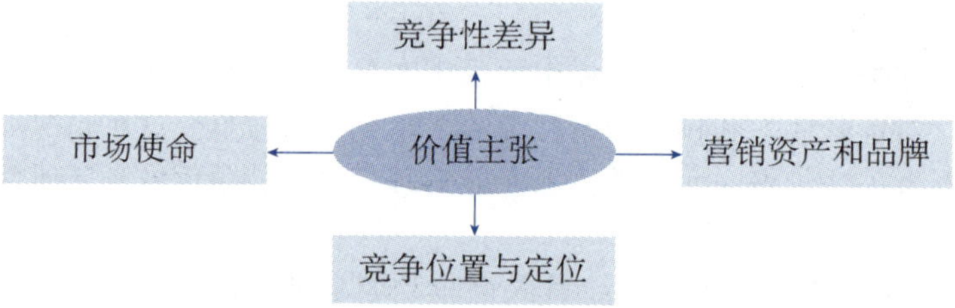

图 3－11　价值主张的提炼工具

资料来源：皮尔斯. 市场导向的战略转变. 吴晓明，张华，战祥森，等译. 北京，清华大学出版社，2005.

（2）竞争性差异是指企业如何识别和确立与竞争对手的差异，如何在市场中形成自己独特的竞争地位。有关竞争性差异的描述，往往需要论述满足顾客需求和实现企业利润的具体过程。当然，在此过程中，一项十分重要的任务是挖掘和利用核心竞争力。按照波特的观点，如果要获得有效的战略，就需要深思我们最擅长做什么（我们的核心能力），而不是我们的竞争对手也能做到、做好的事情。一般而言，竞争性差异的来源主要包括三个方面：产品本身、有效的或可能的附加服务以及一整套无形的营销利益。

（3）营销资产和品牌是指企业有何种独特的营销资产和品牌优势，能够建立何种竞争优势。所谓营销资产是指企业经营收入的来源，包括现实来源和潜在来源，这是区分市场上的优胜者和失败者的有效标准。营销资产通常表现为无形资产，如企业声望、企业形象、价值感知、购买体验、关系收益、独特能力和品牌形象等，这些独特的营销资产构成了企业竞争优势的源泉。

（4）竞争位置与定位既是价值主张在某一产品市场领域的具体体现，也是基于该价值主张的营销战略的实施在市场上产生的最终结果，它表明了企业在特定的产品市场领域的竞争地位。例如，在价格、安全性、耐用性、可靠性、功能属性、服务属性等众多顾客价值要素中，企业对这些价值要素的独特组合是什么，它们彼此之间的联系和相对重要水平如何等。对诸如此类问题的分析，往往可以帮助企业深刻地认识到：顾客的价值是什么，企业能够提供什么样的价值，企业有哪些优势，顾客能否认可企业提供的价值等。

（二）价值主张的展示

1. 价值主张的构成要素

在利用上述工具提炼价值主张的基础上，企业可以成功地实现市场细分，明确目标市场，并明确企业在市场中的竞争地位。同时，企业的营销资产和品牌把企业的愿景、使命同企业的战略定位、战略意图联系起来，并充分考虑企业的差异化能力。但企业这时仍然面临一个最为关键的挑战：对于顾客来说，企业是否已经拥有合适的价值主张？或者说，企业的价值主张能否为目标顾客所熟悉和认同？显然，为了回答这个问题，必须提炼出与目标顾客匹配的价值主张，还必须搞清楚价值主张的具体构成。

对于价值主张，很难用固定的模式进行解释，图 3－12 抽象地概括出了价值主张应当包括的关键要素。①其中，品牌、营销资产、战略定位、差异化能力、市场吸引力、市场细分、市场定义、使命、顾客偏好和顾客痛点等都是价值主张的构成部分。基于这一框架，可以对惠普公司的价值主张进行简要分析。面对企业客户对信息技术的全面需求以及客户偏好与痛点，惠普的使命是成为帮助客户管理和改造信息技术基础设施的专家，即通过提供全球领先的信息技术解决方案，使企业客户充分利用变化，实现业务与信息技术的最佳同步。针对企业客户市

① 皮尔斯. 市场导向的战略转变. 吴晓明，张华，战祥森，等译. 北京：清华大学出版社，2005.

场，惠普的价值主张是以创新科技和全方位专业服务为基础，集成业界一流开放技术，帮助企业客户规划、建设、集成、管理先进的适应性信息技术基础设施，支持企业成长。该价值主张全面反映了惠普对全球企业客户市场的深刻理解与睿智把握、惠普在全球企业客户市场的优势和与众不同之处以及惠普为全球企业客户带来的全方位价值和利益。

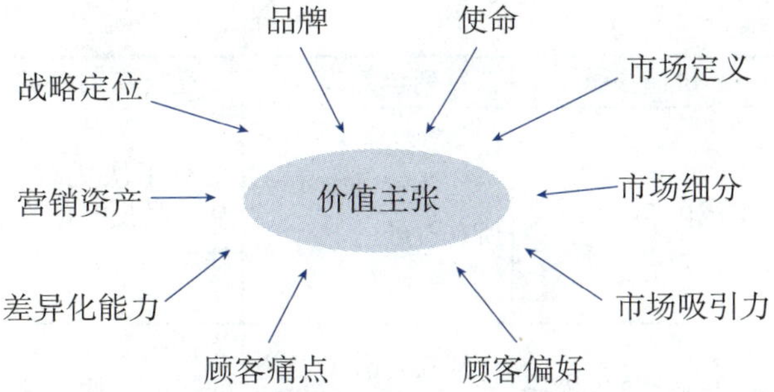

图 3－12　价值主张的新构成

资料来源：皮尔斯．市场导向的战略转变．吴晓明，张华，战祥森，等译．北京：清华大学出版社，2005.

关于价值主张的构成要素究竟对顾客价值创造有多大作用，目前还没有形成统一认识。不过，一种普遍的观点认为，价值主张能为顾客带来区别于竞争对手的独特价值。因此，企业应当从价值主张的构成要素着手，结合自身的优势和能力，确定目标市场，并准确定位，以自己的优势和专长为顾客提供所需的价值。例如，集成电路公司 A 准备向电子设备制造商 B 出售一批集成电路产品，但在市场上，竞争对手公司的产品比 A 提供的产品低 100 元，客户 B 要求 A 的销售人员解释为何自己的产品更胜一筹，A 的销售人员把本公司所能提供的服务作为价值主张的基础，最终赢得了订单。实际上，A 所提供服务的成本单价只有 10 元，但实际单位价值高达 120 元。

2. 价值主张的展示方法

弄清价值主张的构成要素有助于企业进一步提出价值主张的识别和展示方法。价值主张绝不仅仅是停留在印刷广告等宣传材料上的赞美之词，也不仅仅是企业对外宣传时的响亮口号，而是企业产品或服务给顾客带来的实实在在的价值。因此，如何更好地向顾客展示企业的价值主张和为顾客提供价值是企业急需解决的问题。为此，企业需要通过一系列方法和手段来实现识别价值主张的目的。而且，识别方法必须立足于效果，让顾客产生共鸣，得到顾客的认可。表 3－7 列出了四种价值主张的展示方法，即罗列全部优点（all benefits）、宣传有利差异点（favorable points of difference）、突出共鸣点（resonating focus）和顾客参与。[①] 实际上，当前营销领域的一个热门话题是顾客参与价值创造问题，或者说是价值的联合创造问题。根据服务主导逻辑理论，特别是对于无形服务而言，顾客参与价值创造过程既有利于企业利用顾客的知识和技能创造更大的价值，也有利于顾客通过体验过程加深对企业价值主张的理解。因此，可以将顾客参与作为价值主张展示的第四种方法。但需要指出的是，顾客参与价值创造对企业而言是一把双刃剑，何时参与、如何参与以及参与程度都需要由企业根据自身情况定夺。[②]

表 3－7　价值主张的展示方法

哪种方法更能向顾客展示价值？
对于价值主张这一术语，大多数管理者只是把自己认为产品可能给目标顾客带来的种种益处全部罗列出来，认为多多益善。同时，有些管理者的确承认顾客有其他选择，但他们经常误认为有利的产品差异点一定对顾客都有价值。不过，成功的企业往往根据目标顾客最关心的少数几个要素制定自己的价值主张，努力向顾客证明体现其价值主张的卓越产品性能等，并在沟通中时刻强调自己对顾客需求有深刻的了解。

① 安德森，纳鲁斯，范罗苏姆．价值主张：打动你的企业客户．商业评论，2006（10）：49–59.

② Ma S，Gu H M，Wang Y G，et al. Opportunities and challenges of value co-creation：the role of customer involvement in hotel service development. International Journal of Contemporary Hospitality Management，2017，29（12）：3023–3043.

续表

价值主张	罗列全部优点	宣传有利差异点	突出共鸣点	顾客参与
组成内容	产品给顾客带来的所有益处	相对于次优替代品，某产品拥有的有利差异点	一两个差异点（或许还包含一个相似点），其改进将在可预见的未来为顾客创造最大的价值	让顾客参与其中，亲自体验产品或服务的利益
回答顾客的问题	为什么要购买贵公司的产品？	为什么要购买贵公司的产品，而不是竞争对手的产品？	贵公司产品的什么因素对我们最有价值？	我们如何确信独特价值真的存在？
可能的缺陷	妄称优点	价值臆断	必须进行顾客价值研究	难以与主动的宣传相配合

资料来源：安德森，纳鲁斯，范罗苏姆．价值主张：打动你的企业客户．商业评论，2006（10）：49–59.

四、价值主张和品牌

根据价值主张的构成模式，品牌是企业价值主张的重要构成因素，也是企业最重要的无形营销资产。换句话说，打造卓越的企业品牌本身就是向顾客传递企业价值主张的有效方式。一般而言，品牌代表企业的形象，体现了给顾客提供的独特价值。因此，从某种意义上来说，品牌只有与价值主张融合在一起才有价值。例如，可口可乐公司现在讨论的更多的是价值营销，而不是品牌营销，其首席营销官说：“你必须切实理解你的品牌是如何创造价值的。”[①] 所以，品牌是影响顾客购买决策的重要因素，也是企业拥有的一项战略性资源。品牌建设作为企业营销的核心，已经引起了企业的广泛关注。

（一）品牌价值的影响因素

品牌同产品质量及顾客关系一样，也是竞争优势的重要来源。同时，企业品牌能够改善营销绩效和顾客关系，因为优秀的品牌能提高顾客忠诚度和市场占有率。因此，当营销人员试图改善营销绩效与顾客关系时，品牌建设就成为一个重要的选择。

在实践中，如何有效地界定品牌的内涵，并将其含义准确地传递给内部受众和外部受众，对企业来说是一项巨大的挑战。但是，成功的企业总是能够根据一些可以界定和测量的因素来识别品牌的内涵，并成功地塑造自己的品牌。这些因素主要包括品牌承诺、顾客感知、视觉传递和管理层对品牌的理解等。以苹果手机为例，苹果的品牌价值之所以被顾客认同，是因为其品牌承诺与顾客感知紧密贴合。顾客在使用手机时除了可以获得奇妙的体验，如感受简洁优雅的外形设计、流畅的操作手感等，还能够获得社交和心理需求的满足。从某种程度上说，使用苹果手机成了“有面子、有地位”的象征，顾客内心最本质的欲望得到了满足。另外，研究表明，赞助活动也有助于企业塑造品牌，提升品牌价值，如常见的体育赛事（奥运会等）。[②]

那么，品牌价值受到哪些因素的影响？有研究对此进行了归纳总结。如图 3－13 所示，在实践中，营销管理者认为按照重要性的高低排序，影响品牌价值的因素依次为：利益相关者之间的内部沟通，更加准确的顾客选择、体验和需求信息，更具竞争力的定位数据（包括顾客

① 皮尔斯．市场导向的战略转变．吴晓明，张华，战祥森，等译．北京：清华大学出版社，2005.

② Yazdanparast A，Bayar O. Olympic sponsorships and brand value：an empirical analysis. Journal of Advertising，2021，50（2）：139–159.

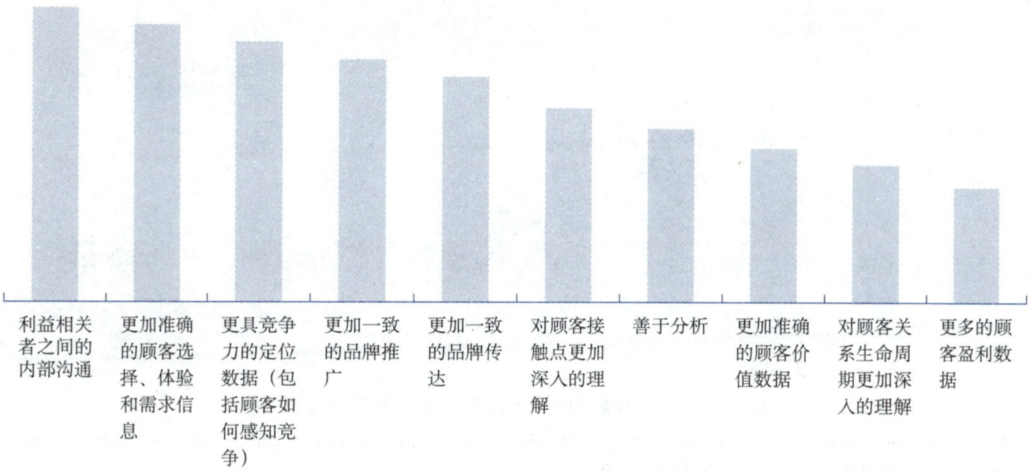

图 3-13　影响品牌价值的十大因素

资料来源：Hinshaw M. A survey of key success factors in financial services marketing and brand management. Journal of Financial Services Marketing，2005，10（1）：42.

如何感知竞争），更加一致的品牌推广，更加一致的品牌传达，对顾客接触点更加深入的理解，善于分析，更加准确的顾客价值数据，对顾客关系生命周期更加深入的理解，更多的顾客盈利数据。营销管理者可以从上述十个方面入手，持续提升营销和品牌效应。[①]

（二）品牌价值的传递

如何将品牌价值准确地传递给内部员工和顾客是传递企业价值主张过程中企业面临的最主要问题。以服务行业为例，在通信、航空、金融服务和休闲旅游等行业中，企业品牌和服务品牌两个术语是等同的。由于服务具有自身的特点（无形性、不可分割性、易逝性、异质性），服务品牌的价值高度依赖传递服务品牌承诺的员工。因此，在服务品牌价值的传递过程中，尤其需要关注提供服务的员工所具有的价值观和表现出来的行为，同时需要关注顾客接受的价值观。实际上，员工具有的价值观受到员工所在组织文化的影响，需要与组织保持一致。同时，组织文化和员工的价值观又会影响顾客对品牌包含的价值体系的理解。所以，品牌价值的传递往往需要从两个方面着手，使顾客价值观和员工价值观匹配起来。换句话说，品牌价值的传递包括向员工传递品牌价值和向顾客传递品牌价值两部分内容，如图 3-14 所示。[②]

1. 向员工传递品牌价值

要想通过员工向顾客传递品牌价值，首先必须将品牌价值有效地传递给员工。因此，员工只有先接受并内化这一价值，才能在组织内部和与顾客互动的过程中充分展示企业服务品牌价值的内涵。将品牌价值传递给员工的最根本途径是组织沟通和管理沟通。其中，组织沟通立足于组织制度层面的正式沟通，而管理沟通立足于非制度性沟通。

（1）组织沟通。在组织沟通情境下，可以对品牌价值进行编码，形成正式的品牌价值文字，在企业内部广泛传播。显然，这需要更多的员工参与，使品牌价值的传播效果最大化。一般而言，组织沟通可以从两个方面着手，即员工招聘广告和员工与新人的互动。在综合运用这两个途径的情境下，新员工加入企业的过程也就是社会化的过程。例如，可以通过以下形式

① Hinshaw M. A survey of key success factors in financial services marketing and brand management. Journal of Financial Service Marketing，2005，10（1）：42.

② De Chernatony L，Cottam S，Segal-Horn S. Communicating services brands' values internally and externally. The Service Industries Journal，2006，26（8）：819.

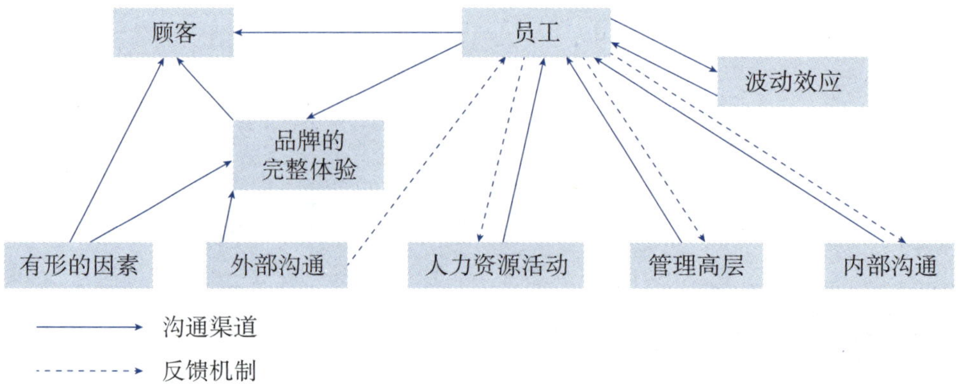

图 3－14　向顾客和员工传递品牌价值的概念模型

资料来源：De Chernatony L，Cottam S，Segal-Horn S. Communicating services brands' values internally and externally. The Service Industries Journal，2006，26（8）：819.

来加强品牌价值的内部传播：导师制、讲故事、典礼（如员工奖励等计划性的、阶段性的活动）、仪式（重复的、标准的活动，如组织成立日庆祝活动等）及品牌价值的编码过程。

员工招聘是向潜在员工传递品牌价值的最原始途径，可利用招聘广告、宣讲会和相关资料。通常，只有那些能够接受企业价值观的人才能真正完成应聘过程，以品牌为中心的人力资源管理需要确保挑选出并成功招到个性特征和品牌特征高度匹配的求职者。实际上，只有那些与组织价值观一致的员工才更容易接受组织的价值观。在这个过程中，企业切忌过分向求职者强调价值观要求，而应当让求职者在充分掌握信息的基础上进行自我选择。当然，这种招聘过程并不能保证招聘到与品牌价值相符的员工。此时，需要采取相应的措施，促使新员工放弃原先的价值观，转而接受企业的品牌价值。例如，企业可以开展集中强化培训，也可以在面试过程中通过有关心理测试等加以筛选，这些都是目前很多知名大企业采用的通行方法。

在经历了一系列招聘过程之后，录用新员工并使其接受品牌价值的过程成为一种社会化过程。这种社会化过程实际上是一个学习组织内部规则和价值观的过程，是通过一系列组织沟通过程实现的。具体而言，可以通过培训、老员工的传授（如导师制、师徒制）及新员工“干中学”等方式来实现。最终，新员工能获得关于品牌价值的一些知识。当然，社会化过程的成败也取决于导师的指导技能以及导师自身对品牌价值的理解等因素。此外，许多企业采用向新员工讲故事的方式传递品牌价值。例如，海尔将“砸冰箱”的故事不断地向新员工讲授，让他们树立产品质量是企业生命的观念。

（2）管理沟通。以广告、销售促进、直复营销和个人销售等形式进行的沟通就是管理沟通，它在向员工传递品牌价值的过程中扮演了十分重要的角色。在大多数情况下，从对员工的影响效果角度来看，以首席执行官的行为和角色为形式的管理沟通往往不如组织沟通。尽管如此，这种途径仍然可以对员工的价值观产生直接影响。换句话说，高层管理者的行为应当与品牌价值相匹配。例如，如果一个企业希望传递的品牌价值包含社会责任因素，那么企业高层管理者自身应当展现出回报社会的一面，如捐赠和慈善行为等。同时，高层管理者可以通过一些关键事件，亲自传达企业的品牌价值。例如，让员工集中收听收看关于公司品牌的报告，这样可以有效地把价值观传递给员工。

2. 向顾客传递品牌价值

在成功地将品牌价值传递给员工以后，企业还需要通过员工把品牌价值传递给顾客。通常，可以通过营销沟通和组织沟通把品牌价值传递给顾客。

（1）营销沟通。在实践中，营销沟通涉及一系列工具，如广告、直复营销、销售促进、个人销售以及组织员工与顾客的接触等。例如，在数字化营销时代，企业通过社交媒体或用户社区等媒介与顾客互动成为常态，而且这种互动是双向过程，即企业可以获得有关顾客需求的信息（如顾客在社交平台上发表的产品或服务使用体验、在用户社区中反馈的产品改进意见等），顾客则可以收获定制化、个性化的产品或服务。在这个过程中，品牌价值实现了从企业端向顾客端的传递。品牌价值的传递是营销沟通的重要部分，越来越多的研究开始关注整合营销沟通。其中，整合营销沟通是指各种信息传递工具应当保持一致，从而使受众形成一致的感知和印象。一般而言，整合营销沟通会利用各种资源作为潜在的信息传递渠道。在服务品牌价值的传递过程中，情况更是如此。企业通过顾客全面的参与，把每次接触过程、每个接触点都作为传递品牌价值的难得机会。

对于服务品牌价值的传递，主要可以通过顾客体验来实现营销沟通。整合营销沟通对服务品牌价值的传递特别有效。以服务的无形性为例，整合营销沟通能够增加顾客感知的服务有形性，律师事务所的服务质量和品牌价值往往无法直接衡量，但可以通过一些营销沟通形式来加以反映，如工作人员的学历、拥有的资格证书、获得的锦旗数量、代理过的有影响的案件等。由此可见，通过整合营销沟通向顾客传递服务品牌价值，往往能够加深顾客对服务品牌价值的理解，也更容易实现传递效果。因此，向顾客传递品牌价值的关键在于员工和顾客之间的互动。如果企业向员工成功地传递了品牌价值，并且在全部服务员工中成功地实现了“内化”，那么在与顾客的互动过程中，服务员工就会有效地向顾客展示品牌价值。同时，这种互动过程促进了顾客的亲身体验，顾客切身感受到了相关信息。此外，通过互动接触过程，企业提供了充分展示品牌价值的有形环境，如酒店明亮的橱窗、整洁的大厅等，这些有形环境能够加深顾客对品牌价值的理解。诚然，员工和顾客互动是传递品牌价值的有效途径，但并非唯一途径，公司形象、口碑和社会公益活动等其他营销沟通手段也是不能忽视的。

（2）组织沟通。以组织沟通的形式将品牌价值传递给顾客时，沟通主要来自组织内部，如公共事务、环境沟通和投资关系等。例如，经过三聚氰胺事件之后，一些乳品企业积极参与公益活动来树立企业的社会形象。再如，体育用品企业通过参与大型体育赛事等方式，向顾客传达品牌价值的内涵。需要特别注意的是，随着企业越来越开放，企业内部利益相关者和外部利益相关者之间的界限变得越来越模糊，一些利益相关者可能同时具有员工、顾客、股东等多重角色，这更加突出了进一步整合营销沟通和组织沟通的必要性和重要性。企业必须想方设法确保两者的一致性，否则，具有多重角色的利益相关者在获得品牌价值的过程中会产生信息冲突。

案例

Life is on：施耐德电气的商业模式分析

全球顶级电气企业之一——施耐德电气有限公司（Schneider Electric SA）1836年诞生于法国，有着近200年的历史。19世纪，施耐德电气从事钢铁工业、重型机械工业、铁路、轮船建造业；20世纪，施耐德电气通过一些剥离和重要的收购，将业务聚焦在电力与控制领域；进入21世纪后，环保与可持续发展成为各国与行业共同关注的重要议题，施耐德电气将业务方向调整为能源管理与自动化领域，并通过并购行业内领先企业稳固了行业内的地位。施耐德电气1987年进入中国，2001年开始全面发力中国市场。发展到今天，施耐德电气在中国拥有23家工厂、3个主要研发中心、8个物流中心、1.7万名员工、1 100多家分销商和1 400家本地供应商的业务网络；从最初专注于中低压配电及工业自动化，发展成为今天的能源管理和自动化领域数字化转型的领先企业。施耐德电气的发展与成绩离不开商业模式的创新，让我们一探施耐德电气的商业模式。

1. 价值主张——助力人类进步与可持续发展

施耐德电气的宗旨是赋能所有人对能源和资源的最大化利用，推动人类进步与可持续的共同发展。施耐德电气认为，我们已进入一个电气化时代，在减少碳排放方面，电力是最高效、最合适的能源载体；通过与循环经济的举措相结合，我们有望对气候产生正向影响，助力联合国可持续发展目标的实现。

2. 关键业务——数字化赋能

能源管理与自动化的数字化部署，是施耐德电气的两大关键业务板块。施耐德电气通过集成世界领先的工艺和能源管理技术，推动数字化转型，帮助客户全面实现高效与可持续发展。施耐德电气为客户提供从终端到云的融合，涵盖互联互通产品、控制、软件和服务。通过数字孪生，提供从设计建造到运营维护阶段的全生命周期解决方案。为客户赋能，使其从分散式管理转向集成化的企业管理。

在中国，施耐德电气将自身定位为“数字化领导者”和“行业应用专家”。旨在通过切实可行的数字化技术和解决方案，服务于家居、楼宇、基础设施、数据中心、工业市场，尤其是其中的电力设备、电子、机器设备、汽车、水泥、食品饮料、石油天然气等领域的企业客户先行一步，通过数字化转型提升企业绩效，获取竞争优势。

3. 核心资源——技术、朋友圈、人才和创新

2017 年，施耐德电气推出了基于物联网的新一代 EcoStruxure 架构与平台，融合了 IT 与 OT 技术，面向楼宇、数据中心、工业和基础设施四大终端市场，提供配电、信息技术、楼宇、机器、工厂、电网六大专业领域的端到端数字化解决方案，为客户的数字化转型赋能。施耐德电气的整体解决方案安全可靠，并且具有领先的网络安全性。同时，施耐德电气致力于推动开放的技术及合作伙伴生态圈，积极践行有意义、包容和赋能的共同价值观。技术专长、开放共享的朋友圈、人才储备、文化包容与创新，逐渐成为施耐德电气数字化赋能的核心资源与优势。

4. 盈利模式——创新产品 + 数字化解决方案

盈利模式包括成本构成和收入来源两个模块。从成本构成来看，主要包括生产制造成本、研发成本、人力资源成本、运营成本和物流成本等。就收入来源来说，包括两个核心部分，即创新产品与整体解决方案。

5. 客户关系——数字化朋友圈

施耐德电气的使命是成为客户的数字化伙伴，以实现高效和可持续。施耐德电气是一家拥有本土化优势的全球企业，充分贴近客户，更好地理解和预测客户需求，为客户的业务连续性提供支持。朋友圈战略是施耐德电气客户关系管理的重要战略，也是施耐德电气数字化转型战略非常重要的一个支点。构建开放的朋友圈是施耐德电气在中国推动自身和客户数字化转型的坚实基础。

施耐德电气的朋友圈既包括商业伙伴，也包括高校、外国商会、行业协会、标准化协会等机构，现在已形成多层次多格局的生态圈联盟。施耐德电气通过“合作伙伴关系管理系统”，将电工、设计师和行业专家组成“社区”，与客户及合作伙伴在“社区”进行交互。这种基于数字化转型的全新生态将帮助数字化转型中的利益相关方连接彼此，贡献各自在企业数字化转型中的价值。

资料来源：王永贵，汪淋淋，乔一，等. 共创共赢：从 0 到 1 的数字化转型践行者.（2020-10-16）. 中国管理案例共享中心；王永贵，汪淋淋，乔一，等. 共创共赢：从 1 到 N 的数字化赋能者.（2020-10-16）. 中国管理案例共享中心；https://www.schneider-electric.cn/.

本章小结

在竞争日益激烈的市场上，企业必须提前做好营销战略规划，并提炼独特的价值主张。本章在介绍企业战略规划的层次与步骤的基础上，阐明了营销战略规划在企业战略规划体系中的地位，介绍了波士顿矩阵和通用电气公司矩阵及其在业务组合决策中的作用。在此基础上，概要性地介绍了三种基于价值的基本战略，进一步阐述了营销战略规划的内涵、营销战略规划的步骤与具体过程。然后，重点介绍了价值主张的内涵与层次、类型与作用以及提炼与展示方法。最后，围绕价值主张与品牌阐述了品牌价值的影响因素以及品牌价值的传递。

思考与练习

1. 结合实例描述战略规划的层次以及营销战略规划的地位。
2. 试比较波士顿矩阵和通用电气公司矩阵的异同，并论述其应用价值。
3. 举例说明营销战略规划的步骤。
4. 举例说明价值主张及其展示方法。
5. 结合你所熟悉的企业，利用商业模式九要素分析该企业的商业模式及其同营销战略的关联性。

基本概念　第3章

延伸阅读　第3章

第4章

营销信息系统与营销调研和预测

本章要点

随着移动互联网、大数据、云计算、人工智能等数字技术的快速发展及其在营销管理中的应用，营销调研与预测手段发生了相应的变化，越来越多的企业能够快速精准地收集、分析和运用相关的营销信息，提升企业捕捉和利用市场机会的潜力。市场调研与预测作为获取市场信息和准确认识市场的重要手段，在企业中的地位日益提高，并成为企业制定各项市场营销决策的基础和依据。因此，本章重点围绕营销调研和预测的相关知识展开。

学习目标

- 熟悉营销信息系统的概念、构成。
- 明确营销调研的内涵与类型。
- 掌握营销调研的实施步骤。
- 熟悉营销调研数据的处理。
- 了解营销预测的程序与方法。

第1节　营销信息系统

习近平指出，当今世界正在经历一场更大范围、更深层次的科技革命和产业变革。互联网、大数据、人工智能等数字技术的不断突破以及与实体经济的快速融合，促使数字经济蓬勃发展，成为经济发展的新动能。数字技术的发展与应用虽然降低了收集、存储和分享信息等方面的成本，但也带来了信息爆炸或信息泛滥等问题。在市场营销实践中，企业如何在信息的海洋中及时地获取有用信息成为管理者必须面对的巨大挑战。为此，许多企业特别强调营销信息系统的建设，以便及时有效地收集、加工和运用各种有用的市场信息。

一、基于现代信息技术的营销信息系统

在信息大爆炸的数字化时代，企业对营销信息的需求与日俱增，相当一部分企业在觉察市场信息方面面临重大挑战，如所获信息不够精准、过于分散、成本太高和不及时等。为此，许多企业特别强调营销信息系统的建设，以便及时高效地收集、加工和运用各种有用的市场信息。所谓营销信息系统是指在一个组织中由人员、计算机和程序组成的相互作用的综合系统，它可以帮助营销管理者收集、整理、分析、评价以及提供适时、适用和准确的数据信息，以提高企业营销活动的及时性和准确性。因此，从本质上讲，营销信息系统的优点不只是收集信息，它还能够便捷地为需要营销信息的管理者提供信息。当营销管理者需要信息时，营销信息系统能够迅速向他们提供需要的信息，发挥其最大的应用价值。由此可见，营销信息系统的任务是及时准确地对市场信息进行收集、分类、分析、存储、评估、解释和沟通，并把实现这些处理过程的手段和方法结合起来，确定决策制定者的信息需求，以把上述信息及时提供给营销管理者，供他们做出更有效的营销决策。[①]

营销视角4-1　京东服务：大数据精准C2M让企业实现按需定制

在数字化营销时代，互联网、大数据、云计算、人工智能等技术的迅猛发展对营销者能获得的信息及其成本和获取速度等产生了巨大影响，所有内容几乎都可以量化为数据和信息，可以说营销者处在一个信息和数据大爆炸的时代。例如，小米之家借助顾客在线下购物时在 POS 里记录用户的电话号码，通过电话号码关联用户账号，关联米厂的大数据系统，精准刻画顾客的一些特征属性，并据此调整自己的营销战略，以更好地满足顾客的个性化需求。可以说，数字技术的发展扩展了营销信息系统的功能，使其能够最大限度地发挥作用。尽管这样，仍然存在难以获得的信息，即便可以获得，有时也要付出很高的金钱成本和时间成本。[②]

二、营销信息系统的构成

营销管理者做出决策时需要充分的信息。所以，设计营销信息系统，帮助营销管理者收集营销信息，以满足营销管理者的决策需求是非常重要的。图 4－1 描述了营销信息系统的构成框架。其中，营销管理者在整个营销决策过程中发挥分析、计划、组织、协调、执行和控制等管理职能。同时，营销管理者在进行营销决策时，必须根据营销环境的变化进行分析，如分析目标市场、营销渠道、竞争者以及宏观环境（如政治、法律、技术、社会文化等）等方面的情况。营销信息系统能够帮助营销管理者了解信息需求，收集信息，并把信息提供给制定决策的营销管理者。一般而言，营销信息系统往往体现出某种“交叉性”，如图 4－1 所示，这种交叉出现在管理者认为需要的信息、管理者实际需要的信息以及经济上可获得的信息之间。典型的营销信息系统包括四个子系统：内部报告系统、营销情报系统、营销调研系统和营销分析系统。[③] 其中，内部报告系统和营销情报系统重在了解信息需求，而营销调研系统和营销分析系统重在提供信息以便为营销决策提供支持。

---

① 唐德才．现代市场营销学教程．北京：清华大学出版社，2005.

② 佩勒尔特，麦卡锡．市场营销学基础：全球管理视角：英文版：原书第 14 版．北京：机械工业出版社，2002.

③ 阿姆斯特朗，科特勒，王永贵．市场营销学：第 12 版．王永贵，郑孝莹，等译．北京：中国人民大学出版社，2017.

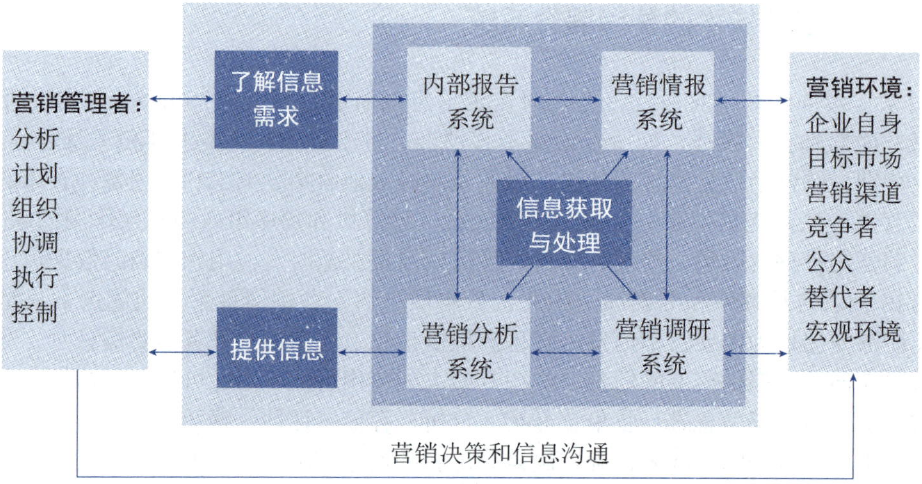

图 4－1　营销信息系统

资料来源：阿姆斯特朗，科特勒，王永贵．市场营销学：第 12 版．王永贵，郑孝莹，等译．北京：中国人民大学出版社，2017.

（一）内部报告系统

内部报告系统以内部会计系统为主，辅之以销售信息系统。从狭义上讲，内部报告系统就是内部会计系统，具有如下特征：（1）信息主要来自企业内部产生价值的部门；（2）为营销管理者定期提供有用的信息，用于日常营销活动的计划、管理和控制等。营销管理者依靠内部报告系统获得有关订单、销售额、价格、成本、存货水平、应收账款和应付账款等方面的信息。

通过分析上述信息，营销管理者往往可以发现重要机会或问题。具体来看，一个有效的内部报告系统包括三个方面的核心要素：（1）订单-收款系统。通常，销售代表、经销商和顾客把订单送交公司，销售部门准备数份发票副本，送交各有关部门。此时包括两种具体情况：一是存货不足时，发货暂时搁置；二是需要交货装运时，需附上运单和账单，同时把一系列账单复印多份分送给各有关部门。（2）销售信息系统。营销管理者需要及时了解准确的销售信息。例如，沃尔玛通过销售信息系统了解商店各类产品的销售量和每天的库存量，以便及时向供应商发出订单，补充存货。同时，沃尔玛具有完善的数据信息库，能与供货商共享销售数据，从而保证及时供货。（3）数据库、数据仓库和数据挖掘。公司数据库包括各种信息，如顾客信息、产品信息、销售人员信息和其他方面的信息，能够发现问题、解决问题和获得市场上最新的动态消息。在进行营销决策时，管理者可以从不同的数据库获得不同的信息。例如，销售人员信息包括每个销售人员的资料、业绩表现、发现的问题和提出的建议等。

销售人员可以通过多种创新途径向内部报告系统提供信息或从中获取信息。许多公司也都开发或购买了相应的软件，以确保销售人员同内部报告系统进行交流。例如，销售人员可以通过内部报告系统迅速确定自己将拜访的客户以前的所有订单，检查上次订单约定的履行情况和实际的装运数据，了解自上笔交易执行以后，客户和公司内部的其他实体之间的信函往来等。[①] 以三只松鼠为例，该公司拥有自己的大数据系统。每当顾客在官方旗舰店下单购买商品并做出评价后，大数据系统就开始收集并处理这些评论，从顾客的评价中提取关键词，用以总

① 伯恩斯，布什．营销调研．梅清豪，周安柱，徐炜熊，译．北京：中国人民大学出版社，2001.

结顾客对公司的看法，并以此作为后续调整的依据。如果顾客反映买到的坚果太小、物流配送太慢、包装有破损等，公司就改进商品的品质、物流配送的速度以及商品的包装等。[①]

（二）营销情报系统

营销情报系统是指营销管理人员用以了解有关市场营销环境发展趋势的各种信息来源与程序。现在，许多企业建立了专门的内部营销信息中心来收集和传递营销情报信息。借助该系统，企业可以把外部环境中最新的信息传递给有关的管理人员。

企业可以通过多种渠道全方位地获得营销情报，包括销售代表、分销商、供应商、竞争对手和顾客等。不过，大多数营销情报还是要从企业内部员工处（执行官、工程师、销售代理以及销售人员）收集。例如，施乐公司的技术人员在与柯达复印机销售人员的交谈中发现，后者提供的有关施乐产品的售后服务质量良好。施乐公司的雇员把这一点报告给主管，主管再把信息报告给施乐的情报部门。根据这个线索及柯达公司投放的招募接触过施乐产品的新员工的分类广告，施乐公司证实了柯达公司正在计划为施乐产品提供售后服务。为了保护其有利可图的售后服务，施乐公司很快推出了“完全满意保证”，允许顾客无理由退货。当然，企业可以从其他途径收集信息，包括：（1）联系供应商、中间商和顾客。企业可以从自己的分销商那里获得很多有价值的情报，因为分销商与市场的联系往往更密切，能够及时获得市场上的各种动态信息。例如，吉列公司在美国市场推出一款万能剃须刀之前，在加拿大的一次报道中透露了美国市场的推出日期。加拿大分销商立刻把这一消息报告给另一家公司。于是，后者实施了一项紧急计划，随之推出剃须刀。（2）观察竞争对手或分析现象。这是最直接的情报获得渠道，企业可以通过购买和分析竞争对手的产品、监视其销售情况和了解新的专利情况等方式获得竞争情报信息。例如，通过观察竞争对手研发部门最近的活动情况，企业可以推测竞争对手最近有没有研发新产品的计划。（3）检查竞争对手的垃圾。在法律上，垃圾一旦离开企业就成为废弃财产。尽管多数企业现在会对技术文件进行粉碎处理，但市场营销或公关部门的垃圾也可能泄露机密。例如，雅芳公司承认曾雇用私人侦探整理竞争对手玫琳凯公司的垃圾。（4）利用政府机构的相关资料。大部分企业会在有关政府部门留存很多档案信息，企业可以根据这些资料推断竞争对手的一些情况。（5）利用竞争对手的年度报告、商业讲话、贸易展览、新闻报道、广告以及网页等。随着互联网技术的发展，互联网正逐渐成为获得竞争对手信息的重要途径。不仅企业主办的网页包含竞争对手的情报，研究人员在贸易协会网站也能收集到有价值的信息。为此，企业可以在内部通过系统的筹划，采取能够对销售人员和经销商产生激励作用的各种手段来提升营销情报的质量。

（三）营销调研系统

营销人员可能需要对特定情况展开正式研究。例如，联想公司想知道有多少以及什么类型的个人和公司愿意购买新型超薄笔记本电脑。在这种情况下，营销情报系统往往无法提供所需的详细信息，这时营销人员就需要进行营销调研。一般来说，营销调研系统也称专题调查系统，其主要任务是：针对市场营销所面临的具体问题，通过收集相关信息，做出系统的分析和评价，整理并报告研究结果，以便解决特定的问题。换句话说，营销调研系统收集的信息往往是其他营销信息子系统未收集的信息，旨在研究公司面临的特定情况，收集的是特定情况所需的特殊信息。例如，通用汽车公司想知道顾客对 EV1 的提速和行驶速度有何感想时，无法通过内部报告系统获取这类信息，也无法通过营销情报系统和营销分析系统获取相关信息。这

① 王晓锋，张永强，吴笑一．零售 4.0 时代．北京：中信出版集团，2015.

时，通用汽车公司会选择通过营销调研活动来获取相关信息。[①]

（四）营销分析系统

营销分析系统实际上是一种营销决策支持系统，是一种用于营销决策过程的信息系统，由软件和计算机硬件系统构成，目的是从信息中发掘更为准确的研究结果。其中，软件方面主要包括统计模型和统计程序，其使用先进的技术或技巧分析市场营销信息，以帮助管理者更好地做出营销决策。一般而言，典型的营销分析系统主要包括数据库、统计库、模型库三大要素，如图 4－2 所示。[②]（1）数据库。从公司外部或内部获得的相关营销信息需存入数据库，以便进行数据的存储、检索、操作与转换等。实际上，可以把数据库看成电子图书馆，公司可以十分便捷地检索信息。（2）统计库。统计库是用统计方法从数据中提取的有意义信息的集合，主要包括一些先进的统计方法，用来对获得的市场信息和顾客信息进行深入的统计分析。比较常用的统计方法包括回归分析、相关分析、判别分析、因子分析和联合分析以及聚类分析等。（3）模型库。营销决策支持系统的模型库是各种营销模型的集合，用来表达某些系统或过程的一组变量和它们之间的关系，以协助营销管理者制定更合适的市场营销策略。在过去的几十年里，市场调查专家开发了大量的模型，如广告预算模型、媒体组合模型、位置选择模型和市场反应模型等。[③]

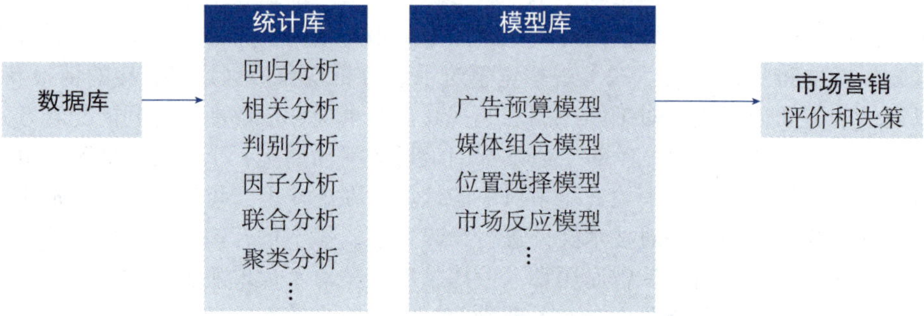

图 4－2　营销分析系统

第 2 节　营销调研概述

一、营销调研的内涵与角色

（一）营销调研的内涵

营销调研指针对企业特定的营销问题，运用科学的方法，有目的、有计划地设计、收集、整理、分析以及解释市场营销各方面的数据和资料，从而得到合乎客观事物发展规律的见解，提出解决问题的建议，为营销管理者制定、评估和改进营销决策提供依据。[④]概括而言，营销调研包含了能使企业获得做出决策所需信息的全部活动，这些决策是指与环境、市场营销组合

① 伯恩斯，布什．营销调研．梅清豪，周安柱，徐炜熊，译．北京：中国人民大学出版社，2001.
② 唐德才．现代市场营销学教程．北京：清华大学出版社，2005.
③ 科特勒，阿姆斯特朗．市场营销原理：第 9 版．赵平，王霞，等译．北京：清华大学出版社，2003.
④ 景奉杰．市场营销调研．北京：高等教育出版社，2001.

和现有顾客及潜在顾客相关的决策。一方面，营销调研在营销管理过程中扮演着十分重要的角色，市场营销计划的制订、实施和评价过程离不开营销调研；另一方面，营销调研特别强调调研者在开发信息方面应该承担的责任，包括确定问题、收集和处理数据、解释结果和以利于管理者的方式提供信息等。同时，营销调研者在整个研究过程中必须与营销管理者通力合作，在调研基础上承担为管理者提供战略建议的责任。[①] 在具体操作中，企业可以根据自己的研究能力和资源，决定是利用自己的部门（部分或全部）进行市场调查，还是通过委托等合作方式解决营销调研问题。

（二）营销调研的角色

如上所述，营销调研是一个过程。通过这一过程，企业可以把有关内部营销环境和外部营销环境的信息收集起来，进行分析和解释，最终帮助营销管理者进行营销决策。换句话说，营销调研不是制定决策，而是持续地增加营销管理者制定更好决策的机会。但在实践中，不少人对营销调研存在一些误解，他们把调研报告视为问题的最终答案，无论研究得出什么样的结果，都将其视为最合适的行动方案。营销管理者应当持有如下正确观念：（1）即使是最好的调研也可能存在某些偏差或错误；（2）即使做了准备，营销调研在将来可能发生的事情面前也是苍白无力的；（3）必须结合调研的结果，根据自身的知识和经验做出相应的决策，营销调研不可能涵盖影响战略的所有因素。

尽管营销调研本身无法制定决策，但它能够在一定程度上减少营销战略管理方面的风险。例如，通过评估顾客对新产品的接受情况，营销调研可以在一定程度上降低新产品推出的风险。同时，营销调研对于检验各种营销战略的实施效果是至关重要的。例如，营销调研能够验证营销组合要素的变化对顾客感知和行为产生的影响。

二、营销调研的内容与类型

（一）营销调研的内容

营销调研的内容非常广泛，从市场潜力和市场份额研究到顾客满意度和购买行为评估，再到定价、产品、分销和促销活动研究以及竞争对手研究等，都离不开营销调研。营销调研的内容主要包括顾客调研、市场竞争调研、销售调研和营销组合调研等。

1. 顾客调研

企业营销活动的落脚点是顾客，顾客需求的变化直接影响企业营销活动的设计与调整。在数字化时代，随着物联网基础设施及智能手机、可穿戴设备的普及，顾客时刻都在产生大量的数据。谷歌平均每分钟收到 400 多万次搜索请求，脸书每分钟分享 250 万条内容。基于大数据分析技术的市场洞察和精准营销是营销调研的新动向。所以，市场调研首先是基于大数据技术分析的顾客调研，包括对顾客消费心理和顾客消费行为特征等因素进行调查分析，研究社会、经济、文化等因素对顾客购买决策的影响，剖析广告影响度、品牌效应、价格敏感度和购买者数量等。此外，通过大数据、云计算等数字技术，实现对顾客的精准画像，了解潜在顾客的需求以及影响顾客需求的各项因素的变化情况，如位置数据能够显示出顾客的一些通勤、购物偏好、饮食偏好等信息，基于位置数据的营销为营销人员提供了更高效的广告定位和预算分配。

---

① 彼得，唐纳利. 营销管理：知识与技能：第 7 版. 燕清联合，译. 北京：清华大学出版社，2005.

2. 市场竞争调研

企业要想在市场竞争中取得优势并掌握主动权，必须做到知己知彼。因此，企业有必要通过营销调研，确切地掌握自身的竞争能力和地位、竞争对手的现状和动向。市场竞争调研的内容一般包括市场竞争格局和特点，企业的竞争地位，竞争对手的数量、实力、营销策略等。

3. 销售调研

企业必须对市场及自身的销售状况做到心中有数，为制定正确的营销战略和策略提供科学依据。因此，销售调研成为市场调研的重要内容。一般而言，销售调研包括对购买行为进行调查，即研究社会、经济、文化、心理等因素对顾客的实际购买行为产生的影响，也包括对企业销售活动进行全面的审查，如对销售量、销售范围和分销渠道等方面进行调研，还包括对产品的市场潜量与销售潜量以及市场占有率及其变化趋势等方面进行调研。

4. 营销组合调研

在所有影响企业营销效率和效果的因素中，营销组合是企业直接可控的最重要因素。因此，企业必须在营销战略的指导下，科学策划自己的营销方案。显然，科学的营销决策离不开营销调研的支持。其中，产品调研包括对新产品的设计、开发和试销，对现有产品的改良，对目标顾客在产品款式、性能、质量、包装等方面的偏好趋势进行预测。定价是产品销售的必要因素，企业需要对供求形势及影响价格的其他因素的变化趋势进行调研。促销调研主要是对企业在产品或服务的促销活动中采用的各种促销方法的有效性进行测试和评价。例如，广告目标、媒体影响力、广告设计及效果、公共关系及效果、企业形象的设计和塑造等都需要企业有目的地进行调研。分销渠道调研主要是对分销渠道中间商的资质、信誉和实力进行调查和分析，分析消费者对中间商的评价，探讨零售网点的地区分布是否合理等。

（二）营销调研的类型

营销调研可以根据不同的标准划分为不同的类型。通常，按不同的调研目的，可将营销调研分为探索性调研、描述性调研和因果关系调研。[①]

1. 探索性调研

在经营过程中，企业通常会面对很多不确定性。在情况不明时，企业为找出问题的症结，明确进一步调研的内容和重点，需要进行非正式的初步调研，收集有关资料用于分析。探索性调研研究的问题和范围比较广，研究方法比较灵活，在调研过程中企业可以根据情况随时做出调整。

2. 描述性调研

在明确所要研究问题的内容与重点后，企业需要针对这些问题进行详细的调查和分析，进一步对市场营销的某个方面进行客观的描述，对问题如实地进行反映和回答。企业可以通过各种方法进行实地调查，收集一手资料，摸清问题的过去和现状，进行分析研究，寻求解决问题的办法。例如，某企业的产品销量下降，通过调研，查清了主要原因是产品质量差、服务不到位等，这时可对调研结果进行描述，如实反映情况和问题，以寻求对策。

3. 因果关系调研

在很多情况下，企业的营销活动之间存在诱发性关系，可以通过变量之间的关系加以反映。描述性调研可以说明这些现象或变量之间的关系，因果关系调研则通过一系列手段和方法，在描述性调研的基础上进一步分析所发生问题之间的因果关系，解释和说明某个变量是否影响或决定其他变量的变化，解释和鉴别某个变量的变化受哪些因素的影响，以及各个影响因

① 吴健安．市场营销学．3 版．北京：高等教育出版社，2007.

素的变化对变量的影响程度如何。

实际上，调研问题的不确定性影响调研项目的类型。在调研的早期阶段，调研人员无法确定问题的性质，往往需要进行探索性调研；调研人员意识到问题，但对有关情形缺乏完整的认识时，通常需要进行描述性调研。相对而言，因果关系调研要求严格地定义问题。因此，在实践中，可以把上述三种调研类型看作一个连续过程的不同阶段。[①] 其中，探索性调研通常被看作调研的起始阶段。例如，企业想要探究“一次性尿布的市场份额为什么下降”，由于问题太过宽泛，不能直接将之用于引导调研。为了缩小这个问题的范围，自然需要使用探索性调研。在探索性调研中，重点要放在对市场份额下降的可能解释上。假如“有小孩的家庭有更高的收入以及愿意在婴儿用品上花更多的钱”是由探索性调研获得的假设，这一假设将在婴儿用品行业趋势的描述性调研中得到检验。如果描述性调研结果支持这一假设，企业也许希望家庭愿意支付更多的决定因素是尿布的质量，而进一步探究尿布的特性（如更舒适或吸水性强）对顾客来说更重要，这只能通过一次市场测试——一次因果关系调研才能完成。[②]

三、营销调研的信息来源

在当今信息大爆炸的大数据时代，营销管理人员可以利用各种各样的信息来源。相较于如何获取营销调研信息，营销管理人员更关心如何从海量的数据中获取有价值的信息。一般而言，营销管理人员通常会根据自己的需求以及所涉及问题的复杂程度、重要程度和相应的信息获取成本等因素灵活地选择获取信息的方式。比较常用的信息来源包括以下三个。

（一）商业调研报告

第一个信息来源是专门的调研公司等机构编写和出售的定期商业调研报告。调研公司虽然没有为专门的顾客编写这种报告，但可以把它高价卖给任何对此有兴趣的企业。所以，这种方式又称“辛迪加服务”。市场上有许多辛迪加调研服务供应商，尼尔森公司的零售测量服务就是一个非常好的例子。尼尔森公司在 80 多个国家的零售商店收集包装商品的生产、市场份额和价格方面的数据。订购这项服务后，营销管理人员能够获得本企业产品和竞争产品在不同零售终端和不同地区的零售信息。[③]

（二）内部报告系统

第二个信息来源是内部报告系统，这是一种能持续、定期或按需提供标准化报告的内部计算机系统。大多数内部报告系统关注销售报告、存货和生产计划等内部数据，也常常包含从调研公司或行业协会那里购买的信息。内部报告系统主要是供管理人员和销售人员使用的。例如，销售人员能够使用笔记本电脑和内部报告系统检查目前的存货情况和生产计划。当然，他们也可以利用内部报告系统跟踪产品的销售绩效和顾客偏好的变化。有关内部报告系统的进一步知识，请参见本章第 1 节的相关内容。

（三）一次性营销调研项目

第三个信息来源是一次性的、专有的由企业员工或独立的市场调研公司为解决某个具体

① 埃特泽尔，沃克，王永贵，等. 市场营销：第 14 版. 南京：南京大学出版社，2009.

② 丘吉尔，亚科布西. 营销调研：方法论基础：英文版：第 8 版. 北京：机械工业出版社，2003.

③ 同①.

问题开展的营销调研项目，如世界著名的咨询公司麦肯锡曾经为中国电信提供有关其产品与服务市场细分的研究报告等。

四、营销调研的实施步骤

为了提高营销调研工作的效率，确保调研的质量，使其更加可靠有效，营销调研工作必须有计划、有步骤地进行。一般来说，营销调研的实施步骤主要包括六个阶段：确定问题和调研目标、进行情境分析、制订调研计划、实施调研并分析调研效果、处理调研数据和编写调研报告。每个阶段又可分为若干个具体步骤。

（一）确定问题和调研目标

营销调研实施步骤的第一个阶段是明确为什么要进行调研以及通过调研要达到什么具体目标。也就是说，管理者和调研者需要界定并弄清目前的处境，且对调研问题有清晰的理解。通过这一阶段的工作，管理者和调研者应当就下列问题达成共识：（1）涉及的调研问题的目前状况；（2）问题的属性；（3）具体的问题或通过调研检验的问题。

由此可见，在实施营销调研过程中，首要任务是识别存在的机会或面临的问题。当企业外部环境发生变化时，营销管理者会面临诸如此类的问题："我们应该改变营销组合吗？"如果是，"应该如何改变？"当然，如前所述，营销调研也可以用于对产品、促销、渠道或价格的评价。另外，可以利用营销调研来识别和评价新的市场机会。需要特别强调的是：营销调研问题注重的是信息，需要判定到底需要什么样的信息以及如何快速有效地获得调研信息。相应地，营销调研目标提供有预见性的决策信息，即能够回答营销问题的具体信息。只有把这些信息与管理者的经验以及其他信息综合起来，管理者才能做出恰当的营销决策。例如，在通用汽车公司的规划中，营销调研目标是确定"后座消费者"——孩子——在家庭买车决策中的作用。一旦通用汽车公司确定了孩子在目标市场中所起的决定性作用，问题就变成了怎样去影响"孩子"这一决定性因素。①

实际上，确定问题和调研目标往往是调研过程中最困难的一步。管理者可能已经知道出现了错误，但很可能不知道具体的原因。例如，某大型折扣零售连锁店的管理人员发现店铺的销售额下降了，于是决定进行营销调研。遗憾的是，管理者错误地认为销售额下降是由于广告不力，所以决定对公司广告进行调研。当调研结果表明"现在的广告正在向正确的人群提供正确的信息"时，管理者彻底崩溃了，他们感到迷惑不解。显然，该营销调研不仅耗费了人力与物力，而且浪费了时间。因此，识别出真正的调研问题可以节省调研的时间和费用。在科学界定调研问题之后，管理者和调研者需要进一步确立调研目标。通常，营销调研目标包括三种情况：（1）探索性调研的目标可能是收集初步信息，确定问题并提出假设；（2）描述性调研的目标可能是描述产品的市场潜力以及购买顾客的特征和态度等；（3）因果关系调研的目标可能是检验因果关系假设。例如，如果企业把某一款产品的价格下调10%，能否导致该产品的销量增加？产品销量增加带来的收入能抵消产品价格下降带来的损失吗？面对新问题的时候，管理者往往会从探索性调研开始，再进行描述性调研和因果关系调研。不过，需要指出的是：确定问题和调研目标时，营销管理者需要避免把问题界定得过宽或过窄。例如，在航空公司，如果营销管理者告诉营销调研人员"尽可能地发现关于航空乘客需要的一切"，那么最终得到的调研

① 兰姆，海尔，麦克丹尼尔．市场营销学．时启亮，朱洪兴，译．上海：上海人民出版社，2005.

结果可能会包含许多无用信息。相对而言，营销管理者如果做出指示：去研究一下“是否有足够的乘客愿意在从芝加哥飞往东京的波音 777 上支付 25 美元的互联网接入费用，以便美洲航空公司提供这种服务后不赔也不赚”，那么很可能会因问题的界定过于狭窄而仅仅收集到十分有限的信息。最后，经过深入的分析和研讨，营销管理者和营销调研人员可能会把上述问题界定为：“提供飞行电话服务显然会为美洲航空公司创造日益增加的偏好和利润，但这能否证明该投资与公司其他方案的成本相比是合理的？”①

（二）进行情境分析

当需要调研的问题和调研目标逐渐浮现的时候，下一步工作就是情境分析。情境分析是对问题领域中已经存在的信息所做的非正式研究。该项工作有助于界定问题，并确定哪些额外信息是必需的。实际上，情境分析主要是一种背景调查，以帮助调研人员进一步提炼问题。在此过程中，可以通过图书资料的检索和同企业领导进行沟通来获取有关企业及其经营环境的信息。在情境分析过程中，调研人员试图重新提炼问题并提出研究假设。其中，研究假设是探索性的推测，假设如果得到支持，可能会为特定的问题找到某种答案。

通常，情境分析涉及与有知识的人的非正式访谈。其中，有知识的人可以是企业中的其他人员，也可以是与顾客关系很密切的中间人或者对行业有所了解的其他人员。在与顾客关系密切的行业中，研究人员甚至会自己召集顾客进行访谈。如果营销管理者从事的是不熟悉领域的调研活动，情境分析就显得尤为重要。同时，管理者需要确保自己能够理解问题的涵盖范围，包括目标市场的属性、营销组合、竞争以及其他外部因素。一般来说，情境分析应当找到一些相关的二手数据，即已经发表或公布的信息。通常，即便市场上存在许多相关的二手信息，研究人员也可能倾向于收集一手资料，造成企业资源的浪费。实际上，如果企业建立了发达的营销信息系统，许多二手数据可以从该系统直接获得。当然，管理者也可以从其他公司文件和报告中获得所需的二手信息，或是从图书馆、贸易协会、政府机构、私人研究机构或者互联网获得相关的二手信息。尽管许多与情境分析相关的信息可能出现在网络上，但如果无法找到的话，它们就无法发挥作用。因此，网络搜索工具的选择和科学使用就变得相当关键。随着信息技术的发展，出现了很多网络搜索工具，使用者可以通过多种途径了解各种工具的细节。无论如何，获取二手信息最好的开始方式都是使用搜索引擎。

情境分析的优势在于：可以提供很多信息，且只需要很短的时间；与更正式的研究方法——大规模调研相比，情境分析的成本较低。情境分析结束之后，企业往往可以明确哪些研究问题还没有得到解答。这时，为了解答这些问题，企业必须确定到底还需要哪些信息以及如何才能获取这些信息。

（三）制订调研计划

一旦就具体调研问题达成共识，企业就需要进一步制订调研计划。调研计划能够清楚地说明即将开展的调研项目的属性，并把项目任务进一步细化成具体的资料来源、调研方法、调研工具、抽样计划和接触方式等，如表 4－1 所示。显然，调研计划必定包括获取什么数据、如何获取、谁来分析、如何分析以及调研时间等内容。当然，营销管理者还需判定所花的时间和成本是否值得。②

① 科特勒，凯勒. 营销管理：精要版：第 6 版. 王永贵，华迎，译. 北京：清华大学出版社，2016.

② 佩勒尔特，麦卡锡. 市场营销学基础：全球管理视角：英文版：原书第 14 版. 北京：机械工业出版社，2002.

表 4-1　调研计划的内容

● 资料来源：二手资料、一手资料
● 调研方法：观察法、访问法、调查法、行为数据法、文本分析法和实验法
● 调研工具：调查问卷、心理学工具和扫描仪跟踪调查
● 抽样计划：总体与样本、抽样单位、抽样范围、抽样程序
● 接触方式：电话、邮寄、面谈、网上询问

1. 资料来源

由于收集一手资料费用较高，调研通常从收集二手资料开始，必要时再采用各种调研方法收集一手资料。当然，也可以从企业外部的商业公司那里购买有关资料。[①] 一手资料是指专为特定的研究目标收集的资料；二手资料是指以前为其他目标收集的资料。需要明确的是，基本上所有的营销调研都需要二手资料，因为这些资料能够迅速收集，且价格便宜。即使问题没有得到解决，二手资料也有其他用处。

图 4-3 概括了主要的二手资料来源，如内部资源、报刊、年度报告、专利与商标文件、各种论坛、商业出版物、政府机构、电子数据库、公开新闻、商业或行业协会、促销传单、互联网、商务通讯、咨询顾问、顾客沟通等。[②]

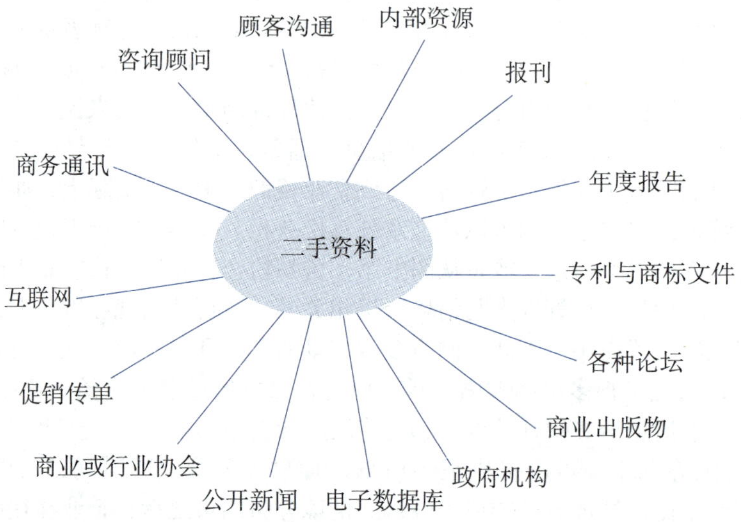

图 4-3　二手资料来源

资料来源：勒曼，温纳．营销策划分析．王永贵，译．北京：北京大学出版社，2008.

其中：（1）内部资源指公司内部已经存在的一些有关竞争产品的有价值的信息。在过去的市场营销策划方案中，在战略策划团队所从事的专项研究中可以找到相关的信息。有时，这些信息就存在于公司某些办公室里。这些信息可能包括年报、股东大会报告、供新闻媒体使用的产品测试结果以及公司为同员工、客户及其他人员交流而请专业人员编撰的公司期刊等资料。这些信息往往已编入公司的内部数据库。（2）报刊。营销管理者往往可以通过报刊低价获得有关竞争对手的信息。例如，如果关键竞争对手的产品是在一个小镇里制造出来的，那么订阅当地的报纸就是监督招聘和其他变化的好途径。某家美国药品制造商惊奇地发现，其日本竞争对手在肯塔基州新工厂的产量有明显的增加。于是，该美国公司不得不降低价格，以维持现有的

① 吴健安．市场营销学．3 版．北京：高等教育出版社，2007.
② 勒曼，温纳．营销策划分析．王永贵，译．北京：北京大学出版社，2008.

市场份额。(3)年度报告。在公司的年度报告中，很多信息是为公共关系价值服务的，其讨论的大多数内容是公司层面的，而不是产品层面的。但认真分析年度报告后，公司仍可能获得一些产品层面的相关信息。如果对年度报告没有提及的产品领域进行分析，公司更有可能获得这类信息。一般而言，可以通过董事长的讲话或文章中的有关信息来获悉公司想要重点发展的领域等方面的信息。年度报告可能会提及生产设备的地点以及公司关键决策者的名字。另外，尽管财务信息是以合计的形式呈现的，但一些产品销售成本的信息还是很有用的。当然，只有那些公众持股的公司才有这种年度报告。对于私营企业而言，可以在信息咨询公司（如麦肯锡咨询公司、波士顿咨询公司等）出版的报告中获得相关信息。(4)专利与商标文件。专利文件可以提供一些产品的制造过程和技术的相关信息。(5)商业出版物。有关产品和公司的优质信息来源是以《商业周刊》《财富》《福布斯》《华尔街日报》等为代表的商业出版物。人们也许会问：为什么某些公司会公开其内部的机密信息（如未来的市场战略）？实际上，某些潜在受众（或读者）可能就是投资者、员工，甚至是竞争对手，他们可能就是企业传递战略所要警告的对象。为了从这类出版物中获取相关信息，企业可以通过订购简报服务和电子数据库或剪切相关文章的方式获取信息。(6)互联网搜索。据 IDC 数据显示，全球数据总量在 2025 年将达到 175ZB。在信息爆炸的大数据时代，顾客每时每刻都在社交、购物等互联网平台产生大量的信息。越来越多的企业也倾向于在网络上披露更多的企业信息。互联网搜索也成为重要的二手资料来源。互联网、大数据、云计算、人工智能等数字技术的发展为企业的调研工作提供了极大的便利。

2. 调研方法

调研方法主要有观察法、访问法、调查法、行为数据法、文本分析法和实验法等。其中：(1)行为数据法主要是指通过商店的扫描数据、分类购买记录和顾客数据库来记录顾客的购买行为。[①] 因为顾客的实际购买行为通常比营销调研人员的表述更能反映真实情况，所以这种方法能更有效地说明问题。(2)实验法是指通过操控某些变量来验证它（或它们）对其他变量的影响。例如，假设两个商场除了产品价格以外，外部条件基本一致。如果以产品价格可变动的商场为实验对象，通过比较该实验商场与另一个商场的销售额及其变化情况，可以看出价格在商场销售额变化中的可能影响。实验法主要用于明确各个变量之间的因果关系。其他方法将会在后面的内容中加以介绍。(3)文本分析法是对顾客、企业等主体交流沟通中产生的信息转化为文本数据进行分析。在线评论、消费者服务热线、新闻发布、营销传播等活动都创造了有价值的文本数据。[②]

当然，哪种调研方法更合理往往取决于特定的调研问题本身以及相关的成本约束。一般来说，定性的调研方法主要是在验证主题的早期阶段使用，以获得关于这一主题的初步信息；定量的调研方法则用于验证某些主题在大规模样本或群体中存在的程度或彼此之间的关系。最后，作为总结，调研人员应该用书面的形式总结营销调研计划。计划书应该包括要解决的主要管理问题、调研目标、所需要的信息、间接信息的来源、直接信息的收集方法以及调研结果对管理决策的作用等。书面的调研计划可以确保营销管理者和调研人员全面地考虑问题，进而对调研原因和调研方法形成一致的意见。[③]

3. 调研工具

营销调研人员在收集一手资料时，会面临许多可供选择的调研工具，如调查问卷、心理学工具、扫描仪跟踪调查等。

---

① 科特勒，凯勒．营销管理：精要版：第 6 版．王永贵，华迎，译．北京：清华大学出版社，2016.

② Berger J，Humphreys A，Ludwig S，et al. Uniting the tribes：using text for marketing insight. Journal of Marketing，2020，84(1)：1–25.

③ 科特勒，阿姆斯特朗．市场营销原理：第 9 版．赵平，王霞，等译．北京：清华大学出版社，2003.

（1）调查问卷。调查问卷由多个测量题项组成，需要被调查者给出回答，它是收集一手资料最常用的工具。未经精心准备的问卷往往会出现很多问题，所以设计调查问卷时，需要先进行小范围测试，然后再大规模使用。设计问卷伊始，调研人员就要确定提出什么样的问题。由于问卷时常会遗漏一些本应回答的问题，也可能会包含一些无法回答或不需回答的问题，因此，确保问卷问题的有效性十分关键。为此，应验证每个问题对调查目标是否有益，调查对象是否有能力做出正确的回答。

（2）心理学工具。营销调研人员会利用阶梯技术、深度访谈和罗萨奇测试方法等心理学工具探究购买者深层次的信念和感觉。例如，在阶梯提问中，营销调研人员可能向一位男性消费者提问："你为何需要一辆运动型汽车？"他也许回答："它的外观很好看。"接着营销调研人员又问："你为何需要一辆好看的车？"得到消费者的回答后，营销调研人员再追问一个问题："这对你为何是重要的？"追问会持续到能让研究者得到一个更深层次的理由，如"人们会对我的印象更深"，这时提问才能够为营销决策提供依据和支持。

（3）扫描仪跟踪调查。扫描仪跟踪调查是一种通过对一组参与者受广告、促销、定价的影响以及购买行为进行不间断的监控而采集信息的系统。其中，广告、优惠券、产品展示和产品价格等都是有效的变量。通过调查获得的结果可能是一个庞大的有关市场营销策略和客户行为的数据库。扫描仪跟踪调查正逐渐成为营销调研的主要工具，它可以客观、准确地向人们展示不同市场策略和实际销售之间的直接因果关系。对于一些传统零售店来说，通过销售点情报管理系统（POS 机）将有条形码的商品的交易情况上传至连接的计算机数据库中，商家可以观察并监测每天的交易情况，如总交易额、具体商品的交易量等，进而可以根据这些数据调整营销策略。如果某件折扣商品售卖一空，一定程度上表明商家的促销策略成功了，商家可据此做出针对该商品恢复原价或继续打折的决策。

4. 抽样计划

所谓抽样计划是指确定采取何种方法抽取合适的样本来进行调查。一般来说，抽样本身要符合统计学规律，不能随心所欲。这样可以最大限度地确保抽样获得更准确的数据信息，提高样本的代表性。为此，需要特别关注抽样的范围和程序等问题。当然，理想的样本要能代表并解释总体情况，这可以帮助调查人员对总体的想法和行为做出准确的估计。一般来说，设计样本需要确定三个问题：首先，调查谁；其次，调查多少人（样本规模）；最后，如何确定样本的人选。在具体抽样过程中，管理者可以在概率抽样和非概率抽样中做出选择。如果使用概率抽样，每个总体成员都有机会进入样本，调查人员可以确定样本误差的区间。如果概率抽样所需成本太高或时间太长，调查人员通常会使用非概率抽样，但这会使样本误差无法测量。几种不同抽样技术的比较如表 4－2 所示。

表 4－2　几种不同抽样技术的比较

概率抽样
简单随机抽样： 总体中的每个成员都有均等的被选择的机会。 **分层随机抽样：** 把总体分解为互斥的组别，对每个组别进行简单随机抽样。 **分群（分地区）抽样：** 把总体分解为互斥的组别，由调研人员对各个组进行抽样和面谈。
非概率抽样
任意抽样： 调研人员选择调研对象中最容易接触的成员来获得信息。 **判断抽样：** 调研人员应用自己的判断来选择调研对象中能提供准确信息的理想人员。 **配额抽样：** 调研人员在几个类型中，对每个类型按照所规定的人数寻找和访问调查对象。 **滚雪球抽样：** 先随机选择一些被访者进行调研，再请他们提供另外一些属于所研究目标总体的调查对象，然后根据形成的线索选择之后的调查对象。

5. 接触方式

一旦抽样计划确定了样本的来源范围和抽样对象，营销调研人员必须确定如何接触调查对象，具体的方式包括邮寄、电话、面谈或网上询问等。特别是随着互联网技术的发展，网络改变了人与人接触的形式。除了电话、面谈等传统方式外，调查人员与调查对象还可以通过网上视频、用户社区平台、微信以及微博等社交媒体进行联系。双方之间的接触方式更加多元化、便利化，而且即时。

（四）实施调研并分析调研效果

在制订详细的调研计划以后，关键的任务是实施调研计划并分析营销调研的效果。其中，具体内容包括为数据收集做好准备、实际收集数据以及对所获数据的质量进行评估等。具体而言，这一阶段的任务往往取决于调研的类型以及所需数据的类型。基本规则是：获取和记录最大数量的有用信息，同时符合时间、金钱以及回答者隐私等约束条件。因此，无论是调研目标，还是数据收集等方面的约束，都必须得到严密的监控。具体而言，如果使用二手数据，它们必须有助于分析和解决问题，并且可以获得预期的回报；如果收集并使用一手资料，则需要对观察表格和问卷等进行科学的设计、预先测试并检验其信度与效度。同时，调研人员必须得到符合统计要求的样本，面对面访谈必须提前安排，发邮件或打电话给选定的个体也必须提前做好准备。

（五）处理调研数据

营销调研工作完成之后，营销调研人员已经收集到大量原始资料。这时，这些原始资料处于一种分散和凌乱的状态，单凭这些信息，营销决策人员无法对市场形成清晰认识和准确判断。所以，必须对这些原始信息进行分析处理，使之系统化、合理化。营销调研数据的处理是对通过调研得到的数据进行归纳整理，使之反映总体特征的过程。从经验的角度来看，数据处理是营销调研中一个非常有弹性的环节，简单与复杂的数据处理无论在难度、工作量还是成本等方面都相去甚远。简单的数据处理只是针对问卷结果计算各项目的百分比或绘制一些交叉表格（统计上称为列联表）。对于大多数描述性调研来说，这样的分析已经足够，甚至相当一部分调研的最终目的可能只是获得一两个百分比数据。例如，对于品牌知名度的调研，只要获得各品牌在消费者心目中认知、美誉、偏好和选择等几个方面的百分比，调研即可被认为是成功的。比较而言，复杂的数据处理往往涉及对数据的检验、推断和建模等一系列活动，也涉及统计学几乎所有的分支学科。近年来，蓬勃发展的数据挖掘技术更是将人工智能、大型数据库技术、神经网络等新技术汇于一身。不过，大多数复杂的数据处理对于企业的常规营销调研活动来说显得有些多余，毕竟数据处理是一项成本极高的工作。

一般来说，处理调研数据包括准备工作和实际的分析工作。其中，准备工作即数据的整理过程，主要包括数据编辑和分类，而对收集的数据进行分析所使用的分析技术往往取决于调研问题的属性和调研设计。其中，统计与分析是指运用数理统计方法把分析结果表达出来，并制成相应的统计图表，以便更直观地观察信息数据的特征。对于访谈记录等定性研究数据，分析重点往往集中在思想上；而对于定量调研数据，可能要以各种方式进行分析，其中可供使用的分析方法有很多，如方差分析、聚类分析、相关分析、差分分析、结构方程模型分析、因子分析及回归分析等。

1. 调研数据的预处理

数据的预处理一般包括以下三个程序：（1）数据分类。数据分类主要是指出于一定的使用目的，把数据拆开或合并在某种类别中。它是数据预处理的基础，只有经过分类的数据才可以根据不同类别被分别整理。数据分类的方法有两种：一种是事先分类，即在问卷设计时就将调研问题预先进行分类编号，收集资料之后按预先的分类进行整理；另一种是事后分类，即在获得调研数据之后，根据使用目的对数据进行分类。例如，将方差在某个范围内的数据分成一类就需要在获得数据之后进行。（2）数据编辑。数据编辑是对数据进行核对或校正，以达到去伪存真、消除错误和模糊性的目的。数据编辑包括检查、改错和对数据进行鉴别与筛选，而且需要遵循一定的标准，如易读性、一致性、准确性和完整性等。例如，就完整性而言，要求营销调研问卷的所有问题都具备答案。如果发现缺失值，可以检查是否输入有误，也可以通过向原来的被调查者询问来填补空白问题。否则，应该剔除遗漏的数据，以免影响数据的完整性和准确性。在样本数量有限的情况下，不宜直接剔除数据，否则可能会对总体数据产生影响，可以通过统计方法计算缺失值的估计值来加以代替。（3）数据整理。数据整理有手工方法、机器方法和计算机方法三种。手工方法就是通过手工的方式整理收集到的数据，其优点是：操作简单，不需要机器设备，调研人员只需接受手工整理的训练，发现错误可随时纠正，成本较低。它也存在固有的缺点，如在样本众多、数据复杂的情况下，数据整理往往很难完成，即使能够完成，花费的时间也很长。机器方法即用机器在卡片上打孔。通常情况下，对于调查表上的每类资料，都要根据一定的标准，在规定的部位打孔，经过检查后，运用分类机自动将打孔部位相同的卡片分组，并自动在记录器上计算出张数。这种方法的效率比手工方法高，而且可以保证资料整理的准确性。随着计算机技术的发展，计算机方法计算速度快、准确性高的优势越来越明显，对数量大且复杂的数据处理特别有效。因此，该方法常常用于对大批量数据进行处理。但是，企业需要事先对调查所获数据进行转化，将所有答案转换成计算机能够识别的代码（通常用数字表示），以便快速有效地得到结果。[①]

2. 营销调研的统计分析方法

在完成数据整理的基础上，研究人员接下来可以分析所收集和整理的数据，以便从中获得有用的信息。对于定量数据，各种统计分析可以通过统计软件包来完成，统计分析的结果相对比较客观，并且不同分析人员得到的结果也表现出较好的一致性。[②] 营销调研者可以采用六种基本的数据统计分析方法：描述分析、推理分析、差别分析、联合分析、预测分析及聚类分析（见表 4-3）。

表 4-3　六种数据统计分析方法比较

类型	说明	例子	统计概念
描述分析	数据压缩	描述典型的被访问者，描述回答的相似程度	均值、中值、众数、频率分布、直方图、标准差
推理分析	决定总体参数，检验假设	估计总体值	标准误差、零假设
差别分析	确定组与组之间是否存在误差	估计一个样本中两组均值差异的统计重要性	差别的 t 检验、方差分析
联合分析	确定联系	确定两个变量是否在系统下相关	相关性、交叉表
预测分析	以统计模型为基础	给定 x 的数量，确定 y 的水平	时间序列、回归分析
聚类分析	对样本进行分组或分类	把顾客群体细分成不同类别，一类代表一个细分市场	聚类分析

资料来源：伯恩斯，布什．营销调研．梅清豪，周安柱，徐炜熊，译．北京：中国人民大学出版社，2001.

（1）描述分析。均值、众数和标准差等统计量都是常用的描述分析形式。营销调研者可

① 田志龙，韩睿．营销调研基础．北京：高等教育出版社，2007.

② 郭贤达，蒋炯文．战略市场营销：经理人精要指南．王永贵，董伊人，译．北京：北京大学出版社，2006.

以利用它们描述样本数据的一般特征，包括数据的离散趋势和集中趋势等。

（2）推理分析。推理分析是指在样本数据基础上推导出关于总体特征的结论，即营销调研者把样本所得结果推广到总体中去。换言之，它允许研究者根据样本数据所包含的信息得出关于总体的结论。

（3）差别分析。营销调研者需要确定两组数据是否存在差异。例如，研究者可能希望了解在使用美国运通卡方面，高收入者与低收入者是否有所不同。另外，重要的市场细分信息也可能来自这种分析。例如，可以通过试验来确定哪种价格水平能够对消费者市场产生最大的影响。此时，研究者需运用差别分析（又叫方差分析）来确定总体中真实存在的差别程度。

（4）联合分析。联合分析主要审查两个变量是否相关和如何相关。例如，对于广告宣传的得分与购买意图之间是否存在一定的关系这一问题，可以依靠相关性统计分析，指出给定研究问卷中两个问题的联系强度与方向。

（5）预测分析。预测分析可以帮助营销调研者对未来事件进行预测。其中，回归分析或时间序列分析通常是营销调研者使用的预测模型。由于营销管理者特别关心特定情况下会发生什么事情，预测的意义特别重大。

（6）聚类分析。聚类分析是将数据库划分为若干组或类的过程，它使得同一个组内的数据对象具有较高的相似度，而不同组中的数据对象则是相异的，这是市场细分中经常使用的一种统计技术。在营销调研中，这种方法可以帮助营销人员发现被访者（或市场的顾客群体）的不同组群特征。例如，在某商场的顾客满意度调查中，调查内容涵盖 10 个指标。不同性别、年龄和职业的顾客对某一指标可能有相同的看法，而相同性别、年龄和职业的顾客对同一指标可能有完全不同的看法。通过聚类分析，研究者可以区分对该商场的满意度较高、一般和较低的不同群体，然后针对不同群体分别进行分析，这样往往可以得到对提高顾客满意度更具操作意义的结论。

3. 调研数据的挖掘技术

数据挖掘包含的技术手段是多方面的，主要的数据挖掘技术有异常数据挖掘技术、关联规则挖掘技术和决策树分析技术等。[①]

（1）异常数据挖掘技术。异常数据是指与数据模型或数据一般规律不相符的数据。对异常数据进行检测和分析的工作称为异常数据挖掘。异常数据挖掘技术的用途很多。除了用于市场调研数据分析中的异常数据检测、作弊现象判断之外，还广泛用于经济行为欺诈现象（如保险欺诈、违规交易、信用卡欺诈等）的检测。此外，这种技术也广泛应用于分析少数高端顾客的消费行为和发现各种医疗方案产生的异常反应等方面。

（2）关联规则挖掘技术。关联规则挖掘技术是从大量的数据中挖掘描述数据内在关联关系和规律的方法。例如，关联规则挖掘技术可用于发现商品交易过程中不同商品之间潜在的关联性。一个典型的案例是沃尔玛的购物篮分析。沃尔玛利用数据挖掘技术进行关联规则分析后，得到一个意外的发现：大多数情况下消费者购买婴儿尿布的同时还会购买啤酒。于是，沃尔玛在店里将两者摆放在邻近的位置，结果尿布和啤酒的销售量双双增长。

（3）决策树分析技术。所谓决策树就是类似流程图的一种树形结构。决策树提供了一种展示类似在什么条件下会得到什么结果这种规则的方法。例如，银行在处理贷款申请时，需要对申请者的风险大小做出判断。一般来说，决策树分析技术主要用于风险性决策，在知道方案有几种可能性且了解每种可能性发生概率的情况下，这种技术比较有效。[②]

---

① 任栋，周惠彬．市场调研难题的解决之道：数据挖掘．商场现代化，2004（12）：33-34.

② 科特勒，阿姆斯特朗．市场营销原理：第 9 版．赵平，王霞，等译．北京：清华大学出版社，2003.

（六）编写调研报告

营销调研的最后一步是编写一份高质量的调研报告，即以报告的形式展示营销调研获得的数据资料和分析结果，以供委托者或本企业管理者做出营销决策。调研报告是制定市场营销决策的重要依据。调研报告的内容和质量决定了营销决策人员所做决策的有效程度。因此，调研报告必须全面系统地反映调研内容，主要包括调研单位的基本情况、调研问题的事实材料、分析说明、调研结论和建议等。此外，调研报告还包括调研目的、方法及步骤等的说明。而且，调研报告最好同时附有必要的统计图表和补充资料。通常情况下，调研报告的组成部分包括引言、正文、结论和附件。当然，衡量调研报告质量的最重要依据是调研建议。同时，调研报告中关于所做工作的描述以及所得建议等应当是清晰明确的，这意味着调研报告本身必须交替使用管理者能够理解的日常用语和简洁的科学术语。

五、营销调研方法

除了需要理解调研过程，管理者和调研人员还需要清楚可以通过哪些途径进行营销调研活动，以获得所需要的信息。常见的营销调研方法包括案头调研法、询问调研法、焦点小组访谈法、德尔菲法、观察调研法、实验调研法、网络调研法。

（一）案头调研法

案头调研法是指调研人员对现有数据进行搜集、分析、研究和利用。无论是一手数据还是二手数据，在开展营销调研活动时，调研人员应该首先注意利用现有信息源来搜集解决问题所需的数据。这些数据可能存在于企业内部信息系统以及经销商、代理商和行业组织中，也可能出现于政府出版物或商业贸易出版物上，还可以从专业的营销信息服务企业处购买。案头调研法的特点是获取数据速度快、费用低、信息量大，但针对性、准确性和客观性不强。因此，调研人员必须根据公正性、有效性和可靠性等标准对二手数据进行严格的审查与评估。

（二）询问调研法

询问调研法是通过向被调查者询问问题来收集所需信息的方法。根据调研人员与被调查者接触方式的不同，可以将询问调研法分为面谈调研法、邮寄调研法、电话调研法等。

（1）面谈调研法。面谈调研法是指调研人员直接同被调查者面谈，询问有关问题，从而收集相关的信息与数据，如与高层管理者面谈。与高层管理者面谈在操作形式上类似于入户调查的方法，是调研人员用来了解行业信息的有效方法。具体而言，调研人员到管理人员的办公室向他们调查有关行业产品和服务等的信息。例如，如果惠普公司想要了解顾客对新推出打印机产品特性的要求，调研人员就需要访问打印机的潜在用户。因此，调研人员到这些人的办公室对他们进行访问是比较恰当的。不过，这种面谈通常成本非常高，因为调研人员必须对可能决定购买该产品的个体进行识别和定位，访问者也必须按约定的时间到特定的地方进行面谈。[①]

（2）邮寄调研法。邮寄调研法是指将设计印制好的问卷通过邮政系统寄给被调查者，由被调查者根据要求填写后寄回的调研方法。当需要调研的信息量或调查对象数量较大时，为了控制单位成本，一般采用邮寄调研法。比起陌生人的访问，被调查者在回答邮寄问卷上的个人问题时会比较诚实，而且不受访问者的影响。不过，邮寄调研法不太灵活，而且需要较长的时

① 兰姆，海尔，麦克丹尼尔．市场营销学．时启亮，朱洪兴，译．上海：上海人民出版社，2005.

间，回收率也很低。

（3）电话调研法。电话调研法是指借助电话向被调查者询问，以便了解有关信息与数据的调研方法。该方法比邮寄调研法灵活，调研人员可以解释较难懂的问题，也可以根据得到的回答跳过某些问题或者深入调查某些问题。该方法的回收率比邮寄调研法高，可以更好地控制样本。不过，该方法的单位成本往往比邮寄调研法高，而且人们有时不愿意谈及私人问题。

（三）焦点小组访谈法

焦点小组访谈法是调研人员根据营销调研目的，基于对人口统计特征、心理统计特征和其他因素的考虑，谨慎地招募 6 ～ 10 人，将他们召集在一起，由主持人根据事先拟好的提纲，在规定时间内与参与者进行讨论的一种方法。为了鼓励顾客参加座谈会，需要给予其一定的物质激励（如礼品和金钱）。同时，访谈的地方往往配有录音或录像设备，或是一个配有观察镜的观察室，以对焦点小组访谈的过程进行观察与控制。在访谈的时候，由一位专门的协调人员主持。专业的焦点小组访谈主持人会基于与营销经理确定的座谈大纲或时间表提出问题和进行讨论。这里必须指出的是，焦点小组访谈法由于样本量太小且参与者不是随机抽取的，所以对总体没有代表性。因此，焦点小组访谈法是非常有用的探索性方法，调研人员一定要避免把焦点小组访谈的受访者感受推广到整个市场。

随着信息技术的普及，一些企业开展了电子焦点小组访谈，参与者在特定的网站注册，与其他人一起参与网络聊天会议，每个人在电脑屏幕上输入评论，与其他人进行交流。他们输入的评论就是会议记录，其优势在于涉及的地域范围更广，多个地方可以保持同步，确保了及时性。①

（四）德尔菲法

德尔菲法是专家小组共识法的另一种表现方式。在使用德尔菲法的过程中，调研人员首先请许多专家独立地做出预测。然后，由一个局外人收集这些预测，并计算出一个平均值。接着，这个局外人把个人的初始预测和计算得出的平均预测值反馈给专家，让他们重新思考自己最初的预测意见。一般来说，这些专家往往会改变自己最初的预测，并使之与得出的平均预测值接近。将这一过程重复几次，就可以得到一致意见。在对新技术进行销售预测而没有历史数据可供参考的情况下，人们往往会利用德尔菲法。②

（五）观察调研法

观察调研法是通过观察相关的人、行为和情况来收集原始数据的方法。例如，保健品制造商向潜在顾客展示广告，并测量他们的眼球转动、脉搏跳动和其他反应；消费品生产商到超市观察顾客走走停停、拿起产品、察看包装以及最后决定购买的整个过程；银行通过观察交通状况、环境条件以及其他银行网点，评估其开设新业务的可能性。观察调研法主要包括直接观察法、亲身经历法和行为记录法等。

（1）直接观察法。直接观察法指调研人员到现场直接观察被调研者的活动和行为。

（2）亲身经历法。亲身经历法指调研人员以当事人的身份进行体验和观察来了解真实情况。

（3）行为记录法。行为记录法指利用各种仪器（如照相机、摄像机、录音机等）对被调研者的行为进行监测，从中获取有用的市场信息。这种方法的优点在于：调研人员不必正面接触

---

① 兰姆，海尔，麦克丹尼尔. 市场营销学. 时启亮，朱洪兴，译. 上海：上海人民出版社，2005.

② 勒曼，温纳. 营销策划分析. 王永贵，译. 北京：北京大学出版社，2008.

被调研者，在被调研者未意识到自己被观察的情况下获取的信息往往更加真实，也更加自然。另外，观察调研法的成本较高，花费时间也较长。同时，观察调研法无法看透消费者心理等深层次的情况，因而多用于商品资源、库存、客流量及顾客行为等方面的调查。

（六）实验调研法

实验调研法适用于收集因果信息。调研人员首先要选择合适的被调查者，然后在不同条件下控制不相关的因素，检验不同组内被调查者的反应。例如，调研人员可以根据广告费的变化观察销售额的变化情况。但是即便可行，让外部环境中的其他因素保持不变也是一项比较困难且成本较高的任务。如果竞争者的行为、天气和经济条件超出了调研人员的控制范围，调研人员需要想方设法解决环境不断变化的问题。例如，玛氏是一家主营糖果的公司，它的销售市场被其他糖果公司侵占了。传统调查结果表明，某种糖果的销量正在缩减，因为其价值没有被消费者看到。玛氏想要知道如果加大糖果规格，以同样的价格销售，增加的销售额能否抵消原料的成本。于是，该公司设计了一个试验，使不同市场上使用的营销组合保持不变，但糖果的大小发生变化。结果发现，大块糖果销售额的增加足以抵消额外的成本。于是，该公司通过加大糖果规格，使市场份额和利润得以提升。①

常用的实验调研法主要有事前事后对比实验、控制组同实验组对比实验、有控制组的事前事后对比实验等。（1）事前事后对比实验指只选择一组实验单位，确定实验期，先对实验前的结果进行记录，然后控制实验因素，并对实验后的结果进行测试，通过事前事后对比，了解实验因素的影响效果。（2）控制组同实验组对比实验指选定一组实验对象作为实验组，改变实验条件，再选择另一组实验对象为控制组，使实验条件不变，在同一实验期内，观察、记录两组不同的情况，通过对比了解实验因素的影响效果。（3）有控制组的事前事后对比实验指将控制组的事前事后实验结果同实验组的事前事后实验结果进行对比，以了解实验因素的影响效果。从总体上看，实验调研法的优点在于：调研人员可以有控制地分析和观察某些市场现象之间是否存在因果关系以及它们之间的相互影响程度。同时，通过实验取得的数据相对比较客观，具有较高的可信度。这种方法的缺陷主要在于：实验需要较长时间才能得出结果，而且在实际操作过程中，实验很难有效控制。所以，很多营销调研实验是在实验室进行的，但这又会影响其在实际应用中的效果。

（七）网络调研法

互联网信息技术的发展突破了原有调研方法在调研费用、调研时间、调研地点等方面的限制，调研人员可以借助互联网平台开展及时、高效的营销调研。目前，比较成熟的网络调研方法是通过电子问卷进行调研。通过移动互联网络分发问卷是一种非常有效的方式，受访者可以很方便地完成问卷。他们可能更愿意提供个人化的信息，因为问卷可以匿名完成。但是，题项必须简单易懂，以保证调研的效果。

另外，有些网络调研可直接在某个调查网站（如问卷星平台能够帮助企业实现相关主题的市场调研）上进行，或是通过某个网络论坛（如海尔的 HOPE 平台、小米的小米社区等用户社区）进行，再或者通过即时通信工具（如 QQ、微信等）进行。这种方法成本较低，也比较便捷。不过，它要求被访者具有上网的经历和能力，而且对样本的控制较差。

除此之外，随着大数据技术的发展，一些大数据采集系统或软件开始出现。企业可以借助这些技术或工具，完成信息采集工作。比如，对于一些线下零售店来说，通过在会员卡中嵌

---

① 兰姆，海尔，麦克丹尼尔. 市场营销学. 时启亮，朱洪兴，译. 上海：上海人民出版社，2005.

入电子标签，企业可以利用射频识别技术收集消费者的购买数据；通过在店内提供无线网，再借助蓝牙的位置服务，企业可以获得消费者的到店频率以及到店时长等数据。[①]需要指出的是，企业身处信息化和数据爆炸的时代，借助大数据技术收集、存储、分析数据，有时会面临成本较高的境况，此时企业需要做出关于收集哪些数据的抉择，因为并非所有的数据都值得收集。

第 3 节　营销预测概述

如前所述，我国社会主要矛盾已经转化为人民日益增长的美好生活需要和不平衡不充分的发展之间的矛盾。满足人民日益增长的美好生活需要是全面建设社会主义现代化国家的根本目的。数字经济时代，人们的需要变得越来越多元化和个性化，对企业来说，满足顾客的个性化、多元化需求是企业创造价值和提升价值的关键所在。随着市场竞争的日益激烈，企业也迫切需要了解顾客的需求和竞争对手的情况，以便进行科学决策。在众多选择中，与营销调研紧密相关的一项重要任务是营销预测。营销预测是企业洞察顾客需求的重要手段。在信息爆炸的大数据时代，大数据营销成为营销预测的重要工具和手段。所谓大数据营销，是指营销管理人员运用大数据技术和分析方法，将不同类型或来源的数据进行挖掘、组合和分析，发现隐藏其中的模式——如不同顾客群体的用户画像、沟通交互方式以及这些模式是如何影响顾客的购买决策的——并在此基础上，有针对性地开展市场营销活动，以便满足顾客的个性化偏好并为顾客创造更大的价值。[②]在以顾客价值为核心的大数据营销变革中，营销预测的重要性和必要性日益凸显。企业可以在营销调研所获信息的基础上，通过一定的程序和方法，展开对未来市场状况的预测以及对潜在顾客的精准营销，以便更好地满足顾客的需要，提高顾客的满意度和幸福感。

一、营销预测的内涵

预测是根据过去的经验和先前的观察所做出的对将要发生的事件的基本描述。例如，我们在日常生活中需要准确预测每一天或每一件事情的变化。类似地，营销预测就是着重估计现实的市场潜力和企业可能的市场份额状况。同时，在此过程中，企业还需要对影响未来市场需求的其他因素及其作用进行估计或预测。由此可见，营销预测实际上是一种涉及范围比较广泛、影响程度比较深刻的活动。例如，营销管理者需要关注竞争对手会做出什么样的反应，销售量会有什么样的变化，市场需求会有什么样的变化，资源是否会被浪费，目标是否会实现等。总之，营销管理者需要对未来市场的变化做出精确的预测。如图 4－4 所示，阿姆斯特朗等构建了营销预测的基本框架。其中，箭头显示了各个分析因素之间的关系。[③]

在图 4－4 中，环境是指企业所处的外部环境，如政治环境、经济环境、技术环境、文化环境等。公司行动主要是指市场营销组合。竞争者行动是指竞争对手可能会改变行动，以应对环境的变化、其他企业的竞争行动或提高自己的绩效水平。

营销视角4－2　小米之家：数字化赋能营销预测

① 王晓锋，张永强，吴笑一．零售 4.0 时代．北京：中信出版集团，2015.

② 杨扬，刘圣，李宜威，等．大数据营销：综述与展望．系统工程理论与实践，2020，40（8）：2150–2158.

③ Armstrong J S，Brodie R，McIntyre S H. Forecasting methods for marketing：review of empirical research. International Journal of Forecasting，1987（3）：355–376.

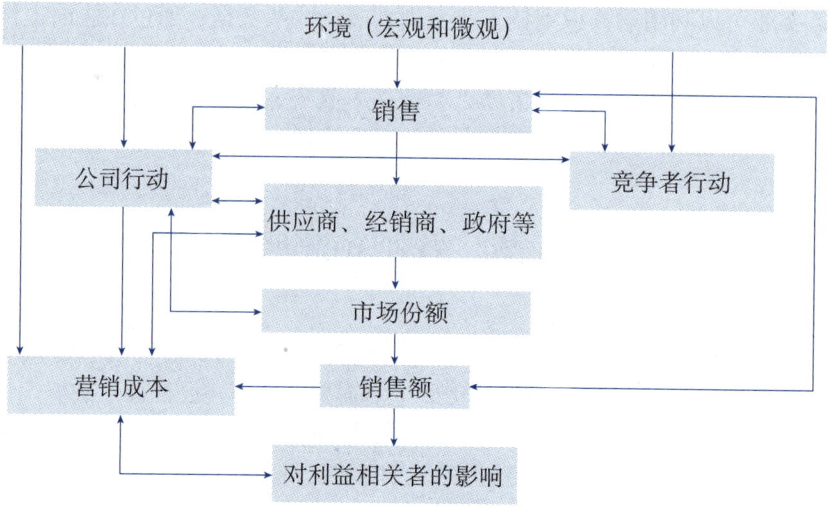

图 4－4　营销预测框架

资料来源：Armstrong J S，Brodie R，McIntyre S H. Forecasting methods for marketing：review of empirical research. International Journal of Forecasting，1987（3）：355–376.

供应商、经销商、政府等也会有所行动，有必要预测它们的行动及其产生的影响。关于市场份额，学者和管理者对评估价格、产品、渠道和促销这些营销变量对市场份额产生的影响已经做出了巨大的努力，积累了不少这方面的知识或经验。销售额是企业关心的最核心问题，在某种程度上体现了市场的反应。此外，营销成本也会影响营销计划。例如，如果企业的某项战略成本太高，该项战略可能不具备实施性，即对企业而言，实施该战略可能意味着根本无利可图。对利益相关者的影响是指把如上所述的全部预测作为一种结果必然会对每个利益相关者产生影响。

二、营销预测的程序

营销预测的涉及面较广，为了提高预测工作的效率和质量，企业必须按照一定的工作程序来进行。营销预测工作一般包括确定预测目标、搜集和整理资料、选定预测方法、制定营销方案、预测分析与评价以及编写预测报告六个阶段。[①] 上述六个阶段是一个不断循环和逐渐完善的过程，如图 4－5 所示。

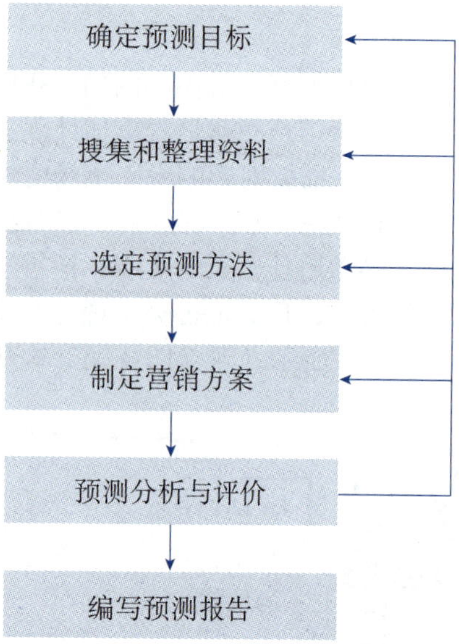

图 4－5　营销预测的程序

资料来源：罗运鹏．现代企业营销学．合肥：安徽人民出版社，2004.

1. 确定预测目标

进行营销预测时，首先要确定预测对象，这里所说的对象一定要具体、准确和清晰；其次要确定是短期预测还是长期预测，是需求预测还是销售预测，是总量目标预测还是分量目标预测，是资源投入目标预测还是产出效益目标预测，是成本预测还是盈利预测等。只有明确了具体目标，才能制订预测计划、搜集资料、成立预测小组、选定预测方法和加强各部门之间的联系。同时，还需要进一步明确营销预测要求，如时间预期和成

① 罗运鹏．现代企业营销学．合肥：安徽人民出版社，2004.

本效益预期等。

2. 搜集和整理资料

企业需通过调查占有充分的数据资料，利用定性和定量的方法对市场变动的规律和预测对象的发展趋势进行具体分析，并为预测模型提供必要的数据。一般来说，营销预测的资料包括历史资料和现实资料两大类，搜集资料时一定要以预测目标和具体要求为准，力求使资料具有广泛性、适用性和准确性。至于资料的调查方法，企业可以直接参照前文所述的营销调研方法。

3. 选定预测方法

选择适当的预测方法和模型进行预测是取得相对准确的预测成果的关键一步。选择预测方法及模型时，企业应该综合考虑预测目标的具体要求、所收集到的资料情况、预测人员的专业技术水平等因素。毕竟，每种方法和模型都有其适用条件及范围。在预测过程中，通常是几种方法交叉使用，互相补充。有关具体的预测方法，下文将重点介绍。

4. 制定营销方案

在进行营销预测时，企业往往需要同时采取几种不同的预测方法。因此，会形成几种不同的预测方案。营销预测的作用之一是为制定相应的营销方案提供依据。因此，预测工作的最后阶段是制定出几种营销方案，并剖析各种方案的制定依据和利弊，以供管理层进行比较和做出最后的选择。从决策理论的角度来看，在决策过程中如果只有一个方案可供选择，这通常是不科学的。

5. 预测分析与评价

分析判断是对调查所搜集的资料进行综合分析，并通过判断、推理和归纳等手段，使感性认识上升为理性认识，从事物的表象深入事物的本质，从而预计市场未来的发展变化趋势。在分析评判的基础上，企业通常还要根据最新信息对原来的预测结果进行评估和修正，以使营销预测更具科学性和实用性，从而确保企业经营目标的顺利实现。结合经济实际运行中的具体状况，对以前的营销预测进行分析和评价，对未考虑的因素或新出现的情况进行分析和整理，往往可以进一步修正、充实和更新营销预测的相关资料，确保预测结果更加准确可靠。

6. 编写预测报告

预测报告的内容应该涉及预测研究的主要活动过程，如预测目标、预测对象和有关因素的分析结论、主要资料和数据、预测方法的选择和模型的建立以及对预测结论的评估、分析和修正等。完整的预测报告还要包括题目和摘要等。需要注意的是，在实践中，上述步骤不是截然分开的，而是相互联系的统一体。另外，一次营销预测并不代表预测工作的终结，营销预测是一个循环过程，需要根据企业的发展状况，不断纳入一些新因素，以便及时准确地发现问题和解决问题，最终完成一份相对完善的预测报告。

三、营销预测的方法

营销预测既是一门艺术，又是一门科学。现代营销预测方法种类繁多，根据美国斯坦福研究所的统计，有一二百种预测方法可供选择。各种营销预测方法的出现使营销预测的可靠性不断提高，丰富了营销预测科学。经验表明，要想取得符合客观实际的预测结果，需要把各种有效的预测方法综合起来使用，而不能寄希望于只运用一种方法就简单地得出结论。常用的营销预测方法大体上可以分为两类：建立在判断基础上的预测方法和建立在统计数据基础上的预测方法。

（一）建立在判断基础上的预测方法

实际上，建立在判断基础上的预测方法就是定性预测方法，是指由预测者根据现有的历史资料，依靠个人的经验和知识，凭借主观判断来预测市场的未来发展趋势。它的优点是比较灵活、成本低、费时少；缺点是受预测者的主观因素影响较大，较难提供精确的预测数值。在实践中，常用的定性预测方法主要包括以下五种。

1. 销售人员意见综合法

在购买者访谈无法实施的情况下，公司可能会要求销售代表评估未来的销售额。每个销售代表都要评估现有顾客和潜在顾客将会购买多少本公司的产品。然后，公司一般会根据销售人员的评估进行生产计划调整。销售人员可能是悲观的，也可能是乐观的，或者因目前的成功或挫折而从一个极端走向另一个极端。同时，他们可能无法预知未来的经济发展趋势，也不知道公司营销计划将会对未来的销售状况产生怎样的影响；他们可能低估了市场需求，导致公司设定较低的销售额等。为了促进对未来销售更有效的评估，公司应当为销售人员提供辅助和支持。例如，销售代表可以获得一份将现有销售额与过去预测相比较的记录，这份记录同时包含对公司业务前景、竞争对手行为和营销计划的描述分析等。在预测中，把销售人员包括进来可以带来很多好处，因为销售人员可能对市场发展趋势有比其他群体更直接的视角。而且，通过参与预测过程，销售人员可能对其销售定额的完成更有信心，更有动力去完成。此外，“草根”性的预测程序会提供按地区、产品、顾客以及销售代表划分的非常详细的评价。遗憾的是，这种预测如果是用来制定销售限额（期望销售人员达成的销售指标）的话，很自然地会低估数值。另外，销售人员为了取悦销售经理，也可能会过于乐观地做出预估。[①]

2. 专家预测法

专家预测法是指将若干相关领域的专家集中起来，依靠这些专家的知识、经验和分析判断能力，对历史信息资料进行综合分析，从而对市场未来的发展做出判断。国内一些企业经常使用这种方法预测市场，这种方法操作起来比较容易，具有成本低、周期短等特点。专家预测法要求参与的专家具有丰富的行业经验，享有良好的声誉。严谨的专家预测法还要求参与的专家进行一定时间的预测准备，以搜集相关的数据。同时，整个预测的过程往往不是一次性完成的。这种方法一般适合在缺乏历史资料或历史资料不全面，既要有质的分析又要有量的分析的条件下采用，因此特别适合对新产品及更新换代产品的预测。在使用专家预测法的时候，要坚持一个原则，即把来自一组专家的独立预测科学地综合起来，一般每组有5～20位专家，所要求的专业知识水平不需太高。一方面，需平等地衡量每个专家的预测；另一方面，需利用结构化的方法改善专家预测的准确性，如使用德尔菲法和头脑风暴法等。其中，头脑风暴法主要是指召集专家集体讨论，各自表达意见，取长补短，发挥集体智慧，做出预测，最终结果容易受到权威的影响。德尔菲法主要运用系统的程序，采取匿名和反复进行的方式。具体而言，需先组成专家组，将调查提纲及背景资料提交给专家组成员，在轮番征询专家意见之后，由主持人汇总预测结果，反馈给专家修改，直到最终取得一致方案。这种方法的特点是专家互不见面，可以避免相互影响。不过，这种方法比较复杂，需要不断反复和修改，只有这样，最终意见才能趋于一致。

3. 类推法

类推法是指通过把预测的经济现象或经济指标同其他类似的现象或指标加以对比分析，推断未来的发展变化趋势，其基本思路是将不同时间或不同空间下同类经济现象的相关情况进行对比类推，找出某种规律，从而推断出预测对象的发展变化趋势。这种方法要求一些专家共同参与，由这些专家识别出以前发生的类似状况，然后利用这些类似案例推断可能出现的结果。例如，为了评估药品产权保护失效时销售额的损失，人们可能需要查阅和参考之前的案例结果。

4. 联合分析法

联合分析法是统计上使用的一种方法，它把研究参与者对潜在市场供应物的判断转化为

---

① 勒曼，温纳. 营销策划分析. 王永贵，译. 北京：北京大学出版社，2008.

参与者对该供应物的构成属性及其水平的价值估计，可以使营销经理根据顾客对一系列产品属性的评级顺序推断出不同产品属性的重要性。[①] 例如，假设在某种笔记本电脑的购买决策中存在三个重要的属性：重量、电池使用时间和品牌。同时，假设每个属性具有两个不同的水平或取值，如表 4－4 所示。回复者的任务是根据某种量表对八种属性组合进行评级，或按照最不喜欢到最喜欢的顺序对八种属性组合进行排序。在表 4－4 中，假设回复者在面对这项评级排序任务时，为最喜欢的组合赋值 1，为最不喜欢的组合赋值 8。显然，其中一种组合（3 磅，4 小时，戴尔）代表消费者最喜欢的一种组合，而另外一种组合（5 磅，2 小时，惠普）则代表消费者最不喜欢的一种组合。在面临这两种选择的时候，回复者必须就这些属性的组合做出权衡。在这个例子中，3 磅这类选择的平均评级是 2.5。类似地，5 磅这类选择的平均评级是 6.5，4 小时这类选择的平均评级是 4，2 小时这类选择的平均评级是 5，戴尔的平均评级是 3.5，惠普的平均评级是 5.5。如果对平均评级表现出来的差异进行分析可以发现，对于回复者而言，最重要的属性是重量，然后是品牌，最后是电池使用时间。虽然实际的联合分析与设计相当复杂（比这个例子要复杂得多），但其基本思想是一致的。[②]

表 4－4　联合分析法（以笔记本电脑为例）

笔记本电脑的三个属性	重量（3～5 磅）	
	电池使用时间（2～4 小时）	
	品牌（惠普、戴尔）	
任务：对属性组合进行评级 1 表示最喜欢，8 表示最不喜欢	属性组合	等级
	3 磅，2 小时，惠普	4
	5 磅，4 小时，戴尔	5
	5 磅，2 小时，惠普	8
	3 磅，4 小时，惠普	3
	3 磅，2 小时，戴尔	2
	5 磅，4 小时，惠普	7
	5 磅，2 小时，戴尔	6
	3 磅，4 小时，戴尔	1

资料来源：勒曼，温纳．营销策划分析．王永贵，译．北京：北京大学出版社，2008.

5. 判断性步步为营法

判断性步步为营法与联合分析法构成了一种专家模式，即把主观的判断转化为客观的程序。判断性步步为营法要求专家首先对一系列环境做出预测。例如，他们可以在各个地理区域对第二年的销售额做出预测。这种预测方法的成本比较低。一旦预测形成，需要请专家经常性地提供改进意见，并对预测进行适度改善。[③]

（二）建立在统计数据基础上的预测方法

这种预测方法实际上是定量预测方法，它根据现有较为完整的历史统计资料，运用统计方法和数学模型近似地揭示出预测对象的数量变化规律，并利用结果来预测未来市场的发展变化趋势。在历史统计资料较为系统、可靠的情况下，采用这种方法往往较适合。它的优点是数量分析较为客观，较少受到主观因素的影响，可以借助现代计算机和软件技术；缺点是统计计算过程可

① 安德森，纳罗斯．组织市场管理：理解、创造和传递价值：第 2 版．王永贵，译．北京：北京大学出版社，2007.

② 勒曼，温纳．营销策划分析．王永贵，译．北京：北京大学出版社，2008.

③ Armstrong J S，Brodie R. Forecasting for marketing//Quantitative methods in marketing. 2nd ed. International Thompson Business Press，1999：92–119.

能较为烦琐，人们经过专业学习才能掌握有关方法。常用的定量预测方法主要包括以下六种。

1. 时间序列分析法

时间序列分析法是一种统计学分析方法，它把历史资料和数据按时间顺序排成一个系列，然后根据时间序列所反映现象的发展过程、方向和趋势；通过统计分析或数学模型，将时间序列向外延伸，预测市场未来可能达到的水平。时间序列分析法将过去的时间序列划分为四个部分（趋势、循环、季节和偶然性）。这种预测方法的原理是：趋势是时间序列在一定时期内总的平均运动，经济现象会按照以前的趋势延续到未来。通过这种方法，企业可以直接从时间序列统计数据中找出反映事物发展变化的模式，也可以通过对这些模式的度量和分析说明某些变量的长期运动方向。这种方法也有局限性。例如，一旦事物的发展出现了根本性变化，这种方法就失去了应有的作用。

2. 因果分析法

因果分析法指通过一些方法来分析市场变化的原因和结果之间的关系，并将现有条件作为依据来预测市场未来的发展变化趋势。一般来说，市场发展趋势是多种因素相互作用的结果，所以市场的发展变化及其各种影响因素之间存在因果关系。在众多的方法中，最常用的因果分析法是回归分析法。有关经济学的研究结果表明，大量的经济现象之间存在因果关系。例如，供求与商品价格之间存在因果关系。回归分析法通过回归方程来模拟“导致未来状态变化的各种因素与未来状态”之间的统计关系。其中，比较常用的算法是最小二乘法，其实质是对动态数列进行修匀，使因变量的实际值和估计值之间的离差平方和最小。通过这种方法修匀后的理论数列具有最大的代表性，预测效果也比时间序列分析法更为理想。

3. 交叉影响分析法

交叉影响分析法是指找出重要性和可能性较高的主要趋势，然后分析并判断它们可能对其他方面产生影响的方法。这种预测方法的原理是：针对一组可能在未来出现的新事物运用两种数据加以描述。其中，前一种数据估计特定时期内每种新事物的出现概率和出现时间，后一种数据估计任何一种可能出现的新事物致使其他新事物出现的概率。这样，可以发现每个新事物的出现与其他新事物相互影响的概率，并使这些概率精确到可以用作决策的依据。具体而言，在使用交叉影响分析法的时候，可以选择含有最早出现时间的事物，并确定其结果。然后，根据这个结果，对接受第一个事物交叉影响的所有其他事物的出现时间和概率做出调整。之后，选出下一个含有最早出现时间的事物，确定结果并对其余事物进行调整。如此进行下去，即可得出最后的结果。

4. 外推法

外推法一般使用历史数据。其中，指数平滑预测法是外推法中节约成本的最普遍方法。它奉行的原则是给最新的数据赋予更大的权重，对季节性和周期性波动进行平滑，以预测将来的趋势。下面是一个简单的指数平滑预测公式：

$$\hat{S}_{t+1}=aS_t+(1-a)\hat{S}_t$$

式中，标有“^”号的为预测值，S 为销售额。换句话说，t+1 时期的指数平滑预测是 t 期销售额和 t 期预期值的一种组合。参数 a 在 0 和 1 之间取值，可以通过历史销售数据来确定。事实上，指数平滑预测法与移动平均预测法有密切的联系。在指数平滑预测法中，过去销售数据的重要性呈指数趋势下降。与移动平均预测法类似，这种方法实际上剔除了各个周期之间的随机变化，可以分别估计趋势和周期。① 实际上，外推法的一个重要原则是使用可靠的数据。例如，零售中收集的基于扫描仪的数据往往可以为现有产品提供可靠的数据。随着计算机技术的

① 勒曼，温纳．营销策划分析．王永贵，译．北京：北京大学出版社，2008.

发展，这种基于扫描仪的数据是详细、准确、及时的，而且是低成本的。[①]

5. 基于规则的预测法

定量的外推法没有利用经理人员关于时间序列的知识，最基本的假设是影响历史序列的力量将会在预测水平上持续，而这种假设有时是错误的。基于规则的预测法是一种专家系统，允许人们以结构化、低成本的方式整合经理人员时间序列数据领域的知识。

6. 计量经济法

计量经济法使用已有知识构建模型，包括选择因变量、识别关系的预期方向、对关系进行约束和选择函数形式等。在大部分营销问题中，人们可以对变量之间的关系进行合理的事前估计，如价格或广告弹性。由于经济计量模型往往与决策和规划有关，所以这种方法具有一定的优势。与有关这种模型的广告所宣传的预测能力相比，模型的实际预测能力要打不少折扣。

案例

新可口可乐的营销调研陷阱

可口可乐自 1886 年在美国推出后，经历了风风雨雨，创造了无数个营销传奇，成为享誉全球的大品牌。在 2016 年“全球 100 个最有价值品牌”榜单中，可口可乐排名第四位。然而，就是这样一个大品牌在 20 世纪 80 年代中期曾出现一次近乎致命的失误。

1. 你更喜欢百事可乐还是可口可乐？

20 世纪 70 年代中后期，饮料市场的另一品牌百事异军突起，成为可口可乐的强劲对手，双方的市场份额差距逐步缩小。百事能够快速占据市场的主要原因在于其行之有效的营销策略。首先，在目标市场定位上，百事直指饮料市场的最大消费群体——年轻人，根据这一目标群体的特征，百事确立了与其相符的产品定位——“年轻人的可乐”。其次，在应对竞争对手的营销策略上，百事迎头直击，通过与可口可乐的口味对比，借力打力，快速攻占顾客的心智。具体来看，百事采取现场直播的方式，让参与者在事先不知情的情况下对两种可乐的口味进行比较，最后 80% 的参与者表明更偏好百事可乐的口味。这一事件营销为百事可乐带来了巨大的消费流量。

2. 新可口可乐面世前的两次营销调研

百事的这一举措给可口可乐的产品营销造成了不利影响，许多之前倾心可口可乐的消费者开始转投百事可乐的“怀抱”。基于此，1982 年，可口可乐决定在全美 10 个主要城市展开营销调研。在具体调研过程中，可口可乐设计了下列调研问题：

（1）您认为可口可乐的口味如何？

（2）您想试一试新饮料吗？

（3）对于可口可乐的口味变得更柔和，您是否满意？

…………

可口可乐此次调研的目的在于探究消费者对其品牌口味的认知，包括对现有可乐以及新可乐的口味的认知。调查结果表明，大多数消费者对可口可乐推出新口味持欢迎态度。据此，公司管理层做出了调整可口可乐口味的决策。

在新可乐正式推出之前，可口可乐又做了一次营销调研，目的在于测试新可乐口味的营销效果。在这次调研中，可口可乐邀请美国 13 个城市近 20 万人参与口味测试，结果表明，近 60% 的消费者倾向于“新口味优于老口味”这一看法。这一调研结果一定程度上表明了公司更换口味的决策是正确的。于是，新可口可乐正式面世。

① Armstrong J S，Collopy F. Integration of statistical methods and judgment for time series forecasting：principles from empirical research//Wright G，Goodwin P. Forecasting with judgment. John Wiley & Sons，1998：269–293.

3. 科学的数据结果一定是正确的吗？

在历时两个月、耗资数百万美元的两次营销调研后，可口可乐正式推出新口味的可口可乐。为了给新产品造势，公司制作了大量广告，并举行了线下的新闻发布会，使新可口可乐的知名度瞬间提升。但是，新可口可乐并未取得预期的营销效果。越来越多的老可口可乐消费者开始抵制新可口可乐，他们认为老可口可乐代表一种美国精神，是“真正的可乐”。最后，迫于市场压力，公司不得不下架推出不到三个月的新品，整个新可口可乐营销计划以失败告终。究其原因，可口可乐的营销调研仅仅围绕产品的口味展开，忽视了消费者购买可口可乐的真正动机。对于忠诚的消费者而言，品牌背后承载的精神才是其购买产品的最主要动机。

不得不说，营销调研是一把双刃剑。虽然营销调研的科学性不容忽视，但只能锦上添花，能否用好这把剑，关键在于把握市场营销本质，想消费者所想，想消费者所不想，真正从实现消费者价值的角度出发。

资料来源：可口可乐陷入调研陷阱.（2020-09-07）. https://wenku.baidu.com/view/55deae876e85ec3a87c24028915f804d2a168728.html；曾亦钢．可口可乐一次失败市场调研的启示．市场观察，2010（1）.

本章小结

本章立足于营销信息的收集、分析和有效运用，系统地阐述了营销信息系统、营销调研和营销预测三者之间的关系，并详细地介绍了相关知识点。具体而言，第 1 节介绍了营销信息系统的概念、构成与作用，论述并比较了内部报告系统、营销情报系统、营销调研系统和营销分析系统（营销决策支持系统）。第 2 节阐明了营销调研的内涵与类型，在分别介绍顾客调研、市场竞争调研、销售调研和营销组合调研的基础上，按照调研目的把营销调研划分成探索性调研、描述性调研、因果关系调研，并进行比较分析，强调了三者之间的关系。本章还阐述了营销调研的具体实施步骤，分别是确定问题和调研目标、进行情境分析、制订调研计划、实施调研并分析调研效果、处理调研数据和编写调研报告。重点介绍了典型的调研计划包括的五个核心问题：资料来源、调研方法（观察法、访问法、调查法、行为数据法和实验法）、调研工具和抽样计划以及接触方式（电话、邮寄、面谈、网上询问）。之后，本章阐述了包括数据分类、数据编辑、数据整理在内的营销调研数据的预处理等相关问题，列举了营销调研的统计分析方法和数据挖掘技术。最后，第 3 节重点介绍了营销预测的内涵、程序和常用方法。

思考与练习

1. 举例说明营销信息系统的地位和构成。
2. 营销调研系统与营销信息系统存在哪些异同？
3. 科学的营销调研应该注意哪些问题？
4. 请分别列举三四种营销调研方法和营销预测方法。
5. 请说明在数字化时代，企业如何在营销调研中使用大数据、云计算、人工智能等数字技术。

基本概念　第4章

延伸阅读　第4章

03

第3篇

锁定价值

毋庸置疑，理解价值是十分重要的！在大千世界，诱惑相当多。与此相应，组织所面临的价值选择丰富多彩。因此，成功营销管理的战略任务之一是锁定价值，即识别并搞清楚自己到底应该关注什么样的价值。

未挖掘出来的最大潜在利润，在于顾客群体的更好选择和目标定位。

——海尔姆德·舒特

第5章

消费者市场、消费者购买行为及决策过程

本章要点

消费者市场是分析和研究一切市场的基础，消费者市场上的消费行为是市场营销学研究的主要对象之一。不仅如此，消费者市场的交易行为关乎每一位消费者的切身利益，是最能够直接体现人民对美好生活的追求与向往的。然而，消费者市场也是最为复杂多变的，消费行为由于受到文化、社会、个人及心理等因素的影响，表现出一定的差异性。因此，市场营销管理需要对消费者的心理和行为进行分析、理解和引导，以最大化地实现顾客价值和提高顾客满意度，同时促进经济稳定、健康、有序发展。本书将消费者购买决策视为一个系统过程，主要包括问题认知、信息收集、方案评价、购买决策及购后行为五个阶段。

学习目标

- 了解消费者市场的需求特点。
- 了解消费者市场的购买对象。
- 了解当前我国社会的主要矛盾。
- 熟悉和掌握影响消费者购买行为的因素。
- 熟悉消费者购买决策的类型和风格。
- 熟悉和掌握消费者购买决策的具体过程。

第1节　消费者市场概述

随着我国脱贫攻坚取得巨大成果、小康社会全面建成和社会主要矛盾转变，人民对美好生活的向往进入了一个新的发展阶段。与此同时，随着科技赋能市场和社会生活，消费者参与市场的行为也发生了相应的变化。为了更好地理解数字化背景下的消费者市场，我们首先对数字化转型和消费者市场这两个基本概念进行一个简单的描述。数字化转型可以简单概括为数

字技术所引发的企业变革，它具有如下四个特点：（1）促进新的营销工具及沟通渠道的产生；（2）帮助提高企业运营效率；（3）优化客户体验；（4）促进新的商业模式的形成。[①] 在传统意义上，消费者市场是指由满足消费者生活需要的商品与服务等构成的市场。换言之，它是消费者为满足生活消费需要购买商品和服务的场所。这里的场所是有形的，是进行商品与服务交易的实体场所。然而，随着人工智能、云计算、大数据、物联网、虚拟现实、增强现实等数字技术以及移动终端、电子商务平台的快速发展，商品与服务交易的场所不再局限于实体形式，还可以转移至虚拟网络平台。在互联网平台这种虚拟场所中，购买商品和劳务的消费者具有移动性，可以在任何时间、任何地点进行商品与劳务的交易。然而，这只是形式上的改变，市场的本质仍然是消费者生活消费的商品和服务流通的终点，所以消费者市场也称为最终产品市场。因此，研究消费者市场仍然是分析和研究一切市场的基础，消费者市场反映了消费品生产者与消费者之间的关系，并对所有市场起着决定性作用。[②]

一、消费者市场的需求特点

数字化和互联网技术的发展使现有消费者市场呈现出强化或弱化以往消费者市场某些特质的新特点。首先，我们需要了解市场的构成。市场包括消费者市场和组织市场（将在后续章节中详细介绍），消费者市场和组织市场是一组相对的概念。其次，我们需要挖掘消费者市场的特点。消费者市场与组织市场共同组成了“市场”这一由有购买力和购买欲望的消费者群体构成的集合化整体。与组织市场的需求相比，消费者市场的需求有以下特点：

（一）多样性

多样性是指消费者需求具有复杂多变的性质。消费者市场上的购买者人数众多，他们在年龄、性别、身体状况、性格、习惯、文化、职业、收入水平、受教育程度及成长环境等方面存在较大差异，这些特性使得消费者在购买消费品时表现出各种各样的兴趣和偏好。因此，在性能、品种、规格、质量和价格等方面，消费者对所购商品的要求不尽相同，而这种产品需求的多样性更是随着互联网平台的发展体现得淋漓尽致。互联网平台面对的不再是局部的消费者，而是整个国家甚至整个世界的消费者。在这个庞杂的消费队伍中，消费者不是仅在本国、本地区内的相似产品中进行选择，而是在世界范围内的相似产品中进行选择，因而消费者需求的多样性更加复杂。可以说，电子商务和数字技术的发展强化了消费者需求的多样性。

（二）分散性

分散性可以从两个角度来解释：第一，消费者居住地在地理空间上具有分散性。然而，电子商务和互联网平台的发展弱化了这种分散性，这些平台将分散于世界各地的消费者集中起来，一定程度上弱化了企业进行目标市场选择时受到的空间限制。第二，虽然消费者每次购买的消费品数量较少，但他们的购买频率较高。这是因为消费者市场上的购买者大多以个人或家庭为单位，人数较少，加之经常购买的是生活日用品，在购买极为便利的条件下，消费者没有大量购买的必要。快递行业和网络电商平台的不断壮大更是提高了消费者的购买频率，减少了消费者的购买数量。

---

① Dentons. 市场洞察：数字化转型与数字消费者 . https://www.dentons.com/zh/insights/articles/2019/may/13/-/media/dbd86cf0fece40e9a6375f3f3705ed55.ashx.

② 郝旭光. 消费者市场需求：特点、基本形态及满足方式. 金融科学，2000（1）：107-109.

（三）易变性

易变性是指消费者需求具有求新、求异和求变等特点。也就是说，消费者不喜欢一成不变的“老面孔”，而希望商品能在品种、款式和包装等方面有所变化。随着电商平台和物流技术的迅速发展以及零售行业竞争的日益加剧，区域壁垒逐渐减少，消费者选择商品的余地越来越大。同时，随着可进行实时互动的产品信息传播方式（如淘宝、微博推荐等）的兴起，消费者更容易受到其他网络用户对产品评论的影响。这些都导致消费者在产品之间进行转换的成本急速降低，使得数字化时代消费者的注意力难以集中，忠诚度极大降低，这进一步强化了消费者需求的易变性。

（四）伸缩性

一般而言，消费者的购买需求会受到内因和外因两方面的影响。前者主要包括消费者的购买欲望、支付能力及性格特点等；后者主要包括他人的经验和建议、产品价格、促销及质量水平等。这些因素都会对消费者需求产生一定的抑制或促进作用，即消费者需求的伸缩性。可以想象，消费者对日用生活必需品的需求的伸缩性较小，不会因收入的增减和价格的升降产生大幅度变化。但是，他们对选择性较强的非必需品、高档消费品的需求的伸缩性较大。① 在线评论产生以来，从他人的评论中获取购物经验成为消费者对产品进行判断的首要影响因素。对于那些能够提供对比图的商家，消费者购买需求的伸缩性体现得更为明显。

（五）可诱导性

尽管消费者市场上的某些需求出自消费者的本能，但某些需求还是可以通过外界刺激产生，并经常发生变化和转移。从宏观角度而言，政策和社会舆论导向会对消费者的购买决策产生重要影响。例如，随着我国国际地位和影响力的不断提升，我国消费者在消费者市场上自发地掀起了国货热潮。从微观层面而言，企业的市场营销努力也能够直接对消费者的购买决策产生重要影响。例如，通过适当的营销努力，企业可以引导、诱发或者刺激消费者的某些需求，从原本的无需求转变为有需求，从未来需求转变为近期需求，从潜在需求转变为现实需求。随着大数据技术的发展，企业可以从消费者日常对网页的关注浏览以及消费过程中提取数据信息，并加以分析，形成消费者偏好数据分析报告，从而针对不同特质的消费者进行定制化的广告推送，增强对消费者的需求诱导。

（六）情感性

对于消费者来说，可以购买的产品种类成千上万。大部分消费者是非专家型顾客，关于商品的专门知识很少。换言之，消费者对商品的质量、性能、使用、维修、保管、价格以及市场行情等都不太了解。在这种情况下，他们只能根据自己的好恶和感觉来做出购买决策。因此，消费者购买需求的情感性很强，这一点在“粉丝经济”中体现得更为明显。在“粉丝经济”中，消费者关注的不再是某个品牌，而是某几位明星（甚至是网络红人），他们对传递的信息具有较强的依赖性和信赖感，因而其需求体现出更强的情感性。

（七）层次性

根据马斯洛的需求层次理论，人的需求有五个层次：生理需求、安全需求、归属需求、尊重需求以及自我实现需求。只有在某一低层次需求得到最低限度的满足后，人才会追求高一层

① 郝旭光．消费者市场需求：特点、基本形态及满足方式．金融科学，2000（1）：107-109.

次的需求。[1] 这一需求性质对消费者市场上的购买者同样适用。另外，我们可以从另一个角度理解消费者需求的层次性。虽然消费者需求多种多样，但由于各种主客观条件的限制，这些需求不可能同时得到满足，所以消费者总是根据其收入状况、支付能力及主观偏好的主次来逐步满足各种消费需求，这使得消费者需求体现出多层次的性质。然而，随着移动支付和分期信贷的发展，消费者对不同层次需求的满足也呈现出一些新特点，特别是对于 80 后、90 后而言，超前消费、分期付款成为较为普遍的现象。但总体来说，消费者需求的满足依然遵循层次性这一规律。

营销视角5-1　中国快速消费品市场的困局与破局

二、消费者市场的购买对象

消费者市场的购买对象多种多样，可以从不同的角度对其进行不同的划分。

（一）根据消费者的购买习惯划分

1. 便利品

便利品是指消费者日常所需、具有周期性重复购买特点、无须费时费力就可以直接买到的商品。消费者虽然经常购买便利品，但对便利品的购买往往缺乏计划性和特定的购买要求。因此，该类产品具有极强的可替代性。即便如此，消费者仍然熟悉一些知名的便利品品牌，如可口可乐、云南白药牙膏等。对于便利品，企业通常需要使用宽分销渠道，以实现足够的销售量和预期利润。但是在数字化背景下，便利品与选购品之间的界限越来越模糊，即便是对于日常生活用品，消费者也开始倾向于追求品牌，关注产品的个性化及定制化特征。

2. 选购品

一般而言，选购品的价格比便利品高，并且不同商店的选购品在定价、特点或促销方面存在差异。在购买选购品时，消费者要对不同品牌或商店进行款式、适用性、价格以及与生活方式的协调性等方面的比较，他们非常愿意投入精力以购得自己期望的商品。选购品有两种类型：同质品和异质品。消费者认为同质品的质量基本相似，但价格差距很明显，所以有选购的必要，如冰箱、电视和洗衣机等就属于同质品。相比之下，消费者认为异质品（如家具和住宅等）的质量存在明显差异，因而更需要对比衡量以保证决策的最佳效果。由于异质品在价格、质量等方面的差异很大，消费者在选购异质品时会进行更为复杂的信息搜寻和决策处理。消费者对选购品进行反复比较的目的在于挑选性价比最高的商品或品牌。随着数字技术和个性化定制服务的发展，选购品越来越受到消费者的青睐，各种比价网站的兴起为消费者购买称心如意的产品提供了强大的助推力。

3. 特殊品

当消费者广泛寻求某种特殊商品而不愿意接受其他替代品时，该商品就是特殊品，如宝马汽车、奔驰汽车和劳力士手表等。特殊品的经销商经常运用能突出其地位感的精选广告来表现商品的特有形象，因而分销活动经常被限定在一定范围内。品牌名称和服务质量对特殊品的销售非常重要。一般来说，特殊品不涉及购买者对商品的比较，消费者需要做的仅是花时间和精力找到商品的经销商。然而，随着新兴市场经济的高速发展和新中产阶层的崛起，部分特殊品开始向选购品倾斜。越来越多的新兴市场消费者负担得起以往被归为特殊品的商品，并在其

① 符国群. 消费者行为学. 北京：高等教育出版社，2001.

中进行反复斟酌、比较。因此，许多大牌（如奔驰、宝马、迪奥、博柏利、路易威登等奢侈品牌）开始争夺新中产阶层。如何在数字经济时代做好企业转型以及赢得更多的消费者青睐已成为各大品牌亟待思考的问题。

4. 非渴求品

如果某种产品不被潜在消费者所了解，或虽然被消费者了解却不被积极问津，这种产品就是非渴求品。新产品在通过促销和分销提高知名度之前，都属于非渴求品。某些商品由于商品的使用特性限制，永远都是非渴求品。保险、丧葬用品和百科全书等产品就是传统意义上的非渴求品，需要有经验的销售人员去开展促销活动。因此，这些销售人员总是尽力接近潜在消费者，因为大多数消费者不会主动寻找这类产品。数字技术和互联网平台的发展为非渴求品开拓了市场，创造了利润空间。根据长尾理论，总是存在需要企业提供服务的利基市场，而数字技术和互联网平台恰恰可以更高效快捷地聚合单个消费者，从而形成利基市场。

（二）根据商品的耐用程度和使用频率划分

1. 耐用品

耐用品是指使用年限较长的商品，它们不能被一次性消费，往往具有较长时间跨度的折旧年限。例如，汽车、电视、冰箱、音响及电脑等就属于耐用品。由于耐用品具有周转期长、售后服务水平要求高等特点，在购买这类商品时，消费者往往比较谨慎。如今，对于耐用品的购买，消费者可以采用线上线下相结合的方式，在线下直观体验并感受不同产品的品质差别后，通过线上下单，选择差异化的售后服务和价格优惠政策，从而实现最佳购买决策。

2. 非耐用品

与耐用品相对应，非耐用品是指使用年限短、消费者需要经常购买的商品。例如，食品、文化娱乐产品等就是非耐用品的典型代表。由于这类商品具有周转期短、售后服务水平要求不高等特点，在购买这类商品时，消费者往往比较随意。电子商务的发展和电商平台的构建为非耐用品提供了优质高效的销售渠道。商家不仅能依靠电视广告进行产品的宣传，还可以直接利用各种电商平台进行非耐用品销售，或利用网络直播平台以及抖音、快手、小红书等短视频平台，借助明星效应或“网红”效应，实现这类产品的宣传和销售。

第 2 节　消费者购买行为的影响因素

影响消费者购买行为的因素众多，它们构成了消费者行为研究的重要支撑。为透彻把握消费者的购买行为，有效开展市场营销活动，企业必须认真分析影响消费者购买行为的若干因素。总体来说，这些因素如表 5－1 所示。

表 5－1　消费者购买行为的影响因素

文化因素	社会因素	个人因素	心理因素
文化价值观 亚文化 社会阶层	参照群体 家庭 社会角色	个性 生活方式 自我概念 年龄	动机 感觉和知觉 学习

资料来源：姚山季，张立，王永贵．消费者行为学．天津：南开大学出版社，2009.

一、文化因素

影响消费者购买行为的文化因素主要包括文化价值观、亚文化以及社会阶层。在移动互联网和数字技术不断发展的今天，消费者更容易借助网络媒体平台寻找自己所属的文化社区或社会阶层，因而消费者的购买行为呈现出该社区或阶层的特性，消费者也极易受到该社区或阶层整体价值观或内部成员的影响并做出购买决策。

（一）文化价值观

1. 文化价值观的主要内容

导致消费者购买行为存在差异的因素有很多，从群体层面看，通过文化价值观体系进行分析是一种最主要且较为流行的研究路径。就文化价值观的概念而言，我们可以从文化和价值观这两个角度进行分解和融合。到目前为止，国内外的学者对文化进行了多种定义。本书主要关注的是文化因素对消费者购买行为的影响，因此本书认为文化是指在一定社会中，通过学习获得的用以指导消费者行为的信念、习惯以及价值观等的总和。[①] 德尔・I. 霍金斯认为，为了解消费者行为体现的文化差异性，首先需要了解不同文化背景下人们的价值观差异。价值观是人类的一种持久信念，它导致个体或社会更偏好某种特定的行为模式或终极状态[②]，引导人们对行动、政策、他人以及各类事件进行评价和选择。[③] 从影响消费者行为的角度考虑，本书所界定的价值观是指人们形成的一种针对具体行为模式与生活意义的持久信念，它是人们在处理具体事物时表现出的一种稳定的好恶态度。进一步来讲，文化价值观是社会和个体追求的一种信仰，是文化在社会生活中的直接反映。人们从整体上接受这些价值观，并以语言符号或者象征的形式将它们传达给其他成员。德尔・I. 霍金斯将影响消费者行为的文化价值观分为三种类型：他人导向的文化价值观、环境导向的文化价值观以及自我导向的文化价值观（见表 5－2）。当前，市场营销学领域的研究已经开始将消费者的文化价值观同消费者行为联系起来，并多以跨国（文化）的形式进行。[④]

表 5－2　影响消费者行为的文化价值观

他人导向的文化价值观	环境导向的文化价值观	自我导向的文化价值观
1. 个人与集体。社会是重个人活动和个人意见还是重集体活动与群体依从？ 2. 扩展家庭与核心家庭。在多大程度上，一个人应该对各种家庭成员承担义务和责任？ 3. 成人与小孩。家庭生活是更多地满足成人的需求与欲望还是小孩的需求与欲望？ 4. 男性与女性。在多大程度上，社会权力的天平自动偏向男性一方？	1. 清洁。社会对清洁的追求在何种程度上超过健康所要求的限度？ 2. 绩效与等级。社会激励系统是建立在绩效的基础上，还是建立在世袭因素（如家庭出身等）的基础上？ 3. 传统与变化。现在的行为模式是否被认为优于新的行为模式？ 4. 承担风险与重视安定。那些勇于承担风险、克服种种困难去达成目标的人是否更受尊重？	1. 主动与被动。更积极主动的生活取向是否更为社会成员所看重？ 2. 物质性与非物质性。获取物质财富的重要性到底有多强？ 3. 勤奋工作与休闲。拼命工作是否更为社会所倡导？ 4. 延迟享受与及时行乐。人们是鼓励即时享受还是愿意为获得长远利益而牺牲眼前享受？

① 姚山季，张立，王永贵．消费者行为学．天津：南开大学出版社，2009.

② Rokeach M. The nature of human values. New York：The Free Press，1973：18.

③ Schwartz S H. Are there universal aspects in the structure and contents of human values. Journal of Social Issues，1994，50（4）：19–45.

④ Soares A M，Farhangmehr M，Shoham A. Hofstede's dimensions of culture in international marketing studies. Journal of Business Research，2007，60（3）：277–284.

续表

他人导向的文化价值观	环境导向的文化价值观	自我导向的文化价值观
5. 竞争与合作。一个人的成功是更多地依赖超越别人还是更多地依赖与他人合作？ 6. 年轻与年长。荣誉和地位是授予年轻人还是年长者？	5. 能动解决问题与宿命论。人们是鼓励解决问题，还是鼓励采取一种听天由命的态度？ 6. 自然界。人们把自然界看成被征服的对象还是令人景仰的圣地？	5. 纵欲与节欲。感官愉悦的享受（如吃喝玩乐）在多大程度上被接受？ 6. 严肃与幽默。人们应该视生活为极严肃的事情还是应该轻松面对？

资料来源：龚振，荣晓华，刘志超. 消费者行为学. 大连：东北财经大学出版社，2002.

2. 文化价值观对消费者购买决策的影响

一般而言，消费者做出购买决策前后会经历五个阶段，而消费者文化价值观的差异均可能对这些阶段产生重要影响。这五个阶段分别是：

（1）确认需要。在这个阶段，消费者需要确认自己对某种产品或服务的购买需要，而消费者需要往往由内部刺激因素或者外部刺激因素引起。通常，消费者的文化价值观对消费者确认需要具有决定性作用，既可以肯定或强化他们的购买需要，也可以压制或弱化这种需要。

（2）收集信息。在这个阶段，消费者会通过各种可能途径来收集与商品或服务有关的信息。文化价值观对信息收集的影响主要表现为：对信息来源产生影响，即文化价值观可以影响消费者获取信息的途径；对营销信息发布者的受众认同与信赖程度产生影响，即文化价值观会促使消费者以与其价值观相同或相近的群体所传达的信息为决策依据；对促销诉求与信息内容产生影响，即文化价值观会使消费者更易受与其价值观相符的产品宣传的影响。

（3）评估备选产品。在这个阶段，消费者会受到其内在价值观的驱动，对收集到的产品信息进行筛选对比，对产品品牌、质量、性能以及样式等根据价值观进行评估，最后筛选出最符合自己需要的产品。

（4）决定购买。受内在价值观的驱动，在完成复杂的筛选评估过程后，消费者会根据评估结果，做出购买某种产品或服务的决定。在数字经济迅速发展的背景下，这种受价值观影响的决策在购买方式、购买途径等方面呈现出不同的特点。比如，消费者可能选择去实体店进行产品体验及购买，或者通过在线平台购买，又或者通过支付额外运费选择送货上门服务等。

（5）购后行为。文化价值观对消费者购后行为的影响主要表现在他们对购后不满的看法上。某些社会文化对未来不确定性的承受能力较强，即使对所购产品或服务不满，消费者也可以很好地调整心态，积极地采取投诉手段，减少或消除购后不满的心理影响。某些社会文化则难以容忍未来的不确定性，消费者对产品或服务的不满心理难以通过自我调节达到平衡，这就需要相关部门制定相应的法律法规来减少这种不确定性，并避免这种不满行为。例如，随着电商平台的发展，在线评论随之兴起，有正面的积极评论，也有一些恶意评论。此外，在线销售可以帮助消费者与商家针对产品意见和问题进行实时互动，消费者可以通过这种及时的在线沟通消除不满。

（二）亚文化

亚文化也叫副文化，是指某文化群体的次级群体成员所拥有的共同信念、习惯及价值观等。作为一种不占主流的或局部现象的文化，亚文化不仅包括与主流文化共通的价值观，而且包括自身独特的价值观。从人类的发展历史看，在社会化过程中，个体会根据周围环境来调整自己的价值观体系，那些容易达成的价值观会变得越来越重要，而难以达成的价值观则会逐渐丧失重要性。[①] 由此来看，社会成员的价值观体系来自并反映所处社会环境的主要变化。[②] 再者，地理或者政治的边界不等于文化的边界，因而一定范围内的文化或文化价值观并不是完全相同的。[③] 所以，隶属某个国家或地区的文化价值观范畴内的亚文化能够对人们的行为产生一定影响。一般意义上，亚文化可以分为民族亚文化、种族亚文化、宗教亚文化以及地理亚文化。

1. 民族亚文化

几乎世界上的每个国家都由不同的民族构成，而每个民族都有自己独特的风俗习惯与文化传统，从而形成了民族亚文化。进一步来说，每个民族的亚文化都继承与保留了各自传统的信仰、消费习惯、审美意识以及生活方式等。因此，民族亚文化对消费者行为的影响是深远的。

2. 种族亚文化

通常，各种族都有自己独特的文化传统、文化风格以及生活态度等。例如，在美国，黑人文化与黑人消费者市场对企业来说是不容忽视的。黑人在服装、个人服务与家具产品上的支出比例比白人低得多，他们购买的相册数量是白人的两倍，对橙汁和速食土豆的需求量也比白人高很多。

3. 宗教亚文化

世界上有很多种宗教，如基督教、佛教、伊斯兰教等。不同的宗教有不同的文化倾向，这影响着人们认识事物的方式、看待客观世界的态度、行为准则以及价值观等。同样，宗教亚文化也在一定程度上影响着消费者的购买需求。

4. 地理亚文化

由于地理环境的差异，人们的消费习俗与消费特点各不相同。例如，我国著名的川菜、鲁菜等八大菜系之所以风格各异，就是因为地域不同。又如，我国北方冬季气候寒冷，人们有吃酸菜的习俗；而南方气候炎热，人们有吃泡菜、熏肉和腊肠的习俗。

除上述亚文化，还存在职业亚文化和移民亚文化等。这些亚文化及其群体都会对企业营销活动产生或大或小、或多或少的影响。必须指出的是，研究亚文化不能脱离主流文化，必须在两者的内在联系中探究亚文化及其群体的规律性和特殊性，只有这样，才可使企业的营销活动更加有效。

（三）社会阶层

社会阶层是指由具有相同或类似社会地位的成员所组成的、相对稳定持久的群体。作为一种普遍存在的社会现象，不论是在发达国家，还是发展中国家，社会阶层及其内部成员在态度、价值观、语言方式和所拥有财富等方面都存在相似性，这已经得到了人们的普遍认可。例如，早在 1958 年，皮埃尔・马丁诺（Pierre Martineau）就提出美国的中等阶层群体和下层群体在对时间、理性、现场、选择、自信心、思考以及事件的解释等方面存在不同的假设。[④] 社会阶层的性质有：（1）同质性。这是指同一阶层的社会成员具有相近的经济利益、社会地位、价值观及态度体系等，且拥有相似的消费需求。（2）多维性。这是指某一具体社会阶层并不由单一的参数变量所决定，而是由收入、财产、受教育程度、价值观和生活方式等多种因素综合决定。在众多决定因素中，收入通常被认为是决定个体处于何种社会阶层的重要变量。例如，摩

① Schwartz S H. Are there universal aspects in the structure and contents of human values. Journal of Social Issues，1994，50（4）：19–45.

② Egri C P，Ralston D A. Generation cohorts and personal values：a comparison of China and the United States. Organization Science，2004，15（2）：210–220.

③ 霍金斯，贝斯特，科尼．消费者行为学：原书第 7 版．符国群，等译．北京：机械工业出版社，2000.

④ Donald W H，Emelda L W，Douglas E H. Social class system revisited. Journal of Business Research，1988，17（3）：259–270.

根与唐（Morgan & Tang）通过实证研究发现，社会底层人员的工资同社会上层人员的工资相比呈现逐渐下降的趋势。①（3）动态性。这是指随着时间的推移，人们所处的社会阶层会发生变化，既可能由较低阶层升到较高阶层，也可能由较高阶层降至较低阶层。社会阶层对消费者行为的影响主要表现为处于不同社会阶层的消费者在对商品的选择及对信息的依赖和利用程度等方面存在差异。如今，这种动态性在新兴市场的消费者中有较强的体现。②

二、社会因素

社会因素涉及的内容有参照群体、家庭、社会角色等。

（一）参照群体

参照群体又叫相关群体或参考群体，是指个人在形成购买或消费决策时用以参照、比较的个人或群体，包括个体实际所属关系或心理所属关系的群体。当下，随着互联网的普及和社交媒体的蓬勃发展以及网红经济的催生，消费者在购买产品时的参照群体范围逐渐扩展，由既往的交际圈范围内的熟人群体向网络平台中的陌生群体扩展。③根据心理学观点，人的爱好、习惯及思想行为准则等不是天生就有的，而是在后天的社会生活中，受外界的影响逐渐形成的。在这种影响中，参照群体的作用不可忽视，这是因为人们通常不会与异于自己的群体相比较以评估自己。事实上，就一定范围内的人来说，他们会选择那些与自己相似的个体为参照群体。④因此，参照群体是影响消费者品牌态度、购买行为和购买评价的重要影响因素，一方面，消费者希望通过参照群体获取产品详细信息进而做出理性决策；另一方面，消费者也希望通过产品向自己的参照群体释放一定的信号，进而加强与参照群体的联结。在粉丝经济、互联网直播平台等迅速发展的背景下，参照群体呈现出新的特征，任何人都可以通过网络平台分享自己的产品购买和使用经验，而消费者可以将自己归入其中的某一群体，选取愿意相信的分享者所分享的信息为参照，因此，网络经济赋予了参照群体新的内涵，特别是网络直播带货兴起后，网络达人成为消费者购买产品的重要参照群体，其与消费者的互动性成为影响消费者购买行为的重要力量。

1. 参照群体的分类

按照不同的标准，可以对参照群体进行不同的划分。例如，根据消费者成员资格与群体吸引力的不同，可以将参照群体分为正相关成员群体、向往群体、拒绝群体以及隔离群体四种类型（见表 5－3）。

表 5－3　根据消费者成员资格与群体吸引力划分的参照群体

		成员资格	
		成员群体	非成员群体
群体吸引力	正相关	正相关成员群体	向往群体
	负相关	拒绝群体	隔离群体

资料来源：吴健安．市场营销学．北京：高等教育出版社，2004.

① Morgan S L，Tang Z. Social class and workers' rent，1983–2001. Research in Social Stratification and Mobility，2007，25（4）：273–293.

② Cavusgil S T，Deligonul S，Kardes I，ed al. Middle-class consumers in emerging markets：conceptualization，propositions，and implications for international marketers. Journal of International Marketing，2018，26（3）：94–108.

③ 符国群．消费者行为学．北京：高等教育出版社，2001.

④ Mussweiler T.Comparison processes in social judgment：mechanisms and consequences.Psychological Review，2003，110（3）：472–489.

具体来说，在正相关成员群体中，群体成员对本群体固有的价值观和行为方式高度认同。相比之下，拒绝群体中的成员虽然也属于某个具体消费群体，但他们对本群体固有的价值观和行为方式持不认可的态度。在向往群体中，成员虽然不属于某个具体消费群体，但他们对本群体固有的价值观和行为方式持一致认同的态度，并希望将来能成为该群体中的一员。相比之下，隔离群体中的成员既不属于某个具体消费群体，也不认同本群体固有的价值观与行为方式，并且某些时候还会刻意回避该群体。

2. 参照群体对消费者行为的影响

在特定的参照群体中，成员有自己的行为规范和参考标准。而且，他们认为其参考标准与其他比较者的参考目标相似。[①] 具体来说，参照群体对其成员的影响体现在三个方面：信息性影响、功利性影响及价值表现影响。

（1）信息性影响。这是指消费者将参照群体的观念、意念以及某些行为作为有价值的信息加以参考并做出相关决策。参照群体的信息性影响源于消费者对在充分信息状态下进行决策的渴望。[②] 进一步来说，如果来自参照群体的相关信息被认为能够增加消费者对有关消费情境的认识，或提升消费者处理消费问题的实际能力，那么参照群体对消费者的信息性影响就产生了。[③] 消费者主要通过两种途径从参照群体那里获取信息性效用：1）产品专家或意见领袖。该类参照群体通常具有极强的权威性，可以避免消费者进行产品信息搜集所带来的心智负担。2）关键人物行为推断。通过关键人物对产品使用后评价或其推荐、转发行为等，从侧面获取产品信息。例如，当某个消费者通过网络在线平台看到某明星对某化妆品的经验分享和介绍时，基于自身的认知和对偶像的喜爱，这个消费者会倾向于相信该明星对该化妆品信息分享的真实性，其购买该产品的可能性会大大增加，这就体现出了信息性影响。再比如，当消费者的某位熟人对该产品所在领域十分了解，则这个消费者倾向于听取该熟人的建议做出购买决策。特别需要指出的是，文化背景在这个过程中具有重要影响，相较于集体主义文化背景，个人主义文化背景下的消费者更注重参照群体的信息性影响。

（2）功利性影响。这是指消费者由于受到参照群体的影响，可以获得一定奖励或者避免一定惩罚。在这个过程中，同伴对消费者购买公共产品的影响更强，而亲朋好友对消费者购买私人产品的影响更强。具体而言，如果消费者感觉到某种消费行为会引起他人的奖励或者惩罚，且这种结果被他们认为是重要的，消费者就会感到有必要去迎合参照群体的预期，此时参照群体的功利性影响就自然而然地产生了。[④] 比如，我们常说卖花要找身边有女孩的男生卖，因为迫于参照群体的压力，为了留下好印象，男生不得不为此掏腰包。然而研究证明，在普遍情况下，女性比男性更容易受到参照群体的影响而做出购买决策和产品评价。而在不同年龄的女性群体中，年轻群体相较于年长群体更容易受到参照群体的影响。

（3）价值表现影响。这是指消费者将参照群体的某些行为方式和价值观进行内化之后，在不需任何外在因素的作用下，会按照某种行为方式和价值观行事或者做出决策。具体来说，在一定的消费情境中，消费者通过模仿其渴望的参照群体的消费行为，与该群体建立联系，或是给别人留下自己属于该群体的印象，从而借助该群体的固有形象表达自我并提升自我形象，

---

① Buunk B P，Mussweiler T. New directions in social comparison research. European Journal of Social Psychology，2001，31（5）：467–475.

② Bearden W O，Etzel M J. Reference group influence on product and brand purchase decisions. Journal of Consumer Research，1982，9（2）：183–194.

③ Park C W，Lessig V P. Students and housewives：difference in susceptibility to reference group influence. Journal of Consumer Research，1977，4：102–110.

④ 同②.

使实际的自我概念更接近理想状态下的自我概念。① 比如，相关研究证明，参照群体的公民行为能够显著促进个体的亲社会行为，如绿色环保行为——在有同伴的情形下，参与共享经济的个体更注重房间的干净整洁并可能进行清洁行为。②

营销视角5-2 参照群体视角下社交圈对潜在旅游者旅游的影响

（二）家庭

家庭是指以婚姻关系、血缘关系及收养关系为纽带结成的拥有共同生活的社会基本单元。作为一种重要的参照群体，家庭对消费者的价值观、审美意识、生活方式及消费观念影响很大。具体而言，家庭对消费者购买行为的影响主要体现在三个方面。

1. 家庭权威中心

家庭权威中心表明在家庭中谁是权威的主体和重心。通常，家庭权威中心有四种类型。

（1）各自做主型。这又叫自治型，是指每个家庭成员可对自己需要的商品独立做出购买决策，其他人不干涉。

（2）丈夫支配型。这是指丈夫是家庭权威中心，家庭最终的购买决策权掌握在丈夫手中。

（3）妻子支配型。这是指妻子是家庭权威中心，家庭最终的购买决策权掌握在妻子手中。

（4）共同支配型。这是指家庭无固定的单一权威中心，其大部分购买决策由家庭成员共同协商做出。

2. 家庭成员在购买过程中的角色

在家庭及其成员的购买活动中，很多产品或服务的购买者和使用者并非同一个人，即存在购买者和使用者分离的现象，这说明为使家庭功能正常发挥，家庭成员在购买过程中需要承担不同的角色。具体来说，家庭成员在消费决策过程中至少扮演了五种角色。

（1）倡议者。这是指提议购买某种产品或服务，或者使其他家庭成员对某种产品或服务产生购买兴趣的家庭成员。

（2）影响者。这是指为购买活动提供相关信息并对某些产品或服务设定评价标准，进而影响产品选择的家庭成员。

（3）决策者。这是指有权决定购买什么产品或服务及何时购买的家庭成员。

（4）购买者。这是指进行实际购买的家庭成员，必须指出的是，购买者与决策者可能不同。

（5）使用者。这是指实际消费产品或服务的家庭成员，通常，购买者和使用者是不同的。

3. 家庭寿命周期

家庭寿命周期是指一个家庭从产生到消亡的全过程。根据传统的家庭寿命周期理论，可以将家庭发展大致划分为五个阶段：单身阶段、新婚阶段、满巢阶段、空巢阶段及解体阶段。基于网络在线社区的发展，处于不同阶段的家庭均可以通过网络平台找到所属的在线社区，如探探、Soul 等平台适合单身阶段的家庭，妈妈帮、宝宝帮等平台适合满巢阶段的家庭等。另外，消费者倾向于从与自己相似的社区中获取信息（除 APP 外，还有基于微信公众号及微信群构建起的处于相同阶段或具有相似偏好的网络社区），他们相信在那里总是可以得到及时有效的信息，可见消费者的购买行为在很大程度上受其所属在线社区对产品的评价的影响。

（1）单身阶段。在这一阶段，个体成员没有结婚。尽管收入不高，但由于其他方面的负

---

① Burnkrant R E，Cousineau A. Informational and normative social influence in buyer behavior. Journal of Consumer Research，1975，2（3）：206–215.

② Fernandes S，Panda R. Influence of social reference groups on consumer buying behavior：a review. Journal of Management Research，2019，19（2），131–142.

担较少，这一阶段的消费者的可自由支配收入相对较多。此时的收入大部分用于支付房租、购买个人护理产品、孝敬父母、人情往来和家用器具以及度假等方面。总体来说，单身阶段的消费者比较关心时尚，崇尚娱乐和休闲。

（2）新婚阶段。这一阶段始于新婚夫妇正式组建家庭，终于第一个孩子出生。建立新家庭需要购买诸如家具、床上用品、厨房设备和用具等家用产品。由于缺乏购买经验，一方面，新婚阶段的购买者很可能会征求已婚者的意见和建议；另一方面，他们偏好于借助在线平台（如妈妈帮）、直播带货平台（如小红书）或问答平台（如知乎）等获取所需信息。

（3）满巢阶段。这一阶段始于夫妇的第一个孩子出生，终于所有孩子长大成人。由于满巢阶段的持续时间很长，因此根据孩子的年龄大小，可以进一步将其分为满巢Ⅰ、满巢Ⅱ和满巢Ⅲ三个阶段。其中，满巢Ⅰ阶段是指年轻夫妇有了自己的孩子，孩子的年龄比较小（6 岁以下）。孩子的出生会给家庭的消费结构带来一些变化，主要表现为与孩子有关的消费大幅度增加。满巢Ⅱ阶段中，家庭中最小的孩子超过 6 岁，孩子们多在上小学或中学。因此，家庭消费还是以孩子为中心，主要表现在不仅要为孩子准备衣、食、住、行等方面的各类物品，而且要让孩子参加各种兴趣班，购置相关物品。满巢Ⅲ阶段的家庭是指由年纪较大的夫妇及其仍未完全独立的孩子所组成的家庭。家庭的经济状况明显改善，家庭成员通常会更换一些大件商品和耐用消费品，也会更加关注消费质量。

（4）空巢阶段。这一阶段始于孩子离家独立生活，终于夫妇中的一方过世。孩子不在身边，夫妇可能会感到孤独和寂寞，由于这一时期他们在经济上和时间上较为宽裕，可能会做一些以前想做而无法做的事情，如继续接受教育及外出旅游等。他们可能会频繁地外出度假，购买一些高档商品，这时的消费倾向是更加关注健康和安全。

（5）解体阶段。如果夫妇中的一方过世，家庭就进入解体阶段。在这一阶段，由于孩子的支持和照料，家庭生活的压力不是很大，家庭对更多关爱和照看等的特殊需要会增加。

需要指出的是，随着时代的发展和进步，各种新型的家庭形式大量涌现，最明显的例子就是非家庭型住户，即由独身者或没有血缘关系和婚姻关系的个体所组成的住户。因此，传统的家庭寿命周期理论正面临严峻的挑战。家庭型与非家庭型住户的家庭寿命周期具体如表 5－4 所示。

表 5－4　家庭型与非家庭型住户的家庭寿命周期

家庭寿命周期的各阶段	定义 / 评论
家庭型住户	
• 无孩子的夫妇	由于推迟结婚或女方看重事业，暂时不要孩子
• 30 岁后结婚的夫妇	以事业为重，夫妇生活在一起，可能很少要孩子，甚至不要孩子
• 有第一个孩子的夫妇	可能较以往的家庭要更少的孩子
• 单身父母Ⅰ	年轻的有孩子的单身父母，高离婚率导致单身父母的增加
• 单身父母Ⅱ	离婚的中年男性或女性，有未成年子女
• 单身父母Ⅲ	未婚者抚养一个或多个孩子
• 扩展家庭	单身成年子女在着手建立自己的事业时，为避免独居的生活开销与父母同住；离异的子女带着自己的子女回家与父母同住；不能自理的年迈父母搬到子女家住；新婚夫妇与父母同住
非家庭型住户	
• 未婚同居者	社会对异性或同性同居采取越来越宽容的态度
• 无孩子的离婚者	高离婚率导致家庭解体，双方没有孩子
• 年轻的单身独居者	主要由延迟结婚和独身引起
• 鳏寡独居者	期望寿命的延长，尤其是女性寿命的延长，使 75 岁以上的独居者增多

资料来源：Schiffman L G，Kanuk L L. Consumer behavior. New York：Prentice-Hall，1995：370.

（三）社会角色

通常，社会角色是指个体在群体、组织或社会中的地位与作用。个体消费者生来就不是孤立的，必然要与各种类型的群体打交道，从而形成了不同类别的社会角色。因此，消费者社会角色的差异必然会对其购买行为产生一定影响，消费者往往会购买与其身份地位相符的消费品。随着信用卡、借贷平台的发展以及年轻一代消费欲望的升级，许多消费者往往无法正确认识自己的身份地位，导致社会角色认知失调，购买超出自己消费能力的产品。

三、个人因素

个人因素涉及的内容有个性、生活方式、自我概念、年龄等。

（一）个性

个性是心理学领域的一个常用名词，关于它的定义仍然众说纷纭。这里，我们借鉴希夫曼和卡努克（Schiffman & Kanuk）的定义：个性是指决定和折射个体如何对环境做出反应的内在心理特征。[①] 在营销学中，就消费者个性来说，我们更多地关注消费者个性差异会对其购买行为产生怎样的影响。进一步来说，可从如下几方面考虑：

1. 个性与品牌选择

由于品牌是从某个具体角度反映商品与众不同的一面，因而具有不同个性的消费者必然会根据自身偏好和利益来选择不同品牌的同类商品，从而形成独特的品牌个性。根据普卢默（Plummer）的观点，品牌个性是品牌形象的一部分，是指产品或品牌特性的传播以及在此基础上消费者对这些特性的感知。[②] 根据消费心理学的研究，人们可以从消费者所拥有的品牌、他们对不同产品品牌的态度及品牌对他们的意义和重要性等方面来判断其个性。不少学者就消费者个性与产品品牌选择的主题做了深入研究。例如，20 世纪 50 年代，美国学者伊万斯（Evans）试图利用消费者的个性来预测其拥有的是福特汽车还是雪佛兰汽车。他的具体做法是将一种标准的个性量表分发给福特汽车和雪佛兰汽车的拥有者，让他们填写，然后用判别分析法对收集回来的数据进行分析，结果发现，在大多数情形下，个性特征能够准确地预测实际的汽车拥有者。[③]

2. 个性与社群选择

随着互联网平台的发展，各种不同的社交群体纷纷涌现，而不同的社交群体往往具有各自的标签和身份特质，有各自的个性体现。消费者往往会选择符合自己的价值观、生活习惯和消费习惯的群体作为自己个性释放与发展的社交圈。比如，不同特质的产品通过能够体现其特质的博主聚集具有某些相似特质的消费者，并通过一系列手段和策略凸显该社群的个性特质，加强消费者与博主、消费者与消费者之间的联系，构建消费者与产品之间的纽带，从而通过个性特质的一致性来提高消费者对产品的情感性，进而提高消费者对企业和产品的忠诚度。

3. 个性与创新选择

在实际生活中，某些消费者的创新性较强，具有强烈的创新意愿，更多地对新生事物表现出接受与认可的态度。与之相反，某些消费者的创新性较差，具有较弱的创新意愿，更多地

---

① Schiffman L G，Kanuk L L. Consumer behavior. New York：Prentice-Hall，1995：126.

② Plummer J T. How personality makes a difference. Journal of Advertising Research，1985，24（6）：27–31.

③ Evans F B. Psychological and objective factors in the prediction of brand choice：Ford versus Chevrolet. Journal of Business，1959，32：340–369.

对新生事物表现出拒绝和否认的态度。归根结底，消费者对创新行为的态度是由其个性差异所决定的。戈德史密斯和霍法克（Goldsmith & Hofacker）开发了一个衡量顾客创新性的量表，如表 5－5 所示。该量表从六个方面反映顾客的创新性倾向，在每一条目上用 5 分“同意”倾向予以测量。通过此量表，我们可以看出创新性对消费者购买行为的影响。

表 5－5　顾客创新性量表*

序号	条目内容
1	通常，当新的（摇滚音乐带）# 上市时，我是朋友圈中最后一个去购买的。**
2	如果听说商店有新的（摇滚音乐带）# 出售，我会很感兴趣并去购买。
3	与我的朋友相比，我拥有的（摇滚音乐带）# 很少。**
4	一般来说，在朋友圈中我是最后一个知道最新发行的（摇滚音乐带）# 的。**
5	即使是从未听说过的新的（摇滚音乐带）#，遇上时我也会购买。
6	我比别人更早了解各种新的（摇滚音乐带）# 的名称。

* 表示用 5 分“同意”倾向测量。

表示括号里的产品及其措辞可以改变，以适应研究的需要。

** 表示在这些条目上，得分越高，创新性越低，反之，则越高。

资料来源：Goldsmith R E，Hofacker C F. Measuring consumer innovativeness. Journal of the Academy of Marketing Science，1991，19（3）：212.

4. 个性与决策

如果从消费者对待风险的态度角度来考察，可以将个性分为三种类型：风险偏好型个性、风险规避型个性及风险中性型个性。三种个性的消费者在决策的时机、动机及最终实现结果等方面存在明显差异。

（二）生活方式

生活方式的概念起源于心理学和社会学，是指个人认知在一定的社会、文化条件下显现的外在形态。①1963 年，拉泽（Lazer）首次将生活方式的概念引入市场营销领域，认为生活方式是一个系统概念，代表某个群体或社会阶层在生活中表现出来的特征。这种特征具体表现在一个动态模式中，是文化、价值观、人口统计变量、社会地位、参照群体、家庭、人格、动机、认知、学习及营销活动等各个层面的综合体。② 综上所述，生活方式是由消费者的心理状态反映的生活形式，包括消费者的活动（工作、购买活动、运动和社会活动）、兴趣领域（食品、服装、家庭、休闲）和看法（关于自身、社会事物、商业和产品）。消费者的生活方式不同，其消费行为必然存在差异。表 5－6 说明了一般公众与广告从业人员生活方式的差别，这可以反映出消费者在商品购买活动中的侧重点。

营销视角5-3　从生活方式看营销诉求

表 5－6　一般公众与广告从业人员生活方式之比较（%）

反映生活方式的活动、兴趣领域与看法	一般公众	广告从业人员
去年我打过保龄球	30	46
去年我买过彩票	61	75
我想与众不同	62	82

① Adler A. Understanding human nature. Garden City Publishing，1927：28.

② Lazer W. Life style concepts and marketing.Toward Scientific Marketing，1963：140–151.

续表

反映生活方式的活动、兴趣领域与看法	一般公众	广告从业人员
黄金时段涉及性的电视节目太多	78	50
看电视是我的主要娱乐方式	53	28
我最喜欢的是古典摇滚乐	35	64
夫妻在结婚前应同居	33	50
我在未来将取得更大成就	65	89

资料来源：Engel J F，Blackwell R D，Miniard P W. Consumer behavior. 8th ed. FL：The Dryden Press，1995：451.

塔伊和塔姆（Tai & Tam）对中国和新加坡消费者的生活方式的异同进行了测量。一般来说，中国消费者更为传统和保守，因而塔伊和塔姆建议营销人员在开发品牌定位时适应目标顾客群体的准则和习惯。[①] 除了上述因素，年龄、职业和经济状况等消费者个人因素也可能对消费行为产生一定影响。

（三）自我概念

自我概念是个体对自身一切的知觉、了解和感受的总和。[②] 通常情况下，在自身经验和外部环境的综合作用下，个体会形成关于自身美和丑、胖和瘦、能力一般和突出等方面的看法，即自我概念回答的是"我是谁"和"我是什么样的人"等问题。消费者的自我概念主要包括五种类型：第一，实际的自我概念，这是指消费者实际上如何看待自己；第二，理想的自我概念，这是指消费者希望自己如何看待自己；第三，社会的自我概念，这是指消费者所感知到的他人对自己的态度；第四，理想的社会自我概念，这是指消费者希望他人如何看待自己；第五，期待的自我概念，这是指消费者期望在将来如何看待自己，它是介于实际的自我概念与理想的自我概念之间的一种状态。

在自我概念的基础上，学者们又逐渐发展出多种理论：自我差异理论（self-discrepancy theory）——包括现实自我、理想自我和应该自我，个体基于三种自我间的差异不断成长改进；自我建构理论（self-construal theory）——以社会环境为根基，对人们如何看待自我与他人之间的关系进行划分，即西方文化背景下所强调的独立型自我建构（自我与他人的差异）和东方文化背景下所强调的依存性自我建构（自我与他人的联系）；调节定向理论（regulatory focus theory）——个体通过控制自己的思想或反应来不断向自己的目标靠近，主要体现为两种自我调节方式，即促进定向（与促进成功、实现成长相关）和预防定向（与防止损失、保证安全相关）。

基于这些理论可知，消费者在面对市场时，会有不同的消费行为。然而，自我概念具有一定程度的稳定性，能够有意无意地影响消费者的动机和行为，现有研究中已证明自我概念在长时间内保持一致性是个人身心健康和幸福感获得的重要保证。自我概念一致性能够促进消费者两种幸福感感知，包括享乐的幸福感和自我实现的幸福感，因此，消费者总是会选择那些与自我概念一致的产品或服务，避免选择那些与自我概念相违背的产品或服务。我们通过一个十分好理解的例子来说明。小明是一个男孩，如果让他穿着裙子、头发上戴着蝴蝶结去上课，他可能坐立难安，因为他无法接受穿戴是女孩和自我概念中认为自己是男孩之间的不一致。而如果小明是一个高大威猛热爱篮球的男孩子，当他穿着一身运动装去上课，他会感到自尊心得到

① Tai S. Tam J. A comparative study of Chinese consumers in Asian markets-a lifestyle analysis. Journal of International Consumer Marketing，1996，9（1）：25–42.

② Sirgy M J. Self-concept in consumer behavior：a critical review. Journal of Consumer Research，1982，9（3）：287–300.

满足，因为他感受到了自我概念一致带来的满足感和幸福感。这也是在现实中消费者总是会购买与自我概念相一致的产品的原因，一方面，产品是对消费者特性的映照；另一方面，消费者也会主动将自我概念投射于产品之上。这里我们需要特别强调的一点是奢侈品的购买。随着消费信贷的盛行，一些消费者往往会购买一些超出自己支付能力范围的产品，他们误以为该类产品的购买是自我概念的体现，然而实质上这是一种认知失调和自我感觉错位，这种不一致会使消费者在短暂的幸福感后有更大的压力感知和负担，故要充分理解"自我概念"这一术语，审视自我，理性消费。

（四）年龄

随着互联网和移动终端技术的发展，不同年龄层的消费者呈现出较为明显的代际特征。在中国经济表现更加稳健的形势下，新兴消费主力群体对品质和健康的诉求越来越明显。但是，性价比仍是消费者购物时的重要考虑因素，价格昂贵和独家专属不再是豪华品牌特有的标签。品牌争相传递价值观念，为消费者带来身份象征是当下消费主力群体的显著诉求。70 后、80 后、90 后已成为社会消费主力军，数字化消费促进消费诉求升级，这体现在性价比与品牌品质并重上。80 后、90 后的消费特点表现为引领消费新浪潮，追求时尚、个性、小众、原创，明星"种草"逐渐代替传统广告的销售职能。于是，偶像文化促使明星流量与广告流量相媲美。新代际的消费主力群体除了需要品牌满足其基本的产品诉求外，更需要品牌充当潮流引领者，甚至体现品牌的偶像职能。

70 后（生于 1970—1979 年）出生于经济建设起步期，家庭观念极强，在当下开始关注自己的健康，正处于事业丰收期和家庭稳定期，孩子已成年，无过大的压力，生活品质显著提高，具有较强的消费实力，往往注重实用，信任国货，是相对务实的数字化消费者。70 后消费新特征如图 5－1 所示。

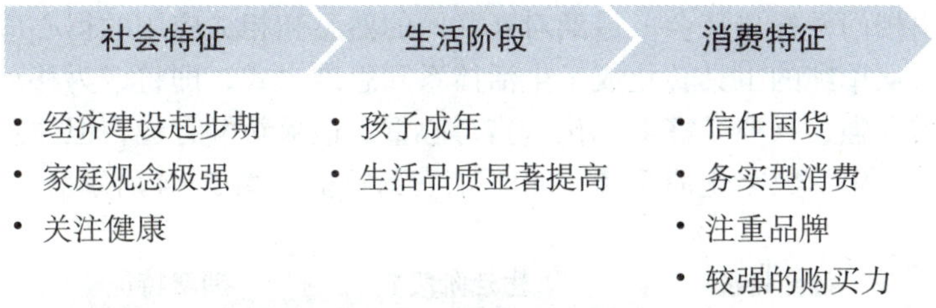

图 5－1　70 后消费新特征

资料来源：C 位出道蓝攻略：新时代内容营销指南．(2018-11-22)．http://www.199it.com/archives/798554.html.

80 后（生于 1980—1989 年）出生于经济繁荣期，是社会与经济结构调整的顺应者，是首批独生子女，经历了社会经济向互联网时代迈进的阶段，属于"数字移民"（digital immigrants）的一代。目前，80 后基本上进入抚育子女阶段，他们具有较大的生活压力，但没有放弃对生活品质的追求。他们是社会消费的中坚力量，是注重品质与价值的精神消费主义奉行者。他们追求海外名牌，是时代潮流的引领者，由于有丰富的经验和较强的实力，他们往往成为购物者中的意见领袖，是享乐型数字化消费者。80 后消费新特征如图 5－2 所示。

90 后（生于 1990—1999 年）出生于经济稳定腾飞期，是经济与互联网快速发展背景下的新一代，也是"数字移民"的一代，只不过比 80 后接触互联网的年龄要早，经历的变化较多、较快，是第二代独生子女，他们大多享有优越的生活条件，接受过良好的高等教育。当下，他们初入职场，开始为结婚做准备，是生活在数字化媒体时代并逐渐发挥社会影响力的潜力股。

社会特征	生活阶段	消费特征
• 经济繁荣期 • 首批独生子女 • 移动互联网时代	• 抚育子女 • 生活压力与追求生活品质共存	• 追求海外名牌 • 享乐型数字化消费 • 时代潮流引领者 • 意见领袖

图 5－2　80 后消费新特征

资料来源：C 位出道蓝攻略：新时代内容营销指南．（2018–11–22）．http://www.199it.com/archives/798554.html.

他们的品牌观念开始淡化，更加追求刺激，喜欢用高科技武装自己，是注重性价比和兴趣消费的娱乐型数字化消费者。90 后消费新特征如图 5－3 所示。

社会特征	生活阶段	消费特征
• 经济稳定腾飞期 • 高等教育 • 数字化媒体时代	• 生育子女 • 事业上升期	• 娱乐型数字化消费 • 高科技 • 追求刺激

图 5－3　90 后消费新特征

资料来源：C 位出道蓝攻略：新时代内容营销指南．（2018–11–22）．http://www.199it.com/archives/798554.html.

00 后（生于 2000—2009 年）出生于中国经济增长速度最快的时代。在 00 后的成长历程中，中国加入了 WTO，并逐渐成为世界第二大经济体。而且，互联网蓬勃发展，社交化网络逐步兴起，移动互联网和自媒体出现并崛起，呈现出潮流化、泛大众化的态势。同时，他们的父母中，88% 以上至少有一位获本科以上学历。迄今为止，00 后中的大部人仍处于学生时代，也有一些刚刚迈出校门并投身社会。借助对互联网的熟悉和相关应用的得心应手，他们将移动网络以及数字设备从单纯的工具转化成了生活体系和思维方式，即将成为移动互联网消费的主力军。他们社交需求强、兴趣爱好多元化、猎奇心重、追求新鲜有趣，但注意力相对缺乏，是注重个性、社交和娱乐的数字化消费者。00 后消费新特征如图 5－4 所示。

社会特征	生活阶段	消费特征
• 经济增长速度最快期 • 社交化网络兴起	• 初入职场 • 处于学习阶段	• 社交需求高 • 注重个性

图 5－4　00 后消费新特征

资料来源：红杉发布 00 后泛娱乐消费报告．https://www.sequoiacap.com/china/article/report/；00 后的媒体消费观：娱乐＋移动＋社交＋数字．（2020–09–18）．https://www.docin.com/p-2458021329.html.

四、心理因素

心理因素涉及的内容有动机、感觉和知觉、学习等。

（一）动机

1918 年，伍德沃斯（Woodworth）率先将动机（motivation）这一概念引入心理学领域，他将动机视为决定人的行为的内在动力。根据霍金斯等（Hawkins et al.，1988）的观点，动机是行为发生的理由。[①] 动机是一种构念（construct），代表的是一种表面上观察不到的内在力量，正是这种力量刺激和支配着行为反应，并决定了行为反应的具体发展方向。[②] 一般来说，消费者的购买动机直接导致具体的购买行为，动机是由需要引起的。因此，在消费者购买行为的产生过程中，需要和动机同时起着十分重要的作用。消费者的需要、动机和行为的关系如图 5－5 所示。

图 5－5 需要、动机和行为的关系

具体来说，消费者的购买动机与购买行为的关系有五种类型。

（1）求实动机与购买行为。求实动机是指消费者侧重追求所购商品或服务使用价值的购买动机。受这种动机支配，消费者重视商品的质量和效能，要求物有所值。相对而言，他们对商品的外观、颜色、款式及代表的个性等不是特别看重。

（2）求新动机与购买行为。求新动机是指消费者侧重追求所购商品或服务的时尚性、新颖性及奇特性的购买动机。受这种动机支配，消费者比较重视商品的款式、颜色、外观及时尚性、奇特性与新颖性。相对来说，他们对适用性和价格等因素的考虑较少。

（3）求名动机与购买行为。求名动机是指消费者侧重追求所购商品或服务的品牌与档次以显示其身份和地位的购买动机。受这种动机支配，消费者比较重视商品的品牌和档次，对其他因素的关注较少。一项关于中国奢侈品消费的实证研究表明，中国奢侈品消费动机中存在属于社会导向的炫耀性动机与属于个人导向的追求品质动机、享乐主义动机与自我礼物动机等四个动机，与发达国家消费者的消费动机相同。[③]

（4）求廉动机与购买行为。求廉动机是指消费者侧重追求所购商品或服务的低廉价格的购买动机。受这种动机支配，消费者非常注重商品价格，宁愿多花一些体力和精力来多方了解和比较商品的价格差异，积极参与商家的降价、折让和折扣等促销活动，从而选择价格最便宜的商品或服务。相对而言，具有求廉动机的消费者对商品的品种、款式、包装、品牌及档次等不是很关注。

（5）求易动机与购买行为。求易动机是指消费者侧重追求购买商品和使用商品过程中的省时和便利等的购买动机。受这种动机支配，消费者非常注重购买商品所需的时间及效率等，对商品本身则不会很挑剔。

（二）感觉和知觉

从心理学角度来看，感觉是指人脑对当前直接作用于感觉器官的客观事物的个别属性的反映，知觉是指人脑对直接作用于感觉器官的客观事物的各个部分及属性的整体反映。换言之，感觉反映了客观事物的个别属性，而知觉则对感觉所反映的各种属性按其相互联系加以整合，形成对事物的完整映像。例如，消费者的不同感觉器官分别对面粉的色泽、味道、口感及触感等属性产生感觉，而知觉则会对这些感觉信息进行综合，加上经验的介入，最终形成对面粉的完整映像。

---

① Hawkins D I，Best R J，Coney K A. Consumer behavior：implications for marketing strategy. Business Publications，1988：134.

② 姚山季，张立，王永贵. 消费者行为学. 天津：南开大学出版社，2009.

③ 郭姵君，苏勇. 中国奢侈品消费行为实证研究. 管理评论，2007（9）：8-15，63.

消费者的感觉不仅是其意识与心理活动的重要依据，而且是认识过程的起点。只有在通过感觉获取大量信息的基础上，高级和复杂的消费者购买活动和心理活动才会产生和发展。1954 年，加拿大麦吉尔大学的心理学家赫布（D.O. Hebb）和贝克斯顿（W.H.Bexton）等的经典实验——“感觉剥夺”实验，充分证明了感觉的重要性。这个实验说明感觉的丧失会影响人的认知过程、情绪过程和意志过程，进而导致人的心理紊乱和病态。因此，商品的色泽、形状、气味及声音等感觉映像必然会对消费者购买行为的意志过程产生一定影响。另外，消费者知觉的性质包括整体性和选择性两个方面。前者是指知觉可以全面反映事物的整体映像；后者是指知觉对外来刺激进行有选择的反映，包括选择性注意、选择性扭曲和选择性保留三种形式。选择性注意是指面对外界的大量刺激，人们的知觉只能对其中部分刺激的某些方面做出反应。选择性扭曲是指人们倾向于将某些信息加以扭曲以符合自己的意向。选择性保留是指人们倾向于保留那些与自己的信念和态度一致的信息。因此，就消费者的知觉来说，选择性属性必然使得消费者购买行为发生在选择性注意和选择性保留的基础之上。在数字媒体时代，由于消费者倾向于使用网络购买产品，因此如何通过图片、短视频、直播以及沟通来强化消费者的感觉和知觉就成为企业必须考虑的因素。

（三）学习

学习是指在社会生活中，个体因经验而产生的行为或者行为潜能的比较持久的变化。通过学习活动，消费者可以形成对某种产品或服务的信念和态度，并影响自身的购后评价。关于消费者学习的理论主要包括以下四类。

1. 经典条件反射理论

这一理论由生理学家伊万·巴甫洛夫（Ivan Pavlov）提出。[①] 经典条件反射理论认为，借助某种刺激与某个反应之间的已有联系，经由练习可以建立起另一种中性刺激与相同反应之间的联系。经典条件反射下的消费者学习如图 5－6 所示。根据该图，海上日出（无条件刺激）总是能够引发人们蓬勃向上的正面情感（无条件反射）。如果某品牌饮料（条件刺激）的广告背景是一幅海上日出的画面，而且二者总是同时出现，则该品牌饮料也能引发蓬勃向上的正面情感（无条件反射）。

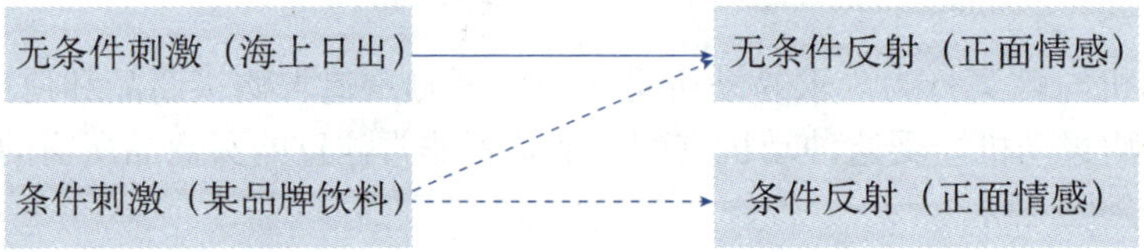

图 5－6　经典条件反射下的消费者学习

资料来源：龚振，荣晓华，刘志超．消费者行为学．大连：东北财经大学出版社，2002.

2. 操作性条件反射理论

该理论由心理学家斯金纳（B.F. Skinner）提出。[②] 操作性条件反射理论认为，学习是一种反应概率的变化，而强化则是提高反应概率的手段。一旦某个操作或者自发反应出现，若存在强化物或强化刺激，该反应出现的概率就会提高；对于经由条件作用强化的反应，如果出现后不再有强化刺激，该反应出现的概率就会降低，直至不再出现。操作性条件反射下的消费者学习如图 5－7 所示。根据该图，啤酒生产企业在市中心的繁华地段让消费者免费试饮啤酒，如

---

① Pavlov I P. Conditioned reflexes：an investigation of the physiological activity of the cerebral cortex. London：Oxford University Press，1927.

② 王辉．行为改变技术．南京：南京大学出版社，2006.

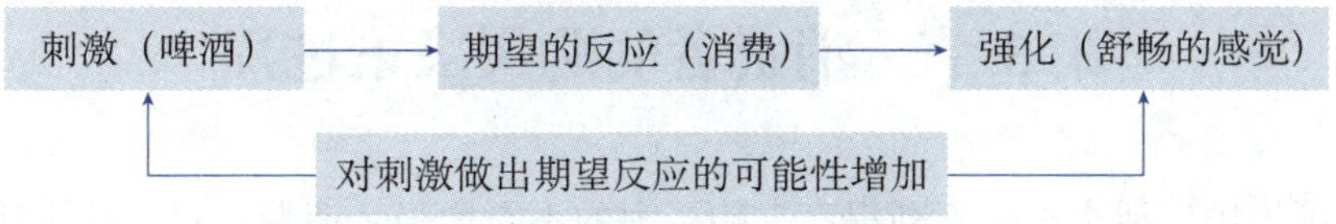

图 5－7 操作性条件反射下的消费者学习

资料来源：龚振，荣晓华，刘志超．消费者行为学．大连：东北财经大学出版社，2002.

果他们试饮后感到满意，随后购买的可能性就较大。

3. 认知学习理论

认知学习理论强调诸如思维、联想、推理等心理活动在解决问题和适应环境中的作用，认为学习并不是在外界环境支配下被动地形成刺激与反应之间的联结，而是主动地在头脑中构造定型和形成认知结构。[①] 学习是一个新旧知识同化的过程，换言之，学习主体在学习过程中将新信息归入已有的相关认知结构，或是在吸收新信息后，使原有的认知结构发生某种改变，而这种认知结构又在很大程度上支配着人的预期与行为。

4. 社会学习理论

社会学习理论又叫观察学习理论，主要由美国心理学家班杜拉（A.Bandura）倡导。[②] 班杜拉认为，人的许多行为是通过观察学习获得的。所谓观察学习或替代学习，是指经由对他人的行为及其强化性结果的观察，观察者获得某些新的反应，或使现有的行为反应得到矫正，同时在此过程中观察者并没有外显性的操作示范反应。通常，观察学习不依赖直接强化且不同于模仿。

总体来看，学习对消费者购买行为的影响可以在图 5－8 中得到反映。

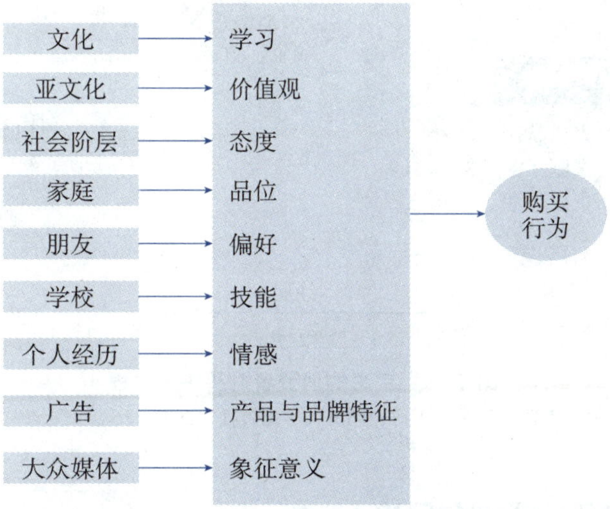

图 5－8 学习对消费者购买行为的影响

资料来源：霍金斯，贝斯特，科尼．消费者行为学：原书第 8 版．符国群，等译．北京：机械工业出版社，2003.

通过学习，消费者可以获得绝大部分的态度、价值观、品位、偏好、象征意义等，学校、家庭等社会组织及文化和社会阶层等可以为消费者提供各种学习体验，而这些体验又极大地影响着消费者的生活方式与消费行为。除了上述因素之外，消费者的技能、情感、产品与品牌特征等因素也可能会对消费者的购买行为产生一定的影响。

---

① 莫雷．论学习理论．教育研究，1996（6）．

② 林崇德．发展心理学．2 版．北京：人民教育出版社，2009.

第 3 节 消费者的购买决策过程

随着我国人民生活水平的不断提高、购买力的不断增强，消费者对美好生活的向往日益增强，反映在购买决策中就是对产品和服务的品质和要求不断提升。此外，受互联网、电子商务、新媒体和新技术等因素的影响，消费者的购买行为也呈现出明显的代际差异、线上线下差异和技术依赖差异等。然而，无论如何变化，消费者的购买心理和想法必然通过最终的购买决策来体现。消费者的购买决策是一个系统过程，由单个购买的各个阶段所组成。因此，有必要围绕消费者在每个购买阶段的购买行为进行数据的收集、分析和引导，以便更准确地把握消费者的深层次需求，帮助消费者做出最优决策，进而实现企业的自身目标。广义的消费者购买决策过程如图 5－9 所示。

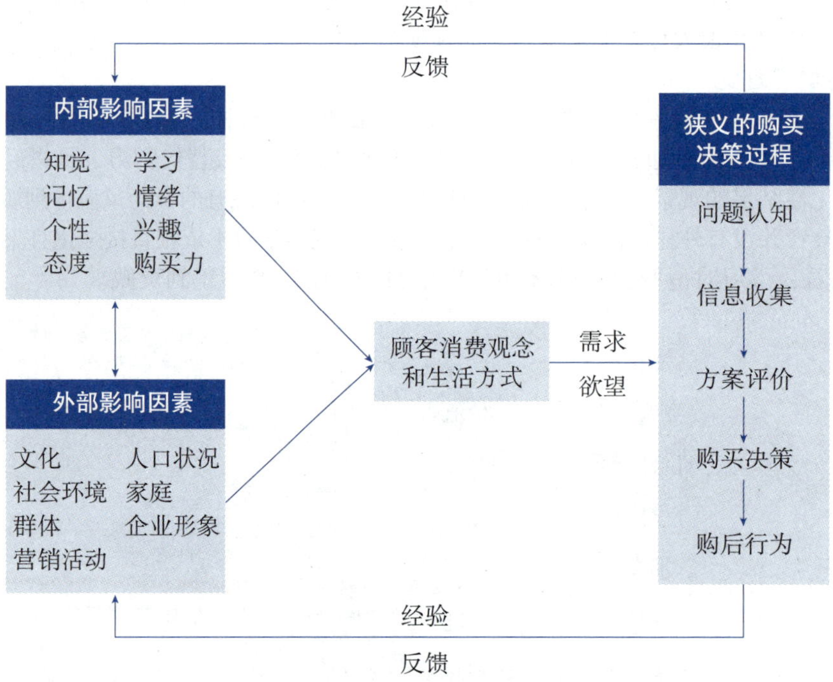

图 5－9 广义的消费者购买决策过程

资料来源：顾文钧．顾客消费心理学．上海：同济大学出版社，2002.

一、消费者购买决策的类型与风格

通常来说，消费者购买决策是指消费者为了满足某种需求，在一定购买动机的支配下，在两个或两个以上可供选择的购买方案中进行分析、评价、选择及表达购后感受的活动过程。[①] 消费者的购买决策具有目的性、过程性、复杂性以及情景性等特点。

（一）消费者购买决策的类型

根据消费者在购买决策过程中的涉入程度，可以将购买决策划分为扩展型决策（extended

① 姚山季，张立，王永贵．消费者行为学．天津：南开大学出版社，2009.

decision making)、有限型决策（limited decision making）及名义型决策（nominal decision making）三种类型。具体而言，扩展型决策是指消费者在对某类产品及其品牌不熟悉，没有建立相应的产品与品牌评价标准，更没有限定所购产品品牌的条件下做出的购买决策。扩展型决策较为复杂，消费者的涉入程度较高。有限型决策是指消费者在对某类产品及其品牌有一定的了解，已经建立一定的产品与品牌评价标准，但没有形成特定品牌偏好的情况下做出的购买决策。在有限型决策条件下，消费者的涉入程度不是很高，他们需要进一步搜集相关信息，以便在不同产品或品牌之间做出较为满意的选择。当消费者需要购买某种产品时，经过信息搜集，他们的脑海里会马上浮现出某个偏爱的产品或品牌以及对其优点、缺点和特性的评论，随即选择和购买该产品或品牌，这就是名义型决策。名义型决策实际上并未涉及决策，因而消费者在这种决策中的涉入程度很低。[①]

（二）消费者购买决策的风格

消费者购买决策的风格是指可以描述消费者选择方式的心理取向。[②] 实际上，购买决策风格是消费者的一种基本个性，类似于心理学中的人格概念。因此，相对来说，消费者购买决策风格比较稳定，并且与消费者某种特定的基本需求相联系。通过对消费者购买决策风格的研究，不仅可以发现消费者购买选择的心理倾向，而且可以准确地预测消费者的购买行为。一般认为，最早对消费者购买决策的风格进行研究的是美国学者斯通（Stone），他发现消费者购买决策的风格可以分为经济型、人格型、道德型和冷漠型四种。[③] 斯普罗尔斯和肯德尔（Sproles & Kendall）则将消费者购买决策风格分为八种类型：追求完美型、品牌导向型、追求创新和时尚型、追求乐趣型、价格导向型、冲动型、眼花缭乱型以及习惯性购买和品牌忠诚型。他们还设计出消费者购物决策风格量表（consumer decision-making style inventory）。[④] 在我国，刘超等首次将该量表用于对中国老年消费者购物决策风格的研究，并指出我国老年消费者购物决策风格主要具有品牌意识、娱乐享乐意识以及追求完美的品质意识等特点，这与传统意义上中国老年人比较保守的消费者形象相去甚远。[⑤]

二、消费者购买决策模型

行为决策理论（behavioral decision theory）是市场营销领域几十年来最活跃的学术研究领域之一，众多相关研究表明，消费者并不总是理性的，他们会基于不同的决策环境做出不同的消费决策，因此了解消费者行为及消费者进行决策时所处的外部环境是十分必要的。于是，学术界不断对消费者决策行为的前因后果及其决策时所处的环境因素进行研究，发现尽管消费者不同的购买决策类型使其决策过程呈现出一定的差异性，但是消费者购买决策的具体过程具有共性，因而学者们基于自己的研究提出了各自的消费者决策模型（decision-making model），具体总结如表 5 - 7 所示。

---

① 符国群．消费者行为学．北京：高等教育出版社，2001.

② Sproles G B. Kendall E L. A methodology for profiling consumers' decision-making styles. The Journal of Consumer Affairs，1986，20（2）：267–279.

③ Stone G P. City shoppers and urban identification：observations on the social psychology of city life. American Journal of Sociology，1954，60（1）：36–45.

④ 同③.

⑤ 刘超，卢泰宏，宋梅．中国老年消费者购物决策风格的实证研究．商业经济与管理，2007（2）：58–62，68.

表 5-7　消费者决策模型

模型名称	作者	模型简要描述
西蒙模型（Simon model）	Simon H，1960	该模型将决策过程概念化为三个阶段的活动：智力活动、设计活动和选择活动。Simon 认为决策是一种可以进行分割的简单的、连续的认知过程
尼科西亚模型（Nicosia model）	Nicosia F M，1966	该模型重点强调品牌和消费者之间的沟通过程
EKB 模型（Engel，Kollat & Blackwell model）	Engel J F，Kollat D T，& Blackwell R D，1968	该消费者模型的决策过程由以下部分组成：信息输入、信息处理、做出决策和影响决策过程的变量。决策过程包括五个阶段：需求识别、信息搜寻、方案评估、购买决策、结果
购买行为理论（theory of buyer behavior）	Sheth J N & Howard J A，1969	该理论解释了一段时期内个人的购买行为，尤其强调购买者的品牌选择行为。识别了消费者决策过程的要素（一组动机；几个可选的行动；动机与可选择行动之间的匹配）；展示了决策元素的组合如何影响搜索过程以及对来自买方商业和社会环境的信息的整合。该模型提出了消费者决策的三个层次：广泛问题解决、有限问题解决和习惯性反应行为
有关消费者行为与产品绩效的另类概念化模型（an alternative conceptualization for consumer behavior and product performance）	Narayana C L & Markin R J，1975	通过描述术语“唤起集”来解释消费者行为，将所有可能属于消费者“意识集”、惰性和不恰当集的品牌包括在内并进行分类。当面对多个品牌时，为可能的消费者行为提出了一个概念框架
明茨伯格模型（Mintzberg model）	Mintzberg H，Raisinghani D & Theoret A，1976	该模型的关键前提是有一个基本结构位于这些“非结构化”过程之下
基尼的四阶段决策模型（Keeney's four-stage decision-making model）	Keeney R L，1982	这个四阶段模型采用了分阶段的方法：结构化决策问题（产生备选方案和指定目标），评估每个备选方案可能产生的影响，确定决策者的偏好（价值），评估和比较备选方案。这个模型描述了每个阶段预期的复杂性
R&H 模型（Rassuli & Harrell model）	Rassuli K M & Harrell G D，1990	这里提出的观点是，选择和购买可以被视为过程的输入，而不仅仅是消费者决策努力的最终结果。通过这种方式，用户可以识别来自其他消费者行为变量的反馈
SNG 模型（Sheth，Newman & gross model）	Sheth J N，Newman B I & Gross B L，1991	该模型提出了影响消费者选择行为的五种消费价值：功能价值、社会价值、条件价值、情感价值和认知价值。五种消费价值可能同时或单独对消费者决策产生影响
S&R 模型（Smith & Rupp's model）	Smith A & Rupp W，2003	该模型是一种基于互联网的模型，它考虑了网站营销、社会文化环境和心理问题对在线消费者任务的外部影响，以及后续导致的购买和购后行为

续表

模型名称	作者	模型简要描述
营销螺旋模型（the marketing spiral）	Armano D，2007	消费者行为就像一个螺旋，它始于互动，而非交流。随着消费者参与程度的提高，这种螺旋效应会进一步放大
麦肯锡的消费者决策旅程动态模型（McKinsey's dynamic model of the consumer decision journey）	Court D，Elzinga D，Mulder S & Vetnik O J，2009	该模型比顺序模型更具有循环性，有四个主要阶段：开始考虑；主动评估，当处于潜在购买阶段时；结束，当消费者购买品牌时；购买后，当消费者体验它们时

资料来源：Stankevich A. Explaining the consumer decision-making process：critical literature review. Journal of International Business Research and Marketing，2017，2（6）：7-14.

目前，学界较认可、普遍使用的是消费者购买决策过程的五阶段模型（five-stage model of the consumer buying process），如图 5－10 所示。

图 5－10　消费者购买决策过程的五阶段模型

（一）问题认知

问题认知是指消费者意识到理想状态与实际状态存在差距，需要采取进一步的行动。换言之，在该阶段，消费者明确知道自己需要的是什么。如前所述，只有在需要的作用下，消费者才可能产生购买动机和购买行为。因此，问题的认知和确定对整个购买决策过程意义重大。问题认知过程如图 5－11 所示。

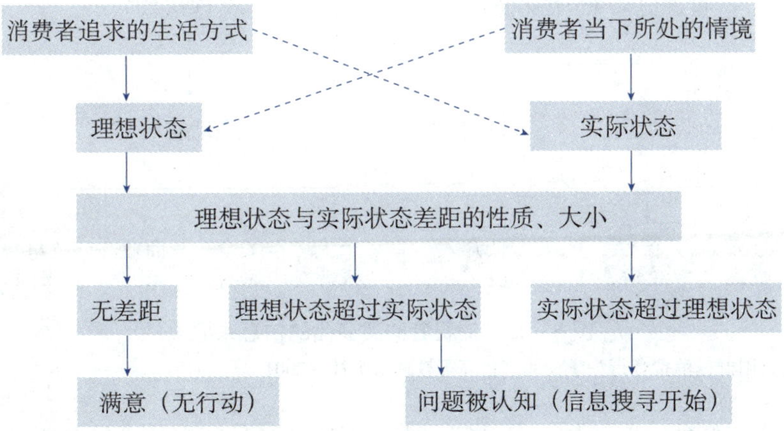

图 5－11　问题认知过程

资料来源：Hawkins D J，Best R J，Coney K A. Consumer behavior：building marketing strategy. Mc Graw-Hill，1998：503.

为更好地激发消费者进行问题认知，使他们找到自己真正需要的产品，企业及其营销人员应该做到两点：第一，深入了解自身产品真实和潜在的满足对象。在其他因素相同的条件下，如果某种产品可以更好地满足消费者多层次的需要，其被购买的可能性就更大。第二，了解时间推移及外界刺激变化的条件下，消费者需求波动的规律性，以便设计诱因、增强刺激、唤起需要，最终激发消费者的购买行为。在大数据技术不断发展的背景下，企业能够根据消费者的日常浏览及购物记录等数据信息对消费者的购买行为进行预测，从而针对不同消费者的个性及产品购买特点向消费者推送符合其问题认知的产品。但是，需要注意的是，技术的使用虽然能够同时为企业和消费者提供便利，使消费者享受更高品质的产品和服务过程，但技术具有两面性，企业必须以消费者的利益为中心，明确“我是谁、为了谁、依靠谁”来发展的问题。

（二）信息收集

1. 信息来源

在传统技术背景下，在信息收集阶段，消费者会通过内部信息和外部信息两种途径来收集与商品有关的信息。内部信息依赖于消费者的记忆来源，主要源自其既往消费经历；而外部信息依赖于消费者的主动获取，主要源自外部资源，如亲友推荐、广告、评论等。其中，记忆来源是指通过消费者过去的信息收集活动、个人经验及低介入度学习形成的信息。外部信息来源具体分为个人来源、大众来源、商业来源及经验来源。个人来源是指亲戚、朋友、同事及家人提供的信息来源。美国一家汽车调研公司调查发现，2/3 的新车购买者选择汽车的款式时主要受到周围人的影响。[①] 大众来源是指大众媒体、政府机构及消费者组织、网络在线平台等信息来源。商业来源是指广告、店内信息、宣传手册以及推销人员介绍等信息来源。经验来源是指消费者在购买商品过程中通过经验积累形成的信息来源，如图 5－12 所示。然而，卖方居于主导地位时，商业来源信息的不对称性较高、透明度较低；而大众来源的数量较少、权威性较低，导致消费者信息获取的质量及数量均受到一定限制。

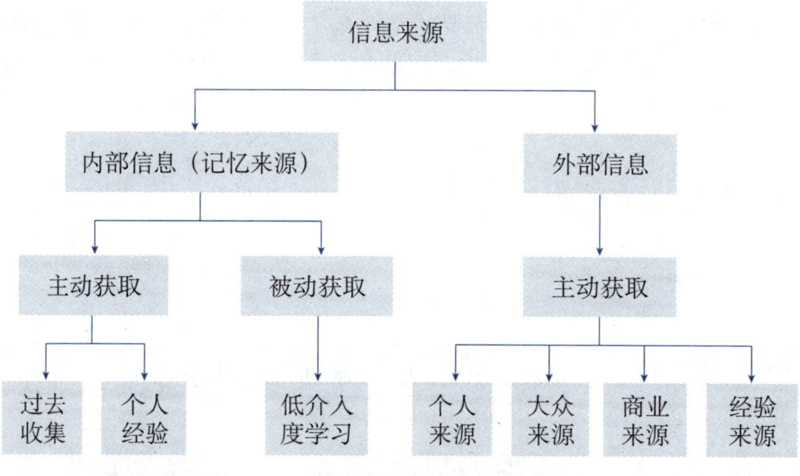

图 5－12　消费者购买商品的信息来源

资料来源：符国群．消费者行为学．北京：高等教育出版社，2001.

如今，在人工智能、区块链、云计算、大数据以及各种新兴技术等高速发展的今天，尽管消费者的信息收集途径依然取自上述五种信息来源，但比例侧重却发生了巨大的变化。一方面，从生产商、供应商的视角而言，其可以依靠面部识别、云计算、大数据等技术海量获取消费者结构化及非结构化数据（如天猫、京东等），并依据这些数据生成与消费者相关联的信息，从而“读懂”消费者，实现“想消费者之所想，急消费者之所急”，降低了消费者信息搜集的难度和成本；同时，还可以依据此类信息，挖掘消费者偏好，制定针对特定消费者的个性化广

① Engel J F，Blackwell R D，Miniard P W.Consumer behavior. 8th ed. FL：Dryden Press，1995：191.

告，增加广告内容的时效性及实效性。另一方面，从消费者视角而言，互联网和移动终端提高了信息搜集的时效性和便利性；社交媒体和在线评论降低了信息的不对称性，提高了透明度，增强了权威性（如大众点评、小红书等）。然而事物的发展往往具有两面性，在带来便利和高效的同时，技术的应用也不可避免地带来了一些负面效应。例如信息过载，不仅无法帮助消费者做出高效决策，还会导致时间成本、情绪成本的增加。再比如虚假评论，无论是消费者恶意评论还是商家花钱买好评，都会导致信息的扭曲或失真，从而形成恶性循环。

2. 信息收集的类型

按照信息来源，信息收集可分为两种类型，即内部信息收集与外部信息收集。内部信息收集是指消费者将过去存储在记忆中的有关产品和服务的信息提取出来用于解决当前的问题。外部信息收集是指消费者通过朋友、专业性服务公司或网络平台、在线评论等外部信息来源解决当前的问题。[①]

3. 企业及其营销人员的任务

企业及其营销人员的主要任务如下：

（1）在明确消费者信息来源的基础上，了解消费者最常使用的信息来源。一般来说，消费者经由商业来源获得的信息最多，经由经验来源获得的信息最少。

（2）了解影响信息来源作用的因素。这里仅以文化价值观的影响为例。我国消费者大多对商业营销信息来源不太信任，重视亲情、友情的人际关系模式使得他们更信任意见领袖，并依赖口头传播。通常，市场营销学中的意见领袖是指拥有更多更好的产品信息，为相关群体（如处于相同的社会阶层，具有相同爱好）所接受或信任并对他们的购买行为有较大影响的人。[②]在大众传播效果的形成过程中，意见领袖起着非常重要的中介作用，因此，意见领袖是消费者相关消费与决策信息的重要来源之一。

（3）设计合适的信息传播策略。除利用经常使用的商业来源传播信息之外，企业还应该设法利用和刺激大众来源、个人来源及经验来源等，可同时使用多种渠道来源，以增强信息传播的影响力和有效性，还可以利用大数据技术来分析和预测消费者行为，为消费者提供个性化的定制服务。

（三）方案评价

在方案评价阶段，消费者在品牌、质量、性能以及样式等方面对可能购买的产品进行评估，以选择自己需要的产品。一般来说，消费者评价的内容主要集中在以下几方面：

（1）产品属性。这是指能够满足消费者某种需要的产品特性。对消费者来说，他们总是希望选择那些可以满足自己实际需要的产品。（2）品牌信念。这是指消费者对某种品牌产品的属性和利益形成的最终认识。实际上，每种产品的品牌都有一定属性，消费者将自身对这些属性的评价综合起来就可得到关于该品牌优劣的看法，即形成对该品牌的信念。对于消费者而言，他们总是倾向于选择那些品牌信念较强的产品。（3）效用要求。这是指消费者认为某种产品属性的效用功能应达到何种标准。换言之，产品只有每种属性的效用功能达到某种标准，才会被接受和认可。进一步来说，消费者必然倾向于选择那些达到自己效用要求的产品。

必须指出的是，消费者的文化价值观对其购买方案的评估和选择会产生一定影响。例如，中国传统文化中对未来的不确定性的态度及集体主义倾向会对产品选择产生影响。第一，消费

① Bettman J R. An information processing theory of consumer choice. MA：Addison-Wesley，1979.

② 焦亮．基于组织购买过程变迁追踪关键意见领袖的研究．经济研究导刊，2010（21）．

者在评价标准和品牌选择上存在从众现象。例如，许多消费者乐于向亲戚、朋友或者同事等熟人打听产品信息，参考他人的评价标准，光顾熟人常去的商店，购买熟人推荐的产品。在大数据时代，这种现象表现为购买在线好评数多或口碑佳的产品，以及明星代言和网络红人推荐的产品。第二，消费者有强烈的名牌偏好。有些消费者特别偏好进口品牌或著名品牌，以此显示自己的社会地位或适应流行时尚；有些消费者则倾向于选择知名度较高的强势品牌，以与他人保持一致。第三，消费者有严重的原产地偏见。某些崇洋或者强调社会身份地位的消费者不仅偏好进口品牌，还根据不同的原产地进行品牌价值评判。

（四）购买决策

在该阶段，消费者做出购买具体产品的决定。在问题认知、信息收集及方案评价的基础上，消费者会形成对某品牌或产品的购买意向。即使在购买意向形成后，消费者也不会立刻采取行动，因为他们极有可能会思考到哪个商店购买、怎样筹集资金、何时购买及购买多少等问题。也就是说，形成购买意向与采取购买行为之间存在时滞。通常，有三类因素影响消费者购买意向形成之后的最终购买行为（见图 5－13）。

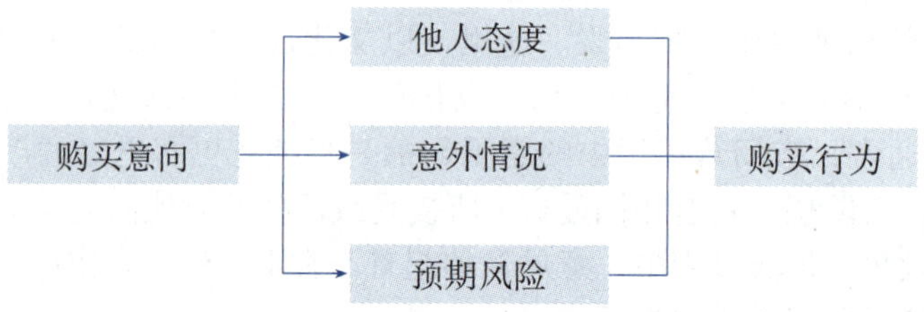

图 5－13　消费者最终购买的影响因素

资料来源：符国群．消费者行为学．北京：高等教育出版社，2001.

（1）他人态度。即使消费者具有强烈的购买意愿，他人的态度，尤其是重要人物（如家人、同事及朋友等）的意见，也会对消费者的购买有很高的参考价值，这直接影响消费者是否会做出最终的购买决策。他人态度对消费者决策的影响取决于三方面的具体情况：首先，他人与消费者的亲密程度；其次，他人在购买具体产品上的权威性与可信性；最后，他人对候选品牌的肯定与否定意向。

（2）意外情况。我们可以从两个方面来理解意外情况对具体购买决策的影响。首先，当商家开展力度较大的促销活动、推出新产品或者采取其他意想不到的营销手段时，会使消费者的购买意向发生较大改变；其次，当消费者的收入发生重大变化、身体不适或出现其他意想不到的家庭变故时，也会影响消费者最终购买决策的做出。

（3）预期风险。通常，消费者购买具体的商品时，预期的购买风险越大，购买的疑虑就越多。在这种情况下，消费者做出消费决策时较为谨慎，进行最终购买的可能性将大大降低。

（五）购后行为

在使用产品之后，消费者会产生对产品及其品牌满意或不满意的评价。此时，消费者表现出来的就是购后行为。满意和不满意都是主观状态，是消费者对产品或服务的期望水平与使用产品或服务的实际水平的比较结果。消费者满意与不满意的形成过程如图 5－14 所示。

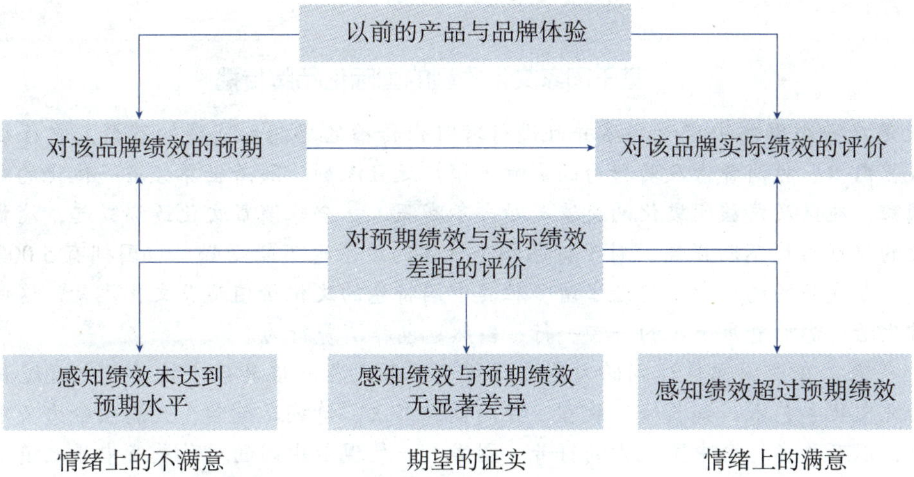

图 5-14　消费者满意与不满意的形成过程

资料来源：Woodruff R D，Cadotte E R，Jenkins R L. Modeling consumer satisfaction process using experience-based norms. Journal of Marketing Research，1983，20（3）：297.

1. 顾客满意的结果

（1）产生品牌忠诚。品牌忠诚是指消费者对某品牌有独特偏好并重复选择它的倾向。我们可以从五个方面来理解品牌忠诚：第一，品牌忠诚是一种非随意性的购买行为反应，偶然地连续选择某品牌不能视为品牌忠诚。第二，品牌忠诚是消费者长时间对某品牌表现出的强烈偏好，消费者将这种偏好转化为购买行为或购买努力。单纯口头上的偏好表示不能作为确定品牌忠诚的依据。第三，品牌忠诚是个人或家庭等决策单位的行为。第四，品牌忠诚可能只涉及消费者选择域中的一个品牌，也可能涉及两个或两个以上的品牌。第五，品牌忠诚是决策和评价等心理活动的结果。①

（2）产生重复购买。重复购买可以分为两种类型：习惯型重复购买与忠诚型重复购买。习惯型重复购买是指因习惯形成的重复购买。例如，消费者由于某种产品最便宜而产生的重复购买就属于这种情况。忠诚型重复购买则是指消费者对某种产品或品牌产生特别偏好，甚至形成情感依赖，从而在相当长的时期内重复选择该产品或品牌的行为。显然，对企业而言，忠诚型重复购买比习惯型重复购买更有利可图。

（3）产生积极的口碑传播。口碑传播是指具有感知信息的非商业传播者和接收者关于一个产品、品牌、组织和服务的非正式的人际传播。消费者购买产品后，无论是由于商家采取了某些激励措施，还是出于寻求认同，抑或是单纯出于对产品的反馈，往往都会通过在线评论的方式表达产品使用感受。消费者对产品的价值感到满意时，倾向于对产品进行积极的评价，并对其满意的感受进行详尽的描述，从而使企业从消费者的评价中受益。

2. 顾客不满意的行为

消费者对某种产品或服务不满，尤其是该产品或服务存在明显问题时，他们可能会采取如下行为中的一种：第一，自认倒霉，不表现出任何抱怨行为。第二，采取私下行动。例如，将自己的不满告诉别人或不再购买该产品等，这在互联网时代表现为负面的口碑传播。第三，向商家、制造商或售后部门抱怨，要求给予相应补偿。第四，请求第三方的介入。例如，向新闻媒体或行业协会说明自己的感受并请求其介入。

---

① Jacoby J，Kyner D B. Brand loyalty versus repeat purchasing behavior. Journal of Marketing Research，1973，10（1）：1-9.

案例

基于国家文化原型的国际化品牌传播

文化是在一个群体中广泛共享并且进行跨时代传播的思想和实践的荟聚，它往往根植于每一个成员内心，对消费者及其行为的影响可谓广泛且深刻。随着世界经济一体化的趋势不断加强，国家、地区及民族间文化的交流与融合不断深入，全球消费文化逐渐兴起，消费者对于多元文化的接纳程度不断提高，对于特色和个性化的追求也不断增强。中国拥有5 000多年的悠久历史，在发展的过程中，塑造了诸多独具中国特色的文化价值观及文化元素，这些价值观融入日常生活，影响着每个人的一言一行，当然也包括消费行为。

几千年来，在中国幅员辽阔的大地上，留下了各式各样极具代表性的历史遗迹和极具标志性的传统文化和艺术，如长城、故宫、兵马俑、书法、诗词及美食，充满生命力又不失沉稳的中国红，以及许多饱含中国元素的符号、图案——展现着中国的对称美及中庸之道。当代中国是动与静的交织，是历史与现代的糅合。鸟巢、水立方等地标性建筑，成都、西安等地高速发展体现国人精神面貌的宣传片，以及代表新时代中国人生活方式的高铁、移动支付等现代工具，均无声地呈现着中国文化原型的历史底蕴、文化内涵、现代气息及中国魅力。品牌在国际市场中对中国文化原型的应用，是吸引全球消费者目光、获得文化情感认同、提升来源国形象感知、促进品牌国际化传播的重要方式。

具体来说，国家文化原型主要抽取自物质领域及象征领域。其中，物质领域主要包括日常生活元素，如美食、自然风光、地标性建筑等；象征领域指同一文化群体成员所共享的超越实用性功能的某类文化象征符号，如长城、兵马俑等。它们与文化类属搭配（单文化元素——企业在品牌、产品或营销的过程中只使用了一种文化的象征或符号；多文化元素——企业在品牌、产品或营销的过程中使用了两种及以上文化的象征或符号），构成了四种不同的文化元素组合策略，如图5-15所示。

	单文化元素	多文化元素
物质领域	工具性审美策略	差异化表现策略
象征领域	目标消费者认同策略	全球性共识意义获取策略

图5-15　文化元素组合策略

（1）工具性审美策略。将中国文化的“形”应用于产品表征，包括中国文字、美食、地标性建筑等，可以文字或图案的方式呈现，通过产品独特性达到引起国际消费者注意，使其对产品形成初步认识再到形成偏爱，进而影响消费者的目的。适用于企业国际化宣传的早期阶段。

（2）差异化表现策略。结合来源国和东道国两种及以上元素进行混搭，以提供参照系的方式形成对比，暗示消费者可能产生不同的体验感受，从而影响消费者行为。在这个过程中两种文化同时存在，各自保留基本特征，却又相互作用。适用于企业国际化宣传的中后期阶段。

（3）目标消费者认同策略。以中国传统的文化价值观或是具有代表性的人物为原型，附着于品牌之上与消费者产生互动，从而引起消费者的共鸣或偏爱。该策略旨在展示品牌的文化价值观，因而要与目标群体价值相匹配。适用于企业国际化宣传的早期阶段。

（4）全球性共识意义获取策略。这种策略通过挖掘、植入、嫁接某种文化元素，使品牌价值观和全球性共识的意义相契合。这种文化元素组合能够与消费者的情感、价值观等相吻合，从而影响消费者的行为。适用于企业国际化宣传的成熟阶段。

资料来源：刘英为，汪涛，聂春艳，等. 如何应用国家文化原型实现品牌的国际化传播——基于中国品牌海外社交媒体广告的多案例研究. 管理世界，2020，36（1）：88-104，236.

本章小结

本章首先分析了消费者市场的需求特点和购买对象，然后具体论述了影响消费者购买行为的主要因素：文化因素（文化价值观、亚文化、社会阶层）、社会因素（参照群体、家庭、社会角色）、个人因素（个性、生活方式、自我概念、年龄）、心理因素（动机、感觉和知觉、学习）。最后，在论述消费者购买决策的类型和风格的基础上，分析了消费者购买决策的具体过程：问题认知、信息收集、方案评价、购买决策及购后行为。

思考与练习

1. 消费者市场的需求特点有哪些？对于这些特点，企业应该如何应对？
2. 影响消费者购买行为的文化因素有哪些？企业应该采取怎样的营销策略？
3. 影响消费者购买行为的社会因素有哪些？企业应该采取怎样的营销策略？
4. 影响消费者购买行为的个人因素有哪些？企业应该采取怎样的营销策略？
5. 影响消费者购买行为的心理因素有哪些？企业应该采取怎样的营销策略？
6. 消费者购买决策的具体过程包括哪五个阶段？

基本概念　第5章

延伸阅读　第5章

第6章

组织市场及其购买行为

本章要点

组织市场是与消费者市场相对应的一种市场形式，主要包括营利性企业、政府部门与事业机构（如医院、学校）。具体来说，组织购买行为的类型有全新购买、直接重购和更换重购。组织购买行为是一个系统过程，主要包括确定需求、收集信息和筛选供应商、分析供应商、选择供应商、交易评估和信息反馈五个阶段。组织购买行为会受到经济因素、技术因素、政治法律因素、社会文化因素、组织因素、团体因素及个人因素等的影响和制约。

学习目标

- 了解组织市场的概念。
- 了解组织购买行为的类型和过程。
- 熟悉影响组织购买行为的因素。
- 熟悉和掌握营利性企业的购买行为。
- 熟悉和掌握政府部门的购买行为。
- 熟悉和掌握事业机构的购买行为。

第1节　组织市场概述

在购买活动中，除了有消费者的参与，还有企业、社会团体及政府机构等组织的参与。换言之，与消费者市场相对应，还存在着组织市场。事实上，即使是宝洁、华为等主要为最终消费者服务的企业，其产品也不仅出现在消费品市场上，还出现在组织市场上。组织市场稳定有序健康发展，是社会主义市场经济不断向好的重要组成部分。在当前全面建成小康社会、脱贫攻坚取得巨大胜利的时代背景下，组织市场也需要顺应时代发展的潮流，遵循社会主义市场经济发展规律，以保障和改善民生为出发点组织安排生产，使企业发展朝增进人民福祉、促进人的全面发展和推进全社会共同富裕的方向前进，确保任何发展都不能以牺牲人的健康和生命为代价，以便走得更远，实现基业长青。

一、组织市场的概念

组织市场是一个与消费者市场相对应的概念。简单来说，组织市场是组织客户获取商品和服务的场所，其中，组织客户包括为生产、消费和加工而购买产品和服务的所有机构。按照是否营利划分，可分为营利性组织和非营利性组织；按照性质划分，可分为工商企业、政府部门和事业机构（如医院、学校）等。组织市场顾客的特点在于其进行购买活动的目的不是直接满足个人的消费需求，而是满足组织自身生产经营和提供服务的需要。组织市场与消费者市场的区别主要表现在五个方面：（1）在组织市场中，产品通常具有很明显的专业技术特征，如大型挖掘机或者机器加工设备。（2）在组织市场中，需求的价格弹性较小。（3）组织市场中的买者是组织，购买产品的种类通常较少，但一次的购买量可能很大。（4）在组织市场中，购买者往往直接从生产商那里采购产品，而未必经过中间渠道。（5）与消费者市场相比，组织市场的购买方式的特点主要体现在四个方面。第一，由于产品往往具有较明显的专业技术特征，组织市场中的购买活动多以产品详细说明书及技术数据为购买依据。第二，组织市场中的产品工艺复杂且价格高昂，多采用多重购买负责制，即由两个或两个以上的人员参与复杂产品或昂贵产品的购买决策。第三，在购买程序上大多要进行价值分析和卖主分析。第四，以租代购的情况比较普遍。

表 6－1 列出了消费者市场营销与组织市场营销的关键特征。相对于消费者市场而言，组织市场具有多种特点，如购买者少、顾客相对集中、购买量大及购买具有专业性等。应该指出，在组织市场中，虽然产品具有各自特点，但在某些情况下，同样的产品可能会同时出现在消费者市场和组织市场上。例如，在多数情况下，企业购买石油产品用于进一步生产，这样的购买行为发生在组织市场上。但如果某消费者在加油站为自己的私家车购入汽油，此时的汽油就成了个人消费品。由此可以很清楚地看出，组织市场与消费者市场的根本区别在于顾客的特点和顾客如何使用产品。

表 6－1　消费者市场营销与组织市场营销的关键特征

关键特征		消费者市场营销	组织市场营销
买方特征	买方居住分散程度	高	低
	买方知识水平	低	高
	买方忠诚度	低	高
	买方购买参与度	低	高
	买方购买动因与技巧	感性 / 自我满足	理性 / 专业
	买方购买量	小	大
	购买中心复杂程度	低	高
	购买中心规模	个人	组织 / 集团
	买方市场人员基数	大	小
卖方特征	关键顾客管理	相对不太重要	很重要
	卖方市场人员基数	大	小
	卖方知识水平	低	高

续表

关键特征		消费者市场营销	组织市场营销
产品特征	产品种类 购买流程 购买风险度 服务要求 系统销售 技术复杂度	标准 简单 低 低 偶尔 低	个性化 复杂 高 高 经常 高
交易特征	平均销售量 买方对卖方的依存度 买方权力 买方购买量与卖方销售量之比 买卖方交易 买卖方互惠度 买方转换卖方难易度 契约协定水平 异质投资 讨价还价水平 买卖关系控制 购买频率 卖方对买方的依赖度	小 低 低 小 交易型 低 容易 低 低、策略性 低 卖方 高 低	大 各异 高 各异 关系型 高 较难 高 高、战略性 高 各异 低 各异

资料来源：王永贵．组织市场营销．北京：北京大学出版社，2005.

二、组织市场需求

虽然组织市场的生产者不直接面对消费者市场的最终用户，但组织市场的需求会受到消费者市场需求的直接影响。例如，许多企业从事轮胎、机械加工设备和计算机芯片等产品的生产，它们极少甚至从不直接面对消费者市场上的用户，但这些产品在组织市场上的需求由消费者市场上的需求决定。

（一）派生需求

派生需求是指因消费品需求而产生的与生产该产品所需的设备、原材料及服务等相关的需求。最终消费者市场上的产品需求与组织市场需求存在直接联系：组织市场的需求取决于最终消费者市场的需求，通过一系列价值增值阶段形成最终的消费者市场供给。因此，组织市场需求可以视为消费者市场需求的派生需求。例如，手机生产企业对芯片规格的需求取决于消费者市场上顾客对智能手机性能的要求；个人对汽车的购买欲望和购买能力直接影响汽车厂商对发动机的需求。在某些情况下，组织市场通常是在消费者市场上展开经营活动的企业的上游价值链，组织市场向其所在产业价值链的下游交付价值，并受下游市场需求拉动的影响。因此，数据技术的发展为组织市场预测消费者市场需求、实现与消费者共创价值、提升运营敏捷性以及节约成本等提供了巨大的便利。

（二）波动需求

波动需求是指由于消费品市场需求变化而引发的组织市场对生产该产品所需的设备、原材料、服务等需求发生的变化。由于组织市场需求受到消费者市场需求的驱动，所以组织市场营销者必须仔细考察消费者市场需求及其购买趋势的变化。与某些消费者需求相比，许多组织产品需求的变动往往更大更迅速。例如，消费品需求的微小变动可能会引起下一轮组织市场需求 100% 的变动。因此，组织市场需求具有较强的复杂性和易变性，组织市场供应商应当培养敏锐的嗅觉，关注政策导向，同时做好消费者市场调研和组织市场调研，借助数字技术增强同组织市场购买者间的连接能力，提高企业韧性及可持续竞争力，以应对组织市场需求的波动性。

（三）刺激需求

刺激需求是指根据国家政策导向或组织市场供给者通过市场战略激发消费者市场对基于某原材料的产品的购买欲望，从而促成组织市场的购买，即在某些情况下，组织营销人员所要做的不仅仅是监测、分析和预测最终消费者市场，还必须同时实施面对最终消费者的市场战略。例如，2020 年 10 月 20 日国务院办公厅印发《新能源汽车产业发展规划（2021—2035 年）》，提出发展新能源汽车是我国从汽车大国迈向汽车强国的必由之路，是应对气候变化、推动绿色发展的战略举措，同时通过大力宣传和补贴影响最终消费者对于新能源汽车的购买倾向，达到刺激消费者市场对新能源汽车产生强烈需求，从而促使组织市场购买生产新能源汽车所必需的原材料、零部件、设备等产品的目的。与此类似，波音公司一直致力于向大众宣传选择航空旅行方式的便利和优势，这有助于确保航空公司对波音飞机长期稳定的需求。

（四）价格弹性

价格弹性即价格敏感程度，是顾客对产品价格变化的反应程度。与消费品价格一样，组织市场上的产品同样存在价格弹性。由于组织市场需求会受到消费者市场需求的驱动，所以消费品价格弹性也会对组织市场需求的价格弹性产生普遍影响。在多数情况下，如果消费品对价格比较敏感，那么与消费品相联系的组织市场对价格也会较为敏感。例如，与汽车相比，快餐消费品的价格弹性更大。因此，在组织市场购买活动中，相比汽车生产企业，快餐企业对价格变化更为敏感。

营销视角6-1　碳中和趋势下的钢铁市场供需变化

三、组织购买品

通常，组织购买品是指出于生产加工产品、维持设备消耗和维修、产品再销售以及为公众提供服务等目的，由营利性企业、政府部门或事业机构等组织采购的产品和服务。组织购买品与最终消费品主要存在以下区别：

（一）购买者不同

在组织市场中，购买者是营利性企业、政府部门或事业机构等组织，而消费者市场中的购买者是个人消费者。

（二）购买目的不同

在组织市场中，购买者采购商品并非直接转售给最终个体消费者，而是通过生产、加工和再销售以及提供服务等方式为消费者市场提供能够满足消费者需求的产品。与之相比，消费者在消费者市场中购买产品完全是为了满足个人需求。[①] 图 6－1 概括了组织市场购买者的不同购买目的。

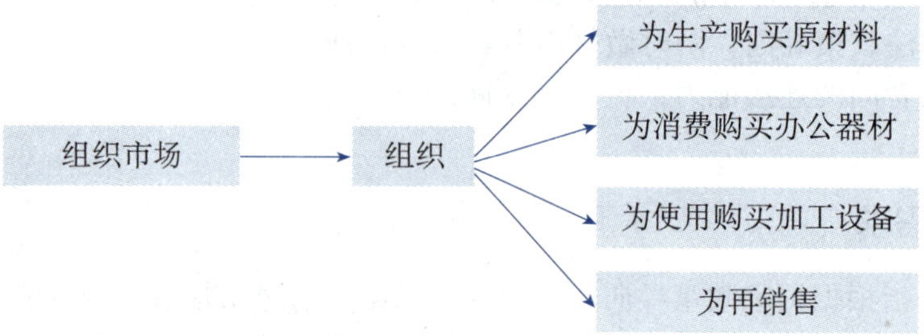

图 6－1　组织市场购买者的不同购买目的

资料来源：王永贵．组织市场营销．北京：北京大学出版社，2005.

（三）产品不同

由于购买目的存在差异，组织市场中的购买品与消费者市场中的购买品相比，往往具有技术工艺复杂、使用要求严格、价格高昂及针对特定顾客专门定制等特点。可以看出，钢铁、矿石、生产设备和大型施工车辆等完全属于组织市场产品，是严格意义上的组织购买品。微型电子计算机、办公软件或其他一些小型办公用品则有可能同时出现在组织市场和消费者市场上。当这些产品的购买者是实体组织时，它们可视为组织购买品；而当这些产品的购买者是个体消费者时，它们就是最终消费品。

四、组织市场产品的类型

在识别出组织市场上的购买者之后，我们必须明确这些组织需要什么样的产品以及不同种类购买者的采购行为存在哪些差异。为解决这个问题，一种行之有效的方法是对组织市场的产品进行分类。如图 6－2 所示，一般来说，可以将组织市场产品分为三种类型：生产性原料、基础设备和辅助产品。

（一）生产性原料

生产性原料是指用于生产最终产品的产品，合并或融合为最终产品的一部分。这一大类组织市场产品主要包括初级原材料、二级原材料和零部件。[②]

1. 初级原材料

初级原材料是指处于未加工的自然状态被出售的产品。初级原材料主要包括农业产品和自然资源。其中，农业产品包括大麦、玉米和棉花等，自然资源主要指各种矿产。

2. 二级原材料

二级原材料是指经过初步加工的产品。例如，纺织原料在到达制衣工厂前已经经过初步加工，但必须经过进一步加工才能成为最终消费者所购买的成衣产品；钢铁在钢铁生产企业中已经经过加工，但购买钢铁的企业仍然需要通过各自的产品加工工艺对其进行处理，以最终形成在消费者市场上出售的产品，如不锈钢饭盒等钢铁制品。

① 郭毅，侯丽敏，李耀东．组织间营销．北京：电子工业出版社，2001.

② 汪涛．组织市场营销．北京：清华大学出版社，2005.

生产性原料

初级原材料
——农业产品（如大麦）
——自然资源（如矿产）
二级原材料
零部件

基础设备

生产设施
——建筑物
——土地使用权
——固定资产
辅助设备
——辅助生产设备（如轻型卡车）
——办公用品（如个人电脑）

辅助产品

辅助材料
——运营型辅助材料（如打印机、纸张）
——维修、维护设备
服务
——维修服务（如电脑维修）

图 6－2　组织市场产品的分类

资料来源：Hutt M D，Speh T W. Business marketing management. Harcourt College Publishers，2001：22.

3. 零部件

零部件行业包括齿轮、紧固件、链传动、弹簧、粉末冶金和传动联结件等子行业。消费者市场的需求可以直接拉动机械零部件组织市场的发展。例如，对于机械通用零部件领域而言，其 2019 年行业总产值为 21.76 万亿元，同比增长 2.46%。其中，工程机械、机器人与智能制造等行业的营业收入实现两位数增长，文化办公设备、重型矿山设备、食品包装设备行业的利润增速超过 20%。

（二）基础设备

该类组织市场产品的最重要特征在于它们是企业的资产。在这些产品的使用过程中，其价值会损耗并通过折旧的方式转移到新产品中。这类产品主要包括生产设施和辅助设备。

1. 生产设施

生产设施是指构成生产和制造基础的长期投资项目，包括建筑物、土地使用权和固定资产等。生产设施往往决定了企业的生产规模，而企业对生产设施的需求与市场对产品的需求直接相关。例如，为巩固在全球市场的地位，世界第一大化工巨头巴斯夫（BASF）2018 年宣布将斥资 100 亿美元在广东省湛江市建设精细化工一体化基地；壳牌计划 2025 年前，将其在中国的加油站数量增至 3 500 座；英国石油公司计划未来在中国新增 1 000 座加油站；中国舟山市相关机构透露，已经与石油巨头埃克森美孚公司进行洽谈，计划在舟山市建造一座价值 70 亿美元的乙烯工厂，年产能将达到 150 万～ 180 万吨。

2. 辅助设备

辅助设备包括辅助生产设备（如轻型卡车）和办公用品（如个人电脑、办公桌）等。其中，辅助生产设备主要指动力、机修、供电等设备，其与生产设施的区别在于不构成生产要素，仅发挥辅助和服务作用。

（三）辅助产品

辅助产品包括支持组织正常运转的辅助材料和商业服务。辅助产品由于不直接参与生产过程，也不是成品的构成要素，常常被视为成本支出。①

1. 辅助材料

每个组织的运转都需要运营型辅助材料，如打印机、纸张和各种表格等，同时需要维修、维护设备等。这类产品具有高度的相似性，不同厂商的产品基本上没有差异，因此，价格是决定组织市场中该类产品购买活动的关键因素。对于组织购买者来说，它们可以选择直接在厂商的仓库或者折扣商店中购买此类产品。

2. 服务

服务是由一系列或多或少具有无形特征的活动所构成的一种过程，发生在顾客与员工和有形资源的互动中。一方面，服务是指组织市场营销活动中为销售产品进行的活动，这有助于更好地满足顾客在购买过程中的要求；另一方面，有些服务是在产品之外提供的。如果产品价格同时包含了为产品和相关服务收取的溢价，那么厂商就应该努力确保顾客非常了解产品的真正价值。只有这样，才能够真正使包含附加服务的产品的价格更具有竞争力。

具体来说，营销人员面临三种有关顾客服务的决策：顾客服务组合应该包括什么样的顾客服务；应该达到什么样的服务水平；应该以什么形式提供服务。为此，负责服务组合决策的营销人员应对目标顾客进行调查，以便明确需要提供的服务要素及其各自的相对重要程度。例如，加拿大的工业设备购买者按照重要性次序，将服务要素分成 13 种：送货可靠性、迅速报价、技术咨询、折扣、售后服务、销售代表、便于接触、更新保证、制造商广泛的经营范围、样式设计、信用、测试设施以及机械加工设施。这表明销售者至少要在送货可靠性、迅速报价、技术咨询及被顾客认为非常重要的其他服务要素方面具有竞争性，只有这样才有可能赢得顾客。②

需要特别指出的是，许多看起来是个人消费品的产品在组织市场中同样有巨大的需求。比如，作为最普通的家庭消费品，食用油在组织市场中也有巨大需求。食品生产加工企业和餐馆每天都需要食用油来加工产品，该市场的总需求量极其巨大。除商业饮食企业外，学校、医院和医疗保健机构等同样对食用油有很大的需求。锐观产业研究院发布的《2021—2025 年中国食用油市场投资分析及前景预测报告》显示，2018 年，位列全球食用植物油消费量前三的国家和地区分别为中国、欧盟和印度。

第 2 节　组织购买行为

根据菲利普·科特勒的观点，组织购买行为指的是一个组织购买产品或服务是为了将它们投入其他产品或服务的生产、销售、出租或应用。③ 为更好地理解组织购买行为，需要对组织购买行为的类型、过程及影响因素等进行深入分析。

一、组织购买行为的类型

不同的组织存在不同的需求，并且需要不同的信息，这决定了不同的组织购买行为具有

---

① 汪涛．组织市场营销．北京：清华大学出版社，2005.

② 王永贵．组织市场营销．北京：北京大学出版社，2005.

③ 阿姆斯特朗，科特勒，王永贵．市场营销学：第 12 版．王永贵，郑孝莹，等译．北京：中国人民大学出版社，2017.

不同的特点。只有深入了解组织购买者的具体情况，供应商才能采用不同的营销战略，进而产生不同的效果。根据不同的标准，可以将组织购买行为分为不同的类型。20 世纪 60 年代，根据购买的新奇度，罗宾逊（Robinson）、法里斯（Faris）和温德（Wind）将组织购买行为分为三种类型：全新购买、直接重购和更换重购。[①]

（一）全新购买

当企业面临新需求而需要采购新的技术或零部件时，此时的采购行为就属于全新购买。企业由于之前毫无这方面的购买经验，因此这是组织购买中复杂性最高、风险性最大的购买行为，需要组织在购买前做好评估，以掌握全面的信息，从而避免决策失误。与其他类型的购买者相比，全新购买型企业不仅注重产品性能、服务和供应商的信誉，而且希望得到供应商的真诚帮助，从而建立广泛持久的合作关系。针对这种情况，供应商应该积极投入组织购买者的采购活动，与其保持密切联系，了解它们的需求，在技术服务方面提供有效的帮助。同时，供应商必须注重产品质量提升和媒体宣传，加强口碑传播。

（二）直接重购

这是指组织购买者不改变现有的供应商而直接购买。进一步来说，不改变供应商的原因众多，如企业对供应商提供的产品、送货和服务等因素非常满意；企业的转移成本（组织购买者更换供应商所需的成本主要包括投资新关系所需的时间、精力、知识和金钱等）过高，不利于更换供应商；由于行业垄断，不能更换供应商等。这种类型的组织购买者不需要收集新信息，它们对产品价格、送货和库存等保持密切关注，希望以此降低成本。这时，供应商应该加强与购买者的合作，与它们一起重新设计、优化现有销售渠道和送货方式，以保证双方均能实现低成本。同时，供应商应努力适应购买者的新需求，加强与顾客的情感联系。对于以组织购买者为目标顾客的新供应商而言，应该明确组织采购者的需要，确定相对于竞争对手的优势，向采购者进行积极的信息传递，尽一切力量寻找可能的切入点。

（三）更换重购

由于内部或外部原因，组织购买者必须通过重新评估来选择新供应商，这种购买行为就属于更换重购。其中，内部原因可能是组织购买者对产品质量和价格提出了新的要求，而原有供应商满足不了，或者是现有供应商没有很好地履行合约，双方的合作难以继续；外部原因可能是新技术和新产品的出现致使组织购买者必须更换现有供应商，也可能是市场上出现了更符合采购企业要求的供应商，营销策略的转变使得组织购买者倾向于更换供应商。通常，更换重购型组织购买者具有丰富的经验，掌握着大量的信息。因此，这些组织购买者对供应商的选择更加专业与苛刻。另外，它们更加重视产品质量和成本。想获得组织购买者的新供应商应该明确购买者的哪些需求没有得到满足，积极提供自己的信息和资质证明，重点说明自己在满足购买者上述需求方面能够提供哪些突出的性能和服务。组织购买者的现有供应商同样要了解购买者的新需求，积极弥补自己的不足，关注购买者的新需求，并随时根据需求变化调整自己的策略，同时，可以基于自己与购买者以往的合作经验，利用情感营销来挽留组织购买者。

综上所述，三种组织购买行为各有不同的关注点，如表 6－2 所示。

---

① 汪涛．组织市场营销．北京：清华大学出版社，2005.

表 6-2　不同组织购买行为的关注点

	信息	价格	性能	技术	交货能力	服务（售前、售中、售后）	企业声誉	诚信合作	供应商的灵活性
全新购买	√		√	√		√	√	√	
直接重购		√			√	√		√	√
更换重购	√	√	√	√	√	√		√	

资料来源：王永贵．组织市场营销．北京：北京大学出版社，2005.

二、组织购买行为的过程

事实上，组织购买行为是一个收集、分析大量信息进而做出各种决策的复杂过程。这一过程需要经过确定需求、收集信息和筛选供应商、分析供应商、选择供应商以及交易评估和信息反馈五个阶段。当然，每个阶段还可以进一步细分。云计算、大数据、移动终端等技术的发展帮助组织简化了这一复杂的购买过程。

（一）确定需求

这一阶段需要对需求进行预测和识别。组织面临的新需求既可能是新产品开发带来的对新设备与新材料的需求，也可能是原有设备老化引起的设备更新需求，还有可能是技术进步引起的新需求。① 需求的预测和识别必须与组织的内部实际需要和外部科学技术与经济发展要求相适应。在产生新需求之后，企业还必须对需求进行分析。分析的内容涉及需求的精确特征和具体数量等，这些工作由组织内部的专家、技术人员及决策高层共同完成。需求的进一步确认有利于企业明确目标和对供应商进行挑选以及组织购买者内部人员的积极参与和密切交流，同时也有利于采购工作的顺利开展。

（二）收集信息和筛选供应商

组织购买者一旦确定需求，就应该积极收集各种信息，寻找潜在供应来源。组织购买者可以利用网络、媒体、企业名录或产品交易会等各种渠道了解供应商信息。该阶段既是组织购买者积极运用各种方法和手段广泛收集信息的过程，也是供应商主动提供资料并与顾客接触的过程。进一步来说，组织购买者可以根据自身需求对这些供应商进行初步筛选。这一阶段的筛选一般不会涉及对供应商的资质评估，而只要求供应商满足组织购买者的需求。对于筛选出的供应商，组织购买者可以派相关人员与其进行深入接触。一方面，组织购买者在供应商的帮助下可以得到更具体、更准确的信息；另一方面，这有利于供应商的积极参与，互动沟通更利于双方建立持久友好的合作关系。

（三）分析供应商

在对供应商进行初步筛选之后，组织购买者需要进行第二轮的分析确认。组织购买者首先需向各供应商发出邀请，要求其提供详细的书面建议，然后再根据得到的一手资料对供应商进行全面评估。评估项目涉及技术能力、产品可靠性、交货能力、服务能力和价格等。当然，不同的组织购买者评估的侧重点有所不同。组织购买者可以利用权重分析法对供应商进行评估，表 6-3 是一个供应商权重分析法示例。

---

① 郭毅，侯丽敏，李耀东．组织间营销．北京：电子工业出版社，2001.

表6-3　供应商权重分析法示例

	技术能力	产品可靠性	交货能力	服务能力	价格	总分
权重	0.30	0.25	0.15	0.20	0.10	1
供应商A	8	8	6	7	8	7.50
供应商B	9	8	7	7	7	7.85
供应商C	6	7	8	8	9	7.25

资料来源：王永贵. 组织市场营销. 北京：北京大学出版社，2005.

根据总分可知，供应商B是组织购买者最理想的供应商。需要指出的是，各指标的相对重要性会因组织购买产品类型的不同而不同。例如，对于常规订购产品，交货能力、价格及供应商的信誉是最重要的；对于程序性问题产品（如复印机），技术能力、供应商的灵活性和产品可靠性是最重要的；对于政策性问题产品，最重要的指标是价格、供应商的信誉、产品可靠性、服务能力及供应商的灵活性。

（四）选择供应商

根据供应商评估结果，组织购买者会进一步选择符合要求的供应商。对供应商的选择要谨慎，这一阶段非常需要企业高层领导者的参与，以确定供应商的数量。若只有单个供应商，由于缺乏竞争压力，其供货水平与服务水平可能会下降。同时，组织购买者会由于对该供应商过分依赖，使转移成本增加。然而，过多的供应商会加大企业管理的难度，而且会因每家供应商获得的订单规模较小而缺乏足够的激励。因此，对于组织购买者来说，选择合适的供应商的数量至关重要。在选好之后，组织采购人员需向最终确定的供应商发出订单，详细说明产品的技术要求、规格、数量、交货时间和地点、付款方式及退货政策等。如今，企业越来越倾向于签订长期合同，这有利于买卖双方建立持久、稳定和良好的合作关系。在这种关系下，一方面，供应商可以把精力集中于产品质量的改善和技术的提高，熟悉采购者的用货情况；另一方面，有利于采购者建立即时采购系统，以保持最小库存量和降低库存费用。

（五）交易评估和信息反馈

与供应商交易完毕之后，组织购买者必须对各供应商的执行情况进行评估并及时进行信息反馈，这一过程需要采购部门、生产部门和营销部门的通力合作。评估和信息反馈的结果有利于供应商改进技术和改善服务，也可能使组织采购者终止合约，转向其他供应商。在这一阶段，供应商并非完全处于被动地位，应与组织购买者保持密切联系，积极配合评估，并对反馈信息做出回应，与购买者一起解决问题。

当然，组织购买行为过程的各阶段并没有十分清晰的界限，各阶段的活动往往同时进行。例如，信息反馈会贯穿整个购买过程，并伴随其他阶段的始终。有时，某个阶段会重复发生，如组织采购者可能会由于对初步筛选的供应商不满而再次进行信息收集。因此，组织购买行为过程的划分只能对企业的营销活动起到借鉴作用，企业营销人员应该具体问题具体分析。

三、组织购买行为的影响因素

与消费者购买行为相似，组织购买行为会受到各种因素的影响。总体来看，可以分为外部因素与内部因素。

（一）外部因素

1. 经济因素

经济波动通常会给组织市场带来巨大影响。例如，房地产市场的低迷会导致水泥和钢材等建筑材料价格的下降；某消费品若被社会淘汰，退出市场，组织需求的派生特性将导致其原材料与设备等的销售量下降。由于组织所需要的许多原材料来自国际市场，所以组织必须保持对国际环境的密切关注。例如，国际石油价格的上涨一定会导致国内石油供应量的短缺，进而引起国内石油价格的上升。当然，不同的经济变化对不同的组织会产生不同的影响。只有意识到国内外行业经济状况的变化，企业才能适应、影响、利用环境。

2. 技术因素

新技术的产生会引起组织采购方式和采购渠道等的变化。互联网和移动终端的普及使基于网络平台的全流程、智能化采购成为组织采购的新方式，并加快了成交速度、交货速度和资金流通速度。技术变革同样会给组织内部带来影响。由于计算机与互联网的广泛使用，许多组织增设了网络中心和数据库维护部门，以加强组织与外部的沟通，强化信息管理。

3. 政治法律因素

处于社会网络中的组织必然要受到政治法律因素的约束和保护，而且这种影响是非常强烈的。例如，在国际贸易中，一国的关税和非关税壁垒将会大大影响其他国家对该国的出口额。再如，国家或地区出台某项法规可能会限制一些行业的发展，但也会为某些行业的发展壮大提供机遇。

4. 社会文化因素

社会文化因素包括风俗习惯和文化传统等，它们对组织的影响是潜移默化的，同时又无处不在。以沟通方式为例，欧美消费者多依靠细节、词句和数字等具象信息进行沟通。相比之下，亚洲消费者多依据语境（如情形、非语言信息和暗示等）来传达信息。可见，文化不仅会影响组织与外部相关者的关系，而且会影响组织内部成员之间的关系。时至今日，跨文化管理仍然是众多学者关注的重点问题之一。

（二）内部因素

1. 组织因素

采购组织内部的组织结构、采购决策机制和组织战略等会对采购行为产生影响。因此，营销人员应该了解采购企业内部的不同组织因素，进而采取不同的营销策略。[①] 采购活动由个别使用者决定的组织与设有发挥实际作用的采购中心的组织有很大不同。一般来说，采购中心更可能从各种渠道收集大量信息，更加重视与供应商建立长期的合作关系；采购中心更加关注产品技术性能、送货及诚信合作；采购中心的采购工作受个人销售技巧和产品品牌的影响较小，因而对供应商的营销策略提出了更高的要求。

以前，企业内部的各事业部往往自行采购，采购决策由各部门的相关人员做出。一方面，这种采购决策机制不利于采购战略的整合，易形成采购短视症；另一方面，这会大大增加采购活动的成本支出。为克服这些缺点，很多企业逐渐采取集中采购的形式。集中采购是指中心代理方在每年的特定时段将众多采购方的采购计划集中，并整合成统一采购计划，由中心代理方与供应商进行洽谈，从而完成采购方的采购计划。这种做法不仅有利于采购工作的专门化与专业化，动态适应企业的战略变化，而且有利于与供应商形成长期的合作关系。此外，营销人员必须了解采购企业的战略，这是因为企业通常的采购战略与其发展战略是整合在一起的。例

① 汪涛. 组织市场营销. 北京：清华大学出版社，2005.

如，企业若将发展战略定位于行业中的技术领先角色，则意味着其采购必定要关注高新技术。所以，营销人员应该将高新技术作为产品的卖点，只有这样才能引起采购组织的关注。

2. 团体因素

组织采购行为受到组织内各部门的影响，不同部门的产品关注重点存在差异。例如，生产部门更加重视产品的质量、技术性能和服务，财务部门更加关注产品的价格和采购费用，管理部门更加重视送货和与供应商建立长期的合作关系等。如何在满足不同部门需求的同时使组织的采购效果达到最优是采购中心必须解决的重要问题之一。

采购中心是组织中的一个非正式部门，由不同部门的人员组成，他们共同参与并制定购买决策，分享决策目标，承担决策风险。不同组织购买类型的采购中心关注的焦点和所起的作用是不同的。在全新购买型组织中，采购中心要收集大量信息，毫无经验可言，更倾向于小心谨慎，因而决策过程非常慢。此时，采购中心更关注采购问题的解决，希望找到可靠且有保证的供应商，技术人员在其中的影响力往往较大，此时，采购中心所承担的就是信息中心和建议者的角色。在直接重购型组织中，采购中心只需要按照原有的采购方式重新购买，这时，采购中心关注的是产品质量的提高、产品成本和采购成本的降低，因而它更像是一个例行公事的监督者。在更换重购型组织中，采购中心拥有丰富的经验，对产品的技术能力、成本、服务、交货能力及供应商的灵活性等方面的要求非常苛刻，此时，采购中心更像是一个非常挑剔的老顾客。

3. 个人因素

组织采购决策由采购中心的人员共同做出，个人的特征、背景与偏好等都会对采购决策产生影响。采购中心的不同成员有不同的经验、背景及个性等，他们所处的部门不同，职位不同，具有不同的评价标准与目标追求，对采购决策的影响也不尽相同。例如，技术人员接受过专门教育，拥有专业技术，与产品接触频繁，因而对产品质量的要求非常严格。同时，他们比较熟悉行业特点和发展趋势。因此，在大多数情况下，通常由他们提出需求和评价筛选供应商。又如，顾问和采购成员等影响决策的人员通常与信息的接触比较频繁，更关心采购完成和采购成本。因此，供应商的营销人员应该多向他们提供有说服力的信息，利用良好的企业声誉让他们相信采购是安全可靠的。通常，购买决策者是企业的高层管理人员，他们关心产品的技术性能是否稳定、是否处于行业领先水平、是否有利于与供应商建立长期的关系等。由此可见，个人从以下三方面对组织的购买行为产生影响。

（1）评价标准。拥有不同背景和偏好的成员对供应商的关注点是不同的，他们往往更侧重于从与自己的职位和所承担的责任等有关的方面进行评价。相应地，营销人员应该根据不同的评价标准来提供不同的广告和销售信息。

（2）信息选择过程。随着传播技术的发展，组织采购者可以通过邮寄广告、专业杂志、网络及销售代表等各种方式来收集大量信息。需注意，并不是所有信息都能够引起人们的注意，并且不同的人员会关注不同的信息，这就涉及信息的选择问题，对营销沟通也提出了更高的要求。

（3）风险规避策略。由于决策结果的不确定性和错误决策会带来严重后果，组织购买者往往会采取风险规避策略。一般来说，随着购买风险的增加，组织会逐渐扩大采购中心的规模，让组织中的权威人员参与进来，促使信息的收集更加完备，并倾向于花费更长的时间进行采购决策。而且，面对采购工作的巨大挑战，采购人员将以更积极和更谨慎的态度投入其中。比较而言，那些声誉良好并与合作伙伴保持良好记录的供应商将会备受青睐。组织面临全新产品的采购或全新市场时，会十分强烈地感受到风险的存在，此时它们会更加倾向于集体决策。

四、数字化背景下组织购买行为的简化

以往，组织购买遵循上述采购流程及特点。近些年，一方面，受各种贸易摩擦和 2020 年新冠肺炎疫情的影响，国际贸易环境和国内经济发展呈现出超强的不确定性；另一方面，以云计算、大数据、人工智能、移动互联网以及网络电商平台为代表的前沿数字技术经过多年发展，进入普惠阶段，使得原本只有大企业能够享受到的数字红利惠及中小微企业。因此，在组织采购领域，电商化采购模式开始强势发展，中小微企业也随之呈现出对数字化转型的强烈需求，使得组织购买由以往相对复杂的过程转化为如今利用数据分析技术背景下的较为简化的过程，如图 6－3 所示。

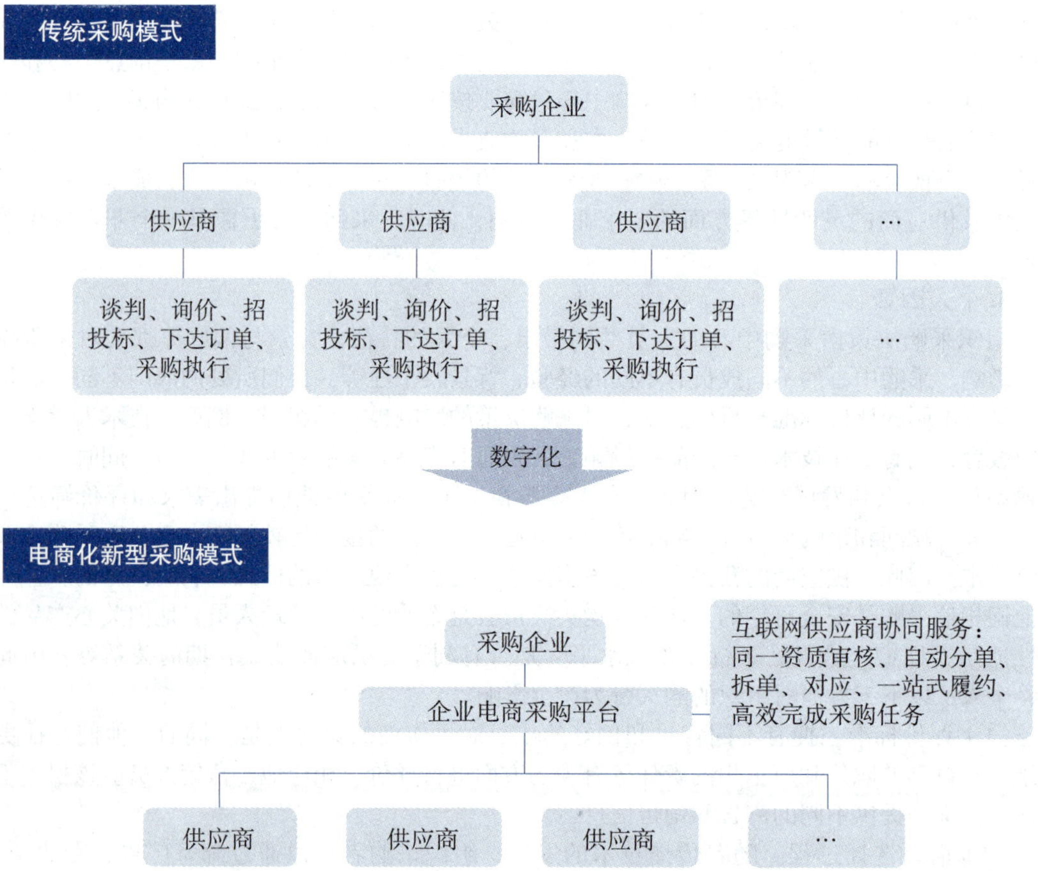

图 6－3　传统采购模式与电商化采购模式对比图

资料来源：工信部赛迪研究院，中国国际电子商务中心研究院．中国企业电商化采购发展报告（2018）．（2018-12-08）．http://www.cena.com.cn/special/2018qycg.html.

（一）组织购买行为模式的转变

十九大报告指出，要加快建设制造强国，加快发展先进制造业，推动互联网、大数据、人工智能和实体经济深度融合，支持传统产业优化升级。同时，中共中央办公厅、国务院印发《关于促进中小企业健康发展的指导意见》，积极扶持中小企业数字化转型，为我国数字化采购行业快速发展提供了强有力的政策支持和保障。与此同时，技术不断迭代，我国企业数字化采

购进入全流程、智能化时代。大数据、云计算、人工智能、物联网、区块链等技术的发展使得企业能够依靠数字化技术进行自动分单、拆单、物流、仓储、配送、安装和售后等方面的工作，驱动采购供应链体系高度集成（见图 6－4），使得平均采购成本下降约 18%，而采购效率提升约 45%，组织购买行为模式由此进入了一个新的发展阶段——智能化采购阶段。

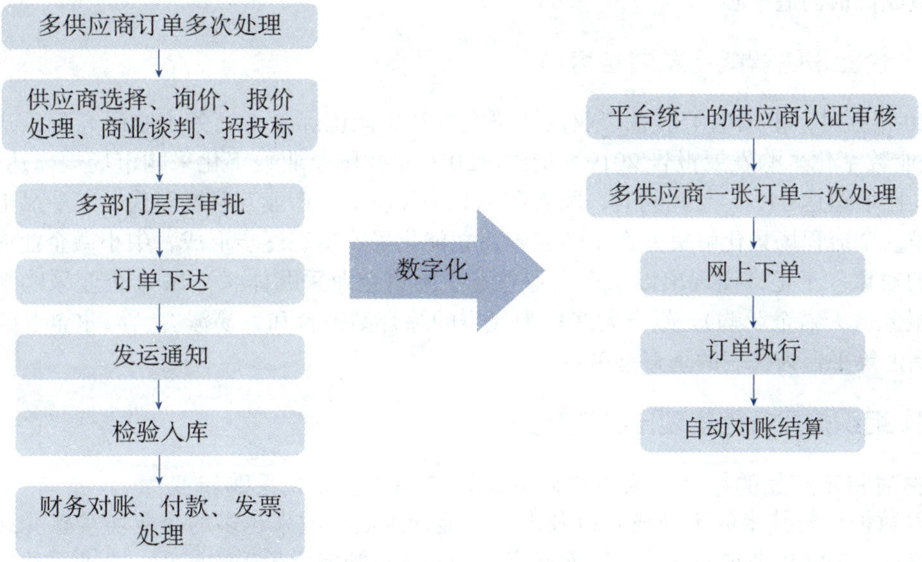

图 6－4 数字化驱动下的采购供应链体系

资料来源：工信部赛迪研究院、中国国际电子商务中心研究院．中国企业电商化采购发展报告（2018）．（2018-12-08）．http://www.cena.com.cn/special/2018qycg.html．

（二）企业采购智能化演进过程

如图 6－5 所示，企业采购智能化发展可分为四个阶段。

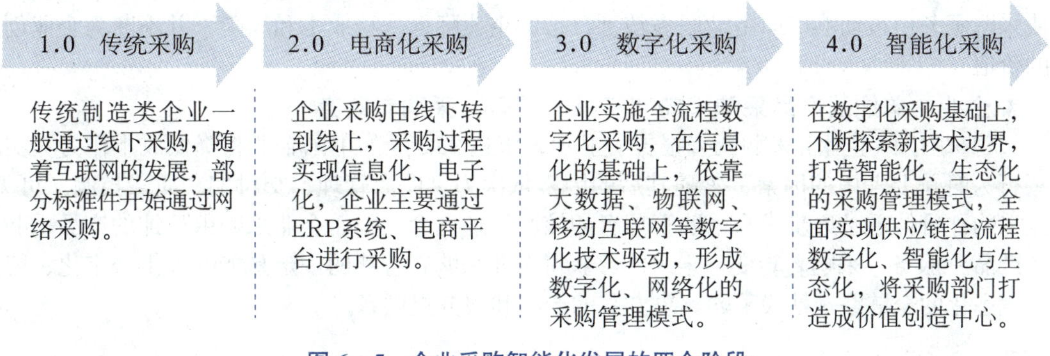

图 6－5 企业采购智能化发展的四个阶段

资料来源：中国电子信息产业发展研究院，中国国际电子商务中心研究院．中国企业数字化采购发展报告 2019．http://www.cena.com.cn/special/qycg2019.html．

（1）传统采购阶段——采购 1.0 阶段：传统制造类企业一般通过线下采购，随着互联网的发展，部分标准件开始通过网络采购。

（2）电商化采购阶段——采购 2.0 阶段：企业采购由线下转到线上，采购过程实现信息化、电子化，企业主要通过 ERP 系统、电商平台进行采购。

（3）数字化采购阶段——采购 3.0 阶段：企业实施全流程数字化采购，在信息化的基础上，依靠大数据、物联网、移动互联网等数字化技术驱动，形成数字化、网络化的采购管理模式。

（4）智能化采购阶段——采购 4.0 阶段：在数字化采购基础上，不断探索新技术边界，打造智能化、生态化的采购管理模式，全面实现供应链全流程数字化、智能化与生态化，将采购部门打造成价值创造中心。

（三）企业采购智能化发展走势

2020 年 6 月，中国电子信息产业发展研究院和中国国际电子商务中心研究院正式发布的《中国企业数字化采购发展报告 2019》指出，2019 年我国企业数字化采购市场规模达到 5 900 亿元，同比增速达 64%。与此同时，随着我国数字经济步入产业互联网时代，工业品电商市场迎来井喷，全流程场景化解决方案不断完善，智能化采购生态逐步形成，中小微企业成为各平台追捧的对象。于是，涌现出以京东企业业务、阿里企业采购体系（1688 企业采购平台、淘宝企业服务、天猫企业购）、苏宁大客户为代表的综合型平台和以易派客、海尔企业购、震坤行、工品汇等平台为代表的垂直型平台。①

（四）组织购买行为呈现出的新特点

1. 由对特定产品的标准化采购向对多领域产品的多元化采购转变

随着数据分析技术的不断成熟以及人工智能的发展，越来越多的企业切实感受到了企业采购全流程、智能化带来的优势，因而愿意接纳并认可智能化的采购流程。企业采购智能化将由对礼品、办公用品、工业品的采购不断向餐饮服务、信息服务、通信服务、专业设备以及定制化物资等更多的领域拓展。

2. 受数字化技术的驱动，表现出极强的预测性

受数字化技术的驱动，数据中台成为未来组织购买的核心优势，企业可以利用人工智能、大数据、物联网以及协同网络等技术，加强对消费者信息的收集能力以及对数据背后折射出的规律的分析能力，进而提高企业对战略资源需求的预测能力，从而提供前瞻性的供应商管理，促使采购服务由被动响应向主动服务转型，帮助企业降低采购成本和风险，并不断为企业创造新的价值。②

3. 企业由单纯的产品采购者向“产品 + 服务”采购者转变

《2016 中国（企业）采购调查报告》显示，多达 95.3% 的中国企业将降低成本作为其实施购买行为时首要考虑的因素，紧随其后的因素依次为供应商管理、交付期、质量控制。可见，企业采购评价体系已逐步成为采购管理者的核心管理理念，因而企业采购由单纯的产品采购者向“产品 + 服务”采购者转变。未来能够获得企业采购者青睐的一定是能够提供数字化、智能化、生态化的全链路一站式采购解决方案的产品和服务提供者。

第 3 节　组织市场的顾客及其购买行为

组织市场与消费者市场的本质区别不在于出售的商品，而在于市场上的顾客。即使一种

① 中国电子信息产业发展研究院，中国国际电子商务中心研究院．中国企业数字化采购发展报告 2019．http://www.cena.com.cn/special/qycg2019.html.

② 企业采购之进化：进入高速的数字化采购新时代．(2018-12-21)．http://www.sohu.com/a/283659666_100008049.

商品既可以在组织市场上销售，也可以在消费者市场上销售，这两个市场上的顾客要求也是不同的。再者，在组织市场上，不同类型的组织顾客对所购买商品的要求是不同的。相应地，组织顾客与生产者间的交易关系及顾客的购买行为也存在重大差异。以食用油为例，对于餐饮企业而言，其购买食用油时首先考虑的是食用油的口味和新鲜程度，因为这直接影响其生产的产品的品质。由于组织市场交易数额大、价值高，容易受到各种因素的影响，甚至形成一些无人监管或难以监管的“灰色地带”。为此，组织市场交易各方需要认清方向、坚守底线，明确人民利益是企业发展的根本和前提，维护市场公平交易是企业长期利益的根本所在。根据组织市场购买者的基本特征，组织市场顾客主要有三种类型：营利性企业、政府部门及事业机构。

一、营利性企业及其购买行为

（一）营利性企业概述

营利性企业主要是以实现企业利益为目标的社会组织，主要包括制造业企业、服务企业、交通运输企业及建筑公司等。其中，制造业企业是组织市场中最主要的营利性企业。2019 年中国 B2B 市场交易规模达到 25.94 万亿元。在组织市场上，根据不同的购买目的，可以将营利性企业分为三种类型：使用者、原始设备制造商（original engineering manufacture，OEM）和分销商。具体而言，使用者购买工业产品和服务（如电子计算机和自动化机械设备等），并使用这些产品和服务来生产最终在消费者市场上出售的商品。相关设备参与生产流程，虽然不是企业产品的直接组成部分，但直接支持产品的生产过程。如果某企业从厂商那里购进生产设备，那么该企业就是使用者。原始设备制造又叫订牌生产或贴牌生产，是指由合作生产企业按照品牌企业技术、生产、质量和价格等方面的要求进行指定产品的生产。品牌企业对合作企业生产的指定产品进行验收，合格后全部收购并自行销售。分销商是指购买产品并在组织市场中将其再销售给使用者或原始设备制造商的企业。

（二）营利性企业的采购中心

所有的个人和团队共同承担采购决策的风险，并共享采购决策的一致目标（换言之，所有的个人和团队都应参与采购决策），采购中心（buying center）应运而生。由于与采购状况相关的费用和复杂程度不同，营利性企业的采购中心涉及的成员也不同。与消费者市场中消费者所承担的角色类似，营利性企业的采购中心在其购买决策过程中承担六种角色：

（1）发起者，指要求购买的人。他们可能是组织内部的使用者或其他人，如购买职员、生产工人或联络客户的职员等。

（2）使用者，指实际使用产品或服务的人，如生产工人、工程师或最终顾客等。通常，他们首先提出采购某种产品的需求，并在规格型号的决定上起重要作用。

（3）影响者，指影响企业内外决策的人，如生产工程师、研发人员和设计人员等。他们经常协助确定产品规格，并提供方案评价的情报信息。作为影响者，技术人员的看法尤为重要。

（4）决策者，指决定企业采购项目和供应商的人，如首席工程师、采购总监、总经理或董事长等。他们通常是企业的高层管理人员。

（5）购买者，指管理与供应商的关系并进行常规谈判的人，如购买代理人、质量管理人员等。他们可对供应商的声誉、竞争能力及清偿能力等提出自己的看法与建议。

（6）控制者，指企业中控制信息流的人。一般情况下，他们可以控制外界与采购有关的信息流入企业。例如，采购人员往往倾向于阻止供应商与企业采购中心其他成员见面，因为他们明白如果不能垄断信息，其利益就会受到损害，因此他们选择封锁消息。①

（三）营利性企业的购买行为

营利性企业购买的显著特点是购买产品的种类少，但购买数量巨大。例如，2019 年，华为从日本 11 家供应商采购了 100 亿美元以上的零部件、原材料和设备等。营利性企业的采购活动对其经营的成功至关重要。同时，日趋复杂和专业化的采购活动对营利性企业的采购人员提出了新要求，营利性企业的采购人员必须具备特殊的专业采购技能。

1. 分析企业希望实现的目标

根据帕克森和贝克（1986）的观点，由于所要购买的产品和服务的种类、企业对成本的控制和经理人员对采购活动的控制程度不同，不同营利性企业购买产品的目的和评判标准也是不同的。通常，企业购买产品所要实现的目标涉及：（1）原材料供应。这是指为企业生产提供连续可靠的原材料供应，并提供相应的服务以支持组织正常运营。（2）存货。这是指通过采购降低存货成本。（3）质量。这是指采购产品的高质量将直接导致生产的高质量。（4）改善供应链关系。这是指寻找合适的供应商并与之建立稳定的关系。（5）降低成本。这是指采购活动应该与企业降低成本的战略保持一致。（6）改善企业竞争地位。这是指通过降低成本减少存货费用，改善供应链关系将有助于改善企业在市场中的竞争地位。比如，英国的一家大型制造企业在其内部文件中这样描述其购买目标：合适的价格与来源、可靠的质量、适当的数量、恰当的时间。② 数字技术的发展恰恰是企业实现这些目标的助推器。数字技术的发展缩减了沟通时间和成本，节省了仓储空间，实现了产品质量的实时监测、监控与信息传达，重塑了产品供应渠道和模式，极大地节约了企业采购成本，从而提升了企业的竞争力，改善了企业竞争地位。

我们以英国的一家汽车制造厂为例说明专业采购技能。在该汽车制造厂，由高级采购人员组成的专家团队选派一人与供应商联系，具体协商诸如工业燃气、石油、电力、钢管和焊缝材料等的最优价格结构。高级采购人员派遣普通采购人员检查采购产品在生产过程中的使用和消费方式，分析相关的耗费经验是否会影响下一次的购买。例如，与电力供应商进行价格协商时，普通采购人员同意在生产暂停时支付惩罚性电费，以换取其他时间段的折扣。同时，普通采购人员发出警告：任何人不得在高价时段使用不必要的电力。又如，制造厂的一名普通采购人员通过对工厂地板的观察发现，近期采购的一批廉价擦布质量太差，不仅导致了擦布消耗量增加和四处乱扔现象，还引起了工人的愤怒，造成了严重的产品质量问题。因此，该普通采购人员立即恢复过去的擦布供应，将那些易损坏的擦布退回相关厂商并要求赔偿，同时改变了样本测试程序，以便进一步反映工厂的使用情况。此外，该人员积极与相关擦布供应商洽谈质量改进的问题，并根据产品的不同用途采购专业擦布。③

营销视角6-2 组织市场中的购买者抱怨

2. 编制采购目录图

根据购买活动的复杂程度与产品对购买企业利润的影响，采购人员可以编制采购目录图，如图 6-6 所示。利用采购目录图，采购人员可以对企业购买产品进行分类，有针对性地开展购买活动。例如，企业可能需要将采购中质量监督的重点放在对企业利润影响较大的产品上，尽量减少购买那些对企业利润贡献很低且购买活动复杂的产品。同时，组织市场上的购买者往往对所购产品或服务有专业的技术要求。其中，ISO 质

① 桑德霍森. 市场营销学. 陶婷芳，译. 上海：上海人民出版社，2004.

② 威尔逊. 组织营销. 万晓，汤小华，译. 北京：机械工业出版社，2002.

③ 王永贵. 组织市场营销. 北京：北京大学出版社，2005.

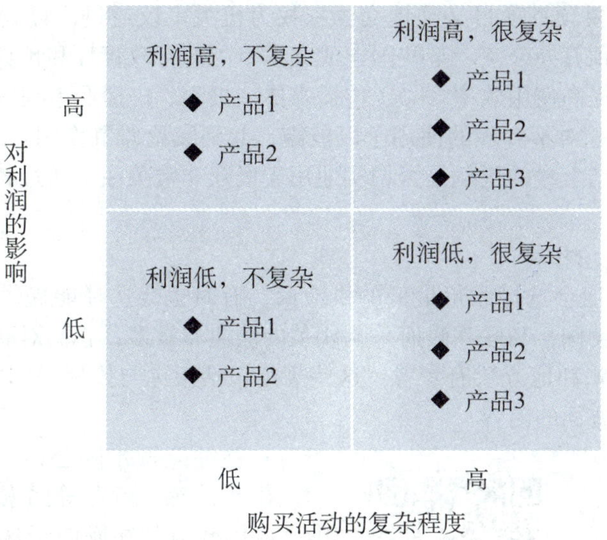

图 6-6　采购目录图

资料来源：王永贵．组织市场营销．北京：北京大学出版社，2005．

量管理体系就是组织市场购买活动中最为常见的标准体系。

二、政府部门及其购买行为

政府市场由各种为执行政府主要职能而采购或租用商品的政府部门组成。在很多国家，政府部门是产品和服务的主要购买者。

（一）政府采购及其特点

最初，政府采购作为一种公共采购或集中采购的手段出现，它是西方国家对政府购买行为进行法制化和规范化管理的产物。第二次世界大战后，政府采购受到许多国家的重视，建立了专门的采购部门，并制定了相应的政府采购法律法规。其中，有四部关于政府采购的国际法律法规最具代表性，即世界银行的《采购指南》、世界贸易组织的《政府采购协定》、联合国的《贸易法委员会货物、工程和服务采购示范法》以及欧盟的《政府采购公共指令》。政府采购 18 世纪末诞生于英国，已有 200 多年的历史，随着社会的不断发展，政府采购的实践活动也日趋成熟。通常，政府采购是指各级政府为开展日常政务活动或为公众提供公共服务，在政府财政的监督下，以法定的方式、方法和程序，从市场上为政府部门或所属公共部门采购商品和服务的行为。政府采购商品和服务的范围极其广泛，从塑料、黑板、家具到服装、汽车、燃料、灭火器等，可谓五花八门，应有尽有。必须指出的是，政府采购不是为了谋取商业利润，而是为了履行职能和实现公共利益。鉴于政府的特殊地位，与其他组织的采购行为相比，政府采购行为具有如下特点：

1. 需要供应商提供大量书面材料

政府的采购决策经常受到社会公众的监督，所以在采购过程中，政府要求供应商提供大量的书面材料，说明产品的情况。对于供应商来说，应该了解、掌握并遵守这一规则。在现实中，我们会听到供应商的各种抱怨，如文字工作过多、官僚主义、规章制度烦杂、决策拖拉和采办人员经常变换。具体参与政府采购监督的社会公众包括：（1）国家权力机关和政治协商会议。通常，政府的重要预算项目必须提交国家权力机关审议通过，经费的使用情况需接受监督。(2）行政管理和预算办公室。某些国家成立了专门的行政管理和预算办公室，负责审核政府的各项支出并努力提高使用效率。(3）传播媒体。报刊、广播及电视等传播媒体密切关注政府经费的使用情况，并对不合理的使用予以披露，起到舆论监督作用。(4）公民和社会团体。公民和社会团体对自己上缴的税赋是否切实地用于民众非常关注，通过各种途径表达自己的看法和意见。

2. 需要供应商竞价投标

多数情况下，政府会选择索价最低的供应商，有时也会选择能提供优质产品或及时履约的供应商。例如，在美国，与联邦政府采购相关的法律非常多，它们对联邦政府的采购行为做出了详细规定，供各州和地方政府参考。这些规定包括招标与投标规则、招投标程序与管理、招标机构认定等诸多方面的内容。

营销视角6-3 采购模式创新："互联网+"采购

3. 往往照顾本国公司

出于情感、就业等因素的考虑，在采购过程中，各国政府往往倾向于从本国的公司采购。因此，许多跨国公司与东道国的供应商联合投标。除此之外，政府采购多采用协议供货的方式，这种采购方式在西方国家的历史比较悠久。大宗标准化商品的采购者和供应商通过长期的商业往来建立了比较可靠的商业信用基础，采购者同意与供应商通过协议达成长期供货合同，并由此建立了协议供货的采购方式。供货合同规定了商品的品种、规格、数量、供货期限、付款方式及索赔等条款。协议供货方式的好处是节省采购成本，采购者不需要每次都费力地寻找合适的供应商，并对它们进行资格预审，也不需要每次采购商品都签订合同。因此，这种采购方式逐渐被引入政府和国防采购领域，广泛地应用于政府办公用品、基础设施建设材料等项目的采购活动。

（二）政府采购的方式和影响因素

一般来说，政府采购的方式包括公开招标采购、议价合同采购和日常性采购三种类型。其中，公开招标采购是最主要的采购方式。公开招标采购是指政府采购办事处邀请合格的供应商对政府所需商品品目进行投标，获得合同的通常是出价最低的供应商。这种方式适用于大众化、标准化产品的采购。在议价合同采购中，采购机构与一家或几家公司接触，就项目和交易条件与其中一家进行直接谈判。这种采购方式主要发生在与复杂项目有关的交易中，或发生在缺乏有效竞争的场合，通常涉及很高的研究与开发费用和风险。应该明确，向政府部门出售产品与向营利性企业出售产品完全不同。如果营销人员的目标是向政府部门出售产品，应该注意以下问题：(1）透彻理解复杂的政府采购制度，了解政府对采购产品的要求；(2）建立有效的沟通渠道，保持与政府部门的良好联系并及时了解其采购计划；(3）制定适应政府部门产品需求的研发、生产和管理战略；(4）利用信息系统及时了解政府部门对产品的使用反馈；(5）形成一套有效的议价策略以决定价格、折扣、支付方式及合同补充条款等。

三、事业机构及其购买行为

典型的事业机构包括学校、医院、疗养院及图书馆等，它们向其针对的各类人群提供产品和服务，从而形成了一类特殊的组织需求。随着市场经济的不断深化和社会分工的日益细化，事业机构市场变得越来越庞大。

（一）事业机构的特点

与组织市场中的其他顾客相比，事业机构的特点是：一方面，它们需要接受政府部门的管理，受到政治条款和法律规定的制约，这使得事业机构的采购活动与政府部门的采购活动有很多相似之处。例如，都有复杂的采购机制，事业机构通常有年度预算，其采购行为控制在一定范围内，受预算的制约和政府部门的控制。另一方面，很多事业机构独立运作。与营利性企业相比，它们甚至有更多的购买要求。例如，学校的某些培训部门或医院具有与营利性企业类似的特点。但是，由于预算的限制，事业机构对商品采购具有更强的价格敏感性。事业机构采购的一大特征是预算低。例如，当医院采购部门决定为病人购买食品时，往往倾向于选择专门向事业机构出售商品的供应商，这些供应商的商品质量满足相关标准，但价格通常较低。

（二）事业机构的购买行为

总体来看，事业机构的购买决策往往在建立新机构或更换设备时集体做出，管理人员、专业人士甚至咨询顾问一起参与对供应商的评估。事业机构的采购活动通常采用联合采购的方式。联合采购是指两个或两个以上的购买者为充分利用规模经济优势和降低采购成本，共同从事采购活动。

1. 组建采购战略联盟

采购战略联盟是指两个或两个以上的组织出于对自身总体经营目标的考虑而采取的一种长期性联合与合作的采购方式。这种联合是自发的、非强制性的，联合方仍然保持本组织采购的独立性与自主权，依靠彼此达成的协议和共同经济利益结成松散联盟。比如，英国特易购于 2018 年宣布与法国家乐福达成战略联盟。在合作声明中，两大巨头表示，长期合作战略联盟达成涵盖与全球供应商的战略关系、联合采购自有品牌产品等内容。该战略联盟既可以让两家公司以更低的价格采购质量更高和数量更多的产品，服务两家公司的消费者，又能够加强两家公司与供应商的关系，并为供应商提供重要机会。

2. 进行集体采购

为获得数量折扣，许多事业机构加入集体采购的行列。通常，集体采购是指具有相似需求的购买者组成更大的购买集体从事采购活动，集体采购可使成员获得更低的价格和管理成本、更高的产品质量、标准化的产品及更完整的交易记录。例如，在美国，超过 2/3 的公立医院加入集体采购的行列，而绝大多数医院的集体采购是通过当地医院联合进行的。此外，营利性的连锁医院（连锁医院正成为医疗领域越来越重要的组成部分）也采用集团采购的方式。例如，对于由多家医院构成的总营运预算达 10 亿美元的团体而言，其购买医疗供应品和医疗服务的支出为 3 亿～ 5 亿美元。通过集体采购，这些大型购买者节约了大量的成本。①

3. 合并通用材料的采购

该采购方式存在于具有竞争关系的组织之间，可通过合并通用材料的采购数量和统一归口采购来获得大规模采购带来的低价优惠。这种合作方式遍布全世界，将每一项采购业务交给采购成本最低的一方去完成，从而使联合体的整体采购成本低于原来各方单独采购成本之和，是这些组织的联合准则。例如，施乐（Xerox）、史丹利（Stanley）和联合技术（United Technologies）三家公司就组成了钢铁采购集团。尽管施乐公司的钢铁用量仅是其他两家用量

---

① Chapman T L，Gupta A，Mango P D. Group purchasing is not a panacea for U.S. hospitals. The McKinsey Quarterly，1998，1：160.

的 1/4，但联合采购使施乐获得了其他两家公司大规模采购带来的低价好处。应该指出，由于许多事业机构正面临巨大的预算压力，它们常常会将自己的某些运营部门外包给一些专业性公司，以提高效率和效用。例如，学校可能会寻找第三方承包商来购买食品和供给品，管理餐饮服务。又如，在洛杉矶，万豪管理着城中与之签约的学校的食品服务；在芝加哥，三家不同的承包公司各自掌管着多个学校的餐饮服务部门。此外，许多大学将自己的书店、饮料销售点等交由外部承包商管理。

在很多国家，事业机构正在迅速地发生变化，传统的国家所有的垄断模式正在被激烈的竞争及更加复杂的供应商与客户模式所替代。尽管事业机构具有某些结构上的相似性，但不同事业机构的演变过程存在巨大差异。正是由于有了新变化，所有竞争者都会获得重新洗牌的机会。在未来，所有的供应商都需随时关注事业机构的即时变化，并据此制订相应的战略规划。

案例

华为的采购之道

华为创立于 1987 年，总部位于广东省深圳市，是一家民营通信科技公司。从成立初期发展至今，华为深耕通信技术领域，已成为全球领先的信息与通信技术解决方案供应商，致力于构建万物互联的智能世界。2020 年，华为在《财富》世界 500 强中排名第 49 位；2018 年，世界品牌实验室发布的世界品牌 500 强榜单中，华为排名第 53 位。

随着企业采购进入高速数字化采购新时代，为了保持国际竞争力，华为博采众长，从跨国公司 IBM 请来顾问帮助自己建立采购系统，以求更好地发展。华为从组织结构、市场投标、采购需求、电子化交易、与供应商的沟通五个方面入手，努力在技术、价格、质量、交货、响应、速度以及创新等方面获得竞争优势。下面具体阐述其采购和管理经验。

1. 组建跨部门采购团队

华为采购部建立了物料专家团，每个物料专家团都是一个跨部门团队，确保能够汇集每个业务部门、地区市场的需求。在具体的采购过程中，各物料专家团只负责采购某一类或某一族物料商品，这样可以在全球范围内利用华为的采购杠杆，同时有利于集中管理采购合同，提高采购效率。

2. 确保供应商早期介入

华为的研发部门和供应商密切沟通，供应商参与到华为的产品设计中。这种早期介入有利于供应商更好地了解华为对采购产品的真实需求以及具体的采购计划，保障产品的及时供给。同时，供应商的介入有利于双方的技术融合，实现互利共赢。

3. 采购关系管理

华为的内部采购主要包括生产采购和行政采购两部分。除了完成日常采购外，采购部门还负责与供应商以及内部客户的关系管理，对采购过程中任意一方的问题、需求予以及时高效的反馈。这些都拉近了与供应商的关系，同时提升了内部客户的满意度。

4. 推行电子化交易

华为着手推行电子化采购方式，利用数字化技术和采购平台，实现从“采购请求”到“付款”全流程的自动化。华为还搭建了供应商协同系统，以使供应商参与到电子化、数字化的交易过程中，提升合作效率。

5. 重视与供应商的沟通

华为深谙沟通对良好合作关系建立的作用，非常重视与供应商的沟通，建立了多样化的沟通渠道。比如，每个物料专家团都有专门的对接人员负责与供应商沟通和交流，以更好地传达公司的采购计划需求，处理采购过程中遇到的任何问题。华为还成立了供应商反馈办公室，处理供应商对华为内部员工或部门的投诉等，以实现采购的阳光化和科学化，与供应商构建安全、可靠的健康产业链条。

资料来源：华为的采购与供应商管理之道.（2018-02-23）. http://www.sohu.com/a/223673867_675822.

本章小结

本章首先分析了组织市场的概念、组织市场需求、组织购买品及组织市场产品的类型。然后，具体论述了组织购买行为的类型（全新购买、直接重购与更换重购）、组织购买行为的过程（确定需求、收集信息和筛选供应商、分析供应商、选择供应商、交易评估和信息反馈）、组织购买行为的影响因素（外部因素有经济因素、技术因素、政治法律因素、社会文化因素，内部因素有组织因素、团体因素及个人因素）。最后，详细论述了组织市场上的三种顾客（营利性企业、政府部门与事业机构）及其购买行为。

思考与练习

1. 什么是组织市场？组织市场需求有什么特点？
2. 组织购买行为的类型是什么？供应商应该采取怎样的营销策略？
3. 影响组织购买行为的因素有哪些？
4. 营利性企业的购买行为有什么特点？供应商应该采取怎样的营销策略？
5. 政府部门的购买行为有什么特点？供应商应该采取怎样的营销策略？
6. 事业机构的购买行为有什么特点？供应商应该采取怎样的营销策略？

基本概念　第6章

延伸阅读　第6章

第7章

目标市场营销战略

本章要点

企业通常在市场细分的基础上选择目标市场，即在评估不同细分市场之后，决定选择哪些细分市场。之后，企业要进行市场定位，即根据竞争对手产品在市场上所处的位置，针对顾客对该类产品的重视程度与需求状况，结合企业的现有条件，塑造本企业产品与众不同的个性或形象。

学习目标

- 了解市场细分的基础。
- 掌握消费者市场细分和产业市场细分的依据。
- 熟悉和掌握目标市场选择的模式与战略。
- 了解目标市场选择的步骤。
- 熟悉和掌握市场定位的方式。
- 熟悉和掌握市场定位的战略。

第1节　市场细分

1956年，美国市场营销学家温德尔·史密斯（Wendell Smith）率先提出市场细分的概念。[①]经过几十年的发展，市场细分已发展成为营销学中一个非常重要的概念，得到了学术界与企业界的一致认可。通常，市场细分是指经过全面、深入的市场调研后，企业依据消费者需要、欲望及购买行为等方面的差异性，将某一产品的整体市场划分为若干子市场的分类过程。市场细分是企业开展战略营销活动的基点，它不是对产品进行分类，而是对消费者进行分类。国际学术界认为，市场细分是其他战略性及战术性营销的前提。[②]

① 李晏墅．市场营销学．北京：高等教育出版社，2008.

② Kotler P. Marketing management. 10th ed. Prentice Hall，2000：255–283.

一、市场细分的产生

如同市场营销学中的其他理论，市场细分理论也是经历了若干发展阶段后才逐渐形成和完善的。

（一）大众化营销阶段

大众化营销（mass marketing）是指卖方针对所有消费者大量生产、大量分配和大量促销单一产品的营销方式，这在工业经济发展的初期较为常见。大众化营销观念认为，通过低成本的营销方式和低价格可以创造出最大化的潜在市场，从而获得较高利润，体现了企业居于主导地位的产品中心逻辑，产品供不应求，顾客只能率先满足对产品的使用需求。比如 20 世纪初福特汽车公司作为大众化营销方式的典型贯彻者，以流水线方式批量生产 T 型汽车，并凭借实用、优质、价格合理取得了商业上的巨大成功。之后，福特汽车持续践行大众化营销战略，以期长期占据汽车市场的领导地位。然而事物的发展并非一成不变，根据马斯洛需求层次理论，人们对于产品功能的追求无法止步于最基本需求的满足，随着经济的发展和人民生活水平的提高，人们需要将自我投射于所消费的产品之上，借助产品将自己的形象外显，因而大众化营销方式的困难日益凸显。依然通过福特汽车的例子来说明。经过几十年的发展，美国的经济水平和消费者的收入已有了很大的提升，T 型车已无法满足消费者对于汽车的需求，然而亨利・福特却骄傲地说："无论消费者需要什么颜色的汽车，我只生产黑色的。"于是，竞争对手通用汽车趁机夺取了福特的市场，造成了 T 型车停产的结局。如今，随着电子商务平台的发展和移动智能终端的普及，顾客购买产品和服务已不再是通过单一渠道，顾客可以通过线上、线下、不同平台、同一平台不同商家间的信息比较做出决策，企业一意孤行按照自己的方式塑造产品和服务，而不考虑顾客需求终归要面临失败的结局。[①]

（二）产品差异化营销阶段

20 世纪二三十年代，西方资本主义国家的经济危机给企业的营销活动带来了严峻挑战。面对产品严重过剩的现实，企业被迫转变经营观念，然而，在当时的生产环境下，众口难调，满足每一位消费者的需求是不可能实现的，因此企业开始思考如何通过对顾客进行分类使得一种产品能够满足一类顾客的需求。于是，企业和消费者共同妥协，企业生产由大众化营销向差异化营销转变，积极寻找市场空白点，挖掘消费者尚未满足的个性化需求，开发产品的新功能，赋予品牌新的价值，努力向市场推出与竞争对手产品质量、外观和性能不同的产品。比如，宝洁通过差异化营销构建了一个覆盖全球的巨大商业帝国。与大众化营销相比，产品差异化营销无疑是一个重大进步。然而，企业彼时的差异化营销并不是从顾客视角出发，而是从自身角度出发，为保有市场份额而不得不采取的折中方式。因此，差异化营销只考虑企业自身的设计能力、技术能力及生产能力等，没有关注顾客需求。随着顾客需求的不断变化，差异化营销成功的可能性逐渐呈现出下降的趋势。

（三）目标营销阶段

20 世纪 50 年代以后，在科学技术革命的推动下，社会生产力水平得到极大提高，企业生产的产品日新月异，生产与消费之间的矛盾日益突出，以产品差异化为中心的营销方式远远不能解决企业面临的问题。于是，企业再一次被迫转变营销理念，在充分研究市场的基础上，结

① McKenna R. Real-time marketing. Harvard Business Review，1995，73（4）：87–95.

合自身的资源和优势，选择最具吸引力和最能有效提供服务的子市场为目标市场，设计与该市场的需求特点相匹配的营销组合。总之，随着后工业化时代的到来，企业的营销战略目标从追求销售量向追求顾客忠诚转变，产品差异化营销战略进入了更高级的发展阶段——目标顾客终身化战略，不再单纯强调一次性交易的成功，而是强调顾客的生命周期价值。然而，无论是产品差异化战略，还是目标顾客终身化战略，实施的前提都是对市场需求进行有效细分。因此，市场细分理论应运而生。

（四）定制化营销阶段

市场细分理论的产生使传统的营销观念发生了根本性变革，对营销实践活动与理论研究产生了很大影响，因而它的产生被学术界称为市场营销革命。在此之后，围绕该理论出现了两种截然不同的新理论：超市场细分理论和反细分化理论。超市场细分理论认为，为满足消费者个性化消费的需要，企业应该对现有的细分市场进一步细分，这是因为顾客有不同的需要，通过市场细分将一群顾客划分为有共同需求的细分市场的传统做法已经不能满足单个顾客的特殊需要，而现代大数据技术、数据库技术、面部识别技术和统计分析方法等能够准确记录并预测每个顾客的具体需求，为企业赋能，帮助企业提供个性化的产品或服务，进而满足顾客的异质化需求，提高顾客的忠诚度。此外，长尾理论的发展指出，重视利基市场可以为企业带来巨大的盈利和成长空间，因此企业可以进行超市场细分，围绕每个细分市场开展个性化营销。[①] 也即我们现在常谈论的定制化营销、一对一营销，在大规模模块化零部件生产的基础上，通过顾客参与的方式对产品进行设计和调整，以满足不同顾客间的异质性需求，真正做到“千人千面”。比如，尚品宅配的 M2C（manufacturer-to-customer）全屋家居定制，通过消费者的深度参与，在初始阶段与设计师进行深度沟通，对自己喜欢的家居风格进行设计。再比如衣邦人的“互联网 + 上门量体 + 工业 4.0”的 C2M 商业模式，迅速撬动了服装定制的蓝海市场。

营销视角7-1 提升企业经济效益的法宝：市场细分

与此相对，有学者认为，在购买商品时，消费者更多关注的是价值、价格、效用及其比较。显然，过度市场细分必然导致企业营销成本上升，进而使得总收益下降。于是，反细分化理论产生了。当然，也有一些学者和企业家认为，企业应该从成本和收益比较的角度出发，对市场进行适度细分，这无疑是对过度细分的反思和矫正，赋予了市场细分理论新的内涵，为企业的经营实践提供了更好的指导。然而，到底是超市场细分能够带来更高的市场效率和企业利润，还是反细分化理论更占优势，尚未有定论，需要依据行业发展现状、企业特性、消费者市场偏好和导向等对企业内外部影响因素不断探究，才能得出更专业和深刻的结论。这也是实业界人士和学者需要进一步努力探索的方向。

在这里，本书要特别强调一点：定制化营销能够同时为顾客和企业带来较高的价值，但定制化营销往往离不开对顾客隐私信息的获取。企业在选择实施定制化营销战略的时候，应该以人民幸福美好生活为出发点，明确其存在是在为顾客提供更高价值的前提下实现利润提升。因此，企业尤其需要重视道德伦理问题，高度重视顾客隐私保护，避免与企业的使命和愿景背道而驰。

① 李学军，王念东．超市场细分理论的不足及改进．中国市场，2007（26）．

二、市场细分的基础

市场细分的客观基础是市场需求具有差异性。具体来说，由于社会、经济、文化和自然条件的不同以及顾客需求的千差万别和不断变化，顾客需要、欲望和购买行为呈现出异质性特征，使得顾客需要的满足呈现差异性。根据消费者对产品需求的差异程度，可以得到三种不同的偏好模式：同质偏好、扩散偏好和集群偏好。接下来，以冰激凌消费者对甜度和奶油这两种产品属性的不同偏好组合为例来说明这个问题。

（一）同质偏好

这是指市场上的多数消费者具有大致相同的偏好，并相对集中于中间位置，如图 7－1 所示。在这种情况下，消费者对冰激凌甜度和奶油的需求相似，因此各品牌冰激凌的特性比较集中，都处于甜度和奶油适度的中心。不过，随着生活水平的提高，不同消费者对冰激凌产品甜度和奶油这两个属性的态度不是完全相同的。但在市场上没有独特的产品可以满足消费者需求的情况下，处于中间位置的供应商显然是消费者唯一的选择。

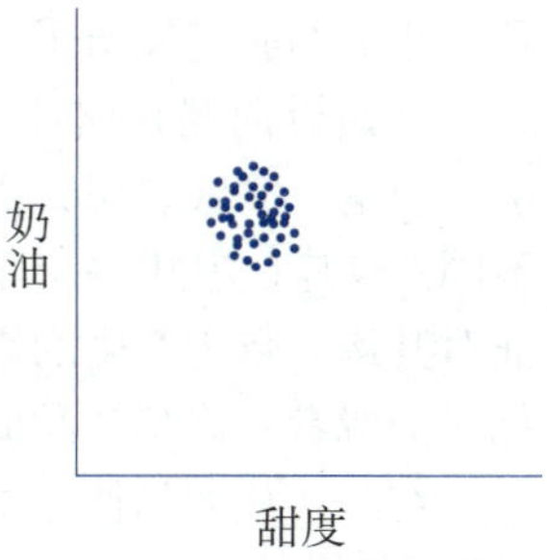

图 7－1　同质偏好

（二）扩散偏好

这是指市场上所有消费者对冰激凌甜度和奶油这两种属性的偏好分散于整个市场，如图 7－2 所示。在这种情况下，进入该市场的第一品牌很可能定位于中心位置，以最大限度地迎合数量最多的消费者的需要。因此，定位于中心位置的产品品牌显然可以将消费者的不满足感降到最低。随后进入该市场的第二品牌则既可以定位于第一品牌附近，与其对抗，也可以远离第一品牌，形成具有鲜明特征的定位，以吸引对第一品牌不满的消费者。如果该市场潜力很大，会出现几个竞争品牌同时定位于不同空间的情况，以体现这些品牌与其他品牌的差异性。

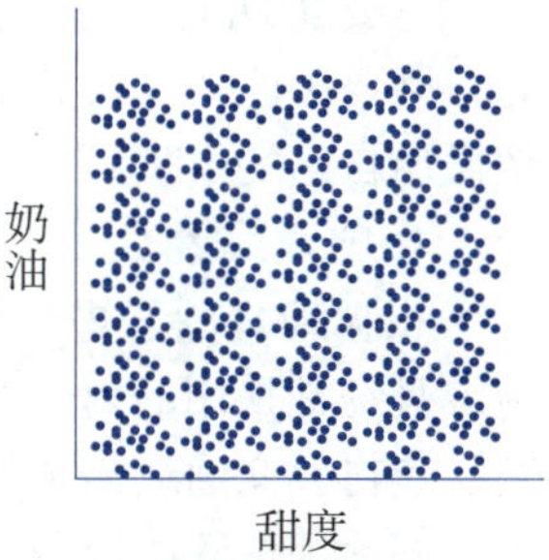

图 7－2　扩散偏好

（三）集群偏好

这是指市场上同时出现多个具有独特偏好的密集群，形成了自然的细分市场，如图 7－3 所示。在这种情况下，新进入该市场的企业面临三种选择：定位于中心位置，以尽可能赢得大多数消费者（无差异营销）；定位于某一子市场（集中性营销）；开发多品牌，分别定位于不同的细分市场（差异性营销）。

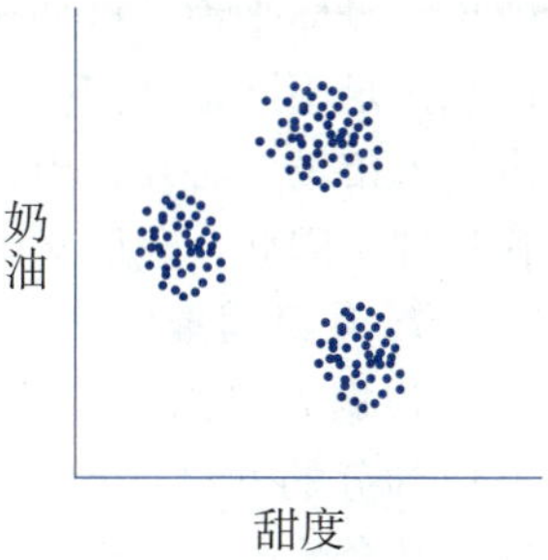

图 7－3　集群偏好

三、市场细分的依据

（一）市场细分的研究视角

目前，关于市场细分的研究主要存在两种视角，由此形成了两大流派。第一种视角是顾客导向细分，其重点是对顾客的需求和行为特征进行分类，主要以顾客总体特征为细分标准进行分群，从个体心理（如感知、认知、动机和个性等）、社会文化环境和行为决策过程这三个不同侧面对顾客进行细分。[①]第二种视角是产品导向细分，它根据不同营销决策目标（如产品定位、定价或广告诉求等），围绕某种产品或品牌的特定消费情境对顾客进行细分，细分变量包括产品 / 品牌使用率、消费态度和利益寻求等，目的在于了解消费者对某产品或品牌的心理需求和消费行为的差异，以选择最有利的目标顾客群与恰当的营销策略。在当前的实践中，人们往往把这两种视角结合起来应用。[②]

（二）消费者市场细分的依据

如何选择细分标准进行市场细分是所有企业开展营销活动时必须解决的问题。对于该问题，相关的研究经历了一些变化。早期研究主要从自然地理环境、人口统计等外部特征进行细分，其假设前提是居住于同一区域、处于同一年龄段或收入水平的消费者具有相似的消费需求。但是，实践表明，具有相同人口与地理特征的消费者在面对相同的促销活动时，可能会有不同的反应。其中一个重要原因是他们的心理偏好不同。于是，人们开始关注消费者的心理特征对其购买行为产生的影响。但是，后来的研究发现，心理差异不能完全解释消费者行为的变化，消费者对许多产品的消费需求其实与使用情境密切相关。因此，相当一部分学者开始转向行为细分，从产品使用情境及其与消费者行为之间关系的角度进行市场细分。[③]综上，我们可以根据四个因素对消费者市场进行细分，即地理因素、人口因素、消费者心理因素和消费者行为因素。不过，企业在进行市场细分时，还需要关注党和国家对社会各项发展的规划和部署。比如，要实现共同富裕就要解决“不平衡不充分的发展”问题。因此，企业在进行市场细分时，既要关注一二线城市的市场开拓，也要向偏远地区渗透，以在找寻商机的同时，为共同富裕做出自己的贡献。

1. 地理因素

根据地理因素进行市场细分是指根据消费者所处的不同地理位置来细分市场，它是一种传统且经常采用的划分方法。地理细分的具体变量包括国家、地区、城市规模、气候、人口密度、农村及交通运输条件等。与其他细分标准相比，地理细分比较稳定，也比较容易分析。处于不同地理位置的消费者对同一类产品往往会呈现出差别较大的需求特征，他们对企业营销组合的反应也存在较大差异。根据地理因素进行市场细分对研究不同区域中消费者需求的特点、总量及变化趋势具有重要意义，有利于企业开拓新市场。例如，河南张弓酒业公司面对激烈的市场竞争，在地理细分的基础上，实施“一省一策”“一地一策”的灵活策略，取得了很好的效果。具体来说，该公司根据地区的气候差异与消费者的口味差异，以不同度数和价格的酒类产品满足不同地区消费者的需要，从而形成了“高度酒北上、低度酒南下”等销售格局，牢牢占领着市场。必须指出，地理细分中的大多数因素是静态变量，不能充分反映消费者的动态变化特征，因此，我们必须考虑动态因素，以对消费者市场进行更为细致的划分。

2. 人口因素

根据人口因素进行市场细分是指根据人口统计方面的因素细分消费者市场。具体来说，人口细分的变量包括性别、年龄、职业、收入水平、受教育程度、家庭人口数、家庭生命周期、社会阶层、民族、种族及国籍等。人口统计因素是最常用的细分标准，这是因为消费者需求与这些因素密切联系，且这些因素一般较易衡量。例如，第二次世界大战之后，美国的婴儿

① Wind Y. Issues and advances in segmentation research. Journal of Marketing Research，1978，15（3）：317-337.
② 科特勒，凯勒．营销管理：第 13 版．王永贵，于洪彦，何佳讯，等译．上海：格致出版社，2009.
③ 罗纪宁．市场细分研究综述：回顾与展望．山东大学学报（哲学社会科学版），2003（6）：44-48.

出生率快速上升。到了 20 世纪 60 年代，第二次世界大战后出生的一代已经成长为青少年，由于这一时期美国经济繁荣，家庭的可支配收入大大增加，因此，几乎所有定位于青少年市场的行业及其产品都取得了极大成功。闻名世界的迪士尼乐园就是一个典范。到了 70 年代后期，受经济萧条的影响，美国的婴儿出生率明显下降。到 80 年代中期，定位于儿童市场的行业及其产品呈现出不同程度的萧条景象，这必然使得那些原本定位于儿童和青少年市场的企业重新审视自己的定位策略，做出必要调整。再如，目前在中国崛起了“她经济”。国泰君安研究报告数据显示，我国 25 ～ 40 岁的时尚女性人口已达 2.9 亿，近 75% 的家庭消费决策是由女性主导的。越来越多的企业重视女性在消费市场中的重要地位，并采取多种策略吸引女性顾客。[①]

应该指出，人口细分的方法尽管简单易行，但存在局限性：第一，人口因素的细分作用有时并不明显。换言之，随着社会的发展，某些产品的消费者在人口统计因素上的界限会逐渐模糊，甚至消失。第二，消费者的需求很少只受单一人口细分变量的影响，所以企业应该将众多人口细分变量结合起来作为市场细分的依据。

3. 消费者心理因素

根据消费者心理因素进行市场细分是指根据生活方式、个性等反映消费者心理状况的变量来进行市场细分。由于在购买产品时，消费者会表现出极大的心理差别，因此需要、欲望和购买行为等因素会受到众多心理因素的影响。心理细分的变量主要包括生活方式、购买动机、个性、价值观及所追求的利益等。鉴于心理因素在企业营销活动中的作用甚大，很多企业有意识地通过广告宣传树立品牌个性、品牌形象，以吸引和迎合个性相似的消费者。比如，耐克经典广告语“想做就做”体现出的品牌形象就紧贴年轻人追求自我、敢闯敢干的个性。

4. 消费者行为因素

根据消费者行为因素进行市场细分是指根据购买产品的时机、使用者情况及消费者对产品的忠诚度等反映消费者行为的变量来细分市场。行为因素是企业进行市场细分和建立细分市场的重要出发点，主要行为细分变量包括时机、利益、使用者、使用率、忠诚度、待购阶段以及态度等。由于行为因素的重要性日益凸显，越来越多的企业和学者开始关注行为因素。以京东为例，根据消费者的不同忠诚度，京东设置了多种会员等级，如铜牌会员、银牌会员、金牌会员和钻石会员。不同等级的会员对应的特权各不相同，等级越高，能够享受到的购物和服务的特权就越大。

（三）产业市场细分的依据

许多用来细分消费者市场的变量同样可以用来细分产业市场，如地理因素、利益追求及使用者状况等，但是，产业市场细分变量与消费者市场细分变量不完全相同。如表 7－1 所示，波诺马和夏皮罗（Bonoma & Shapiro）两位学者比较系统地列举了细分产业市场的主要变量，并提出了企业在选择目标顾客时应该考虑的主要问题。

表 7－1　细分产业市场的主要变量

变量类型	相关问题
宏观特征变量	1. 行业：我们应该将重点放在哪些行业？ 2. 公司规模：我们应该将重点放在多大规模的公司？ 3. 地址：我们应该将重点放在哪些地区？

① “她经济”时代，得女人者得天下 .（2018-04-29）. https://www.sohu.com/a/229932616_261465.

续表

变量类型	相关问题
经营变量	1. 技术：我们应该将重点放在顾客重视的哪些技术？ 2. 使用者或非使用者情况：我们应该将重点放在大量、中量、少量使用者身上，还是非使用者身上？ 3. 顾客能力：我们应该将重点放在需要很多服务的顾客身上，还是需要很少服务的顾客身上？
采购方法变量	1. 采购职能组织：我们应该将重点放在采购组织高度集中的公司，还是采购组织高度分散的公司？ 2. 权力结构：我们应该将重点放在工程技术人员占主导的公司，还是财务人员占主导的公司？ 3. 现有关系的性质：我们应该将重点放在与我们有牢固关系的公司，还是追求最理想状态的公司？ 4. 总采购政策：我们应该将重点放在乐于采用租赁、服务合同、系统采购的公司，还是乐于采用秘密投标等贸易方式的公司？ 5. 购买标准：我们应该将重点放在追求质量、重视服务的公司，还是注重价格的公司？
情境因素变量	1. 紧急：我们应该将重点放在要求迅速和突然交货的公司，还是提供服务的公司？ 2. 特别用途：我们是否应该将重点放在产品而非用途上？ 3. 订货量：我们应该将重点放在大宗订货，还是少量订货？
企业特征变量	1. 购销双方的相似点：我们是否应该将重点放在人员与价值观念与本公司相似的公司？ 2. 对待风险的态度：我们应该将重点放在敢于冒险的顾客，还是规避风险的顾客？ 3. 忠诚度：我们是否应该将重点放在对供应商非常忠诚的公司？

资料来源：Bonoma T V，Shapiro B P. Segmenting the industrial market. Lexington，MA：Lexton Books，1983.

四、市场细分的程序

市场细分的程序是指企业在进行市场细分时应该遵循的步骤，即首先做什么，然后做什么，最后做什么。一般而言，市场细分程序包括三个阶段：（1）调查阶段。在这一阶段，企业的相关人员进行探索性面谈并召开小组座谈会，获得消费者动机、态度及行为方面的信息。之后，企业需要搜集一些资料，如产品的属性和使用方式、品牌的知名度以及消费者的心理和行为等。（2）分析阶段。在这一阶段，企业人员采用相关的分析方法进行资料分析，剔除关联性很强的变量，然后采用已经选取的细分变量进行市场细分。（3）描绘阶段。在这一阶段，企业根据消费者的态度、行为、人口变量及心理变量等划分相关的消费者群体，然后根据主要的不同特征给每个细分市场命名。例如，有人曾经对游乐市场进行如下划分：消极的以家庭为中心者市场、积极的体育运动爱好者市场、固执己见的自我满足者市场、文化活动者市场、积极的以家庭为中心者市场及社会活动者市场。

市场细分步骤是与市场细分程序相似的一个概念，主要是指企业进行市场细分时应该遵循的先后顺序，它不仅适用于消费者市场细分，也适用于产业市场细分。一般来说，市场细分步骤包括六个：（1）确定要研究的市场或产品范畴，即企业需定义要研究的整个市场或产品范畴——企业已经参与竞争的市场或产品范畴、新的且相关的市场或产品范畴、全新的市场或产品范畴。（2）选择市场细分的依据。这需要企业决策者或营销人员具有高度的洞察力、创造力及相关的营销知识。（3）选择具体的细分描述变量。这是指企业需选择市场细分变量，如年龄、职业以及收入水平等。（4）描述和分析市场。通过该步骤，企业可对细分市场的规模、预期发展、购买频率、当前使用的品牌、品牌忠诚度及盈利潜力等情况有清楚的认识。（5）选择目标市场。尽管选择目标市场不是细分过程的组成部分，但它是细分过程的必然结果，是影响甚至决定企业采用何种营销组合的关键因素。（6）设计、实施和保持适当的营销组合策略。通过这些营销策略的实际运用，企业可以满足细分目标市场上的顾客需要并创造利润。

近年来，随着移动互联网、大数据、云计算等技术的发展成熟，通过数据挖掘技术对客户进行科学的细分日益成为企业进行市场细分的重要方式，进而实现对目标客户群体的个性化、差异化营销，为市场细分增添了更多活力。一方面，海量数据的产生为企业进行市场细分创造了更多的资源；另一方面，大数据等新兴技术的发展带来了更加多样和高效的数据分析、数据挖掘工具，促使企业市场营销精准化。通过对消费者的行为数据进行收集、加工和处理，企业能够准确定位特定消费群体或个体的兴趣、消费习惯、消费倾向和消费需求，进而对其下一步的消费行为进行准确预测，并据此进行定向营销，大大节省了营销成本，提高了营销效果，从而为企业带来更多的利润。例如，银行业根据顾客贡献度对其进行分类，中信银行通过大数据技术实现了信用卡实时精准营销，根据消费额度将客户划分为高价值客户、VIP 客户、金卡客户、银卡客户等，随后利用大数据技术按照客户等级划分进行客户群偏好分析、交易预测以及茶品和服务推荐等。进一步地，企业可以对多个单维度指标进行整合，如通过对消费额度、年龄、职业等多变量进行整合，以叠加的方式进行更细致的划分。基于此，企业不仅能够紧紧把握存量市场，还能够有效扩展增量市场，快速开发新业务，实现个性化营销，在保证顾客满意的同时形成竞争壁垒，显著增加企业利润。

五、市场细分的有效性

不是所有的市场细分都是有效的。一般而言，当提及市场细分的有效性时，它往往包括两个层面的含义：一是市场细分变量选择的有效性；二是市场细分结果的有效性。

（一）市场细分变量选择的有效性

在进行市场细分的过程中，对市场细分变量选择的有效性进行检验十分关键。一般而言，采用某个细分变量对市场进行细分之后，企业往往需要面向不同的细分市场制定不同的营销策略组合。如果不同细分市场中的顾客对营销策略组合的反应没有显著差异，或者在产品的购买态度与购买行为等方面没有显著差别，细分一般就是无效的，反之，就是有效的。具体而言，主要存在三种基本情况。

（1）使用单个细分变量的有效性。企业首先需要收集顾客购买态度或购买行为等方面的信息，同时收集顾客人口统计等方面的数据，然后检验不同类别的顾客在购买态度或行为等方面是否存在显著差异。从变量选择的角度来看，衡量消费者购买态度与行为的变量往往是有序变量或类别变量，有关顾客类别的变量通常也是有序变量或类别变量，如地区、性别、受教育程度等。尽管顾客的收入水平是定比变量，但也可以把它当作有序变量来处理。这样，对单个市场细分变量有效性的检验就可以采用列联表（contingency table）的卡方检验。

（2）同时使用两个细分变量的有效性。对于同时使用两个细分变量的有效性检验，企业通常使用分层卡方检验的方法，其实质是三维列联表的检验。如果用 A 表示顾客的购买态度或行为，用 B 和 C 分别表示两个已经选择的细分变量，则需要检验：A、B 和 C 是否相互独立；A 和（B，C）是否相互独立；在给定 B 之后，A 和 C 是否相互独立（或在给定 C 之后，A 和 B 是否相互独立）。当第一个假设或者第二个假设成立时，B 和 C 这两个细分变量通常是无效的。

在第三个假设中，在给定 B 之后，如果 A 和 C 是相互独立的，则细分变量 C 是无效的。

（3）同时使用两个以上细分变量的有效性。同时使用两个以上细分变量的有效性也可以用分层卡方检验，但随着市场细分变量的增加，分布在每一顾客类别中的样本数会越来越少，这可能会导致不同顾客类别中的样本数达不到既定的要求。为此，可以使用其他方法，如最优尺度回归（optimal scaling regression）或逻辑回归（logistic regression）等。

上述三种方法在检验多个细分变量的有效性时，往往可以结合使用。①

（二）市场细分结果的有效性

市场细分结果的有效性是一个十分重要的问题。为提高市场细分结果的有效性，应注意以下几点：

（1）可测量性。这是指企业可以获取细分市场中的顾客特性及其相关的准确信息。这些信息包括细分市场的顾客特征、潜在的顾客数量、顾客的购买意图和消费行为以及市场环境和竞争者特征等。如果上述信息不能有效测量，市场购买力和盈利潜能等就无法进行准确计算。这时的市场细分结果往往是无效的。

（2）可进入性。这是指企业可以有效地接近细分市场，并为之提供服务。如果一个细分市场看起来很有前景，但很难接近或企业根本没有能力为之服务，这个细分市场就没有现实意义。

（3）可区分性。这是指不同细分市场的特征可以明确地加以区分。也就是说，不同细分市场上的顾客对企业的市场营销组合应该产生不同的反应。从理论上讲，细分市场之间的排斥性越强越好。

（4）可盈利性。这是指细分之后的市场应该可以使企业有利可图。换句话说，所识别的细分市场及其潜力应该足够大，以保障企业可以从中获利。否则，企业进行市场细分就没有任何意义。

上述标准可以衡量通过市场细分得到的细分市场是否有效或是否适合进入。迪布和温斯利（Dibb & Wensley）指出，衡量细分市场是否有效往往需要考虑其他因素，诸如高层管理者的参与和支持、公司对市场变化的充分准备、职能部门之间的沟通协调以及精密的计划等也会对市场细分结果的有效性产生影响。②

第 2 节　目标市场选择

目标市场是指在市场细分的基础上，企业想要进入的最佳细分市场，它不仅是企业营销活动要满足的市场，而且是企业为实现预期目标想努力进入的市场。目标市场选择是指企业在评估不同细分市场之后，决定选择哪些细分市场和选择多少细分市场的过程。

一、目标市场选择的模式

通常，企业在选择目标市场时，可供选择的市场覆盖模式有市场集中化、产品专业化、

① 金敏．如何进行市场细分变量的有效性检验．统计与决策，2005（24）：143-144.

② Dibb S，Wensley R. Segmentation analysis for industrial markets：problems of integrating customer requirements into operations strategy. European Journal of Marketing，2002，36（1-2）：231-251.

市场专业化、选择专业化和市场全面化五种模式，如图 7－4 所示。[①]

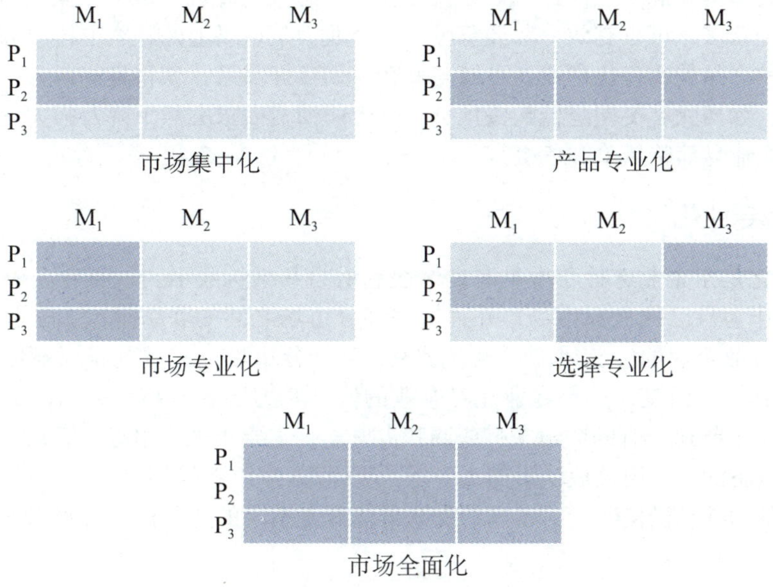

图 7－4　目标市场选择的五种模式

注：P 代表产品，M 代表市场。

资料来源：埃特泽尔，沃克，王永贵，等. 市场营销：第 14 版. 南京：南京大学出版社，2009.

（一）市场集中化

市场集中化又叫密集单一市场，是企业在市场细分的基础上，进行目标市场选择的一种市场覆盖模式。具体而言，企业仅仅集中生产一种产品，并向某一市场销售这种产品。市场集中化可以给企业带来好处，例如，大众汽车公司集中精力经营小汽车市场，通过市场集中化的营销努力，更加了解细分市场的真实需要，从而在细分市场上赢得了更加稳固的地位。此外，该公司通过生产、销售和促销的专业化分工获得了许多经济收益。但是，市场集中化的营销活动可能比其他营销活动具有更大的风险。首先，单个细分市场可能会出现不景气的情况。其次，当强大竞争者决定进入某细分市场时，在该细分市场上经营的企业就会遇到很大麻烦。

（二）产品专业化

产品专业化也是企业进行目标市场选择的一种市场覆盖模式。具体而言，企业仅仅集中生产某种产品，并向各类顾客销售。比如，Kindle 电子书阅读器的价位从 600 元、900 元到 2 000 多元不等，不同的价位对应不同等级的技术装备，适应具有不同需求的消费者。产品专业化的优点是企业可以专注于某种或某类产品的生产，有利于形成生产或技术上的优势与核心竞争力，从而在领域内树立良好形象。产品专业化也存在局限性，即当该领域被一种全新的技术或产品替代时，产品的销售量有大幅下降的危险。

（三）市场专业化

市场专业化是指企业专门为某个市场上的顾客群生产和提供其所需的各种产品与服务。例如，贝贝集团旗下拥有 1 亿女性用户的贝贝网电商平台出售母婴用品、家用百货、美食、服

① 埃特泽尔，沃克，王永贵，等. 市场营销：第 14 版. 南京：南京大学出版社，2009.

饰等方面的商品，在母婴电商市场上风生水起；某工程机械公司专门向建筑业用户供应推土机、打桩机、起重机及混凝土搅拌机等建筑工程所需的机械设备。市场专业化的优点有：企业经营的产品类型众多，可以有效分散经营风险；企业为某市场上的顾客群体服务，并成为该顾客群体所需各种产品的销售代理商，可以与顾客建立良好关系，获得良好声誉。市场专业化也存在不足之处，如当顾客突然降低购买预算、顾客的消费需求突然下降及强大竞争对手的低价产品进入时，企业易面临风险和危机。

（四）选择专业化

选择专业化是指企业选择若干具有良好盈利潜力和结构吸引力、符合企业目标与资源条件的细分市场作为自己的目标市场，并且这些细分市场之间的联系很少。一般而言，选择专业化可以有效分散企业的经营风险。也就是说，某细分市场上的盈利状况不佳可以由其他市场上的盈利来弥补。但是，选择专业化对企业的资源实力要求较高。例如，艾米斯广播公司（Emmis）拥有多个频道，有的频道主打蓝调和古典乐，主要用来吸引老年听众，有的频道则是专门为年轻人准备的，主要播放城市街头音乐，吸引 25 岁以下的年轻人。[①] 再比如我们非常熟悉的腾讯旗下的 QQ 和微信，针对不同的受众群体开发不同的业务模块，吸引不同年龄和不同需求的消费者，并形成消费者黏性。

（五）市场全面化

市场全面化是指企业为所有市场上的顾客生产和提供其所需的各种产品与服务。一般来说，只有实力雄厚的大型企业选用这种市场覆盖模式时才会取得好效果。为达到覆盖整体市场的目的，大企业可以采用两种策略：无差别的市场营销和差别性的市场营销。在无差别的市场营销活动中，企业不考虑市场间的区别，仅仅生产一种类型的产品，致力于满足消费者的相似需求，而不考虑它们的差异。可以想象，如果企业通过这种方式来覆盖整体市场，其成本支出较少。一般局限于垄断行业，如信息通信行业为消费者提供的多为无差别的市场营销。然而，如果企业的实力足以提供差别性的市场营销，那么企业将一枝独秀，如风靡一时的宝洁公司，其产品线和产品品类众多，产品覆盖世界范围内的消费者市场。尽管企业通过差别性的市场营销活动也可以覆盖整体市场，但在此过程中，包括产品改进成本、生产成本、管理成本、存货成本及促销成本等在内的企业成本支出会大幅增加。如今，随着数字经济的发展、消费者消费思想的转变，企业需要在差别性的市场营销的基础上进一步思考满足消费者个性化需求的策略。

二、目标市场选择的战略

（一）无差异性营销战略

无差异性营销战略是指企业面对整个市场，只提供一种产品，采用统一的营销战略和策略，以吸引所有的消费者。采用此种战略的企业将整个市场看作一个整体，不需要进行市场细分（见图 7－5）。企业实行无差异性营销战略主要基于两种指导思想：

（1）从传统的产品观念出发，强调消费者需求的共性，忽视消费者需求的差异性。因此，企业总是为整体市场生产标准化产品，并实行无差异性营销战略。在产品导向观念占据主导的时代，大多数企业采用这种营销战略开展经营活动。

① 刘华，邵安兆，陈桂生．市场营销学．北京：北京工业大学出版社，2005.

（2）经过市场调查之后，企业认为某些特定产品（如食盐）的消费需求大致相同或存在较少差异，针对这类产品采用无差异性营销战略。使用无差异性营销战略的优点是可以降低企业成本，这是因为大批量生产与分销必然会降低单位产品成本，同时也会节省大量的市场调研、产品开发、广告宣传及渠道维护等方面的费用，实现较好的经济效益。当然，这种营销战略也存在缺点，即市场的适应性较差。而且，随着消费者收入水平的不断提高，一种产品能够长时间被所有消费者接受的情况越来越少。

图7－5　无差异性营销战略

资料来源：李言规．论目标市场选择与目标市场战略的区别和联系．湖南经济管理干部学院学报，2006（5）：45–46.

（二）差异性营销战略

差异性营销战略是指企业选择两个或两个以上的细分市场作为自己的目标市场，并针对这些细分市场制定和采用不同的营销组合（见图7－6）。差异性营销战略的优点是：可以更好地满足消费者的不同需求；阻止其他竞争对手进入，提高企业竞争力；降低企业经营风险。它也存在缺点：小批量、多品种的生产会使单位产品的生产成本上升；销售渠道的不断扩展及广告活动的扩大与复杂化会使销售费用大幅提高；市场调研费用、管理费用等成本会增加。

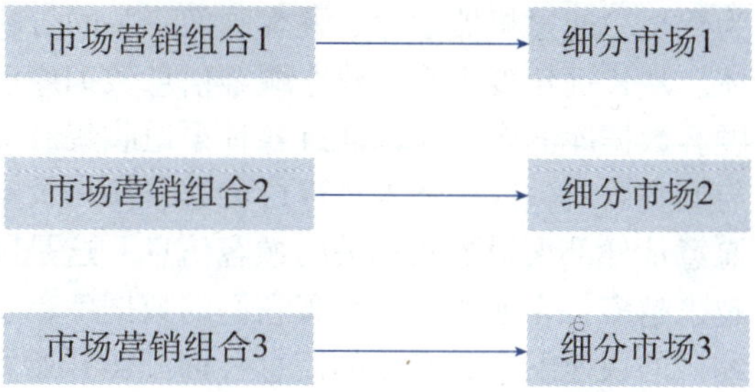

图7－6　差异性营销战略

资料来源：李言规．论目标市场选择与目标市场战略的区别和联系．湖南经济管理干部学院学报，2006（5）：45–46.

（三）集中性营销战略

集中性营销战略是指企业既不面向整体市场，也不将有限力量分散于多个细分市场，而是集中力量进入某细分市场，或是进入对该细分市场进一步细分后得到的几个更小的子市场，开发理想的产品，开展高度专业化的营销活动，满足市场需求（见图7－7）。集中性营销战略的理论依据是：企业将有限资源集中起来可以在“小”市场上占领“大”份额。这种营销战略的优点是：可以提高产品市场占有率，建立稳固的市场竞争地位；降低企业营销成本，提高投资收益率；提高产品的顾客忠诚度和利润率。这种营销战略的缺点是企业承担的风险较大。例如，一旦目标市场的顾客需求偏好发生变化或强大的竞争对手进入该市场，采用该战略的企业就可能陷入困境。

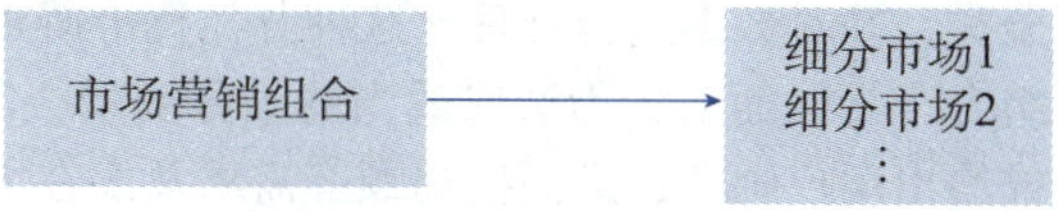

图7－7　集中性营销战略

资料来源：李言规．论目标市场选择与目标市场战略的区别和联系．湖南经济管理干部学院学报，2006（5）：45–46.

随着营销环境的日益变化与以顾客为中心的超强竞争时代的到来，一些新兴的营销战略开始出现。例如，利基营销战略和定制营销战略就是其中的典型代表。利基市场是指通常被大企业忽略或力量不够强大的某些细分市场。营销大师科特勒曾说：“随着市场的碎片化和消费者意志的强大，未来属于利基品牌。”因此，利基营销是企业针对利基市场开展的营销活动。如此一来，利基营销战略必然可以锁定顾客，并为企业创造更多的利润。定制营销是指将每位顾客视为

营销视角7－2　基于“一带一路”背景看中国零售企业“走出去”的目标市场选择

单独的细分子市场，根据其特定需求开展市场营销活动，以满足他们的需要。通过定制营销活动，企业可以提升可持续竞争优势，提高产品的市场占有率、企业的营销管理水平和社会资源的利用效率。

三、目标市场选择的步骤

（一）收集市场数据

全面准确地收集相关数据与信息是目标市场选择的基础。其中，数据是指消费者的基本信息及关于消费者与企业之间商业活动的历史记录或者说消费者开始接触企业到离开企业期间的行为轨迹（即使消费者没有购买企业产品或服务）等，是计算顾客终身价值的基本依据。今天，数据甚至成为企业制胜的法宝，在移动互联网与社交媒体兴盛的时代，消费者的信息处处可见，这些海量的数据蕴藏着无限的机会，数据已经渗透到市场营销的各个环节。于是，企业纷纷进行数字化转型，开展数字化营销，用数据推动企业发展。数字化营销基于庞大的顾客行为数据，通过机器学习、顾客画像、关联分析等举措，进行顾客细分，将顾客划分为不同的群体。从长远角度来看，建立顾客信息数据库已经成为当代企业必须开展的一项工作。没有建立顾客数据库的企业应该通过各种渠道收集有关数据和信息。例如，进行一定范围的消费者访问与调查、对一线服务人员进行调查、从相关专业公司购买有关信息等。当前，越来越多的企业愿意从外部渠道购买相关的顾客信息。这是因为从事专业顾客信息调查和收集工作的咨询公司越来越多，企业既可以购买它们的数据库，也可以委托这些公司进行专项调查。在我国，随着经济的快速发展，专业的信息咨询公司开始大量出现，越来越多的国际知名管理咨询公司在中国市场上开展业务。

（二）对顾客群进行科学分类

根据搜集的关于现实顾客与潜在顾客的信息和数据，企业可以依据一定标准对顾客进行分类，并对数据进行处理。这种分类标准既可以是单一细分变量，也可以是一系列细分变量的组合。具体而言，为选取适当的细分变量，需要企业对上一步骤中收集的客户数据进行分析，描绘出用户画像，进而挖掘顾客需求及潜在需求，促进企业产品附加值的增加。例如，当顾客购买汽车时，他们可能会优先考虑品牌，然后再考虑汽车的式样与型号等，我们称这种市场为“品牌—式样”市场。如果顾客遵循高性能、中型、四扇门和奔驰品牌这样的思考逻辑来做出购买决策，这种市场就可以称为“需要—大小—式样—品牌”市场。

（三）选择目标顾客

在充分掌握顾客信息和对顾客群进行科学分类的基础上，企业既可以通过顾客终身价值指标的定量计算来选择核心顾客，也可以通过其他方法选择目标顾客。[①] 通常，顾客终身价值（customer lifetime value，CLV）是指每个购买者未来一段时期内可以为企业带来的所有收益的净现值的总和。[②] 从财务视角来看，顾客终身价值是指顾客资产经杠杆作用后产生的利润经过风险调整后得到的现值[③]，这为使用边际利润计算顾客终身价值提供了理论依据。可以确定的是，顾客为企业带来的盈利的计算与三个因素密切相关：顾客持续购买产品的时间、顾客每次

① 王永贵．客户关系管理：精要版．北京：高等教育出版社，2018.

② 王永贵，韩顺平，邢金刚，等．基于顾客权益的价值导向型顾客关系管理：理论框架与实证分析．管理科学学报，2005（6）.

③ 郭朝阳，俞满娇．顾客资产度量及顾客终身价值．经济管理，2004（20）.

购买行为为企业带来的边际利润以及这一期间的贴现率。

根据这些描述因素，古普塔（Gupta）等提出了一种度量顾客终身价值的模型[①]：

$$CLV=\sum_{t=0}^{n}\frac{m_t}{(1+i)^t}$$

式中，m 指顾客某一购买期间产生的边际利润；i 指折现率；n 指顾客保有期或活跃期，顾客在这一期间会购买产品；t 表示顾客的购买期间。因此，该公式所计量的顾客终身价值是指在活跃期内，运用适当的折现率对某一顾客每次的购买给企业带来的边际利润进行折现所得到的现值。

古普塔等提出的顾客终身价值计量模型具有重要意义。首先，它可以帮助企业锁定需要选择的目标顾客；其次，它可以为企业未来的收入流量提供可行的计算方法；再次，它洞悉了营销杠杆（如顾客保留）能够帮助管理人员提高企业的价值；最后，它将顾客视为企业资产，将与顾客相关的支出视为投资而不是花费。通常，除了坚定的忠诚者之外，顾客转而购买其他企业的产品或企业筛除一些不受欢迎的顾客等行为，都会使顾客终身价值基本计量模型中的保有期产生不确定性。如果无法确定顾客的保有期，顾客终身价值就无法计算。因此，我们将介绍一种常用的选择目标市场的方法，即基于成本价格分析的顾客分类矩阵法，这是一种根据“成本-价格”分析进行目标顾客选择的方法。具体来说，它通过对顾客进行两个维度的考察得到四个不同的象限，分别代表具有不同盈利能力的顾客群体，这两个维度分别是交易达成的价格与服务顾客的成本，具体如图 7－8 所示。

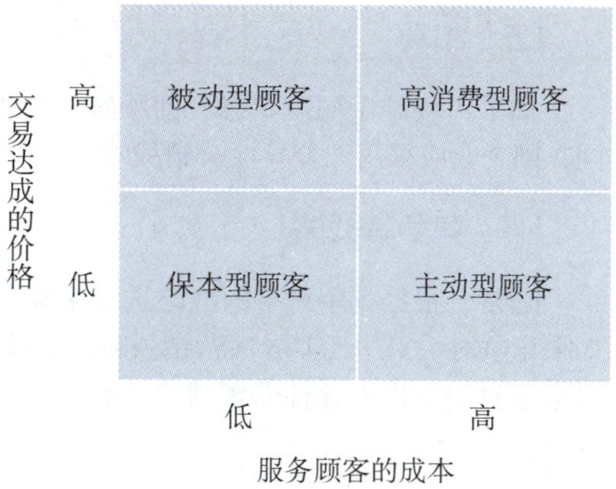

图 7－8　顾客分类矩阵法

资料来源：郭朝阳，俞满娇．顾客资产度量及顾客终身价值．经济管理，2004（20）．

虽然高消费型顾客服务成本很高，但他们往往愿意支付较高的交易价格。因此，对于企业来说，较高的转移成本使得这些顾客不易流失。毋庸置疑，高消费型顾客对企业的盈利具有非常重要的作用。与高消费型顾客相反，保本型顾客对商品价格十分敏感，但对售后服务和商品质量相对不敏感。所以，企业服务这类顾客的成本往往比服务高消费型顾客的成本低很多，这成为企业获取利润的一个可能来源。相比之下，主动型顾客不仅看重商品质量与服务水平，还要求低价，他们通常处于购买活动中的有利位置，并凭借大规模的购买数量要求供应商提供低价商品。如果与这类顾客打交道，企业获取的利润相对较少。最后，被动型顾客的服务成本较低，但他们可以接受较高的价格。对于企业而言，这些顾客是其获得利润的主要来源。因此，被动型顾客也是企业最值得去努力获取和保持的目标群体之一。

总之，在市场细分的基础上，企业应该根据自身实力状况，运用合适的方法，从子市场中选择一个或若干个作为目标市场，并针对目标市场的需求特点开展营销活动，以期实现顾客价值与所得利润的最大化。比如，东风裕隆在 2016 年推出了优 6、纳智捷 5、锐 3 三种全系车型，通过数据管理平台分析用户的基础信息，为用户建立多维度标签，准确找到了三种车型的目标受众，实现了广告的精准投放。[②]

---

① 玲语．2017 数字营销经典案例．互联网周刊，2018（2）．

② 同①．

四、目标市场选择战略的影响因素

（一）企业实力

通常，企业实力包括资源能力、生产能力、技术能力、创新能力、销售能力、应变能力及公关能力等，它们对企业目标市场战略的选择具有重要影响。企业如果资源丰富，技术能力、创新能力及公关能力强，就可以采用差异性营销战略或无差异性营销战略。反之，宜采用集中性营销战略。

（二）产品

就产品对企业目标市场战略选择的影响来说，应该从两个方面考虑：第一，产品本身的差异性。如果产品之间的差异性很小，企业宜采用无差异性营销战略。反之，宜采用差异性营销战略或集中性营销战略。第二，产品所处的生命周期阶段。新产品刚刚上市时，消费者需求及销售渠道等都比较单一，企业宜采用无差异性营销战略。当产品进入成长或成熟阶段，随着市场竞争的日益加剧，同类产品不断增加，无差异性营销战略难以奏效，这时采用差异性营销战略或集中性营销战略的效果会更好。

（三）市场

如果市场处于同质状态，即顾客的需求和偏好较为接近，市场对营销刺激的反应基本相同，则企业应采用无差异性营销战略。反之，应该采用差异性营销战略或集中性营销战略。

（四）竞争者战略

通常，根据竞争对手的战略选择来确定自身的目标市场战略的基本原则是反其道而行之。如果竞争对手采用无差异性营销战略，企业就应该选择差异性营销战略或集中性营销战略。如果竞争对手采用差异性营销战略，企业就应该选择更深层次的差异性营销战略或集中性营销战略。

第 3 节　市场定位

1972 年，阿尔·里斯和杰克·特劳特的文章《定位时代》刊登于美国的《广告时代》杂志，定位的概念自此正式诞生。①

一、定位与市场定位的概念

（一）定位的内涵与分类

根据阿尔·里斯和杰克·特劳特的观点，定位实质上是指对目标受众进行深入研究，从受众的角度进行审视，进而对信息进行有效筛选，集中并持续一致地传播相关信息，从而在目标受众脑海中建立独特记忆的方法。在市场经济条件下，定位主要包括：（1）产品定位。企业

---

① 里斯，特劳特．定位：头脑争夺战．王恩冕，于少蔚，译．北京：中国财政经济出版社，2002.

要充分结合市场上的人口分布、经济状况以及消费习惯等进行细致的产品定位，并通过详细的市场调研来实现。(2) 消费者定位。主要是指根据消费者的心理与购买动机等进行定位。(3) 价格定位。价格定位应走出价格战的误区，产品价格高低主要取决于厂商的战略定位与未来产品及市场发展的动向等。(4) 广告定位。广告定位应该遵循一些原则，如“对谁说”，即选择目标顾客；“说什么”，即广告的内容与创意；“怎么说”，即广告的艺术风格及表现形式。(5) 市场定位。这是产品成功走向市场的基础，也是产品在市场上所向披靡的保证。

(二) 市场定位的内涵

市场定位是指企业根据竞争对手产品在市场上所处的位置，针对顾客对某产品的重视程度与需求状况，结合企业现有条件与产品在市场上所处的位置，塑造本企业产品与众不同的个性或形象，进而通过特定的营销模式让顾客接受产品，以确定本企业及其产品在目标市场上的位置。简单而言，市场定位就是确定产品在市场上适当位置的活动过程。迄今为止，有许多公司借助定位成为世界上强大的汽车品牌。例如，丰田传递给顾客的信息是经济、适用；奔驰和凯迪拉克定位于舒适、豪华；保时捷和宝马定位于高性能；沃尔沃定位于较高的安全性能。

(三) 市场定位的地位与作用

市场定位是企业营销活动的指示灯与方向盘。众所周知，企业营销活动的核心是解决如何使用产品、价格、分销、促销四种基本策略及其组合来整体满足消费者需要的问题。市场定位是企业制定营销组合策略的基础，即只有当定位问题解决之后，企业才能确定营销组合中的产品是什么以及价格、分销、促销怎样与之匹配才是合适的。显然，明确的市场定位有助于确保企业营销系统的内在一致性，有利于提高企业营销活动的效率和效果，有利于促进产品和企业形象的塑造及无形资产的积累，进而为企业确立稳定、坚实与合适的市场地位以及进一步开发系列产品、拓宽市场范围和开拓新市场奠定基础与指明方向。在实践中，比萨饼市场上的小凯撒 (Little Caesars)、冰激凌高端市场上的哈根达斯和以安全著称的沃尔沃等都曾因有效的定位获得了高速成长。哈根达斯当年决定推出高价冰激凌系列，确立了高端冰激凌的定位，在过去的几十年里，该公司在高端冰激凌市场独占鳌头；为了在快餐市场上占据一席之地，温迪将其汉堡包定位为“辛辣多汁”，因此在主要面向成年人的市场上获得了成功；著名的空调制造商格力多年来始终如一地坚持生产空调，在消费者心中塑造了“空调专家”的形象。

二、市场定位中的核心要素与典型过程

(一) 市场定位中的核心要素

在成功的市场定位决策中，对两个核心概念的深入理解至关重要，它们是差异点和共同点。其中，差异点 (points-of-difference，POD) 是指顾客在接触到产品本身或听到产品名称、广告后能够强烈联想到的并给出正面评价的（令人喜欢的）产品属性或利益。这些属性或利益必须是独特的，是竞争对手的产品无法以同样程度存在于消费者心智中的，能够让消费者觉得“我有的优点别的产品没有”，如海飞丝（去头屑）、苹果（设计）和雷克萨斯（品质）等。在成功的市场定位中，差异点的挖掘和提炼是最有挑战性的，也是市场定位中必不可少的因素。共同点 (points-of-parity，POP) 是指产品非独特的、可能与其他产品共享的一些联想属性或利益，具体包括品类共同点和竞争共同点。其中，品类共同点是指在顾客心智中，某一产品属于

某一品类所必须具备的联想属性或利益。例如，如果携程旅行网无法为顾客提供多种价位的机票和旅馆预订服务，顾客就不会承认它是一家真正的旅行公司。竞争共同点是指能够抵消竞争对手产品差异点的联想属性或利益。它对企业的要求是其产品必须在这些属性上与竞争对手的产品持平。在顾客的眼里，如果企业的产品在企业试图寻求独特优势的领域中与竞争对手“打成平手”或表现得更为出色，再加上差异点的影响，顾客就会倾向于相信该企业的产品在市场上是强势的、可以信赖的——处于一种无懈可击的优势竞争地位。

（二）市场定位的典型过程

市场定位是一种工具，落脚点在于为顾客创造良好的顾客体验。对于任何管理者而言，市场定位都是一个非常艰辛的战略过程，是对其创新能力和市场洞察力的一种严峻考验。例如，安朴酒店将自己定位成为高端商务人士提供住宿服务的高星级精品商务酒店，致力于通过提升顾客体验来创造自己的核心竞争力。相较于一些酒店平台推出的分时预订策略，安朴酒店本着自身高星级精品商务酒店的定位，将注意力集中于提高全日租客人的体验上，故其承诺现在和将来都不会推出分时预订政策。①

市场定位过程通常包括以下三个关键步骤：

1. 选择定位概念

为了在既定的目标市场使特定的产品实现有效的市场定位，营销人员首先要确定目标市场最看重的特征是什么。然后，营销人员需要进行定位研究，深入剖析差异点、品类共同点和竞争共同点，以了解目标市场上的顾客在各项重要属性方面是如何对本企业的某种产品和竞争对手的相应产品进行评价的。在实践中，营销人员可以把这一研究结果绘制在一张感知图上，即按照反映各种特征或属性（或利益）的不同维度，把各种品牌或产品的相对位置在坐标系中描绘出来。图 7－9 展示了有关牛仔裤的一个虚拟感知图。例如，顾客认为 CK 比 Gap 昂贵，但舒适度不如 Gap；Wrangler 耐穿，但地位较低。图 7－9 表明了以合理的价格提供舒适和耐穿的牛仔裤将面临来自其他品牌最少的竞争。因此，如果有足够大的细分市场规模，瞄准未被占领的区域是一个有吸引力的选择。

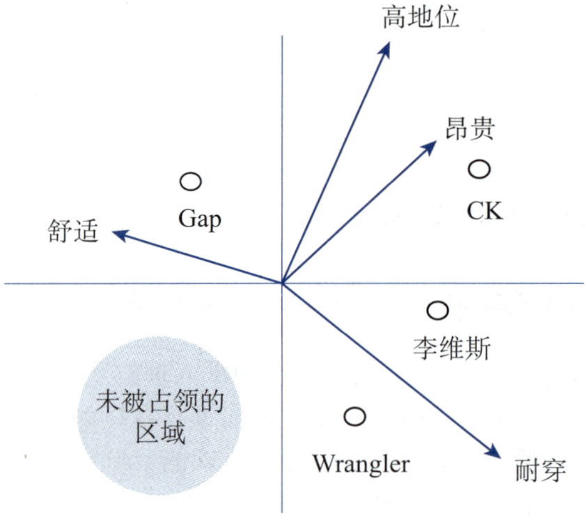

图 7－9　虚拟的牛仔裤感知图

资料来源：埃特泽尔，沃克，王永贵，等．市场营销：第 14 版．南京：南京大学出版社，2009.

① 里斯，特劳特．定位：头脑争夺战．王恩冕，于少蔚，译．北京：中国财政经济出版社，2002.

2. 识别和设计能够有效传递独特定位的维度或属性

有效传递定位的方式很多，包括通过品牌名称、口号、外形或产品的其他特征以及产品出售的地点、员工的仪表等传递。企业必须明确，某些特征可能比其他特征更为有效。而且，千万不能忽视细节，这一点十分重要。在具体实践中，有关独特维度或属性的识别与设计最好能够同时满足以下标准：（1）相关性，即目标顾客必须意识到企业定位的差异点与自己高度相关且十分重要。（2）可行性，即产品设计和最终在市场上提供的一整套解决方案必须足以支持所期望的联想属性或利益。在此过程中，营销人员必须搞清传递某种期望的联想属性或利益需要产品本身做出真正的改变，还是只需要顾客对该种产品的感知做出改变。如果是前者，需要根据所期望的属性，对产品进行彻底的改造；如果是后者，则必须深入思考如何才能有效地影响并改变目标顾客的感知。（3）区别性，即必须让目标顾客意识到该差异点是独特且优越的。（4）沟通性，即必须使顾客就为什么产品能够传递所期望的利益这一问题得到一个让人十分信服的答案，并明确如何有效地传递所期望的利益。为此，营销人员必须清楚到底哪些真实的、可证实的依据或者“支撑点”能够保证顾客真正相信产品及其联想利益。（5）可信度，即必须使目标顾客实实在在地感知到差异点是可信的、可靠的。（6）持久性，即必须充分承诺并愿意投入足够的资源，以建立一个持久定位。换句话说，构成差异点的独特属性或利益必须在相当长的一段时间里对顾客具有强大的吸引力。

3. 协调营销组合要素以传递一致的定位

即使只有一个或两个维度构成了定位的传递者，营销组合要素——产品、价格、促销和分销也应该与期望的定位相匹配。例如，像兰蔻这样的高端护肤品牌，除去产品本身的高质量以外，其精致的包装、高档的产品展示柜台、著名的产品代言人等都在向消费者传递一致的高端品牌信息。在实践中，许多产品之所以失败就是因为定位不一致给消费者带来了某种程度的混淆。[①]

营销视角7-3　宝马公司的双重属性品牌创建“群体”定位的两个误区和两个原则

三、市场定位的方式

（一）避强定位

避强定位是指企业主动回避与目标市场上的竞争对手的直接对抗，将自身的位置定在市场上的“空白点”，开发并销售目前市场上没有的产品，开拓新的产品市场领域。避强定位的优点是可以迅速在市场上站稳脚跟，并在消费者心中树立起企业与产品形象。这种定位策略由于市场风险较小、成功率较高，被很多企业采用。例如，1993 年，伊利试图进军北京市场，终因产品知名度太低而没有成功。在总结教训之后，伊利制定了“以农村包围城市，以外地包围北京”的营销策略。在接下来的几年中，伊利先后在几个大城市打开销路，终于在 1996 年正式进军北京市场。1997 年夏天，在竞争异常激烈的北京冷饮市场，伊利一枝独秀，取得了极佳的销售业绩。总体来看，伊利的成功归于避强定位策略的有效使用。伊利的产品在牛奶原料供应上充足且新鲜，具有浓郁的奶香味，价格也比同类产品低得多，于是，在避强定位策略的指导下，名不见经传的伊利以“低价优质”这一市场定位赢得了众多消费者的青睐。

---

① 埃特泽尔，沃克，王永贵，等．市场营销：第 14 版．南京：南京大学出版社，2009.

（二）迎头定位

迎头定位是指企业选择靠近现有竞争者或与现有竞争者完全重合的市场位置，争夺同样的顾客，它们在产品、价格、分销及促销等方面的差别不大。显然，迎头定位是一种与市场上最强竞争对手“对着干”的定位策略。尽管迎头定位策略是一种非常危险的战术，但不少企业还是认为这是一种可以激励自己奋发向上的可行定位尝试，一旦成功就会获得巨大的竞争优势。例如，在碳酸饮料市场上，可口可乐与百事进行着持续的竞争；在摩托车市场上，本田与雅马哈一直对着干；在快餐市场上，肯德基和麦当劳的竞争从未停歇；在电子商务兴起后，淘宝和京东对决；在直播平台的发展中，抖音和快手抢位。再如，神州专车以某专车企业为对标，提出了“抵制黑车”口号，农夫山泉的广告语“我们不生产水，我们只是大自然的搬运工”自然地让消费者对其他相关企业心生怀疑。[①] 可以看出，企业要实施迎头定位策略，必须知己知彼，尤其要对自身实力有清楚的认识。这种市场定位的目的不是一定要打垮竞争对手，而是以某一产品特性占领消费者心智，能够与竞争对手在市场上平分秋色即可。

（三）重新定位

营销视角7-4　百事可乐和可口可乐的百年大战：重新定位对手

重新定位是指企业变更产品特色，改变目标消费者对其的原有印象，从而使他们对原有产品形象有一个重新认识的过程。企业进行重新定位对于其适应市场营销环境和调整市场营销战略而言必不可少，有时还会起到意想不到的作用。即使企业在市场上的定位很恰当，在下列情况出现时也必须仔细考虑是否需要重新定位：（1）竞争对手将产品定位于本企业产品附近，侵占本企业的部分市场，使本企业产品的市场占有率下降；（2）顾客的消费偏好发生改变，从喜欢本企业产品转移到喜欢竞争对手的产品。然而，并不是说企业进行重新定位就能够夺回原有市场或开拓新市场，重新定位也存在巨大的风险，稍有不慎可能满盘皆输，因此，企业在重新定位前，应该考虑以下因素：（1）将自己的定位从一个细分市场转移到另一个细分市场所需的全部费用，即重新定位的成本；（2）重新定位市场上消费者的购买能力，这直接关系到企业的定位能否盈利。例如，王老吉将凉茶与药品区分开来，将凉茶重新定位成可以预防上火的功能性饮料，“怕上火，喝王老吉”的广告语成功打入消费者心中；当发现油脂对女性评价美容产品有负面影响时，宝洁公司将其“Oil of Olay”商标简化为“Olay”。由此，这一不含油的具有多年历史的品牌在全球皮肤护理和美容产品市场上获得了 5 000 万美元的销售额。为了避免现有顾客转换品牌，宝洁公司并没有广泛宣传更名，而是简单地引入了新的商标，并更换了包装。[②]

（四）插位

插位是指通过颠覆性的营销手段来打破市场原有的竞争地位排序，使后进品牌迅速成为行业领导品牌的营销新法则。通常，市场定位要让顾客明确企业产品与众不同，并使企业产品在潜在顾客的心智中占据独有的位置；插位考虑的则是后进产品或品牌如何才能通过成功的定位发展成市场上的领先者。为此，插位强调的不仅是给自己定位，而且是给竞争对手定位。从实现的方式来看，插位通常包括三种方式：斜行插位、垂直插位和联合插位。[③]

---

① 最实用的干货：6 种常见的市场定位方法 .（2019-02-28）. http://www.sohu.com/a/298254474_114819.

② 埃特泽尔，沃克，王永贵，等. 市场营销：第 14 版. 南京：南京大学出版社，2009.

③ 李彦亮. 企业市场定位及其营销战略. 金融与经济，2006（7）.

1. 斜行插位

斜行插位往往基于市场进行，是指企业通过开辟一个新市场直接成为市场领先者。这里所说的“新市场”往往是企业识别或创造出来的，企业既可以对顾客需求重新进行市场细分，也可以某一新生概念为依据进行市场细分或者利用渠道模式进行市场细分，以最终找到一个利基市场。当然，企业开辟新市场的目的非常明确，即让顾客认为自己在特定的市场中是最好的。例如，金嗓子喉宝是糖果还是保健品？七喜是可乐还是非可乐？脑白金是保健品还是礼品？这些产品虽然都是在相对成熟的市场上顾客耳熟能详的产品，但它们有一个共同点，那就是在进入市场时创造出了与成熟市场相关的新市场，并迅速成为该行业的领先者。

2. 垂直插位

垂直插位基于产品进行，是指在面对强大竞争对手的情况下，对已有产品进行再创造，超脱原有的市场排序而自成一路，最终达到市场领先的目标。其中，产品再创造并非一般意义上的重新包装等简单的创新，而是基于价值创新的思维逻辑，通过添加或删减某些特殊功能或属性创造出新产品。例如，“可以吸的果冻”喜之郎诞生的同时创造了一种同类产品，并使之在短时间内成为该行业的一线品牌。

3. 联合插位

联合插位是前两种插位的综合，是指通过把市场上已有的两三种产品的属性进行重组或结合，创造出新的市场和新的产品。例如，网吧实际上集中了餐饮模式和上网模式的长处，自助餐融合了家庭模式和参观模式的长处。

四、市场定位的战略与方法

市场上存在各种各样的市场定位战略和市场定位方法。下面分别对竞争者相关定位、并存定位、产品差别化定位、服务差别化定位、人员差别化定位和形象差别化定位进行简要的介绍。

（一）竞争者相关定位

对于一些产品来说，最好的定位就是直接针对竞争对手进行定位，即将竞争对手赶走取而代之。这种定位也称取代定位，是一种竞争性最强的定位。这种定位战略尤其适合那些已经具有稳固差异化优势并寻求巩固这种优势的企业。例如，英特尔为对抗其他微处理器生产企业，利用“内置英特尔芯片”的宣传语和长期的广告活动，使购买者相信其产品优于竞争对手的产品。对于其他一些产品来说，当竞争对手已经拥有强大市场地位的时候，这种面对面的定位战略就不适合了。有人认为，市场落后者需要采取与市场领先者相反（至少是有显著差异）的定位。例如，美国西南航空公司将自己定位于低价的航班服务，以区别于其他航空公司的全方位服务。实际上，其他一些航空公司（如捷蓝航空公司）已开始尝试模仿西南航空公司的做法，通过满足具有一定规模的某个细分市场来获得利润。①

（二）并存定位

某些企业把自己的产品定位在现有竞争对手的产品附近，力争与竞争对手共同满足同一个目标市场的需求，即服务相近的顾客群。这种做法并非指向竞争对手发动猛烈进攻，而是指一些实力不强的中小企业在进行产品定位时，跟随现有的大企业采取行动，力求与对手和平共处。在采用这种定位战略的时候，企业一般无须开发新产品（可以仿制现有产品），因而省去

① 埃特泽尔，沃克，王永贵，等. 市场营销：第 14 版. 南京：南京大学出版社，2009.

了大量研发费用。同时，由于现有产品已经在市场上畅销，所以企业不必承担产品不为市场接受的风险。一般而言，并存定位成功的基本条件是：（1）在企业意欲进入的目标市场中存在未被满足或未被很好满足的需求，即存在新的利基市场；（2）企业推出自己的产品时，应注意在各方面与竞争产品相媲美，并突出自己的特色。

（三）产品差别化定位

产品差别化定位是指企业采取各种手段使自己生产的产品在质量和性能上明显优于同类企业的产品，从而在市场竞争中占据有利位置。通过技术创新、管理创新和组织创新等，企业可以生产出具有创新性的产品，实现产品差别化，因而创新意识是产品差别化定位战略实施的根本。在产品差别化定位战略的实施过程中，由于产品或服务具有自己的特色，顾客对它们具有很高的忠诚度，从而形成了强有力的进入障碍，导致潜在竞争者难以进入市场。另外，由于产品的差异性很大，与同类企业相比，实施这种战略的企业可以处于更加有利的位置，因而产品差别化定位战略可以有效防止替代产品带来的威胁。例如，来自浙江嘉兴的名不见经传的羽绒服品牌 Orolay 打败著名羽绒服品牌加拿大鹅，成为亚马逊服装类全美销售冠军。Orolay 取得成功的原因在于其将重心放在研发与设计上，专门针对北美市场推出多口袋、多拉链设计款式，兼具时尚性与独创性，且价格只是加拿大鹅的 1/10。经过社交媒体的发酵与时尚人士的带动，Orolay 得到了“亚马逊外套”之称。[①] 产品差别化定位的主要形式包括：

1. 产品情感形象定位

企业将消费者当作有感情的人加以对待，以产品给他们带来的情感体验为重要诉求点，争取以情感打动消费者，从而获得更多市场份额。这就是产品情感形象定位。企业通过这种定位，可以直接或间接地冲击消费者的情感体验，获得源源不断的忠诚顾客。产品情感形象定位的不足之处在于顾客真正从情感上接受并持续购买某种产品可能需要很长时间，有时还会弄巧成拙。

2. 产品消费感受定位

任何产品都有其特殊的使用价值与功能特性，当消费者对产品进行消费时，总是期待从中获得某种心理和生理感受。因此，这种根据产品给消费者带来的消费感受进行的市场定位叫作产品消费感受定位。这种定位方式可以形成消费者对产品特有的深刻的正面感受与想法，最终增加产品销量。例如，作为一种饮料，可口可乐始终将消费者（尤其是年轻消费者）能够获得的愉快可口的心理和生理感受作为市场定位的基点。因此，该公司在中国市场上用“可口可乐”这一直接能表达和诱导消费者心理和生理感受的名称进行产品命名。产品消费感受定位能够有效唤醒消费者的情绪感知，但美中不足之处在于顾客形成的消费感受如果是消极感受，会给产品销售带来负面影响。

3. 产品等级或属性定位

有时候，一家企业的定位战略可以使自己的产品与某个产品类别和属性联系起来或区别开来。例如，某些企业把自己的产品定位于人们渴望的等级，如“中国制造”；某些企业则借助自己产品具有的一些吸引人的属性来进行促销，如“低能耗”或者“环境友好”等。有时候，企业需要强调的是产品有什么，而不是没有什么，如沃尔沃通过在车厢周围设置钢筋构架来强调自己定位于安全的汽车。[②]

4. 价格和质量定位

某些生产商和零售商因高质量的产品和昂贵的价格而闻名。例如，在零售行业，萨克斯

---

① 加拿大鹅“慌了”！整个美国都在疯抢一款中国羽绒服.（2019-02-28）. https://finance.ifeng.com/c/7kdeekkmII8.

② 埃特泽尔，沃克，王永贵，等. 市场营销：第 14 版. 南京：南京大学出版社，2009.

第五大道（Saks Fifth Avenue）和内曼·马库斯（Neiman Marcus）处于价格-质量谱系的高端，定位于高档百货，而沃尔玛和达乐（Dollar General）等折扣店则处于低端，定位于物美价廉。在这里，并不是说折扣店忽视产品的质量，只是相对而言它们更强调低价。总体来说，公司用于成功定位的价值主张有五种：优质优价、优质同价、同质低价、低质低价、优质低价。比如，苹果手机定位于优质优价，梅赛德斯-奔驰和宝马定位于优质同价等。[①] 可以说，没有差异化（特别是价格和质量方面的差异化），产品注定失败。

5. 产品形式定位

产品形式定位是指根据产品外在的形式和状态进行市场定位。对于任何产品而言，都可以将其分为内在部分与外在表现形式两个方面。在产品内在部分趋同的今天，从产品外在表现形式对其进行合理定位是增强产品竞争优势和取得良好销售业绩的关键。通过产品外在形式定位，企业可以将产品特有的外在形象表现出来，增强顾客对产品表层及深层价值的认可，达到“使顾客只要看到某种形式就会想起某种产品”的目的。例如，“白加黑”就是产品形式定位的成功典范。具体来说，“白加黑”将感冒药的颜色分为黑色和白色，药的颜色与服药的时间相对应，以外在形式为基础改变了传统感冒药的服用方式。这两种全新的外在表现形式本身就是产品的一种市场定位，加之名称为“白加黑”，进一步突出了产品的形式特征与诉求点。

（四）服务差别化定位

服务差别化定位是指向目标市场的顾客提供与竞争对手不同的优质服务的定位。服务差别化定位可以提高顾客的总价值，建立与顾客的良好关系，击败竞争对手。企业竞争优势越体现在对顾客的服务水平上，由服务差别化带来的市场差别化就越容易实现。因此，如果将差别化的服务因素融入产品支撑体系，企业就可以在主要竞争领域建立进入壁垒。进一步来说，服务差别化定位战略的适用范围较广，尤其适用于需求饱和的市场。对于技术含量很高的产品，如计算机、复印机和汽车等，服务差别化定位战略的应用最为有效。例如，美国的第一银行在超级市场中建立了可以提供周到服务的分支机构，并且在节假日和平时的晚上为消费者提供便利服务，得到了消费者的普遍认可。IBM 以高质量的安装服务闻名世界，它总是将消费者购买的所有零件及时送达，而且当消费者要求将 IBM 设备搬走或安装到别处时，IBM 的工作人员会提供帮助。

（五）人员差别化定位

人员差别化定位是指一种通过录用、培训与培养比竞争对手更优秀的员工来获得差异化优势的定位。由于企业所有的竞争行为都通过人这一载体实现，因而人员差别化定位战略运用得当确实可以提升企业的竞争优势。进一步来说，受过良好训练的员工应该具备的基本素质包括知识和能力、礼貌、诚信、可靠、集体感、反应敏锐以及善于交流等。例如，一直以来，在“东京—夏威夷”这条航线上，日本航空公司与美国联合航空公司进行激烈的竞争。美国联合航空公司的规模、实力与硬件等都超一流，具有很强的竞争力。但是，日本航空公司最终以贯穿“入关—空中—出关”全过程的优良服务赢得了顾客的赞美与肯定。选择过这条航线上的日本航空公司服务的旅客，一般不会再选择其他航空公司。可以看出，日本航空公司成功的关键在于高素质员工队伍使其具备了强大的竞争优势。

---

① 科特勒，阿姆斯特朗．市场营销：原理与实践：第 16 版．楼尊，译．北京：中国人民大学出版社，2015.

（六）形象差别化定位

形象差别化定位是指在产品的核心部分与竞争对手产品的核心内容趋同的情况下，企业通过塑造产品与众不同的形象，往往可以获取差异化竞争优势。通常，差别化形象的主要维度有知名度、美誉度、信誉度以及特色度等。对于采取形象差别化定位战略的企业来说，其所要做的就是激发创造性思维，进行创造性设计，并采用各种传播手段进行持续不断的传播。例如，麦当劳就是实行形象差别化定位的成功代表。金色“M”标识不仅与其独特的企业文化相融合，而且使得消费者无论在美国的纽约、日本的东京还是中国的北京，只要看到该标识，就会立刻联想到其整洁的就餐环境、热情优质的服务及美味可口的汉堡包和薯条等。① 不过，无论企业采取何种定位战略，目标市场的需求都是需要加以考虑并给予特别关注的。例如，联合利华公司开发了许多洗发水品牌来满足多样化的目标市场需求。力士、夏士莲和清扬等洗发水品牌都属于联合利华。

案例

江小白的品牌定位之路

传统白酒品牌打开市场销路的主要方式是通过电视广告、电台广播等传统媒体进行宣传，但是过于高昂的成本使得很多中小品牌无法通过传统广告渠道进行产品宣传。“穷则思变”，近年来，以江小白为代表的中低端白酒品牌开始思考新方式，开发新渠道，力求以低价高效的方式实现品牌传播。于是，借助社交媒体在近些年的蓬勃发展之势，江小白将自己的品牌定位于新奇、有趣、年轻，占据了年轻消费者的心智，特别是以其特色文案受到了年轻消费者的追捧。

江小白打入白酒市场时，白酒市场已趋于饱和状态，行业天花板较高，贸然进入可能只有做炮灰的份儿。于是江小白进行了全面的市场调研、深入的市场分析和基于环境的辩证思考，从以下几个方面对自己的品牌进行了定位，并造就了“网红小酒”江小白的酒业神话。

第一，新奇——跳出“饮用”的思维定势，为顾客“赋情”。以往人们在酒桌上讲自己对白酒的心得时，主要围绕浓香、酱香、清香等口感发表评论。尽管自古以来我国关于酒的诗词就不绝于耳，如“开轩面场圃，把酒话桑麻”“何以解忧，唯有杜康”“抽刀断水水更流，举杯消愁愁更愁”等，但很少有品牌将酒与感情的表达和宣泄进行联结。于是，江小白将自己的价值定位于帮助顾客更好地释放情绪，成为能够帮助人们进行对话的品牌。

第二，有趣——摆脱以往通过电视、广播渠道的广告宣传，通过社交媒体“赋意”。传统白酒的品牌传播多是通过明星代言等传统方式，产品的使用也多是商务接待、宴席、家宴或送礼等。江小白摒弃了白酒的传统形象，而赋予白酒新意，选择将自己的细分市场定位在休闲饮品上，通过“小聚、小饮、小时刻、小心情”这四个词进行场景的定位与对照，帮助用户记录“小而美”的美妙时刻。除此之外，江小白通过有趣的文案引起消费者的共鸣，在消费者的心智中占据了一席之地。

第三，年轻——“不守规矩，大胆创新”。不同于老一辈人喝酒喝的是口感，跟随互联网时代长大的 80 后和 90 后消费者，喝酒喝得更多的是情绪、是氛围。他们对酒类产品的口感和香型等并没有特定或强烈的需求，酒对他们而言更多的是烘托气氛必需的载体。因而，江小白大胆创新，将自己定位为“年轻人的小酒”，去除了传统白酒浓香的特点，采用单一的高粱小曲酒酿造工艺，允许消费者自由添加红茶、绿茶、可乐、冰块等饮用。除此之外，还打造了

① 科特勒，凯勒. 营销管理：第 14 版. 王永贵，于洪彦，何佳讯，等译. 上海：格致出版社，2012.

108 种口感，配以不同情绪宣泄的文案，给年轻人带来不一样的喝酒乐趣，迅速占领了年轻一代消费者的市场。

资料来源：安天博. 社交媒体环境下江小白的品牌传播策略研究. 出版广角，2020（21）：77–79；陶石泉. 江小白的成功与失败.（2021–02–22）. https://finance.sina.com.cn/review/jcgc/2021-02-23/doc-ikftssap7984100.shtml.

本章小结

本章全面分析了市场细分的概念、产生、基础（如同质偏好、扩散偏好、集群偏好），以及消费者市场细分和产业市场细分的依据等。在此基础上，详细论述了市场集中化、产品专业化、市场专业化、选择专业化、市场全面化五种目标市场选择模式，无差异性营销战略、差异性营销战略、集中性营销战略，以及目标市场选择的步骤及目标市场选择战略的影响因素等。然后，介绍了市场定位的概念，分析了避强定位、迎头定位、重新定位、插位等多种市场定位方式，指出了竞争者相关定位、并存定位、产品差别化定位、服务差别化定位、人员差别化定位、形象差别化定位等战略的特征，并提出了相关建议。

思考与练习

1. 什么是市场细分？如何进行市场细分变量选择的有效性检验？

2. 消费者市场细分和产业市场细分的依据有哪些？这些对企业开展市场营销活动有什么启示？

3. 目标市场选择的模式和步骤是什么？

4. 目标市场选择的战略有哪些？这些对企业开展市场营销活动有什么启示？

5. 什么是市场定位？市场定位的方式有哪些？

6. 市场定位的战略有哪些？这些对企业开展市场营销活动有什么启示？

基本概念　第7章

延伸阅读　第7章

04

第 4 篇

创造价值

理解价值本身并不是终点，它是为创造优异价值服务的。在全员营销成为一种必然的前提下，在深入理解价值的基础上，针对目标顾客的动态需求，创造出独特的优异价值，而且是与目标顾客共同创造出独特的价值，是任何成功的营销管理者必须解决的核心问题。

营销并不是一味地推销已有产品，而是要为客户创造价值。

——菲利普·科特勒

第8章

产品及其管理

本章要点

产品是价值的载体，是能够为顾客带来使用价值的任何东西。产品开发与投放是企业经营活动的核心任务之一，但并非任何产品都能为企业带来期望的经济利益。只有能够满足顾客需求、实现顾客期待利益和为顾客创造更高价值的产品才能够赢得顾客、赢得市场、赢得竞争，从而给企业带来相应的经济利益。通过本章的学习，读者应该对市场营销组合中的首要因素——产品及其管理形成较为深入的认识。

学习目标

- 掌握产品的内涵与层次。
- 了解消费品和工业品的分类。
- 明确产品组合及其管理。
- 掌握产品生命周期及营销策略。
- 熟悉新产品开发流程。

第1节　产品与产品组合管理

本节主要探讨产品与产品组合管理的相关问题。首先，重点阐述产品的内涵及基本构成要素。然后，介绍产品的分类，剖析产品组合与产品线等一系列相关问题。

一、产品的内涵

什么是产品？如前所述，并非所有产品都具有理想的交换价值，或者说，并不是所有产品都能销售出去，这意味着产品必须满足一定的条件或具有一定的特性。实际上，产品是营销人员能够提供的、用来满足市场需求的有形或无形的各种载体，如产品可以是承载某种需求的一种实体、一项无形的服务，甚至可以是一种体验、一个机构、一些讯息或一些想法。

那么，产品到底该如何定义？从狭义上讲，产品是凝聚在一种可识别形式中的一系列基本属性，而且每种产品都可以通过为人们共同理解的一种描述性名称来加以识别，如家庭影院、保险、篮球或旅游产品等。[①] 根据这种狭义理解，联想电脑和戴尔电脑是相同的产品，都是硬件和软件相结合，并为消费者提供文字编辑、数据运算以及电子存储等功能的实物载体；迪士尼乐园和长隆欢乐世界也是相同的产品，均为消费者提供某种娱乐性体验的服务形式。由此可知，诸如品牌名称和售后服务等满足消费者情感需求或价值增效的一些产品特征均包括在产品范围之内。因此，狭义的产品并不能很好地体现产品之间的差异性。

实际上，顾客购买的并非产品蕴含的某种特性，而是满足需求的利益。诸如，顾客购买牙膏，其真正购买的是美白牙齿和口腔健康的功能；患者购买药物，真正购买的是治疗疾病、维护身体健康的效能。当然，产品不单是有形的物品。例如，经济型酒店的产品是以价格为导向为顾客提供良好的睡眠体验，而喜来登酒店的产品是以服务质量为导向为顾客提供优质的休憩服务；海南岛海边游乐场的产品是提供阳光和沙滩带来的休闲、浪漫以及跨文化体验等多种体验式享受利益的场所服务。

每个产品独有的特性往往展示出与其他产品相区别的差异性，基于这种差异性每个产品又通常被视为一种新的产品。比如，美国在线、MSN、微信这三个服务品牌就代表三种不同的产品。在市场上，产品的颜色、包装、结构等特征的变化或这些特征变化的组合都能产生新的产品类型，而这些新的产品对于企业来讲往往又是一次次赢得市场竞争的机会。例如，故宫在淘宝上推出的云纹鹤套装和十二月花神衣系列和纸胶带，虽同为和纸胶带，但其所蕴含的不同特性能够给顾客带来不同的消费体验，甚至不同风格的和纸胶带被消费者用来装饰口红和香水，实现产品特性与顾客需求的完美结合。和纸胶带不再是手账专属，还能带来意想不到的效果。实践中，营销人员可以继续对产品的定义加以拓展。[②]

在此基础上，我们似乎可以从营销的角度给产品下定义。如图8-1所示，产品是指能够向市场提供的旨在引起消费者注意、购买、使用或消费的任何东西，是包括产品质量、产品的物理特征、价格、品牌、包装等在内的一系列有形属性和无形属性的集合。[③] 所以，顾客购买的并非产品的一系列属性，而是能够满足其需求的一系列利益。可见，就本质而言，产品是某些利益或价值的载体。

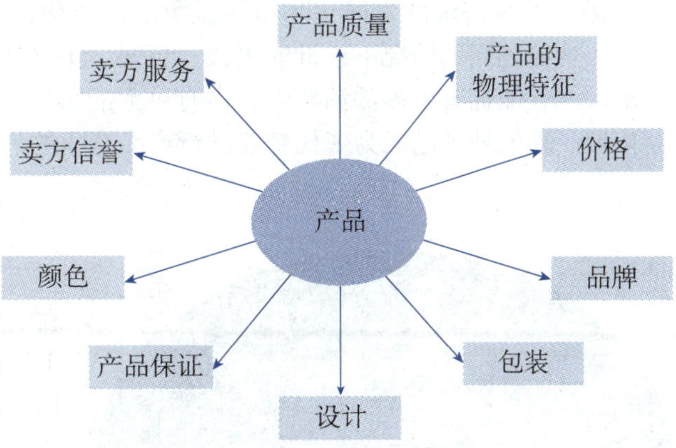

图8-1　产品的基本属性

资料来源：王永贵，贾鹤. 产品开发与管理：案例·点评·分析. 北京：北京师范大学出版社，2008.

二、产品的基本构成及层次

在企业的营销策略中，产品是企业用来引导和满足消费者需求的可控因素。一般而言，产品包括三项基本要素：用于销售或租借的事物；具有一些功能属性；满足需要，为使用者带

① 埃特泽尔，沃克，王永贵，等. 市场营销：第14版. 南京：南京大学出版社，2009.
② 同①.
③ 王永贵. 产品开发与管理. 北京：清华大学出版社，2007.

来某种或某些效益。[①]

（一）三层次产品模型

一般来讲，企业需要通过构建包含实质产品（核心产品）、形式产品和附加产品在内的产品构架来满足顾客的差异化需求。因此，实质产品、形式产品和附加产品成为构架的三个组成部分，这就是经典的三层次产品模型。在三层次产品模型中，产品被划分为三层：产品核心层、产品有形层和产品延伸层。

1. 产品核心层

产品核心层是指产品提供给消费者的实际利益和功效反映的是购买者的核心利益诉求，如手表的计时功能、电灯的照明功能、汽车的运输功能等等。

2. 产品有形层

产品有形层又称产品特征层，是指能观察到的、反映产品内部与外部质量相联系的部分特征，如质量、特色、造型、式样、商标和包装等。

3. 产品延伸层

产品延伸层又称产品附加层，是指在产品的售中、售后及使用过程中，企业提供给消费者的一系列附加利益，包括产品的形象、文化以及运送、维修、担保等增值服务给予消费者的好处。这些附加利益通常能够更好地匹配顾客的额外需求，也更加符合产品差异化特征，最终将大大提升产品的市场竞争力。

三层次产品模型既适用于有形的物品，也适用于无形的服务。例如，高等院校为学生提供的教育就是一种无形服务，所传授的知识是一种实质产品，授课与讲座等是一种形式产品，而学生毕业后，学校与学生保持密切的沟通与联系并帮助学生解决一些实际工作中的困难与问题则可以看作一种附加产品。

随着顾客需求的多样化和市场竞争的白热化，现代企业产品的外延也在不断拓展。在产品核心功能趋同的情况下，谁能更快、更多、更好地提供整合解决方案，满足消费者的多样性需求，谁就能拥有更多的消费者，占有更大的市场份额，进而获得更多的竞争优势。因此，不断拓展产品的外延已成为现代企业进行产品竞争的焦点。

（二）五层次产品模型

正如美国著名营销学家莱维特所指出的：新的竞争不在于工厂制造出来的产品，而在于工厂能够给产品加上的包装、服务、广告、咨询、融资、送货或顾客认为有价值的其他东西。与此相应，新的五层次产品模型应运而生，如图 8－2 所示。

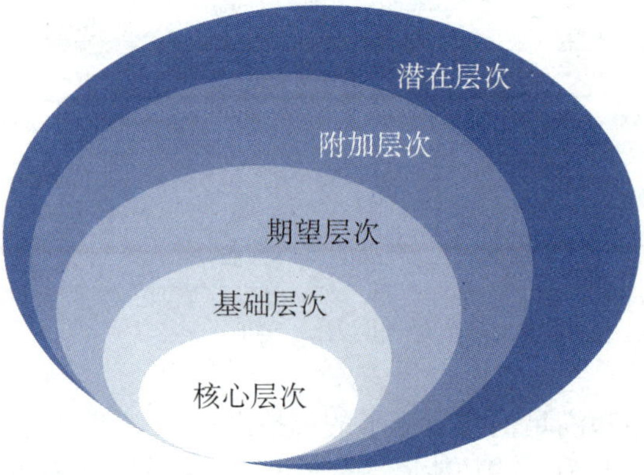

图 8－2　五层次产品模型

在五层次产品模型中，完整的产品被进一步划分为五个层次。[②]

1. 核心层次

核心层次即产品所包含的核心利益，是指产品向顾客提供的基本利益，是产品提供给顾

① 王永贵. 产品开发与管理. 北京：清华大学出版社，2007.
② 科特勒，凯勒. 营销管理：第 13 版. 王永贵，于洪彦，何佳讯，等译. 上海：格致出版社，2009.

客的实际利益和效用，代表顾客真正购买的基本服务或利益，所能够解决购买者的问题或满足购买者的某种需要。例如，水的核心利益是解渴，清洁剂的核心利益是清洁，在电影院，顾客真正想购买的其实是“娱乐”。

2. 基础层次

基础层次即基本产品，是指反映产品本质的特点和属性，是通常能观察到的、反映产品内外质量的特性，具体包括质量、特色、造型、式样、商标和包装等。例如，电影院提供的基本产品是电影娱乐，SPSS 软件提供的是基本的数据处理与分析功能等。

3. 期望层次

期望层次即期望产品，是指基于以往的经验或常识，顾客默认或期望与产品一起提供的一组基本属性。例如，舒适的座椅和良好的音响效果，空调、黑暗、安静的环境等，这些都是现代电影院应该满足的顾客最低期望。在实践中，对于顾客而言，产品的期望层次倾向于包含企业所能提供的服务、企业人员的素质及企业整体形象的综合属性。

4. 附加层次

附加层次即附加产品，是指提供给顾客的一系列附加利益，包括送货、安装、维修和质量担保等服务以及形象与文化等给予顾客的益处，虽然这些要素并非包含在顾客的基础期望当中，但它们往往可以提高顾客的满意度。而且，这些要素是企业形成产品差别化的关键。例如，电影院通过装潢、布局和差异化服务，可以给观众带来感官上的卓越体验，电影院提供的这些附加利益就属于产品的附加层次；又如购买计算机时，供应商向顾客提供的免费在线售后服务同样属于附加产品。

5. 潜在层次

潜在层次即潜在产品，指营销人员可能在将来为顾客提供的所有可能的附加产品。例如，具备一定实力的电影院可以围绕放映这一主营业务，引入影迷见面会和电影文化交流活动等一系列服务蓝海，逐步向电影文化体验中心转型。

营销视角8-1 特殊产品“大学生”的五个层次

一般而言，基础层次与期望层次相当于卡诺模型中的基本特性和一元特性，如苹果 iPod 必配的白色耳机、便于操作的屏幕属于基本特性，而这些特性会对顾客的满意度产生影响；而 iPod 的电池续航时间、容量与体积则是一元特性，与用户对产品的满意度线性相关。诸如苹果文化、网上音乐、专业化 iPod 配件等附加层次和潜在层次则相当于卡诺模型中的魅力特性，这些特性会对顾客的满意度产生一定影响。从市场表现来看，iPod 为顾客提供的附加利益与潜在利益的确为提高 iPod 的市场占有率发挥了重要作用。

三、产品的分类

为了设计有效的营销方案，企业必须知道它们向潜在顾客提供的产品类型。因此，对产品类型进行划分对企业的营销决策很有帮助。实际上，存在多种产品分类方法，如根据销售的目标对象（购买者的身份）以及产品的用途，可以把产品分成消费品和工业品两大类，但是需要强调的是这两种产品的市场并不是完全割裂开来的，工业需求从根本上是从消费者需求中派生出来的一种需求，消费市场需求的变化会对工业市场需求带来重大影响。多年来，中国经济持续发展，投资规模不断扩大，基础设施建设力度加大，出口不断增加，以汽车、房地产和家电等行业为代表的消费品需求增加，极大拉动了机械零部件需求的增长。[①] 随着大数据、物联网和人工智能技术的发展，出现了新的产品类别——智能产品（smart product），它实质上也是一种产品，一种不仅具有基于软件的数字能力，而且具有独特物理性质的网络物理设备。智能产品可以给用户提供智能化服务，如智能扫地机器人，无须人工插手，自动完成清洁工作。[②]

（一）消费品及其分类

消费品是指以消费者个人为销售对象，用于消费者个人或家庭消费的产品。但是，这种消费品的概念过于宽泛，不利于在营销管理中使用。为此，需要按照一定的标准加以细化。表 8 - 1 采用对消费品进行分类的经典方法，把消费品进一步细分为便利品、选购品、特殊品和非渴求品（表中未列出）。这样的分类不基于产品本身固有的差异，而基于消费者购买某一特定产品的方式。根据不同消费者的购买行为，可以把产品（如酒或软件）归入上述四种类别中的某个。

表 8 - 1　消费品的分类、主要特征与营销策略

		便利品	选购品	特殊品
消费品示例		水果罐头	家具	贵重衣服
主要特征	消费者购买需花的时间和精力	非常少	相当多	尽量花时间寻找合适的品牌
	计划购买所花费的时间	非常少	相当多	相当多
	满足需求的速度	立刻	相对较慢	相对较慢
	是否比较价格和质量	否	是	否
	价格	通常很低	通常较高	通常较高
	购买频率	频繁	不频繁	不频繁
营销策略	渠道的长度	长	短	非常短
	零售商	相对不重要	重要	很重要
	店铺数量	越多越好	少	少，通常一个市场一家
	存货周转率	高	低	低
	总利润	低	高	高
	广告责任	生产商	共同责任	共同责任
	购买点的展示	很重要	较不重要	较不重要
	品牌 / 商店名称	品牌	商店名称	两者
	包装	很重要	较不重要	较不重要

注：表中未列出非渴求品，有关内容参见正文中的解释。

资料来源：郭贤达，蒋炯文．战略市场营销：经理人精要指南．王永贵，董伊人，译．北京：北京大学出版社，2006.

1. 便利品

对于大多数消费者来说，便利品通常包括食品、药品（如阿司匹林）、牙膏以及灯泡和电池这类日用品，其具有单价较低、体积小、使用频率高的特点，且较少受到时尚和潮流的影响，一旦消费者对便利品产生需求，往往需要及时获得，为此制造商必须尽量广泛迅速地对便利品进行分销。由于大多数零售商的规模有限，制造商直接向所有零售商销售的方式可能是不

① 郭贤达，蒋炯文．战略市场营销：经理人精要指南．王永贵，董伊人，译．北京：北京大学出版社，2006.

② Raff S，Wentzel D，Obwegeser N. Smart products：conceptual review，synthesis，and research directions. Journal of Product Innovation Management，2020，37（5）：379-404.

经济的。因此，制造商往往依靠总分销商向零售商进行销售。与此同时，考虑到消费者可能具有品牌偏好，零售商通常会集中销售几个品牌。从广告投入上来看，零售店一般不会为便利品做广告，由于产品的同质性，零售商的任何广告都会使竞争对手获益。这样，大部分广告负担便落在了制造商头上。通常情况下，到处比较便利品的价格和质量得到的好处相对于所花费的时间和精力来讲可能是不值得的。因此，哪种便利品容易买到，消费者便可能购买哪种便利品。

2. 选购品

对于大多数消费者来讲，选购品包括流行的服饰、家具和汽车等。在购买汽车的时候，在信息收集和比较基础上做出的优化购买决策有时会为消费者节省几千元。对于选购品来说，消费者的购买习惯会影响制造商和中间商（如零售店）的分销以及促销策略。由于消费者在购买之前会进行多方比较并且往往会对选定的零售店形成较大程度的依赖，所以制造商只需要较少的零售店。而且，为了方便消费者的比较与购买，制造商通常会把产品投放到出售同类竞争产品的店铺附近。类似地，那些出售选购品的百货店和零售店也倾向于彼此相邻，而且会同时出售多个竞争品牌，以便消费者比较后购买。同时，制造商也会与零售商紧密合作，以开展选购品的营销。因此，对于选购品来说，制造商与零售商、零售商与零售商、产品与顾客之间存在着较为紧密的联系。一般而言，对于选购品的消费者来说，商店的声誉往往比制造商的形象更加重要。例如，消费者对苏宁电器或国美电器的忠诚度可能会高于对店内所出售的一些电器品牌的忠诚度。

3. 特殊品

对于特殊品而言，消费者往往会在大量的备选品牌中进行选择，找出自己最想要的品牌。特殊品包括贵重的男装、立体声音响和某些家庭用具等。此时，品牌及其形象对消费者的购买决策具有十分重要的影响。例如，西门子、海尔和宝马等都在消费者心目中树立了良好的形象。如果消费者偏好某一特定的品牌并愿意花费相当多的时间和精力去寻找该品牌，制造商可以利用较少的零售商来销售产品，并直接同这些零售商打交道，因而会对这些零售商形成更大的依赖。此外，由于存在较少的零售商和制造商，品牌对购买者的重要性凸显出来，制造商和零售商均会围绕产品进行大量的广告宣传。通常，制造商会承担零售商的部分广告费用，出售该品牌产品的零售商的信息通常也会出现在制造商的广告中，双方形成了良性互动。

4. 非渴求品

对于非渴求品而言，由于消费者现在还不知道有这种产品，或者虽然听说过但暂时还不需要这种产品，所以企业在非渴求品营销方面的工作难度是很大的。对于经营这类产品的企业而言，最佳方法是让消费者知道这种产品并不断地提醒他们，逐渐形成消费记忆。这样，消费者需求一旦产生，就很可能会购买该企业的产品。比如，在现实生活中经常可以看到非渴求品的营销人员把产品广告投放到公交车站台的广告牌上，这种方式可以让消费者对特定的产品产生熟悉感。①

（二）工业品及其分类

工业品是指用于再出售或者制造其他产品的产品，或是为其他组织提供服务的产品。与消费品一样，工业品这一概念对于市场营销工作的开展来说过于宽泛，因此有必要对其做进一步细分。在市场营销中，一般按照产品用途来划分工业品的类型。按照这一标准可以把工业品划分为原材料、加工材料和零部件、安装设备、辅助设备以及运营供应品。

---

① 埃特泽尔，沃克，王永贵，等. 市场营销：第 14 版. 南京：南京大学出版社，2009.

1. 原材料

原材料主要指原始形态的材料和农畜产品。由于这两种原材料具有不同的特征，所以通常采取不同的营销方式。例如，对于原始形态的材料而言，其供应是有限的，一般无法显著增加其供应量，它们通常由仅有的几家大型生产商提供。与此同时，这些原材料直接具有商品的性质，且往往是高度标准化的，必须小心地加以分类。例如，煤这种原材料的储藏量很丰富，通常可以按照硬度和含硫量等指标进行分类。由于这类原材料往往体积较大、单位价值较低，并且生产商和顾客之间通常在空间上相距很远，所以要着重考虑运输问题。原材料的生产商很少对其产品实行差异化管理，因为这项工作十分困难且不经济。例如，在实践中往往很难把一个生产商的煤和另一个生产商的煤准确区分开来。与之相比，一些农畜产品的生产商却通过建立品牌成功地实现了产品差异化，如“咯咯嗒鸡蛋”。相比较而言，农畜产品一般由一些小型生产商以及大型农场供应，其产地和市场通常相距较远。同时，由于许多农畜产品的生产商规模较小、数量众多且市场分散，因此中间商在农畜产品的营销过程中扮演着非常重要的角色，运输和仓储也会对农畜产品的分销效果和效率产生重大影响。此外，与其他类型的工业品相比，农畜产品的促销活动也相对较少。

2. 加工材料和零部件

通常，加工材料和零部件的购买流量一般都比较大，购买者主要考虑的是产品价格和卖方所提供的服务。为了按时、按量地获得足够的供应，购买者可能会提前发出订单。由于购买者关心的是价格、服务和可靠的供应，所以多数加工材料和零部件由生产商直接对顾客进行营销。只有当购买者规模很小或者需要快速补充存货时，购买者才会寻找中间商。因此从总体上讲，品牌对于加工材料和零部件来说并不是最重要的。当然，也有部分企业通过建立品牌在同类产品中脱颖而出，如纽特健康糖等。

3. 安装设备

安装设备区别于其他类型产品的特征是它会直接影响企业生产产品和提供服务的能力。例如，一家航空公司增加12个机舱座位，对公司的运营几乎不会产生影响，而增加12架波音777客机的影响却是巨大的。如此来看，这12架波音777客机就属于安装设备，而机舱座位则不属于。由于单位产品价格非常高，所以安装设备的营销工作是一项艰巨任务。通常，卖方会按照买方的要求为其特别定制，而且会提供大量的售前和售后服务。例如，电梯的销售通常包含安装、维护以及维修服务。就销售模式而言，安装设备通常是由生产商直接向买方销售，一般不经过中间商。由于安装设备通常具有较高的技术含量，所以培养一支训练有素的销售队伍十分重要，他们在销售过程中可以耐心细致地向顾客介绍自己的安装设备。

4. 辅助设备

辅助设备的营销很难从总体上概括。某些辅助设备适合由生产商直接向最终用户销售，如铲车。在订单比较大、产品单价比较高的时候，情况更是如此。然而，在绝大多数情况下，辅助设备的生产商需要通过中间商来销售自己的产品，这类产品的市场相对比较分散，而且订单比较小，如办公桌这样的辅助设备。

5. 运营供应品

由于顾客在购买运营供应品的时候往往强调产品的便利性，由此运营供应品可看作工业品中的便利品。与其他种类的工业品类似，运营供应品的特征也会对营销方式产生影响。由于单价较低、用户比较分散，运营供应品往往需要进行广泛的分销，营销过程中也会大量使用中间商。加上产品同质化趋势的加强，价格竞争往往表现得比较激烈。

需要指出的是，在实践中，有时很难把某个产品绝对地归入消费品或工业品。以中国南方航空公司从北京到南京的航班座位为例，如果销售给度假的学生或其他个体消费者，这些座位就是消费品，如果销售给某家公司的销售代表则属于工业品。因此，有时产品可能同时属于消费品和工业品的范畴。因此，为不同的市场开发不同的营销方案就成为这类企业面临的巨大挑战。①

四、产品体系

产品体系由战略层面的定位和文化与策略层面的名称、价格和包装等一系列要素构成。如果说产品层次是从消费者的视角对产品的考察，那么产品体系则是企业从操作角度对产品的审视。

（一）产品与定位

产品定位指企业针对同种产品市场进入者的水平，根据消费者对该产品的某一属性或特征的重视程度，为产品设计和塑造一定的个性或形象，并传达给消费者，从而在市场上找到一个合适的位置。

（二）产品与文化

文化是产品的核心组成部分，属于产品的附加利益。产品文化是以企业生产的产品为载体，反映企业物质及精神追求的各种文化要素的总和，是产品价值、使用价值和文化附加值的统一体。随着知识经济时代的到来，企业生产产品不仅是为了满足人们的物质生活需要，而且越来越多地考虑顾客精神层面的需要，更加重视产品中文化附加值的开发与完善，尽可能为人们提供情感和心理等价值，努力实现使用价值、文化价值和审美价值的统一，如耐克公司倡导的张扬自我个性、激发自我潜能和运动应用产品 Keep 打出的口号“自律给我自由”都属于产品文化。随着我国社会主要矛盾的转化，生态环境在人民群众生活幸福指数中的权重不断提高，人民群众从过去的“盼温饱”向现在的“盼环保”转变，从过去的“求生存”向现在的“求生态”转变。因此，企业既要生产更多产品来满足人民日益增长的美好生活需要，也需要提供更多优质的生态产品来满足人民日益增长的生态环境需求。

（三）产品与名称

名称是产品的重要组成部分，其作为产品的有效标识对产品的成功至关重要。以 iPod 为例，iPod 是由苹果公司设计的能充分体现体积小、容量大的高科技的新一代 MP3 播放器。②当人们看到 iPod 这个名称时，总会尝试探寻它的含义。首先，人们的第一反应是其发音和 Apple 相近，即使不知道 iPod 是苹果系列产品，在听到这个名字时也会觉得两者之间具有某种相关性。其次，苹果的产品有很强的整体感，如 iWatch、iMac、iPad 等。最后，“pod”让人联想到“pocket”。顾名思义，iPod 小巧，是容量惊人的便携式数码产品。此外，“i”是苹果产品的标签，iMac、iBook、iPhoto、iMovie 和 iTunes 以及 iPhone 等均具备这种元素，如同麦当劳的“麦”字已经成为其产品的标签（如麦乐鸡块、麦辣鸡腿堡和麦乐酷等等）。在这里，“i”标明了 iPod 出自苹果设计，同时又能传达给人智慧（intelligent）、网络（internet）和创新（innovation）的含义，充分体现自主的价值理念（“I”），这或许是苹果公司命名的初衷。③

① 埃特泽尔，沃克，王永贵，等. 市场营销：第 14 版. 南京：南京大学出版社，2009.

② 王永贵，贾鹤. 产品开发与管理：案例·点评·分析. 北京：北京师范大学出版社，2008.

③ 朱琼. iPod 现象. IT 经理世界，2005（5）.

（四）产品与服务

产品和服务通常是不可分割的两个概念。根据服务所涉及的具体产品，可以把服务划分为两大基本类型：一类是与产品有关的服务，另一类是纯服务。[①] 其中，与产品有关的服务（services concerned product）又称产品服务，是指交易过程中不仅包含有形产品，还包含服务，如海尔对购买其产品的顾客提供的运送、安装和维修等服务。因此，在这类产品的交易过程中，总的顾客价值是由产品价值和服务价值共同组成的。根据侧重点不同，可以把这类服务细分成依附于产品的支持性服务，以服务为主、附带产品的服务和产品与服务混合的综合服务等三种基本类型。在产品的功能、式样越来越类似的情况下，产品的服务成了竞争的关键。[②]

（五）产品与质量

产品质量是指产品的使用价值满足社会生产和消费需要的程度。满足的程度越高，产品的质量就越好。因此，产品的质量主要是指产品使用价值的高低。质量高的产品在市场上往往意味着更高的价格，但是在新产品开发过程中，高质量对于企业来说通常也代表着更高的成本。如图 8－3 所示，价格与成本相等的点为质量盈亏平衡点，价格与成本之差值的最大点即最优选择。一般来讲，产品质量的相关要素主要有产品的耐用性、产品的安全性和产品的便利性。（1）产品的耐用性主要涉及大宗商品，如家电或汽车等；（2）产品的安全性是多数产品质量的决定性因素；（3）产品的便利性强调的是产品易于获得和使用。随着社会的发展，生活节奏逐渐加快，人们追求便利的心理也愈发强烈。如今，随着大众消费不断升级，中国已全面开启了品质消费新阶段。消费者以往多注重“量”，现在则更追求“质”；过去买商品，现在买服务；以前多考虑的是“买得到”，现在则琢磨的是“买得好”。例如，今天的消费者期待的是更智能的家电、更健康的食品、更优质的服务、更高品质的生活。因此，中国企业应该始终以质量为基本的价值追求，秉承动态发展的质量观，持续提供反映时代特征和消费者需求的高质量产品和服务，以便满足消费者更高的质量需求，更好地满足人民群众对美好生活的需要。

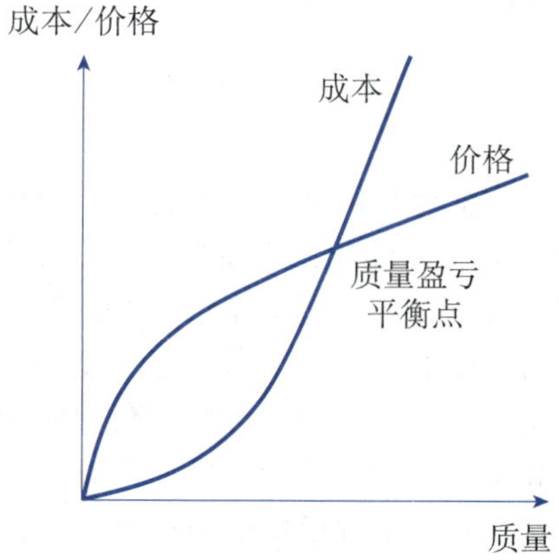

图 8－3　产品质量盈亏示意图

资料来源：王永贵．产品开发与管理．北京：清华大学出版社，2007.

（六）产品与包装

产品在市场推广过程中离不开包装。包装不仅可以保护产品使其免受损坏，还可以给产品带来增值，有助于吸引顾客，提高企业知名度与美誉度，树立良好的企业形象，甚至对提高消费者的审美水平也大有裨益。

（七）产品与价格

产品价格直接涉及生产者、经营者、消费者三方面的利益，其对产品为市场所接受的程度起着决定性作用，甚至关系到企业和产品的市场形象，并影响竞争者的行为。

---

① 王永贵．服务营销．北京：清华大学出版社，2019.

② 王永贵．产品开发与管理．北京：清华大学出版社，2007.

价格与供求之间相互影响，也即价格决定供求，供求又影响价格。(1) 一般情况下价格提高会导致需求降低，价格降低会刺激需求增加。从这个角度讲，产品价格与需求是反方向变动。相反，对于供给，价格提高则刺激供给增加；价格降低则导致供给减少，即产品价格与供给是同方向变动。(2) 当产品供大于求，价格降低；供不应求时，价格升高。因此，产品价格总是围绕价值上下波动，同时又受供求因素的影响，这是市场规律的体现。[①]

营销视角8-2　名创优品的独门之法

五、产品组合和产品线

虽然存在只经营和销售单一产品的企业，但大多数企业实际上同时经营着多种产品，这不可避免地涉及产品组合与产品线的问题。

(一) 产品组合与产品线的内涵

产品组合是指一家企业面向市场所出售的全部产品，如小米公司的产品组合有手机、电视、电脑、家电、路由器、智能硬件等。而在一家企业的产品组合内部，可能存在多条产品线，具有相似用途和相似物理特征的一系列产品通常会组成一条产品线。例如，服务于相同细分市场的产品、具有相同功能的产品或提供相同利益的产品等都可以单独构成一条产品线。一般而言，不同类型的企业往往拥有不同的产品线。比如对于宝洁来说，其不同品牌的洗发水——飘柔、海飞丝、潘婷和沙宣等各自构成了一条产品线；而对于一家大型超市来说，所有的洗发水品牌构成了一条产品线。[②]

一般而言，可以通过广度、深度和关联度三个方面来衡量产品组合。(1) 产品组合的广度有时称为产品的多样性，是指产品组合所包含的产品线的数量。例如，如果一家公司只经营汉堡包和饮料两类产品，那么它就只有两条产品线。相应地，其产品组合的广度就是"2"。宝洁经营牙膏、洗发水、香皂、护发素、洗涤剂、橙汁、蛋糕粉、薯片以及卫生纸、电池等不同的产品，横跨清洁用品、食品、纸制品等多个行业，其产品组合的广度很宽。(2) 产品组合的深度有时称为产品的分类，是指每条产品线包含的不同型号、颜色和样式的产品的数量。例如，海尔洗衣机的容量有 0.8 公斤、1.6 公斤、2.0 公斤、2.3 公斤、2.6 公斤、2.8 公斤、3.0 公斤、3.3 公斤、3.5 公斤、5 公斤等不同类型，还有全自动和半自动之分，可以说海尔在洗衣机这一产品线上拥有相当的产品深度。(3) 产品组合的关联度指一个企业所有产品线彼此之间的相关程度。

(二) 产品线与产品组合决策

在实践中，一家企业可以通过加宽或者加深其产品组合的维度来扩展业务。例如，麦当劳通过在多个亚洲国家增加炸鸡产品线来拓宽它的产品组合。[③] 另外，有关产品线与产品组合的决策往往是由企业目标决定的。例如，追求高市场份额和大

营销视角8-3　腾讯产品背后的魔力

① 王永贵. 产品开发与管理. 北京：清华大学出版社，2007.
② 刘求生. 新产品开发. 北京：清华大学出版社，2001.
③ 郭贤达，蒋炯文. 战略市场营销：经理人精要指南. 王永贵，董伊人，译. 北京：北京大学出版社，2006.

市场规模的公司往往采用较长的产品线，而着眼于高利润的公司往往会慎选产品项目，推行较短的产品线。随着时间的推移，不少企业的产品线有变长的趋势。但产品线过长未必是好事，因为随着产品数量的增加，设计成本、工艺成本和生产成本以及存货成本等可能上升。因此，营销管理者必须结合企业目标和市场情况做出科学的产品组合决策。

1. 产品组合的扩张

产品组合的扩张是通过增加某条产品线的深度或增加企业为顾客提供的产品线的数量来实现的。[①] 其中，第一种途径指企业把其产品线扩大到现有范围之外，又称为产品线拓展。通常企业有两种方法拓展自己的产品线：产品线延伸和产品线填补。

（1）产品线延伸。目前，超市里有许多产品线延伸的例子，如卡夫食品公司增加新口味饼干，康师傅增加新口味方便面，美的增加新款空调等。服务组织中也有不少产品线延伸的例子，如某大学向在职人员提供晚上培训课程。之所以要进行产品线的延伸，最主要的原因在于企业想通过为顾客提供同一产品线上的更多产品选择来吸引更多的细分顾客群体。在过去的几年里，产品线延伸已经成为重要的营销实践，但也广受争议。争议的焦点主要集中在产品线延伸的效率问题上。

在实践中，产品线的延伸通常有很多选择，主要有向上延伸、向下延伸和同时朝两个方向延伸三种方式。例如，由于经典系列 iPod 的定价属于高端范畴，所以苹果公司首先向下延伸，推出中等价位的 iPod mini。苹果公司做出这个决策基于三点考虑：一是注意到了中端市场的巨大成长机会；二是希望拖住中端市场中的竞争者，使它们不能进入高端市场；三是担心高端市场会进入停滞或衰退状态，因此通过发展中端市场未雨绸缪。[②] 当然，对中端市场的企业而言，其向下延伸的决策也完全可能出于如上所述的类似原因。要知道，向下延伸可能存在风险。例如，柯达推出柯达欢乐时光（Kodak Funtime）胶卷的目的是反击低价品牌，但它的价格定得并不够低，使得与其他低价胶卷相比无法形成价格上的优势。柯达公司后来发现一些常客也购买欢乐时光胶卷，这等于核心品牌被蚕食了。最终柯达公司不得不收回这类产品，但其“质量上乘的好形象”却受到了不利的影响。[③] 企业希望进入高端市场以实现更大的成长和获得更高的利润，可能会做出向上延伸产品线的决策。实际上，当今市场上出现了不少令人振奋的高端细分市场，如咖啡行业的星巴克和冰激凌行业的哈根达斯等。但产品线向上延伸也存在风险。例如，在上市初期以高性价比取胜的小米手机曾在 2016 年推出一款售价 3 000 多元的高端手机系列“小米 MIX”，但销量却远远低于售价约 2 000 元的手机系列和价格更低的红米系列。[④] 当然，产品线向上延伸也可以用 iPod 产品线为例来加以说明。在特定时期，iPod 产品线向上延伸体现在增加文化元素和时尚元素这两个方面。例如，基于第四代 iPod 的 iPod U2 就属于融入了文化娱乐元素的向上延伸，而基于第六代 iPod 的 iPod touch 则是纳入了宽屏多触点显示屏这一时尚元素的向上延伸。[⑤] 通过上述产品线延伸，iPod 逐渐实现了各产品性能的互补，使 iPod 能够更好地抵御竞争对手的攻击。如图 8－4 所示，以索尼公司的两款 MP3 播放器 Sony HD5 和 Sony E507 为例，对价格、容量、显示屏、个性和操作便易程度这五个方面进行综合比较后发现，对于索尼公司的每款播放器，苹果 iPod 均能从两个角度进行夹攻，使索尼公司占据不了绝对的优势。苹果这样的产品组合在 iPod 逐步攻占个人便携式音乐播放器市场的过程中发挥了至关重要的作用。

---

① 埃特泽尔，沃克，王永贵，等. 市场营销：第 14 版. 南京：南京大学出版社，2009.

② 王永贵，贾鹤. 产品开发与管理：案例 · 点评 · 分析. 北京：北京师范大学出版社，2008.

③ 科特勒，凯勒. 营销管理：第 14 版. 王永贵，于洪彦，何佳讯，等译. 上海：格致出版社，2012.

④ 小心！产品线延伸可能只是饮鸩止渴.（2018-06-19）. http://www.sohu.com/a/236634621_371853.

⑤ 同②.

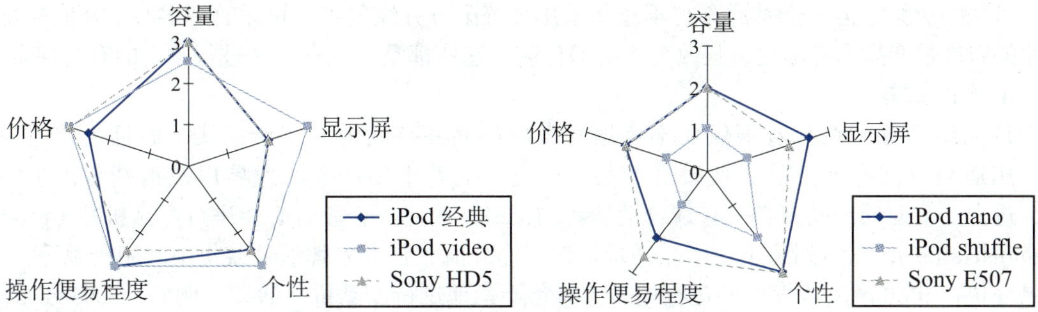

图 8－4　苹果 iPod 与索尼 MP3 的比较

资料来源：王永贵，贾鹤．产品开发与管理：案例·点评·分析．北京：北京师范大学出版社，2008.

需要特别指出的是，在成功的产品线延伸案例中，有的企业仍然使用延伸前的品牌，有的则在原有品牌中增加了修饰成分来凸显“质量上乘”的特征，如千爽帮宝适和超强泰诺等。

（2）产品线填补。产品线填补是指企业通过在现有范围内增加产品来拉长自己的产品线，这种方式有时称为产品组合的延伸，其主要动机是获得利润的增长，或者试图满足抱怨因产品线产品不全而损失销售额的经销商，或者利用过剩的产能，或者成为领先的全产品线企业，或者封锁缺口以防止竞争者侵入，等等。其中，新的产品线可能与现有的产品相关，也可能无关。不过，通常情况下，新产品线往往与现有产品组合相关。这样企业可以利用经营现有产品的能力和经验，而且不少企业在引进新的产品线时会采用企业现有的著名品牌，从而使新产品从消费者对现有品牌的熟悉与肯定中获利。例如，康师傅在引入矿泉水产品的时候，使用的就是“康师傅”品牌。另外，新的产品既可以采用公司现有的某个品牌，也可以创建一个新的品牌。例如，可口可乐进军矿泉水领域就是产品组合延伸的典型案例。实际上，我们还可以利用可口可乐进一步说明产品线延伸和产品组合延伸的差异。例如，当可口可乐决定生产非可乐饮料的时候，它是在进行产品组合的延伸，即向公司现有的产品组合中增加新的产品。相比较而言，当可口可乐生产香草口味的可乐时，它就是在进行产品线的延伸，即在同一类产品中增加新的项目。[①]

2. 产品组合的收缩

产品组合的收缩是通过削减产品线的数量或减少产品线所包含的产品种类来实现的。更少的或更短的产品线或产品组合往往可以使企业剔除那些利润相对较低或无法获利的产品。企业之所以会选择产品组合收缩策略，可能是因为想从更少的产品线中获得更高的利润。例如，沃尔沃将小汽车业务卖给了福特，后来福特又将其卖给了吉利；通用磨坊把自己的业务集中在食品行业，出售了儿童玩具和游乐业务；IBM 把自己的个人计算机制造业务出售给了联想集团；等等，这些都是产品组合收缩的典型案例。

3. 现有产品的改进

除了推出全新的产品之外，管理人员还可以重新审视现有产品，对现有产品进行某种程度的改进，以维持现有产品对顾客的吸引力，有时甚至能使现有产品获得新生。例如，摩拜单车在 2018 年正式推出免扫码解锁功能，用户将手机靠近车锁，通过蓝牙就可以解锁单车，使开锁更加便捷；金佰利-克拉克公司重新设计了其一次性尿布产品，体积更小，并且根据性别设计了不同风格的产品。实际上，此类的产品改进可能比开发全新的产品更加有利可图，而且风险更小。不过，产品改进并非没有风险。例如，可口可乐曾做出改进其主导产品的配方并将其改名

① 埃特泽尔，沃克，王永贵，等．市场营销：第 14 版．南京：南京大学出版社，2009.

为新可乐的决策，但三个月后不得不重新采用传统配方并恢复可口可乐这一名称。还有一部分企业的做法是产品本身不变，只改变产品的包装。这些都是对现有产品进行改进的有益探索。

4. 产品拼并

产品组合管理意味着不仅要不停地开发新产品并持续地充实产品线，而且要在适当时机，用适当方式和新产品来代替老产品。毕竟，随着市场环境的发展以及消费者需求的变化，过去受欢迎的产品未必一直迎合消费者的偏好。因此，企业有必要进行产品拼并（product cannibalization），以达到防止新产品销量被老产品分流、整合品牌形象或集中利用资源等目的。苹果公司在 iPod 产品线发展的过程中一直有条不紊地进行产品拼并活动。例如，2005 年 6 月，苹果公司更新了既有的产品线，将 iPod 与 iPod photo 产品线合二为一，将所有黑白屏幕型号都升级为彩色屏幕型号；2005 年 9 月，苹果公司宣布 iPod mini 停产，并发布了 iPod nano；2007 年 10 月，苹果公司再一次精简产品线，将 iPod 与 iPod video 整合为 iPod classic。[①] 时隔近 10 年，在移动互联网和智能终端的急速发展下，iPod 产品线的命运已经大不相同。2017 年 7 月，苹果宣布标志性的媒体播放器 iPod nano 以及 iPod shuffle 系列正式停产，并大规模下架所有官网以及实体店中的这类产品。现在除 iPod touch 外，其他 iPod 产品均已停产。

第 2 节　产品生命周期与营销策略

产品就像生命体一样，也会经历从成长到衰退的过程。事实上，许多产品存在如图 8－5 所示的产品生命周期。产品所处的生命周期阶段往往关系到企业的存亡，而且不同的产品生命周期阶段往往要求企业采用不同的市场营销策略。

一、产品生命周期的内涵

产品生命周期是指产品从进入市场到退出市场的周期性变化过程，主要包括导入期、成长期、成熟期和衰退期四个阶段。值得注意的是，产品生命周期不是指产品的使用寿命，而是指产品的市场寿命。如图 8－5 所示，大部分产品的生命周期曲线呈钟形，分为四个阶段：导入期、成长期、成熟期和衰退期。同时，由于企业不仅关心销售，而且关心利润，所以最佳的方法是同时绘出产品的销售曲线和相应的利润曲线。

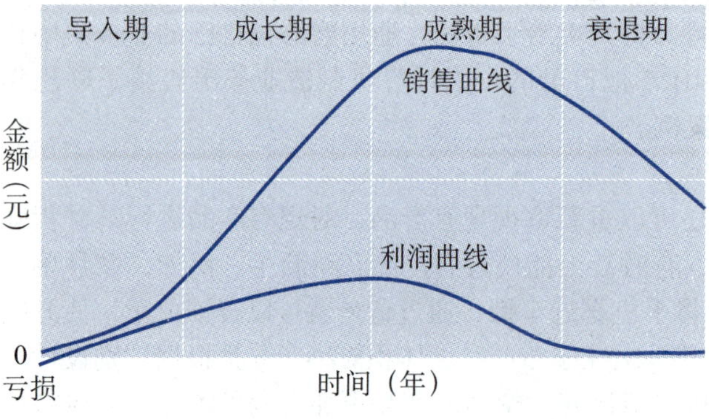

图 8－5　典型的产品生命周期曲线

当然，某些特殊的产品或个案有时会呈现出极为不同的产品生命周期曲线，如表现出成长—衰退—成熟模式、循环—再循环模式、扇形模式或其他模式等。例如，一些小型厨房电器（如搅拌器和面包机）的销售通常会表现出成长—衰退—成熟模式，即产品导入期销售额增长迅速，然后处于“僵化”水平并维持这一水平。某些新药的销售往往呈现出循环—再循环模式，这

① 王永贵，贾鹤. 产品开发与管理：案例 · 点评 · 分析. 北京：北京师范大学出版社，2008.

主要是指制药公司间断性的积极推广带来一轮又一轮的周期。在扇形模式中，销售往往会经历一连串基于新产品特征、新用途和新用户的生命周期。就尼龙的销售额来说，因为被接连发现新用途——制作降落伞、袜子、衬衫、地毯、船帆和汽车轮胎，所以尼龙的生命周期曲线呈扇形。[①]尽管存在不足，产品生命周期仍是现代市场营销中非常重要且实用的概念。这一概念虽然并不完美，却简单直观，在市场营销中得到了广泛的应用。在实际应用中，企业营销成功与否在很大程度上取决于判断并适应每种产品所处生命周期阶段的能力。

二、产品生命周期不同阶段的特征

在任何时候，企业都必须判断其产品所处的生命周期阶段。竞争环境和营销策略的制定也应该以产品所处的特定生命周期阶段为基础。表 8－2 概括了产品生命周期四个阶段的产品特征及营销应用。

表 8－2　产品生命周期四个阶段的产品特征及营销应用

		导入期	成长期	成熟期	衰退期
产品特征	顾客	创新者	大众市场	大众市场	忠诚顾客
	竞争	很少	不断增加	激烈	减弱
	销售量	水平低，然后不断增长	快速增长	增长缓慢 / 无增长	衰退
	利润	无	高，而后到达顶点	不断减少	低 / 无
营销应用	整体战略	市场开发	市场渗透	防守定位	效率 / 退出
	成本	单位成本高	减少	稳定 / 增长	低
	产品策略	无差异	改进产品项目	差异化	收缩产品线
	定价策略	基本较高	降低	最低	增加
	分销策略	分散	集中	集中	选择
	促销策略	产品种类认知	品牌偏好	品牌忠诚	强化
	战略焦点	“快”	“好”	“优”	“转”

资料来源：埃特泽尔，沃克，王永贵，等．市场营销：第 14 版．南京：南京大学出版社，2009.

（一）导入期

导入期（也称为投放期）是产品投放阶段，企业通过实施既定的营销计划把新产品投放到市场上。在这一阶段，企业投放到市场上的产品可能是全新的，如智能平衡车；也可能是为广大消费者所熟悉但具有一些新特征的产品，如微波炉。真正的新产品通常很少面对直接的竞争。随着产品导入市场，其销售额会缓慢增长，但由于产品导入成本（如建立新的分销渠道和努力获得顾客的认可等的成本）高昂，所以大多数情况下企业根本无盈利可言。在该阶段，由于消费者往往不熟悉创新产品及其主要特征，所以领先企业的促销费用占销售额的比例是最大的，而且其促销活动的目的往往是刺激消费者对整个产品类别的需求，而不是对单个品牌的需求。在产品生命周期中，导入期是风险最大、成本最高的阶段。实际上，很多新产品（或许应该说是大多数新产品）由于没有被消费者接受而在这个阶段以失败告终。一般而言，在这一阶段，营销战略的焦点应该围绕着“快”展开。

① 科特勒，凯勒．营销管理：第 14 版．王永贵，于洪彦，何佳讯，等译．上海：格致出版社，2012.

（二）成长期

成长期是产品被市场接受的阶段。随着市场接受度大幅提高，新产品的销售额和利润通常会以较高的增长率持续上升。如果产品的预期利润非常具有吸引力，就会有大量的竞争者进入市场。竞争加剧的必然结果是利润在成长期的最后阶段开始下滑。而且，价格在这一阶段也会不断下降。正如柯达公司一名高层管理人员所指出的，“唯一重要的事情是确保市场增长指数高于价格下跌指数”。一般而言，在这一阶段，营销战略的焦点应该围绕着“好”展开。

（三）成熟期

成熟期是产品趋于稳定阶段，在该阶段的初始时期，由于大部分潜在购买者已经购买这种产品，所以销售额会继续增长，但增长速度会放缓，而且由于竞争加剧，利润会保持平稳或下降。当销售额开始下降的时候，制造商和中间商的利润也开始下滑。为了寻求差异化，一些企业开始探索和应用上一节所介绍的产品线与产品组合决策中的各种方案。同时，一些成本很高且没有差异化优势的企业不得不退出市场。一般而言，在这一阶段，营销战略的焦点应该围绕着“优”展开。

（四）衰退期

衰退期是产品销售额呈下降趋势、利润减少的阶段。在实践中，对于大多数产品来说，以销售额来判断产品是否进入衰退期往往是不可避免的，原因主要是：第一，市场上开始出现更好的或者价格更低的、更能满足消费者同样需求的产品；第二，其他新产品的开发导致市场对某种产品的需求逐渐减少，如家用榨汁机的出现使人们对果汁的需求逐渐减少；第三，消费者对某种产品感到厌倦，不再购买。由于看不到扭转销售额和利润的机会，很多竞争者在这一阶段会选择放弃市场，当然也有一些企业能够在市场上找到一小块生存的空间——利基市场，并在衰退期取得一定的成功。① 一般而言，在这一阶段，营销战略的焦点应该围绕着“转”展开。

三、不同产品生命周期阶段的营销策略

对于单个企业而言，成功的产品生命周期管理往往取决于两个关键因素：第一，在产品投放市场之前，准确地预测产品生命周期曲线的形态；第二，在产品生命周期的每个特定阶段采取适当的营销策略。下面重点围绕第二个因素，针对产品生命周期的四个阶段分别提供一些营销管理建议。

（一）导入期的营销策略

企业在这一阶段往往需要大量投资，以有效实现“告知潜在顾客”“引导产品试用”“确保分销渠道”等营销目标。因此，对于进入新市场的企业而言，需要确定是在产品的导入期快速进入市场，还是等待已有领先企业证明存在一定市场之后，于成熟期早期进入市场。如果企业决定在产品导入期快速进入市场，这意味着企业希望获得市场主导地位——先行者优势，进而打消潜在竞争对手的兴趣和削弱现有竞争对手的实力，如金宝汤、可口可乐、亚马逊等采用这一策略都取得了显著成效，现在仍保持着市场主导地位。率先推出新产品的企业获得先行者优势具体表现在：首先，如果企业能够令顾客满意，那么早期顾客就会记住开拓者的品牌，而开拓者的品牌也确立了这类产品应该具备的基本属性；其次，领先企业会拥有生产者优势，如规模经济、技

① 埃特泽尔，沃克，王永贵，等. 市场营销：第 14 版. 南京：南京大学出版社，2009.

术领导地位、专利、稀缺资源的所有权和其他进入壁垒等；最后，开拓者的营销投入往往更为有效，能获得更高的消费者重复购买率。但是，先行者往往需要投入大量的资源，而且推出新产品存在较大的失败风险。例如，在掌上电脑市场，苹果的牛顿（Newton）是先行产品，但很快就遭遇失败；许多先行的网络公司（如 eToys 和 Kozmo 等）也以失败告终；对于网景（网页浏览器）、雷诺（圆珠笔）和 Osborne（便携式计算机）而言，也是后进入者超过了市场先行者。因此，对于那些拥有雄厚营销资源、足以压制小型创新企业的大型企业来说，延迟进入战略可能是较好的选择。实际上，后进入者超过市场先行者的例子有不少，如 IBM 在计算机主机上超过 Sperry，Matsushita 在录像机上超过索尼，通用电气在 CAT 扫描仪上超过 EMI 等。[①] 社交媒体的发展为企业在导入期开展营销工作创造了便利和机会，如小米手机刚上市时，借助微博开展网络营销，与目标受众互动交流，通过论坛这一交流平台与用户实现双向交流，广泛收集用户体验数据，为后期产品改进提供有力支持。[②] 不可否认的是，移动互联网时代的口碑传播极快，优质的产品或服务能够更快地获得线上流量、推动线下消费，但劣质的产品或服务也容易迅速发酵，引发负面效果，阻碍新产品的推广，这对企业提出了更高的要求。

（二）成长期的营销策略

成长期的产品基本特征是销售额迅速增加，利润也有一定幅度的提高。一方面，产品的早期采用者持续购买该产品；另一方面，其他消费者也开始购买该产品。当产品的销售额和利润快速增加时，营销管理人员并非无事可做，企业仍然需要采取适当的营销策略，由此可能带来两个方面的影响：第一，进入该市场的竞争者数量；第二，在同类产品中，企业推出的产品在近期和将来取得的绩效。因此，在产品生命周期的成长阶段，企业必须为自己的产品制定合适的营销策略。一方面，目标市场需要得到巩固，甚至还需要做出一定的调整；另一方面，产品的改进计划必须明确，价格也需要进行评估和修正，分销渠道也要迅速扩大，促销力度也要加大。[③] 具体而言，可供企业选择的营销策略包括：（1）改进产品质量，增加新的产品属性或功能；（2）增加新的产品式样和推出侧翼产品（如增加不同规格的产品以保护主推产品）；（3）进入新的细分市场；（4）扩大市场渠道覆盖范围，争取获得新的分销渠道；（5）广告的诉求从“广而告之”逐渐转向培养“产品偏好”；（6）以更低的价格吸引价格敏感型顾客。例如，中国市场上的微波炉品牌格兰仕在产品进入成长期之后，率先主动大幅度降低产品的价格，使很多达不到规模经济的微波炉企业纷纷退出市场，有效地阻止了新竞争对手的进入，从而在中国市场乃至世界市场为自己打造了一个稳固的“微波炉王国”。

（三）成熟期的营销策略

在产品生命周期曲线的某个点上，销售增长逐渐减缓，产品进入相对成熟的阶段。这一阶段通常比前一阶段持续的时间更长，对营销管理者的挑战也更大。在这一阶段，常用的营销策略不仅包括延伸产品线，改进产品，还有设计新的促销策略（如综合运用批发折扣、打折优惠券、现金折扣、保单、礼品和竞赛等）、开发产品的新用途和降价等。这些活动往往可以强化现有顾客的购买，同时吸引新的消费者。例如，杜邦公司特别善于为其成熟期的产品（如特氟龙（Teflon）保护膜和莱卡（Lycra）弹性纤维）提供支持。莱卡是杜邦的一种弹性纤维的品牌，为了维持莱卡弹性纤维的销量，杜邦公司采取的主要策略是开发更多版本的产品。现在，莱卡弹性纤维广泛地应用于各种服装产品（从男式服装到女式服装）。同时，杜邦公司为莱卡

① 科特勒，凯勒．营销管理：第 14 版．王永贵，于洪彦，何佳讯，等译．上海：格致出版社，2012.
② 许春华．小米手机的产品生命周期及营销策略．经济论坛，2016（6）.
③ 埃特泽尔，沃克，王永贵，等．市场营销：第 14 版．南京：南京大学出版社，2009.

弹性纤维提供了强有力的促销支持，如斥巨资支持莱卡品牌的全球广告，以强调莱卡可以让顾客“看起来更好，感觉更棒”。①

成熟期一般可以分成三个阶段：成长成熟期、稳定成熟期和衰退成熟期。在成长成熟期，销售额增长率开始下降；在稳定成熟期，市场基本趋于饱和，大部分潜在顾客已经试用过某种产品，未来的销售量主要取决于人口的增长和替代需求的变化；到了衰退成熟期，伴随着产能过剩和各大竞争对手争夺顾客的白热化，绝对销售额开始下降，有些顾客开始购买其他产品，市场开始“洗牌”，实力薄弱的竞争者退出。例如，伊莱克斯曾面临急速分化的家电市场，一端是低成本的亚洲公司（如海尔、LG 和三星等），另一端是溢价竞争对手（如博世和 Viking 等）。为此，伊莱克斯的首席执行官汉斯·斯特伯格（Hans Straberg）决定重新思考顾客的需求，以摆脱中端定位，创新性地根据不同类型的顾客生活方式和购买方式细分市场，成功地把蒸箱销售给追求健康的消费者，把原为小型厨房设计的微型洗碗机卖给频繁洗碗的消费者。

（四）衰退期的营销策略

随着销售额和利润的下降，一些企业不得不选择退出市场，还有企业则可能只从较小的细分市场和较弱的分销渠道撤出，削减促销预算并进一步降价。一般而言，销售额下降的原因有很多，如技术的进步、消费者口味的转变以及本土和国外竞争的加剧等。例如，在第二次世界大战之前，由于没有电冰箱，人们发明了浓缩牛奶，以防止牛奶变质。现在，几乎每个家庭都有电冰箱，浓缩牛奶的销量开始下滑。博登（Borden）把自己的浓缩牛奶品牌出售给了试图重新为该产品带来新生的伊格尔食品公司。通过“一分钟内创造神奇”运动，伊格尔食品公司向消费者展示浓缩牛奶可以帮助他们非常容易地做出各种菜肴，取得了不错的效果。不过，并不是所有企业都如此幸运。

一般而言，当销售量开始下滑的时候，管理人员往往面临如下选择：（1）确保营销和生产活动的效率；（2）摒弃无利润的产品型号和类型。通常情况下，这会削减销量，但也会增加利润；（3）充分挖掘产品的盈利能力，把成本降到最低水平，在产品生命周期的最后阶段攫取最后的利润；（4）改进现有产品的功能，或者在某些方面给产品带来新的创意，这是最好的（也是最困难的）选择。如果上述方法都不奏效，企业就要考虑放弃，因为经营无利产品不符合企业的财务目标，如企业要花费相当多的时间和精力在那些最终会被市场淘汰的产品上。由于过去同产品的联系很紧密，企业在实际缩减产品时往往犹豫不决。当然，企业也可能需要在收获与剥离策略中做出选择。其中，收获（harvesting）策略强调的是在维持销售额的同时逐步减少产品或者业务成本，以大幅增加企业的现金流。为此，企业可能会削减研发成本、厂房和设备投入，也可能会降低产品质量、缩减销售团队规模和广告费等。企业如果有强大的分销渠道、良好的声誉或其他营销资产，可以选择剥离策略，即考虑把业务或产品卖给其他企业。实际上，确切地知道何时、何地、如何放弃产品与知道何时、何地和如何导入新产品同样重要。②

第 3 节　新产品开发与管理

任何企业都必须提供产品来满足顾客的需求。企业首先要有可以出售的东西，如有形的产品和无形的服务等，这些东西都需要企业去开发。即使有可以销售的产品，这些产品或早或

① 埃特泽尔，沃克，王永贵，等．市场营销：第 14 版．南京：南京大学出版社，2009.

② 同①.

晚也会过时，这预示着企业需要对新产品开发进行管理。

一、新产品的内涵与分类

什么是新产品？汽车制造商每年推出的新车型是新产品吗？汽车上安装的智能车载导航系统是新产品吗？肯德基的新食品包装是新产品吗？一种产品只有是革命性的，或者是之前从未面过世的，才能称为新产品吗？回答这些问题前，需要了解新产品的内涵和分类。

（一）新产品的内涵

实际上，新产品的界定很大程度上取决于评价者的视角及其对产品新度的把握。从狭义上讲，新产品是指从未在市场上出现过的产品；从广义上讲，新产品包括采用新技术原理、新构思、新设计、新材料、新功能和新结构，技术含量达到先进水平，性能可靠、有经济效益的产品，其中最为重要的一点是其能够满足社会不断增长的新需求，具有比老产品更高的使用价值。新产品可以粗略地划分为企业型新产品、市场型新产品和技术型新产品。企业型新产品指企业现有产品之外的产品；市场型新产品指市场上当前可得到的产品之外的产品；技术型新产品指采用了新技术、新工艺或新材料，功能和效用得到强化的产品。[①]

（二）新产品的分类

1. 基于新度的新产品分类

按照产品的新度，新产品可以分为创新型新产品、换代型新产品、改革型新产品和模仿型新产品四种类型，具体而言：

（1）创新型新产品指利用新原理、新技术、新材料研制出来的市场上从未出现过的产品，其主要特点是创新时间长、成本高、难度大，开发成功后的收益高。

（2）换代型新产品指采用新材料、新元件、新技术，使原有的产品性能有飞跃性提高的产品，这种新产品的主要特点是开发相对容易，能快速取得好的收益。

（3）改革型新产品指从不同侧面对原有产品进行改革创新而制成的产品，这种新产品的主要特点是开发成本较低和速度比较快。

（4）模仿型新产品指利用市场上已有的产品经模仿制造出来的产品，其主要特点是有利于企业寻找市场空间，能快速提高企业竞争实力和增加销售收入。

2. 基于消费者视角的新产品分类

从消费者的视角来看，新产品可以分为连续性革新产品、间断性革新产品和跳跃性革新产品。

（1）连续性革新产品。连续性革新产品是指在产品组成中仅发生次要变化，对已经形成消费习惯的行为影响很小的新产品。例如，市场上轿车的色调和式样每年都在发生变化，但它们对使用者消费行为的影响很小。消费者在接受这类新产品时，基本上沿用针对老产品的消费行为，需要学习的新消费方式只占很少一部分。因此，开发这类新产品的企业无须进行大量的消费指导服务。这类新产品促销的重点在于使现有顾客和潜在顾客了解所开发的新产品，了解新消费利益。

（2）间断性革新产品。间断性革新产品是指在产品组成中发生某些突变（包括产品功能和用途方面的重大变化）的新产品，如工业品市场上的各类新式制造设备等。开发间断性革新产品的企业需要认真研究新产品的性能究竟能为消费者增加哪些消费利益，全面分析应在新产品

---

① 王永贵．产品开发与管理．北京：清华大学出版社，2007.

促销活动中增加哪些指导消费的服务内容，确保使用者更快适应产品革新所要求的消费行为改变，努力缩短顾客从试用到最后接受的时间，加速新产品在市场上的扩散。

（3）跳跃性革新产品。跳跃性革新产品是指在功能相近的同类产品中产生实质性变化的新产品。这类新产品的产生一般以某行业技术或若干行业综合技术的进步为先导。因此，跳跃性革新产品的使用一般要求消费者改变过去的使用习惯和消费方式，形成全新的消费行为。[①]

3. 基于企业观点的新产品分类

凡是企业第一次生产经营的产品对企业来说都是新产品。如果把产品新度同企业的开发策略联系起来，可以从是否应用新技术和是否开拓新市场两个方面进行分析。在图 8－6 中，除 I 区域外，其他三个区域对于企业来说都是新产品。

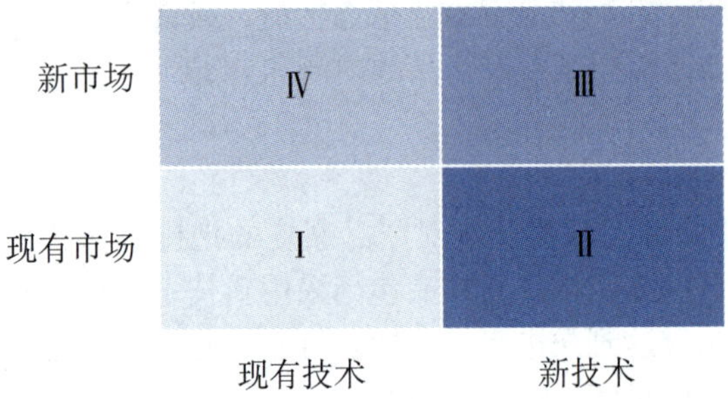

图 8－6　企业产品的分类

二、新产品开发的概念与特征

产品是企业生存与发展的基础。一个企业的产品如果不能随市场变化更新换代，不能以适销对路的产品来满足消费者不断变化发展的需求，就会在市场经济中被淘汰。

（一）新产品开发的概念

新产品开发是指企业为了适应顾客需求和外部环境的变化，对从产品的构思、筛选、试销到正式投产全过程开展的经营管理活动。大数据时代，企业可以充分获取、分析和利用海量的顾客数据，在新产品开发初期阶段明确顾客需求，找准产品定位，确保新开发的产品真正为顾客创造价值，赢得顾客满意。例如，成功转型的红领集团凭借互联网技术，基于个性化的定制平台与消费者直接交流，收集大量个性化需求数据；再利用大数据和云计算技术，实现顾客需求数据到生产数据的转化；最后借助互联网和大数据，以流水线的生产模式实现大规模个性化生产。[②] 成功的新产品可以给企业带来较高的经济回报，甚至可以提升企业在整个行业的竞争地位。但是，收益必然伴随相应的风险，很多失败的新产品开发项目给企业带来了沉重的财务负担，甚至导致企业破产。[③]

（二）新产品开发的特征

新产品开发的特征主要是不确定性、变革性、机遇性和高成本性。不确定性主要表现在市场需求、工业技术和企业管理的不确定性三个方面。[④] 变革性是指新产品开发所需的新思想、新工作方式等可能会打破组织内部已经形成的利益分配格局和组织传统。因此，企业在进行新产品开发时，可能会遇到各种阻碍。一方面，新产品的开发会受到企业内部某些既得利益集团的阻碍；另一方面，随着源于新产品的企业竞争优势的增强，企业对潜在利润的追求拉动了新产品的开发。可见，新产品开发带来的变革大小取决于新产品开发的阻力和动力的相对作用强度。机遇性一方面表现在新产品的开发过程中存在机遇，如可以发现新的工艺或生产运作方式，另一方面表现在新产品开发成功之后会持续给企业带来机遇并获得竞争优势。高成本性是

① 王永贵．产品开发与管理．北京：清华大学出版社，2007.
② 刘禹．传统制造业转型福音：红领集团转型案例分析．（2016-03-16）．https://www.iyiou.com/p/25193.html.
③ 王永贵，贾鹤．产品开发与管理：案例・点评・分析．北京：北京师范大学出版社，2008.
④ 刘求生．新产品开发．北京：清华大学出版社，2001.

指虽然新产品的开发可以扩大市场，增加潜在收益，但由于各方面的不确定因素，企业会面临较高的费用开支和风险。

三、新产品开发流程

迄今为止，有多种新产品开发流程。下面以最经典的阶段—门体系开发流程为例，深入剖析新产品开发流程。需要指出的是，目前新产品开发流程已经更加数字化，越来越多地使用数字化工具和平台进行分析、设计、三维原型制作和协作通信，所有这些逐渐取代传统的设计和通信方式，通过快速传播创意、想法和修改设计来更快地解决问题，从而促进知识的创造，显著提高新产品开发速度和效率。[①]

（一）阶段—门体系概述

阶段—门体系是融入成功企业最佳商业实践的一种通用的新产品开发流程，它着眼于驱动新产品开发成功的关键因素和有效的新产品开发流程的主要目标。阶段—门体系对新产品项目构思到商业化推进过程中各项跨职能的并行活动进行划分，把它们划分成一系列预先设定的阶段（stage），在每个阶段后设置决策门（gate）以进行质量控制和继续 / 放弃决策（go/kill decision）检查，并融入了众多成功实施新产品开发活动的最佳企业实践。阶段—门体系开发流程是保证新产品开发活动效率和有效性的操作蓝图。[②] 它强调的是依据高级管理人员组成的跨职能小组控制的决策门的指示，由跨职能产品开发团队进行不同阶段活动的优化。尽管阶段—门体系提出的是一种连续步骤的方法论，但在实际的流程中也强调并行活动，实施的方式也很灵活。[③] 阶段—门体系的一般构成如图 8－7 所示。

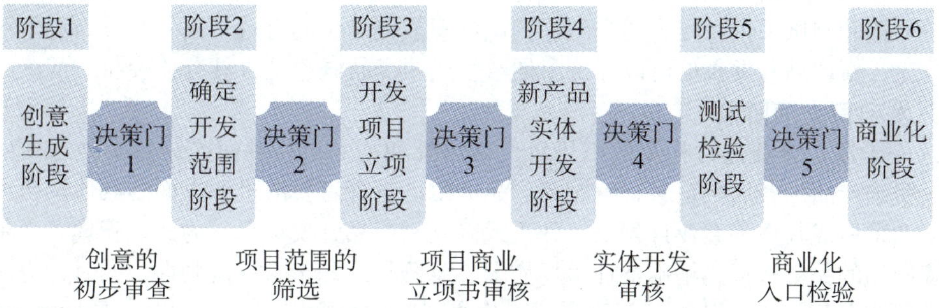

图 8－7　阶段—门体系的一般构成

资料来源：O’Connor P. Implementing a stage-gate process ：a multi-company perspective. Journal of Product Innovation Management，1994，11（3）：183–200.

（二）阶段的活动

一般而言，经典的阶段—门体系开发流程包括六个阶段：创意生成阶段、确定开发范围阶段、开发项目立项阶段、新产品实体开发阶段、测试检验阶段和商业化阶段。

---

① Marion T J，Fixson S K. The transformation of the innovation process：how digital tools are changing work，collaboration，and organizations in new product development. Journal of Product Innovation Management，2020，38（1）：192–215.

② 库伯．新产品开发流程管理：原书第 3 版．刘崇献，刘延，译．北京：机械工业出版社，2003.

③ O’Connor P. Implementing a stage-gate process：a multi-company perspective. Journal of Product Innovation Management，1994，11（3）：183–200.

1. 创意生成阶段

创意是新产品开发的起点，是开发流程中新产品最抽象的形式，是企业想提供给市场的可能的产品设想，也是以书面或口头的描述性文字表达的产品形态。管理人员需要在企业内部设计一个创意生成的激励体系，然后恰当地进行评价。好创意是新产品开发成功的基础，新产品创意既可能来自企业外部，也可能来自企业内部，具体包括四个方面：

（1）顾客。顾客是新产品创意的主要来源，也是产生突破性创意最有效的途径。作为企业产品的直接使用者，顾客的使用方式、需求和对产品的态度，甚至是批评、暗示和抱怨，都是新产品创意的重要源泉。而且，随着服务主导逻辑为越来越多的企业所接受，顾客在产品开发与创新方面的战略地位日益提升。①

（2）竞争对手。对竞争产品进行分析以及研究竞争对手在推销或开发什么，通常可以激发企业的新产品开发思维，使其开发出全新的产品，或开发出竞争产品的改进产品，甚至通过对竞争产品的模仿成功推出一系列新产品。

（3）员工。企业可以鼓励员工定期提交建议或产品创意，并在员工有关的建议或创意得到采纳之后对他们进行奖赏，采取各种措施鼓励他们参与。

（4）其他相关产品或领域。新产品的创意经常来自对其他领域产品与流程的研究。这些研究与企业的产品相结合会促进新产品的开发。

此外，供应商也是企业新产品创意的一个重要来源。②

2. 确定开发范围阶段

在这一阶段，企业通过对相关方面材料进行研究，对项目进行初步调查，在众多创意方案中进行筛选。企业的主要任务是对新产品的创意进行一一检验，然后决定哪一种创意值得进一步研究。检验工作涉及面较广，主要考察战略一致性、项目可行性、市场机会、市场吸引力、产品优势和企业资源能力等问题，而将财务方面的标准暂时搁置，不予考虑。如果只就产品概念的筛选和测试来说，顾客感知图是测试创意战略定位的有效工具，通过与竞争对手产品定位的对比，新产品开发人员可以评价由创意生成的产品概念是否具有独特性。③

3. 开发项目立项阶段

在这一阶段，企业进行初步的市场可行性研究和技术可行性研究，着手推进项目的商业化论证，明确产品的各层次定义，编制新产品大纲。管理者要通过各方面的具体调研，把通过检验的创意发展成具体的商业计划书，并正式确立新产品开发项目。为此，管理者必须深入认识并提炼产品的关键特征，精确估计市场需求、竞争状况和未来的盈利性，同时为进一步的产品可行性研究分配责任。其中，要重点明确战略层面的目标市场范围和新产品战略定位描述、市场层面的产品概念与给顾客带来的价值以及技术生产层面的产品属性和规格。这一阶段的主要活动一般分为市场导向的调研活动和财务分析活动。其中，市场导向的调研活动着眼于对顾客需要偏好的分析和竞争标杆的管理，即分析相对于竞争对手的产品，顾客对本企业将要开发的新产品的接受程度。

4. 新产品实体开发阶段

如果商业分析的结果是乐观的，那么企业就需要开发出新产品的样品。新产品实体开发阶段需要进行工艺性能设计，制定生产流程。如果新产品是服务产品，企业需要设计和检验开发和交付新服务所需的设施和程序。例如，在游乐园新过山车项目的开发过程中，这一步是必需的。如果新产品是有形产品，企业需要试验不同的产品设计、产品特性、产品属性和产品功

---

① 王永贵，等. 顾客创新论：全球竞争环境下“价值共创”之道. 北京：中国经济出版社，2011.

② 郭贤达，蒋炯文. 战略市场营销：经理人精要指南. 王永贵，董伊人，译. 北京：北京大学出版社，2006.

③ 埃特泽尔，沃克，王永贵，等. 市场营销：第 14 版. 南京：南京大学出版社，2009.

能，并根据特定的设计方案制造少量的样品。

5. 测试检验阶段

在这一阶段，企业首先要进行内部测试：阿尔法（Alpha）测试指企业开发出一系列的测试方法来测试产品的方方面面；贝塔（Beta）测试指消费者应邀在家或在企业的实验室测试产品，然后提出有关产品评价和反馈的信息。[①] 在此之后，企业要进行市场测试。与样品开发阶段的内部测试不同，市场测试涉及真正的顾客参与。例如，企业把新产品的样品分发给部分顾客用于家庭（消费者产品）或企业（企业产品）的日常使用，并在产品使用之后要求顾客对新产品做出评价；或者企业在有限的区域内销售新产品，进行新产品的试销。有些企业会监控销售总额和同一顾客的重复购买等市场测试信息，有些企业则可能在市场测试的过程中选择商店里的购物者进行访谈。根据市场测试的结果，生产商会调整产品的设计和生产计划。市场测试之后，管理者必须做出最终决策，决定继续还是放弃新产品开发。[②]

6. 商业化阶段

如果管理者对市场测试的结果表示满意并做好推出新产品的准备，那么他们下一步很可能会做出进一步的制造安排，进而推动新产品开发进入商业化阶段。在这一阶段，企业要开发出完整的产品生产和营销计划，然后付诸实施。从创意生成阶段到这个阶段，管理人员对产品有实质的完全控制权。一旦新产品进入市场，外部市场的竞争环境就成为新产品命运的主要决定因素。

（三）决策门

决策门是前一个阶段的出口和下一个阶段的入口，是继续 / 放弃决策点。各个阶段的目的在于确保跨职能团队拥有高工作绩效，这需要团队成员在每个决策门处做出继续（go）、放弃（kill）或重复（recycle）等决定来确保阶段活动和项目投资的顺利实施。在每个决策门，执行新产品开发的跨职能团队会聚集在一起，把上个阶段所有活动成果的相关信息收集起来，然后决定开发活动是否向下一个阶段继续推进。

1. 决策门的基本元素

与每个阶段的活动由跨职能团队进行的情况不同，入口处的决策基本是由新产品开发团队管理人员或高层管理人员通过审查来制定的。每个决策门都包括三个基本元素。

（1）一组被要求交付的标的物。这是新产品开发团队需要在决策门处交付的上个阶段的活动结果，即一系列任务的完成情况。

（2）决策判断所依照的准则。决策准则应该是可操作的、能够清晰定义的和易于所有人理解的。决策准则由一组检查列表组成，涉及上个阶段活动必须满足的条件和禁止出现的问题，并对这些问题赋予不同的权重，对上一阶段的结果进行量化。依据这些准则，实施情况不佳的项目被及时叫停或重新执行。检查列表应该包括定量和定性的准则，这些准则分为必须满足的准则和应该满足的准则两类。必须满足的准则反映了项目必要的特征，是一些用“是”和“否”来回答的问题；应该满足的准则是新产品开发的管理人员希望项目具备的特征，否定的回答并不意味着要放弃项目。

（3）决策结果。决策结果由决策、下一阶段的计划和推进时期等多个部分组成。决策结果分为继续、放弃、搁置和重新执行四种情况。继续意味着项目可以按计划进入下一阶段；放弃意味着停止相关的工作，不再在此项目上投入更多的财力和时间；搁置是指前一阶段的执行

---

① 郭贤达，蒋炯文．战略市场营销：经理人精要指南．王永贵，董伊人，译．北京：北京大学出版社，2006.

② 埃特泽尔，沃克，王永贵，等．市场营销：第 14 版．南京：南京大学出版社，2009.

质量已过关，但企业内有其他更好的项目，由于资源有限，此项目必须暂时停止；重新执行意味着虽然上个阶段的工作质量没有达到要求，但此项目的前景很好，因此对于存在不足的活动必须返工。[1]

2. 决策的方法

在决策过程中，常用的两种方法是定性评估法和财务经济评价法。

（1）定性评估法。在项目实施初期，由于缺乏财务数据，财务分析结果的可靠性较低，应采用一些定性评估法，对战略性变量（如新产品开发项目）与公司目标的一致性、产品优势和市场吸引力等方面给出主观评分，形成评分模型。这些数值的处理结果在早期决策门中的效用最高，但对企业资源分配等方面产生的影响欠缺考虑。

（2）财务经济评价法。财务经济评价法是指财务管理中有关投资决策的方法，如回收期法、净现值法、内部收益率法以及避免项目环境不确定性的敏感性分析和决策树方法等。这种方法虽然在财务数据较充分的情况下可以为决策者提供有效的依据，但没有考虑到全盘的资源分配问题。要想解决企业资源分配对项目的影响这一问题，企业需要从涉及不同项目的组合管理（portfolio management）角度来考虑。对于企业层面的阶段—门体系实施活动来说，着眼于所有新产品开发项目的组合管理思想一定要贯彻落实，孤立地评估某个新产品开发项目会使企业走入误区。

四、产品开发与质量功能展开

质量功能展开是对顾客需求进行多层次的演绎分析，将其转化为产品的设计要求、零部件特性、工艺要求、生产要求的质量工程工具，用来指导产品的设计并保证质量。这一技术产生于日本，在美国进一步发展，现已在世界范围内广泛应用。

质量功能展开体现了以市场为导向，以用户要求为产品开发唯一依据的指导思想。在先进的产品设计方法体系中，质量功能展开占有举足轻重的地位。它通过对用户要求的逐层展开来确定产品研制的关键环节、关键零部件和关键工艺，从而为稳定性优化设计的具体实施指明方向，确定对象。质量功能展开使产品的全部研制活动与满足用户要求紧密联系，增强了用户满意，提高了产品的市场竞争能力，保证了产品开发的一次性成功。据统计，如果运用质量功能展开方法，产品开发周期可缩短 1/3，成本可减少 1/2，质量可大幅度提高，产量也可成倍增加。质量功能展开包括四个基本阶段：产品质量规划阶段、设计质量规划阶段、过程质量规划阶段、生产质量规划阶段（见图 8－8）。

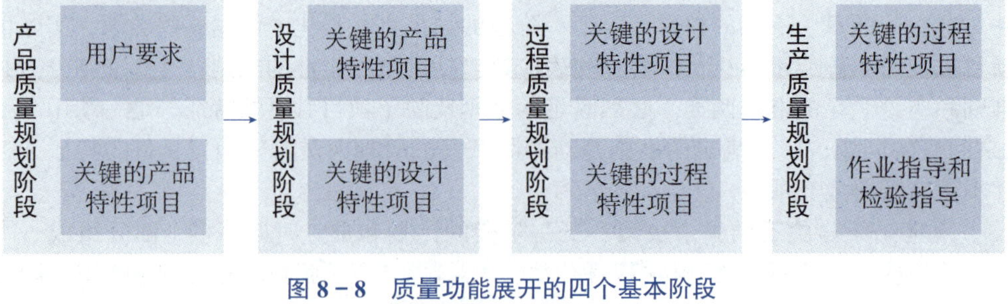

图 8－8　质量功能展开的四个基本阶段

资料来源：邵家骏．质量功能展开．北京：机械工业出版社，2004.

① 王永贵．产品开发与管理．北京：清华大学出版社，2007.

营销视角8-4　汽车传感器的质量功能展开分析

质量功能展开的基本原理是采用“质量屋”的形式，量化分析顾客需求与工程措施的关系，通过数据分析处理找出对满足顾客需求贡献最大的工程措施，从而指导设计人员抓住主要矛盾，开展稳定性优化设计，开发出满足用户要求的产品。企业通过质量功能展开可以达到以下目的：（1）准确地调查、识别和确定用户要求，在产品开发期间全程传递用户要求；（2）评定、确定产品特性的关键项目，并提高设计可靠性；（3）降低开发风险和开发费用；（4）通过运用矩阵化方式，增强企业各部门之间的交流；（5）缩短企业的产品开发周期。①

五、新产品的采用和分销

如果管理人员真正理解新产品的采用和分销过程，那么新产品（特别是真正创新的产品）成功的可能性就会增大。一般而言，新产品的采用过程就是个体或企业在采用某项创新之前进行一系列连续决策的过程；新产品的分销过程则是一项创新随时间在社会体系内传播的过程。理解了上述过程之后，企业往往可以获悉潜在顾客怎样采用或者拒绝产品，了解哪些人在产品推出以后马上购买、哪些人稍后购买、哪些人不会购买等信息。

（一）采用过程与采用者

表 8－3 概括了顾客决定是否购买某一新产品所经历的六个主要阶段（新产品采用过程），分别是知晓、兴趣、评价、试用、采用和强化。② 尽管新产品采用基本上都会经历这六个阶段，但鉴于顾客需求与偏好的差异性，在某种新产品导入市场之后，顾客总会表现出不同的接受行为，即有些顾客在某种新产品引入市场之后马上购买，有些顾客在购买前有所迟疑，还有一些顾客可能永远不会购买。

表 8－3　新产品采用过程的六个主要阶段

阶段	本阶段的活动
知晓	个体接触到新产品，成为潜在顾客
兴趣	潜在顾客对新产品感兴趣，开始收集新产品信息
评价	潜在顾客评价新产品的优点和缺点，并与竞争产品比较
试用	顾客在有限的范围内使用新产品，或使用分发的样品
采用	顾客决定是否全面使用新产品
强化	在采用新产品之后，潜在顾客会立刻寻求信息来支持自己的购买决策，成为新产品的使用者

资料来源：埃特泽尔，沃克，王永贵，等．市场营销：第 14 版，南京：南京大学出版社，2009.

一般而言，根据个体采用新产品时该产品所处的生命周期阶段对顾客进行分类，可以分成创新者、早期采用者、早期大众、晚期大众、落伍者五种类型。③

（1）创新者。创新者是指率先采用新产品的具有冒险精神的顾客。例如，一些顾客在某

① 王永贵．产品开发与管理．北京：清华大学出版社，2007.

② 埃特泽尔，沃克，王永贵，等．市场营销：第 14 版．南京：南京大学出版社，2009.

③ Rogers E M. Diffusion of innovation. 4th ed. New York：Free Press，1995.

些新的电子产品引入本国之前就在其他国家购买了该产品。与较晚的采用者相比，创新者一般比较年轻，有较高的社会地位和较好的经济基础。创新者的社会联系很广。创新者更加依赖广告等非人员传播渠道，而不是销售人员等人员传播渠道。

（2）早期采用者。早期采用者会在创新者之后购买新产品，但早于其他顾客。与有广泛社会联系的创新者不同，早期采用者的社会交往活动通常限于本地社区范围之内。早期采用者在各自的社交体系中往往备受尊重。实际上，其他人通常对早期采用者的想法很感兴趣，并受其想法或行为的影响。因此，与其他采用者相比，早期采用者中往往包含了更多的思想领导者，同时，往往更多地把销售人员作为一种重要的信息来源。

（3）早期大众。早期大众对新产品的采用只比社会上大多数的采用者早一些。这类群体的社会经济地位比社会平均水平稍高，在消费过程中比较依赖广告、销售人员以及同早期采用者的交流。

（4）晚期大众。一般而言，省钱和同一阶层其他成员的压力是晚期大众购买新产品的主要原因。他们主要将早期大众和其他晚期大众作为信息来源，广告和销售人员对这类群体的影响不及口碑传播的影响。

（5）落伍者。落伍者往往受到传统的束缚，对创新产品的采用最晚。这类消费者对创新产品和创新者持怀疑态度。例如，他们无法理解人们为什么愿意花很多钱去购买一种新型的安全设备。当落伍者采用某种新产品的时候，创新者已经开始尝试更新的产品。一般而言，落伍者往往年龄比较大，社会经济地位也比较低。

表 8－4 概括了早期采用者和晚期采用者的主要特征。需要指出的是：对于不同的新产品，同一个体未必处在相同的类别之中。在多数情况下，个体可能对于某类产品（如汽车）属于早期采用者，对于另外一种差异较大的产品（如音响）则属于其他类型的采用者。这里所说的采用是指首次购买。对第一次使用经历不满意或者出于其他原因（如成本），购买者可能决定不再继续购买该新产品。所以，首次购买者不一定会成为忠诚的或者重复购买的顾客。

表 8－4　早期采用者和晚期采用者的特征

消费者特征		消费者类型	
		早期采用者	晚期采用者
关键特征	冒险	创新者	
	尊重	早期采用者	
	准备	早期大众	
	怀疑		晚期大众
	传统束缚		落伍者
其他特征	年龄	较年轻	较年长
	受教育程度	良好	稍差
	收入	高	低
	社会关系： 本地社区内或本地社区外	创新者：本地社区外 其他人：本地社区内	本地社区
	社会地位	高	低
	信息来源	广泛的媒体接触	有限的媒体接触；外部媒体的依赖程度低；依靠当地同地位的群体

资料来源：埃特泽尔，沃克，王永贵，等．市场营销：第 14 版．南京：南京大学出版社，2009.

（二）影响采用率的产品特征

新产品被消费者采用的速度或程度称为采用率。一般而言，影响新产品（特别是真正意义上的创新产品）采用率的产品特征主要包括五个方面[①]：（1）相对优势，即新产品优于现有产品的程度。相对优势可能表现在成本低、更安全、使用更方便，或者其他相关的利益方面。例如，由 3M 公司开发的祛除图画痕迹和油漆的安全清除剂不含有害的化学物质、无味，和现有产品相比具有相对优势。（2）兼容性，即新产品与采用者的价值观以及生活方式相一致的程度。例如，许多消费者希望节省时间并立刻满足自己的需求，而麦当劳快餐店很好地满足了这类消费者的需求。（3）复杂性，即消费者理解和使用新产品的难度。新产品越复杂，消费者采用的速度就越慢。例如，一些电子产品以及网上服务使用起来非常复杂，所以消费者的采用率较低。（4）可试用性，即新产品在一定基础上可以被消费者尝试的程度。如果不考虑其他特征，一种新产品被消费者尝试得越多，消费者采用的速度就越快。基于这个特征，消费者采用贵重新产品要比采用便宜新产品慢。同样，消费者对很多新服务产品很难在尝试的基础上做出判断，所以这类新产品采用率较低。（5）直观性，即消费者可直接有效观察到新产品的程度。总体上，直观性越强，消费者的接受就越快。例如，新型除草机的采用率比预防杂草生长的产品采用率高。原因在于尽管后者的效果更好，但它没有办法让潜在消费者马上看到效果。

在市场上，许多企业希望自己的新产品能够具备上述五个特征，但很少有企业能够真正做到。不过，苹果公司的 iPod 产品成功做到了。iPod 并不是市场上出现的第一种数字音乐播放器，但此前的播放器不是存储空间太小，就是体积太大。iPod 凭借超大的存储空间、精巧的设计、新颖的外观、简易的操作等赢得了顾客的认同，一举获得成功。

六、新产品开发成功的影响因素[②]

（一）单个新产品项目层面的驱动因素

1. 具有独特性的优质产品

为顾客提供具有独特优势和竞争性价值主张的差异化产品是决定新产品开发成功与否的核心影响因素。独特的优质产品（unique superior product，USP）具体表现在：第一，在满足用户需求方面优于竞争产品，或者提供竞争产品无法提供的特征，抑或是解决顾客在竞争产品中遇到的问题；第二，为顾客提供物超所值的功能，降低客户的总成本（高使用价值），并具有优异的性价比；第三，提供相对于竞争对手产品的卓越产品质量（就用户如何衡量质量而言）；第四，提供高度可见并容易被顾客认为是有用的产品优势或属性。

2. 建立在顾客之声上

要关注顾客之声（voice-of-the-customer，VOC）——以市场为导向，以顾客为中心，对顾客需求、竞争形势和市场性质的透彻了解是新产品成功的重要组成部分。

3. 产品开发前期阶段的准备工作

新产品开发前期阶段的准备工作也是影响成功的关键因素，主要包括：初步市场评估——快速市场研究，以评估市场潜力和所需的产品属性；初步技术评估——项目的第一次技术评估，评估技术可行性并识别技术风险；详细的市场研究，市场和顾客之声的调查；详细的技术评估——深入的技术评估，建立概念证明，解决知识产权问题，以及运营或供应源评估；在采

---

① 埃特泽尔，沃克，王永贵，等. 市场营销：第 14 版. 南京：南京大学出版社，2009.

② Cooper R G. The drivers of success in new-product development. Industrial Marketing Management，2019，76：36–47.

取投资决策之前，进行全面的业务和财务分析。

4. 清晰、提前、基于事实的产品定义

在产品进入开发阶段之前如何定义产品是影响成功的一个重要因素，该项工作可以避免产品范围蔓延和规格不稳定，从而提高成功率和加快上市速度。产品定义包括：项目范围，目标市场，产品概念和提供给顾客的收益（包括价值主张），定位策略（包括目标价格），产品的功能、属性、要求和高级规范等。

5. 迭代或螺旋式开发——构建、测试、反馈和修订

迭代或螺旋式开发是快节奏的项目团队处理动态信息过程的方式，其中包含流动的、不断变化的信息。螺旋式开发有助于团队获得产品定义和产品权益，尽管团队进入开发阶段时，有些信息是流动的，甚至是不可靠的。在快速变化的市场中，迭代或螺旋式开发的具体步骤为：（1）构建：构建一些东西来展示给顾客——产品的表现形式，如计算机生成的图形或模拟、虚拟的现实原型等。（2）测试：与客户一起测试产品的每个版本。（3）反馈：从客户或用户那里收集关于该版本产品的反馈——他们喜欢什么（或不喜欢什么），以及他们看到了什么价值。（4）修订：根据反馈重新思考价值主张、寻求的利益和产品设计，然后进行下一次迭代。

6. 全球导向

针对国际市场的全球产品公司的增长和盈利能力取决于与产品创新相关的全球业务战略。在全球市场上，产品开发在实现可持续竞争优势方面起着主要作用。全球定位意味着将市场定义为国际市场，设计产品以满足国际需求，而不仅仅是国内需求。其结果要么是全球性产品（一个版本适用于整个世界），要么是“全球化产品”（一种开发工作、一个基础的产品或平台，但是有多种产品变体来满足不同地区的需求）。

7. 发布：一个精心构思、执行得当的发布

不仅产品必须是一流的，而且必须以一种熟练的方式进行产品发布、销售和支持。高质量的产品发布与新产品的盈利能力密切相关，而有效的售后服务对于成功推出新产品至关重要。

（二）企业层面的驱动因素

1. 创新战略

企业的产品创新和技术战略，旨在使企业专注于最佳战略领域，并为构思、产品路线图和资源分配提供方向。企业的产品创新和技术战略为新产品开发指明了方向，而制定新产品策略与企业积极绩效紧密相关。这种对绩效产生最积极影响的策略包括：第一，明确定义的产品创新目标，例如，确定企业销售额或增长的多少百分比来自新产品。第二，发挥产品创新在实现企业总体业务目标中的作用，将产品创新目标与业务总体目标联系起来。第三，定义创新的战略领域——集中新产品努力的战略重点领域。目标是选择富有创新机会的战略领域，这些将有助于创造企业未来增长的引擎。第四，制定产品路线图。该路线图规划了一系列计划好的开发活动，通常是未来的 5 ～ 7 年。路线图只是管理层对如何实现其预期目标的看法。

2. 专注和敏锐的项目选择决策——投资组合管理

为了让稀缺和宝贵的资源投向更有价值的新产品项目，企业需要对不同的项目进行充分评估，选择最优质的项目投入其所需的资源，这样可以使得重点项目明晰，带来更高的成功率，并缩短新产品上市的时间。但是，选择高价值的新产品项目只是任务的一部分。投资组合的其他目标是在开发投资组合中选择合适的项目进行组合和平衡，并确保投资组合中的战略一致：企业在产品创新上的支出反映了其战略重点。许多企业已转向更正式的产品组合管理系统，以帮助有效分配资源并确定新产品项目的优先级。

3. 充分利用核心竞争力——协同和熟悉

当缺乏与基础业务的协同作用时，新产品平均表现不佳。协同意味着在新产品项目的需求与公司的资源、能力和经验之间有很高的契合度，包括研发或技术资源（理想情况下，新产品应利用企业现有的技术能力），营销、销售人员和分销（渠道）资源，品牌、形象和营销传播以及促销资产，制造、运营或供应源能力和资源，技术支持和客户服务资源以及管理能力。

一些新产品项目将企业带入陌生领域——对企业来说新的产品类别：有陌生需求的新客户；不熟悉的技术；新的销售队伍、渠道和服务要求或不熟悉的制造过程。企业通常为此付出代价：由于缺乏经验、知识、技能和资源，跨项目风险更大，失败率更高。

4. 瞄准有吸引力的市场

市场吸引力是一个重要的战略变量，它对于新产品来说也很重要，通常针对更具吸引力的市场的新产品更容易成功。市场吸引力包括两个方面，一方面是市场潜力，积极的市场环境，即具有巨大长期潜力且购买对客户重要的大型且正在成长的市场；另一方面是竞争状况，以激烈的价格竞争和低利润为特征的负面市场，以及竞争对手拥有强大的产品、有能力的竞争性销售队伍、渠道系统和支持服务。市场吸引力的这两个方面都会影响新产品的命运，都应作为选择项目和确定优先次序的标准。

5. 资源配置

大量新产品开发项目缺乏时间和资金的投入，因此导致更高的失败率。随着对利润的追求日益强烈，公司通常通过重组和削减成本来应对，用更少的钱做更多的事，因为资源有限。同样，许多公司试图为可用资源做尽可能多的项目，无法对平庸的开发项目说“不”或直接终结项目。随之而来的资源紧缺造成许多会导致产品开发失败的原因：顾客之声的缺乏，前期准备工作不足，产品发布无效，过分强调简单、快速和廉价的项目。可见资源紧缺会造成巨大的损失。

6. 有效的跨职能团队

产品创新是团队共同努力的结果，许多研究认为项目团队的组织和运作方式会对项目结果产生重大影响。表现最佳的组织的新产品项目团队具有如下特征：第一，每个重要的新产品项目都有一个明确分配的项目团队，而且项目团队是跨职能的，成员来自研发、销售、营销和运营等部门；第二，项目团队从头到尾始终留在项目中，而不仅仅是短期或单个阶段；第三，有明确的项目负责人，并且负责项目从构思到启动的整个过程，而不仅仅是一个或几个阶段；第四，建立用于项目团队成员的中央共享信息系统——一个允许共享项目信息的IT系统，允许项目团队成员跨职能、跨地点甚至跨国家有效地协同工作；第五，项目团队对项目的最终结果负责，例如，确保项目达到利润目标、收入目标和时间目标。

7. 正确的环境——氛围和文化

积极的创新氛围对绩效结果具有重大影响，其特征主要包括：高级管理层坚定地支持业务创新；鼓励“勇敢者”和冒险行为；奖励或认可新产品的成功（不惩罚失败）；认可团队而非个人的努力等。

8. 高层管理者支持

在表现最佳的企业中，高级管理层长期致力于将产品创新作为增长的源泉，为产品创新制定愿景、目标和战略，为产品开发提供必要的资源，并确保它们在短缺时不会被转移到其他需要。高级管理层建立严格的从构思到发布的系统，以将产品推向市场。最重要的是，高级管理人员参与新产品过程，审查项目，做出及时和坚定的决定，如果成功，向项目团队做出资源承诺。

（三）企业管理新产品开发的系统和方法

1. 阶段—门体系开发系统：一个多阶段、严格控制的从创意到发布的系统

阶段—门体系开发系统是成功和有效地推动新产品从创意到发布的路线图，经过多年的不断发展，形成了一些新的实践：第一，可扩展的过程，例如，Stage 的 Lite 和 X Press 版本用于较低风险和较小的项目，甚至是发展出不同版本的阶段—门以处理不同类型的开发项目，例如 Stage-Gate-TD 用于技术平台开发；第二，利用“精益制造”领域的价值流分析，建立更精简的从创意到发布的系统，消除所有浪费并不断改进；第三，改进系统来适应开放式创新；第四，与整个产品生命周期循环相整合，从创新一直到多年后产品退出；第五，自适应和迭代过程，例如，通过使用迭代或螺旋式开发；第六，一个自动化的从创意到发布的系统，通过软件解决处理一切方案，包括创意管理、引导开发过程、项目组合管理和资源管理。

2. 速度——但不能以质量为代价

速度提供了市场上第一的竞争优势，即“先发优势”。速度意味着市场状况发生变化的可能性较小。速度意味着可以更快地实现利润。但是，速度只是一个临时目标，最终目标仍然是获利能力。虽然有研究表明速度和获利能力是相互联系的，但这种关系并非一对一。此外，对速度的强调还有负面作用。通常，用于减少开发时间的方法所产生的效果恰好相反，并且在许多情况下成本高昂，它们与健全的管理实践不符。新产品开发的目标仍然是成功的产品，而不是一系列的快速失败。除此，过分强调开发速度导致一些公司的产品开发变得索然无味，大量的产品调整和产品线扩展虽然可以快速完成，却导致了真正创新产品的短缺。项目团队为缩短新产品上市时间而采用的合理原则包括：（1）做好前期准备工作并开发基于事实的早期产品定义。（2）在项目的每个阶段提高执行质量，避免重复工作。（3）采用高效的跨职能团队。（4）使用并行处理（并行执行任务，如并行工程），甚至允许阶段重叠——向前推进较长的提前期，向前推进部分信息。（5）使用迭代或螺旋式开发：构建—测试—反馈—修订迭代使产品更早得到正确的使用，并在正式的产品测试开始之前进行必要的调整。（6）优先考虑和集中精力，以减少承担的项目，获得更多的价值。把资源集中在真正值得做的项目上，工作不仅会做得更好，而且会做得更快。（7）利用敏捷方法，既能缩短上市时间，又能提高新产品开发效率。

3. 敏捷

来自传统系统中内置的软件开发领域的敏捷方法，可产生敏捷性、对不断变化的需求的自适应响应以及被更快速地推向市场的结果。敏捷软件开发是基于迭代和增量开发的一组软件开发方法：软件解决方案通过自组织、跨职能团队之间的协作来发展；敏捷促进适应性计划，改善发展和交付；利用时间限制的迭代方法；鼓励对变化做出快速和灵活的反应。

4. 产生突破性创意：有效的创意为创新漏斗提供支持

好创意是新产品成功开发的基础，因此，企业越来越重视创新过程的前期工作。创意产生和创意处理是关键组成部分，通常，顾客之声被认为是产生突破性创意最有效的方法，许多公司将顾客之声纳入其从创意到发布系统的最早阶段以产生出色的创意：（1）顾客访问团队——通常是 2 ~ 3 人组成的跨职能团队，与有限数量的代表性客户中的关键购买影响者一起进行系统的访问计划；（2）主要用户分析——识别领先或创新的用户（赶超），并与他们合作（通常以工作坊形式）以生成新产品创意；（3）民族志——与顾客一起露营，观察其行为，了解他们未表达、未得到满足，甚至是未知的需求；（4）焦点小组——与顾客群（通常是消费者）一起确定问题、愿望、需求和期望；（5）设计性思维——通过顾客之声了解顾客的需求，并与其一起测试一系列产品版本。

5. 执行：从构思到发布，创新过程中某些关键任务的执行质量

执行的质量会对新产品的性能产生影响，无论是制造过程还是创新过程，质量都可以融入其中，顶尖企业可以提高新产品项目的执行质量：由有能力和训练有素的人员组成的项目团队；有时间从事高质量工作的团队成员；管理指导和支持；一个清晰的创新过程，为项目团队提供有用的指导。

案例

戴森：以创新打造家电市场的高地

戴森，得名于创始人詹姆斯·戴森（James Dyson）。自在英国问世以来，戴森从一家名不见经传的工程技术创新公司跻身世界性的家电巨头，以吸尘器为开端逐渐打开以吹风机、干手机、卷发棒等为代表的高端小家电市场。如今，戴森的产品已经遍布世界几大主要市场，畅销 40 多个国家，全球销售总额已经超过 60 亿美元。即便在全球经济整体下行的后疫情时代，戴森吸尘器仍然保持了 3.2% 的销售增长率。细数戴森的发展足迹，我们不难发现创新始终贯穿戴森的发展历程，并且不断绽放耀眼的光芒。

作为家电市场的新面孔，戴森初创之时就已露出锋芒。面对竞争对手的低价竞争和刻意模仿，戴森不得不通过持续的产品迭代和创新让自己立于不败之地，在技术、市场和产品方面建立一套以创新为核心理念的发展模式。

1. 构建产品技术的壁垒

戴森始终致力于产品技术的持续创新，不断拓宽产品边界。1978 年，创始人詹姆斯·戴森因不满传统吸尘器的吸力下降，将气旋技术应用到解决吸尘器吸入空气的排除问题，历经 5 年时间、5 127 个原型机测试后，发明了全球首台无尘袋真空吸尘器。然而，为了突破传统马达体积大、质量重、易损耗的技术难题，戴森并未止步于此，转身投入吸尘器的核心技术——马达的自主研发过程之中。2004 年，戴森率先推出首款数码马达 DDM，其转速达到 10 万转 / 分钟，且逐渐衍生出体积更小、质量更轻的新型号马达。2018 年，戴森推出最新型的第 10 代数码马达，转速达到 12.5 万转 / 分钟。与此同时，戴森还通过技术转化，利用“气刀技术”成功研发干手机系列产品，借助超高速空气流带走水分，一别传统烘干机利用热风将水分烘干从而引发干燥、脱脂的弊病。这些都是戴森通过技术创新打造技术壁垒的成功探索。

2. 成为专业化市场领先者

除了打造专属的技术壁垒，戴森在对现有产品不断更新的同时，也大力推进对附属功能的挖掘，从技术上将消费者带入专业化市场，成为一个集小型家用电器设计、开发、制造于一身的佼佼者，赢得了良好口碑。根据欧睿数据，2017 年，戴森跃身全球吸尘器市场销售量冠军，之后每年保持近 1% 的增长，领先地位不断巩固。除此之外，全球化经营下的产品本土化是戴森在专业化市场上的又一重大战略，其在中国市场充分利用电商平台和门店，依托线上线下相结合的新零售模式，力争将中国打造成全球最大的区域市场。

3. 持续打造明星单品

詹姆斯·戴森以及每一位戴森人都坚持这样一种创新方法：“在提出一个问题后，我们开始思考可能的解决方案，构建解决方案的原型，然后就是不断地迭代，迭代，再迭代。”这与传统“闭门造车”式的创新过程有着本质的区别，后者往往要等到产品上市以后才开始市场反馈的搜集；而戴森从产品设计阶段开始，就会开展无数次开发—验证—学习循环实验，搜集用户反馈、开展用户测试并基于用户反馈不断调整和改进产品原型，直到产品最终发售。通过“开发—验证—学习”的精益产品开发流程，戴森对产品进行数以百计的小的、增量的创新，以最终实现颠覆式的产品创新。

资料来源：戴森如何通过精益研发持续打造出顶级产品.（2020-11-27）. https://new.qq.com/omn/20201127/20201127A05CCI00.html；戴森：科技简化生活，打造时尚科技感设计，重新定义吸尘器、风扇、吹风机等产品.（2019-01-02）. https://zhuanlan.zhihu.com/p/53810057?utm_source=wechat_session&utm_medium=social&utm_oi=645347574542897152.

本章小结

市场营销的第一条定律是“了解顾客”，第二条定律是“了解产品”。要对产品进行有效的管理，营销人员必须对产品内涵有全面的了解。产品可以分为消费品和工业品两种基本类型，每种类型又可以进一步细分，企业可以为不同种类的产品制定不同的营销策略。在了解顾客和产品的基础上，企业要围绕产品线和产品组合做出相关决策，如产品线和产品组合的延伸策略等。在产品管理过程中，管理人员还需要理解产品生命周期的概念，并为处于不同生命周期阶段的产品制定相应的营销策略。

新产品开发管理也是营销管理人员必须考虑的战略问题。按照产品创新的程度，新产品可以分为创新型新产品、换代型新产品、改革型新产品和模仿型新产品。同时，本章以阶段—门体系为例，阐述了新产品开发流程及相关的一系列问题，介绍了质量功能展开的概念及其应用，还分析了影响新产品开发成功的影响因素。另外，顾客采用新产品的时间有先有后，因此顾客分为五种不同的类型，分别是创新者、早期采用者、早期大众、晚期大众和落伍者。此外，新产品的五个特征——相对优势、兼容性、复杂性、可试用性和直观性——会影响新产品的采用率。

思考与练习

1. 剖析产品的内涵，针对自己熟悉的一种产品阐述其产品层次。

2. “管理人员同时实施产品组合的扩张与收缩策略存在矛盾”的观点正确吗？请说明原因。

3. 举例说明你认为正处在产品生命周期导入期的产品或服务。对于不同的产品或服务，试分析它们对于哪些市场而言是全新的产品。

4. 互联网、大数据等新兴技术的发展加速还是延缓了新产品从导入期到衰退期的整个过程？为什么？

5. 举例说明处于产品生命周期衰退期的产品。你认为它们的衰退是持久的吗？对于重新唤起对这些产品的需求，你有什么好的建议？

6. 对于处于生命周期导入期的产品品牌和处于成熟期的产品品牌，公司的广告策略有什么不同？

7. 如果你是一家企业的产品经理，负责一种新产品的市场开发与市场投放工作，你会制定怎样的策略？

基本概念　第8章

延伸阅读　第8章

第9章 服务策略

》本章要点

本章首先介绍服务的内涵与特性，随后引入有形产品-服务连续谱，对有形产品和服务进行区分，并进一步阐述服务营销的产生与发展。接着，从两个视角出发，提出服务营销组合的七要素。最后，系统地介绍服务质量管理的相关内容。

》学习目标

- 了解服务的内涵和特性。
- 了解服务营销组合的七要素。
- 了解服务质量的概念和模型。
- 了解服务质量的维度与测量。
- 了解服务质量缺口模型的内容。

第1节 服务和服务连续谱

如果把服务视为产品，人们可能会因为弄不清产品和服务之间的关系而产生概念上的混淆。严格地说，广义的产品是一个大概念，是指能够为顾客提供某种利益的任何东西或过程。相对而言，服务则是广义产品的一部分。那么，究竟什么是服务？

一、服务的内涵

尽管我们随时随地都在接触服务，但要准确地阐述服务的定义恐怕不是一件简单的事情。生活中如此，企业界和学术界也如此。实际上，自从人们认识到服务的存在以来，对其界定和认识的争论从未停止。如果从不同的角度、不同的立场、不同的背景来看待它，往往会得出不一样的结论。《现代汉语词典》对服务的界定是："为集体（或别人）的利益或为某种事业而工作。"这是服务的一般性概念，它涵盖了服务所指的一切内容，凡是工作目的不是"为己"的行为都属于这个范畴。从经济学的角度来讲，服务是与有形产品相对应的一个概念，有形产品和服务都能给人带来使用价值。不同的是，有形产品通常表现为不同形式的具体事物，而服务则是以各种活动的形式出现。从动词的角度来看，生产和服务是一对概念，有形产品是人们用劳动生产出来的有形物体，而服务则是劳动所提供的无形形态。① 可以说，迄今为止，对于"服务"一词的界定和理解，无论是经济学领域还是营销学领域，都尚未达成共识。② 下面列举一些学者有关服务的界定，供读者参考。

营销视角9-1 几个关于服务的界定

菲利普·科特勒指出，服务是一方能够向另一方提供的、基本上无形的任何活动或利益，不会导致任何所有权的转移。服务的产生可能与某种有形商品联系在一起，也可能毫无关系。③ 格罗鲁斯基于服务特性的角度来定义服务，认为服务是由一系列或多或少具有无形特性的活动所构成的一种过程，这种过程是在顾客与员工和有形资源的互动关系中进行的，这些有形资源（有形产品或有形系统）是作为顾客问题解决方案提供给顾客的。④

综合上述学者的观点，可以将服务的定义概括如下：服务是一方向另一方提供的、基本上无形的任何活动或利益，其中涉及顾客、员工与服务系统之间的互动过程。在这一定义中，至少包括三层含义：（1）服务提供的方式是无形的；（2）服务是在顾客、服务人员、有形产品或服务系统之间发生的；（3）服务是解决顾客问题的一种或一系列行为。

二、服务的特性及其营销启示

相对于有形产品来说，服务具有四个方面的特性：无形性、过程性、可变性及易逝性。基于这些特性，不难理解相应的服务营销启示。⑤

（一）无形性

1. 无形性的含义

无形性是指服务在被购买之前是看不见、尝不到、摸不着、听不到、嗅不出的。由于服务是一种绩效或行动而不是实物，所以人们不能像感受有形产品一样看到或触摸到服务。正是由于服务是一种无形的东西，顾客在购买服务之前往往需要寻找可靠的保证，营销人员也一直在试图通过将无形的服务有形化来向顾客提供保证。例如，公司员工统一的着装、精心设计的网站、向顾客提供的宣传手册等都涉及将无形的服务有形化的过程，是向顾客提供可靠性的标识。

2. 服务无形性的营销启示

由于无形的服务不能储存，并且服务需求难以确定，所以企业的计划服务能力非常重要。例如，在旅游旺季，人们往往会对旅游景点的餐饮以及住宿服务存在巨大需求，相比之下，旅

---

① 王永贵．服务营销．北京：清华大学出版社，2019.
② 王永贵，徐宁．经营顾客资产的艺术：顾客抱怨的补救与转化．天津：南开大学出版社，2007.
③ 同①.
④ 格罗鲁斯．服务管理与营销：基于顾客关系的管理策略：第2版．韩经纶，等译．北京：电子工业出版社，2002.
⑤ 同①.

游淡季的顾客需求大大降低，此时的供给无法储存到旺季再使用。面对不可储存的供给，企业可以采取配给的方法来规划服务。例如，在旺季时提高费用来减少需求；在淡季时提供额外的附加服务、开发新的服务形式或降低服务费用来增加需求。同时，服务的无形性使人们对服务质量的评价非常困难。如前所述，顾客对服务的评价常常带有强烈的主观性，因此导致企业无法获得每个顾客真实客观的服务感知。另外，对于企业所提供的服务质量到底如何，顾客事前也是未知的。因此，企业可以考虑在服务的抽象供应上增加有形证据，以展现无形的服务，如利用有形展示、服务模拟和规范的流程说明等。①

（二）过程性

1. 过程性的含义

过程性是指生产和消费的不可分性，即服务不能与服务提供者分离（服务往往先销售，然后同时生产和消费）。服务人员提供服务，同时这些服务人员也是服务的一部分。由于顾客在服务进行时在场，所以提供者和顾客之间以及顾客与顾客之间的相互作用成为服务经营的一大特色，提供者和顾客都会影响服务的结果。由于服务的生产和消费具有不可分性，所以服务企业对服务接触和顾客参与的管理非常重要。其中，服务接触是指人际交互作用（如员工和顾客交互作用）和人与环境交互作用（如顾客和组织环境交互作用）。近年来，人工智能技术在服务领域得到迅速运用，其应用范围包括提供前端互动服务、进行顾客关系管理和处理后台活动等，例如虚拟机器人将顾客服务转变成自助服务、社交机器人取代迎宾人员欢迎顾客等，② 因此服务接触还包括人与机器的交互作用。总体来说，服务组织和顾客之间的相互作用即服务接触。③ 现在很多企业将服务管理的重点放在服务接触点的管理上，认为顾客只有对每一个服务接触点都满意，才会对总体的服务质量感到满意。顾客参与是指顾客在服务过程中的投入。没有这些投入，很多服务便无法进行。顾客在服务过程中的投入包括智力投入、实体投入和情感投入等。④

其中，智力投入是指信息和脑力的投入，如向医生提供有关个人建康状况的信息；实体投入是指有形物和无形的顾客体力的投入，如按照健身教练的要求选购一日三餐的食材；情感投入则是指顾客主观感情方面的投入，如当顾客与一名态度冷漠的前台员工接触时仍旧保持耐心和愉悦的心情。服务具有消费与生产的同时性，该特性要求顾客参与到服务的生产和消费中，因此很多企业将顾客作为企业的“兼职员工”（partial employee）进行有效的管理，这往往会让顾客和企业双方都获得更加满意的服务效果。⑤ 通过响应和预测顾客需求，人工智能可能会影响顾客在服务交互中的投入，从而影响顾客参与。例如，在自助化服务交互中，由于虚拟机器人通常执行相对常规的功能性业务，顾客容易觉察自己是与机器人而非人工客服互动，因此可能降低自己的参与度。⑥

2. 服务过程性的营销启示

采用服务质量和顾客满意度等指标来反映的服务结果在很大程度上取决于服务过程，尤

① 科特勒，洪瑞云，梁绍明，等. 市场营销管理：亚洲版：第 2 版. 梅清豪，译. 北京：中国人民大学出版社，2001.

② Huang M H，Rust R T. Artificial intelligence in service. Journal of Service Research，2018，21（2）：155–172.

③ Czepiel J A，Solomon M R，Superenant C F. The service encounter：managing employee/customer interaction in service business. Lexington，MA：Lexington Books，1985.

④ Silpakit P，Fisk R P. Participializing the service encounter：a theoretical framework//Services marketing in a changing environment. Chicago，IL：American Marketing Association，1985：117–121.

⑤ Mills P K，Morris J H. Clients as “partial” employees of service organizations：role development in client participation. Academy of Management Review，1986，11（4）：726–735.

⑥ Hollebeek L D，Sprott D E，Brady M K. Rise of the machines? Customer engagement in automated service interactions. Journal of Service Research. 2021：24（1）：3–8.

其是服务过程中的“真实瞬间”（the moment of truth）。只要顾客与企业发生接触，不管是多么细微的接触，都会给顾客留下印象。因此，企业要对服务过程进行系统的管理，不但要管理服务员工，而且要管理参与其中的顾客，服务提供者和服务接受者共同影响服务结果。首先，这意味着服务质量的控制和评估将变得十分困难。如果企业还采用传统的服务质量控制和评估方法，服务过程质量就有可能超出企业可以控制的范围。因此，企业有必要对服务过程进行全程的实时控制，并对服务过程进行标准化的规范，尽可能减少服务失误。其次，企业应该特别关注“问题顾客”（扰乱服务流程的人）的影响。在一个相互关联的服务交付系统中，“问题顾客”会在服务生产与交付的过程中给自己或他人带来负面影响，从而导致顾客满意度下降。[①] 例如，看电影时，大声喧哗者会影响其他顾客的观影体验，对其服务结果感知产生负面影响。类似地，服务的过程性也使服务不太可能通过集中化来获得显著的规模经济效益。最后，鉴于服务的过程性，企业可以考虑让顾客参与有形产品的设计、制造、交付和维护帮助系统以及信息共享和其他活动，使企业从顾客的参与中获得收益。实际上，有许多证据表明，顾客在企业的创新中扮演着十分重要的角色。另外，正是由于服务的过程性，互动营销才成为服务营销的重要内容并受到了前所未有的关注。

（三）可变性

1. 可变性的含义

可变性是指服务的异质性，即服务提供者每次提供的服务必然存在差异。不同的服务人员具备的专业技能、对服务内容和顾客需求的理解能力、服务过程中的态度存在显著差异，因此导致同类型的服务产生不同的服务结果。甚至，相同服务人员在不同时间和场合因自身认知、想法或情绪的变化也会带来不一致的服务结果。再者，服务结果还会受到其他服务人员或顾客的影响。

2. 服务可变性的营销启示

服务的可变性使服务过程管理和服务质量控制变得更加困难。企业可以通过使服务过程标准化来为顾客提供具有一致性质量特征的服务。如何实现服务过程和服务质量的标准化成为有待攻克的一大难题。对此，企业可以考虑在服务市场营销与管理过程中采取三项措施：（1）挑选优秀的服务人员并对其进行培训，以提供优良的服务。（2）在组织内部实施服务过程的标准化。通过流程图等形式，对服务时间和服务程序进行严格的规定，以及时了解服务过程中可能存在的缺陷。（3）通过构建顾客建议和投诉系统，获取顾客反馈，调查顾客满意度，以发现服务过程中存在的问题并设法予以修正。

（四）易逝性

1. 易逝性的含义

易逝性是指服务不能储存以供今后销售或使用，服务只存在于生产和消费的过程中。例如，一个律师没有为客户提供服务的时间不能回收和以后使用；对出租车司机来说，空驶时没有任何利润，但是这段时间也不能储存并加以利用；饭店在消费者人数突然增加时，由于场地、服务人员和材料的限制，可能无法给所有消费者及时提供服务。因此，企业需要进行生产能力管理（capacity management），尽量避免出现需求与供给脱节的状况，而生产能力管理就是使服务与需求相适应的过程。

---

① 泽丝曼尔，比特纳．服务营销：原书第 3 版．张金成，白长虹，译．北京：机械工业出版社，2004.

2. 服务易逝性的营销启示

服务不仅难以储存，而且需求量的波动很大，难以预测。因此，计划服务能力对于企业来说至关重要。一方面，企业虽然不能储存服务，但可以通过提前预测顾客需求、计划服务数量和合理安排来“储存顾客”。例如，很多服务机构（如餐厅、理发店和酒店）接受预订服务，它们可以根据顾客的需求情况和自己的服务能力进行协调，从而减少顾客的等待时间和避免顾客的流失。再如，有些服务提供商通过实施差别化定价来进行协调。诸如此类的措施需要在顾客可以接受的范围内实施，并时刻关注顾客态度的变化，适当地予以补偿。同时，企业要注重对顾客服务需求的响应速度。此外，补充性服务、自动化和提高顾客参与度等措施也可以在一定程度上缓解这方面的矛盾。

三、有形产品 – 服务连续谱

在现实生活中，很多商品是有形产品和服务的组合。比如，在星巴克购买咖啡时，消费者除了购买实体咖啡外，也在购买服务环境和服务人员提供的服务。图 9 – 1 所示的有形产品-服务连续谱表明，许多产品或者以“有形性特征”为主导，或者以“无形性特征”为主导，而且常常是有形产品和服务的综合体，如乘坐飞机等。对产品在连续谱中位置的掌握有助于营销管理者更好地选择相应的营销战略。例如，越靠近有形领域，服务的重要性越弱。此时，物质产品是重点，顾客会根据产品的功能、价格和外观式样等，做出购买决策。相对而言，产品越靠近无形领域，产品物质性的重要性越弱，而服务接触开始扮演越来越重要的角色。但对位于连续谱中间位置的产品而言，有形产品和服务同时构成了决定其质量和属性的两个重要方面。而且，这类产品所提供的高质量服务与服务人员自身专业技能密切相关，如服务人员对产品设备的操作水平。

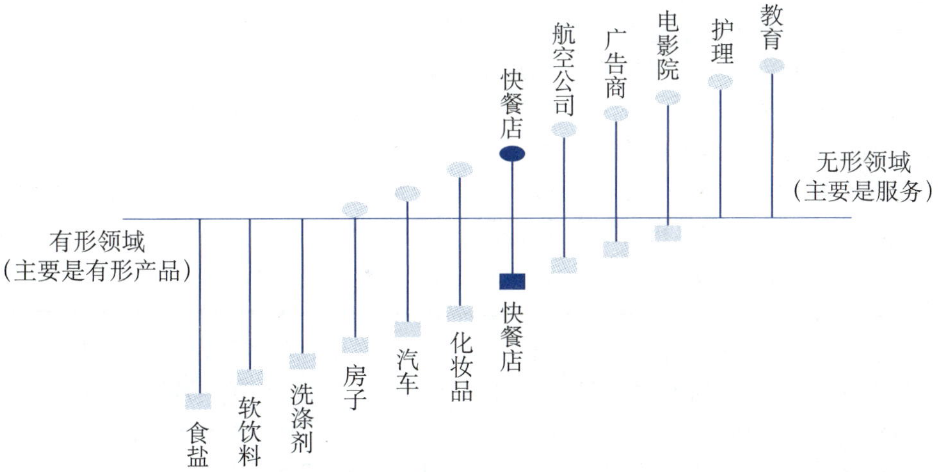

图 9 – 1　有形产品 – 服务连续谱

资料来源：王永贵．服务营销．北京：清华大学出版社，2019.

四、服务营销的产生与发展

和有形产品营销类似，服务营销也是整个市场营销理论体系的一个分支，服务营销专门研究服务市场营销的普遍规律和策略技巧，是在充分认识顾客需求的前提下，以顾客导向为理念，通过相互交换和承诺以及与顾客建立互动关系来满足顾客对服务流程的需求。这里的承诺是指合作关系中的一方在某种程度上具有与另一方合作的积极性。[①] 服务营销与传统市场营销的一个显著区别是服务营销的交易对象不是有形的产品，而是无形的服务。

对服务的研究从亚当·斯密时代就开始了，但是服务营销作为一门学科只有几十年的历史。从产生与发展的历程来看，主要有三个阶段。[②]

（一）产生阶段

在该时期，服务营销处于描述性研究阶段，大部分研究服务营销的学者是从发表论文开始的。拉斯梅尔（Rathmell，1966）提出服务营销不同于有形产品营销的观点，认为服务营销应该得到重视，并指出需要采取非传统的方法研究服务营销问题。[③] 约翰逊（Johnson，1969）进一步提出“产品和服务是否有区别”这一问题，引发了一场产品对服务的论战。20 世纪 70 年代，理论界对服务特征的研究最为活跃，贝特森（Bateson）、兰吉尔德（Langeard）、格罗鲁斯、洛夫洛克（Lovelock）等学者纷纷提出经典性论述。

1979 年，首次召开的关于服务营销理论的美国市场营销协会学术会议标志着服务营销研究产生阶段的结束。产生阶段最主要的贡献是对服务特征做出了描述，不可感知性、不可分割性、差异性、不可储存性等证明了服务营销有别于产品营销。

（二）探索阶段

20 世纪 80 年代上半期是一个百家争鸣的时期，这一阶段的研究完全建立在第一阶段的研究成果基础之上，主要探讨了服务的特征如何影响消费者的购买行为。很多研究集中于消费者对服务特质、优缺点以及潜在购买风险的评估。这一阶段有两种有关外部环境的倾向，引发了对服务营销的深入研究。首先，20 世纪 80 年代初期，对服务业解除管制改变了服务在航空运输、金融服务、电信、卫生保健等领域的营销作用，激烈的价格竞争和新对手的出现使服务营销成为决定公司命运的关键。这种强烈的需求加强了实践者与理论者之间的沟通，使服务业的管理者与市场营销专家联手应对挑战。其次，美国市场营销协会一系列关于服务营销的学术会议对服务营销的发展予以肯定，极大地鼓舞了理论界对服务营销的研究热情。

此外，在这一阶段，美国的服务市场营销学者在亚利桑那州立大学成立了“第一跨州服务市场营销学研究中心”，使其成为北欧诺丁学派之后的又一个服务市场营销学研究中心，标志着美国市场营销学者开始重视对服务市场营销学的研究。

（三）理论突破和实践阶段

20 世纪 80 年代后半期，有关服务营销的研究主要集中在传统的市场营销组合能否有效地推广到服务营销中、服务营销需要哪些营销工具等问题。越来越多的学者在这一时期意识到有效的服务营销战略应包括七种要素，即在传统的市场营销组合中添加了“人员”(personnel)、“有形展示”(physical evidence)和“过程”(process)，从而形成 7P。随着 7P 的提出和日益得到广泛认同，学者们开始了与 7P 有直接或间接关系的研究，包括对内部市场营销、服务文化、员工和顾客满意、全面质量管理以及服务的设计及其市场定位战略等的研究。这些研究引领了 20 世纪 90 年代以后服务营销理论的研究方向。在该阶段，有关服务营销的书籍、论文、学术报告等文献的数量激增。贝特森的《管理服务营销》和洛夫洛克的《服务营销》是其中的经典著作。

① 格罗鲁斯. 服务管理与营销：基于顾客关系的管理策略：第 2 版. 韩经纶，等译. 北京：电子工业出版社，2002.

② 王永贵. 服务营销. 北京：清华大学出版社，2019.

③ Rathmell J M. What is meant by services?. Journal of Marketing，1966，30（4）：32–36.

第 2 节　服务营销的演进与营销组合

一、服务营销的重心转移与演进

服务营销活动在 20 世纪 60 年代就已出现，但当时服务营销在市场营销学中仅仅扮演次要角色。时至今日，随着服务营销的发展与演进，其重心在不断转移，如图 9－2 所示。

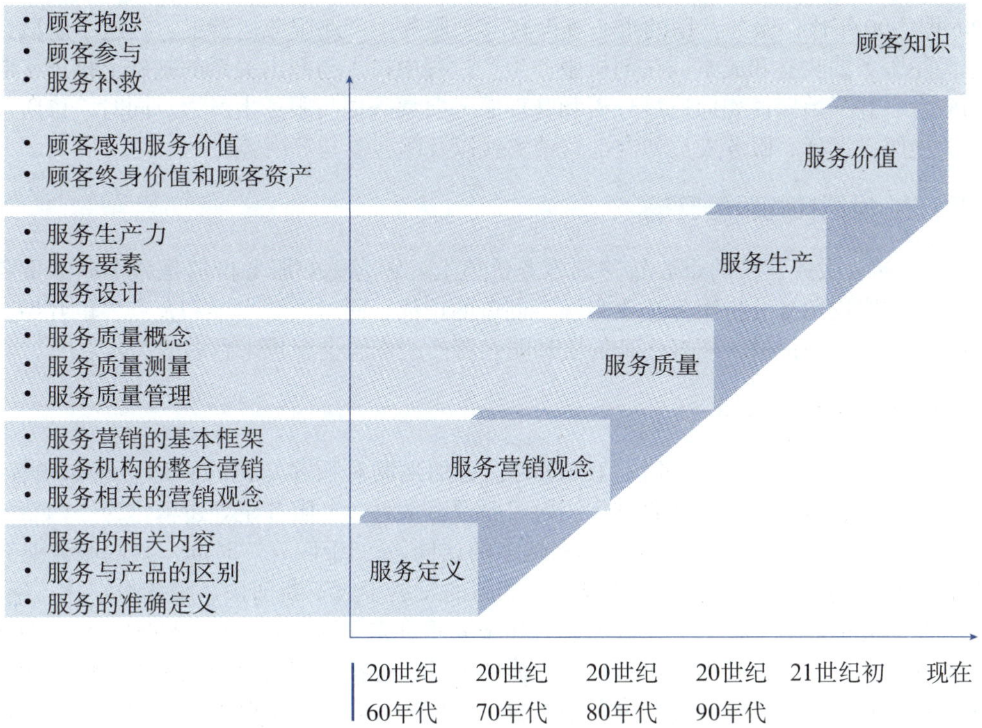

图 9－2　服务营销的重心转移

资料来源：布鲁恩，乔治．服务营销：服务价值链的卓越管理．王永贵，译．北京：化学工业出版社，2009.

(一) 20 世纪 60 年代的服务营销

20 世纪 60 年代，人们普遍关注的是服务的定义。这一阶段已经开始涉及“服务”这一概念，不过重点集中在服务的相关内容、服务与产品的区别以及服务的准确定义等方面。例如，人们普遍认识到服务行业将持续增长，需要深入探讨服务与产品的主要区别，并且认为服务是一种过程，其主要收益是由服务过程创造的，如餐饮业是在餐厅为顾客提供服务，病人通过医生的行为获得医疗服务等。

(二) 20 世纪 70 年代的服务营销

20 世纪 70 年代，人们关注的重心转移到服务营销观念上，这在 20 世纪 70 年代末至 80 年代初表现得最为明显。这一阶段从强调服务区别于产品的典型特征转变为与服务相关的营销观念，并提出服务营销的基本框架和服务机构的整合营销。同时，新的营销观念——关系营销也开始在服务营销中崭露头角。

（三）20 世纪 80 年代的服务营销

20 世纪 80 年代，服务营销的重心开始转移到服务质量上。这一阶段不仅开始强调服务质量的概念和测量，而且将其作为服务企业的主要挑战。其中，比较典型的成果是应用最为广泛的服务质量缺口模型和 SERVQUAL 模型。同时，有学者强调服务接触是服务质量管理的核心，并提出了“真实瞬间”的概念，诸如关键实践法和服务蓝图法等工具应运而生。

（四）20 世纪 90 年代的服务营销

20 世纪 90 年代，服务营销的重心逐渐转移到服务生产或服务运营上。在这一阶段，企业越来越关注服务的收益和成本，在剖析服务生产过程中投入与产出关系的基础上提出了服务生产力的概念，并开始探讨如何通过分析和管理服务要素来提高服务生产力。同时，该阶段企业也开始关注服务设计、服务人员和内部营销实践以及顾客参与等内容。

（五）21 世纪初的服务营销

21 世纪初，服务营销的重心转移到服务价值上。顾客感知服务价值是一个非常重要的概念，即通过顾客视角来分析服务企业为顾客创造的价值。同时，学术界和企业界也开始关注顾客能够给企业带来的价值，顾客终身价值和顾客资产的概念受到越来越多的关注。

（六）现在的服务营销

现在，服务营销在强调服务价值的同时，更加强调对顾客知识的管理。诸如顾客抱怨、顾客参与、服务补救和顾客创新管理等主题日益受到关注。[①] 服务主导逻辑作为一种新的营销范式在国内外学术界和企业界得到了越来越多的认同。[②]“十四五”时期，我国服务业领域的数字技术应用必将越来越普遍，推动服务业创新的发展步伐不断加快，服务数字化、网络化、智能化和平台化的趋势日益明显，服务能力和服务质量亦大幅提升。与此同时，互联网技术的发展、智能手机的普及以及更多更新社交媒体的出现，也推动着服务营销不断发展。例如，企业借助新技术将社交媒体平台转化为营销平台，利用顾客在社交平台上留存的个人信息进行口碑营销，针对顾客发布个性化的数字广告等。此外，技术进步还带来许多全新的营销方式（如视频直播营销和意见领袖营销等），有助于企业接触新的潜在顾客，拓展产品推广的渠道，更易于收集顾客信息，从而使营销活动更加明确和更具有针对性，学者们将这种借助数字技术开展营销的方式称为数字化服务营销。

二、基于 7P 的服务营销组合

营销视角9-2　加深理解7P模型中增加的3P——以宜家为例

传统的市场营销组合包括 4P，即产品（product）、价格（price）、渠道（place）和促销（promotion）。对于传统的产品销售来说，对这四个变量进行有效管理有助于企业实现产品营销追求的目标——获得更大的市场份额和更多的利润。但是，由于服务具有无形性以及生产与消费的同时性，即服务过程是服务提供者与顾客互动的过程，还需要对服务过程、服务提供者以及将无形的服务有形化的服务设施进行管理。为此，服务营销组合因素在传统 4P 的基础上增加

① 王永贵，焦冠哲，洪傲然. 服务营销研究在中国：过去、现在和未来. 营销科学学报. 2021，1（1）：128-154.

② 王永贵，等. 顾客创新论：全球竞争环境下“价值共创”之道. 北京：中国经济出版社，2011.

了 3P，即人员（personnel）、有形展示（physical evidence）和过程（process）。面向“十四五”时期，随着我国继续向高收入国家行列迈进，人均收入水平不断提高，人民对高品质服务的需求也会不断增加。在这一大背景下，服务营销更加需要考虑顾客的参与，以便为顾客提供个性化、定制化、体验式和互动式的高品质服务。因此，企业在提供数字化服务时需要考虑顾客特质，创造更高的价值主张。①

服务产品是产品的一种类型，市场营销宝典中的产品、价格、渠道、促销策略在服务营销中仍然适用，只是关注重点发生了变化。表 9－1 对服务营销组合和产品营销组合进行了比较。

表 9－1　服务营销组合和产品营销组合的比较

营销组合	产品	价格	渠道	促销	人员	有形展示	过程
服务	服务范围 服务质量 服务水准 服务品牌 包装 保证	灵活性 区别定价 折扣 认知定价 付款条件	渠道设计 店面位置 可用的网络 仓储 运输	媒体类型 广告 宣传 公共关系 个性服务 营业推广 人员推销	员工招聘 员工培训 内部营销 顾客参与度 顾客教育 顾客行为	员工服装 设施设置 色彩 声音 招牌 海报	活动流程 标准化 定制化 员工授权 顾客参与
产品	产品线 产品组合 包装 品牌 质量 售后服务	折扣 付款条件 价格变动 贸易折扣	渠道选择 渠道设计 运输 仓储 运送服务	广告 人员推销 媒体选择 公共关系 营业推广			

（一）产品

产品要素强调企业要设计和生产符合顾客需求的产品和服务，而在服务产品策略方面，企业还必须特别考虑提供服务的范围、服务质量和服务品牌等因素。由于服务是无形的，顾客第一次购买某种服务时，往往会借助服务品牌的影响力来判断质量的好坏。因此，在顾客初次购买时，品牌形象对服务产品的质量判断发挥了相当大的作用。在数字化时代，企业应该具有以顾客为主导、以高响应力为目标的产品能力，这是其应具备的一项核心能力。②

（二）价格

企业应该为满足顾客需求的产品和服务制定具有竞争力的价格，在服务营销中，价格不仅与顾客的支付能力相关，也是顾客判断服务质量的依据，他们往往根据自己的认知来判断服务的价值。因此，服务的价格策略应该更注重灵活性、差异性和价格与服务定位的匹配性。数字化时代的定价策略从以往的标准定价逐步转向动态定价。动态定价策略是指企业根据市场需求以及顾客的购买力对产品进行定价。这种定价策略在酒店业和航空业早已得到应用，如法定节假日前后的机票价格相比其他时段会大幅上涨。随着新技术的革新，这种动态定价策略也在

① Kotler P，Kartajaya H，Setiawan I. Marketing 4.0：moving from traditional to digital. New York：John Wiley & Sons，2016.
② 数字化时代的产品能力建设.（2018-03-02）. https://www.jiemian.com/article/1966361.html.

其他行业得到应用。例如，拼车公司在早晚高峰期会提高价格；航空公司除了根据时间段定价外，也会根据特定的旅客进行定价，如根据某旅客的 IP 地址、乘机记录、忠诚度、分类（公务或休闲旅客）等信息制定完全针对该旅客的价格。随着大数据和人工智能等技术的发展，企业可以收集和处理顾客的历史购买行为数据，识别重复购买顾客和新顾客，为每一位顾客提供个性化定价，这种实践称为基于行为的定价模式（based-behavior pricing）。这种定价实践在不同行业都有应用，由此带来了一些值得深入思考和探究的问题，例如企业需要投入大量的资金和人力资源构建自身的数据基础设施，基于顾客个人数据的差别定价不仅会带来顾客被歧视的感知，还会引发顾客的隐私担忧。①

（三）渠道

渠道指企业为将产品交付到目标市场而建立的有效分销网络。对于服务营销的渠道策略而言，服务场所的位置、仓储和运输以及覆盖的地理范围等因素非常重要。当下，对于很多服务产品来说，互联网已成为重要的渠道之一。特别是共享经济模式的出现使得顾客角色发生转变，不再只是服务接受者，也可以是服务提供者。例如，爱彼迎、优步等企业革新了酒店、旅游等行业，如今顾客不仅可以从传统的标准化酒店、出租车公司获得服务，还可以享受其他顾客提供的更具个性化的住宿服务或出行服务。

（四）促销

促销是指企业为促进产品销售而从事特定的信息传播活动。在服务营销中，促销更强调向不同顾客传递信息的差异性，比如企业通常会通过向顾客提供个性化信息和服务提升其忠诚度，不同需求的顾客也往往向企业传递不同的服务信息需求。与此同时，社交媒体的普及使得顾客之间能够相互交流产品信息，对潜在顾客购买某项产品或服务产生了重要影响。随之而来的，企业向顾客进行单方面促销的传统促销形式也在逐渐发生改变。比如大众点评等用户评分网站为顾客提供了沟通与交流产品信息的平台。除此之外，数字技术的发展使得企业可以通过大数据，利用人工智能技术检测历史行为模式，对顾客需求和未来行为提供精准预测，提供更加匹配的信息和服务。例如，通过跟踪用户的浏览和历史购买行为，Google Ads 可以过滤并推送有趣的促销信息。②

（五）人员

人员是指参与服务过程并对服务结果产生影响的所有人员，包括企业员工、顾客和服务环境中的其他人员。企业员工的着装、仪表、态度和行为等因素都会影响顾客对服务的感知，除了专业的营销人员外，在某种程度上企业员工也是产品和服务的代言人，代表着企业的形象。基于此，企业必须对员工进行培训、指导和激励，并通过竞争机制来保证员工向顾客提供的产品和服务的优质性和稳定性，以及处理突发事件的能力。同时，由于服务的不可分割性，顾客参与也会对服务感知和服务质量产生重要影响，甚至会影响其他顾客的感知。顾客参与在服务营销中扮演越来越重要的角色。顾客在不同的服务背景下有不同的参与水平，在服务传递中通常扮演三种主要角色。③

---

① Li X，Li K，Wang X（Shane）. Transparency of behavior-based pricing. Journal of Marketing Research，2020，57（1）：78–99.

② Jörling M，Böhm R，Paluch S. Service robots：drivers of perceived responsibility for service outcomes. Journal of Service Research，2019，22（4）：404–420.

③ Jo Bitner M，Faranda W T，Hubbert A R，et al. Customer contributions and roles in service delivery. International Journal of Service Industry Management，1997，8（3）：193–205.

首先，顾客参与水平的高低主要取决于提供服务的特点。例如，一些服务只要求顾客处于消费服务的过程当中，并不要求特定的顾客参与水平，如航空旅行、快餐店等；一些服务则需要顾客一定程度地投入服务过程以及与服务提供者相配合，需要中等程度的顾客参与水平，如理发、常规体检等；还有一些服务则要求顾客与服务提供者合作开发，需要较高的顾客参与水平，如个人减肥计划，只有顾客高度参与才能得到满意的服务结果。不同层次的顾客参与水平将影响组织的生产效率、服务质量和顾客满意度。因此，企业应该注意对顾客进行引导和培训，尽量让顾客有效参与，从而提高生产效率和服务质量，降低服务成本。

其次，顾客参与水平同样受到顾客在服务传递中所扮演角色的影响。顾客在服务传递中通常扮演三种角色：生产资料提供者，质量、满意和价值的贡献者，服务组织的竞争对手。前两种角色相对容易理解，服务组织的竞争对手是指顾客可以不接受服务组织提供的服务，而进行自给自足的服务，强调顾客在消费的同时发挥服务促销的功能。这三种角色不是互相排斥的，顾客在接受某种服务的时候可能同时扮演多种角色，因此，服务组织不应该仅将顾客看作外部客户，而应适当地将他们转化为企业的"兼职"员工，让顾客在服务传递中扮演的角色朝企业期望的方向发展。只有这样，企业提供的服务才会让顾客越来越满意。

（六）有形展示

服务的有形展示包括服务环境（如装潢、音乐和员工服饰等）、服务过程中的实物设施以及其他有助于服务生产、消费和沟通的有形要素。值得关注的是，有形展示强调展示必须能够使服务更加便利或有助于提高服务质量和生产效率。例如，服务场所应该有便利的交通、醒目的店面标识以及令人舒适的内部环境；对于连锁服务机构来说，内部设施应保持一致的装潢（如色调、外观、照明等）以强化顾客的感知。

（七）过程

过程指的是服务交付的流程和运营系统。服务过程也是顾客对服务质量感知的关键所在，包括对服务质量由感知到评价的全过程，要素主要包括服务任务流程、服务时间进度、标准化和定制化等。在交付给顾客之前，服务一般是相同的，但不同的人在不同的时间、不同地点的参与会导致不同的服务呈现，最终产生不同的服务效果。因此，服务设计要考虑顾客的真正需求以及服务的生产与交付过程。值得指出的是，不同的市场定位往往匹配不同的服务过程设计。例如，有的企业以提供高度标准化的服务过程为主，如麦当劳、肯德基；有的企业则以提供个性化的服务过程为主，如美容院，两者之间缺乏可比性，不能简单地判断孰优孰劣。

三、基于顾客满意和忠诚的 4P+3R

一方面，关系营销的兴起给很多企业带来了收益；另一方面，关系营销的兴起让越来越多的企业认识到仅仅关注市场份额是不够的，关注以顾客忠诚为标志的顾客份额会对利润产生更大的影响。相应地，管理者不仅开始关注营销中的顾客满意和顾客忠诚问题，而且开始关注"顾客份额"。在这种情况下，一些学者和管理者重新界定服务营销组合，提出了 4P+3R 服务营销组合策略。其中，3R 是指顾客保留（customer retention）、相关销售（related sales）和顾客推荐（customer referral）。[①]

---

① 王永贵. 服务营销. 北京：清华大学出版社，2019.

（一）顾客保留

顾客保留是指努力并持续地与顾客建立长期关系，促进现有顾客重复购买，增加每位现有顾客的盈利能力。很多研究和实例表明老顾客往往比新顾客更能为企业带来利润。随着顾客对企业的熟悉，企业针对这些顾客的营销费用以及服务费用都会降低。另外，由于转移成本的存在，他们不会轻易转向其他企业，价格敏感性也不高。因此，相比顾客获取，顾客保留的成本更低，并且有助于企业从现有客户群中获取更多的价值，实现企业利润的持续增长。莱希赫尔德的研究表明，如果企业的顾客挽留率能维持每年 5% 的增长，企业的顾客基础在 14 年内就会翻一番；若维持每年 10% 的增长，每 7 年就可翻一番。[①]

（二）相关销售

相关销售是指企业将新产品销售给老顾客。老顾客对企业产品质量更有信心，这不仅可以缩短企业新产品的推广时间，也可大大降低销售成本。同时，老顾客对新产品的价格不是很敏感，因此相关销售的利润率通常较高。另外，企业可以根据对老顾客的了解在原产品的基础上设计出新产品，更好地满足顾客需求，从而成为企业新的利润增长点。实际上，现在人们常说的交叉销售和升级销售都是相关销售的具体表现形式。[②]

（三）顾客推荐

忠诚的顾客会对其他潜在的顾客进行“推荐”，这有助于企业吸引原本通过传统营销渠道无法获取的顾客，从而间接提升企业绩效。当今，海量的广告和宣传信息使很多顾客感到茫然，因此其他顾客的推荐成为影响顾客购买决策的重要因素。已有研究表明，通过推荐获取的顾客比其他顾客更加忠诚和更有价值，在控制年龄和性别等影响因素后，被推荐的顾客平均比其他顾客留在组织的可能性高出 18%，并且创造了 16% 以上的利润。忠诚的顾客有选择性地将企业产品或服务推荐给合适的个体，这就使得通过推荐获取的顾客与企业产品或服务具有更高的匹配性。这些被推荐的顾客可以快速发现自己想要的特征或功能，并且愿意为之付费。因此，顾客推荐可以降低企业投入营销的努力，帮助企业以更低的成本获得更多的利润。[③] 对于服务产品而言，应用于有形产品的一些促销手段往往收效甚微，而顾客推荐和口碑（word-of-mouth）会对消费者的购买行为产生重要的影响。[④] 在当前的数字化时代，借助新技术为顾客提供匹配度更高、适用性更强的个性化推荐往往带来事半功倍的效果。

四、服务营销三角形

服务是无形的，它不能像有形产品那样通过自身来展示优势；服务投入和产出的可变性在削弱消费者信心的同时，使得服务质量更加难以评价；服务活动是一种流程，是服务人员和顾客共同参与的流程。种种特征都显示出服务的质量是难以管理的。面对这一系列的不可控因素，格罗鲁斯将员工、技术、知识、顾客时间和顾客作为企业的资源纳入服务营销体系，形成服务营销三角形，它由外部营销、互动营销和内部营销三个核心部分组成，如图 9－3 所示。

服务营销三角形显示了服务营销的关键组合要素：企业、员工与顾客。它们必须紧密联

---

① 莱希赫尔德．忠诚的价值：增长、利润与持久价值背后的力量．常玉田，译．北京：华夏出版社，2001.

② 王永贵．顾客资源管理．北京：北京大学出版社，2005.

③ Schmitt P，Skiera B，Van den Bulte C. Why customer referrals can drive stunning profits. Harvard Business Review，2011，89（6）：30–31.

④ 王永贵．客户关系管理：精要版．北京：高等教育出版社，2018.

系，为促进服务的生产和交付协同运作，目的是建立企业与顾客间的长期关系和提升顾客忠诚度。[①]

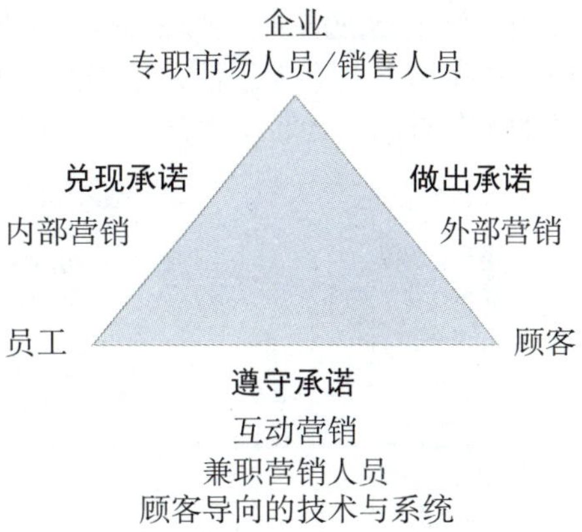

图 9-3　服务营销三角形

资料来源：格罗鲁斯．服务管理与营销：基于顾客关系的管理策略：第 2 版．韩经纶，等译．北京：电子工业出版社，2002.

（一）外部营销——建立关系

外部营销是企业运用大众传播媒体将无形服务有形化，根据顾客期望做出承诺的过程。外部营销不仅包括广告、人员推销和有形展示等传统市场营销活动，也包括服务人员及服务流程等服务营销特有的要素组合。例如，航空公司把经常乘坐本公司航班的顾客称为"最具价值的顾客"，并向这些顾客发放贵宾卡，为他们提供有别于其他顾客的服务。在外部营销流程中，企业要做出一致且能够兑现的承诺。

（二）互动营销——维持关系

互动营销是服务人员在接触顾客的过程中，将顾客、员工和设备视为营销资源，让他们都参与到营销活动中来，以兑现承诺的一种手段。在服务营销三角形中，企业员工都是营销人员，专职和兼职营销人员通过与顾客接触获得更多的顾客信息，为顾客提供个性化的服务。互动营销不仅是企业遵守承诺的流程，也是企业保持与顾客持久关系、保留忠诚顾客的关键。在数字化时代，移动互联网的飞速发展和社交媒体的迅速普及极大增强了顾客自身的影响力，营销人员需要采取互动策略让购买者变成拥护者，如借助移动应用改善用户体验。以耐克公司为例，其开发的 Nike+ 跑步俱乐部应用程序集社交、定位、运动等功能为一体，用户不仅可以查询自己的跑步数据，接受运动指导，还可以将跑步记录上传到社交媒体。通过这种方式，企业可以实现与顾客的实时互动，增强用户黏性。

（三）内部营销——支持关系

企业的所有营销活动都需要通过员工来实现，企业要兑现对顾客的承诺，就需要构建平台和提供资源，这有助于员工更好地开展营销活动，建立和维持与顾客之间更加紧密的关系。内部营销包括为服务人员提供培训、建立内部激励机制以及定期开展企业文化沟通等。

五、服务营销价值链

在当今以顾客为中心的时代，服务营销活动的目标是不断地增加价值，而这需要更多积极的顾客感知与评价，促使顾客采取更多积极的行为，从而获得更高的顾客价值。企业的服务营销活动必须以服务利润链为主导逻辑（有关服务利润链的内容将会在后面的章节重点介绍），设计并实现服务营销价值链（见图 9-4），并把主要精力集中在一系列影响顾客感知、顾客行为和最终价值创造与交付的营销活动上。图 9-4 概括了服务营销的主要逻辑结构，从理解服务中的消费行为、发掘顾客期望与需求和追踪顾客感知等一系列旨在提高感知价值的营销活动出发，通过确立服务导向、细分服务市场和明确服务定位来锁定价值，然后据此有针对性地实施一系列旨在创造与交付价值的营销活动（服务营销组合），包括服务产品管理活动、服务定价管理活动、服务渠道管理活动、服务沟通管理活动、服务展示管理活动、服务流程管理活动

---

① Kasturi A. Internal processes in services and customer relationships. IIMB Management Review，2003，15（3）：84.

和服务员工管理活动，为顾客提供价值的同时，建立良好的顾客关系，实现企业卓越的经营绩效。由于服务具有无形性、过程性、可变性和易逝性等，服务失误不可避免，企业应当实施有效的服务补救行为，减少甚至消除顾客的不满，进一步为企业和顾客创造价值和增加价值。

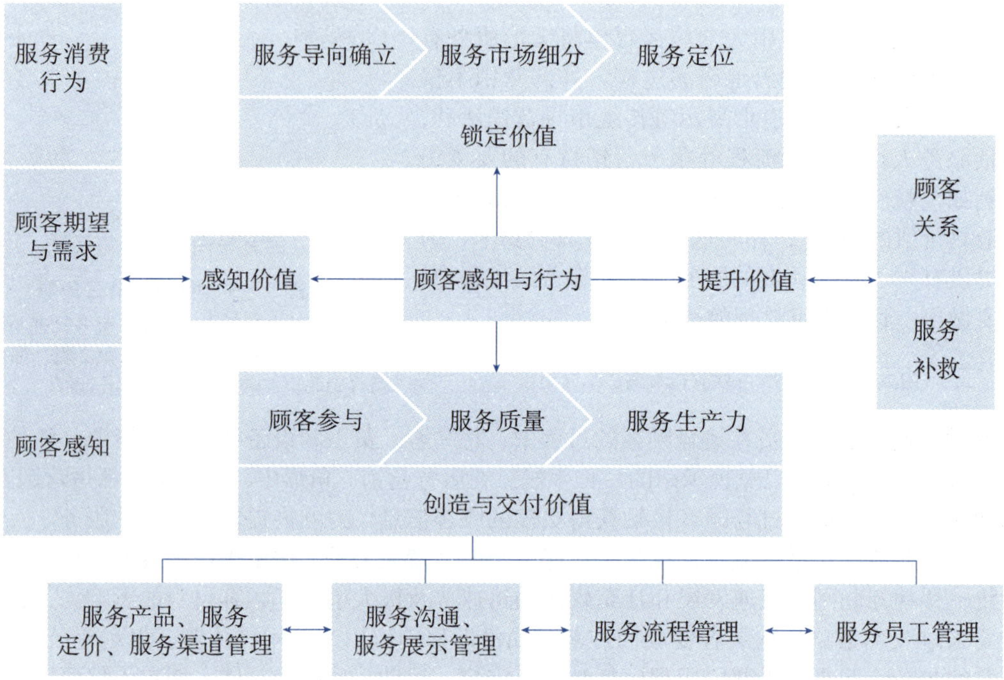

图 9－4　服务营销价值链

资料来源：布鲁恩，乔治．服务营销：服务价值链的卓越管理．王永贵，译．北京：化学工业出版社，2009.

第3节　服务质量管理

随着市场竞争和实体产品同质化的加剧，许多服务企业和零售企业开始另辟蹊径，探索一条与众不同的发展之路。越来越多的企业意识到，仅凭技术因素难以创造持久的竞争力。因此，国内外众多企业把取得竞争优势寄托在所提供服务的质量之上，如IBM提出“IBM就是服务”、联想提出“把服务写进每个人的DNA”等。未来的竞争是服务的竞争，而服务竞争取胜的关键是服务质量。需要注意的是，服务产品与实体产品不同，服务质量是一个主观范畴，通常依赖消费者的服务感知，因此对服务而言，服务质量的实质取决于消费者对其如何看待。

一、服务质量的内涵

由于服务具有无形性、过程性、可变性和易逝性等特性，国内外学者对服务质量概念的研究大都围绕顾客对质量的理解和感知展开。

根据认知心理学的基本理论，格罗鲁斯教授在1982年开创性地提出了顾客感知服务质量（customer perceived service quality）概念，并对其构成要素做了明确。他认为服务质量本质上是一种感知，是一个存在于消费者头脑中的主观范畴，它取决于顾客对服务的期望（期望服务）

同其实际认知到的服务质量水平（感知服务质量）的对比，即“服务质量在于感知服务与期望服务的差距”，其最终的评价者是顾客而不是企业，如图 9－5 所示。

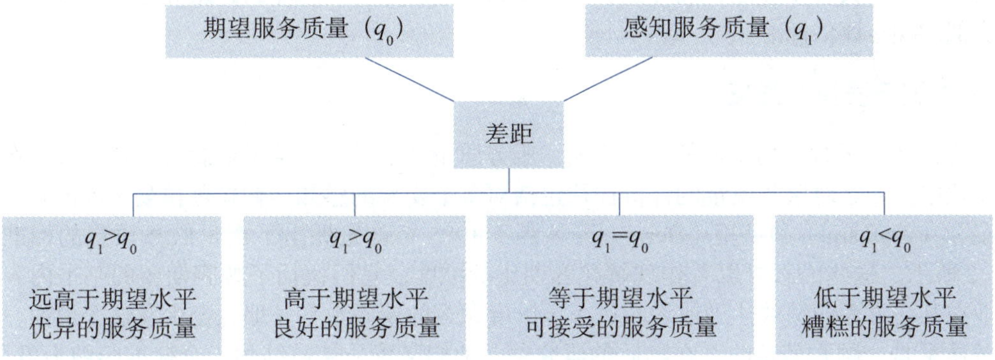

图 9－5　服务质量模型

资料来源：Grönroos C. A service quality model and its marketing implications. European Journal of Marketing，1984，18（4）：36–44.

为了进一步对服务质量进行测量，格罗鲁斯界定了顾客感知服务质量的基本构成要素，即技术质量和功能质量。其中，技术质量与技术标准类似，是服务提供商和服务环境的基本功能——服务提供商所做的内容，代表着最终的服务输出；功能质量涉及服务提供商的态度、行为以及与他人的互动等——服务提供商提供服务的形式，往往是适应性标准和内在标准的综合体，反映了顾客在接受服务过程中的感知情况，如图 9－6 所示。在之后的研究中，有学者认为，服务质量除了具有上述两个维度之外，还包括环境质量，即顾客是在怎样的环境中接受服务的，这将对顾客的服务感知产生影响。

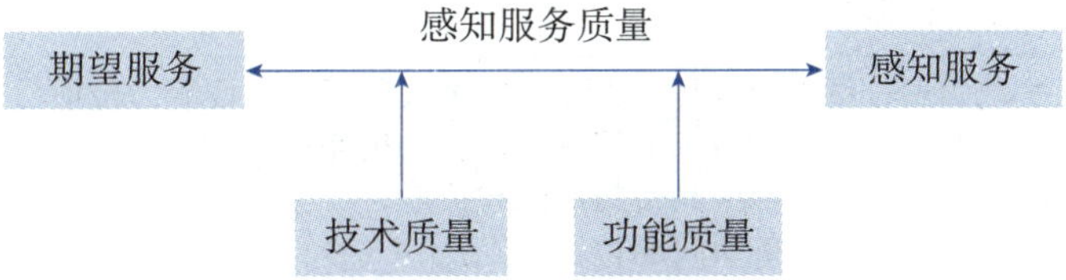

图 9－6　服务质量模型

资料来源：Grönroos C. A service quality model and its marketing implications. European Journal of Marketing，1984，18（4）：36–44.

可以看出，与实体产品的消费不同，服务消费是过程消费，顾客不仅关心产出的技术质量，而且关心功能质量。例如，在接受医疗服务和法律咨询服务时，有的顾客因为缺少专业知识和足够的经验，很难对服务的技术质量做出客观准确的评价。同样，有的顾客对各个服务提供商所提供服务的感知差别不大，如自动取款机服务。因此，对于顾客参与程度不高或顾客对服务接触过程控制程度不高的服务经历，功能质量往往成为顾客感知服务总体质量的关键因素。

有鉴于此，我们从两个方面来理解服务质量的概念：（1）顾客对服务质量的感知取决于预期服务过程和实际服务过程的比较；（2）顾客购买服务不仅关心服务产出的最终结果，也关心接受服务过程中的感受和体验，因此服务质量不仅评估服务结果，也评估服务提供过程。[①]

二、服务质量的维度与测量

相对于有形产品的质量，服务质量是一个很难界定的概念。在购买有形产品的时候，顾

① 张宁俊．服务管理：基于质量与能力的竞争研究．北京：经济管理出版社，2006.

客可以依据很多标准对产品的质量进行评价。相比之下，顾客考虑购买一项服务时，往往只能通过购物环境、设备设施情况和工作人员的穿着等因素做出购买决策。服务质量之所以难以评估，是由于服务具有无形性、过程性、可变性和易逝性等特点。那么，服务是否具有同有形产品相类似的顾客评估标准？

（一）服务质量的维度

迄今为止，无数成功企业的实践表明，服务质量并不是一个单维概念。也就是说，在服务营销实践中，顾客对服务质量的评价往往包括对多个要素的感知。帕拉苏拉曼（Parasuraman）、泽丝曼尔（Zeithaml）和贝里（Berry）等学者于 1985 年首先提出了衡量服务质量的标准，如表 9－2 所示。这些因素可以看作理解顾客期望的维度，它们概括了顾客期望的基本内容。如果企业在某一方面的绩效达到或者超过了该维度顾客的期望水平，那么至少在这个层面，企业的服务质量是令顾客满意的。在随后的研究中，他们又将最初总结的十个标准归纳为可靠性、响应性、保证性、移情性和有形性五个维度。[①]

表 9－2　衡量服务质量的标准

1. 可靠性——绩效与可靠性一致，包括： （1）公司首次为顾客提供服务时应当及时、准确； （2）公司要遵守承诺，典型的例子包括准确结账，准确记录公司和顾客的相关数据，在规定的时间内提供服务。
2. 响应性——员工为顾客提供服务的意愿，包括： （1）即刻提供顾客要求的邮寄服务； （2）迅速回复顾客的电话； （3）及时服务。
3. 能力——员工应当具有为顾客提供服务所需的技能，包括： （1）与顾客接触的员工应具备的知识和技能； （2）运营支持人员应具备的知识和技能； （3）组织应具有的研究能力。
4. 可获得性——易于联系和方便联系，包括： （1）顾客可以通过电话很方便地了解服务的相关信息（如电话不会打不通，也不会让顾客独自等待）； （2）获得服务所需的等待时间不长； （3）营业的时间使顾客感到便利； （4）服务地点便利。
5. 有礼貌，包括： （1）客气、尊重、周到和友善（如前台接待人员、电话接线员等注重礼仪）； （2）能为顾客的利益着想； （3）外表干净、整洁，着装得体。
6. 有效沟通——能够倾听顾客，并使用顾客听得懂的语言进行交流，这可能意味着公司需要考虑来自不同地区的顾客对语言服务的要求，包括： （1）介绍服务本身的内容； （2）介绍获得服务所需的支出； （3）介绍服务与费用的性价比； （4）向顾客确认能够解决的问题。

① Parasuraman A，Berry L L，Zeithaml V A. Understanding customer expectations of service. Sloan Management Review，1991，32：39–48.

续表

7. 可信度——货真价实、信任和诚实。企业要将顾客价值最大化作为根本目标，与可信度有关的项目包括： （1）公司名称； （2）公司信誉； （3）与顾客接触的员工的个人特征； （4）在与顾客互动中推销的困难程度。
8. 安全性——安全、没有风险和迟疑，包括： （1）身体上的安全性； （2）财务上的安全性； （3）顾客隐私。
9. 了解 / 理解顾客——努力理解顾客的需求，包括： （1）了解顾客的特殊需求； （2）提供个性化的关心； （3）识别忠诚顾客。
10. 有形性——服务的实物特征，包括： （1）实物设施； （2）员工形象； （3）提供服务时使用的工具和设备； （4）服务的实物表征（如卡片或银行凭条）； （5）服务设施中的其他物品。

资料来源：Parasuraman A，Zeithaml V A，Berry L L. A conceptual model of service quality and its implications for future research. Journal of Marketing，1985，49（4）：41-50.

1. 可靠性

可靠性是指企业准确、可靠地提供所承诺服务的能力。从顾客的角度看，可靠性是最重要的服务特性，是服务质量特性中的核心和关键。可靠的服务意味着服务以相同的方式无差错地准时完成。提供不可靠的服务不仅会给企业带来经济损失，而且会失去潜在顾客。许多以优质服务著称的企业都是通过可靠的服务来建立自己的形象和声誉的。例如，对于顾客来说，飞机能够按时起飞和抵达就是对航空公司核心服务可靠性的一个评价标准。

2. 响应性

响应性是指企业愿意主动帮助顾客并及时为顾客提供必要的服务。该维度强调企业在处理顾客要求、询问、投诉等问题时要专注和快捷。为了达到快速反应的要求，企业必须站在顾客的角度审视服务传递和处理顾客要求的过程。例如，售票是否迅速及时、行李运送系统是否快捷等是顾客对航空公司响应性的一个评价标准。

3. 保证性

保证性是指员工的知识、谦恭态度及使顾客信任的能力。当顾客感知到服务包含高风险或顾客没有能力评价服务（如医疗、法律、证券交易等方面）的产出时，该维度就变得特别重要。企业应尽量在关键的一线员工与顾客之间建立信任与忠诚。服务人员要及时掌握优良的服务技能，具有较高的知识水平，以增强顾客的信任感和安全感。例如，当顾客向一位在法律咨询领域享有盛名的专家咨询的时候，他会认为自己找对了公司，因而会获得信心和安全感。

4. 移情性

移情性是指企业给予顾客的关心和个性化的服务。移情性的本质是通过个性化的服务使每个顾客感到自己是唯一的和特殊的，得到了企业的理解和关注。例如，一些服务人员知道每个顾客的姓名，并且能够通过数字化技术定期了解顾客需要和偏好。

5. 有形性

有形性是指服务产品的有形部分，如各种设施、设备以及服务人员的形象等。虽然服务具有无形性，顾客不能直接感知到服务结果，但往往可通过一些有形设施对即将接受的服务质量进行感知。例如，餐馆的墙壁及桌椅整洁别致、员工着装统一且微笑服务等有形展示就为顾客提供了高质量的服务感知。

（二）服务质量的测量

在服务质量五维度模型的基础上，贝里及其同事帕拉苏拉曼、泽丝曼尔于1988年提出了用于测量服务质量的SERVQUAL模型。该模型得到了许多营销专家的认可，被认为是评估各类服务质量的经典方法。

SERVQUAL模型是按照严格的心理学测量程序开发的，具有很高的可靠性和有效性。帕拉苏拉曼、泽丝曼尔和贝里选取了银行、长途电话、期货交易、家电维修和信用卡五个服务行业进行实证研究。SERVQUAL模型是一个问卷，共包括22个问题，围绕服务质量的五个维度（可靠性、响应性、保证性、移情性和有形性）展开，如表9-3所示。用SERVQUAL模型进行问卷调查时，要对每一位被调查者测量两次：第一次测量顾客在接受服务之前期望获得的服务质量，即期望质量；第二次测量顾客接受服务后实际感知的质量，即感知质量。将两次结果进行比较，针对五个维度的每一项得出一个差距分数。差距分数越小，说明感知服务质量越高。顾客期望可以用递增的七个程度（从完全不重要到非常重要）来表示，同样，顾客对服务的感知也可以用类似的七个程度（从完全同意到绝对不同意）来表示。[①]

表9-3 SERVQUAL模型

维度	组成项目
可靠性	公司承诺在某个时段内做到某事并如期履行承诺
	当顾客遇到问题时，公司经理帮助顾客解决问题
	公司应该自始至终提供良好的服务
	公司应在承诺的时段内提供服务
	公司应该告知顾客开始提供服务的时间
响应性	顾客期望公司员工提供迅速及时的服务
	公司的员工应当总是乐于帮助顾客
	员工无论多忙都应当及时回应顾客的要求
	告知提供服务的时间信息
保证性	公司员工的行为举止应当是值得信赖的
	公司应当是顾客可以信赖的
	公司员工应当始终热情地对待顾客
	公司员工应该具有足够的专业知识回答顾客的问题
移情性	公司应该对顾客给予单独的关照
	公司员工应该对每个顾客给予单独的关照
	公司应当了解顾客的需要
	公司的营业时间应该使顾客感到方便
	公司应当了解员工的需要

① 王永贵. 服务营销与管理. 天津：南开大学出版社，2009.

续表

维度	组成项目
有形性	公司应该有现代化的设备
	公司设施设备的外观应该吸引人
	公司员工应该穿着得体、整洁干净
	与所提供服务相关的资料应当齐全

资料来源：Parasuraman A，Zeithaml V A，Berry L L. SERVQUAL：a multiple-item scale for measuring consumer perceptions of service quality. Journal of Retailing，1988，64（1）：12.

与其他模型相比，SERVQUAL 模型是独一无二的，它明确了决定服务质量的多种因素，比较全面地描述了服务质量的五个维度，识别了能够准确衡量可靠性、响应性、保证性、移情性、有形性的具体指标，从理论的角度说明了服务质量的感知是一个复杂的过程，即服务过程必须满足可靠性、响应性、保证性、移情性、有形性的要求。SERVQUAL 模型在零售、餐饮、银行、保险、图书馆、宾馆、医院、高等教育等行业得到了广泛应用。可以说，贝里、帕拉苏拉曼和泽丝曼尔为人们确定服务质量问题的具体原因和评价方法找到了一种高效的工具。

三、服务质量的分析与管理

1985 年，美国学者贝里、泽丝曼尔和帕拉苏拉曼提出了服务质量缺口模型，又叫差距分析模型，目的是分析服务质量问题产生的原因，并帮助管理者了解应当如何改进服务质量，如图 9－7 所示。该模型清晰地展示了服务质量的形成过程。

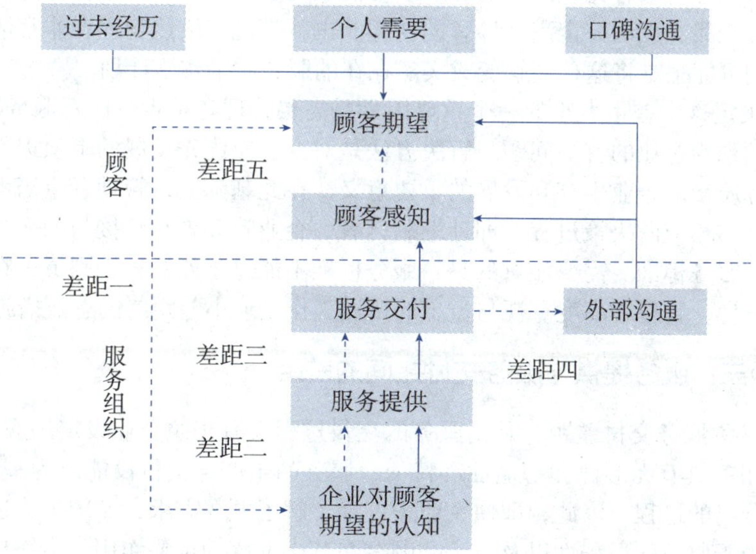

图 9－7　差距分析模型

资料来源：Parasuraman A，Zeithaml V A，Berry L L. A conceptual model of service quality and its implications for future research. Journal of Marketing，1985，49（4）：41-50.

模型的上半部分主要与顾客有关，下半部分主要与服务组织有关。顾客期望的服务质量往往会受到顾客过去经历、个人需要和口碑沟通等因素的影响。同时，企业营销宣传（外部沟通）也发挥着十分重要的作用。在该模型中，顾客最后感知到的服务是服务供应商进行一系列内部决策和从事一系列服务生产与交付活动之后的产物。其中，企业对顾客期望的认知决定了它要制定和执行的服务标准，而员工则依据服务标准来生产和交付服务。最后，顾客根据自己的服务体验来感知服务质量。实际上，在从顾客产生期望到期望得到满足的感知过程中，存在多个生产与交付环节，这些环节中的差距会直接对企业提供的服务质量产生影响。[①]

（一）差距一：顾客期望与企业认知之间的差距

这一差距又叫管理者认知差距，是指管理者不能准确地感知顾客服务的预期。实质上，虽然管理者会对消费者所期望的服务质量进行分析和判断，但在很多情况下，服务企业的管理者可能没有真正理解顾客真正的期望是什么，也不了解影响顾客期望的主要因素。因此，管理者的认知和真正的顾客期望之间不可避免地存在某种差距。换言之，管理者无法确切地知道应该在何种程度上满足顾客的期望。

为此，企业应该努力寻求改善服务质量管理的方法，同时注意树立服务意识。进行服务质量管理之前，企业应该开展广泛的营销调研活动，如借助数字化技术调研顾客偏好，只有这样，企业才能充分了解顾客的需求和期望。此外，企业还必须提高内部信息的管理质量，因为与顾客接触的一线员工能够向管理层传递全面而准确的市场需求信息十分重要。

（二）差距二：企业认知与服务提供之间的差距

这一差距又称质量标准实施差距，是指企业所制定的具体服务标准与所提供的真实服务之间的差距。一般来说，企业在分析顾客对服务的期望之后，会设计出高于这一期望水平的服务标准，以期获得较高的顾客满意度。实际上，由于环境和条件的限制以及服务特殊性的制约，企业即使对顾客需求有比较准确的理解，可能也无法始终高水平地提供能够完全符合既定服务标准的服务产品，无法完全满足顾客的期望。也就是说，虽然管理者非常清楚顾客的期望是什么，但他们可能很难将这种理解变成实实在在的服务质量实施计划。

实际上，决定这个差距大小的一个重要因素是高层管理者是否真的对服务质量承担责任，是否把质量问题列为企业的首要问题。解决方法是对企业应优先发展的事项进行重新排列，明确顾客感知服务质量对企业生存和发展的重要意义。在此基础上，管理者应当考虑让与顾客接触的服务人员参与相应的决策过程，即计划制订者、企业管理者和直接与顾客接触的员工相互协商，共同制定服务标准。需要注意的是，服务标准不能过于死板，否则员工在执行时会缺乏灵活性。总体来说，管理者高度重视与员工的协调工作是缩小差距二的有效措施。

（三）差距三：服务提供与服务交付之间的差距

这一差距又称服务交付差距，是指服务的交付过程没有按照企业设定的服务标准来进行。这可能是由于服务具有无形性和易逝性等特征，服务的生产与交付没能成为一个顾客参与的、互动的、不可分离的过程。因此，即使企业很好地了解了顾客需求，希望采取适当的措施去满足这种需求，由于服务的过程性以及员工和顾客在其中发挥的重要作用，最终也不一定能把优质的服务及时地交付给目标顾客。即使能够做到，也可能会因顾客期望在这期间发生了某种变化而无法达到预期的效果。管理者应该意识到在服务交付过程中，员工对于提供高水平的服务质量是至关重要的。因此，有效的内部营销对于企业来说很重要，企业应尽量保证与顾客直接接触的员工具有高水平的服务交付能力。

随着自我意识的增强和移动网络的发展，消费者越来越倾向于选择自我服务的方式，并

---

① 王永贵. 服务营销. 北京：清华大学出版社，2019.

且需求更加多元化，与此同时，数字化技术的发展为企业提供了多样化的渠道。因此，在服务交付过程中，企业应尽可能地通过多种方式使消费者随时随地获得所需的服务，如通过建立在线社区的方式为购买产品的消费者提供一个沟通交流的场所。小米社区就是小米公司为实现众多“米粉”的沟通交流建立的，小米公司根据社区中“米粉”反馈的意见不断改进和更新产品，获得了消费者的青睐。

导致差距三的因素虽然很多，但归纳起来不外乎三类：管理不力，员工对顾客需要或期望感知的理解存在误差，缺乏技术与运营方面的有效支持。为此，管理者必须时常检查整个企业的质量监督控制系统，避免监督控制系统与提供良好的服务质量计划和标准相抵触，使管理者的工作方法有利于员工形成良好的质量保障行为体系。另外，企业应招聘合格的员工，进一步明确员工的角色，并向员工提供有效完成服务工作所需的技术培训和人际沟通技巧，提高内部营销水平，对他们进行适当的授权，以确保“反应性”不流于形式。

（四）差距四：服务交付与外部沟通之间的差距

这一差距又称营销传播差距，是指市场宣传中所做出的承诺与企业实际提供的服务不完全一致。一方面，迫于竞争或吸引顾客的需要，企业必须在市场宣传上下足功夫，有时甚至不得不做出某些诱人的承诺。另一方面，企业的这种外部沟通很可能对服务质量产生影响，并在一定程度上提高顾客的期望水平。因此，企业应该避免做出不符合实际的过度承诺。过高的承诺会提升顾客的期望水平，如果实际提供的服务达不到顾客的期望，顾客的满意度就会很低。在数字化浪潮下，借助数字化平台的优势，各类线上服务蓬勃发展，网络平台上的产品信息和用户评价降低了信息不对称性，使顾客更容易知晓各个产品的信息。在这种情况下，如果市场宣传中做出的承诺比实际提供的服务水平高，更易造成企业声誉的急速下滑。

为此，企业可以考虑建立有效的协调与整合机制，以强化服务运营与交付、组织内部沟通与外部沟通的衔接，确保每次市场推广活动都充分考虑企业的服务提供和交付能力。同时，企业要精确界定对顾客的承诺，并将其与服务提供和交付潜能结合起来。此外，修正和强化监督系统也是非常必要的，这主要表现在严格监督信息传播、及时发现问题并加以解决以及防范恶劣影响扩散等。

（五）差距五：顾客期望与顾客感知之间的差距

这一差距又叫服务感知差距，是指顾客实际体验和感知到的服务质量与预期的服务质量不一致性。这种差距是影响服务质量的最重要差距。如果顾客的事后感知高于事前的期望水平，那么顾客对企业所提供的服务质量就会感到满意；如果事后感知未能达到事前的期望水平，那么顾客对企业所提供的服务质量就会感到不满意。最终，顾客期望与顾客感知之间的差距决定了顾客感知的服务质量水平。实际上，如果在服务提供与交付过程中能将前述四个差距最小化，差距五所产生的问题就可以迎刃而解。

案例

海底捞的服务营销战略

随着产品同质化的加剧，提高服务质量已成为企业的制胜法宝。优质的服务不仅能够让海底捞为顾客提供与其他餐饮企业具有显著差异的服务感知，还能为海底捞带来持久的竞争优势。

海底捞优质的服务体验赚取了广泛的顾客口碑。海底捞一改传统火锅餐饮行业标准化、单一化的服务，大力倡导个性化的特色服务，致力于营造“贴心、暖心、舒心”的餐饮服务。

首先，顾客来到海底捞门店可以享受专门的泊车服务，甚至在周一至周五的午间还能享受免费擦车服务；其次，海底捞的很多门店都设有舒适的等候区，顾客可以在排队等待的同时享受免费的擦鞋、美甲、水果点心、茶水等服务。在海底捞消费过的顾客大多会体验到一种前所未有的餐饮服务，这种服务完全超出顾客的服务预期，使顾客获得与其他餐饮企业截然不同的服务感知。海底捞利用周到、贴心的服务口碑赢得了一批又一批的新老顾客。

海底捞不断与时俱进。2010 年，海底捞在其官网推出 Hi 捞送外卖服务，让顾客能够随时随地体验海底捞火锅。之后，海底捞还颇具创新性地提供增值服务，在送外卖订单的同时提供火锅底料、酱料等其他必需品，让顾客有更多的获得感和满足感。为了将产品信息传递给顾客、增强与顾客的互动，海底捞还开通了海底捞官方微博，以独特的方式与顾客进行互动，不断提升顾客的信任感、满意度和忠诚度。

海底捞信守“服务是餐饮业取胜的关键”的理念，将服务标准化、制度化与一线员工的判断力和创造力相结合。海底捞认为一线员工的创造力不是“管出来”的，而是通过一整套系统“激励出来”的。这一激励系统能够提升一线员工的服务水平，为顾客带来更加优质的服务，进而显著提高顾客满意度，这让海底捞在竞争激烈的火锅餐饮市场中一枝独秀。可以说，海底捞凭借优质的服务开辟出属于自己的一片天地。

资料来源：刘小良，李哲非．海底捞服务营销战略分析．知识经济，2013（15）．

本章小结

本章首先介绍了服务的内涵、特性及对应的营销启示，并引入有形产品-服务连续谱的概念深化对有形产品和无形服务概念的理解，同时系统地概括了服务营销的产生与发展，归纳了服务营销的重心转移与演进。其次，为了更有效地指导服务营销实践，本章基于服务产品特性和关系营销两个视角，提出了服务营销组合要素的两种形式，即基于 7P 的服务营销组合和基于顾客满意和忠诚的 4P+3R，并论述了服务营销三角形和服务营销价值链。最后，本章系统地阐述了服务质量管理的内涵、维度与测量、分析与管理等相关内容。

思考与练习

1. 服务的五个特性具体包括哪些内容？简述每种特性的营销启示。
2. 服务营销组合中的 7P 和 4P+3R 分别指什么？请具体阐述。
3. 请列举一项自己曾经接受过的服务，试对其中的技术质量和功能质量进行解释和分析。
4. 描述服务质量的五个维度，并以一次最近的服务接触经历为例来说明哪个维度对你评价这项服务的影响最大。

基本概念　第9章

延伸阅读　第9章

第10章

定价策略

》本章要点

获取一定的利润是任何有盈利需求的企业开展活动和为社会提供商品或服务的基本动力。价格的高低作为影响利润丰厚程度的关键因素，一直是市场博弈的焦点。从哪里入手了解价格，采取何种方法制定价格，应用哪些定价策略实现灵活经营，如何调整价格以及应对竞争者的价格挑战等，是营销管理者需要深思的问题。

》学习目标

- 了解定价涉及的经济学、财务学、心理学理论基础以及这些理论对定价决策产生的影响。
- 掌握企业确定产品或服务基本价格的常用方法。
- 了解企业如何根据目标、定位和环境采用灵活的定价策略。
- 了解企业如何在不断变化的环境中主动利用价格调整策略来赢得更大的发展空间以及如何对竞争者的价格行为做出适当的应对。

第1节　定价的理论基础与基本影响因素

定价是一门涉及营销学、经济学、财务学、心理学和公共管理学等多个学科的学问和艺术。在各种经济活动中，价格的形式千变万化，但其根本属性是不变的。产品或服务的供应商以某个价格标准向购买者收取一定的货币或等价交换物作为补偿，而购买者为满足某种需要愿意牺牲相应的货币量或等价交换物。

一、定价的经济学基础

经济学与管理学的交叉学科是管理经济学，它从经济学的角度对企业经营管理决策加以研究，其重要内容之一是价格理论。在整个经济运行体系中，价格无处不在、无时不有。例如，餐厅向顾客提供美食时要收取餐费，汽车厂商向顾客出售汽车时要收取售车款，医生给患者看病时要收取医疗服务费，邮政部门为顾客邮递信件或物品时要收取邮费，交易中介为买卖双方提供中介服务时要收取佣金，银行向贷款者收取贷款利息等。经济学家、货币学派代表人物米尔顿·弗里德曼（Milton Friedman）认为，真正的经济学家应该掌握两个主要经济理论：价格理论和货币理论。其中，价格理论是货币理论的基础。① 有人甚至称，“价格理论就是西方的微观经济学”。因此，在讨论定价问题时，有必要从经济学中吸取养分。事实上，经济学特别是现代经济学，为定价提供了许多有用的思想和方法。

（一）价格理论

1. 需求与需求量

对需求与需求量进行区分是需求理论的基本要求。例如，“价格上升导致需求减少”与“需求增加导致价格上升”两句话中“需求”的意思是不同的。前一句话中表示需求量，而后一句话中表示产生需求的动因，表现为需求量的组合。弗里德曼在《价格理论》一书中举例说明了二者的明显差异：“黄油价格的变动可能会影响对人造黄油的需求，但它不影响对黄油的需求，仅影响黄油的需求量。”这说明价格是影响需求量的关键因素，而不是影响需求的关键因素。

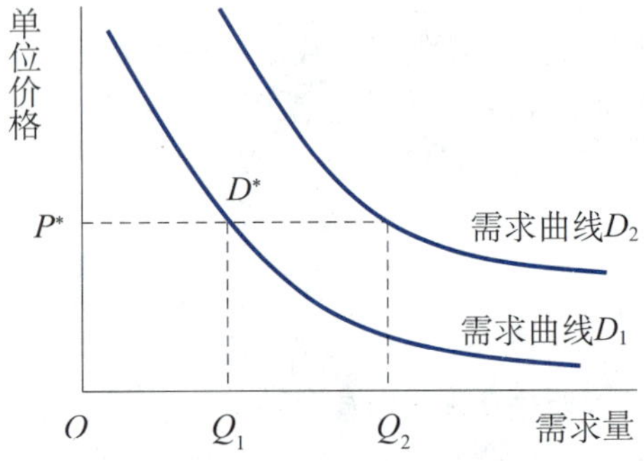

图 10－1　需求曲线示意图

资料来源：弗里德曼．价格理论．鲁晓龙，等译．北京：商务印书馆，1994.

理性的顾客在不同价格点上的购买数量会发生变化。对于绝大多数商品而言，需求量随着单位价格的降低而增加，如图 10－1 所示。当需求曲线固定时，需求曲线上的每个点表示一定价格下消费者可能购买的最大数量，如 D^* 表示在 P^* 价格水平上消费者的最大需求量为 Q_1。

2. 供给与均衡价格

供给是指供应商在每一个价格水平上愿意并能出售的商品量。这里所说的供给是供给期望和供给能力的统一体，缺少任何一个条件都不能算“有效供给”。一般而言，影响供给的主要因素有商品的价格、生产成本、生产技术、相关商品的价格和生产者的价格预期等。

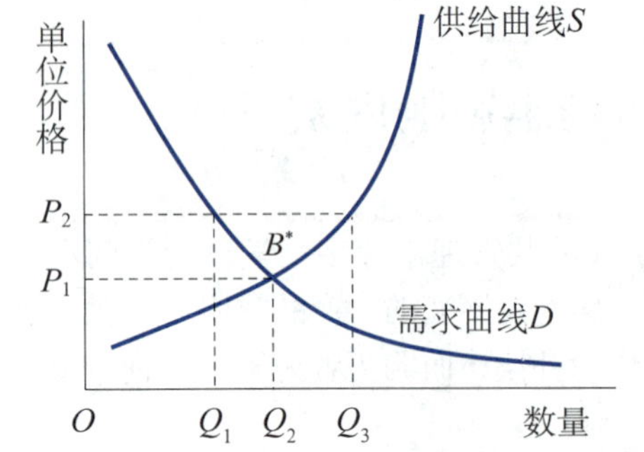

图 10－2　均衡价格确定示意图

资料来源：弗里德曼．价格理论．鲁晓龙，等译．北京：商务印书馆，1994.

供给理论假定在其他影响供给因素不变的条件下，商品的价格和供给量同方向变动。在自由市场上，供给曲线和需求曲线的交点表明在特定的价格上，需求方和供应商的愿望可以同时得到满足，并有一个平衡供给量和需求量的均衡价格，如图 10－2 所示。假设影响供给和需求的因素不发生变化，当市场价格发生波动时，价格水平由 P_1 上升至 P_2，供应商此时愿意向市场提供的商品数量为 Q_3，然而市场需求由 Q_1 下降至 Q_2，这时会发生生产相对过剩现象。此时，供应商为提高生产资料利用率和扩大市场份

① 弗里德曼．价格理论．鲁晓龙，等译．北京：商务印书馆，1994.

额，会采取降低售价的方式。价格下降会进一步刺激新的消费需求。这样，供求双方力量不断交互，最终价格在均衡价格附近处于均衡状态。

3. 价格弹性

需求价格弹性（price elasticity of demand）是度量需求对价格的某种变动做出反应的敏感程度的指标。从需求曲线来看，需求价格弹性把需求曲线的斜率作为敏感程度的一个指标。为了避免度量单位不同造成的斜率变化，经济学家往往选择弹性作为度量工具，需求价格弹性等于需求量的百分比变动除以价格的百分比变动。在这里，无论价格单位是用美元还是人民币计量，价格上升 1% 表示的都是相同程度的变化。弹性（ε）的一般表达式为：

$$\varepsilon=(\Delta Q/Q)\div(\Delta P/P)=(\Delta Q/\Delta P)\times(P/Q)$$

当 $\varepsilon=1$ 时，为无弹性或单元弹性，反映需求量与价格等比例变化。这时，企业宜保持现有价格水平。

当 $\varepsilon>1$ 时，为弹性大或富有弹性，反映价格的微小变化会引起需求量大幅变化。这时，企业有机会通过降价来扩大市场份额以最终增加盈利。

当 $\varepsilon<1$ 时，为缺乏弹性，反映需求量的变化程度小于价格自身的变化程度。这时，企业可以通过提高品牌声誉来提高价格以最终增加盈利。

4. 消费者剩余

不平衡是世界运行的常态。在固定的价格标签面前，消费者对产品价值的感知总是高于或低于所标的价格。消费者实际愿意支付的最高金额与实际支付数额的差额就是我们平常所说的消费者剩余。比较而言，假设企业以追求利润为基本目标，那么单位产品利润的获得来自单位价格与单位成本的差额，而价格的高低又会进一步影响消费者剩余。从这个意义上讲，上述差额就是在成本一定的情况下挤占的消费者剩余，如图 10－3 所示。

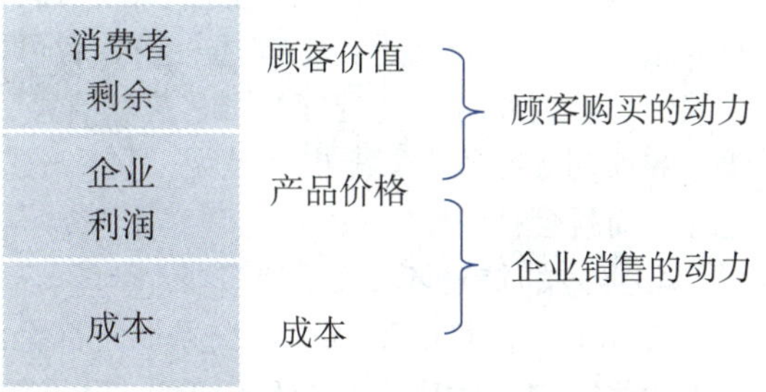

图 10－3　消费者剩余、顾客价值、企业利润与产品价格的关系

微观经济学认为，市场上供求力量的相互作用决定了市场的均衡价格。在这一命题下，可将任何影响价格的力量简单地归结到“需求”或“供给”。这样，研究价格变动就需要从影响需求的因素和影响供给的因素入手。由此可见，价格既反映价值，又反映供求，不是简单的成本加成公式，而是多维力量作用的综合结果，能够反映多维因素的共同作用，具有经济效率、消费者剩余、社会福利和社会公平等多个标准，并能够应用于经济可持续增长、经济运行方式转换以及经济发展中质的发展和量的发展等方面的分析。

（二）信息经济学理论

传统经济学假定市场行为是在信息完全充分地被购买者和销售者所掌握的环境下进行的，市场价格最后会达到均衡价格。一方面，购买者了解市场上所有产品与服务的价格；另一方面，销售者了解产品的市场供给与需求的动态变化情况。但在现实中，市场信息存在不对称的情况很常见，购买者对产品信息数量的掌握水平往往低于销售者的掌握水平，购买者甚至对产品内部情况一无所知。信息经济学研究了在不完全信息环境下购买者与销售者的市场行为，其研究成果为企业的定价决策提供了有益的指导。

1. 信息不对称

中国有句俗语："买家没有卖家精。"它形象地说明了市场中普遍存在的买卖双方信息不对称的现象。由于分工的专业化和产品的复杂化等因素，销售者利用购买者对产品及产品背后的制造与流通等环节缺乏了解的现实以及它们自身所掌握的市场信息优势，往往会在商品交易中处于优势地位，并向购买者提出高额利润的要求。尽管购买者可以通过多种渠道获知关于产品质量、成本以及市场供求变化等方面的信息，与销售者展开一轮又一轮的讨价还价，但仍然存在部分信息只能被专业的销售者所掌握并利用的情况。显然，这里存在明显的信息不对称性。

2. 信息搜寻

购买者可以通过信息搜寻和学习等方式来获得产品质量等方面的信息，进而改变信息不对称性以及由此导致的弱势地位。信息经济学假设经济机构、购买者和销售者都可以通过信息搜寻与学习过程或适应性理性成为做出最优决策的决策者，认为购买者为了使自身利益最大化（把价格压低至距成本线最近处），通常会运用外部资源和经验去掌握尽可能多的产品价格与质量等信息，并通过反复的经验学习做出最佳的购买决策。例如，某人打算购买空调，他的购买决策过程很可能是这样的：首先，通过上网搜索和咨询朋友来确定购买时应该重点关注哪些要素，如空调品牌、空调质量、空调价格以及保修条款等；然后，花一定的时间比较各种空调的优点与缺点，考量产品的性价比等；最后，决定在哪家商店购买哪个品牌、哪个型号的空调。其实，即便到了商场，也有在购买现场受导购员等因素的影响而现场学习并调整或重新做出购买决策的可能性。

3. 信息成本

从理论上来说，购买者通过信息搜寻活动可以改变信息不对称性以及由此导致的劣势地位。但是，信息搜寻活动不可避免地需要支出一定的成本，如货比三家产生的交通费，购买报纸杂志或上网搜索产生的信息费，以及时间和费用的机会成本等。斯蒂格勒（Stigler）对顾客的信息搜寻决策规则进行了描述：购买者可以通过搜寻（在购买之前获得信息）或经验（试用替代产品直到发现最佳选择）不断获取信息，直到获得更多替代产品信息的边际成本超过继续搜寻的预期边际收益。[①] 也就是说，只要信息搜寻的预期边际收益大于边际成本，顾客的信息搜寻活动就会持续下去。

4. 买方的信息不对称弱势

实际上，信息的不对称对交易双方都会产生负面影响。由于信息传递困难或噪声干扰等，购买者往往缺乏优质产品或厂商等方面的完备信息，难以对产品品质进行准确的判断或评价。因此，顾客往往只为产品支付一个平均水平的价格，甚至会出现"劣币驱逐良币"的现象。为了扭转这一不利局面，可以采用两种解决方法：一是卖方通过某种信号和行为把真实的产品信息准确地传递给买方；二是买方形成一种惯性，用忠诚购买的行为来激励卖方规避道德风险。在自由市场经济环境下，实际交易价格往往不是由卖方单独决定的，而是经过买卖双方不断的讨价还价最终确定的，这种议价能力的要素之一就是对市场信息掌握的完备程度。

二、定价的财务学基础

利润是企业生产和发展的基础。简单来说，企业的利润等于收入减去成本。对于一家以营利为目标的企业来说，成本为企业的产品定价设定了下限。同时，有关成本的信息也使企业明确在什么样的价格水平下，产品的生产和销售能够获利。

---

① Stigler G J. The economics of information. Journal of Political Economy，1961，69（3）：213–225.

（一）成本

为了掌握一定价格水平下产品的贡献和利润的来源情况，企业必须对成本进行恰当的分类计算，以确认哪些成本与定价决策有关。

1. 固定成本与变动成本

根据成本同业务量的关系，通常可把成本划分为固定成本和变动成本。其中，不受业务量增减变动影响的成本是固定成本，又称固定费用，如厂房机器的折旧和租金、管理人员的工资等。比较而言，随产出水平变化而变化的成本是变动成本，如原材料或需要增加相应比例的劳动力或燃料等。对于单位产品而言，售价高于变动成本时，该产品可以实现一定的利润，产生的边际贡献可以用于收回企业的固定成本，如果还有剩余则可成为企业的净利润。此时，企业应当考虑继续生产产品。如果售价低于变动成本，该价格将导致企业亏损，企业应当考虑重新定价。

2. 直接成本与间接成本

按产品成本计入成本对象的方式，可将成本分为直接成本和间接成本。这样分类可以经济合理地把成本归入不同的成本对象。成本对象可以是产品、服务、客户、商标、作业或部门等。直接成本是直接计入各品种、类别、批次产品等成本对象的成本，判断的依据是一种成本是否与成本对象存在直接关系且方便直接计入。例如，某饮料产品线上的糖浆和水等原料的成本、专用仓库租金、工人工资和管理人员工资等都可以归入该产品的直接成本。这些成本可能是固定的，也可能是变动的。比较而言，间接成本是指在与成本对象相关联的成本中不能用经济合理的方式追溯到成本对象的那部分成本，如维护与维修费或水电费等。用于同时支持多项活动、多个利润部门且无法客观地追溯到某一具体产品或部门（成本对象）的成本通常称为共同成本或一般成本。

（二）盈亏平衡点

企业在经营过程中总是期望盈利。这要求企业必须以数量为起点，以利润为目标，权衡研究成本、数量和利润之间的关系，即通常说的本量利关系。盈亏平衡分析是本量利分析的一项基本内容，主要研究如何确定盈亏平衡点、有关因素变动对盈亏平衡点的影响以及如何采取应对策略等问题。其中，盈亏平衡点又称零利润点、保本点、盈亏临界点、损益平衡点或收益转折点，通常指销售收入等于全部成本时的一种状态。当销售收入高于盈亏平衡点时，企业开始盈利；反之，企业发生亏损。盈亏平衡点通常用销售量或销售额来表示，例如：盈亏平衡销售量 = 固定成本 /（单位产品销售收入 − 单位产品变动成本）。

三、定价的心理学基础

财务学从组织内部视角出发，过于注重成本的收回，忽视了这样的现实：顾客更关心相对于价格的产品感知价值，而非企业能否收回成本的市场现实。企业在进行定价决策时，不仅需要从自身的角度考虑问题，更需要站在顾客的角度考虑问题，考察顾客对产品价值的感知。

（一）价格与感知价值

顾客感知价值是指顾客将所能感知到的利益与其在获取产品或服务时所付出的成本进行权衡后，对产品或服务效用的总体评价。[①] 顾客感知价值体现的是顾客对企业提供的产品或服

① 王永贵．服务营销．北京：清华大学出版社，2019.

务所具有价值的主观认知，主要取决于顾客如何看待产品所能带来的利益与为此支付的价格（付出）之间的比较关系。不同的顾客有不同的感知。就实质而言，顾客感知价值是一种精神上的比较，因人、时间、地点等情况而异，并处于不断变化之中。用数学语言来说，感知价值是感知质量（利益）的函数，即感知质量与价格正相关。当只有价格信息可以获得时，人们往往将高价格产品与高质量产品联系起来，即人们常说的“便宜没好货，好货不便宜”。以旅游产品定价为例，我们外出旅游时常遇到这种情况：在购买当地特色产品时无法根据以往的经验来判断产品的价格。于是，不断地询价和砍价，直到自认为掌握充足的信息之后才购买。这时，成交价格可能只是当初卖方报价的几分之一。在完成购买之后，大多数顾客会暗自责怪商人漫天要价。但如果换一种思维，对顾客感知价值进行评估才是真正的定价基础。由于每个人的需要和满足程度不同，产品或许本来就不应该有固定的价格。显然，获得顾客支持的理想定价是顾客价值与企业价值（利润）的平衡点。

（二）价格心理学

1. 韦伯定律

像对声音和光亮的感知存在极限一样，人对于价格变动的感知程度也存在某种极限。韦伯定律指出，顾客所感知到的价格变化程度取决于所受刺激的变动幅度，即

$$\Delta S/S=K$$

式中，S 为刺激量；ΔS 为 S 的变动量；K 为常数。我们用一个例子来解释该定律。如果单价 10 元的商品价格提高了 10%，即提升到 11 元时，顾客可能选择放弃购买，那么，在购买预算充足的情况下，100 元的东西上涨 10% 而变成 110 元的时候，顾客才会感受到同样的刺激并放弃购买。换句话说，如果标价 100 元的商品只上涨 5%，即价格调整为 105 元的时候，顾客可能仍会购买这种商品，但可能不会购买价格水平从 10 元上涨到 11 元的商品。这种计算方法不一定精确，但为讨论人们对数字信息的理解和处理提供了依据，提醒营销人员注意绝对价格和相对价格的区别。为此，营销人员的明智选择是：在降低价格时，尽量“大步走”——一次性降到很低的价格水平，而不要多次“小步走”——每次的降低幅度很小，否则顾客可能感受不到价格的变化。如果营销人员计划提高价格，最好的策略是多次“小步走”——价格每次提高一点点，而不要“大步走”。

2. 可接受价格区间

在现实中，购买者对产品价格其实存在一个可接受的价格区间，即购买者对产品有一个价格预期，产品价格只有处于最高接受价格和最低接受价格之间时，购买者才会考虑。价格高于上限的产品显然超出了购买者的预期，而价格低于下限也可能会使购买者疑心，太低的价格可能意味着产品存在质量隐患。因此，产品价格并不是越低越好，也不是越高越好，营销管理者应该通过营销调研把握购买者的可接受的价格区间。

可接受价格区间并不是固定不变的，其高度和宽度受许多因素影响。一般而言，当购买者在产品质量方面的知识比较丰富时，其可接受价格区间的高度和宽度会变大。此外，诸如通货膨胀等因素可以提高产品价格区间，而通货紧缩则会拉低价格区间。而市场投机行为可能会把产品价格抬升到一个难以想象的高度，如“房地产热”。不过，市场投机行为也可能将价格打压至“冰点”。从本质上说，可接受价格区间的变化反映的往往是购买者感知价值的变化。价格上限上升的部分是购买者认为购买产品所带来的感知价值高于为此支出的部分。

3. 心理价格现象

顾客在诸如文化、生活习惯和经历等能够产生心理影响的因素的作用下，会对某些产品

或数字符号产生特殊的感情，进而表现出一种非理性的价格行为。例如，部分中国人偏好以“6”和“8”结尾的数字，因此价格尾数是这两个数的产品可能会比较畅销。再如，某人可能对与其生日数字相联系的价格产生特殊的偏爱。另外，同一产品定价 299 元和 300 元，顾客的心理价格感知也是不一样的。

（三）价格认知与理解

价格认知是指购买者回忆自己所支付价格的能力。一般而言，购买者在购买的时候会记住产品的价格，并对其他同类或相关产品进行价格比较。然而，研究者在探究购买者的价格认知能力时发现，在刚刚买过产品的人中，只有很少一部分能够准确记住产品的价格，大部分人只能做出产品是贵还是便宜的判断。也就是说，企业无论怎样定价，都需要充分尊重目标顾客的价格认知能力，这对营销管理实践意义重大。理解是指人们对自己所熟悉事物的信息进行自动的、无意识的处理过程。例如，在看过一则自己喜欢的明星代言的广告之后，消费者往往无须努力回忆就可知道广告的内容。类似地，在消费者的日常购物决策中，尤其是涉及自己所熟悉的商店或超市时，消费者对每种产品的注视时间可能只有 1/25 秒或 1/50 秒，因为理解可以帮助人们快速进行商品信息的处理。

（四）价值工程

价值工程是指有计划地分析如何设计产品或服务，以满足顾客所期望的功能需求和快乐体验，进而实现企业期望的盈利目标。通常，这一活动在实验室中通过模拟测试完成，然后在市场上进行检验和推广。显然，这种方法能够在某种程度上为企业定价决策提供有效的指导。

四、影响定价的基本因素

营销视角10-1　碳交易推动全球绿色发展

从本质上讲，产品的价格定位往往源于其能够为目标顾客创造的价值，并受到成本、企业目标、市场需求、消费者行为和竞争对手及其产品以及政府政策等因素的影响。这些因素相互作用，共同影响企业的定价决策。对任何因素的忽视或考虑欠妥都可能导致营销活动产生大相径庭的结果。所以，仔细研究影响定价的各个因素往往有助于定价决策者对产品价格的产生和确定过程形成更深入的了解，帮助管理者做出科学有效的定价决策。

（一）企业目标

不同的企业往往具有不同的目标。在不同的情境下，同一家企业也可能具有不同的企业目标。显然，这些目标的实现与企业的定价决策有密切的联系，并对定价决策具有十分重要的影响。一般而言，企业的目标可能包括维持生存、当期利润最大化、市场份额最大化、应对或防止竞争以及树立品牌和维持企业形象等。

1. 维持生存

恶劣的市场环境、激烈的市场竞争、不利的市场地位和狭小的生存缝隙与市场利基，往往使企业只能通过追求微利或保本来赢得生存。此时，企业执行的主要是低价策略，只要产品的边际贡献可收回部分固定成本，企业就可能进行生产。企业需要抓住机会渡过生存难关，发展壮大并增强实力，然后逐渐转入基于价值的定价阶段。

2. 当期利润最大化

企业可能会估计当期的需求和成本函数，然后据此计算出使当期利润最大化的产品价格。这种目标下的定价策略也可能存在一些问题，如预测需求和成本函数的可靠性问题、当期利益与长期利益的平衡问题、竞争对手的反应问题和其他外部环境制约问题。

3. 市场份额最大化

当目标是市场份额最大化时，企业往往会采取低价策略，以短期的低利润甚至无利润来换取高的市场份额，以在长期获得更大的利益。在产品生命周期的成熟期，企业通常会选择这一策略。

4. 应对或防止竞争

相对弱势的企业为了争夺更大的市场份额，往往会采取价格略低于竞争对手的策略。与此相对，相对强势的企业为了进一步扩大市场份额、排挤弱势竞争对手，也可能会采取低价冲击策略。绝对强势的企业为了垄断市场，可能会采取低价策略来构筑更高的进入壁垒或把其他竞争对手赶出市场。格兰仕就是通过低于竞争对手的定价策略，制胜微波炉市场。

5. 树立品牌和维护企业形象

当企业的目标是树立品牌和维护企业形象时，企业很可能会采用高价策略，以弥补保持高质量产品、高美誉度品牌和优秀企业形象的高成本。例如，在国内市场上，一些奢侈品的价格甚至高于国际市场上的同类产品，如 LV 包和蔻驰包等。

（二）市场需求

影响市场需求的因素有很多，如商品的价格、竞争品与替代品的价格、消费者的收入水平、消费者的偏好、人口的数量与结构变动、政府的采购政策、消费者对未来的预期等，它们的变化是推动需求曲线移动的重要力量。例如，人口的增长和对黄油偏好的上升等因素可能会推动需求曲线由 D_1 移动到 D_2，在 P^* 价格下需求量变为 Q_2（见图 10－1）。与此形成对照的是，商品本身价格的变动往往只能引起需求量在特定的需求曲线上移动。此外，对于高需求弹性产品，营销人员必须慎重采用调价策略。

（三）竞争因素

1. 竞争环境

竞争环境决定了行业竞争的强度，也决定了定价的权力归属。在完全竞争市场上，每个企业都是市场价格的接受者，企业应该集中资源致力于成本战略；在垄断竞争市场上，企业应该采取差异化战略，积极掌握价格的主动权；在寡头垄断市场上，由于企业数量很少，价格往往处于相对稳定状态，企业的主要策略是降低成本；在完全垄断（独占）市场上，企业往往采取高价策略，并采用差别定价，制定尽量减少消费者剩余的高价格。

2. 竞争对手

企业必须随时掌握竞争对手的动态，了解其产品和营销策略，知己知彼，并持续研究与竞争对手的差异。当竞争对手针对本企业发动营销攻势时，企业应该掌握先机，主动调整价格或其他营销组合变量，先发制人，扼制竞争对手。

（四）政策法规

企业的定价必须遵守国家的政策法规，政府管制的方向和程度的变化会导致成本上升或下降。例如，为构建人民美好生活的良好环境生态，国家出台了相关政策法规，对新能源汽车提供各种双向补贴，这直接或间接地影响了新能源汽车产品的定价。

第 2 节　定价方法

在市场上，影响企业定价的因素主要表现为 3C，即成本函数（cost function）、顾客需求（customer demand）和竞争者价格（competitors' prices）。以此为基础，逐渐形成了分别以成本、竞争和价值为基础的三种定价方法。根据一项对新产品定价方法的调查，9% 的企业用猜测估计法来确定新产品的价格；37% 的企业根据竞争对手相似产品的定价来确定自己产品的价格；50% 的企业根据条件允许时市场所能承受的价格来确定自己产品的价格；最常用的方法是选择一个既可以弥补成本又能保证合理利润空间的价格水平，大约有 52% 的企业采用这种方法。按此计算，总比例已经超过 100%，这意味着大多数公司采用一种以上的定价方法，即综合运用多种方法来制定价格。①

一、以成本为基础的定价方法

以成本为基础的定价方法的特点是价格制定从企业的主观意图出发，即企业希望用较高的价格尽快收回固定成本并实现获利目标。在实际操作中，这种方法的优势是计算简便，缺点是忽视了市场需求和竞争因素。具体而言，成本定价法是用产品单位成本和预期利润来确定产品价格的一种方法，也是经营者最常用、最基本的定价方法。在成本导向定价的基础上，衍生出成本加成定价法、目标利润定价法、固定报酬定价法和收支平衡定价法等具体的定价方法。限于篇幅，下面以前两种方法为例加以说明。

（一）成本加成定价法

成本加成定价法是一种比较简单的定价方法，又称毛利法，是指在产品单位成本基础上加上一个预期的加价率（毛利率），以此为产品的价格。计算公式为：单位产品价格 = 单位产品成本 ×（1+ 加价率）。

某彩电经销商考虑对新进的 A 品牌彩电实行成本加成定价，假定该经销商的成本、预期销售量和加价率如表 10 - 1 所示。

表 10 - 1　成本加成定价法举例

项目类别	计量
变动成本	1 050 元
进价	1 000 元
其他费用	50 元
固定成本	20 000 元
预期销售量	1 000 台
加价率	20%

根据表 10 - 1，单位产品成本 = 变动成本 + 固定成本 / 预期销售量 =1 050 + 20 000/1 000 = 1 070 元；单位产品价格 = 单位产品成本 ×（1+ 加价率）=1 070 ×（1+20%）=1 284 元。

在现实中，许多流通环节的经营者采用更为简略的成本加成定价法，即在产品进价的基础上加上预期毛利作为售价。例如，该彩电经销商在进货成本为 1 000 元的基础上，按照 20%

---

① 埃特泽尔，沃克，王永贵，等．市场营销：第 14 版．南京：南京大学出版社，2009.

的加价率，将 A 品牌彩电的售价定为 1 000 ×（1+20%）=1 200 元。从两者的售价比较来看，这种定价法比成本加成定价法的实际收入和利润低得多。许多强势制造商利用这种方法对渠道进行定价，这时只有成本控制能力强的经销商才能生存下去。

成本加成定价法的优点在于价格可以直观表明销售产品的获利能力，方便企业对产品的成本、销量及盈利情况的掌握。比较而言，这种定价法的缺点是从主观愿望出发，盲目性很大，忽略了市场竞争与市场需求的价格影响，也没有考虑产品生命周期等问题，灵活性较差，无法给企业带来最佳效益。

成本加成定价法简单实用，人们在营销实践中不断创造新的组合型成本加成定价法。例如，为了更好地衡量企业运营效益和产品的市场表现，一些企业通常会采取企业加价率、部门加价率、产品品类加价率和单品加价率等多种形式对市场售价进行调整。一般而言，敏感产品的市场售价尽可能保持较低的水平，以保持竞争力；非敏感产品则根据市场竞争及供求情况进行调整，以保持较高的利润空间。例如，超市以极低的加价率甚至零加价对一家大米经销商的本地大米进行促销，以展现该店薄利多销、为顾客让利的形象，而对该经销商出售的声誉和品牌俱佳的外地大米提高加价率，通过一加一减，超市获得了更高的实际利润。

在实践中，还存在一些与成本加成定价法搭配使用的提高毛利的方法。例如，企业对产品销售情况进行定期检查，如果产品销量好、毛利高，就加大对产品的宣传力度并积极促销，如果产品销量好、毛利低，就与厂商协调降低进价；对于低于销售预期的商品，及时采取改进措施，及时引进新产品，等等。成本加成定价法的最大挑战是：价格会影响甚至决定产品的销量。定价高固然可以取得较高的毛利，但使用不当会导致销量的大幅下滑，影响企业利润及市场目标的实现。对竞争对手和顾客关注的不足也可能导致销售计划只能产生相对平庸的财务绩效。

（二）目标利润定价法

目标利润定价法是利用盈亏平衡点确定价格的一种方法，具体做法是把企业利润目标作为一项“固定”费用，以倒推的方式来计算价格。例如，经销商希望从代理的品牌饼干中获得 10 万元利润，预期销售收入 100 万元，假设每箱饼干的变动成本为 400 元，固定成本为 50 万元，那么利润销量比 =（目标利润 + 固定成本）/ 销售收入 =（10 + 50）/100 = 0.6，单位售价 = 单位变动成本 /（1– 利润销量比）= 400/（1 – 0.6）= 1 000 元，盈亏平衡销售量 = 固定成本 /（单位售价 – 单位变动成本）= 500 000/（1 000 – 400）≈ 834 箱。如果成本和销售量预测准确，该经销商可能会通过绘制保本图来观察在其他销售水平会发生什么情况，如图 10 – 4 所示。在销售收入 100 万元、单价 1 000 元的情况下，要获得 10 万元利润，需要销售 1 000 箱饼干。

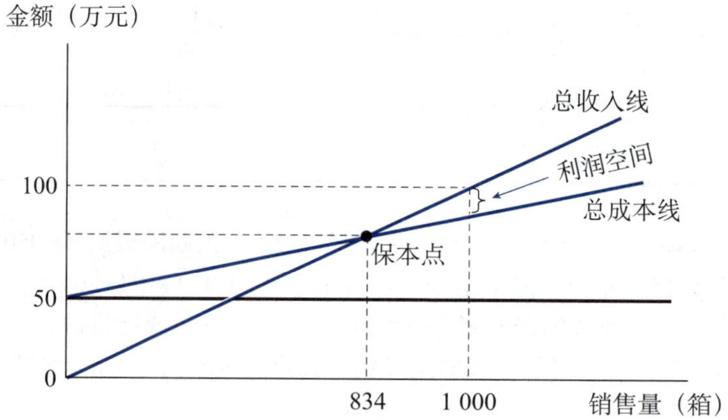

图 10 – 4　保本图

目标利润定价法利用盈亏平衡点来计算保本销售量，这种方法在市场环境发生变化时极为有用。例如，当市场需求下滑时，企业可以观察盈亏平衡情况，重新设计价格体系，利用降价来刺激需求。目标利润定价法的缺陷主要表现在：它假设任何一种产出水平下变动成本与产量均保持相同的比例关系，但实际上由于经验曲线的存在，这一假设严格来说并不成立。

二、以竞争为基础的定价方法

以竞争为基础的定价方法是指以同类产品的市场竞争状况为依据，确定本企业产品价格的定价方法。这类方法的特点是以竞争对手的价格为定价依据，一般有以下四种。

（一）通行价格定价法

这种方法又称随行就市定价法或模仿定价法，是指企业根据同行业的平均价格或通行的价格水平来制定价格。这是完全竞争市场中最普遍的一种定价法，由于市场对价格高度敏感，当企业市场地位处于弱势、产品缺乏独特优势时，价格高或低都不利于企业的长远利益，此时适合采用通行价格定价法。这种定价法的特点是收益稳定，少担风险，市场平稳，不易引发价格战。

（二）低于竞争对手定价法

这种方法是指以低于主要竞争对手的价格水平进行定价。一些折扣零售商经常采用这种方法，如沃尔玛、家乐福和大润发等，它们往往特别强调低价和高销量以及很少的顾客服务（包括销售人员的服务）。一般而言，以低于竞争对手的价格定价的风险在于消费者可能会把产品（甚至整个零售店）视作无差异商品，而把注意力集中于价格差别上。此时，消费者会选择价格最低的品牌，使相互竞争的企业最终卷入一场降低甚至消除利润的价格战。

（三）高于竞争对手定价法

有时，生产商或零售商会把产品价格定在市场平均价格水平之上。通常，这种高于竞争对手的定价方法仅用于产品与众不同或卖方在其行业领域内拥有很高声望的情况。例如，在专门针对特定消费群体的精英服装店、奢侈品店或有声望的珠宝店中，产品价格往往明显高于其他商店的类似产品。占据极好地理位置的加油站或经营汽车、水晶制品、皮革制品和手表等商品的零售店在定价时同样可以利用地理优势，采用高于竞争对手价格的定价方法。这种定价方法有时还适用于成本较低的商品。例如，普瑞尔实业公司的扣件和管形材料产品的价格至少比竞争对手的同类产品高 10%，但该公司可以在 24 小时内提供订单货物。[①]

（四）拍卖投标定价法

拍卖投标定价法是一种在公开的产品或服务的交易中，采用拍卖的方式，由一个卖主对多个买主或一个买主对多个卖主的出价择优成交的定价方法。现行的拍卖投标定价法主要有三类：（1）英国式拍卖定价法。拍卖者报出最低价，由买方加价。价格被连续抬高，直至最后一名报价者参与进来并给出最高价——最终成交价格，这种方法多见于稀缺类产品的销售。（2）荷兰式拍卖定价法。拍卖者报出起步高价，然后降低产品价格直到有买家接受当前的价格。最终成交价格也是所谓的最高出价，但买方支付的是最低的中标价格。（3）密封投标定价法。这是集中招标时常用的定价方法。在投标时，企业根据招标公告内容，在对自己的成本进行分析和对

---

① 埃特泽尔，沃克，王永贵，等. 市场营销：第 14 版. 南京：南京大学出版社，2009.

竞争对手可能的报价进行预测后，综合考虑确定的价格，密封后提交标书。

三、以价值为基础的定价方法

企业与顾客在价格逻辑的感知方面存在明显的差异。企业总是以自己的成本为基础制定价格，顾客总是以获得的感知价值为基础接受价格。这样，在买方市场条件下，企业必须知晓顾客的价值逻辑，寻找为顾客提供更高价值的方法，努力成为以顾客为导向的企业。

（一）感知价值定价法

简单地说，感知价值定价法是以顾客对商品价值的感知和理解程度为基础确定价格的一种定价方法，它不根据卖方的成本来制定价格。进行顾客感知价值定价通常需要经过四个步骤。

1. 顾客价值概念化

顾客对新产品价值的感知往往处于一种模糊或难以言明的状态，因此，企业必须进行营销调研，以全面掌握产品属性、用途和使用方式，并以顾客能够理解甚至偏好的方式把相关信息传递给顾客，向顾客说明本企业产品将会给他们带来哪些好处以及产生这些好处的具体过程。

2. 理解顾客感知价值的关键驱动因素

如前所述，不同顾客对同一产品的感知价值在不同的情境下存在一定的差异。因此，企业有必要更深入地测度不同价值细分市场中的顾客感知利益，识别出关键的驱动因素，以有针对性地做出改善。

3. 计算顾客感知价值

在分析顾客感知价值的过程中，首先，企业要确定所提供的产品价值；其次，要分析顾客购买行为和消费行为中的真实成本构成，并思考如何帮助顾客削减或避免不必要的成本，从而形成一套包括服务在内的解决方案；再次，要利用分解法对解决方案包括的产品与服务的类型、水平、成本以及给顾客带来的价值进行评价；最后，要计算改善价值能给顾客带来的总价值，并最终确定价格。

4. 估计价值定价水平下的产品销售量、成本及利润情况

企业要确保最终确定的价格能够实现其预期目标，否则可能需要重新思考顾客感知价值。运用感知价值定价法的时候，关键是要准确估计产品与服务能给目标顾客带来的价值。以杜邦公司为例，它在对某化学产品进行价值改善之后为其溢价找到了理由，如表 10－2 所示。

表 10－2　杜邦公司顾客感知价值的分解定价实践

特点	平均水平	溢价水平	增加的价值（美元）
质量	杂质出现的概率为百万分之十	杂质出现的概率为百万分之一	1.40
交货	两周内	一周内	0.15
系统	仅供应化工品	供应全套系统	0.80
创新	没有研发支持	高水平的研发支持	2.00
再培训	一次性培训	有要求可以再培训	0.40
服务	通过国外办事处购买	当地适用	0.25
价格	100 美元 / 磅	105 美元 / 磅	5.00

资料来源：科特勒，凯勒．营销管理：第 12 版．梅清豪，译．上海：上海人民出版社，2006.

（二）超感知价值定价法

超感知价值定价法认为高溢价会给企业的长期利益带来阻碍，因此应该以低价向顾客提供高质量的产品。不过，低价并不意味着以牺牲质量为代价，企业应重新检视产品价值链，对从设计、制造、分销到顾客服务的每一个价值点进行分析，以创造更多的价值。这种低价往往会成功地吸引大量顾客，扩大产品的销售量，有利于推动企业目标的实现。这方面比较典型的例子是沃尔玛的“天天低价”策略。

（三）差别定价法

差别定价法又称价格歧视法，是感知价值定价法的一个变种，强调的是根据顾客、地理位置、时间以及产品式样等因素，对同一产品制定不同的价格。这些不同的价格不反映产品的成本差异，而是反映不同市场对产品需求的迫切程度的差异。这种定价方法须具备两个基本条件：一是市场必须能够分成几个不同的细分市场；二是不应引起顾客的强烈反感或不满。在实际应用中，差别定价法通常有四种形式。

1. 以顾客为基础定价

这是指针对不同消费能力的顾客采取不同的价格。例如，电价有工业电价和民用电价；产品价格有团购价与零售价；旅游景点有老年票、儿童票、军人票和学生票等。

2. 以地理位置为基础定价

这是指在具有不同地理特征的市场上制定不同水平的价格。例如，繁华地段的物价普遍高于一般地段；富裕地区的物价往往高于贫困地区；城市市场的产品定价往往高于农村市场；企业为进入新的市场地域可能会实行更优惠的价格，以同竞争对手展开竞争；等等。

3. 以时间差异为基础定价

时间对大多数产品价格会产生重大的影响，服装、食品、收藏品等行业的产品由于季节、流行趋势、保质期和年代等因素，在某些关键时间点会急剧贬值或迅速升值。企业为了平衡生产或平抑消费，常常根据时间确定价格。例如，商场在周末和节假日开展降价促销，航空公司根据预订时间的不同确定机票折扣，深夜用电享受优惠的电价，旅游景点在淡旺季推出不同的票价等。

4. 以产品式样为基础定价

这是指企业针对顾客心理的变化对同一产品的不同式样或批号制定不同的价格。例如，企业针对同类产品的不同外包装图案与色彩等属性制定不同的价格。

第 3 节　定价策略

影响价格的因素有很多，营销人员需要依循一些常见的定价策略方法，从纷繁复杂的影响因素中找到影响本企业产品价格的关键因素，并进行积极的定价决策。

一、新产品定价策略

一般对新产品而言，企业可以参考的定价信息很少，很难把握市场需求、成本和竞争等因素的未来变化，所以新产品的定价是企业面临的最具挑战性的定价决策之一。考虑到新产品成功率较低的原因，不少企业在进行新产品定价时往往采取稳妥、渐进的方针，主要采用三种策略：侧重于某些特殊细分市场的撇脂定价策略、侧重于大众市场的渗透定价策略以及综合二者优点的温和定价策略。

（一）撇脂定价策略

企业把新产品推向市场时，利用顾客的猎奇心理，在产品生命周期的初期加大营销投入力度，采取相对高价的定价策略。像撇取牛奶中的脂肪一样，企业先从中取得一部分高额利润。随着市场的扩大和规模经济的形成，企业的成本下降，有了更大的盈利空间，这时企业会逐渐把价格降下来，迎合大众市场的需求，这就是所谓的撇脂定价策略。这种定价策略的最大优点是：以高价、小批量的形式逐步推进战略能够使企业随时了解市场反应并及时采取对策，从而避免新产品大批量生产带来的风险。相对而言，这种策略的缺点是：没有说明具体价格是如何制定的，也不知道价格定在多高为宜。因此，企业要确定一个合适的价格，并结合其他定价方法，如感知价值定价法。此外，这种策略容易导致更多的厂商进入市场，最终引发激烈的竞争，如手机行业。不过，总体来说，撇脂定价策略给企业提供了一种思路，即价格先高后低。如果应用得当，该策略可以为企业带来丰厚的利润，但前提是产品必须能够吸引目标顾客，也就是新产品可以带给顾客更高的感知价值。

（二）渗透定价策略

与撇脂定价策略相反，渗透定价策略采用较低定价的策略来刺激消费需求，目的是在短期内使市场加速成长，以低利润换取较高的市场占有率。不过，渗透定价策略并不意味着绝对便宜，而是指一种更侧重性价比（性能价格比）的定价策略。一般而言，渗透定价策略获得成功的前提条件是：（1）产品的需求弹性较高，导入期的低价策略能够激发足够多的市场需求；（2）产量的扩张能使制造和分销单位成本产生显著的经济效益（规模经济非常明显）；（3）低价策略能够有效打击现有和潜在的竞争对手。总体来说，这种定价策略的优点是：可以使产品尽快为市场接受，借助大批量销售摊薄单位产品固定成本，并通过微利阻止潜在竞争对手的进入，有利于企业获得长期稳固的市场地位。其缺点是：企业只能获取微利，投资回收周期延长，经营风险较大。

（三）温和定价策略

温和定价策略又称满意定价策略或君子定价策略，是指企业综合撇脂定价策略和渗透定价策略的优点，将价格定在与产品质量和性能相匹配的水平上或同类产品的平均价格水平上。这种定价策略的优点是：价格比较稳定，符合消费者预期，企业在正常的市场环境中可以如期实现企业目标；为企业价格政策的调整留有空间，使企业可以灵活应对市场变化和竞争对手的价格攻击。其缺点是：难以凸显企业产品的独特性和定位的差异性。

二、数字化产品定价策略

数字化产品由文本、图形、图像、声音等组成。相较于传统产品，数字化产品的成本结构比较特殊，具有高固定成本、低边际成本的特点。因此，单独探究数字化产品的定价策略是十分有意义的。企业可通过以下策略对数字化产品进行定价。

（一）差别定价策略

营销视角10-2　优步的动态定价策略

数字化产品具有个性化和异质性的特点，并且其面向的顾客群体的需求也有所不同。因此，企业可以根据产品或服务的特点实行差别定价策略。例如，优步会根据顾客出行的时间进行差别定价；旅游景点会根据旺季、淡季将门票价格确定在不同价位；剧院会根据座位位置设定不同的票价。

（二）捆绑定价策略

捆绑定价策略是指企业基于对消费者行为和心理的分析将数字化产品或服务进行捆绑销售。进行捆绑销售的产品或服务大多为互补性的，一般捆绑后的定价会在总价格基础上给予一定的优惠。例如，在购买机票时，购票界面会自动出现一个附带酒店优惠券的捆绑商品，顾客若在一个月内使用，可以获得一定金额的返现。这种策略对于企业而言简单易行，能给企业带来较大的效益，利于推广其他产品或服务。

（三）免费定价策略

由于数字化产品或服务的边际成本趋于零，很多初创企业采取免费定价策略以吸引消费者。例如，消费者可以免费下载某款 APP，但只能使用 APP 内的部分功能，若要启用全部功能则需购买，企业能够通过这种定价策略增加盈利。再如，一些企业的产品完全免费，该企业虽然无法在产品或服务上获取利润，但可以通过该策略达到提高企业知名度、树立企业形象等目的。

三、心理定价策略

心理定价策略是指利用顾客心理和行为等方面的特点来制定产品的价格。在实际应用中，心理定价策略主要有声望定价策略、尾数定价策略、整数定价策略、小单位定价策略和招徕定价策略等五种形式。

（一）声望定价策略

声望定价策略是指利用消费者有关高价格与高品质正相关的心理，通过高价格显示商品的优质，从而满足某些消费者对地位、财富、身份、名望和自我形象等的特殊心理需要的一种策略。选购高档手表、名牌时装等商品的顾客群体更关心产品或服务能否彰显地位，而不在乎价格。1998 年，微软公司的 Windows 98（中文版）进入中国市场时的定价为 1 998 元，便是采用的声望定价策略。

（二）尾数定价策略

尾数定价策略是指标价时以奇数或吉利数结尾的定价策略。例如，商场将某品牌手机定价为 999 元。这种定价方式会给消费者心理带来三种效果：一是认为该产品属于千元以下的产品，给人价格便宜的感觉；二是认为该产品是打折或特价产品；三是认为这一定价是精确计算的结果，给人货真价实的信任感。[1] 产品追求高品质形象时，切忌使用这种定价策略。此外，

① 王德章．价格学．北京：中国人民大学出版社，2006.

有研究表明：美国人偏好以 9 结尾的标价；英国人偏好以 99 结尾的标价；在我国，5、6、7、8 和 9 这些数字都是常见的定价尾数。

（三）整数定价策略

整数定价策略是针对顾客计算方便、结算方便的心理，将商品价格有意确定为整数的定价策略。比如，为顾客提供便利的零售店和自动售货机常常使用整数定价策略，给人一种简单、方便的印象，定价尾数通常为 5 或 0。再如，目前一些专门的 1 元店或 2 元店的所有商品定价都是 1 元或 2 元，采用的就是整数定价策略。

（四）小单位定价策略

小单位定价策略是指企业把同种产品按照不同数量、重量、体积单位进行包装，销售时不按比例确定价格的定价策略。一般情况下，小包装商品的单位价格要高于大包装商品的单位价格。这种定价策略的优点是以顾客用量习惯为基础，满足顾客的多样化需求。例如，可口可乐针对顾客不同场合下的饮用习惯，推出 355 毫升、500 毫升、1 升、1.5 升、2 升或 2.5 升系列产品，并逐一定价。

（五）招徕定价策略

招徕定价策略是指企业有意利用顾客求廉的心理，特意把商品的价格定得明显低于市价，以引起顾客的注意和购买的定价策略。超市以及折扣店和杂货店经常采用这种策略，即以低价来大力促销人们喜爱的软饮料和纸巾品牌等。例如，家乐福和沃尔玛利用部分顾客求廉的心理，特意将某几种商品的价格定得非常低。这些商品为商场招揽了大批顾客，顾客除了购买降价商品，通常还会顺便购买其他商品。虽然作为诱饵的降价商品会为家乐福和沃尔玛带来一定的利润损失，但门店的商品总体销售额会上升，卖场减价损失的利润也从增加的销售额中得到了补偿。[①] 再如，购物中心的店铺会在门口放置“全场七折”“买一赠一”等醒目促销标识来吸引顾客。此外，不少企业常常利用季节更替时节或节假日进行大减价活动，以吸引更多的顾客。在实施这种策略的过程中需要注意的是：特价商品应该是消费者经常使用又十分了解的产品，且供给数量要适当。如果数量太多，会给企业造成较大损失；如果数量太少，可能会引起顾客的失望或不满。

四、折扣与折让策略

折扣与让价策略是企业为了更有效地吸引顾客、鼓励顾客购买自己的产品而给予顾客一定比例的价格减让策略，包括现金折扣（cash discounts）、数量折扣（quantity discounts）、功能折扣（function discounts）、预购折扣（advance-purchase discounts）和折让等多种形式。

（一）现金折扣

现金折扣是指企业为督促顾客在预定日期内尽早付清货款而提供给顾客的奖励优惠。现金折扣策略有缩短货款回笼时间和减少坏账损失等特点，深受关注资金周转的企业欢迎。在众多形式当中，2/10，1/20，N/30 条款是常见的现金折扣形式，意指 10 天内付款则货款折扣为 2%，20 天内付款则折扣为 1%，30 天内需全价付款。另一种常见的现金折扣形式是总价折扣，即顾客一次性支付全款时，企业给予现金优惠。例如，戴尔在网上直销电脑时使用“本周网上

① 埃特泽尔，沃克，王永贵，等. 市场营销：第 14 版. 南京：南京大学出版社，2009.

购买产品的顾客可获 1 200 元现金折扣”的广告宣传语来吸引顾客。

（二）数量折扣

数量折扣是指卖方根据买方购买数量的多少，分别给予不同的折扣。数量折扣一般有两种：一是累计数量折扣，是指企业规定在一定期限内，如果顾客购买本企业的商品达到一定数量或金额，企业将按总量大小给予不同折扣；二是非累计数量折扣，又称一次性折扣，指顾客一次购买的某种商品达到一定的数量或金额时所享有的折扣优惠。就实质而言，数量折扣策略是一种有很强诱导性和激励性的定价策略，可以有效刺激顾客产生大批量购买的欲望或成为忠实的顾客。例如，淘宝上很多商家为提高收益，设置满 1 000 元享受九五折、购买两件以上商品享受满三免一或八五折等优惠活动。

（三）功能折扣

功能折扣也称交易折扣（trade discounts），是指分销商承担原来由制造商承担的一些营销活动，而由制造商给予费用补偿。其中，储存、促销和销售产品是功能折扣的典型代表。例如，如果某制造商报 5 200 元的零售价，附带 30% 和 15% 的交易折扣，那么，零售商支付给批发商 3 640 元（5 200 元，零售价 30% 的折扣），批发商支付给制造商 3 094 元（3 640 元，零售商批发价 15% 的折扣）。

（四）预购折扣

某些企业的产品需求具有周期性或季节性等特点。为了使生产能力在销售淡季和旺季不至于过于紧张或闲置，从而达到稳定业务流量的目的，企业会向提前预订产品或服务的顾客提供一定数量的折扣。例如，在事业成长的初期，苏宁电器利用反季节打款的方式，赢得了空调厂家的价格优惠支持。

（五）折让

折让是价格折扣的一种形式，主要有两种形式：一是以旧换新折让；二是促销折让。例如，苹果公司以旧机换新机活动、超市中常见的“买一赠一”活动等都属于折让。

第 4 节　价格调整与变动

在初次定价后，由于市场环境、销售情况和竞争对手等情况发生变化，企业经常需要对产品价格进行调整。调整价格的原因主要有两个：一是市场供求环境发生变化，有必要对产品的价格进行调整；二是竞争者的产品价格发生变动，不得不做出相应的反应，以适应市场竞争的需要。前一种原因的调整称为主动价格调整，后一种原因的调整称为被动价格调整。

一、竞争中的价格调整

（一）发动降价

企业发动降价主要有两种情形：乘胜追击型降价和背水一战型降价。

乘胜追击型降价是指企业目前经营状况良好，在行业中处于优势地位，而且在品牌或成本等方面拥有竞争优势，具有较强的实力和能力，可以通过降价来扩大销量，产生单位成本节约效应并保持低成本优势。一方面，降价可以进一步提高企业的市场份额，巩固企业的市场地位。优势企业的降价行为比较容易得到顾客的欢迎和购买支持，扩大和夯实企业的顾客基础。另一方面，降价会使弱势企业进一步丧失市场空间，减少利润，一些经营不善的企业很可能因此出局。实力相对较弱的企业的盈利能力会被进一步削弱，潜在进入者考虑到利润微薄也不愿意进入。此时的降价虽然可能使企业在短时间内损失一部分利润，但从长期来看，可以使企业扩大市场份额和获得竞争优势。

背水一战型降价是指由于强大的竞争对手、市场份额逐步萎缩以及生产能力闲置等因素，企业迫切需要扩大销售和改变市场状况，但价格以外的其他营销方式难以在短时间内打开局面，企业不得不采取主动降价的行为。在行业处于弱势地位或整个行业不景气或者供给过剩的条件下，虽然企业通过降价的方式可以抢占一些实力相对较弱或资金链紧张的同业竞争对手的市场份额，但正所谓“杀敌一千，自损八百”，这种在亏损经营条件下的降价行为对企业的长期发展十分不利。所以，如果不是面临生存难关，企业一般不轻易使用这种策略。

在实践中，降价的具体措施主要包括降低销售总价、提高折扣率、改进产品性能或提供更多增值服务。企业调低价格的主要原因概括起来有五种：（1）竞争压力大。在竞争对手降价或者有太多竞争对手进入行业的强大竞争压力下，企业的市场占有率降低，这迫使企业以降价方式来维持和扩大市场份额。（2）生产能力过剩。企业需要增加销售量，提高生产设备利用率，摊薄固定成本。（3）具有成本优势。企业希望通过削价方式来提高市场占有率，从而扩大生产和销售，控制市场。（4）需求弹性大。在这种情况下，降价可以扩大销量，进而增加收入。（5）经济衰退。在经济衰退、市场紧缩的形势下，顾客收入下降、需求减少、居民消费价格指数下降、行业共同成本降低、企业成本减少，降价有助于企业保持市场地位。

不过，这种价格调整可能为企业带来新的困境，主要表现在：（1）进一步优惠困境。顾客很可能要求进一步的价格优惠。（2）低质量困境。顾客可能认为产品的质量差。（3）脆弱的市场份额困境。低价策略能够赢得市场份额，但往往得不到顾客忠诚。顾客可能会转向价格更低的企业。（4）浅口袋困境。若价格高的竞争者和低价者较量，前者更具持久力，因为有更多的资金储备。（5）价格战困境。竞争者制定更低的价格，从而引发价格战。①

（二）发动提价

发动提价是指在市场营销活动中，企业为适应市场环境和自身内部条件的变化而提高原有价格的一种策略。企业提高价格的主要原因如下：（1）应对成本上涨。主要原材料或资源供应紧张、主要供应商涨价或政府管制等因素都有可能造成企业成本上涨，最终促使企业调高价格。如果企业维持原价，很可能会影响企业的合理利润，甚至造成企业严重亏损。此外，通货膨胀或货币贬值等宏观因素也会使产品贬值，这迫使企业通过涨价形式转嫁成本上涨的压力，以维持正常的盈利水平。（2）增加销售利润。当市场需求旺盛、产品供不应求时，企业通过调高价格往往可以获取高额利润。（3）提高产品质量。企业通过创新提高产品质量、改进产品性能或丰富产品功能往往可以为顾客创造更多的感知价值。因此，企业可能会提高产品价格，以补偿因实现价值提高或价值增值而产生的额外成本投入。（4）提升产品威望。对于威望类产品，企业通过提价可以显示其产品的高品位，从而增强消费者“物有所值”的感觉。（5）抑制销售增长。销售增长过快可能会消耗大量的企业资源，并造成企业的资金短缺，情况

① 科特勒，凯勒．营销管理：第 13 版．王永贵，于洪彦，何佳讯，等译．上海：格致出版社，2009.

严重时还会造成“成长性破产”。当销售增长超过筹资能力时，企业必须提高价格，抑制销售增长。

不过，在现实中，顾客很可能会对涨价表示不满，甚至进行强烈抵制。因此，企业应该采取一些措施，尽量避免在涨价时引起顾客的反感。例如，企业可以使涨价显得合情合理，并提前通知顾客，以使他们提前做好选择继续购买或到其他地方购买的准备。同时，企业可以先小幅度地提价，如降低折扣力度、提高最小订购量或减产利润率低的产品等，然后逐步提高价格。[①]

二、对价格调整的反应

价格是企业与顾客沟通的媒介，价格的变化会引起顾客持有货币量的变化，影响产品价值链每个环节的利益。

（一）顾客对价格调整的反应

由于信息不对称，顾客如果在发现价格变动之后无法真正了解和准确判断企业价格调整的真实动机，通常会根据常识对企业的降价行为形成以下理解：（1）企业要推出新产品或新的投资项目，所以要对老产品进行降价清货处理；（2）降价的产品存在某种缺陷，所以企业对产品进行降价销售；（3）企业经营状况不好，财务方面可能出现问题，急需资金回笼；（4）市场不乐观或行业整体不景气，可能爆发价格战，产品价格有进一步下跌的可能，持观望的态度是可取的。

（二）竞争者对价格调整的反应

一般而言，竞争者的反应主要包括以下几种类型[②]：（1）相向式反应。这是一种紧盯竞争对手价格变化的策略，即企业的产品价格与主要竞争对手的价格浮动保持一致的比例。这往往有利于抵消竞争对手的价格攻势。只要其他营销策略不发生失误，企业就不会失掉市场或减少市场份额。（2）逆向式反应。这是一种与竞争对手对抗的策略，即当竞争对手提价时，企业降价或维持原价；当竞争对手降价时，企业提价或维持原价。这种策略十分危险，应用的时候必须进行充分的营销调研，摸清竞争对手的具体目标和实力，了解市场的竞争格局，并配合其他营销策略，反其道而行之，出奇制胜。（3）交叉式反应。这是指众多竞争对手对企业调价的反应不一，有同向的，有逆向的，也有保持不变的。此时，企业如果不得不进行价格调整，需要把注意力放在产品质量、品牌、渠道与顾客服务上。

（三）企业对竞争者调价的反应

在非完全竞争市场上，企业对竞争对手价格政策的变化应该保持高度敏感性。企业面对一个强劲的竞争对手时，必须把竞争对手的价格变动视为一种严峻挑战，并根据当时的利益和竞争对手的情况做出有效反应。一般来说，企业做出反应的前提是对竞争对手的情况（如竞争对手的营销目标、生产、配送、顾客服务与财务状况等）十分了解。当市场上有多个竞争对手时，企业必须估计其他主要竞争对手的可能反应，具体问题具体分析，综合考虑应对之策。

---

① 科特勒，凯勒．营销管理：第 13 版．王永贵，于洪彦，何佳讯，等译．上海：格致出版社，2009.

② 李本辉．竞品价格调整市场反应分析．商场现代化，2008（23）．

案例

为发烧而生：小米手机的定价策略分析

小米公司作为我国首家以手机、智能硬件和物联网平台为核心业务的互联网企业，2019 年，创业仅 9 年的小米，年收入首次突破 2 000 亿元，业务遍及全球 90 多个国家和地区。

小米公司创始人雷军将小米初始定位为“手机综合能力提供商”，为广大“米粉”打造一款高性价比的优质手机，在不亏本的前提下，尽量不靠硬件盈利，以专注为初心，以极致为追求，以口碑为核心，以快为生存法则。目前，小米已成功跻身全球第四大智能手机制造商的行列，且在全球超过 30 余个国家和地区的手机市场排名中位列前五。“始终坚持做‘感动人心、价格厚道’的好产品，让全球每个人都能享受科技带来的美好生活”是小米永远的使命。独角兽企业小米的使命里也有小米定价策略的影子，让我们一探小米的定价策略。

1. 新产品的渗透定价策略

渗透定价策略是指企业通过较低定价的策略来刺激顾客需求，以达到较高市场占有率的目的。小米在新产品上市初期，便是采取的渗透定价策略，新产品定价明显低于市场同类产品，吸引了大量顾客的购买，赢得了较高的市场份额。小米“高性价比”的渗透定价策略，使得小米在成立初期迅速以独特优势立足于智能手机市场。

2. 数字化产品的捆绑定价

捆绑定价策略是指企业基于对消费者行为和心理的分析将产品或服务进行捆绑销售。在小米官方商城，顾客在购买手机时，可以定制化选择数字化产品，如小米的延保服务、云空间服务等。这种捆绑定价策略极大提升了顾客的产品体验。

3. 心理定价策略

（1）尾数定价。产品价格尾数的细微差别能够大大影响顾客的购买行为。小米手机正是利用顾客这一心理特点，把产品的定价尾数定为“9”“99”，如小米 11 定价 3 999 起，小米 Note 9 定价 1 299 起。小米的尾数定价给顾客一种心理上的低价暗示，增强了顾客的购买欲望。

（2）招徕定价。招徕定价策略是指企业有意利用顾客求廉的心理，以低价引起顾客的注意和购买的定价策略。小米官方商城推出的半价或低价产品准点限量秒杀活动，正是利用了顾客的求廉与幸运的心理，以招徕顾客浏览小米官网。

资料来源：王永贵，焦冠哲，张欢，等. 为发烧而生，小米的数字化转型之战.（2020-11-12）. 中国管理案例共享中心；小米商城. https://www.mi.com/?masid=2701.0001.

本章小结

产品价格是影响利润丰厚程度的关键因素，价格水平的高低是市场博弈的焦点。本章首先阐述了包括价格理论和信息经济学理论在内的经济学、财务学和心理学等定价的理论基础，并介绍了企业目标、市场需求、竞争因素和政策法规等影响定价的基本因素。然后，基于 3C 视角探讨了以成本为基础的定价方法、以竞争为基础的定价方法和以价值为基础的定价方法。在此基础上，系统地介绍了产品的定价策略。其中，在新产品定价策略方面，重点阐述了三种常见的策略，分别是侧重于某些特殊细分市场的撇脂定价策略、侧重于大众市场的渗透定价策略以及综合二者优点的温和定价策略；在数字化产品定价策略方面，介绍了差别定价策略、捆绑定价策略和免费定价策略；在心理定价策略方面，介绍了声望定价策略、尾数定价策略、整数定价策略、小单位定价策略和招徕定价策略；在折扣与折让策略方面，重点阐述了现金折扣、数量折扣、功能折扣、预购折扣和折让等多种形式。最后，讨论了价格调整与变动的相关问题。

思考与练习

1. 试论述韦伯定律的内涵及其对营销管理的启示。
2. 举例说明定价的基本影响因素。
3. 列举自己熟悉的一个品牌，简要分析其定价策略的成功与失败之处。

基本概念 第10章

延伸阅读 第10章

05

第 5 篇

传播价值

正如“酒香不怕巷子深的时代已经一去不复返了”所揭示的，在创造出优异的顾客价值以后，营销管理者必须有针对性地传播价值，而且要通过目标顾客所能接受的、最好是其所喜欢的方式传播价值，并确保目标顾客最大限度地认同所传播的价值。

为了成功地进入特定市场，在策略上必须协调运用经济、心理、政治和公共关系等手段，以便取得外国或地方有关方面的合作和支持。

——菲利普·科特勒

第11章

营销传播

本章要点

本章首先阐述营销传播的基本概念以及营销传播的基本过程，然后分析了营销传播常用的手段及其特点。在此基础上，引出整合营销传播的概念，分析整合营销传播的基本策略、传播工具，最后说明整合营销传播中的整合管理。

学习目标

- 了解营销传播的内涵与过程。
- 了解营销传播的手段。
- 掌握整合营销传播的实施框架。
- 了解整合营销传播中的整合管理。

第1节　营销传播的内涵、过程及手段

随着企业竞争的加剧、科学技术的进步和营销管理方法的持续改进，营销传播方法不断推陈出新，营销传播领域的竞争也不断升级。短视频营销（如抖音）、微信H5、快闪店、直播带货等新型传播方式层出不穷，产业上下游的配合深度不断加大，互联网新兴产业广告主类型不断增多，传统媒体不断受到挑战，营销传播生态日益丰富。

一、营销传播的内涵与过程

（一）营销传播的内涵

作为一个传统但富有新意的概念，营销传播一直处在不断发展完善之中。简单地讲，营销传播是企业的一种促销行为。在营销管理中，可以说没有哪一个领域像营销传播这样经历了

巨大的变革，早期的营销传播手段单一，主要依赖于广告投放和口碑相传，而随着营销技术和移动互联网的发展，营销传播可做到精准、高效并提高成交水平。[①] 比较而言，营销传播比传统促销的含义更加宽泛。在经典的市场营销著作中，营销组合（marketing mix）的一个重要成分是营销沟通，即营销传播。[②] 营销传播是对传统意义上促销的发展，随着新兴传播学理论的进一步引入和渗透，该领域的许多专家现在更加喜欢运用营销传播这个术语。威尔斯、伯内特和莫里亚蒂（Wells，Burnett & Moriarty，1992）把营销传播界定为“企业同顾客之间的信息传递机制”[③]。科特勒和阿姆斯特朗（Kotler & Armstrong，1994）把营销传播界定为“企业向目标顾客宣传自己产品的优点，以激发其购买行为，从而扩大产品销售的活动”[④]。2001 年，凯勒（Keller）指出，营销传播是企业直接或间接地通知、劝说、激发和提醒消费者，使消费者了解公司出售的产品品牌的一种有效方法。[⑤]

为了更加深入地理解营销传播，有必要重点关注它的两个关键构成要素：营销和传播。营销是指企业或者其他组织用于在自身与顾客之间创造价值转移（或交换）的一系列活动；传播是指信息传递以及在不同个体之间或组织与个体之间建立共识的过程。如果把这两个基本概念综合起来加以理解，可以发现营销传播是指在一个品牌的营销组合中，旨在实现价值交换（或转移）努力与特定品牌的客户或者用户 / 消费者建立共识所涉及的全部要素的总和。由此可见，营销传播是实现营销管理和品牌发展的基本要素，它的职责是在企业产品或品牌与目标消费者之间建立某种共识，进而实现彼此的价值交换。在这里，共识实际上意味着双方不只是单纯的信息转移关系，还必须形成一种相互协调的意见平衡。因此，不论采取什么形式，营销传播都无法摆脱对信息交流的依赖。

（二）营销传播的过程

就实质而言，创造一种信息并把它送到接收者那里就是一个传播过程。营销传播当然不能脱离一般的传播模式，它就是在这样一种模式背景下进行的。营销传播的基本原理是营销人员对有关企业产品或品牌的信息进行整理，并以适当方式将其传递到消费者那里。如图 11－1 所示，发送者和接收者是营销传播的主要参与者，编码、解码、反应和反馈构成了营销传播的过程，而噪声是参与传播并损害传播效果的各种无关的外生变量。发送者作为信源，可以是企业（营销人员、代言人等），也可以是代理机构。信息发送者选择一定的符号形式（语言、图像、声音等）来代表其所传达的信息，如此传播过程宣告开始，这个过程叫作编码。编码之后就是信息开发，它包含了信息发送者希望传达的信息或意义，这种信息必须采用适合相应信道传播的传递方式（公关新闻或媒体广告等）。经过编码和开发的信息想要送至接收者必须要有一个信息通道，这就是我们所说的传播媒介，传播媒介一般有两种基本类型：人际的和非人际的（如人员推销与大众媒体等）。接收者作为与发送者分享信息的人，一般是目标市场上的顾客或者潜在顾客，也称受众。这些对象接收信息时，必须把发送者的信息符号还原为可以确切感知的思想，这个过程就是解码过程。从发送到接收是一个正向流通的过程，它简单地完成了传播中的信息传达。需要注意的是，信息在传递过程中可能会被一些难以预料的噪声所干扰，从而导致信息失真。

---

① Keller K L. Mastering the marketing communications mix：micro and macro perspectives on integrated marketing communication programs. Journal of Marketing Management，2001，17（7–8）：819–847.

② 科特勒，凯勒. 营销管理：第 14 版. 王永贵，于洪彦，何佳讯，等译. 上海：格致出版社，2012.

③ Wells W D，Burnett J，Moriarty S. Advertising：principles and practice. 2nd ed. New York：Prentice-Hall，1992.

④ Kotler P，Armstrong G. Principles of marketing. 6th ed. Englewood Cliffs：Prentice-Hall，1994：104–132.

⑤ 同①.

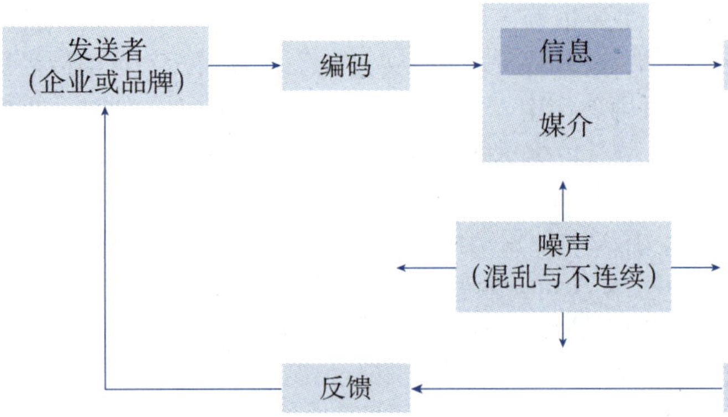

图 11－1　营销传播的过程

资料来源：Duncan T. IMC：using advertising and promotion to build brands. McGraw Hill，2002：127.

二、营销传播的手段

企业的营销传播主要有五种手段，分别是广告、公共关系、社交媒体与自媒体、销售促进和人员推销。每种手段都有许多细分的表现形式。在传统的营销传播中，营销者只依赖一种或两种传播手段完成任务，而现在营销领域正发生变化，如大市场被细分成了许多小的子市场、消费者需求日益复杂化、新媒体不断涌现等。这要求营销管理者学会使用多种传播手段，根据细分市场选择合适的营销传播手段。因此，营销传播是对多种手段的综合运用。

（一）广告

广告因其普遍性和接触面广而成为企业向消费者进行营销传播的最常见方式。广告是指企业以付费的方式，通过公共媒体对其产品或者服务进行宣传，借以向消费者有计划地传递信息，影响消费者对所宣传的产品或者服务的态度，进而劝说消费者实施购买行动、推荐行动或者消费更多特定品牌的产品或服务。许多广告通过创造新的品牌形象或者提高品牌忠诚度来提高产品或服务的消费数量。一般来说，可以传递广告信息的媒体主要有电视、广播、报纸、杂志、户外广告、网络以及一些新兴媒体。

在实践中，广告具有以下优点：（1）能有效地与大量受众沟通。黄金时段的广告能有效到达近千万个家庭。（2）人均费用相对较低。广告的单次费用虽较高，但因向大量受众传播，单位成本相对较低。（3）能为公司的品牌或产品塑造个性与形象。广告能通过图像、声音或文字等手段，创造品牌或产品的独特个性，赢得消费者的认同与喜爱。

广告主可以控制广告信息的内容、图形、时间和长度以及针对的受众。广告也存在一些固有的缺陷：（1）需要花费巨额资金。虽然广告受众的单位成本很低，但广告的总体费用非常高，这使得某些小企业放弃电视、户外广告等媒体。（2）缺乏灵活性和针对性。广告面对的大众参差不齐，但信息是标准化的，所以广告只能解决一般性的大众问题，无法解决少部分人的问题。（3）容易造成浪费。广告追求尽量多的受众，而许多观众或读者并不是目标消费群，会造成广告的浪费。（4）限制信息和反馈。广告成本高导致信息简明扼要，多数广告提供的信息不够多。而且，广告是单向传播，很难获得消费者的反馈信息。因此，某些企业拒绝支付高昂的广告费用，转而创新性地寻求其他成本相对较低的营销传播活动。

（二）公共关系

公共关系作为一种有别于广告的促销工具，以不付费的形式在媒体版面上安排企业经营活动等方面的信息和新闻，或者通过其他形式，使企业或者产品（品牌）获得有利展示，以与现有顾客或者潜在顾客沟通，进而帮助企业实现特定的营销目标。公共关系的传播目标是有选择性地推出具有社会性和新闻价值的信息，为企业赢得支持，其中包括产品促销和形象促销。

一般而言，公共关系具有以下优点：（1）可信度较高，成本较低。公共关系传播不像广告易于察觉，公众对它有更高的信任度，且成本比广告低廉。（2）避免冲突。经由公共关系渠道发布的信息，如关于新产品或重大技术突破的报道，一般被看作新闻，更容易引起人们的注意。（3）具有到达特定群体的能力。有些产品仅立足于很小的细分市场，这时使用广告或促销很难触及这些目标市场，通过公共关系可与这些群体进行沟通。（4）树立形象。成功的公共关系可以帮助企业树立正面形象。不过，与广告类似，公共关系也存在自身的固有缺陷，主要表现为：企业与消费者进行的沟通无法通过公共关系全部完成；公共关系可能因为公关部门与营销部门缺乏合作或管理不善，无法达到预期目的；如果营销部门与公关部门各自为政，还存在沟通不畅、活动重复等风险。

（三）社交媒体与自媒体

社交媒体指的是一系列建立在 Web 2.0 技术和理念基础上的互联网应用软件，顾客可借以进行内容创造与交换，如通过社交媒体分享自己的意见、见解、经验和观点。[①] 从基本形式看，社交媒体主要有博客（和微博）、直播平台、论坛、内容社区（如知乎）等。作为一种能够带给用户极大参与空间的在线媒体，与传统媒体相比，社交媒体具有参与性、共享性、交流性、社区性、连通性等基本特征。

自媒体是社交媒体的主要构成部分。自媒体是 Web 2.0 时代的新型媒体，与大众媒体不同，自媒体强调的是个体参与，所传播的内容为用户生成内容（user generated content，UGC）。自媒体与大众媒体的主要区别在于：（1）传播媒介不同。大众媒体的传播媒介多为电视、报纸、广播、杂志，而自媒体的传播则表现为人们通过微信、微博、豆瓣、各种论坛等平台进行内容创造和分享。（2）传播方式不同。大众媒体的传播方式是自上而下、由点到面，而自媒体的传播方式是自下而上、点对点。（3）传播主体不同。大众媒体的传播主体是专业的媒体机构，具有主动权和话语权，而自媒体的传播主体则是普通大众，每个人都是信息的创造者、发布者、传播者和接收者。（4）门槛和运行成本不同。大众媒体的设立门槛较高，需要一定的资本、人力资源，并且需要经过相关部门的层层审核，成本较高；而在自媒体时代，用户只需注册一个账号，就能发布信息。[②]

随着通信技术逐渐迈向 5G 时代以及智能移动设备的普及和多样化发展，信息的传播已经进入社交媒体和自媒体时代，信息的传播体现出平民化、自主化、病毒化等特征，企业能否经营好自媒体（如微信公众号、微博认证号、知乎官方号等）变得越来越重要，传统媒体一对多的传播无法应对企业营销传播所面临的机遇和挑战。

（四）销售促进

销售促进是指以即时销售为主要目的，为销售人员、分销商和最终消费者提供一种额外

① Kaplan A，Haenlein M. Users of the world，unite! The challenges and opportunities of social media. Business Horizons，2010，53（1）：59-68.

② 崔小屹．玩的就是自媒体．北京：中国财政经济出版社，2016.

价值或激励的营销活动，它能迅速刺激销售。销售促进一般分为两大类：针对消费者的销售促进和针对中间商的销售促进。销售促进的基本特征在于有比较短的周期以及对购买行为的额外刺激和奖励。

销售促进的优点主要表现在：（1）能吸引和维系顾客。销售促进能通过新产品试用吸引消费者，通过优惠券和赠品吸引消费者重复购买，建立品牌忠诚度。（2）能够快速见效。如橱窗陈列、赠品、优惠价格能激发消费者冲动购买。（3）一般在销售中占有固定的比例。销售促进在买卖成交之前的成本较低，这样可降低投资的风险性。销售促进的缺点主要表现在：（1）可能会损害企业的形象。人们可能认为折扣代表产品质量下降，频繁的促销会使消费者认为正常的价格是涨价。销售促进没有体现出与品牌、产品相关的优势，从长远看对品牌形象和销售有负面影响。（2）在成熟的市场上不能产生新的长期购买者。它主要吸引有优惠倾向的消费者。（3）有时对实际销售帮助不大。若一些销售促进活动举办不当，可能会使中间商和消费者在活动期间囤积产品，在活动过后减少购买，使生产者整体销售增长幅度不大。

近年来，销售促进的费用在整个营销传播支出中的比例不断上升，现在已经超过单纯的媒体广告费用。究其原因，主要是市场竞争愈演愈烈，销售促进因其具有明显的短期效果而成为占有和保持市场的有力武器。另外，消费者希望从销售促进中得到更多实惠，经销商也要求进一步让利，加之媒体广告成本上升以及媒体增加导致的媒体广告边际效应下降等，企业越来越倾向于选择销售促进。

（五）人员推销

人员推销又叫人员推广，是营销传播的一种人际传播方式，指推销人员试图帮助和说服潜在购买者购买企业的产品或服务或者接受某种观念。人员推销与其他传播方式最显著的区别在于信息直接从发送者流向接收者，不经过媒介。它是最直接的人际传播，而且是一种双向传播。推销人员可以根据顾客的需求提供相关的信息，而顾客也可以直接将反馈信息传递给推销人员。

概括而言，人员推销的优点主要有：（1）推销人员与顾客能够双向互动。推销人员向顾客介绍公司的产品和信息，顾客直接将自己的意见告诉推销人员，推销人员根据顾客的理解度、满意度调整下一步的行动，或者有针对性地向顾客传递信息。（2）人员推销尤其适合技术要求比较高或者性能较为复杂的产品的推销活动，推销人员可以当场向顾客演示。（3）人员推销可以帮助企业建立、维持、加强与顾客的长期关系。（4）人员推销是一对一的展示，可以避免其他因素的干扰。

人员推销也有其固有的弱点，主要表现为：（1）成本太高。推销人员与顾客沟通需要耗费时间成本、电话成本或差旅费用等，这种费用远远高于大众传播的人均成本。（2）接触面窄。一个推销人员只能与一个顾客进行有效沟通。（3）优秀的推销人员不多，也难以培养。①

随着营销传播与技术的融合，直播带货逐渐成为一种新兴的人员推销模式，不但企业管理者通过直播销售产品或服务，政府部门也通过直播销售当地特色农产品或推介地方旅游资源，我国也将直播带货的主播纳入正式工种——直播销售员（营销师）。直播带货具体指通过视频直播的方式试用、推介产品或服务并实现成交的互联网销售行为，直播带货的核心特征在于直播与电商的结合，融合了包括场景、社区关系、消费者、厂家、产品、服务、渠道、内容等各类元素②。

---

① 乔治·贝尔齐，迈克尔·贝尔奇．广告与促销：整合营销传播视角：第 6 版．张红霞，庞隽，译．北京：中国人民大学出版社，2006；科特勒，等．市场营销导论．俞利军，译．北京：华夏出版社，2001.

② 王佳航，张帅男．营销模式迁移：场景传播视角下的直播带货．新闻与写作，2020（9）：13-20.

在企业的营销传播实践中，多种手段结合使用是十分常见的。其中，广告主要培养消费者对品牌的偏好，虽然有时是为了短期的销售效果，但广告的最终目的是建立中长期的品牌忠诚度；公共关系是为了提升品牌形象，建立长期的品牌忠诚度；销售促进是为了追求短期的成效，无论是赠品还是抽奖都是为了实现立即销售。换句话说，组合使用具有不同传播功能的手段是营销传播中经常使用的方法，这种组合能够实现更多的功能，使传播途径更加丰富。例如，企业可以把广告与销售促进以及人员推销组合起来使用。广告面向大众传播，无法获知消费者的反馈，若配合以销售促进与人员推销，企业则能快速获得反馈信息，并根据反馈信息及时调整和修正广告。类似地，企业可以将公共关系与广告以及销售促进配合使用。由于消费者对广告的信任度较低，而销售促进更注重短期效果，若将公共关系与之配合使用，则可以有效弥补两者的缺陷。

第 2 节　整合营销传播

在以大数据、移动互联网、人工智能为代表的先进技术的高速发展背景下，营销传播更加多样化、智能化和精准化，营销传播领域充满变革和创新。整合营销传播作为一种综合性的营销传播方法对各种媒体的使用进行了整合和创新，使营销传播的面貌焕然一新。[①]

一、整合营销传播的概念

整合营销传播的概念早在 20 世纪 80 年代就已形成。随着营销领域和大众传播环境的革命性变化，整合营销传播理论不断得到充实与扩充。2000 年以后，整合营销传播作为一种新的方法得到了营销界的广泛认同。[②] 那么，什么是整合营销传播？

实际上，整合营销传播理论是随营销实践的发展而产生的概念，其内涵也随着实践的发展不断丰富和完善。回顾相关的文献可以发现，目前存在两种经典的整合营销传播定义。美国广告代理商协会（American Association of Advertising Agencies）给出的定义是：整合营销传播是一种营销传播计划概念，它要求企业充分认识制订综合计划所使用的各种带来附加价值的传播手段，如广告、销售促进、直复营销、公共关系和人员推销，并且把它们完善地结合在一起，提供具有良好清晰度和一致性的信息，从而实现传播影响力的最大化。[③]

另一种经典定义源于北卡罗来纳大学劳特朋（Lauterborn）教授于 1990 年提出的观点，即用 4C 理论取代传统的 4P 理论。[④]4P 理论由密歇根州立大学教授麦卡锡（McCarthy）于 1960 年提出，指的是产品（product）、价格（price）、渠道（place）和促销（promotion）。[⑤] 4C 强调四个忘记与四个考虑，即忘记产品，考虑消费者的需要和欲求（wants and needs）；忘记价格，考虑消费者为满足其需求愿意支付的成本（cost）；忘记渠道，考虑如何让消费者更加便利（convenience）；忘记促销，考虑如何同消费者进行双向沟通（communication）。在此基础上，

① Lavidge R J. Mass customization is not an oxy-moron. Journal of Advertising Research，1999，39（4）：70–72.

② Duncan T. IMC：using advertising and promotion to build brands. McGraw-Hill，2002.

③ Shimp T A. Advertising，promotions，and supplemental aspects of integrated marketing communications. 7th ed.Ohio：Thomson South-Western，2007：629.

④ Lauterborn R. New marketing litany：four ps passé：c-words take over. Advertising Age，1990，61（41）：26.

⑤ McCarthy E J. Basic marketing：a managerial approach. Homewood，IJ：Richard D. Irwin，1960：37.

舒尔茨（Schultz）与劳特朋等在其合著的《整合营销传播》中进一步强化了 4C 观点，强调立足于消费者的视角来理解整合营销传播。整合营销传播指从消费者出发，以直接影响消费者的购买行为为目标，把品牌与企业的所有接触点作为信息传达的渠道，综合运用所有沟通手段进行强有力的传播。由此可见，整合营销传播并不仅限于一种表情或一种声音，而是由更多要素构成的综合概念，是以潜在顾客和现有顾客为沟通对象，开发并实行多种形式的说服性传播的一体化过程。在整合营销传播中，人们甚至会使用一些以往不被认为是传播形态但为消费者所认同的传播形态。①

营销视角11-1 《后浪》的整合营销传播

除了这两种经典的界定，许多学者也希望立足于特定的视角来解释整合营销传播。其中，邓肯（Duncan）的解释特别具有代表性。他试图从广义的视角来理解整合营销传播，认为整合营销传播是指“能达到整合营销传播目标并为企业带来竞争优势的所有商业活动的整合”。因此，除了对各种促销手段及营销组合的整合，整合营销传播也包括对组织内部传播方式的整合以及组织之间传播方式的整合，还包括对内部顾客传播方式的整合以及对外部顾客传播方式的整合。这意味着企业不仅要从战术上对各种促销手段进行整合，而且必须从战略上区分和管理企业与各个利益相关者之间的信息沟通问题。②

二、整合营销传播的特色

正如前面各个定义所展示的，整合营销传播是有别于传统营销传播的一种新的传播方式，这主要表现在三个方面。③

第一，整合营销传播的目标是促进营销人员与顾客之间的对话与沟通。传统的营销传播往往是单向的，由营销人员主导；整合营销传播则是双向的，要在营销人员与顾客之间营造一种新型关系。在营销实践中，一方面，营销人员会积极主动地搜寻顾客的相关信息，并通过数据挖掘等研究手段加强商品品牌与顾客之间的联系；另一方面，顾客会搜寻有关品牌的信息，并努力改善与该品牌的关系。也就是说，顾客会对大众媒体传播的品牌信息进行适当加工，据此做出购买决策，或者在决策之前更多考虑亲戚朋友的意见。因此，营销人员可以通过改善品牌与顾客之间的关系来增加品牌的附加值。营销人员应该为顾客提供更多与品牌互动的机会，如为提高品牌忠诚度实施会员制度以及激励顾客在消费过程中提供反馈意见等。

第二，整合营销传播更强调品牌信息的连续性与一致性。在编码及传递过程中，整合营销传播更加注重连续性的品牌信息（如品牌名称、包装、广告等信息），并努力确保顾客能够易于接收相关信息。在今天这样高度分化的媒体环境下，顾客只能接受并保留有限的品牌信息。因此，相对于试图传递更多、更复杂的品牌信息的商家，努力传递简单的、统一的品牌信息的商家往往更容易获得竞争优势。例如，对快速消费品行业来说，广告的目的不是劝说顾客

① Schultz D E，Tannenbaum S I，Lauterborn R F. Integrated marketing communications. Chicago：NTC Publishing Group，1993.

② Duncan T. The concept and process of integrated marketing communication. IMC Research Journal，1995，1（1）：3-10.

③ McGrath J. A pilot study testing aspects of the integrated marketing communications concept. Journal of Marketing Communications，2005，11（3）：191-214.

购买，而是强化顾客对品牌的满意度。因此，整合营销传播的目的是创造一种与顾客对品牌的期望相一致的信息，并通过各种传播与展示活动，最终在消费者心目中为企业及品牌成功地创造出“一种形象和一个声音”。

第三，整合营销传播考虑影响品牌与顾客沟通的所有方面，而不仅仅考虑传统促销工具（如广告、公共关系、销售促进、人员推销等）所涉及的因素。一方面，整合营销传播把传播过程从促销这个环节延伸到了产品（如品牌名称、标识与商品包装等）、定价和分销渠道等各个环节，即企业在整个营销过程中的每一个环节都需要与顾客进行沟通。除了众所周知的传统促销组合（如广告、公共关系和销售促进等）以外，其他环节（如商品设计、包装、店堂陈列和企业标识等）也是整合营销传播流程中的重要环节，甚至售后服务也是整合营销传播的构成要素之一。另一方面，人们需要把顾客的概念从消费者扩展到利益相关者，即把内部员工、管理者、供应商、经销商、股东和债权人等直接或间接影响顾客与品牌关系的人员或组织，都视为整合营销传播的对象来进行管理。表 11－1 描述了传统营销传播和整合营销传播的区别。

表 11－1　传统营销传播和整合营销传播的区别

比较重点	传统营销传播	整合营销传播
时间幅度	短期导向	长期导向
主要的质量维度	产出品质	互动品质
顾客满意度衡量	市场占有率	顾客管理
顾客信息系统	不定期的顾客满意度调查	即时顾客反馈系统
营销与其他部门的互动	互动策略价值低	互动策略价值高
内部营销的重要性	不重视内部营销	内部营销是外部营销的基础
信息传播的特点	单向信息传播	一对一信息传播
主要营销机能	营销组合	营销组合与互动营销
营销对象	顾客	利益相关者
营销战术运用	营销传播工具组合	品牌信息产生一致性和协同性
数据库的运用程度	市场调研工具	顾客沟通的基础

资料来源：申光龙，柳映珍，何克敏．整合营销传播战略评估指标体系研究．管理科学，2006（1）．

如今的消费者已经成为品牌资产创造的积极参与者之一，价值共创成为营销管理的重要命题，而整合营销传播是实现营销价值共创的重要渠道。2017 年，舒尔茨与马尔萨乌斯（Malthouse）提出了一个消费者网络与协商营销模型，如图 11－2 所示。[①] 该模型的核心思想是：在信息技术、传播理念不断发展和丰富的背景下，营销传播逐渐出现互联化、智能化、社交化、草根化、内容自创化的趋势，这些趋势改变了传统营销时代大众传播的单向传播环境，使消费者变成了信息的生产者和传播者，与企业共同推动了企业资产的形成。因此，为了形成更具市场竞争力的品牌，企业应该转变营销传播思维，将新兴媒介和渠道（如自媒体、社群等）引入传播手段，通过整合营销传播，为消费者提供信息创造、分享和合作的平台，促进更积极活跃的价值共享生态。[②]

① Schultz D E，Malthouse E C. Interactivity，marketing communication，and emerging markets：a way forward. Journal of Current Issues & Research in Advertising，2017，38（1）：17-30.

② 桂世河，汤梅．整合营销传播目标的演进与发展趋势．管理现代化，2019，39（1）．

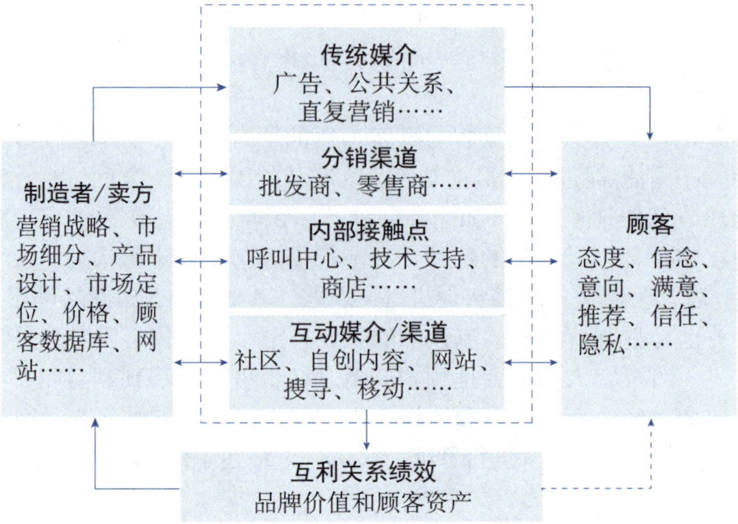

图 11－2　消费者网络与协商营销模型

资料来源：Schultz D E，Malthouse E C. Interactivity，marketing communication，and emerging markets：a way forward. Journal of Current Issues & Research in Advertising，2017，38（1）：17-30；桂世河，汤梅．整合营销传播目标的演进与发展趋势．管理现代化，2019，39（1）.

三、整合营销传播的实施框架

经典的整合营销传播是面向包括顾客在内的所有利益相关者而展开的声音与形象等方面高度统一或一致的综合沟通过程。为了保证整合营销传播的效果，营销管理者在实施过程中需要关注几个方面：首先是知晓目标受众的信息资源以及他们对媒体的偏好；其次是理解目标受众所知道的、所信仰的以及与企业想要得到的反应相关的信息；再次是综合使用各种促销组合工具，虽然每个工具都有特定的目标，但所有工具都指向一个共同的目标；最后是明确存在协同的促销努力。其中，人员推销、广告和销售促进以及公共关系传达了目标受众所需要的一致信息。

为此，营销管理者需要从企业出发，通过整合企业内部的各种资源，基于利益相关者的视角，科学地进行规划和实施，促进各利益相关者做出有利于企业发展的行为，最终达到解决整合营销传播问题的目的。图 11－3 描绘了一个切实可行的整合营销传播的实施框架——9S 框架。其中，S1 代表洞察利益相关者；S2 代表存储利益相关者信息；S3 代表细分利益相关者；S4 代表战略竞争优势；S5 代表战略计划协调；S6 代表持续改进；S7 代表传播战略整合；S8 代表系统控制；S9 代表共享企业价值。[①] 鉴于持续改进、系统控制以及战略计划协调等属于一般管理学的范畴，这里不再赘述。下面重点对洞察利益相关者、细分利益相关者、存储利益相关者信息和传播战略整合等问题进行阐述。

在实践中，营销管理者必须对利益相关者进行深入分析，不仅要洞察利益相关者，而且要对利益相关者进行细分。其中，利益相关者是指那些对企业的决策和管理能够施加影响并在一定程度上受到企业影响的所有个人或组织。根据利益相关者理论先驱弗里曼（R.E. Freeman）的观点，管理者可以通过回答以下三个问题来实现对利益相关者的分析[②]：（1）利益相关者是

① 申光龙．整合营销传播战略管理．北京：中国物资出版社，2001.
② 弗里曼．战略管理：利益相关者方法．王彦华，梁豪，译．上海：上海译文出版社，2006.

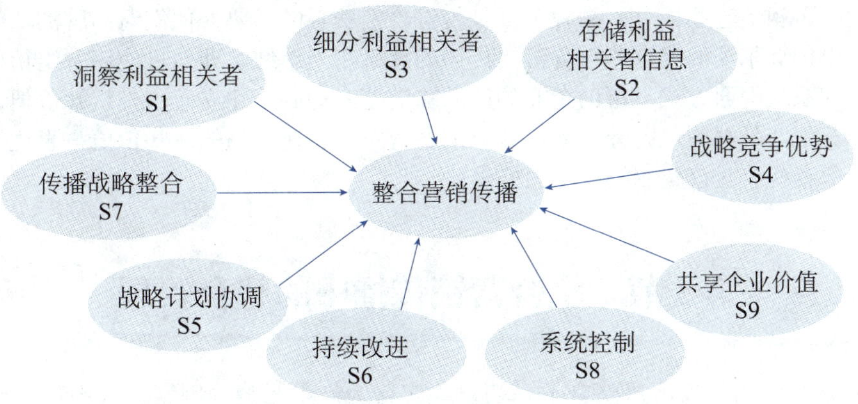

图 11－3　整合营销传播实施的 9S 框架

资料来源：申光龙．整合营销传播战略管理．北京：中国物资出版社，2001.

哪些人或组织构成的？（2）不同利益相关者的需要是什么？（3）利益相关者是如何实现自身利益的？一般而言，企业的利益相关者至少包括以下几类：股东、债权人、员工、供应商与零售商、消费者、竞争对手、政府、金融机构以及媒体等。实际上，对利益相关者的分析是否到位与对利益相关者的细分是否科学直接决定了企业的整合营销传播策略是否有效。毕竟，不同的利益相关者才是企业整合营销传播的受众或对象。只有知晓目标受众的需求及媒体习惯和偏好，获悉目标受众所知道的、所信赖的信息以及企业希望得到的反应，企业才有可能在整合营销传播策略的指导下设计出面向特定利益相关者的定制化营销传播方案，从而对其产生尽可能大的积极影响。当然，这肯定离不开面向利益相关者的市场营销调研。

管理者必须强化利益相关者的数据库建设，并以此为基础充分挖掘与分析各利益相关者的需求与期望信息，特别是它们的媒体偏好信息，以为整合营销传播决策提供数据支持。由于企业的利益相关者与企业所处的内外部环境直接相关，因此它们与企业的关系往往错综复杂，难以整合，这对企业的整合营销传播实践提出了挑战。为此，行之有效的基础工作（建立全面详细的有关利益相关者的资料数据库）成为实现有效双向沟通的关键所在。当然，其中最重要、最直接的是建设并完善目标顾客数据库，对顾客的需求与行为模式进行分析与挖掘。舒尔茨等特别强调一种思考模式，即四阶段的整合营销沟通过程：（1）从消费者出发，研究现有消费者与潜在消费者的购买诱因；（2）考察产品，了解产品的实质和消费者的认知状况；（3）研究竞争状况，寻找并确定品牌的消费者利益；（4）有效地说服消费者。[①]

管理者需对营销传播的战略整合给予足够的关注。由于整合营销传播是一项综合的系统工程，如上所述的利益相关者的一些资源往往是相当分散的，因此管理者有必要利用先进的技术把各项资源（特别是信息）有效地整合起来，使整合营销传播所涉及的各个部门能够共享数据库资源，以保持高度的一致性。显然，这意味着整合营销传播面临多项至关重要的整合任务。其中，比较常见的是广告、公共关系和人员推销等各种促销工具的整合。有关这方面的进一步探讨参见本章第 3 节。

由于整合营销传播是一个持续循环的过程，所以对某一阶段传播执行效果的调查与评估既是对上一阶段的总结，又是对利益相关者数据库的补充与更新，更是为一下阶段营销传播中的创新奠定基础。舒尔茨以消费者为例阐明了这种调查与评估的主要内容：消费者是否接触到

① 唐·舒尔茨，海蒂·舒尔茨．整合营销传播：创造企业价值的五大关键步骤．何西军，黄鹂，朱彩虹，等译．北京：中国财政经济出版社，2005.

信息，他们是否相信这些信息；品牌个性是否符合消费者的需要，他们对品牌的认知和反应如何；等等。根据舒尔茨的观点，整合营销传播的意义相当单纯，即通过使用一组衍生自消费者需求与偏好的系统沟通方式，帮助企业的产品在消费者的心中建立起一种认知价值，进而使自己的产品与竞争产品鲜明地区分开来。如果消费者对某企业产品的认知价值一直优于竞争对手的产品，消费者就会对该企业的产品保持忠诚。①

第 3 节　整合营销传播中的整合管理

真正的整合营销传播项目整合了一切对顾客行为产生影响的因素，其中包含使品牌或产品与顾客产生联系的各种营销传播手段。

一、整合营销传播的整合管理框架

从具体的操作层面来看，企业整合与实施一项成功的营销传播方案的关键是对传播对象、传播信息和传播手段这三个主要方面进行整合，如图 11－4 所示。在具体的整合管理过程中，营销管理者有计划、有步骤地利用经过整合的传播手段，通过一系列信息接触点把经过整合的信息传递给经过整合的传播对象。

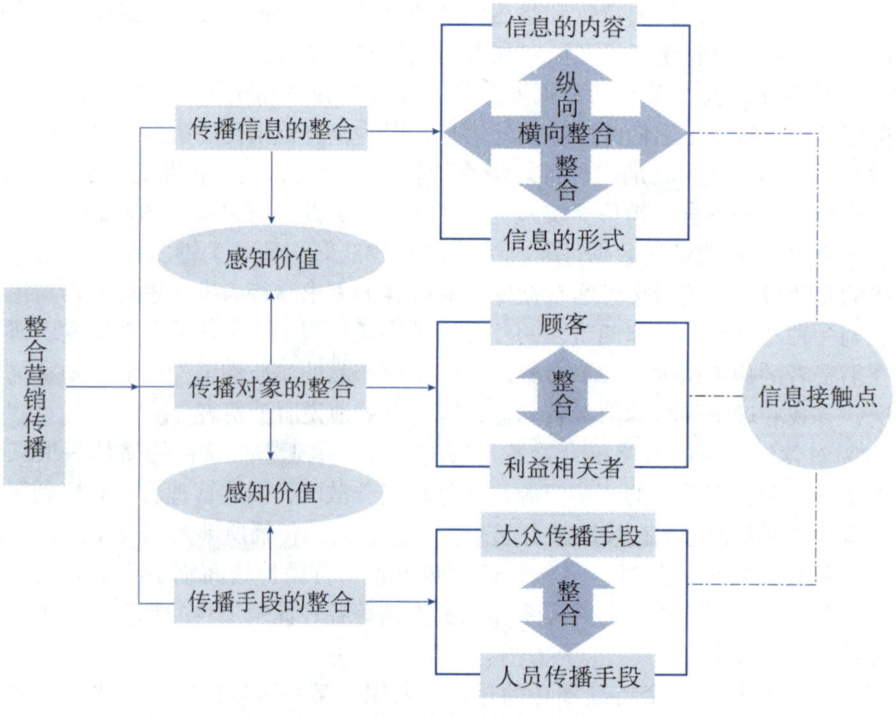

图 11－4　整合营销传播的整合管理框架

资料来源：李理．营销传播的整合和实施研究．天津：天津大学，2004.

① 唐·舒尔茨，海蒂·舒尔茨．整合营销传播：创造企业价值的五大关键步骤．何西军，黄鹂，朱彩虹，等译．北京：中国财政经济出版社，2005.

二、对传播对象的整合

无数成功企业的整合营销传播实践表明，对传播对象的整合相当重要。传播对象整合是对营销传播所涉及的传播对象的整合，主要包括整合顾客和整合利益相关者。

（一）整合顾客

对于企业的营销传播管理者来说，他们首先要识别主要的传播对象——顾客。要知道，企业识别顾客并不容易。通过对购买行为的深入研究，营销管理者会发现许多产品购买决策往往不是由一个人做出的，而且顾客在购买决策过程中可能会扮演不同的角色。这些角色可能包括:（1）发起者，即首先提出或有意购买某一产品或服务的人;（2）影响者，即其看法和建议对最终决策具有一定影响力的人;（3）决策者，即对是否买、为何买、如何买、哪里买等方面的购买决策做出完全或部分决定的人;（4）购买者，即实际采购的人;（5）使用者，即实际消费或使用产品或服务的人。在产品的购买决策中，由于产品类别和购买者的特征不同，涉及的人员数量可能也是不同的，也许是一个人，也许是一群人。由于上述参与者或多或少地影响顾客的购买决策，所以整合营销传播对象不应限于决策者或购买者，而应包括发起者、影响者和使用者。其中，影响者可能是家人、朋友、邻居、专业人士、媒体或消费者保护组织等。他们虽然不直接出现在顾客的具体购买过程中，但可能对购买决策产生较大的影响，是营销传播不可忽视的对象。因此，营销人员要对产品的购买决策过程和使用过程进行深入的研究，研究购买决策的参与者如何发挥自身的影响作用，以及企业的整合营销传播如何才能产生最有利的影响。

（二）整合利益相关者

利益相关者参与企业的经营或者对企业的经营存在兴趣和影响。它们直接或间接地影响企业的经营运作，可能增强企业实现目标的能力，也可能削弱这种能力。更重要的是，它们的态度可以直接影响顾客对企业的看法，因为顾客接受品牌的信息并非只来自企业，还来自其他方面。因此，对整合营销传播管理者来说，传播对象不仅仅是顾客，还包括其他利益相关者。换句话说，企业的营销活动不是独立存在的，它处于一个大的环境当中。在这个环境中，除了顾客，还有中间商、供应商、竞争对手、外部公众和内部员工等企业的利益相关者。因此，营销管理者必须对这些利益相关者进行整合。

1. 中间商

在这里，中间商是指分销渠道的中间环节，包括批发商、零售商、代理商和经纪人。企业通过中间商组成营销渠道，并依赖这个渠道将产品更有效、更广泛地提供给目标市场。在大多数情况下，如果没有中间商，商品可以由生产厂家直接销售给顾客，但这项工作将非常复杂，而且工作量特别大。对于顾客来说，如果没有中间商，其所花费的购买成本（时间成本和体力成本等）就会大幅度增加。对企业而言，企业与中间商的合作关系十分重要，中间商会参与销售过程，推动产品销售，并且在信息传播过程中发挥作用。中间商会将企业信息传播给消费者，影响消费者购买决策，并将消费者的建议反馈给企业。在间接销售渠道中，制造商对营销工具的控制难度加大，信息在传递过程中容易失真、缺损。由于制造商与中间商之间存在利益冲突，如何与中间商加强合作、提高中间商的参与能力以及增强彼此的信赖变得非常重要。企业应加强与中间商的沟通，让中间商了解企业目标和活动，获得中间商的信任和理解，进而争取中间商最大的销售支持；生产者必须不断激励中间商，通过特殊优惠、促销奖励、资金支持、战略联盟等促使中间商更好地工作。

2. 其他利益相关者

其他利益相关者主要包括供应商、竞争对手、内部员工、外部公众等。（1）供应商向企业及其他竞争对手供应生产所需的各种资源，既包括生产材料供应商，也包括服务供应商，如物流、财务、法律、营销等领域的企业。例如，企业如果能与供应商建立长期友好的关系，就可以优先获得所需材料或是更具竞争力的服务。（2）对于一个企业来说，广义的竞争对手来自多个方面。企业与自己的顾客、供应商之间存在某种意义上的竞争关系。从狭义上来讲，竞争对手是提供类似产品或服务、有类似目标顾客的其他企业。因此，企业向目标顾客传播的信息必须有别于竞争对手。（3）企业内部员工包括董事会、经理、管理者、员工。当企业员工对自己的企业感到满意时，他们的态度会感染外部公众。（4）外部公众主要是指大众媒体、投资者、政府、社区、各种社会团体等一般公众。

三、对传播信息的整合

传播信息整合是对营销传播所涉及的信息进行整合。在操作上需要识别信息的内容、信息的接触点，在做好内容和接触点识别的基础上对传播内容进行整合。

（一）识别信息的内容

对整合营销传播者来说，要传播的信息主要有产品信息、品牌信息、价格信息和渠道信息等。首先，产品信息主要包括两部分：有形性信息与无形性信息。有形性信息主要是指产品名称、产品包装、产品图案和产品外观设计等；无形性信息主要包括产品形象、声誉、象征、风格以及产品“三包”与售后服务等方面的信息。其次，品牌是比产品略高一层的概念。所谓品牌，就是用以识别某个销售者的产品或服务，使之与竞争对手的产品或服务区别开来的商业名称及标志，通常由文字、标记、符号、图案和颜色等要素构成。在品牌的构成要素中，最持久的是品牌价值、文化和个性，它们构成了品牌的基础，体现了品牌差异的实质。就实质来说，品牌代表着销售者（卖者）对交付给买者的产品特征、利益和服务的一贯承诺。因此，品牌本身蕴藏着丰富的市场信息，能向顾客传达一系列重要信息。顾客在选购品牌时，在很大程度上依赖他们对品牌价值的认同，认同程度决定了他们的购买行为。最后，诸如产品包装、标签、购物券以及价格等也可以作为营销传播手段，向顾客传达信息，它们在顾客的购买决策中发挥着重要的沟通作用。

（二）识别信息的接触点

信息的接触点是指顾客在什么时间、什么地点以及如何接触到产品、服务或品牌等方面的信息。在现实中，顾客接触信息的方式多种多样，其中包括直接体验、接触一线员工、接触售后服务人员、接触销售代理人员以及实际使用产品、接受服务或体验各种形式的营销传播。对企业来说，这些过程都在传播信息，应该根据不同的顾客选择合适的接触点。一般而言，顾客接收的信息可能来自企业内部的营销部门、公共关系部门、销售部门或外部的代理商，如广告公司、直复营销公司、促销公司、包装设计公司等；企业其他利益相关者接收的信息则来自公司的各个部门，如供应商接收的信息往往来自企业采购部门，一般公众接收的信息主要来自企业公共关系部门。这些信息和接触点迫切需要被整合以使信息具有一致性。

（三）整合信息

整合营销传播整合的信息包括广告、公共关系、销售促进、人员推销和直复营销等手段中存在的信息。这些信息都是经过设计的，营销管理者希望通过这些信息的传播，对消费者产生积极的影响。在营销传播实践中，人们经常可以看到来自不同地方的信息并不一致的现象。一方面是横向传播信息的不一致，如企业同一时间通过不同手段传播的信息不一致——企业在报纸和电视中同时投放大量广告，然而这些广告分别采用不同的主题和设计，企业的促销活动也与广告没有任何联系。另一方面是纵向传播信息的不一致，如企业在不同时间传播的信息不一致——今年有一个诉求，明年又有一个完全不相关的诉求等。无数整合营销传播的经验表明，传播信息的不一致往往使企业对品牌和产品的宣传事倍功半。就本质而言，企业传播的目的是使顾客认知、理解和记忆信息，然而对于不一致的信息，顾客在处理过程中会出现困惑或矛盾，可能因此拒绝接收新的信息，或者让新的信息替代原有信息。现实中常有这种现象，企业各部门出于自身的利益，向传播对象发出不同的信息。因此，营销传播者必须担当起修正传播信息、减少部门利益冲突的任务，对企业内部各利益部门进行整合，在企业内部建立良好的传播体系，强化内部员工的沟通与合作，使信息在企业内部顺畅流通，更高效、顺畅地传递，在员工中实现共享，从而使不同渠道的信息在面对利益相关者时保持一致。

四、对传播手段的整合与创新

（一）传播手段的整合

传播手段的整合是对营销传播所涉及的各种手段或传播工具进行整合。随着技术的发展，除了电视、网页、平面以及纸媒等传统媒体，诸如，微信、微博、社交网络、短视频应用等新兴媒体平台也正在成为营销传播的主战场。营销管理者必须对各种传播工具进行研究，研究如何对它们加以应用才能达到最佳效果，剖析如何把传播工具结合在一起才能使每种沟通工具以不同方式向目标顾客有效地传递信息，使顾客接收到的信息具有很高的一致性。当然，营销管理者还要分析每种传播工具的优点、缺点及最佳的适用条件以及如何与各种媒体进行有效的结合等。实际上，随着媒体种类的增多，媒体之间相互干扰的可能性会增大，而顾客也会随着媒体种类的增加变得更加挑剔、难以说服。这时，只使用一种传播手段往往无法更好地达到营销传播的预期目标，所以更多的企业开始研究传播手段的整合。在实践中，由于每种传播手段能够完成的任务是有限的，而且它们都有自己的优势和局限，因此企业需要根据不同的任务选取相应的主导传播手段，然后考虑选取其他传播手段与之相配合，以克服某种传播手段固有的缺陷，创造出单一手段无法达到的传播效果。

（二）传播手段的创新

在整合营销传播中，为了实现传播手段的有效整合，主题活动和数据库营销应得到重视。

1. 主题活动

营销界的一个发展趋势是把广告、公共关系、销售促进三种手段有机结合，避免它们互相冲突，并创造出一个有意义的主题活动。实际上，这种主题活动往往可以发挥上述三种手段的优势，取长补短。基于某一主题活动实现的传播组合往往可以创造公共关系的长期效果、广告的中期效果和销售促进的短期效果。一般来说，这类主题活动往往以公共关系为龙头，设计出运动、文化、音乐、美术和慈善赞助等主题。在活动举办前，通常要召开记者招待会进行公开宣传，提高企业形象。同时，要通过电视、报纸和海报等广告向目标顾客传递有关活动内容的信息，并辅以商品情报和销售促进信息。此外，在销售促进方面，可以考虑开发相关主题的赠品（如 T 恤、帽子、唱片）、设计相关主题的抽奖或优惠活动，从而最终实现长、中、短期的综合效果。这样既促进了顾客购买，又提升了品牌的忠诚度，还对媒体、意见领袖和一般公众的态度产生了积极影响。

2. 数据库营销

营销视角11-2　数据广告和社交大数据

随着信息与网络技术的蓬勃发展，整合营销传播迅速突破了时间与地域的限制，成功地实现了与目标消费者（包括利益相关者）的实时互动。整合营销传播与信息和网络技术相结合是数字化背景下营销传播的主要原则。互联网在为利益相关者提供个性化的服务以及搜集具体资料与信息方面的潜能是毋庸置疑的，这正是推行整合营销传播所依赖的重要基础。可以说，基于发达信息技术的数据库营销使整合营销传播如虎添翼，更能满足利益相关者的需求，稳固地维持各利益相关者之间的关系，进而拓展新顾客和新市场，为企业赢得无穷的商机。此外，数据库营销为企业提供了一种最有效的目标市场定位方法和进行个性化市场营销的有效方式，并提供了一种通过制订合适的市场营销计划来减少销售成本和促销费用的途径。对于企业来说，减少无效的促销活动可以节省大量资金；对于顾客来说，企业只发送顾客需要的信息，而不是垃圾信息。

3. 互动式营销

人工智能、大数据、云计算和区块链等技术的日益发展与成熟为基于价值共创的互动式营销传播提供了平台。大数据时代，消费者接触信息趋于碎片化，企业营销信息的传播呈现平台化的特点。消费者利用碎片时间浏览各类平台、参与平台互动，创造 UGC。借助大数据技术，通过对消费者在各类平台上的行为数据留痕的分析，企业可以制定出精确的营销信息，并精准地传播至目标用户。除此之外，互动式营销所反馈的顾客营销信息对于企业产品研发、服务设计、产品生产、市场拓展等各个环节具有指导和联动的效果，互动式营销所产生的信息与企业资源管理系统、顾客管理系统相对接，可以提高企业对市场的洞察以及对市场反应的敏捷性。在大数据技术的支撑下，互动式整合营销传播的实施过程可以分解为营销平台建设、顾客洞察及分析、互动营销传播策略的制定以及营销效能的监控与评估。①

在互动式营销传播中，企业可以充分利用 UGC 来为广告提供素材，融入消费者创意，与顾客合作来打造品牌形象，生成品牌资产。比如，iPhone 在宣传拍摄功能时就广泛搜集客户自己用 iPhone 拍摄的照片作为户外广告展出。但是，互动式营销也有可能对品牌造成负面营销，有研究表明，如在广告中注明该广告创意或制作是来源于非品牌忠诚顾客，可能会降低顾客的购买意愿。②

五、传播手段的诉求点——价值感知

价值传播的最终目的是提高目标顾客的支付意愿——为自己接受的价值进行支付的意愿。为此，在制定和实施价值传播策略之前，企业首先要弄清楚可以在顾客购买过程中的哪

① 李晓英. 大数据时代互动式整合传播营销体系的建构. 当代传播，2015（4）：80–82.

② Thompson D V，Malaviya P. Consumer-generated Ads：does awareness of advertising co-creation help or hurt persuasion?. Journal of Marketing，2013，77（3）：33–47.

些环节对顾客的价值感知（value perception）产生影响。在成熟的市场环境中，顾客对产品价值的感知往往和实际获得的价值（产品创造的价值）存在一定的差异，而营销传播可以消除这一差异。一般来讲，对于任何一个品牌而言，顾客感知价值都包括两个部分：理性经济价值（economic value）和感性心理价值（psychological value）。理性经济价值强调对产品的功能性与实用性的需求及其满足，是指购买产品可以为顾客带来的直接利益，如产品的品质、经济性和功能等；感性心理价值则往往与顾客的社会和心理需求及其满足有关，是指可以给顾客带来的无形价值，如舒适、地位、挑战、自尊、娱乐或者个人成就感等。

案例

知乎：利用整合营销实现知识变现

“知乎”是一个基于专业生成内容（professional generated contend，PGC）和用户生成内容（user generated content，UGC）的知识问答社区，根据知乎官方网站信息，截至 2020 年，在知乎上已有超过 4 000 万名答主，全站问题总数超过 4 400 万，回答总数超过 2.4 亿。目前，知乎已经覆盖问答社区、会员服务体系“盐选会员”、搜索、热榜等一系列产品和服务，并建立了包括图文、视频、直播等在内的多元媒介形式。通过多年的积累和实践，知乎逐渐建立起其自身的整合营销方式，从多角度实现了知识变现和平台的营业收入。

1. 具象与抽象相结合，整合品牌形象

就具象元素而言，个性化的视觉符号是识别品牌的首要条件。知乎图标以蓝色作为主基调，给人以镇静、理性之感，是“知识海洋”的精神表征。从品牌图形上看，知乎的吉祥物是由“知乎吉祥物设计大赛”募集而得的北极狐——刘看山，刘看山以呆萌、亲和的形象深得人心，它被用户亲切地称为“知乎的刘看山”。知乎还围绕该吉祥物形象引申了“刘看山看《西部世界》”“刘看山人类学研究成果展示”等内容。知乎的品牌代言人采用赫本、海明威、毕加索、薛定谔四位分别在演艺界、文学界、美术界、科学界卓有成就的名家，促使大众形成“知乎——广而认知”的品牌认知。

对于抽象元素的塑造，知乎的核心优势在于其区别性的社区定位，相较于百度百科等搜索引擎式的词条型知识集合，知乎主要以优质的内容引起用户参与讨论，这个过程中用户必须是主动的。不同于微信公众号基于社交式的封闭式内容分发，知乎更开放，所以知乎上大多数自媒体都将知乎的流量导入公众号。同时，用户可通过点赞、评论、转发等互动方式增强参与度，并获得高度归属感。于是，由受众共鸣引发的内容促使知乎社区形成了知识探讨氛围，这也在一定程度上有助于知乎的品牌传播。

2. 数字阅读闭环，构建站内知识生态圈

互联网知识问答平台的内容生产多基于 UGC 模式，即由用户或平台抛出议题，通过互动和共享形成碎片化内容。在“知乎的出版实验”主题活动中，参与调查的 50% 的用户月收入在 8 000 元以上，活跃用户学历在本科及以上者占比 88%。由此可知，知乎虽存在内容生产鱼龙混杂等问题，但仍拥有不少可提供优质内容的精英型用户，而对于知乎的 PGC 模式而言，精英型用户不可或缺。

然而，知乎内容的变现一直没有明确的实现途径，直到 2017 年知乎市场建立。逐渐形成了付费咨询、书店、LIVE、私家课等板块。就电子出版而言，2016 年，知乎书店成立，这个举动对站内的原生态内容资源进行了深度加工和整理。为此，平台邀约专业人士共享站内精品内容，实现了创造、传播、延伸、再创造的完整过程，并顺势出品系列电子书产品，基本满足了用户不同层次、不同场景的阅读需求。同时，知乎与中信、中南博集等出版机构合作，引入站外高质量数字出版物，如《瓦尔登湖》《岛上书店》等，丰富了知乎书店的书品种类，为用户获取结构化知识提供了便捷的渠道。此外，以知乎出版为代表的数字出版平台还在社交化、聚合式的知识生态圈中对内形成全新的数字阅读模式——数字闭环阅读，即用户通过进入该平台查看、购买、阅读、评论、互动、反馈图书，形成数字出版物的完整阅读链；对外则与各大出版机构合作，创新出版模式，形成众编、众审、众享的数字出版新流程。知识生态圈的构建不仅将碎片化内容价值化，而且实现了多场景知识创作的覆盖，为知乎出版实现知识转化提供了良好的契机，为数字出版行业的前路探明了方向。

知乎的发展路径并未止步于传统电子书，鉴于纸质阅读仍为人们的主要阅读方式之一，知乎出版率先入驻纸质书市场，运用大数据手段策划图书选题。2017 年 9 月，知乎出版汇集了 53 位职场高手在知乎平台上分享其职场经验，通过自有渠道预售名为《职人觉醒：新手如何快速崛起》的纸质图书，找到了职业发展的知识源头。目前，各类传统行业顺应潮流，积极谋求数字化转型，作为互联网问答平台的知乎基于其读者和作者资源及时切入传统出版，实现了传统纸质出版与数字轻阅读出版的阶段性衔接。

资料来源：杨琳. 知识变现背景下数字出版平台的商业探索路径——以知乎的整合营销传播模式为例. 出版广角，2020（4）：55–57；知乎产品分析报告——原来你是这样的知乎.（2018–02–25）. https://zhuanlan.zhihu.com/p/33974369.

本章小结

本章对如何理解及应用整合营销传播进行了深入讨论。首先，分析了营销传播的过程，介绍了营销传播的主要手段——广告、公共关系、社交媒体与自媒体、销售促进、人员推销，分析了这些传播手段的优点和缺点，以及发展的最新动态和方向。然后，探讨了对营销传播手段进行整合的必要性，整合营销传播的实施框架，以及如何对营销传播沟通的各方面——传播对象、传播信息、传播手段等进行整合。最后，对传播手段的诉求点——价值感知进行了剖析。

思考与练习

1. 请选择一个企业，探讨该企业与消费者如何在营销传播层面进行沟通。
2. 广告和公共关系有什么区别？请举例说明。
3. 探讨整合营销传播与传统营销传播的区别。
4. 4C 与 4P 的主要区别是什么？
5. 请选择一个著名品牌（如华为、海尔等），阐述其品牌价值体现在哪里，并探讨其价值如何被传递给消费者。
6. 请选择一个企业，说明该企业是如何成功地进行整合营销传播的。

基本概念　第11章

延伸阅读　第11章

第12章

促销传播

本章要点

鉴于促销在市场营销组合中的重要性，本章将专门围绕促销传播展开论述，并详细讨论促销传播的两种策略：大众传播策略和人员传播策略。大众传播是单向传播，主要是指通过大众媒体，将关于企业和商品的信息传递给消费大众，以成功地将商品销售出去；人员传播则是双向传播，包括人员推销和直复营销等。除此之外，本章对数字化营销传播模式进行了介绍和探讨。

学习目标

- 了解大众传播与人员传播在整合营销传播中扮演的角色。
- 了解大众传播与人员传播的各自优势以及如何设计有效的传播方案。
- 了解大众传播的基本方法或工具。
- 重点了解大数据营销的原理和主要方式。
- 了解直复营销的发展趋势。

第1节　大众传播策略

所谓大众传播，是指借助电视、报纸、广播、杂志等大众媒体或通过人际传播，将关于企业和商品的信息传递给消费大众，以成功地将商品销售出去。通常，大众传播的方式包括广告、公共关系、销售促进等。

一、广告

(一) 广告的概念

广告是最重要的一种大众传播方式，几乎所有的企业在促销时都会运用广告这种形式。

对大多数企业来说，广告是传统上企业与目标受众沟通的主要手段，而其他传播方式（如销售促进、直复营销和公共关系等）常常是支持和补充广告计划的非持续性手段。广告是任何形式的付款宣传方式，所宣传内容可以是广告主本身，也可以是它们所拥有的产品或品牌等。通常，一些传统的媒体如电视、广播、报纸、杂志、图书、直邮广告、电梯广告、广告牌和流动车辆（如公共汽车、出租车车身），往往是消费者最熟悉的传递广告信息的手段，而随着科技的发展，短视频广告和社交网络中插入的广告也成为我们日常生活中的一部分。

从全球来看，广告市场在经历了 2008—2009 年的衰退之后，于 2010 年复苏，2010—2018 年间整体增长了 60%。具体来看，全球广告收入呈持续增长态势，2018 年媒体广告收入为 5 520 亿美元，增长 7.2%；全球数字广告（如横幅广告、视频广告、搜索广告和社交广告等）销售额达到 2 510 亿美元，增长率为 17%；线下广告（如平面广告、广电广告、户外广告等）销售额达到 3 010 亿美元，与上一年基本持平。需要指出的是，数字广告销售额的增长多数来自移动设备终端，移动广告销售额在 2018 年增长了 32%，而台式电脑广告收入则因广告拦截和媒体存量降低等出现下滑。[①]

（二）广告的形式

广告信息是通过广告媒体传送给广告对象的，广告信息无论多么完善，都要通过媒体传递给目标顾客。传统的大众媒体主要包括电视、杂志、报纸、广播、户外广告等，而在数字化时代，新兴媒体开始喷涌而出，以下将具体加以介绍。

1. 电视

电视被认为是最理想的广告媒体，电视广告将图像、声音、动作和色彩融为一体，将产品和服务生动再现出来。电视广告的优势在于：（1）具有创造性和冲击力，能为某个品牌或产品创造一种形象、感觉或基调，使无活力的产品具有个性和情趣。（2）具有大覆盖面和高成本收益。由于收看电视节目是大众的主要娱乐方式之一，所以电视广告能以低成本覆盖大量受众。（3）具有高俘获力。当观众收看喜爱的电视节目时，广告被强加给观众。

电视广告的缺点在于：（1）成本太高。电视广告成本来自广告的制作费用和媒体播放费用。（2）暴露时间短，所传达信息量有限。电视广告时间越来越短，信息转瞬即逝，广告互相干扰，削弱了电视广告的传播效果。（3）作为一种大众传播方式，缺乏选择性，电视节目的覆盖面一般会超出目标消费者群体。

尽管电视广告受许多因素影响，收视率呈下降趋势，但对医药保健、快消品等行业的企业而言，电视广告仍是其首选，它们依赖电视广告接触大量消费者。

2. 杂志

杂志能满足消费市场和企业市场对教育、信息以及娱乐的要求。在所有媒体中，杂志的专门化程度最高。它的优势是：（1）有较强的选择力。多数杂志为某个特殊兴趣群体印刷，满足广告主接触特定目标受众的需要，较易达到理想的宣传效果。（2）表现力与说服力较强。印刷技术的发展使得杂志可根据营销者的需要，制作立体广告、香味广告等，并充分使用文字提供产品详细信息，具有更强的感染力和说服力。（3）具有持久性。消费者多将杂志保存一段时间，从而可以仔细阅读广告内容，并根据需要寻找广告。（4）具有较高的接受度和涉入度。消费者多会主动寻找感兴趣的杂志广告，以扩大资讯量。不过，杂志广告也存在缺陷，主要包括：（1）需要较长的预留期，广告主需提前 30 ～ 90 天做好准备，这导致杂志广告时效性较

---

① MAGNA advertising forecasts.（2018-12-03）. https://magnaglobal.com/magna-advertising-forecasts-winter-2018-update/.

差，无法及时反映突发事件和市场状况的变化。（2）杂志发行量有限，寻求广泛影响的广告主需要购买数种杂志广告。（3）杂志的发行范围大，受众的分布较分散。

3. 报纸

报纸的作用是传递即时、详细的新闻，并提供读者关注的其他信息。报纸本身有全国性报纸、区域性报纸和地方性报纸之分。按其内容，有综合性报纸和专业性报纸之分；按其出版周期，有日报、周报和季报之分。

报纸最大的优势是版面大、篇幅多，可供广告主充分进行选择和利用。凡是要向消费者做详细介绍的广告，利用报纸都是极为有利的。首先，报纸可提供大版面的广告位，详细地刊登广告内容，或进行相当具有声势的广告宣传。其次，报纸具有很高的市场覆盖率或很强的市场渗透力，广告主可以通过报纸或报纸组合来覆盖各种目标群体。最后，报纸的编排灵活，改稿或换稿都比较方便。相关人员在报社开机印刷前或制版前提出，即可对有错的广告进行修改或撤换。而且，报纸截稿期较晚，一般广告稿在开印前几个小时送达即可保证准时印刷。报纸的这些特点给广告主和专业广告公司提供了极大的方便。尽管报纸有许多优势，但与其他媒体一样，也存在一些劣势，如印刷质量较差、精美度略差。报纸虽具有较强的地理选择性，但并不是根据受众的职业和受教育程度来发行和销售的。因此，对于不同年龄、性别、职业和文化程度的受众来说，报纸的作用不尽相同。由于报纸出版频繁，每张报纸的时效都很短。一般情况下，读者在翻阅一遍之后即顺手将报纸弃置一边，导致报纸广告的生命周期比较短。

4. 广播

广播是通过无线电波向大众传播信息、提供服务和娱乐的大众传播媒体。在电视没有普及之前，广播是备受人们欢迎的。随着电视的兴起以及新兴媒体的发展，广播广告在四大传统广告中相对处于弱势。一般而言，广播广告的优点在于：（1）成本低。无论是制作成本还是播出成本都相对较低。（2）覆盖面广。听众可以不受时间、场所等的影响和限制，随时随地收听广告。（3）具有很强的灵活性。广告主可以根据当地市场形势及时进行广告内容调整。广播广告的局限性在于：（1）缺乏视觉影响，无法展示品牌和产品。（2）听众分散，覆盖率低，广告主无法通过购买一家电台的广告来覆盖一个地区市场。（3）听众注意力不集中，一般将广播作为背景声音，广告无法引起听众的足够重视。

5. 户外广告

除了上述四种传统的媒体广告外，户外广告也是企业经常选择的一种广告形式。户外广告的展示形式多种多样，如广告牌广告、充气广告、候车亭广告、车身广告、报刊亭广告、地铁广告等。户外广告的优点在于：（1）尺寸大、色彩丰富，有较大创作空间，能形成强大的视觉冲击力。（2）可以广泛覆盖地方市场，获得较高接触频度。（3）信息可以长久保持。户外广告也有许多局限之处：（1）浪费率高，虽然户外广告的受众较多，但可能多数不是目标消费者，会造成媒体浪费。（2）可传递的信息有限，因为它面对的是流动的人群，所以信息必须言简意赅、易于理解。（3）吸引力相对较差，消费者的注意力较低。

6. 新兴媒体

随着互联网以及数字化技术的不断发展，广告媒体有了新的形式——新兴媒体。新兴媒体是新的技术支撑体系下出现的媒体形态，如快递信封广告、数字杂志、数字报纸、数字广播、手机短信、移动电视、网络、桌面视窗、数字电视、数字电影、触摸媒体等。新兴媒体被形象地称为“第五媒体”。美国《连线》杂志将新兴媒体定义为“所有人对所有人的传播”[①]。熊澄

---

① Turkle S. Who am we.（1996-01-01）.https://www.wired.com/1996/01/turkle-2/.

宇教授认为新兴媒体是以计算机信息处理技术为基础的媒体形态。[①] 与传统媒体相比，新兴媒体的最大特征在于能够为目标群体提供个性化、定制化的广告内容，同时目标受众对广告信息的接收不再是单向、被动式的，企业和目标受众可以基于新媒体实现平等、双向的互动交流。新兴媒体广告可以进一步划分为互联网广告和其他媒体形式广告。

（1）互联网广告。互联网广告是形式最多样、最具双向互动性的广告，具体包括网上视频和直播、文字链接、互动广告、在线论坛、社群、电子邮件等形式。企业可以通过第三方综合网站上发布的广告向受众发布产品和销售促进信息，还可以让受众通过链接登录企业网站、手机应用程序、微信公众号、微博等平台阅读更详细的内容。综合来看，互联网广告的优点是：1）能够针对特定的受众群体，做到一对一的定向投放；2）具有交互能力，可以提高消费者的参与度，也可以通过调查问卷、专题论坛随时了解受众的反应，还可以通过游戏方式让消费者阅读和传播广告；3）网络的搜索引擎、文字链接可以使消费者根据自己的兴趣检索产品信息；4）信息传递量大、更新速度快；5）可创造性强，设计者可以不断创造新的形式；6）多媒体技术的发展使互联网广告的视听效果更具冲击力。互联网广告的缺点体现为：1）数量激增，广告引起的注意力明显下降；2）在中国现阶段，网民主要集中在年轻群体，广告受众范围相对狭窄。随着上网人数的快速增长，互联网广告的形式不断创新，相信未来互联网广告将有大的发展。

搜索引擎广告是指广告主根据自己的产品或服务的内容与特点等，确定关键词，撰写广告内容并自主定价投放的广告。当用户搜索到广告主投放的关键词时，相应的广告就会显示出来（如果多个用户购买了同一关键词，则根据竞价排名顺序显示），并在用户点击后按照广告主对该关键词的出价收费，无点击不收费。其中，竞价排名是一种按效果付费的网络推广方式，由百度在国内率先推出。有关搜索引擎的相关内容会在第 16 章进一步描述，可结合这两处内容加深理解。

（2）其他媒体形式广告。其他媒体形式主要有两种。一是新户外媒体。这主要是指户外数字媒体。中国的户外数字媒体在全世界处于领先地位，这种媒体以楼宇液晶广告为开路先锋，向卖场、航空、城市交通、LED 大屏幕、医疗等细分市场延伸。二是手机短视频。这是一种新型营销传播方式，是利用移动终端和 UGC（用户生成内容）为广告主提供视频资讯服务的综合类业务，短视频营销变现的核心模式是社交平台营销，如开屏广告、信息流、视频号、粉丝头条等。随着产业完善和用户体验提升，未来会出现更多符合视频平台特征的创新营销传播方式，如定制站内活动、创意贴纸等，并通过多维品牌活动，实现线上线下广告链接的打通。

此外，其他媒体形式广告还包括黄页广告、火车厢内广告、电影片头广告、植入电影和电视剧的产品展现等，这些广告形式对某些产品的宣传是非常有效的。其中，植入式广告（product placement）是指把产品及其服务具有代表性的视听品牌符号融入影视或舞台产品的一种广告方式，它能给观众留下深刻的印象，达到营销目的。植入式广告是随着电影、电视、游戏等的发展而兴起的一种广告形式，企业可以在影视剧情、游戏中刻意插入产品或标志，达到潜移默化的宣传效果。由于受众对广告有天生的抵触心理，把商品融入这些娱乐方式的做法往往比硬性推销的效果好得多。

（三）开展广告宣传活动

广告宣传活动往往涉及所有旨在达成某种产品或品牌宣传目标并把主题转换成相应的广告计划的各项任务。典型的广告包括不同的广告信息、持续的介绍以及综合运用的多种媒体。

① 熊澄宇．新媒体与文化产业．（2011-09-13）．http://www.chinavalue.net/Biz/Article/2011-9-13/197121.html.

一般而言，广告项目都是在整体战略营销计划的框架内进行的，而且是更广泛的推广项目的一部分。概括而言，开展广告宣传活动的步骤包括确定目标、制定预算、创造信息、选择媒体和评估效果。

1. 确定目标

广告的目标往往是宣传某个待售事物（如产品、服务、理念、人或者地方）。在实践中，典型的广告目标可能是支持人员推销、改善经销商的关系、推出一种新产品、扩大产品的使用、塑造某一品牌或抗衡竞争对手等。

2. 制定预算

一旦促销预算确立之后，就可以据此制定整个促销项目中某一广告活动的预算。在实践中，一种减少预算并提高效果的方法是合作广告，即两家或两家以上的企业合作，使参与者都获益。合作广告主要包括纵向合作广告和横向合作广告两种方式。其中，纵向合作广告包含不同分销级别的企业；横向合作广告是两家或两家以上同一分销水平上的企业的联合广告，如多家零售商一起分担广告成本。

3. 创造信息

无论广告宣传的目标是什么，为了获得成功，每个广告都必须设法引起受众的注意，并以企业期望的方式影响受众，这里主要涉及两个关键因素：诉求和执行。其中，诉求是信念和行为的理由，强调的是个体接收信息的好处；执行指以一种具有说服力的、兼容的方式把特征和设计结合起来，并通过诉求来吸引受众的关注。

4. 选择媒体

在开展广告活动时，选择投放广告媒体与确定广告信息往往是同步的。一般而言，在做出媒体选择决策时，企业必须综合考虑广告目标、受众覆盖范围、信息需求、购买决策的时间和场合以及媒体的成本等。

5. 评估效果

任何企业都会面临关于广告是否值得的决策。也就是说，它们想知道花在广告上的费用能否取得与花在其他营销活动上的费用相同甚至更好的销售效果。①

二、公共关系

（一）公共关系的概念

公共关系的定义非常多，本书从传播的角度来理解公共关系。英国著名公关学者弗兰克·杰夫金斯（Frank Jefkins）认为，公共关系是一个组织为了达到与公众相互了解的确定目标，有计划地采用的一切向内和向外的传播方式的总和。公共关系中的传播是指组织通过传播媒介向公众进行信息或观点的传递和交流。这是一个观念、知识或信息的共享过程，其目的是通过双向的交流和沟通，促进公共关系的主体和客体（组织和公众）之间的了解、共识、好感和合作；其手段既有大众传播，也有人际传播等形式。② 美国公共关系协会（Public Relations Society of America）认为公共关系帮助组织和公众相互适应。公共关系是组织为赢得各种群体的合作而做出的努力。企业面对的公众包括内部公众和外部公众。企业不仅要与消费者、供应者和经销商建立关系，而且要与大量利益相关者或对它们感兴趣的公众建立关系。具体来讲，企业至少需要与以下公众建立关系：消费者、投资者、内部员工、政府、竞争对手、社区组

① 埃特泽尔，沃克，王永贵，等. 市场营销：第 14 版. 南京：南京大学出版社，2009.

② Jefkins F. Public relations. 5th ed. Financial Times/Prentice Hall，1998：293.

织、金融机构、媒体等。公共关系涵盖的内容远远超过产品或服务销售活动的范畴。[①]

现在越来越多营销导向的企业赋予公共关系新的内涵和功能，将公共关系与营销活动紧密联系，以推销企业的产品和服务。在大型企业中，企业不仅有强大的营销部门，也有强大的公关部门，这两个部门多是相互独立的。营销部门主管特定产品和服务的促销，公关部门负责树立公司的形象，它们同时雇用若干广告代理公司和公共关系公司。现在更多企业中的这两个部门开始合作，共同为企业及其产品或服务提供整体形象。公共关系开始发展成支持营销活动的手段，是整合营销传播的一个关键组成部分。

配合实现营销目标的公共关系称为营销公共关系（marketing public relations，MPR）。作为营销传播的一种基本手段，营销公共关系在现代营销传播中得到了广泛应用，在对企业营销活动的支持方面，相比于其他营销传播手段更能体现出自己的突出特色。公共关系可以在多个方面帮助企业，如辅助推出新产品、辅助成熟产品重新定位、建立对某类产品的兴趣、影响特定目标群体、建立公司形象等。[②]

（二）公共关系的手段

一般而言，公共关系的手段主要有软文、事件、赞助、公益活动、形象识别等。

1. 软文

软文也叫软性广告，是指企业通过策划在电视台、广播电台播出的节目，或者在平面媒体（报纸、杂志等）上刊登的文章，用来提升企业品牌形象和知名度，从而促进产品或服务销售的宣传性、阐释性新闻或文章。软文包括特定的新闻报道、深度文章、付费短文广告、案例分析等。目前，软文的载体包括一些新型媒体（如网络、手机短信等）。软文用较少的投入，吸引潜在消费者的眼球，增强产品的销售力，提高产品的美誉度，在潜移默化中达到产品销售的策略性战术目的，引导消费者群体关注并购买。

2. 事件

企业通过策划、组织和利用具有名人效应、新闻价值以及社会影响的人物或事件，引起媒体、社会团体和消费者的兴趣与关注，以提高企业或产品的知名度、美誉度，树立良好品牌形象，并最终达到产品或服务的销售目的。在业内，这种方式往往称为事件营销（event marketing）。简单地说，事件营销就是通过把握新闻规律，制造具有新闻价值的事件，并通过具体的操作，让这一新闻事件得以传播，从而达到广告的效果。[③]要想进行事件营销，企业必须整合自身的资源，利用具有吸引力和创意的活动或事件，使之成为大众关心的话题、议题，吸引媒体的报道与消费者的参与，进而达到营销的目的。事件营销一般具有突发性强、时间紧迫、市场机会大、受众面广、媒体助阵频率高等特点。

3. 赞助

赞助是社会组织以提供资金、产品、设备、设施和免费服务等形式无偿赞助社会事业或社会活动的一种公关专题活动。企业通过赞助某项活动，并运用营销的手段，达到为企业创造价值的目的。赞助本身并没有直接的利益回报，它通过在活动中树立品牌，运用营销手段，实现对市场的价值激活。企业赞助是当今全球发展最快的营销形式之一，赞助营销是当今商业营销探讨的重点。

4. 公益活动

公益活动是指一定的组织或个人向社会捐赠财物或开展与公益有关的其他活动。公益活

① 西泰尔. 公共关系实务. 潘艳丽，陈静，等译. 北京：清华大学出版社，2008.

② Harris T L.The marketer’s guide to public relations. Wiley，1993.

③ 科特勒，凯勒. 营销管理：第 14 版. 王永贵，于洪彦，何佳讯，等译. 上海：格致出版社，2012.

动的内容包括社区服务、环境保护、知识传播、公共福利、社会援助、紧急救助、青年服务、慈善活动、社团活动、专业服务、文化艺术活动、国际合作等。一般而言，公关所指的公益活动是指企业以关心人的生存发展、社会进步为出发点，借助公益活动与消费者进行沟通，在产生公益效果的同时，使消费者对企业的产品或服务产生偏好，并由此提高品牌知名度和美誉度的营销行为。

5. 形象识别

企业形象是指社会公众和全体员工对企业的整体印象和评价，是企业理念行为和个性特征在公众心目中的客观反映。企业形象识别也叫企业形象规范体系，是指一个企业为了获得社会的理解与信任，将其宗旨和产品包含的文化内涵传达给公众，建立自己的视觉体系形象系统。企业形象识别由理念识别、视觉识别、活动识别三大体系构成。

6. 其他

公共关系还包括其他活动，如企业举行的新闻发布会、企业与外部的协作交流活动、企业领导在公开场合的演讲、专题讨论等。

三、销售促进

哈夫（Haugh，1983）在定义销售促进时认为，销售促进是一种直接的诱惑，它向购买产品的销售人员、分销商或者最终的使用者提供一种额外的价值或者激励，其首要的目标是创造即刻的销售。[①] 科特勒则认为，销售促进是指短期的激励活动，目的是鼓励对某一产品或服务的购买或销售。[②]

销售促进既可以针对目标消费者（或销售人员），也可以针对分销渠道商（批发商或零售商），因此销售促进分为两类：消费者导向促销和交易导向促销。如图 12－1 所示，消费者导向促销采用的形式包括样品、优惠券、赠品、竞赛 / 抽奖、特价 / 折扣、超值装、现场陈列、忠诚奖励等；交易导向促销采用的形式则包括竞赛和代理商激励、交易折让、购物点广告、培训计划、贸易展销会和合作广告等。需要指出的是，很多营销计划同时包括消费者导向促销和交易导向促销，因为两边同时激励可以使促销计划的效果最大化。

作为补充广告和促进人员推销的一种策略，销售促进主要采用样品、赠品、礼券、奖品、店内展示、赞助、商展、免费样品、店内陈列和竞赛等形式。[③] 下面重点对样品策略、赠品策略、竞赛 / 抽奖策略、优惠券策略、折扣和特价策略、超值装策略以及购买现场陈列和示范表演策略进行介绍。

（一）样品策略

样品策略指免费赠送消费者一定数量的产品以激励其试购。样品策略通常用来介绍新产品，它是获得试购最有效的方法，也是费用最高的方法。样品策略可以让消费者亲自使用产品，获得对产品优点的最大感知，达到广告无法达到的效果。通常，食品、保健品、化妆品等产品上市时，企业会采用样品策略，这些产品具备单价低、可以分割、购买周期短等特点。样品发送包括店内（外）发送、挨家挨户发送、包装附带样品发送、邮件发送等方式。

---

① Haugh L J. Defining and redefining. Advertising Age，1983（14）：44.

② 科特勒，阿姆斯特朗．市场营销：原理与实践：第 16 版．楼尊，译．北京：中国人民大学出版社，2015.

③ 埃特泽尔，沃克，王永贵，等．市场营销：第 14 版．南京：南京大学出版社，2009.

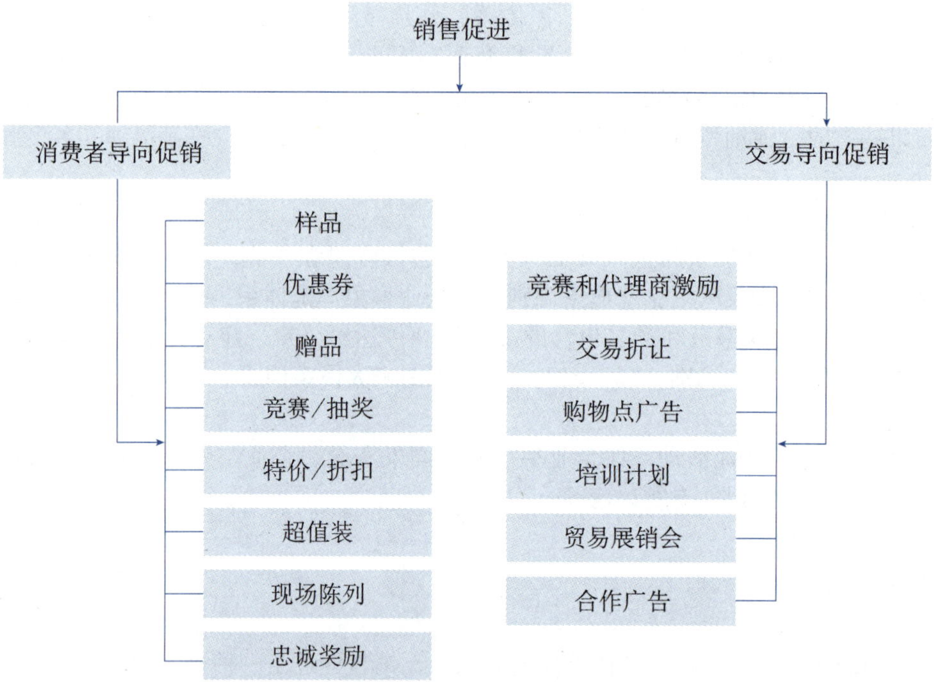

图 12－1　销售促进的分类

资料来源：乔治・贝尔奇，迈克尔・贝尔奇．广告与促销：整合营销传播视角：第 6 版．张红霞，庞隽，译．北京：中国人民大学出版社，2006.

（二）赠品策略

赠品策略指消费者因购买某种产品而获得礼品。赠品有随付赠送和购物后兑换等方式。赠品在餐饮、儿童食品等行业盛行，可以吸引消费者购买。赠品需符合产品定位、具有创意，如果质量优良，可以促进品牌形象的提升；相反，若赠品价格低廉、质量较差，则有损品牌形象，弊大于利。有时免费服务也可视作赠品。

（三）竞赛 / 抽奖策略

竞赛策略指提供赢得现金、旅行或商品的机会，以此作为购买某种商品的回报。竞赛通常要求消费者提交某种参与竞争所需的东西，如一个建议、一个图案或一个创意等，由评审小组审查，选出最好的。抽奖分即开型抽奖和提供购买证明抽奖两种。即开型抽奖指产品包装里面（或外面）附有一张刮刮卡，消费者购买产品后，即可刮开奖券，获知是否得奖。提供购买证明抽奖指消费者将购物凭证寄到专门机构参加抽奖。竞赛 / 抽奖可以利用流行、适时的事件吸引人们的参与。由于竞赛 / 抽奖的获奖率（万分之一甚至千万分之一）极低，对消费者的吸引力不大。

（四）优惠券策略

优惠券策略指制造商和中间商宣告给持优惠券的顾客以特殊折扣。这种策略对价格敏感型消费者有效，能激励消费者重复购买或转换品牌。新产品上市时，优惠券可产生降低购买风险、鼓励消费者试用的作用。优惠券可以通过报纸、杂志等派送。优惠券的缺点是成本高，费用包括优惠券的面值以及制造、发送和处理成本，且兑换率一般较低，很难估计有多少消费者使用优惠券以及他们会在什么时候使用。

除了线下优惠券外，一些营销商和零售商将互联网作为优惠券的发送媒体，如消费者登录肯德基网站，就可以免费获得肯德基电子优惠券，也可将此优惠券转送给朋友。此种媒体发送方式可降低发送成本，影响范围广，激励消费者光顾。

（五）折扣和特价策略

折扣和特价策略指以低于产品的正常价格销售，即对消费者的减价优惠可视为一种即时的节省，百货商场、零售店经常使用这种促销方式。这种方式对价格敏感型顾客的激励作用较大。营销者应谨慎使用折扣和特价策略，因为过度使用折扣可导致顾客辨别不出真实的产品价格和产品价值。同时，顾客可能会依赖折扣和特价，推迟购买决定以等待价格优惠。

（六）超值装策略

超值装策略指以正常价格销售，但包装的尺寸扩大、容量增加，消费者以同样的价格能得到更多的产品。食品、化妆品、洗涤用品等包装商品经常使用这种促销方式。超值装的优惠对于顾客而言显而易见，能产生强大的冲击力。它可以吸引现有顾客，也可以吸引价格敏感型顾客转换品牌。超值装策略的实施要考虑包装尺寸更改和包装机调整等生产问题。

（七）购买现场陈列和示范表演策略

购买现场陈列和示范表演策略能够在购买现场吸引消费者的注意力，提醒和帮助消费者立即做出购买决策。统一的、具有创意的陈列设计和规范的表演无疑可以提升企业形象。购买现场陈列包括海报、货架插卡、横幅、产品堆箱陈列等。制造商和零售商越来越重视现场陈列的销售促进作用，努力设计具有创意的产品货架以吸引消费者的注意力。

第 2 节　人员传播

人员传播是指存在反馈和互动机制的传播活动。人员传播包括两种方式：人员推销和直复营销。

一、人员推销

美国市场营销协会对人员推销（personnel selling）的定义是："企业通过派出推销人员与一个或多个可能成为购买者的人交谈，做口头陈述，以推销商品、促进和扩大销售。"因此，就实质而言，人员推销是推销人员帮助和说服购买者购买某种产品或服务的过程。人员推销作为一种传播方式，最大特点在于信息是直接从发送者流向接收者的，这使得发送者能够即时收到并评价接收者的反馈信息。这种传播过程就是通常所说的双向传播，较其他传播方式而言，它可以使信息得到更灵活的编辑，具有更个性化的色彩，从而可以更好地满足接收方特定的需求。①

① 兰姆，海尔，麦克丹尼尔．市场营销学：第 6 版．时启亮，朱洪兴，译．上海：上海人民出版社，2005.

在购买过程的任何一个阶段，人员推销都是有效的手段。推销人员的主要任务是获取订单，而这项工作的完成主要依赖推销人员与顾客的有效沟通。首先，推销人员要寻找并发现潜在顾客，并通过与顾客接触深入了解其需求。然后，推销人员向顾客推荐满足需求的方法，并将公司的产品和服务信息传递出去，这时的传播是更具针对性的传播。在获得订单后，推销人员还需跟踪回访，了解顾客的意见，反馈信息，提高顾客的满意度。

二、直复营销

直复营销是指制造商或零售商不通过传统的店铺等零售点，而是直接将产品销售给消费者的一种销售方式。这种销售方式减少了中间渠道和费用，使消费者能够享受较低的价格，同时为企业创造了较大利润。直复营销是服务客户的快速通道之一，为了应对越来越高的人力销售成本，越来越多的商业营销者转向直邮和电话营销等方式。

随着信用卡的普及，消费者与销售商之间的费用结算更加简便易行；计算机技术的快速发展和互联网的普及使消费者可以在网上轻松购物；社会竞争更加激烈，更多的女性参加工作，更多的人成为“金钱上的富裕者，时间上的贫穷者”。以上原因使大家对直接购买更加感兴趣，促使直复营销迅速发展。直复营销主要包括五种方式：直邮、电话营销、电视直销、网络直销等。

1. 直邮

直复营销的最常见形式是直邮，即向一个有具体地址的人寄发报价单、通知、纪念品或其他物品。直邮的一种特殊形式是目录营销，即以目录作为信息传播载体，通过直邮渠道向目标人群发布，从而获得对方直接反应的营销活动。

2. 电话营销

电话营销是通过电话进行的营销行为，销售者通过电话推广产品的信息并了解消费者的反馈。适合电话营销的商品主要是日用百货、书籍唱片、健身器材、家用电器和食品等。酒店、旅行社、保险公司、航空公司、咨询公司和俱乐部等比较适合利用电话来进行业务宣传和市场调查。

3. 电视直销

电视直销由厂家或者代理商直接操作，以电视节目形式出现，经过精心设计和包装，既含信息又有广告，欣赏性、娱乐性较强，一般在收视率较高的频道和时段插播。与电视直销相关的电视购物是指以在电视上播放广告片的方式宣传产品，通过屏幕上显示的免费电话达成订购的销售方式，它明显区别于只用于提高品牌知名度的一般商业广告。因此，电视购物是把电话营销与电视直销结合起来的一种销售方式。

4. 网络直销

网络直销是指通过互联网发掘意向客户，同时在网上进行销售，通过网络完成最终销售订单，或者通过网络完成销售引导环节，再通过线下销售促成订单的营销模式，大多以企业间（B2B）模式、企业与顾客间（B2C）模式为主，后续章节会对此做详细介绍。和网络直销相关的概念是网络营销。网络营销是以互联网为手段，达到营销的目的。网络营销包含的内容很广，主要有网上市场调查、网上消费者行为分析、网络营销策略、网上产品和服务策略、网上价格营销策略、网上渠道选择与直销、网上促销与网络广告、网络营销管理与控制等等。

第 3 节　数字化营销传播模式

随着全球数字经济的迅速发展，企业的数字化转型逐渐加快，智能手机与智能硬件的广泛应用，给企业带来了数字化的营销环境。数据的产生、存储、流通和应用，既是大数据时代企业面临的管理难题，也成为企业打造竞争力的核心所在。2020 年 4 月，我国发布《关于构建更加完善的要素市场化配置体制机制的意见》，明确将数据作为生产要素之一。在大数据时代，消费者在各种消费场景下留下的数据脚印越来越多，商家的营销传播模式也不断推陈出新。

大数据营销是数字化背景下营销传播模式的核心。本节将以大数据营销为背景，简述利用大数据进行精准营销的原理、原则与方式，并以社交网络营销、微博营销、微信营销等为例加以展开。

一、大数据营销与精准营销

大数据营销的前身是数据库营销。数据库营销是基于信息技术、互联网与数据库技术而逐渐兴起和成熟的一种市场营销传播手段。企业通过收集和积累顾客信息建立营销数据库系统，用于分析和预测顾客的需求、对产品进行精确的市场定位和开展目标明确的营销传播活动，用最小化的成本取得最大化的营销效益，并使顾客成为企业长期的、忠实的客户。[①] 在传统的营销方式下，目标用户是一个群体，企业通过能够影响这个群体的媒介来影响他们，并向这个群体传播其期望传播的信息。随着数据库营销的出现，企业的目标用户不再是一个难以区分的群体，而是由一个个企业可以直接沟通的目标个体组成的目标群体。企业逐渐开始重视每一个用户，提升每一个用户的满意度与忠诚度，深入挖掘每一个用户的消费潜力。数据库营销对每一个用户都进行精细化的数据库管理，必然引起传播方式的变革。企业需要增加与用户建立一对一直接沟通的传播方式，而这种一对一定向传播方式的前提条件是企业对每一个用户数据的准确掌握，这需要一个数据库来进行用户数据管理。此外，随着时间的推移，企业需要对用户数据进行深度的挖掘与分析，为营销决策提供数据支持。[②] 对于一些客户密集型企业来说，它们可以借助营销数据库建立营销分析模型，预测客户的流失倾向，这些企业包括移动通信公司、保险公司以及信用卡公司等。

营销视角12-1　星巴克是如何做公关的?

近年来，随着人工智能（AI）、区块链（Block Chain）、云计算（Cloud Computing）和大数据（Big Data）（合称“ABCD”）技术的发展与普及，数据的产生、存储、分析和应用水平不断提升，催生了大数据营销。在这样的营销环境下，一方面，随着人民生活品质的提升以及商品、服务供给的丰富化，消费者的个性化需求不断显现，他们已经成为商业活动中的价值共创者；另一方面，在数据科技的帮助下，企业对于客户的偏好也不再难以洞察，通过消费者数据，企业可以分析、应用进而定制更加符合市场偏好的产品，挖掘商业价值。

大数据营销逐渐成为顾客资产管理的一种有效工具，通过积累用户数据，描绘“用户画像”，可以更加有效、长久地维护顾客资产。用户画像是指企业根据所搜集到的有关消费者社会属性、地理位置、支付行为、生活习惯、消费偏好和消费行为等方面的数据，通过“标签

① 数据库营销. https://wiki.mbalib.com/wiki/ 数据库营销 .

② 王永贵. 客户关系管理：精要版. 北京：高等教育出版社，2018.

化”形式建模，精准地向企业反馈面对一个或多个消费者可能的营销机会和营销场景，从而实现在合适的时间、合适的地点以合适的方式向合适的消费者推荐合适的产品或服务。

充分利用用户画像能使企业顾客资产产生更大的价值，具体而言，有效的用户画像可以帮助企业识别高价值客户，定位潜在客户并实现定制化广告内容的精准投放。

利用大数据进行精准营销是未来营销传播的趋势，截至目前，利用大数据进行流量变现主要体现在广告投放和精准营销上。

二、内容营销

内容营销（content marketing）是指包含创造、组织、分配、详述过程，涉及有趣、贴切、有用的内容，以与特定的客户群展开有关内容的对话为目标的营销方法。内容营销是除传统的广告、公关等营销方式之外的一种能在品牌和客户间建立深层关系的工具。内容营销做得好的品牌能给客户提供高品质的原创内容和品牌故事。内容营销让客户从品牌拥护者转变成品牌故事的宣传者。内容营销虽然可以被看作一种新型广告，但两者的本质截然不同。广告是品牌销售产品和服务需传达的信息，而内容包含的则是客户达成自我和工作目标所需的信息。

从本质上来看，内容营销包括内容生产和内容分配两部分。有效的内容营销活动要求营销人员在室内或者从外部资源处生成原创内容，并通过最佳的渠道对内容进行分配。内容营销策略最常见的缺陷是不进行前期和后期活动就直接开始生产和分配活动。为了避免这一缺陷，营销人员需要在每一步都做好检查，以利于进入下一步。图 12－2 具体介绍了内容营销的八大步骤，分别为：设定目标，即明确内容营销想要实现的效果；受众定位，即明确目标受众是谁，以及他们的需求和偏好是什么；内容创意和计划，即设定内容营销的整体计划，以指导内容营销活动；内容创作，即确定内容的发布者、发布时间、发布地点等；内容分配，即确定通过哪些渠道来传递这些内容；内容推广，即选择内容推广的方式，确定如何利用内容与顾客互动来达到效果；内容营销评估，即通过内容营销绩效指标以及目标达成情况，评估内容营销活动的收效；内容营销优化，即在上一步评估的基础上，对优势之处进行保留，调整、优化、改善不足之处。

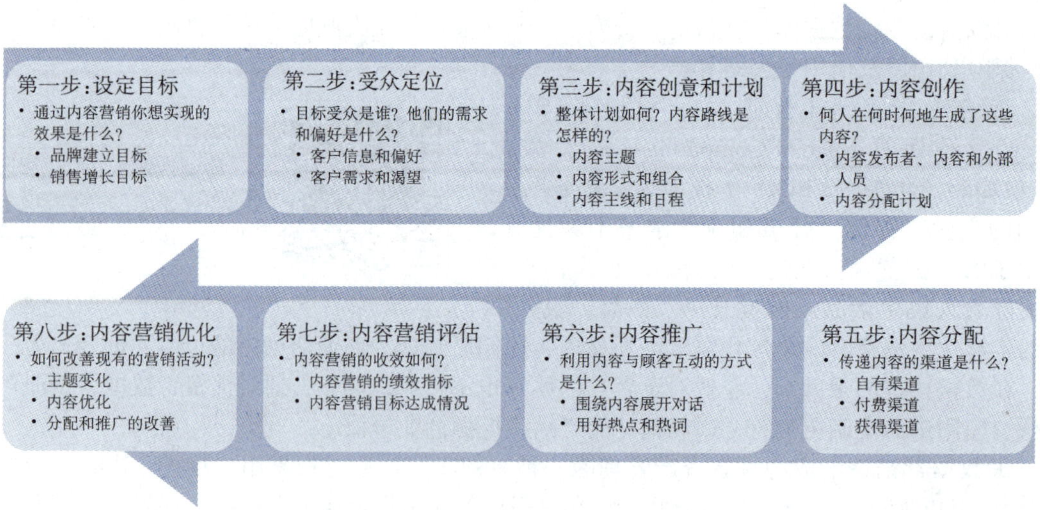

图 12－2　内容营销的八大步骤

资料来源：科特勒，卡塔加雅，塞蒂亚万．营销革命 4.0：从传统到数字．王赛，译．北京：机械工业出版社，2018.

三、社交网站营销

社交网络服务（social networking services，SNS）是指旨在帮助人们建立社会性网络的互联网应用服务。它是随网络社区化兴起的一种营销方式，充分利用了社交网络服务的分享性与共享性，以六度分割理论[1]为基础，通过病毒式传播手段，使某一产品或品牌在非常短的时间内被更多的潜在顾客所熟悉。对于在同一个社交网站注册的用户来说，一旦成为某品牌粉丝的好友，好友之间或陌生人之间就会形成免费口碑传播，其中好友之间的影响力更大，这正是广告客户比较看好社交网站的原因。企业还可以在社交网站设置企业公共主页，使用户成为朋友，达到深度营销的目的。[2]

移动通信技术的发展使得移动智能终端拥有更强的数据链接能力，各类应用软件成为营销传播、获取顾客和提供信息与订单服务的主要渠道，而社交软件往往能够加强营销传播的效果。例如，对于依赖"什么值得买"这种口碑推介的电商平台，从淘宝近年来不断增强其社交性可以看出社交网站营销的趋势。

营销视角12-2　IP化——泛娱乐营销

四、微博营销

微博是一个基于顾客关系的信息分享、传播和获取平台，顾客可以通过WEB（全球广域网）、WAP（无线应用协议）和各种客户端组件中的个人社区，以140字左右的文本更新信息，实现即时分享。现在，人们可以注册微博账号，编写和更新自己的微博，微博营销（micro-blog marketing）就此诞生。[3]

微博营销的主要特点可以概括为：（1）立体化信息传递，即微博营销可以借助先进的多媒体技术手段，用文字、图片、视频等展示形式对产品进行描述，从而使潜在消费者更形象直接地接收信息。（2）快速的信息传播，它也是微博最显著的特征之一。例如，一条关注度较高的微博在互联网及与之关联的手机WAP平台上发出以后，往往在很短的时间内就可以抵达微博世界的每一个角落。（3）便捷的信息共享，即微博营销优于传统的广告业，发布信息的主体往往无须经过繁复的行政审批就可以进行传播，从而节约了大量的时间和成本。（4）信息传递的广泛性，即通过"粉丝关注的形式"进行病毒式传播，影响面非常广泛。同时，名人效应也能够使事件的传播量呈几何级放大。[4]

五、微信营销

微信是腾讯公司继聊天工具QQ后开发的又一款即时通信软件，于2011年上线，已经更新了多个版本。在成长过程中，微信的功能从最初的即时通信逐渐拓展到金融支付、公众号服务、企业账号服务、小程序等有机组件领域，已经建立起一个多平台的互动社交生态系统，成

① 六度分割理论是由美国著名社会心理学家米尔格兰姆（Stanley Milgram）于20世纪60年代提出的。他认为，在人际脉络中，一个人要结识任何一位陌生人，中间最多通过六个人就能够达到这一目的。

② 社交网络营销趋向立体.（2011-01-02）. https://www.sootoo.com/content/79337.shtml.

③ 微博营销.（2021-01-25）. http://baike.baidu.com/view/2939221.html?fromTaglist.

④ 微博营销到底是什么？企办君带你来详解.（2016-10-14）. https://www.sohu.com/a/ 116108059_ 412457.

为中国主流的社交工具之一。

微信营销的核心原则类似于社交网络营销，但区别于微博（类似于“社会圈”）营销，微信营销更倾向于熟人（“朋友圈”）社交。微信营销既可以借助用户自发组织的“微商”渠道，也可以借助微信自身构建的营销平台。具体而言，“微商”是基于微信生态圈的微信用户，他们的行为特征是充分使用微信朋友圈、微信群售卖产品。再者，微信本身也提供应用软件的接口，“小程序”上线后，微信能够作为“入口”为许多电子商务主体（如大众点评、星巴克、京东等）提供接入服务，从而导入流量和用户。

案例

智能时代让营销拥抱技术

人工智能、5G、云计算、物联网等技术的发展为营销活动带来了新的机遇和挑战。对于企业来说，以技术为依托，发现、引导甚至创造顾客的需求并为其提供个性化、定制化的产品或服务，是新时代的必修课。在这方面，百度深耕人工智能技术，利用人工智能赋能营销，为众多企业树立了标杆。智能营销时代已经到来，营销人该如何把握机遇和应对挑战？

1. 技术正在重新定义品牌和营销，重新审视受众

移动互联网、大数据、人工智能等技术的更新迭代为传统的营销 4P 注入了新的血液，企业的品牌建设和营销活动被重新定义，新的机遇层出不穷。同时，技术的发展也推动了消费的成熟和升级，使得企业更难走近消费者，吸引并留住消费者的成本越来越高。消费者面临的信息纷繁复杂，选择也多种多样，其注意力停留在每条信息上的时间更加短暂。这个时候，企业需要重新审视和定位产品和服务的目标受众。举例来说，以往目标群体多按如下方式划分：男性、女性；学生群体、上班族；80 后、90 后青年群体和中老年群体等。在移动互联网时代，消费者更加追求个性化、多元化、定制化的产品和服务，因此衍生出许多小众群体，如“快乐肥宅”“月光族”等，每个群体都有其鲜明的特征和独特的需求。企业需要使自己的目标受众更加细化，快速抓住关键人群，实现精准营销。

对此，百度为品牌方推出了“智能投放”服务，助其直达目标受众。百度的智能投放基于人工智能技术，在广告投放前，人工智能技术通过学习用户在信息、购物、娱乐等平台上的数据，精准分析和预测消费者的行为意图，识别出不同的受众群体。针对不同的目标受众，为其呈现专属的更具针对性的广告内容。依据人工智能模型对投放过程进行分析，进一步优化广告内容与目标受众的匹配度。比如捷豹路虎借助百度的智能投放推出广告后，搜索量和浏览量大幅增长，效果立竿见影。

2. 发挥想象力，快速拥抱技术

百度品牌市场部、人工智能市场部总经理徐菁指出，“限制技术对未来改变的只有应用者的想象力。对于百度市场部想象出来的东西，百度工程师总是能把它们变成现实，无非有时间长短之分”。在数字化、智能化的营销时代，企业为消费者提供服务不能只停留在经验层面，而应充分将技术融入产品和服务，真正抓住消费者的心智，让其体验变得更“爽”。

百度于 2015 年下半年推出无人驾驶汽车。无人驾驶汽车以百度大脑技术为核心，运用数据、地图、人工智能等相关技术，突破了人们对传统汽车的固有想象和认知。目前，百度的无人驾驶汽车可以自动识别交通指示牌等基础设施，只要输入目的地，就可以自动到达。随着技术的发展，百度创始人、董事长兼 CEO 李彦宏指出，无人驾驶汽车将进入下一阶段——最后一公里的无人驾驶，即汽车可以自动泊车。不妨想象一下，当无人驾驶时代真正到来之时，我们可以从驾驶汽车中解放出来，不再受驾车时不能打电话、无法处理事情的限制；堵车时，我们可以临时改变交通方式，让汽车自动开往目的地；到达目的地时，我们不用自己泊车，这样可以节省时间和精力，整个用车体验也会变得越来越“爽”。

3. 让技术活起来，可体验才更有趣

百度发布的《AI 赋能营销白皮书》指出了当前营销人员对人工智能营销的六种错误认知，包括：企业只要有了大数据，就可以进行人工智能营销；有了人工智能营销，创意人就要失业；只要掌握人工智能技术，就能进行人工智能营销；人工智能营销就是精准营销；人工智能赋能营销就是算法优化；人工智能营销将彻底颠覆传统营销。技术对企业营销活动的重要性不必多说，但技术并非一定能使企业的营销活动收获良好的效果，关键在于如何利用技术为品牌服务，而非为使用技术而使用技术。对于人工智能技术赋能营销，百度主张“用人工智能传播人工智能，让人工智能有趣、可体验”。

2018 年，百度与可口可乐合作，推出了可口可乐城市罐。消费者只需下载百度 APP，利用百度的增强现实技术，对准可口可乐城市罐的正面瓶身扫一扫，就可以“进入一个城市”，探寻该城市的秘密，了解其气质，如北京范、西安调、上海潮、南京雅等。消费者在享用可口可乐的同时，还体会了增强现实技术带来的视觉冲击、知识收获、社交乐趣以及十足的科技感，这拉近了增强现实技术与消费者的距离。此次活动完美赋予了可口可乐品牌以情感温度，提高了品牌的声誉和曝光度。

百度在 2016 年与肯德基合作，在上海推出了智能概念店“KFC original+”，在该店中，从点餐到付费的全过程均由小度机器人为消费者服务。在此次合作中，百度将增强现实技术融入消费者的日常生活场景。除此之外，百度还推出 H5 活动。参与者只需上传小时候的照片以及长大后的合照，H5 利用跨年龄人脸识别技术，就可以在 1 秒内迅速从长大后的合照里找出该参与者。

在这个时代，企业能做的就是基于自身品牌优势，从用户的本质需求出发，拥抱技术、利用技术，为用户创造极致的营销体验。

资料来源：百度发布 AI 营销白皮书：不改变的营销人将会被淘汰.（2018-08-24）. https://baijiahao.baidu.com/s?id=1609599074439298021；百度徐菁在全球品牌创新峰会谈 AI 营销：限制技术对未来改变的只有应用者的想象力.（2018-12-07）. https://biz.ifeng.com/c/7iR3VAfiRK3.

本章小结

本章介绍了两种促销传播——大众传播和人员传播的性质及主要策略。大众传播是一种单向的传播方式，主要包括三种基本传播形式：广告、公共关系与销售促进。本章重点介绍广告的主要形式及常用的各种媒体，以及在大数据、云存储等技术发展的背景下，广告业的发展趋势。人员传播是一种双向的传播方式，包括人员推销和直复营销。

人员推销作为一种传播方式，其最大的特点在于信息是直接从发送者流向接收者的，这使得发送者能够即时收到并评价接收者的反馈信息。直复营销是指制造商或零售商不通过传统的店铺等零售点，直接将产品销售给消费者的一种销售方式。它减少了中间渠道和费用，为消费者赢得了较低的价格，也为自己创造了较大的利润。

思考与练习

1. 请选择一个企业，分别探讨该企业如何通过大众传播与人员传播两种手段与消费者进行沟通。

2. 请举一个令你印象深刻的广告，说明它是如何打动你的，并用大众传播原理解释这种现象。

3. “双 11”期间，你收到了哪些商家推送的营销广告？思考你可能在哪些场景下留下了自己的偏好数据。

4. 人员传播最大的优势是什么？如今，哪些行业或企业在营销时更倾向于采用人员传播手段？哪些企业更倾向于采用大众传播手段？

5. 请阐述内容营销的优势和劣势。内容营销会成为将来企业营销的主流吗？说明理由。

6. 请以自身经历阐述数字化技术给这个时代带来的变化以及给营销领域带来的机遇与挑战。

基本概念　第12章

延伸阅读　第12章

第13章

品牌传播

本章要点

随着现代品牌营销实践的不断发展，品牌在现代经济生活中发挥着越来越重要的作用。品牌传播不仅要传达出产品或服务的功能、属性、利益，而且要综合协调品牌形象、定位和口碑传播信息，并要着眼于创造顾客价值，设计和传递易于识别的、一致的品牌形象。

学习目标

- 掌握品牌的内涵、特征及作用。
- 掌握品牌名称的分类、命名原则以及品牌标志的设计原则。
- 掌握品牌延伸策略及其优势和劣势。
- 了解品牌组合策略以及品牌的具体角色。

第1节　品牌概述

一、品牌的内涵与特征

品牌（brand）一词来源于古挪威文字“brandr”，意思是“使燃烧”，主要用于表明牲畜所有者对牲畜的所有权。当时，游牧部落在马背上打上烙印，用以区分不同部落的财产。例如，他们会烙上“不许动，它是我的”等字样，并在旁边烙上各部落的标记。这是最初的品牌标志和口号。

（一）品牌的内涵

进入20世纪，随着现代品牌营销实践的发展，越来越多的咨询界人士和学者逐渐意识到品牌的重要性。奥美公司创始人大卫·奥格威（David Ogilvy）最早对品牌进行界定，他认为，

“品牌是一种错综复杂的象征，它是品牌属性、名称、包装、价格、历史、声誉、广告方式的无形组合。品牌也因消费者对其使用者的印象以及自身的经验而有所界定”。[①] 亚马逊的创始人兼首席执行官杰夫·贝索斯（Jeff Bezos）指出，“品牌是指企业与顾客之间的一种关系。起作用的不是企业在广告或其他宣传中向顾客许诺了什么，而是顾客反馈了什么以及企业是如何对此做出反应的。对企业来说，口碑极其重要。简而言之，品牌就是人们私下里对企业及其产品的评价”。由此可见，品牌已不仅仅是一种区别性的标志，也是顾客价值的重要源泉。也就是说，品牌是“有个性的”，它必须满足顾客的感性需求和理性需求，在创造顾客价值的基础上，有效地传播品牌价值。

营销视角13-1 腾讯公司的微信

有关品牌的定义较多，品牌管理领域被广泛引用和认同的是美国市场营销协会对品牌的定义。美国市场营销协会认为，品牌是“一种名称、术语、标记、象征、设计或是它们的组合，目的是辨认某个销售者或某群销售者的产品或服务，并使之与竞争对手的产品和服务区别开来”。[②] 实际上，一方面，品牌已经成为营销人员的重要工具，在现代营销实践中发挥着越来越重要的作用。另一方面，消费者的衣、食、住、行等方方面面都与品牌结下了不解之缘，品牌日益成为人们日常生活中不可缺少的重要组成部分。品牌主体的多样性使得品牌包括企业品牌、平台品牌、商品品牌、国家品牌、城市品牌、个人品牌等。根据品牌咨询公司 Interbrand 发布的 2020 年全球最佳品牌排行榜，华为成为全球品牌百强中的中国品牌。[③]

（二）品牌的特征

品牌的特征主要表现在四个方面：（1）品牌以顾客为中心。品牌的价值体现在品牌与顾客的关系之中，它之所以具有一定的知名度和美誉度，是因为它能够给顾客带来利益、创造价值，顾客是评判品牌优劣的权威。[④] 在数字化时代，品牌与消费者之间的传播方式由单向转为交互及口碑传播。消费者作为传播客体可以向品牌反馈信息，同时也可以向身边的潜在消费者进行口碑传播。[⑤]（2）品牌是企业的无形资产。品牌是有价值的，且这种价值是无形的，它不能像有形资产一样反映在资产负债表上。无论是过去、现在还是未来，都有许多跨国公司凭借其品牌的强势效应源源不断地获取利润，这一事实证明了品牌可能是企业最重要的无形资产。需指出的是，正因为品牌是无形资产，品牌的收益具有不确定性，企业必须依据市场变化持续监控品牌价值，通过持续投资确保品牌的保值增值。（3）品牌具有排他专有性。所谓品牌的排他专有性，是指产品一经企业注册或专利申请，其他企业不得再用。（4）品牌是企业竞争的重要工具。品牌可以有效向顾客传递相关信息，提供价值并使顾客与产品（服务）或企业产生某种联系。在当今信息爆炸式增长的时代，顾客越来越需要借助品牌来增强其产品鉴别力，并丰富自己在购物中的情感体验。目前，越来越多的企业开始重视品牌经营，并通过多样化的品牌策略占领市场。[⑥]

---

① 1955 年 10 月，奥格威在芝加哥对美国广告同业公会发表演说，题为《形象和品牌——创意运作的新方法》，专门论述了建立品牌形象的问题，并首次提出了品牌的定义。

② 科特勒，凯勒．营销管理：第 13 版．王永贵，于洪彦，何佳讯，等译．上海：格致出版社，2009.

③ Interbrand：2020 年全球最佳品牌排行榜．（2020-10-21）．http://www.199it.com/archives/1138571.html.

④ 周志民．品牌管理．天津：南开大学出版社，2008.

⑤ Steenkamp J．Global brand building and management in the digital age. Journal of International Marketing，2020，28（1）：13-27.

⑥ 黄静，王文超．品牌管理．武汉：武汉大学出版社，2005.

在高度互联的环境中，超级连接导致品牌方面出现两个主要变化。首先，品牌正在从单一所有权转变为共享所有权，这是因为越来越多的信息获取渠道可以使更多的利益相关者与传统品牌所有者（或销售品牌的实体）共同创造品牌体验和品牌含义。我们称这种现象为“模糊品牌边界”。其次，超连通性使现有品牌能够扩大其地理覆盖范围和社会角色，而新型品牌实体正在进一步扩展品牌空间，这构成了“拓宽品牌边界”。在超级连接的世界中，信息搜索成本比较低，信息可被随时访问且资源丰富，跨越地理边界的商品和服务比以往更容易获得，公司可能不再是品牌信息的主要来源。[①]

二、品牌的作用

营销人员在实践中发现，品牌是企业在市场中实现差异化和获取竞争优势的重要手段，可以有效地传播和交付顾客价值。需注意的是，品牌对顾客的作用和品牌对企业的作用是不同的。[②]消费者将品牌视为信号和心理知识线索。公司将品牌视为资产，从战略和财务角度考察品牌为公司服务的各种功能和角色。[③]

对于顾客而言，品牌的作用主要体现在六个方面：（1）传递质量信号。与其他同类产品相比，品牌产品往往被消费者视为可以信赖的高质量代表。（2）显示象征意义。品牌便于消费者树立个人形象，能够反映消费者不同的价值观或生活方式，因此是消费者交流信息的一种手段。一般而言，消费者之所以购买某个品牌产品（如奢侈品品牌），并不总是看重其高质量，有时只是慕名而来。（3）识别产品来源和产品制造者。不同的品牌代表不同的产品和供应商。因此，品牌可以有效区分生产者，让消费者判定哪个生产者值得信赖。与产品相关的经历以及多年来的营销活动往往可以使消费者更了解品牌，使他们知道哪些产品的哪类属性能够满足自己的需求。这样，品牌就成为消费者选择产品的标准和工具。（4）体现产品制造者的承诺、联系或契约。在实践中，可以把品牌与顾客之间的关系理解为一种合同或协定。顾客对品牌的信任和忠诚往往暗示着品牌会通过产品的性能、合理的定价、有效的促销与合理的分销计划，为目标顾客提供效用。当顾客意识到自己购买某种品牌的好处或利益时，他们在使用产品时往往会有更强的满足感，因此很可能继续购买，进而形成对品牌的忠诚。（5）有利于减少风险。围绕名牌产品的购买行为往往可以有效地规避质量、人身安全、财务、社交、心理和时间等方面的风险。（6）有利于减少搜寻成本。从经济学的角度出发，搜寻成本主要涉及两个方面：内在的搜寻成本和外在的搜寻成本，即消费者要考虑多少问题和消费者必须搜寻多少地方。显然，对于熟悉的品牌，消费者在选择时不必多做思考或花费很多时间分析有关信息。这是因为他们基于对这类品牌的认识，能够对自己不太了解的方面快速做出某种假设，并形成合理的预期。

对于企业而言，品牌同样提供了一系列重要价值。[④]概括而言，品牌的作用主要体现在六个方面：（1）简化产品的运作或追踪程序。从运营层面上讲，品牌有助于企业更好地管理库存，便于会计记录。这是品牌的识别功能，也是最基本的功能。（2）合法保护产品的独特性。企业通过对品牌的合法登记，拥有品牌的知识产权，可以从法律上保护产品的独特性能。当

① Swaminathan V，Sorescu A，Steenkamp J，et al. Branding in a hyperconnected world：refocusing theories and rethinking boundaries. Journal of Marketing，2020，84（2），24-46.

② 凯勒. 战略品牌管理：第2版. 李乃和，吴瑾，邹琦，等译. 北京：中国人民大学出版社，2006.

③ 同①.

④ De Chernatony L，McWilliam G. The varying nature of brands as assets. International Journal of Advertising，1989，8（4）：339-349.

然，企业也可以通过商标注册保护品牌，通过专利来保护生产工艺流程，或通过版权和设计专利来保护包装。这些知识产权可以使企业安全地对某一品牌进行持续的投资并从中获利。（3）满足消费者对质量的需求。如前所述，品牌代表了一定的质量水平，满意的消费者通过对品牌的识别，易于实现再次购买。（4）引发关于产品的独特联想。企业通过对品牌的投资，赋予产品独特的联想和含义，从而使之与其他产品区别开来。实际上，消费者在市场中见到某个品牌的时候，往往会想到它的独特之处，这使品牌价值得到强化和提升。（5）构成竞争优势的来源。消费者对产品的高度忠诚可以帮助企业预测并确保产品需求，从而为竞争对手设置进入障碍。尽管产品的生产工艺及其设计可以模仿，但企业多年的营销活动以及消费者情感方面所形成的购买体验是难以复制的。持续投资并树立品牌形象可以确保企业的竞争优势长期持续下去。（6）成为财务回报的来源。对于企业而言，品牌不仅是有价值的无形资产，受到法律保护，更重要的是它能够有效地影响消费者行为，通过持续的市场交易奠定未来的收入基础。从 20 世纪 80 年代中期开始，欧美企业用大量资金收购某些知名品牌。品牌的溢价效应给品牌持有人带来巨额利润，从而使越来越多的人相信，强势品牌可以给企业带来巨大收益，为股东创造巨大的价值，品牌成为企业利润增长的重要驱动力量。

近年大量新的 P2P 平台已成为全球品牌，如优步、爱彼迎等。尽管爱彼迎成立时间不长，但已在 100 000 多个城市运营。优步在 80 多个国家运营。这些平台本身已成为品牌，根据 BrandZ 的数据，优步在 2019 年的全球品牌价值为 242 亿美元，比 2018 年增长 51%。从消费者视角来看，平台品牌至关重要。品牌的本质是消费者相信其会兑现承诺。[①] 如果消费者信任一个品牌，这将降低交易成本，因为较高的品牌信任度会降低感知购买风险，从而降低消费者的信息收集和处理成本。[②]

由于信息对于企业在市场上的运作至关重要，因此消费者和企业都需要具有一定影响覆盖范围并能为品牌赋能的品牌传播。总体而言，相比竞争对手的品牌传播策略，企业进行品牌赋能需要清晰的品牌传播、积极的消费者互动和有效的社交媒体沟通。社交媒体广告也可以强化品牌的作用。例如，通过品牌广告的人像（消费者形象）和语音设计（人称代词）吸引消费者在社交媒体上进行自我表达。相关研究表明，温暖而有力的图像可以为消费者提供积极信号，具体效果取决于广告语的叙述者，第一人称叙述对于温暖的图像是有效的，第三人称叙述对于有力的图像是有效的。[③]

企业通常选择简短的品牌信息，降低沟通成本并持续开发新形式的品牌参与和品牌赋能。这种策略使得消费者有更大的自主权随时反思品牌属性、品牌竞争优势和品牌联想。增强顾客忠诚度的品牌赋能的关键是将品牌作为消费者日常体验的一部分，使消费者能轻松地了解品牌并有效地表达自身偏好。随着新技术和应用的出现，企业应着眼于最有效的品牌赋能渠道和方式，例如采用一对一的品牌传播、数字品牌传播方式，或通过社交媒体提供可信赖的消费者体验和产品信息，增强消费者对品牌的信任，简化消费者的决策复杂程度等。[④]

品牌作为企业的无形资产，是商业竞争的核心要素，是国家软实力的重要象征，在一定程度上影响着一国在全球经济中的话语权。习近平总书记强调，要推动中国制造向中国创造转变、中国速度向中国质量转变、中国产品向中国品牌转变。[⑤] 近年来，国家鼓励企业大力发展

---

① Rajavi K，Kushwaha T，Steenkamp J. In brands we trust? A multicategory，multicountry investigation of sensitivity of consumers' trust in brands to marketing-mix activities. Journal of Consumer Research，2019，46（4）：651–670.

② Erdem T，Swait J. Brand equity as a signaling phenomenon. Journal of Consumer Psychology，1998，7（2）：131–157.

③ Chang Y，Li Y，Yan J，et al. Getting more likes：the impact of narrative person and brand image on customer–brand interactions. Journal of the Academy of Marketing Science，2019，47（6）：1027–1045.

④ Rajagopal. Competitive branding strategies. Springer Nature Switzerland AG，2019.

⑤ 苗圩．把每一天都当作“中国品牌日”．（2017–05–11）．http://www.gov.cn/xinwen/2017-05/11/content_5192919.htm.

自主品牌，通过讲好中国故事，提高中国自主品牌的全球影响力和认知度。经国务院批准，从 2017 年起，将 5 月 10 日定为中国品牌日。几年来，中国企业在努力引领新消费、促进双循环的同时，更加致力于打造中国品牌，并取得了可喜的成绩。2020 年，我国共有 133 家企业进入世界 500 强榜单，总量居世界之首。[①]2021 年，我国成功举办了以“中国品牌，世界共享；聚力双循环，引领新消费”为主题的中国品牌日活动。未来，相信有越来越多的企业将针对品牌发展凝聚共识、传播理念、营造氛围和推进建设，自主品牌的市场占有率有望继续增长。

三、品牌资产系统

西方学者往往从“使用某一品牌而不使用另一品牌时，消费者对特定产品或服务的不同反应”这一角度来考察品牌资产（brand asset）。品牌资产有多种定义和形式，如兰加斯瓦米（Rangaswamy，1993）提出的顾客的好印象、态度倾向性和行为偏好以及品牌忠诚、品牌知识和其他专有的与品牌相关的资产等。[②] 其中，非常经典的一个概念是凯勒（Keller，1993）提出的基于顾客的品牌资产。[③] 所谓品牌资产，是指品牌知识对消费者面向品牌营销活动所做反应的不同影响。因此，我们完全可以从顾客的角度，立足顾客知识、熟悉程度和与特定品牌的关系来理解品牌资产。

建立品牌资产往往需要创造一个被人们喜爱的、有纪念意义的、一致的品牌形象。这并不是一件容易的工作，需要借助由一系列因素构成的品牌资产系统进行有效的管理，如图 13－1 所示。

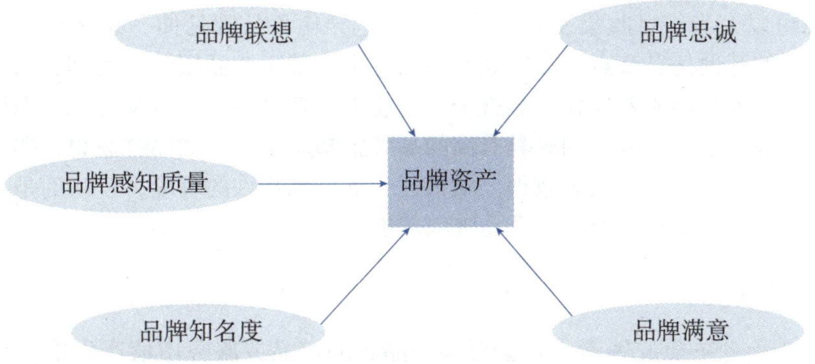

图 13－1 品牌资产系统

资料来源：埃特泽尔，沃克，王永贵，等. 市场营销：第 14 版. 南京：南京大学出版社，2009.

（一）品牌感知质量

国外学者围绕质量问题进行了大量的研究，不同背景的学者基于不同的研究目的对质量所做的定义不尽相同。在本书中，品牌感知质量是指顾客对某一品牌的产品或服务的感知质量，即面向某一品牌的产品或服务时顾客的期望水平与实际感知的差距，是顾客对该品牌产

① 133 家企业上榜世界 500 强 中企数量现历史性跨越.（2020-08-11）. http://www.xinhuanet.com//2020-08/11/c_1126351042.htm.

② Rangaswamy A，Burke R R，Oliva T A. Brand equity and the extendibility of brand names. International Journal of Research in Marketing，1993（10）：61–75.

③ Keller K L. Conceptualizing，measuring and managing customer-based brand equity. Journal of Marketing，1993，57（1）：1–22.

品总体效用的主观评价，包括对产品与服务质量的判断。[①] 毫无疑问，品牌感知质量越高，顾客越倾向于对特定品牌形成良好的印象并做出积极的反应，从而使品牌的价值增值、效用增加。[②]

（二）品牌知名度

品牌认知是买方回忆起或认识到某一品牌是特定产品类别中的一员的能力。品牌知名度是指品牌被公众知晓、了解的程度，它表明了某一品牌为多少或多大比例的消费者所知晓。[③] 一般而言，品牌知名度往往包括四个层次，即无知名度、提示知名度、未提示知名度和顶端知名度。它们呈金字塔形，越往上越难实现，且越能给企业带来竞争优势。其中，无知名度是指消费者对品牌没有任何印象；提示知名度是指消费者在经过提示或某种暗示后，可以想起某一品牌或表示自己曾听说过某品牌名称；未提示知名度是指消费者在不需任何提示的情况下可以想起某种品牌，能够正确地回忆起以前见到或听到的品牌；顶端知名度是指消费者在没有任何提示的情况下能够想到或说出某类产品的第一品牌，如有的消费者提到家电会想到海尔，提到快餐会想到麦当劳或肯德基等。

（三）品牌联想

品牌联想是指消费者记忆中的固定概念和事物（如产品特点、使用场景、品牌个性等）与特定品牌联系在一起，快速进入消费者心理的过程。就本质而言，品牌联想其实是一种重要的心理现象或心理活动。凯勒（1998）指出可以通过具有属性、利益、态度的关联来创建品牌联想。品牌联想主要包括品牌属性联想、品牌利益联想和品牌态度联想三个层面。

品牌联想可以充当信息收集工具以实现品牌差异化和品牌延伸。品牌联想是与记忆中的品牌节点相联系的其他信息节点，品牌联想的信息主要基于产品属性、类别、品牌符号、品牌情感、竞争对手品牌等形成差异化和品牌个性，使消费者对品牌产生情感和心理认同。一般而言，如果某一品牌有了知名度，同时具有高的品牌感知质量和好的品牌联想，那么品牌美誉度就会产生。品牌美誉度是指某品牌获得公众信任、支持和赞许的程度，反映的是某品牌社会影响的好坏。高效的品牌联想有助于提升品牌资产价值。

（四）品牌满意

品牌满意是十分重要的因素，它会对某一品牌的产品或服务增值产生重要影响。本书所说的品牌满意是基于累积而非交易的满意，是指顾客基于全面购买与消费经验形成的对特定品牌产品或服务的总体评价，是决定顾客是否持续购买某一品牌产品或服务的关键因素，也是企业管理和提升品牌资产的战略目标之一。

（五）品牌忠诚

品牌忠诚是指对特定品牌的友好态度和承诺，建立在消费者满意度的基础上，并导致对该品牌的持续维护和购买。[④] 品牌忠诚代表顾客对特定品牌的依恋程度。品牌忠诚的概念有多

① Wang Y G，Lo H P，Yang Y H. An integrated framework for service quality，customer value，satisfaction：evidence from China's telecommunication industry. Information Systems Frontiers，2004，6（4）：325-340.

② 王永贵，沈金英，石贵成，等．品牌资产如何驱动顾客关系管理绩效：基于分解法视角的实证研究．管理学报，2005（6）.

③ 郭国庆．市场营销学通论．3版．北京：中国人民大学出版社，2007.

④ Ballantyne R，Warren A，Nobbs K. The evolution of brand choice. Journal of Brand Management，2006，13（4）：339-352.

种理解方式，其中一种比较经典的观点认为品牌忠诚是一种行为。按照这种观点，持续购买某一品牌的个体构成了该品牌的忠诚顾客。与此相对的一种观点试图从态度而非单纯的行为角度来界定品牌忠诚。例如，艾赛尔（Assael，1992）把品牌忠诚界定为顾客对某品牌的积极态度，正是这种态度导致了持续购买。[①] 品牌管理学家凯勒也非常赞同这种观点。总体来说，品牌忠诚度包括态度忠诚和行为忠诚，所有这些都有助于品牌绩效的提升。行为忠诚可以增加品牌的市场份额和利润。态度忠诚与口碑和溢价的接受度正相关。从零售商的视角出发，建立品牌忠诚已经成为获取高额利润的关键途径。为获取新顾客所付出的高昂成本使得许多顾客关系在早期的交易中无利可图。只有在后期的交易中，随着服务忠诚顾客的成本降低，这种顾客关系才会产生更高的利润。实际上，早期有关品牌忠诚的观点都强调重复购买行为。[②]

四、品牌价值链

凯勒和莱曼（Keller & Lehmann，2003）在营销价值链的基础上，创建了基于品牌资产创造活动的品牌价值链模型。[③] 品牌价值链是一种结构化的方法，用于分析品牌资源和衡量品牌资产的结果以创造品牌价值。企业的营销活动围绕品牌价值链进行，与品牌及其市场相关的营销组合要素的营销计划可以归因于品牌价值的发展。品牌价值链还扩展到产品研发、设计、营销、销售支持以及品牌营销传播。营销活动是品牌价值链的一部分，大多数公司都将消费者纳入营销活动中，以在品牌氛围中提高绩效。[④] 品牌价值链模型如图 13－2 所示：

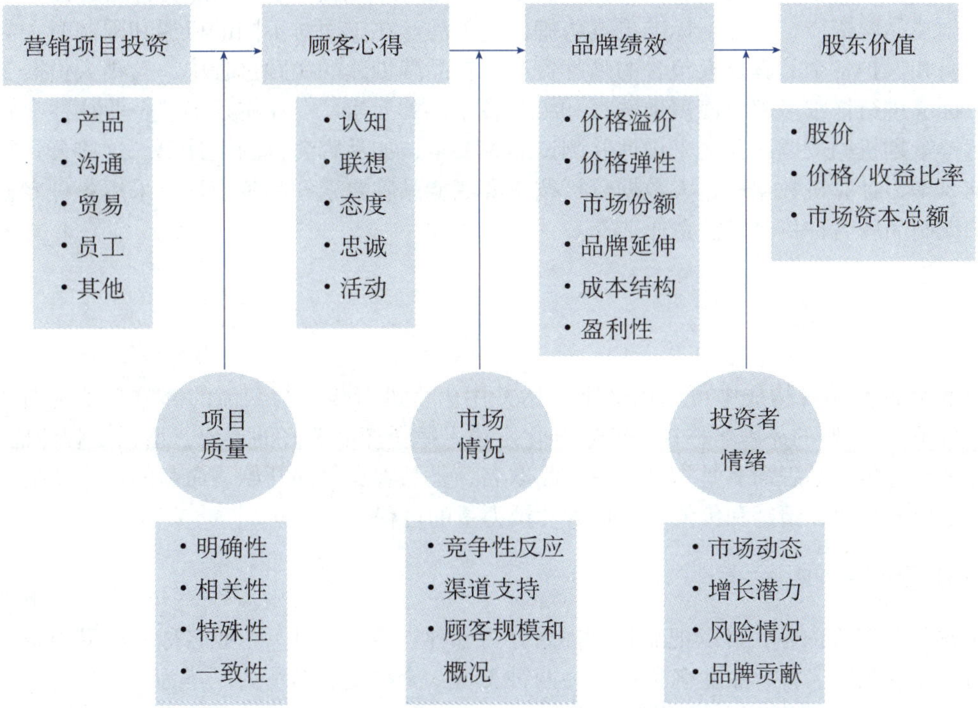

图 13－2　品牌价值链

资料来源：Keller K L，Lehmann D R. How do brands create value?. Marketing management，2003，12（3），26–31.

① Assael H. Consumer behavior and marketing action. 4th ed. Boston：PWS-KENT Publishing Company，1992.
② 埃特泽尔，沃克，王永贵，等．市场营销：第 14 版．南京：南京大学出版社，2009.
③ Keller K L，Lehmann D R. How do brands create value?. Marketing Management，2003，12（3），26–31.
④ Rajagopal．Competitive Branding Strategies. Springer Nature Switzerland AG，2019.

第 2 节　品牌设计

品牌设计是营销人员制定品牌策略、开展整合营销传播之前的必要工作。企业必须设计一个目标顾客喜闻乐见的外在形象，以更好地与目标顾客进行沟通。对品牌外在形象的设计称为品牌设计。概括而言，品牌设计好比品牌的外观，良好的品牌设计不仅能通过独特的创新设计吸引目标顾客，给顾客带来精神上的愉悦，而且能够反映企业文化与核心价值取向，体现品牌的价值。

一、品牌要素及其选择标准

凯勒（Keller）在《战略品牌管理》一书中把品牌设计的对象统称为品牌要素，这些要素有时也称品牌特征，指的是那些用以标记和区分品牌的商标设计。[①] 其中，品牌要素主要包括品牌名称、品牌标志、域名（URL）、形象代言、广告标语、广告曲与包装等。综合考虑这些要素可以使人们大大拓宽品牌研究的视野。实际上，凡是有利于创建品牌资产的传播要素，都应该得到足够的重视，并包含在品牌要素之中。国内的大部分教材倾向于把品牌结构简化为两种：品牌名称与品牌标志。其中，后者包括除品牌名称之外的上述所有要素。

凯勒认为，选择品牌要素主要有六个标准，即可记忆、有意义、可爱、可转换、可适应和可保护。其中，前三个标准主要涉及“品牌的创建”，关注点在于如何明智地选择各个品牌要素以创建品牌资产；后三个标准更具防御性，关注点在于面对不同的机遇和限制时，如何科学地权衡和保护各个品牌要素包含的品牌资产。在品牌创建的实践过程中，营销人员需要对上述六个标准进行详细考察，谨慎地选择和组合各个品牌元素。[②] 在实践中，企业往往会聘请专业的营销策划机构或调研公司来设计并测试品牌要素，如品牌名称的设计等。这些公司往往通过头脑风暴、计算机数据库、大数据分析技术等赋能品牌要素和品牌设计，采用各种专业测试工具来编制品牌名称目录以供企业选择。

二、品牌名称的设计

品牌名称是品牌构成中可以用文字表达并用语言进行传播与交流的部分。正所谓“名不正，则言不顺”，好的品牌名称往往能够强化定位，赋予产品美好的形象，增强品牌传播力度，更好地参与竞争。品牌命名是指为某一产品取名，是品牌竞争的开始。命名的过程就是一个将市场、定位、形象、情感和价值等转化为营销力量的过程。

（一）品牌名称的分类

依据品牌名称内容，可以把品牌名称划分为五种类型[③]：（1）企业名称，即借用企业的名称作为产品的品牌名称，企业名称可分为两种类型：全称式和缩写式。华为（华为技术有限公司）、小米（北京小米科技有限责任公司）、飞利浦（荷兰皇家飞利浦公司）都是全称式企业名称的例子。缩写式企业名称的例子也很多，如 IBM（International Business Machines，国际商业机器公司）等。（2）人物名称，即直接以人物的名字作为品牌的名称。在实践中，这些人可

① 凯勒．战略品牌管理：第 2 版．李乃和，吴瑾，邹琦，等译．北京：中国人民大学出版社，2006.
② 同①.
③ 苏勇，陈小平．品牌通鉴．上海：上海人民出版社，2003.

能是名人、创业者、设计者，如奔驰、范思哲、香奈儿、雅诗兰黛、保罗·纽曼、李宁等。(3)动物名称，即以动物的名字作为品牌的名称，如彪马、鳄鱼、小天鹅、金丝猴等。(4)植物名称，即以植物的名字作为品牌的名称，如苹果等。(5)地名名称，即以产品的出产地或所在地、山川或湖泊的名字作为品牌的名称，如茅台、燕京、青岛啤酒等。

（二）品牌名称的命名原则

在设计品牌名称时，应以创造顾客感知价值为前提，使品牌名称具有以下特点：

(1)具有法律有效性，即符合法律要求。只有这样，品牌才能得到法律的认可和保护。(2)与众不同且独一无二。只有这样，企业才有可能把自己的品牌和产品与竞争对手的品牌和产品有效地区分开来。(3)简明朴实且易读、易写、易记。只有这样，品牌名称才能做到朗朗上口，让人们耳熟能详。(4)亲切熟悉且富有含义。只有这样，品牌名称才能发挥“无言”的广告作用，引起消费者的注意。(5)表明产品类别并暗示产品利益。只有这样，品牌名称才能有效地打动消费者，促使其产生购买行为。(6)与标志、标语和品牌故事等协调一致。(7)避免不良的或不受欢迎的联想。只有这样，品牌名称才能避免误解和不良影响。在跨文化营销中，这一点尤为重要。

（三）品牌命名的步骤

营销视角13-2 “埃克森”——昂贵的更名

品牌命名是一个科学的、系统的过程，一般遵循以下步骤：(1)提出备选方案。在这一阶段，企业可以运用头脑风暴法，集思广益，收集大量候选品牌名称。(2)评价并选择方案。在这一阶段里，企业可以组织一个评价小组，并确保该小组有语言学、心理学、美学、社会学、市场营销学等方面的专家，邀请这些专家做初次评价。(3)测试分析。通过专家的评价与筛选形成初步意向后，企业可开展消费者调查，确定最易使消费者接受的方案。调查问卷可以包括以下几方面的内容：名称联想、可记忆性、名称属性和偏好等。(4)调整并做出决策。在品牌命名中，获得目标消费者认同是非常关键的，企业必须依据消费者的态度对初步方案做出调整，以形成最终的命名方案。

三、品牌标志的设计

品牌标志是运用特定的图案、文字、色彩和声音等元素来表达或象征某一产品外在形象的品牌要素，是品牌要素中可以识别但不能用语言表达的部分。它与品牌名称一起构成完整的品牌概念。

（一）品牌标志的设计原则

在品牌标志的设计中，除了要考虑最基本的平面设计和创意要求之外，还必须考虑营销因素、消费者的认知心理和情感心理。在实践中，品牌标志的设计一般遵循以下原则①：(1)营销原则，即从营销的视角出发，以产品特质为基础，准确地传递产品信息，尽可能彰显品牌的利益，并充分体现品牌价值和理念、传递品牌形象，便于消费者进行识别。(2)创意原则，即立足于创意，确保品牌标志的设计足够简洁、新颖、独特且一目了然，能够给消费者以

① 黄静，王文超．品牌管理．武汉：武汉大学出版社，2005.

强烈的视觉冲击。同时，独具匠心的品牌标志还可以使其富有特色、彰显个性，从而在竞争中脱颖而出。（3）艺术原则，即从艺术设计的视角出发，确保品牌标志的设计在线条与色彩搭配上遵循布局合理、对比鲜明、平衡对称、清晰与简化、隐喻象征恰当等原则。（4）认知原则，即从利于消费者认知与识别的角度出发，确保品牌标志在图形与色彩的运用上具有简洁明了、通俗易懂、鲜明醒目、容易记忆等特征，并符合消费者的风俗习惯和审美价值观。（5）情感原则，即品牌标志要能强化消费者的感知价值，引起消费者的共鸣。例如，耐克的"对勾"标识很容易让人想到运动时的速度与激情以及不断进取所带来的生命价值和意义。

（二）品牌标志的色彩设计

在品牌设计中，色彩的重要性越来越突出。许多企业用色彩来代表自身产品的性质与特征，许多著名品牌在设计色彩时都注重研究色彩的心理效应。

品牌的色彩设计往往需要遵循以下基本原则：（1）突出企业风格和品牌的含义；（2）与公司的企业识别系统和谐一致；（3）与竞争对手有差别，显示品牌的独特个性；（4）契合消费者的心理，以利于产品的销售促进；（5）符合国际潮流。

一般而言，设计品牌色彩的基本程序如下：（1）确定设计理念。在设计色彩之前，企业必须明确品牌标志的设计理念，即明确是与国际潮流接轨，还是偏向中式风格，抑或以高科技为导向等。因此，企业应分析消费者行为、竞争对手的品牌形象、产品特点等，确定相应的设计理念，以引导整个色彩设计过程。（2）设计色彩。首先，要考虑颜色的运用，如果要表现高科技和可信赖感，可以选用蓝色等，如 Facebook、蒂芙尼；如果要体现简约高雅，可以选用白色等，如苹果。其次，要考虑具体的色彩设计，即确定颜色如何搭配，如以什么颜色为基础形成主色调、以什么颜色搭配或重点运用等。此外，还要考虑配色调和，予以巧妙合理的搭配，对世界 500 强企业品牌标志色彩搭配的研究结果显示色彩总数量以 1 到 2 种颜色为宜。（3）色彩管理。在设计色彩之后，还需要制作用色规范和符号统一标准，同时标明允许色彩误差的范围，以便统一管理。（4）追踪反馈。在设计出成果之后，需要定期追踪，并记录不同市场环境下的传播效果，便于后期调整或重新设计。

第 3 节　品牌策略选择

品牌管理过程不可避免会涉及各种各样的品牌策略，如品牌使用者策略、品牌统分策略、品牌扩展策略和品牌更新策略等。限于篇幅，下面仅对生产商的品牌策略、品牌延伸策略和品牌组合策略进行阐述。

一、生产商的品牌策略

企业的品牌策略反映了企业用于不同产品的品牌要素的数目和性质。也就是说，品牌策略决定了在什么产品中如何应用品牌名称和品牌标志等品牌要素以及在新产品中是应用新品牌要素还是现有品牌要素。[①] 对于生产商而言，它们必须做出一系列有关品牌的决策，如自己的产品是否使用品牌、是以自己的品牌还是以中间商的品牌来销售产品等。[②] 由于品牌策略直

① 凯勒．战略品牌管理：第 2 版．李乃和，吴瑾，邹琦，等译．北京：中国人民大学出版社，2006.

② 埃特泽尔，沃克，王永贵，等．市场营销：第 14 版．南京：南京大学出版社，2009.

接影响消费者的评价，从而影响中间商品牌绩效，因而品牌策略是企业培育营销能力的重要手段。企业可以通过品牌策略在营销能力和品牌绩效之间发挥重要作用。

（一）使用生产商品牌

一般而言，严格使用自己品牌的生产商（全国品牌）通常是规模非常大、财务状况良好、管理出色的企业，如 IBM，它有着广泛的产品线、卓越的配送体系和很高的市场份额。在当今的市场上，只有一小部分生产商严格地实施这一策略，它们拒绝生产使用零售商或批发商品牌的商品。以吉列公司为例，该公司的高层管理人员认为，为所谓的中间商品牌（自有品牌）生产产品是“软弱的表现”。该公司的一位副总裁则更为激进，指出“如果哪个经理生产自有品牌的产品，那么他的结局只有一个：为股东所抛弃”。实际上，许多中间商都希望以自己的品牌来销售产品，如果某生产商不愿意为它们加工产品，它们就去找另一家生产商。对于许多新建企业而言，创建自己的品牌是一项十分艰难的工作。在目前的中国零售市场上，随着产业集中度的提高，一些大型零售连锁店（如沃尔玛、永辉超市、华润万家、物美等）在市场上的议价实力日益突出，而生产商的议价实力则相对较弱。在这种情况下，使用自己的生产商品牌对于一些中小企业而言可谓举步维艰。

（二）使用中间商品牌

中间商品牌（intermediary brand）是批发商或零售商开发和使用的自有品牌。使用中间商品牌是许多生产商广泛采用的一种品牌策略，即把部分产品或所有产品卖给中间商，并使用中间商的品牌进行销售。实施中间商品牌战略是为更好地满足消费者的需求，以品牌无形资产调动社会有形资产，实现经济效益和竞争优势等。例如，博登（Borden）、奇宝（Keebler）等都既生产自己品牌的商品，也生产一部分中间商品牌的商品。这种策略使得生产商能够分散风险。一般而言，使用这种策略的企业希望自己的品牌可以吸引一些忠诚的顾客，而中间商品牌可以吸引其他顾客，如价格敏感度较高的购物者等。对于生产商而言，为中间商品牌生产的商品通常意味着额外销售，有助于生产商充分利用其生产能力。不过，这种策略的缺点是：生产商可能会失去一部分购买其自身品牌的顾客；生产商的利润可能要依赖中间商对该品牌开展的营销活动。一般而言，生产商使用中间商品牌的比例越大，对中间商的依赖程度就越大。在沃尔玛和家乐福等大型零售店中，存在大量使用中间商品牌的商品。类似地，在品牌管理实践中，中间商也面临如上所述的品牌策略决策。

随着科技融入生活，零售商越来越关注高价值客群，围绕自有品牌进行差异化产品创新，制定产品和营销策略。零售商持续升级自有品牌矩阵和产品组合，进行多业态消费场景扩展，使其更符合目标客群的生活方式。品牌优势从产品过渡到服务，通过中间商品牌形象的关联，建立消费者与品牌间的信任感，通过质量承诺、体验优化等全方位赋能当代的零售价值链。

扩大零售品牌形象的方法是社交接触点和技术应用。社交接触点可以是公司控制的在线媒体（如零售商品牌社区）、非公司控制的在线社交网络（如 Facebook、Instagram），以及离线的社交接触点（如朋友或家人、营业员或其他购物者）。技术可用于扩大零售品牌标识，增加零售品牌标识和消费者标识之间的重叠感。如聊天机器人等技术允许零售商在其与消费者之间的交互中创建虚拟的社交接触点。其他技术，如将人工智能与机器学习结合在一起，可以方便零售商创建更丰富、更具吸引力、更加个性化的顾客体验。①

---

① Roggeveen A L，Sethuraman R. Customer-interfacing retail technologies in 2020 & Beyond：an integrative framework and research directions. Journal of Retailing，2020，96（3）：299-309.

二、品牌延伸策略

品牌延伸策略是指企业将某一知名品牌或某一具有市场影响力的成功品牌扩展到刚推出的新产品中，凭借现有成功品牌推出新产品的策略。品牌延伸策略可以实现新产品快速定位，保证新产品的投资决策准确，有利于减少市场风险、节省市场进入成本、强化品牌效应、提高品牌组合的投资效益。

（一）品牌延伸策略的类型

在实践中，品牌延伸往往有众多的分类标准和分类方法。常见的类型有水平延伸和纵向延伸。①

水平延伸指的是将品牌延伸到新的品类或产品形式的一种品牌延伸策略，如雀巢、立顿、农夫山泉、伊利等。水平延伸可分成品类延伸和大类延伸。其中，品类延伸是指继续使用母品牌作为原产品大类中针对新的细分市场所开发的新产品的品牌，延伸的结果通常是品牌相同但具有不同品位、成分、形式、大小或用途的新产品。大类延伸是指母品牌从原产品大类进入另一个不同的大类，如瑞士军表。

纵向延伸是指将品牌延伸至更高端或更低端市场层面的一种品牌延伸策略。纵向延伸包括向上延伸、向下延伸和双向延伸。例如，对于华为手机而言，虽然其旗舰品牌 Mate 系列始终处于高端市场领域，但华为也希望在低端市场有所斩获，加上出于有效应对竞争对手的考虑，面向低端市场生产低价产品（如华为的 Nova 系列、畅享系列）等。

品牌延伸还可以分为专业化延伸和一体化延伸。

专业化延伸指品牌延伸的新领域与原有领域处于同一行业并且具有一定的关联性，在专业技术、目标市场选择、销售渠道等多方面具有一定的共性。企业可以充分利用原有品牌的品牌声誉吸引忠实消费者选择新产品，节约新产品进入市场的成本。例如雀巢以生产婴儿食品起家，逐步延伸到速溶咖啡、巧克力、奶制品、饮品等。

一体化延伸是指品牌延伸向原有领域的上下游延伸，品牌成长空间更广阔。品牌沿产业链向上延伸可以进入高端产品市场，沿产业链向下延伸可以扩大市场占有率，填补低端市场空白。

（二）品牌延伸策略的优势

概括而言，品牌延伸策略的优势主要表现在：（1）增加新产品的可接受性。主要包括提升品牌形象，减少消费者感知风险，增加分销及试销的可能性，提高促销开支的使用效率，降低导入营销与后续营销计划的成本，降低开发新品牌的难度、成本和风险，等等。例如，消费者能够根据对现有母品牌的感知和形象对品牌延伸做出推论，从而快速建立正面的预期。同时，品牌延伸可以降低市场风险，提高潜在消费者对产品的需求，所以更容易说服零售商对新产品进货。此外，在包装和标签方面，采用相似或相同的包装和标签可以带来更低的生产成本。在同一个产品目录内，企业可以通过产品延伸向消费者提供多种产品，满足其多样化要求。（2）为母品牌或公司提供正面的反馈。这主要体现在品牌延伸能验证品牌及其核心价值的含义，或者提高消费者对公司在品牌延伸以外的可信度，进而丰富母品牌的形象，吸引新的消费者，扩大市场覆盖面，为品牌注入活力，为后续延伸做铺垫，在市场上形成一种势不可当的气

① Farquhar P H. Managing brand equity. Journal of Marketing Research，1989，1（9）：24-33.

势，进一步提升母品牌的资产价值。（3）为消费者提供完整的选择，为现存品牌或产品线带来新的活力。通过品牌延伸不断推出新产品，满足消费者的不同需求，可以延长产品的生命周期。随着企业不断推陈出新，品牌知名度也得到广泛提升。

（三）品牌延伸策略的劣势

不可忽视的是，品牌延伸策略也有一些劣势。例如，产品线的延伸可能会引起品牌名称因产品数量过多而变得普通，无法激发消费者强烈的品牌意识，艾·里斯与杰克·特劳特（Al Ries & Jack Trout）把这种现象称为产品延伸陷阱（line-extension trap）。[①] 当消费者不再将具体产品或者非常相似的产品与其品牌联系在一起并开始忽视那些品牌时，就出现了所谓的品牌稀释（brand dilution）现象，即品牌资产价值贬值。此外，如果企业做出某项品牌延伸决策而消费者认为这种延伸不适当，即不同产品线的延伸对消费者的心理与行为构成干扰时，消费者可能对品牌的完整性和一致性产生怀疑。当然，最糟糕的延伸可能在导致子品牌失败的同时损害母品牌的形象。即使品牌延伸所实现的销售额很高并达到了预期目标，这些新的销售收入也很可能是由消费者从购买母品牌的现有产品转向购买延伸品牌的新产品带来的。但如果企业没有引入新产品，消费者可能会转向竞争对手的品牌。因此，管理者必须进行深入的分析和权衡。另外，品牌延伸还存在机会成本，即由于在新产品导入中实施品牌延伸策略，企业放弃了利用新产品的独特形象创造一个新品牌的机会。总之，在进行品牌延伸时，管理者要仔细衡量品牌如何影响延伸产品，反之亦然。

在实践中，判断企业是否应该进行品牌延伸时，企业必须深入分析从母品牌的品牌资产延伸出来的新产品现有的品牌资产，观察新产品现有的品牌资产的价值及其发展趋势，判断其是否有助于母品牌资产的价值提升。[②] 此外，企业必须把消费者的所有品牌知识（或品牌联系）放在一起综合考虑。在实践中，有些营销人员往往错误地聚焦于一个或多个品牌，而忽视了其他更重要的品牌之间的联系。

三、品牌组合策略

品牌组合（brand portfolio）是企业推向市场的众多品牌和品牌线（brand lines）的整体组合，有时也称为品牌架构。品牌组合体系包括主品牌、子品牌、担保品牌（背书品牌）、联合品牌、公司品牌等。品牌组合策略涉及的主要是关于每一产品大类中应该采用多少品牌的决策问题，企业可以在自己经营的众多产品中选择只使用一个品牌，也可以使用多个品牌。

摩根和雷戈（Morgan & Rego，2009）指出品牌组合与企业的营销有效性、营销效率和财务绩效等存在密切的关系。特定品牌组合特征包括企业拥有的品牌数量、目标细分市场数量、公司内部品牌相互竞争的程度、感知品牌质量、价格等。[③] 一般而言，企业选择采用多个品牌是为了追求多个不同的细分市场并避免某一产品品牌的价值稀释，以致对其他产品品牌产生不利影响。上述市场细分的标准往往建立在对各种因素（不同的价位、分销渠道以及地理区域等）的综合考虑基础之上。[④] 在同一个产品大类中采用多品牌策略的原因还包括：（1）扩大店

① 里斯，特劳特．定位．谢伟山，苑爱冬，译．北京：机械工业出版社，2011.

② John D R，Loken B，Joiner C. The negative impact of extensions：can flagship products be diluted?. Journal of Marketing，1998，62（1）：19-32.

③ Morgan N A，Rego L L. Brand portfolio strategy and firm performance. Journal of Marketing，2009，73（1）：59-74.

④ 凯勒．战略品牌管理：第 2 版．李乃和，吴瑾，邹琦，等译．北京：中国人民大学出版社，2006.

内货架陈列范围及提升零售商的依赖性；（2）吸引追求多样化、可能会转向其他品牌的消费者；（3）促进公司的内部竞争；（4）在广告、销售及分销等方面获得规模经济。①

为了设计最佳的品牌组合，营销人员一般需要在市场覆盖面以及成本和利润等方面进行权衡。对于一条产品线来说，任一品牌都应该与其他品牌有明显的区别，并吸引一个有足够容量的细分市场，以弥补营销和生产成本。一般而言，设计品牌组合的基本原则是实现市场份额的最大化。只有这样，营销人员才不会忽略那些潜在的消费者。同时，营销人员也要努力实现品牌重叠的最小化，防止在获取消费者认同时自己的品牌之间相互竞争。因此，这意味着每一个品牌都应该有明晰的目标市场和准确的市场定位。② 在这方面，宝洁公司的多品牌策略管理堪称典范。

营销人员需要对品牌形象进行长期监控，识别弱势品牌，并在必要时剔除没有利润和价值的品牌，特别是不能形成差异的品牌。为此，营销人员可以考虑四种品牌的具体角色。

1. 侧翼品牌

侧翼品牌指性能较好、辅助和补充主力品牌、阻止其他品牌蚕食主力品牌的品牌。侧翼品牌也称“帮手”品牌或“战士”品牌。从某种意义上说，侧翼品牌在品牌组合中的战略价值大于经济价值。如果竞争对手通过某种物超所值的产品或者独一无二的市场地位来进攻本企业的一个品牌，那么围绕该品牌的任何反应都可能损害它的形象和品牌价值。这时，一个英明的对策是利用侧翼品牌来反击竞争对手，把最初的品牌隔离在争斗之外。例如，当百事推出一种清爽可乐时，可口可乐不愿意冒险用与自己同名的特许经营权来展开竞争，又不想让百事可乐搅乱可乐市场。于是，可口可乐设计了一个侧翼品牌 TaB Clear，该品牌定位于一个新的子产品类别（TaB 系列），给多数人的感觉是味道要差一些。事实上，TaB Clear（它本身是一种减肥可乐，是健怡可乐的前身）生存下来了，不仅是因为它拥有一群忠实的铁杆顾客，还因为作为一个侧翼品牌，它在反击竞争对手时运用起来特别方便。侧翼品牌的经典案例如宝洁的洗发水品牌，围绕主力品牌潘婷推出了侧翼品牌沙宣和海飞丝。

2. 现金牛品牌

现金牛品牌是指低市场吸引力、高竞争实力的品牌。现金牛品牌是指已进入成熟期的品牌，其特点是销售量比较大、产品利润率较高、负债比率较低，可以为企业提供资金盈利。尽管现金牛品牌的销售额可能会停滞不前或者缓慢下滑，但它们仍然拥有一批忠实的铁杆顾客。企业不会轻易抛弃这些品牌，在没有市场支持的情况下，这些品牌能够维持既有的盈利水平，不需要很多的投资，但具备领先市场的实力。这类品牌多为不需要太多支持的大品牌，由于专利保护或市场力等因素的综合作用，它们已经确立了相对稳固的市场地位，或者占有了强有力的市场地位。例如，微软公司的 Office 办公软件和索尼公司的播放器系列产品就属于这种情况。现金牛品牌的作用在于创造富余的财务资源，企业可以把这些资源投入其他品牌，为未来的发展和品牌组合的生命力奠定基础。③

3. 低端进入品牌

在品牌投资组合中，一个相对低价的品牌常常可以把一些价格敏感型顾客吸引过来。这种“扩大客流”的方法能够在成功吸引顾客之后逐步把这些顾客转化成某个高价品牌的购买者。例如，宝马公司向顾客推出不同系列的产品来让顾客从中做出选择，当顾客做出购买决策或再次购买时，宝马公司会努力把顾客提升到一个更高的购买水平上。

---

① Barwise T P，Robertson T S. Brand portfolios. European Management Journal，1992，10（3）：277–285.

② 同①.

③ 阿克. 品牌组合战略. 雷丽华，译. 北京：中国劳动社会保障出版社，2005.

4. 高端威望品牌

在品牌家族中，相对高价的品牌的作用通常是为整个品牌家族添加威望和可信性。例如，汽车厂商推出高档豪华版汽车，价格高昂且限量发行，其目的在于为整个汽车家族品牌添加光环，意在彰显品位，提升品牌形象。如丰田汽车推出的雷克萨斯高端品牌，主打豪华汽车市场。由母品牌推出旗下新的子品牌，高端威望品牌也可以避免给核心品牌带来负面影响。

四、品牌价值传播策略

品牌的价值传播是指通过向潜在顾客传播品牌的属性、利益与独特体验，使顾客产生品牌共鸣，逐渐形成强有力的、独特的品牌偏好，从而提升品牌资产的价值。在这一过程中，可以借鉴本书第 11 章有关营销传播的相关知识。

品牌价值是超越企业和产品的价值，与品牌知名度、品牌认同度、品牌美誉度、品牌忠诚度等消费者对品牌的印象紧密相关。品牌价值的大小取决于其给企业和消费者带来的效用总和。品牌价值传播需要在企业与消费者之间建立良好的关系，企业精确定位用户，整合全触点的一致性体验，进行品牌传播和品牌创新，实现品牌价值增长。

在数字化时代具体如何进行品牌价值的有效传播呢？关键是企业要准确清晰地向消费者传达品牌的核心价值。品牌核心价值需要综合考量企业优势、顾客需求、竞争差异化等重要因素。由于顾客记忆的有限性，企业需要在短时间内向顾客展示品牌核心价值以达到与顾客产生共鸣的效果。[①] 借助快手、抖音、小红书、淘宝等内容电商、传统电商、社交电商平台的粉丝和流量优势，结合品牌精益化投放，触达目标客户。短视频、直播和社交媒体等已经成为众多行业的营销传播标准模式，用以增强品牌资产价值，实现品效合一。

对于所属不同经济体的企业而言，技术赋能实现品牌个性化稍有差别。相关研究指出，对于发达经济体的企业，人工智能将通过为顾客创造卓越的品牌体验、产品动态定价、自动化服务交付以及创建针对内容的广告来实现品牌个性化。这些个性化解决方案对品牌和顾客管理实践产生了积极影响。对于发展中经济体的企业而言，人工智能将通过建立对客户的品牌信任，提供可承受的价格、标准化服务交付以及创建针对解决方案的广告来帮助实现品牌个性化。[②]

习近平总书记于 2020 年 4 月在浙江考察期间强调，要抓住产业数字化、数字产业化赋予的机遇，加快 5G 网络、数据中心等新型基础设施建设，抓紧布局数字经济、生命健康、新材料等战略性新兴产业、未来产业，大力推进科技创新，着力壮大新增长点，形成发展新动能。[③] 数字赋能和科技赋能通过洞察消费者需求，进行线上、线下多维度、多平台、多点位的连接传播，释放场景动能，以数据印证用户画像，提升产品和服务的感知体验。以科技赋能品牌传播，通过跨行业、多场景、全维度地理解消费者，并向消费者提供与生活方式匹配的绿色、智慧的服务或产品，来改善人民生活品质，满足新时代人们对美好生活的向往和追求，增强消费者的获得感、幸福感和安全感。

品质是品牌永续的根基，企业是品牌建设的主体，创新是品质提升的动力。近年来，中

① Greyser S A，Urde M. What does your corporate brand stand for?. Harvard Business Review，2019，97（1）：80–88.

② Kumar V，Rajan B，Venkatesan R，et al. Understanding the role of artificial intelligence in personalized engagement marketing. California Management Review，2019，61（4）：135–155.

③ 习近平在浙江考察时强调：统筹推进疫情防控和经济社会发展工作 奋力实现今年经济社会发展目标任务.（2020–04–02）. http://cpc.people.com.cn/n1/2020/0402/c64094-31658252.html.

国品牌坚持从创意设计、技术工艺和商业模式等多方面进行创新。例如，我国新能源汽车从研发、制造、营销等多个环节加强自主创新，利用智慧道路和云端技术等形成网联化生态，为顾客提供最佳的感知体验。①

需要特别强调的是，与整合营销传播的宗旨一致，品牌价值传播的一致性原则也是重中之重。品牌的价值传播不仅要求传达出有关产品或服务的功能、属性或利益，而且要求综合协调所有品牌的形象、定位和口碑信息，着眼于创造顾客价值，设计和传递易于识别的一致的品牌形象。由于当今世界互联互通，顾客旅程跨多种渠道演变，零售商必须具有清晰的身份，才能有效地与消费者沟通。具有与消费者身份一致的零售品牌身份，可以增加零售商建立有意义的消费者品牌关系的机会，从而提高顾客参与度，增强品牌忠诚度并提高顾客支付意愿。零售商为了与消费者之间建立和保持身份一致，需要以与消费者产生共鸣的方式不断地跨接触点识别和整合消费者体验。②

一般来讲，确保整体品牌信息的一致性需要考虑六个方面③：

（1）企业核心价值观与企业任务。强势品牌能区别核心价值观与营销执行之间的差异，在坚持核心价值观不变的前提下，按照企业的需求灵活执行。

（2）顾客导向的营销观念。顾客价值的争夺开始成为企业竞争的焦点，企业在品牌的价值传播中必须坚持顾客导向。实践证明，这其实是品牌传播执行中的重点和难点，尤其是对于服务型企业而言。

（3）卓越的产品功能与服务质量。由于产品功能与服务质量具有沟通功能，因而企业须保持产品功能和售后服务的一致，以保持品牌信息传播的一致性。

（4）品牌识别的一致性。保持品牌识别标志的一致性有助于顾客或其他利益相关者迅速准确地辨认出企业及其品牌的名称，企业在品牌价值传播中应坚持一定的设计原则，如简洁明了、易于识别等。

（5）品牌定位应当独特。品牌的价值传播必须从品牌定位出发，整合品牌信息、广告、产品设计、促销和包装等，以传递一致的品牌形象。同时，加强品牌个性化营销，有效解决顾客需求，增进社会消费预期。

（6）营销传播的执行应该有力。在品牌价值传播的执行层面，企业必须针对某一顾客群体、特定关系利益人和每一位需要特殊个人信息的顾客，保持品牌统一的声音、统一的形象，只有这样才能达到品牌价值传播的一致性。

中国品牌和中国企业应该在文化、工艺、品质和管理上始终保持创新精神，坚持品牌引领、品质立基和文化传承等基本原则，以顾客为中心，提高产品和服务的顾客体验，满足消费者对美好生活的追求。

案例

星巴克的咖啡文化品牌：创新与传承并举

成立于 1971 年的星巴克始终秉持“激发并孕育人文精神，每人，每杯，每个社区”的使命和价值观，努力以技术创新打造既温暖又有归属感的咖啡文化品牌。星巴克自 1992 年在美

① 国产新能源汽车营造出行新体验.（2021-04-27）. https://baijiahao.baidu.com/s?id=1698144163033797644&wfr=spider&for=pc.

② Roggeveen A L，Grewal D，Karsberg J，et al. Forging meaningful consumer-brand relationships through creative merchandise offerings and innovative merchandising strategies. Journal of Retailing，2021，97（1）：81-98.

③ 黄静，王文超. 品牌管理. 武汉：武汉大学出版社，2005.

国纳斯达克上市以来，销售额平均每年至少增长 20%，利润平均增长 30%。星巴克不仅已发展成为北美地区一流的咖啡零售商，也成为世界一流品牌。在世界品牌实验室编制的“2021 世界品牌 500 强”排行榜中，星巴克名列第 31 位，其发展和扩张速度为《财富》《福布斯》等世界顶级商业杂志津津乐道。

除了深耕咖啡品质和种类外，星巴克紧跟互联网时代潮流，在服务上不断推陈出新。以中国市场为例，2018 年，星巴克与阿里巴巴达成战略合作，先后在外卖配送服务上推出“专星送”服务以及与盒马鲜生联手打造“外送星厨”，旨在让消费者足不出户就能以最快速度享用星巴克咖啡，开辟了消费的外卖新领域。以“外送星厨”为例，基于盒马鲜生成熟的配送系统，消费者下单后 30 分钟内即可收到咖啡。

星巴克与阿里巴巴合作，推出首个星巴克线上新零售智慧门店。新零售智慧门店的定位是一站式的品牌体验平台。该平台依托阿里巴巴的智能集成系统以及一系列数字化技术升级革新，关注与消费者的情感连接，为消费者提供一站式的全新消费体验。首先，由于该新零售智慧门店为集成式页面，消费者可以通过手机客户端的星巴克 APP、天猫或支付宝等终端进入这一页面，访问以往基于不同平台开发的服务媒介，如星巴克天猫旗舰店、“专星送”和“用星说”等。其次，该平台推出会员功能，不论是星巴克的会员还是阿里巴巴的会员，都可以在平台上行使会员特权或兑换会员好礼。借此，星巴克为消费者提供了跨渠道、跨平台的多元化服务，提升了消费者的购物体验。

在不断创新线上服务交付形式的同时，星巴克始终坚持初心，以为顾客提供独一无二的消费空间体验为目标，不断进行线下销售的传承与革新。以星巴克推出的宠物友好店为例，为了便于携带宠物的消费者享受片刻咖啡时光，星巴克专门为宠物设立了休息区和专属座位，还推出了针对宠物的免费食物，最大限度地解决了宠物主人的后顾之忧，提升了顾客的消费体验。

2020 年 4 月 27 日，星巴克与红杉资本中国基金达成战略合作，为中国科创领域的新发展贡献力量。星巴克积极探索零售业务各层面的数字化创新机会，通过大数据分析、建模，创新智能化解决方案，加强运营能力，完善创新平台，以机器学习和智能预测对零售业务进行创新管理；通过精准实时的库存管理，优化星巴克供应链，同时对本地消费者进行全方位深入洞察，积极进行中国消费零售业的数字化转型。

资料来源：业内首创一站式品牌体验平台正式上线，持续探索星巴克数字创新赋能情感连接．(2018-12-14)．https://www.starbucks.com.cn/about/news/alibaba-i-store-launch/；星巴克中国加速零售创新步伐，与红杉中国达成战略合作——发掘科技企业创新能力，提升中国咖啡和零售产业．(2020-04-27)．https://www.starbucks.com.cn/about/news/Starbucks-Sequoia-partnership/.

本章小结

品牌是产品的升华，是能为顾客提供其认为值得购买的功能利益及附加价值的产品，也是企业最重要的无形资产。品牌要素是指用以标记和区分品牌的商标设计，主要包括品牌名称、品牌标志、域名（URL）、形象代言、广告标语、广告曲与包装等。

公司的品牌策略主要包括生产商的品牌策略、品牌延伸策略与品牌组合策略等。其中，品牌延伸策略包括水平延伸策略和纵向延伸策略两种基本类型，前者又包括品类延伸与大类延伸两种情况。品牌组合策略涉及的主要是关于每一产品大类中应该采用多少品牌的决策问题。在实践中，无论企业采用何种策略，品牌价值传播都是特别重要的一项任务。在品牌价值传播中，企业不仅要传递有关产品或服务的功能、属性或利益，而且要综合协调所有品牌的形象、定位和口碑信息，着眼于创造顾客价值，设计和传递易于识别的一致的品牌形象。

思考与练习

1. 简述品牌对消费者的重要作用。
2. 按照凯勒的观点，选择品牌要素的六个标准是什么？
3. 品牌名称的命名原则有哪些？
4. 品牌延伸策略有哪些优势和劣势？
5. 什么是品牌组合策略？营销人员需考虑的四种品牌的具体角色是什么？
6. 品牌价值传播的一致性原则体现在哪六个方面？

基本概念　第13章

延伸阅读　第13章

06

第 6 篇

交付价值

产品和服务只是价值的载体，只有在合适的时间、合适的地点以合适的方式把这些载体交付给合适的顾客，才有可能实现价值。在网络技术高度发达的今天，无论是实体产品还是虚拟产品的营销，交付价值都变得日益重要。与价值的创造类似，企业不仅要努力交付价值，而且要设法与顾客协同合作，共同交付卓越的价值——超值交付！

不要过度承诺，但要超值交付。

——戴尔

第14章

分销渠道与价值网络

》本章要点

如果说企业竞争制胜的关键是“顾客价值之车”，那么创造顾客价值和交付顾客价值就是价值之车的两个车轮。本章重点探讨顾客价值的交付。分销渠道和价值网络在顾客价值的交付中发挥着至关重要的作用。

》学习目标

- 理解分销渠道的内涵与作用。
- 掌握分销渠道的参与者及其职能。
- 了解分销渠道的结构。
- 掌握分销渠道的管理。
- 了解价值链及价值网络的概念。
- 了解价值网络中价值交付的过程。

第1节　分销渠道概述

分销渠道决策是市场营销组合决策的重要方面。举例来说，无论是在大型超市，还是在各种餐馆，甚至是路边摊，我们都可以购买到可口可乐。但是，这些可口可乐都不是直接从可口可乐公司购买的。

一、分销渠道的内涵、作用、流程与职能

一般情况下，产品和服务必须经过流通中介才能实现从生产者到消费者的转移，并最终实现价值。所以，连接生产商和顾客的中介——分销渠道在促进交易的过程中起着至关重要的

作用，它能使消费者随时随地购买到所需的产品和服务。

（一）分销渠道的内涵

什么是分销渠道？分销渠道的概念包含四个关键点：（1）分销渠道是一系列组织的集合。从生产商开始，产品和服务经过众多的代理商和中间商，最终到达消费者手中，这条路径上的参与者都属于分销渠道的成员。（2）这一系列组织存在的目的是促使产品和服务顺利被使用或消费。（3）分销渠道需要管理。即使不能实现对外部渠道成员的完全控制，也不能任其自由运作。（4）通过渠道，产品及产品的所有权、相关信息和风险等一起流向最终消费者。

（二）分销渠道的作用、流程与职能

从分销渠道的概念可以了解到，分销渠道最基本的作用在于帮助实现产品和服务从生产商到消费者的转移。在这一转移的过程中，中间商承担了重要的角色。那么，中间商能带来怎样的经济效用呢？

1. 中间商的经济效用

许多企业借助各种各样的中间商来完成产品的销售，它们这样做可能是由于资源有限，无力进行直接销售，也可能是因为产品自身的特性不适合直接销售，更重要的原因可能是投资于零售业务的回报率低于投资于生产业务的回报率，使得直接销售变得不经济。在这种情况下，中间商的出现就为解决直接销售遇到的问题提供了经济可行的选择。我们通过图 14－1 来说明这一点。

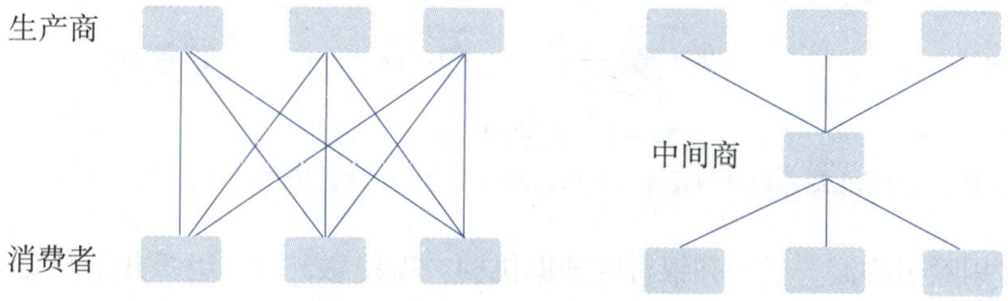

图 14－1　中间商的经济效用

从图 14－1 可以看出，假设有 3 个消费者需要向 3 个生产商购买 3 种不同的产品，在不经过中间商的情况下，需要进行 9 次交易；而在有中间商的条件下，交易的次数减少为 6 次。以此类推，如果是 5 个消费者向 5 个生产商购买 5 种产品，那么在第一种情况下，需要进行 25 次交易，而在后一种情况下，交易的次数将锐减到 10 次。由此可以看出，随着参与交易的生产商和消费者的数量不断增加，在没有中间商的条件下，交易的次数将呈几何级数增长，交易的复杂性也将大大增加。中间商的存在可以有效地解决这一问题，并且能够弥合生产商的产品分类与消费者的需求分类之间的差距。从某种程度上来说，这种降低交易复杂性的结果可以被认为是增加了顾客价值，因为它有效降低了顾客在产品购买过程中的时间成本。

2. 分销渠道的流程

伴随产品和服务在渠道中流动的还有所有权的转移、信息的传递以及资金的支付等，因而分销渠道也可以说是由一系列的流程叠加而成的。具体来说，这一系列流程主要包括产品实体流程、所有权流程、支付流程、谈判流程、信息流程和促销流程。在这些流程中，有些是正向流动（实体流程、所有权流程和促销流程），有些是反向流动（支付流程），还有一些是双向流动（信息流程和谈判流程）。图 14－2 所示的是简化的分销渠道的流程，忽略了中间商的各

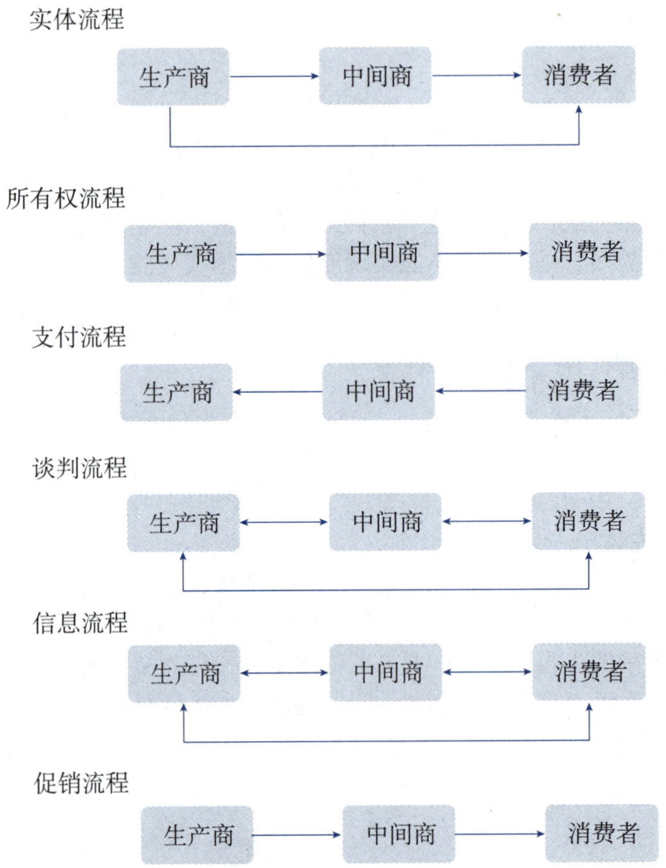

图 14－2 分销渠道的六个流程

资料来源：李飞．分销渠道：设计与管理．北京：清华大学出版社，2003.

种类型，同时剔除了物流、运输和银行等辅助机构。需注意，这些组织并不改变流程的方向。

3. 分销渠道的职能

如果对中间商和分销渠道的流程做进一步分析，不难发现分销渠道承担着一些主要职能：（1）调节生产商和消费者在产品供求种类和数量方面的差异。我们知道，生产商希望通过大规模的标准化生产实现规模经济和经验曲线，而消费者则希望购买少量的、数量不断变化的定制方案。[①] 分销中间商的存在使得生产商可以专注于生产，降低成本。与此同时，中间商由于集中了相对大批量的各类产品，专注于特定的细分市场，因而可以更有效地实现分销的规模经济。对于消费者而言，他们可以较低的成本获得所需的产品。（2）促进交易。从根本上说，渠道成员着力于达成交易，从而实现产品实体和所有权的转移。在这一过程中，各渠道成员将承担各流程中的风险。（3）收集和传递信息。分销渠道的成员可以搜集有关消费者、竞争对手和其他相关方的各种信息，并传递给其他渠道成员，这些信息对其他渠道成员进行营销决策具有重要的参考价值。（4）提供服务。分销渠道中的辅助机构所能提供的服务包括物流、仓储、融资、售后和市场调研等。（5）实现融资。对于一些强势的供应商或产品具有很大市场发展空间的生产商而言，它们完全有可能通过对中间商收取一定的费用在某种程度上实现融资功能。

① 多伊尔．营销管理与战略．朱翊敏，杨艾琳，王远怀，译．北京：人民邮电出版社，2006.

二、分销渠道的参与者

分销渠道的参与者是实现实体产品分销与价值交付的主体，是渠道功能的直接承担者。因此，有必要详细了解这些参与者的相关情况及它们各自的职责分工。

（一）渠道参与者概况

分销渠道起于生产商，以最终顾客结束。它包含三类基本构成要素，即生产商、中间商和最终顾客。一般情况下，我们更倾向于将最终顾客看作分销渠道面向的对象，所以最终顾客不属于我们所说的渠道成员。生产商则有其相对固定的分类模式和明确的生产职能。在有关渠道参与者的讨论中，我们将重点讨论中间商的类型和职能。

（二）中间商的类型和职能

中间商是帮助生产商完成分销任务的独立中介企业。根据担负的职能不同，可将中间商分为批发商和零售商两大类。①

1. 批发商

批发商是传统销售渠道中的一个重要中介机构，其主要功能在于将产品出售给那些以再次销售为目的的零售商或其他批发商。作为联系生产商和零售商的纽带，批发商发挥着重要的协调和支持作用。对于生产商而言，批发商承担着市场销售、仓储运输、订单处理、顾客接触、收集和传递市场信息、融资以及客户服务等重要职能。对于零售商而言，批发商通常会帮助其进行店面布置、培训销售人员、建立配货系统，并提供广告和促销方面的支持。除此之外，批发商往往经营众多不同种类和不同规格的产品集合，这给那些需要进行小批量、多品种采购的小客户提供了极大的方便。

在所有权结构层面上，批发商可分成生产商自营性销售组织、独立批发商以及零售商自由合作社和采购办事处三大类。② 根据产品所有权的不同，独立批发商又可分为一般商业批发商和代理商两大类。

（1）生产商自营性销售组织。生产商自营性销售组织是生产商的组成部分，独立于企业的生产部门，其主要职能是分销本企业所生产的产品。一些自营性机构备有存货，承担相应的仓储功能，一些仅承担洽谈和销售业务。总的来说，使用生产商自身的销售组织有利于进行渠道控制，而且进入市场的成本较低，能节省佣金支出。但是，这种方式不利于形成规模效益且需要消耗大量的企业资源。

（2）一般商业批发商。根据所提供的服务是否完全，可以将一般商业批发商分为完全服务批发商和有限服务批发商两种。其中，完全服务批发商为购买者提供全套服务，它们有专门的销售人员负责上门拜访，有专门的仓储和物流设施负责送货上门，还提供诸如信贷以及协助管理等支持性服务。有限服务批发商只有完全服务批发商的部分职能，具体包括四种类型。第一，现购自运批发商。这类批发商只经营少数周转迅速的商品，不提供送货和信贷服务，且一般情况下要求在收货时付清货款。第二，卡车批发商。这类批发商主要借助卡车将面包、牛奶等容易变质的商品销往餐厅、超市和路边店，一般按照固定的路线在固定的时间访问指定的客户。第三，邮购批发商。这类批发商通过向客户寄送产品目录的方式销售产品，它们的服务对

---

① 埃特泽尔，沃克，王永贵，等．市场营销：第 14 版．南京：南京大学出版社，2009.

② 布恩，库尔茨．当代市场营销学：原书第 10 版．赵银德，张磷，周祖诚，译．北京：机械工业出版社，2003.

象主要是地处偏远的小客户。第四，直送批发商。这类批发商主要经营一些较为笨重的大宗工业品。在接受订单之后，直送批发商将货物转给相应的生产商，并由生产商按照协议的条款直接将货物运送给客户。

（3）代理商。代理商的特殊之处在于它们没有产品的所有权，其主要职能是为买卖双方传递信息，进行沟通和协调以促成交易。代理商通常包括五种类型。第一，生产代理商。它们代表生产商进行产品销售活动，并以销售额的一定比例获得佣金。它们可能同时代表两个或两个以上具有互补产品线的生产商，并就价格、订单、运输、担保等一系列销售政策与生产商签订协议。一般情况下，生产代理商适用于公司的创立阶段或在开发新的地区市场时使用。第二，销售代理商。它们负责生产商所有产品的销售任务，并对产品定价、促销等交易条件拥有较大权力。第三，采购代理商。它们的主要职能是为委托人采购商品，并承担收货、验货和储运等工作。第四，佣金商。它们一般在批发市场上拥有仓库、摊位等储存设施，在委托人给予的最低价格的基础上，尽可能以高价出售商品，从而获得差价佣金。第五，经纪人。同生产商与代理商的关系相比，生产商与经纪人一般仅限于某一项特定的交易。它们可能代表买方也可能代表卖方，主要的任务是为买卖双方牵线搭桥、协助谈判，而不涉及任何财务和所有权问题，也不承担风险。在交易完成后，由其所代表的一方给它们支付佣金。①

（4）零售商自由合作社和采购办事处。为了降低成本，各个独立的零售商有时会联合起来进行采购，一些大型连锁零售企业则会建立自有的批发机构来从事批发业务。

2. 零售商

零售商指向个人和家庭等最终消费者出售产品并提供服务的企业。从街边的食品店到沃尔玛这样的大型超级市场，从琳琅满目的特色专卖店到覆盖多个产品线的百货商店，零售商以多样化的经营形式深入人们生活的方方面面。对于零售商的分类，存在许多标准，如按照所有权结构、所经营的产品线、规模、经营范围以及地理位置等进行分类。本章主要介绍两种常用的分类标准：所有权结构和所经营的产品线。

营销视角14-1　我国连锁行业发展现状

（1）按所有权结构划分。根据所有权结构的不同，可将零售商分为连锁店和独立零售商两种形式。连锁店是指由同一个所有者拥有和管理，经营同类商品的两个或两个以上的商店。连锁店的规模相对较大，能够聘用专业的管理人员在采购、存货管理、促销、信息化方面做出科学决策。同时，通过大规模的集中采购，连锁店能够为顾客提供价格更低的商品。不仅如此，连锁店还能为顾客提供免费停车、24 小时营业、售后服务等便利服务。采用连锁形式经营的行业包括百货、家电、餐饮以及服装等。独立零售商一般只有一家店铺，由所有者单独经营。它们通过提供友好、个性化的服务和加入自愿连锁组织或合作社的形式与连锁店展开竞争。②

营销视角14-2　品牌折扣——奥特莱斯

（2）按所经营的产品线划分。根据所经营的产品线划分，零售商有四种主要业态。第一，特色商店。特色商店通常只经营某一产品线的全部或部分商品，针对性较强，注重产品线的深度。常见的运动品商城、电器城等都属于这种经营有限产品线的商店。我们所熟悉的宜家、苏宁等是

① 埃特泽尔，沃克，王永贵，等．市场营销：第 14 版．南京：南京大学出版社，2009.

② 布恩，库尔茨．当代市场营销学：原书第 10 版．赵银德，张磷，周祖诚，译．北京：机械工业出版社，2003.

这类零售商的代表。第二,百货商店。百货商店包含多个产品线的多种不同商品，为消费者提供一站式购物的便利。除此之外，百货商店的一大特色是向消费者提供多样的服务，如送货、礼品包装、自由退换货，甚至是餐饮、娱乐等项目。与其他零售业态相比，百货商店的经营成本较高，这与其讲究的店面装饰布局、全方位服务和多样化的产品线密切相关。由于成本问题，百货商店面临来自其他低价折扣商店等零售业态的严峻挑战，正采取各种措施积极应对。例如，发展会员制，与高端顾客保持密切的联系；重新定位，建立特色主题；积极发展连锁经营，实现规模效益。随着移动互联网和移动支付等技术的发展，我国的百货零售业迎来新的发展机遇。国家统计局数据显示，2020 年中国社会消费品零售总额约为 391 981 亿元，比 2019 年下降 3.9%。2020 年，全国网上零售额 117 601 亿元，比上年增长 10.9%。① 相关数据表明，全球非现金交易量增长 14%（2018—2019 年），实现了过去十年来的最高增幅。在移动支付和数字钱包的普及下，亚太地区超过欧洲和北美，增长近 25%，成为非现金交易的翘楚。② 快捷的移动支付已成为人们在零售行业购物支付的首选。移动支付在提升购物体验的同时积累了用户数据，成为推动智慧零售的一项重要技术。第三，超级市场。超级市场是一种主要经营食品和日用品的大型综合零售商，其主要特色在于规模大、周转迅速以及价格低廉。其开创的自助服务形式更是在节省大量人员成本的同时，给予消费者极大的购物自由和便利。除了家乐福、沃尔玛等国外超市巨头以及国内的华联和华润万家等全国连锁型超市外，国内的超市还呈现出较强的地域特色。它们将经营的地理范围限制在某一个城市或包含少数邻近城市，例如，南京的苏果、武汉的中百和中商、北京的京客隆等都是这种超市的代表。第四，折扣商店。从名称上不难看出，折扣商店的优势在于价格低。折扣商店的装修简单，一般远离城市的主要商圈，且提供较少的服务。

3. 其他辅助机构

这是一类较为特殊的渠道参与者。它们不参与商品的购买、销售和所有权的转移，仅起到辅助分销的作用。几种常见的辅助机构包括提供运输和仓储服务的企业、订单处理和广告代理机构、提供保险和资金存储划拨等服务的金融机构以及提供各类市场信息的市场调研公司等。这些辅助机构利用自身的专业化服务，为企业分销任务的高效完成提供了可能。

第 2 节　分销渠道策略与管理

确定分销渠道策略的第一步是确立与企业整体战略和营销目标相吻合的分销目标。一般情况下，对分销目标的描述如下：在恰当的时间，以适当的方式，向顾客提供其所需的产品或服务。

一、分销渠道的结构

在分销渠道策略的制定中，一项十分重要的任务是确定企业将使用怎样的渠道结构。一般而言，分销渠道的结构问题主要涉及渠道的长度、渠道的宽度、渠道的广度和基于成员关系的渠道系统这四个方面的内容。③

---

① 国家统计局. https://data.stats.gov.cn/easyquery.htm?cn=A01&zb=A0701&sj=202101.

② 凯捷：2020 年全球支付报告 .（2020-10-21）. http://www.199it.com/archives/1137420.html.

③ 李飞. 分销渠道：设计与管理. 北京：清华大学出版社，2003.

（一）渠道的长度

渠道的长度指产品和服务从生产商到消费者所经过的中间环节的数量。中间环节越多，渠道越长，反之则越短。根据渠道长度，可以将分销渠道分为直接渠道和间接渠道。

1. 直接渠道

直接渠道又称零级渠道，即由生产商直接将产品销售给最终顾客，不经过任何中间环节。在实践中，通过直接渠道销售的主要方式有：（1）直接销售，包括上门推销、办公室推销以及家庭展示等。例如，雅芳、安利、玫琳凯等美容护肤品牌就采取这种直接销售的方式。（2）直复营销，包括目录营销、电话营销、电视直销、网络直销以及邮购等。例如，戴尔通过网络直营的方式为顾客提供低价的定制化产品。随着互联网技术的发展，网络直销模式越来越成熟，以海尔为例，顾客只需通过简单的操作在网上下单，海尔便可以送货上门。（3）生产商自营商店，包括由生产商开设的连锁商店、工厂的零售门市部等，如海尔的线下直营店、小米公司的“小米之家”等。不得不提的是，移动互联网的出现给这些线下自营商店带来了巨大冲击，不少生产商开始构建线上自营平台或线上线下打通的全渠道商店。

直接分销渠道的优势在于能控制良好的顾客关系，快速响应和拥有信息反馈，降低产品在流通过程中的损耗。直接分销渠道的弱势是生产商通常缺乏从事分销的专业技能和充足的资源，难以高效地完成分销任务。不仅如此，有关分析显示，生产商如果自己从事分销活动，通常会面临较高的平均分销成本。[①] 因此，一部分生产商愿意借助间接渠道完成分销任务。

2. 间接渠道

间接渠道指生产商借助批发商和零售商等中间环节完成企业产品的分销任务。根据所包含的中间环节的数量，间接渠道可以分为一级渠道、二级渠道、三级渠道，甚至更多级渠道。

一级渠道包括一个中间销售环节，如零售商；二级渠道包括两个中间销售环节，一般是一个批发商加上一个零售商；三级渠道则可能是在二级渠道的基础上加入一个代理商或者中转商。渠道的级数越多，企业产品销售市场扩展的可能性就越大，但一般情况下，生产商较少采用更多级数的渠道。因为随着渠道级数的增加，生产商对销售的控制能力降低，通过渠道反馈的信息很容易失真。而且，渠道级数的增加往往伴随着每一级渠道成员的利润叠加。对于顾客而言，最终所负担的价格会上升，相应地，顾客价值会降低。[②]

间接分销渠道的优点是可以缓解生产者人、财、物等的不足，有利于企业间的专业化协作和产品的广泛分销。间接分销渠道的缺点是不利于直接沟通信息，可能存在需求滞后差。

（二）渠道的宽度

渠道的宽度与每个渠道层级中间商的数量有关。一般情况下，有三种战略可供选择：密集性分销、独家分销和选择性分销。[③]

1. 密集性分销

密集性分销是指在每一个渠道层级，使用尽可能多的中间商来销售企业的产品。这种模式的优势在于市场覆盖面大以及顾客接触率高，主要适用于大量消费的日常用品，其分销的重点在于使顾客尽可能便利地购买产品。

2. 独家分销

在独家分销的情况下，生产商严格限制销售企业产品的中间商数量。一般情况下，在一

---

① 罗森布洛姆．营销渠道：管理的视野：第 7 版．宋华，等译．北京：中国人民大学出版社，2006.
② 埃特泽尔，沃克，王永贵，等．市场营销：第 14 版．南京：南京大学出版社，2009.
③ 科特勒，阿姆斯特朗．市场营销：原理与实践：第 16 版．楼尊，译．北京：中国人民大学出版社，2015.

个特定的地区，仅选择一家中间商统一进行销售。汽车、高档服装等商品通常会使用这样的分销方式。由于最大限度地降低了分销竞争，生产商一般会与独家分销商签订排他协议，确保其不经营竞争品牌的同类产品。

3. 选择性分销

选择性分销是介于前二者之间的一种选择。在这种情况下，生产商选择几家中间机构来销售同一种产品。相较于前两种方式，选择性分销致力于获得一个折中的市场效果，其市场覆盖面大于独家分销，且与密集性分销相比，拥有较大的控制权和较低的成本。

（三）渠道的广度

渠道的广度指企业是采用单渠道、多渠道、跨渠道还是全渠道（omni-channel）等战略进行产品分销。随着顾客细分市场的多样化与新技术催生的新渠道的出现，越来越多的企业开始采用多种渠道进行分销。这种多元化渠道营销使企业能够更有针对性地为不同类型的顾客提供服务，而且更有利于实现顾客定制化销售。①

跨渠道（online to offline，O2O）强调多种渠道的交互，各渠道间数据无缝衔接。在数字化时代，O2O 更多地指代线上和线下的交互，实现价值和需求在用户生活、线下生活和 O2O 应用三者之间的传递。较为常见的 O2O 模式包含早期的团购服务、现在的打车服务和外卖服务等。② 随着智能手机和移动互联网的普及，出现了更为细化的 O2M 模式，O2M 一般有两种解释：online to mobile（线上电商与移动互联网结合）；offline to mobile（线下实体店与移动互联网结合）。

全渠道指企业采用尽可能多的销售渠道进行整合销售，以满足顾客的多样化需求。随着技术的进步和人们对生活的高质量追求，顾客越来越看重消费体验。全渠道包括有形店铺、网上商城、信息媒体等。例如，消费者想要购买一部新型智能手机，可以通过品牌官网查询、门店体验以及查看小红书社区、微博、B 站等社交媒体的评价等多种方式来了解产品的具体信息，购买时则可以选择品牌自有商城、京东、天猫官方旗舰店、苏宁、国美、自营实体门店等多种渠道。③ 在以社交媒体、大数据分析和其他新兴数字技术如人工智能（AI）、虚拟现实（VR）、区块链等为代表的新零售时代，全渠道零售成为流行策略，正在改变现有的零售业务模式。“全渠道管理”（PFOM）框架为计划实施全渠道战略的零售公司提供指导。④

（四）基于成员关系的渠道系统

我们讨论渠道结构的最后一个方面是渠道成员之间的关系。按照这个标准，渠道系统可以划分为以下三种类型。⑤

1. 松散型渠道系统

在松散型渠道系统中，各渠道成员都是独立的追求自身利益最大化的个体，彼此仅限于简单的买卖关系。虽然这种渠道结构较为灵活，易于变革，但由于各渠道成员缺乏有效的协调，渠道效率低下。

---

① 科特勒，凯勒．营销管理：第 13 版．王永贵，于洪彦，何佳讯，等译．上海：格致出版社，2009.

② 曹虎，王赛，乔林，等．数字时代的营销战略．北京：机械工业出版社，2017.

③ 同②.

④ Cai Y J，Lo C K. Omni-channel management in the new retailing era：a systematic review and future research agenda. International Journal of Production Economics，2020，229，107729.

⑤ 李飞．分销渠道：设计与管理．北京：清华大学出版社，2003.

2. 垂直渠道系统

垂直渠道系统是一种纵向的由生产商、批发商和零售商等中间商组成的联合体。成员之间彼此支持，信息共享，其优势在于可减少职能部门的重复设置，增强渠道控制以及获得规模效益。常见的垂直渠道系统有三种类型：（1）公司型渠道系统。在公司型渠道系统中，一家公司统一负责生产和销售方面的所有事务。这种系统可以通过某一层级渠道成员的前向一体化或后向一体化形成，其最大的优势在于能够实现高水平的渠道控制。例如，著名的西尔斯百货公司就经营一个覆盖全国的分销中心。（2）契约型渠道系统。契约型渠道系统是由分销系统中不同层级的独立生产商和中间商通过签订某种协议结合而成的联合体，目的是实现各自单独经营所难以达到的规模经济和议价能力。按照发起者的不同性质，契约型渠道系统又可分为特许经营组织（如麦当劳、可口可乐）、批发商自愿连锁组织以及零售商合作组织。（3）管理型渠道系统。这种渠道系统形成的基础是某个渠道成员的影响力使其他渠道成员愿意接受其领导。例如，宝洁、通用汽车、海尔等在业内处于领先地位的大型制造商一般都能够在产品定价、促销、商品陈列以及库存控制等问题上获得零售商的有力支持。

3. 水平渠道系统

水平渠道系统是两个以上企业进行的横向联合。联合的动因可能是缺乏资源或者不愿意独自承担风险，也可能是一种优势的互补。水平渠道的实质体现了战略联盟的思想，合作的一方可以利用另一方的渠道，或者与之共同开发新的渠道。这种合作能够使企业在分摊渠道成本的同时，扩大产品的市场覆盖范围。例如，许多证券和保险公司与银行合作，利用其网点销售金融产品，这种做法有利于这些证券和保险公司的业务发展，也提高了银行的获利能力。

二、渠道策略选择的关键影响因素

对于生产商而言，一个重要的问题是选择适合自身的渠道来完成企业的分销任务。在这个选择的过程中，管理者需要对相关因素做出判断。①

（一）市场因素

在现代营销中，各种决策的制定都是围绕由顾客组成的目标市场进行的，对渠道的选择也不例外。深入研究市场的状况，选择与之相适应的渠道结构，将直接影响企业的分销效率乃至竞争优势的确立。对市场因素的考察主要包括以下三个方面。

1. 地理位置

企业目标市场所处的地理位置是渠道管理者需要首先评估的问题。除此之外，企业还必须关注市场位置的变化并适时地调整渠道结构。一般情况下，如果市场的地理位置相对集中，可依靠销售队伍进行直接销售；如果市场较为分散，使用中间商较为经济。

2. 市场规模

市场规模指的是某个特定市场上现有顾客和潜在顾客的数量。一般而言，市场规模越大，分担渠道成本的顾客数量越多，使用渠道从事分销活动就显得较为经济。例如，宝洁、雀巢等拥有众多顾客的快速消费品行业的企业一般倾向于采用较多的中间商来从事分销活动，以保证产品的市场覆盖面。

3. 消费者的购买习惯

消费者的购买习惯涉及以下四个方面：（1）购买时间。购买时间有长短之分，较短的话

---

① 埃特泽尔，沃克，王永贵，等. 市场营销：第 14 版. 南京：南京大学出版社，2009.

可能涉及一天中的某段时间或者一周中的某一天，较长的话则可能涉及一年中的某个季节，也就是我们通常所说的季节性购买。对于季节性产品，如果生产商选择能够储存部分过季商品的渠道成员，则对平衡企业生产非常有利。在确认目标市场的购买时间特点之后，渠道管理者应选择与之相协调的渠道成员。（2）购买地点。一般情况下，消费者对购买地点的选择是以便利性为原则的。与之相对应的渠道选择应首先考虑渠道网点的便利性。但是，越来越多的研究发现，消费者对购买地点的选择也可能基于社会地位、价值观等其他因素。还有一种值得注意的现象是，随着互联网的飞速发展，更多的人开始倾向于在家里完成大部分商品的购买活动。这要求企业适时调整自身的渠道选择，以适应这些新的变化趋势。（3）购买方式。购买方式涉及消费者的购买频率、数量、付款方式以及所需的服务等。一般情况下，对于少量多次购买的产品，企业应选择包含多个中间商的长渠道。（4）购买决策者。渠道管理者必须选择能够与对购买决策有影响力的人员进行有效接触的渠道成员，以确保其实施的销售努力是有效的。在产业市场中一般使用直接渠道分销便是基于此种考虑。

总的来说，对市场因素的考察有一点至关重要，那就是市场因素处在一种动态变化中，因此企业的渠道结构不是一成不变的，需要根据市场因素的变化进行适当的调整。

（二）产品因素

产品本身的特征是另一个值得考虑的重要因素。概括而言，一些重要的产品变量包括体积和重量、价值、易损与易腐性、产品生命周期、标准化程度和技术复杂性等。

1. 体积和重量

产品的体积和重量与运输成本密切相关，对于体积庞大、较为笨重的产品，适合选择较短的渠道结构，以减少搬运和转移的次数。

2. 价值

一般来说，渠道的长度与产品的价值成反比，也就是说产品的单位价值越低，渠道就越长。这是由于价值较低的产品盈利空间较小，此时营销渠道长，渠道成员能够共同分担营销成本，进而创造规模经济和范围经济。①

3. 易损与易腐性

对于牛奶、水果等较易变质的产品和玻璃器皿、陶器等易于损坏的产品，应该选择较短的渠道结构，以确保产品在到达消费者手中时状态完好。

4. 产品生命周期

产品生命周期与渠道选择的关系在于企业的渠道可以随产品生命周期阶段的变化而变化。例如，在产品刚问世的时候，企业一般会采取直接销售的方式，这有助于消费者更好地了解产品属性，并与企业建立良好的关系。随着产品日渐成熟并被消费者所熟悉，企业可以转而借助中间商来扩大市场的覆盖范围。

5. 标准化程度

一般情况下，产品的标准化程度与渠道的长度成反比。从极端的角度讲，产品如果是完全定制的，那么通常由生产商直接出售给消费者。对于食品、日用品等标准化程度较高的快消品，通常采用包含一个或多个渠道成员的渠道结构。

6. 技术复杂性

技术复杂性高的产品一般通过较短的渠道进行分销，因为这类产品需要生产商提供高水平的技术培训和服务。

---

① 罗森布洛姆. 营销渠道：管理的视野：第 7 版. 宋华，等译. 北京：中国人民大学出版社，2006.

（三）生产商自身因素

生产商自身的某些条件也影响或限制着对渠道结构的选择，这主要体现在两方面：

（1）规模与实力。规模较大的企业拥有较强的影响力，实力雄厚的企业有能力建设自己的销售队伍和渠道，因而拥有丰富资源的大型企业在渠道选择方面的自由度更大。与此相对应的是，中小企业往往只能依赖中间商来从事分销活动。（2）目标与战略。生产商的目标和战略可能对渠道的选择起限制作用。比如，企业如果希望建立一个高档的能够体现社会地位的品牌形象，就必须放弃大卖场、折扣店等一般销售渠道。例如，爱马仕、LV、古驰等品牌只出现于高端商场中。如果企业希望对产品和销售拥有较高的控制力，就应该选择相对较短的渠道。

（四）渠道成员因素

与渠道结构有关的渠道成员因素是：（1）成本。成本是任何营销决策都要考虑的问题，过高的渠道成本将限制可选择的渠道成员的数量。（2）所提供的服务。不同的渠道成员拥有不同的专长，企业在选择时需要考虑它们的适合性。关于具体的渠道成员选择标准，我们将在后面详细讨论。

除上述主要因素之外，经济、社会、文化、法律、竞争等环境因素也对渠道结构的选择有重要影响。总之，企业需要在平衡销售效果和渠道成本的基础上选择适宜的渠道结构。

三、分销渠道管理

在确定分销渠道结构之后，营销人员面临的问题就是对整个分销渠道进行管理，主要涉及渠道成员的选择、渠道成员的激励与控制以及渠道冲突的管理等。

（一）渠道成员的选择

管理分销渠道的首要任务是：选择适合企业渠道结构且能有效完成分销任务的渠道成员。这一问题影响企业的经营成败，因此，企业需要设定一系列完善的评价标准作为渠道成员选择的依据，这些标准包括六个方面。

1. 财务状况

财务状况是选择渠道成员的一个极其重要的标准。良好的财务状况意味着渠道成员具备及时付款的能力，甚至能为企业提供一定的融资帮助。相反，渠道成员的财务状况欠佳，很可能影响企业的资金链周转，甚至给企业带来损失。

2. 声誉和信用状况

声誉和信用状况反映了渠道成员过去的表现，选择没有不良支付记录和在业内口碑良好的渠道成员，不但易于获得消费者的认可，促进销售，提升企业与品牌的形象，还能降低企业分销的风险。在网红经济和实时流媒体购物的背景下，产品与来源的匹配会影响消费者感知吸引力和可信度，产品与内容的匹配会影响消费者对内容的功利价值和享乐价值的感知。来源可信度、享乐态度、自我产品适应性等均提高了消费者的购买意愿。[①]

3. 市场覆盖面

市场覆盖面主要与渠道成员的地理位置有关。生产商在评价渠道成员所处的地理位置时，主要应考虑其是否有利于产品的储存、运输和分销。一般情况下，生产商希望能以尽可能少的

---

① Park H J，Lin L M. The effects of match-ups on the consumer attitudes toward internet celebrities and their live streaming contents in the context of product endorsement. Journal of Retailing and Consumer Services，2020，52，101934.

成本覆盖尽可能大的市场范围。

4. 销售绩效

考察渠道成员销售绩效的重点在于了解其能否实现生产商希望达到的销售效果。销售绩效与渠道成员的销售经验、专业知识、推广手段和素质、管理水平等方面密切相关，因而这些方面是企业在选择渠道成员时需要考虑的重要因素。

5. 产品线

生产商通常从四个方面考察渠道成员经营的产品线内容：竞争性产品、相容性产品、补充性产品和产品线质量。[①] 一般情况下，生产商会选择经营相容性或补充性产品的渠道成员，而避开经营竞争性产品的渠道成员或与之签订排他性协议。在产品线的质量方面，生产商努力避免将自己的产品与质量级别差距较大的产品放在一起。

6. 合作意愿

良好的合作意愿是渠道成员与生产商建立稳定长期关系的基础。因此，选择认同生产商的战略与经营理念且具备合作精神的渠道成员，将有助于双方协同完成企业的分销任务。

总而言之，生产商应选择可靠、可控、高效、综合服务能力较强的渠道成员作为构建企业分销渠道的合作伙伴，并最终实现企业的分销目标。不过，必须指出的是，在当今中国市场上，对于绝大多数中小型制造企业而言，最应考虑的可能并不是如何选择渠道成员，而是如何让一些潜在的渠道成员愿意经营本企业的产品。

（二）渠道成员的激励与控制

众所周知，激励是改善效率的一种有效方式。为了获得更为理想的销售效果和更高的分销效率，营销人员必须对企业所选择的渠道成员实施有效的激励。针对渠道成员的激励方式可以分为促销渠道激励和伙伴关系激励两大类。[②] 其中，促销渠道激励主要是短期的经济激励，其实质是生产商的部分利润。具体来说，主要的激励形式有两种。

（1）折扣。生产商通常采用的折扣形式包括数量折扣、现金折扣、促销折扣、季节性折扣以及销售佣金等折扣替代形式。

（2）补贴。针对渠道成员在分销过程中做出的各种推广努力，通过一系列的补贴形式对渠道成员进行奖励有利于提高渠道成员的销售积极性。常见的补贴形式有促销和广告补贴、商品陈列补贴、赠券处理补贴以及各种仓储功能补贴。这些激励形式的优势在于直接快速，其作用在产品的市场开拓阶段最为显著。但是，使用这些激励手段的成本较高，容易引起价格混乱，因而生产商在选择这些形式时应注意把握好度的问题。

伙伴关系激励旨在建立生产商与渠道成员之间的长期合作关系，促进各方共赢。通常情况下，生产商会采取两种措施帮助渠道成员共同发展。

（1）建立伙伴关系和战略联盟。目前，各个行业生产商与渠道成员建立伙伴关系和战略联盟的越来越多。例如，宝洁、可口可乐等与沃尔玛这样的零售连锁巨头建立了非常成功的合作伙伴关系，华为、小米与京东、天猫等第三方电商平台建立了战略伙伴关系。另外，一些生产商对其渠道成员实施各种形式的利润分成计划，这体现了伙伴关系与战略联盟中的“利益共享”思想。在建立伙伴关系和战略联盟的过程中，生产商和渠道成员双方应保持适当的沟通并努力兑现长期承诺。除此之外，生产商还应鼓励渠道成员积极参与企业的产品开发、顾客关系维护、售后服务等各项活动。

---

① 罗森布洛姆．营销渠道：管理的视野：第 7 版．宋华，等译．北京：中国人民大学出版社，2006.

② 多伊尔．营销管理与战略．朱翊敏，杨艾琳，王远怀，译．北京：人民邮电出版社，2006.

（2）开展支持活动。生产商对渠道成员的支持包括很多方面。例如，对渠道成员的销售队伍进行技术培训、提供展期等支持，给予技术指导并提供管理咨询服务，赋予渠道成员自由退货权以及建立自动补货订购系统等。总之，对激励手段的选择应结合生产商自身和渠道成员的特点进行综合考虑。

除了激励，还有一个重要方面是对渠道进行控制。尽管渠道关系方面出现了越来越多的伙伴关系和战略联盟，但生产商与渠道成员是彼此独立的个体，它们在企业战略和目标方面必然存在差异。因此，生产商必须依照双方事先共同确定的目标，对渠道成员所提供的服务进行控制，并及时纠偏，以确保企业分销目标的实现。在实践中，对渠道进行控制的具体手段有很多。例如，生产商可以事先就销售目标、利润以及分销过程等达成协议，也可通过向渠道成员派驻生产商代表的方式进行监督。一个值得我们特别注意的有关控制的概念是渠道权力，即影响其他渠道成员行为的能力。并非所有的渠道成员在分销过程中都拥有平等的权力。某些成员在渠道中处于支配或领导地位，它们被称为渠道领袖。渠道领袖对渠道的控制力有经济来源和非经济来源两种。经济来源可能是企业自身的规模和资源实力，而非经济来源可能是企业所拥有的技术专长以及其他合法权力和强制权力。因此，从生产商的角度出发，它们应准确把握自身对分销商的渠道权力大小，以及分销商对自己的依赖程度，并努力成为渠道领袖，促使各渠道成员按照有利于自身利益的方式运作，从而提高分销效率，达成分销目标。

（三）渠道冲突的管理

在前面，我们讨论的出发点是：建立一种良好的渠道关系，以确保分销过程的顺利完成。然而在实践中，并非所有渠道成员的关系建立过程都是一帆风顺的，不协调与冲突的情况时有发生，这会对渠道效率和渠道管理产生不容忽视的影响。

1. 渠道冲突的产生原因

产生渠道冲突的原因有很多，归纳起来有以下几个方面：（1）目标与利益不一致。这是渠道成员产生冲突的最主要原因。例如，批发商和零售商为了追求销售规模和利润，往往希望销售尽可能多的商品，因而它们倾向于积极的促销和推广。相比之下，生产商在很多时候可能出于对产品定位和企业形象等其他方面的考虑，不希望自己的产品以低廉的价格销售或进行过多的促销活动。（2）预期与实际存在差异。每个渠道成员都会对其他成员的行为做出预期，并根据预期的结果做出反应。当预期与实际情况相左时，就会发生冲突。例如，一个被授权的冷饮特许经营商可能未按照合同的规定进行店铺装修，甚至在冷饮的配方和分量上自作主张。又如，中间商没有达成预期的销售业绩，这不可避免地会引起生产商的不满。（3）沟通不畅。渠道成员之间需要进行经常性的信息沟通。例如，生产商希望定期获得有关各渠道成员销售业绩的信息，但许多渠道成员通常难以做到这一点。又如，渠道成员在进行有关渠道策略的变革后，未能与其他成员进行及时的沟通，也可能引起上述差异。如果渠道成员之间已经出现了冲突或不协调的情况，那么沟通不畅将加剧这种冲突。除此之外，渠道成员观念上的差异以及众多的环境因素也可能导致冲突的发生。

2. 渠道冲突的类型

按照产生冲突的主体不同，渠道冲突可分为三种：（1）垂直冲突，即同一渠道中不同层次渠道成员之间发生的冲突，其典型形式是生产商与批发商和零售商之间的冲突。例如，零售商建立自有品牌与生产商品牌展开竞争，或者生产商自建零售店绕过原有的中间商，都将导致垂直冲突。（2）水平冲突，即同一渠道中同一层次的渠道成员之间发生的冲突。这种冲突可能来自不同零售商对同一种产品的定价差别，也可能由生产商对不同渠道成员实施不同的政策所导致。在某种程度上，这种冲突被认为是一种良性的竞争，因为广大消费者可能会在这种冲突中受益。（3）不同渠道间的冲突，它与我们前面讨论的多渠道策略有关。例如，许多生产商原本采用批发商和零售商等传统的渠道成员来完成分销任务，但随着电子商务的兴起和发展，生产商纷纷设立网上商店，从事在线零售。而且，一般情况下，通过在线渠道购买商品能享受优惠价格，因此电子商务和传统渠道之间的冲突不可避免。

3. 渠道冲突的结果与解决

渠道冲突并不一定意味着损害效率。在某些情况下，冲突有可能促使渠道相关成员进行自我反思和改善，并最终对渠道效率产生积极影响。当然，一旦发生可能导致不良后果的渠道冲突，渠道成员就必须努力通过各种方式解决冲突。其中，最基本的方式是建立渠道伙伴关系和战略联盟。除此之外，还可以通过建立渠道委员会、借助仲裁机构等途径解决渠道冲突。

第 3 节　电子商务渠道的兴起与实践

技术的革新日益影响着分销渠道的发展和变革，随着互联网和信息技术的突飞猛进，电子商务的分销渠道获得了迅速的发展。

一、电子商务概述

（一）电子商务框架

电子商务（electronic commerce）泛指借助计算机网络或其他电子媒介进行的各种交易活动。电子商务的历史可以追溯到 20 世纪 70 年代早期电子资金传输（EFT）和电子数据交换（EDI）的出现。利用电子资金传输可以实现企业间资金的电子划拨，而电子数据交换主要指交易各方以电子方式进行询价单、报价单、订单、货物托运单、保险单和发票等各种商业文书的传递。企业“无纸化贸易”的实现在大大提高企业工作效率的同时，降低了交易成本。电子数据交换通常借助第三方的增值网络（value-added network，VAN）来实现，而 VAN 的费用较高且不稳定，加之电子数据交换需要大量专用硬软件设施的支持，因而早期的电子数据交换应用主要局限于发达国家以及一部分大型企业和金融机构。

互联网的出现与蓬勃发展是 20 世纪的重大变革之一。作为信息的汇集中心与快速传递通道，互联网的进入壁垒与使用成本均较低。因此，越来越多的企业和用户开始使用互联网来发展自己的业务。互联网的商业化促进了电子商务的发展。依托于遍布全球的互联网和开放式的网上电子支付系统，交易双方实现了包括产、供、销在内的全业务流程的电子化。不仅如此，信息技术的迅速发展使互联网安全和管理得到了有效保证。这些都为电子商务的发展奠定了良好的基础。

电子商务涉及众多领域，包括多种类型的设施、技术和活动，因此，用一个框架来描述其构成有助于我们从整体上了解电子商务。从图 14－3 可以看出，最底层是电子商务运行必不可少的各种基础设施，包括硬件、软件和网络系统等。最高层是各种各样的电子商务应用。在基础设施之上，对电子商务应用起支持和辅助作用的是公共政策和各种支持服务。其中，公共政策主要包括政府制定的各种法律法规及税收、隐私政策以及由各行业协会和权威机构等制定的各种电子商务技术标准和协议，而支持服务则主要涉及电子商务业务流程所依赖的资金支付、网络安全和物流等。

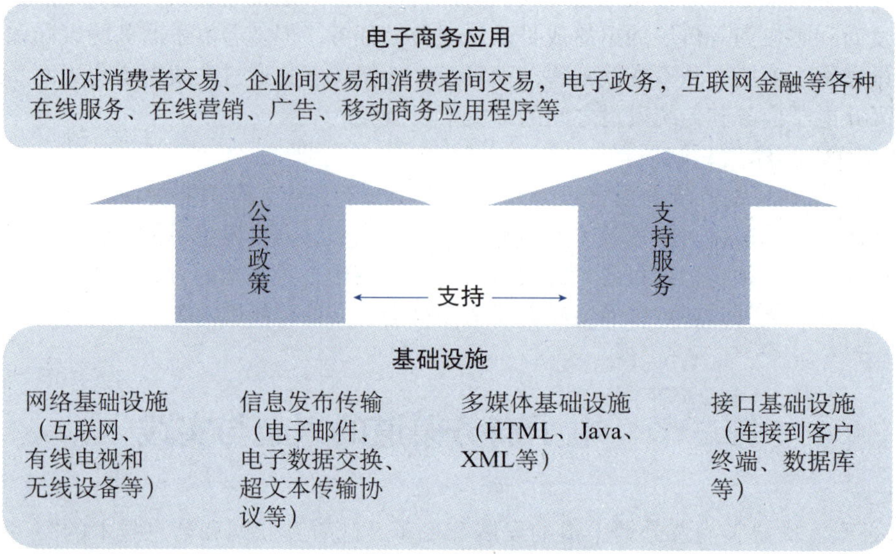

图 14－3　电子商务框架图

（二）电子商务的分类

电子商务有多种分类方式。按照交易双方的性质和关系不同，可以将电子商务分为如下五种常见的类型。

营销视角14-3　我国B2C电子商务市场发展现状

1. 企业-消费者

“企业-消费者”（B2C）表示企业面向个体消费者的电子商务模式，其中企业主要借助互联网进行在线零售，如亚马逊和当当网等就是采用这种模式的成功典范。在这种模式下，企业通过建立网上商店，向消费者提供全新的购物平台，消费者足不出户就能随时根据自己的需要购买产品。但是，由于互联网和电子手段的虚拟性，在网上商店出售的产品仅限于对触觉、嗅觉等感官体验要求不高的种类。目前，公认的最适合在线销售的产品包括计算机硬件和软件、电子类消费产品、图书和音像制品、玩具、服装、运动器材、网络游戏等文化娱乐产品、汽车、珠宝、保健产品、美容产品和在线服务，尤其是网上银行、股票交易以及房地产、保险、理财等在线营销。①

营销视角14-4　我国B2B电子商务市场发展现状

2. 企业-企业

“企业-企业”（B2B）表示企业借助互联网或其他电子手段与其他企业进行产品、服务和信息交换的电子商务模式。这种模式面向的对象主要包括上游的供应商和下游的零售商。除了企业之间的直接交易之外，这种类型的电子商务还可以借助阿里巴巴等第三方交易平台，将行业中相近的交易过程集中到一起，为供求双方的企业提供交易机会。

① 特班，金，维兰，等．电子商务管理视角：原书第 4 版．严建援，等译．北京：机械工业出版社，2007．

3. 消费者-消费者

在“消费者-消费者”（C2C）的电子商务模式中，消费者之间通过互联网直接进行交易。在这一交易过程中，有三个要素是不可或缺的，即卖方、买方和 C2C 电子商务平台，如国内的淘宝、易趣等。在互联网电子商务发展的初期，由于消费者个体存在信誉和支付安全问题，B2C 市场的规模和发展速度都优于 C2C 市场。但随着第三方支付中介和信用评级制度的完善以及 C2C 交易的便利性，C2C 模式后来居上。与此同时，随着 C2C 交易模式的日渐繁荣以及个人卖家信誉和经验的积累，市场上出现了 C2C 与 B2C 相融合的趋势。

除了众所周知的网上拍卖，C2C 还包括：（1）分类广告。与传统媒体中的分类广告不同，基于互联网的分类广告的受众更为广泛，产品和服务的供应者以及购买者的数量大大增加。一般的门户网站和互联网服务提供商（ISP）都提供分类广告的服务。（2）虚拟资产交易。这是依附于在线娱乐产品（尤其是网络游戏）所产生的一种 C2C 交易。网游玩家在游戏中获得的各种虚拟装备，甚至是游戏账号等都可以用于买卖。（3）基于网络的实物交易。在这种类型的交易中，互联网仅仅是买卖双方寻找交易对象的媒介，目的是找到对方并当面进行协商和交易。

营销视角14-5　我国C2C电子商务市场发展现状

4. 消费者-制造商

“消费者-制造商”（C2M）是一种新的电子商务模式，这种模式基于之前的社交网络服务平台和 B2C 平台。C2M 模式通过去掉所有中间商环节，实现消费者与制造商的直连，为用户提供高质量、高品质、个性化且专属的产品。C2M 模式颠覆了传统零售思维，由用户需求驱动生产制造，通过电子商务平台反向订购，用户订多少，工厂就生产多少，能够消除工厂的库存成本。

随着生活水平和品质的提高，企业根据消费者自身喜好进行定制生产的趋势越来越明显。C2M 是电子商务中准确将客户需求反馈给制造商，按需定制生产的新模式。C2M 模式依赖移动互联网和大数据等先进数字技术，以顾客为中心、以数字技术为基础、以定制化设计为导向，满足顾客的需求和个性化体验。比较成功的范例如电子商务平台必要商城，它采用 C2M 模式实现用户到制造商的两点直连，去除所有中间流通环节，为用户提供平价且个性化的专属商品，如用户可以在该平台上购买定制化近视眼镜等商品。

科技赋能消费者和企业，制造出个性化的匠心之作，增强消费者的感知体验。C2M 模式使消费者成为自己的设计师，掌握设计的主动权，同时企业利用互联网实现需求端和生产端的实时连接，使数据在企业生产链路中达到透明，为消费者生产高品质、可定制、个性化的产品和服务，以满足消费者对美好生活的追求。

5. 直播电商

直播电商指以直播为渠道来达成营销目的的一种电商形式。直播电商始于 2016 年，历经 5 年的发展，经历了萌芽、探索、发展、成熟和融合五个阶段。2016 年蘑菇街首先把直播引入电商带货，淘宝和京东的直播功能上线，抖音、B 站、快手等短视频平台进军直播带货领域，拓宽直播范围，直播电商呈现生态多元化发展。与第一种 B2C 类型的电子商务模式相区别，直播电商目前主要以三种模式发展。一是电商平台增加直播功能，二是直播平台通过商品链接倒流至第三方电商平台，三是“社群＋直播”模式平台。三种模式各有特色。直播方式为消费者提供了更直接、客观的商品信息，能够使消费者产生更好的情感共鸣，增强对消费者的吸引力，为消费者决策提供信息渠道。[①]

---

① 2020 年中国直播电商行业研究报告.（2020-12-02）. https://36kr.com/p/986332005917833.

随着网红经济的发展，国内诞生了一批具有网络营销力的关键意见领袖（key opinion leader，KOL）。通过对网红粉丝群体进行精准高效营销，吸引消费者产生购买行为。直播网红特性与内容一致性调节社会临场感对消费者认同感的机制，社会临场感通过增强消费者认同感提升购买意愿。①2020 年以来，疫情加速了直播对电商交易的渗透，直播电商人、货、场、渠道也日趋多元化。根据中国互联网络信息中心发布的第 46 次《中国互联网络发展状况统计报告》，2020 年上半年我国电商直播用户规模达 3.09 亿，成为 2020 年上半年增长最快的个人互联网应用。网络零售用户规模达 7.49 亿，占网民整体的 79.7%。②

党的十九届五中全会指出，"共同富裕是社会主义的本质要求，是人民群众的共同期盼。我们推动经济社会发展，归根结底是要实现全体人民共同富裕。新中国成立以来特别是改革开放以来，我们党团结带领人民向着实现共同富裕的目标不懈努力，人民生活水平不断提高。党的十八大以来，我们把脱贫攻坚作为重中之重，使现行标准下农村贫困人口全部脱贫，就是促进全体人民共同富裕的一项重大举措"③。直播电商作为目前较为流行的新业态，在推动脱贫致富方面起到了非常重要的作用，为乡村经济发展提供了新的契机。电商作为新兴业态，既可以推销农副产品、帮助群众脱贫致富，又可以推动乡村振兴，是大有可为的。电商缩短了时空距离，把贫困地区的农产品与国内国际市场相连接，拓宽了农副产品的销售渠道。例如，京东与湖北农业农村厅签订合作协议，共同搭建线上销售平台助力农产品销售，打造区域生鲜品牌和电商产业集群。④

除了上述五种主要类型之外，电子商务还有其他类型，包括：（1）企业-政府（B2G），该类型电子商务涵盖了政府与企业之间的各项事务，包括政府采购、税收、商检以及法律法规和管理条例的颁布等。（2）企业内部电子商务，即企业通过内部网络和其他电子手段在各部门和个人之间进行商品、信息和服务的交换活动。（3）移动商务（mobile commerce，MC），即通过无线网络进行数据传输并利用移动终端完成各种商业活动和交易。（4）企业-员工（B2E），它可以被看作企业内部电子商务的一个子集。借助在线培训、在线会议和聊天室等多种工具，企业内部可以展开虚拟团队、跨部门工作任务和复杂项目的协作。对于长期出差在外的流动员工而言，通过这一模式，企业可以与他们保持密切的联系。

图 14－4　不同类型电商相互渗透

资料来源：2020 年短视频营销行业研究报告.（2020-10-16）. https://www.sohu.com/a/424957296_468675.

电子商务类型按平台属性可分为传统电商、社交电商、内容电商。不同平台间相互渗透，平台典型代表如图 14－4 所示。传统电商与内容电商之间既有合作又有竞争。内容电商为传统电商导入增量流量，传统电商为内容电商提供电商基础设施和供应链支撑。传统电商重视直播生态建设，

① 孟陆，刘凤军，陈斯允，等．我可以唤起你吗——不同类型直播网红信息源特性对消费者购买意愿的影响机制研究．南开管理评论，2020，23（1）：131-143.

② 第 46 次《中国互联网络发展状况统计报告》.（2020-09-29）. http://www.gov.cn/xinwen/2020-09/29/content_5548176.htm.

③ 习近平．关于《中共中央关于制定国民经济和社会发展第十四个五年规划和二〇三五年远景目标的建议》的说明.（2020-11-04）. http://cpc.people.com.cn/n1/2020/1104/c64094-31917783.html.

④ 电商作为新兴业态既可以推销农副产品、帮助群众脱贫致富又可以推动乡村振兴，是大有可为的.（2020-06-16）. https://tech.sina.com.cn/roll/2020-06-16/doc-iircuyvi8670428.shtml.

吸引主播以及多渠道网络机构入驻；内容电商搭建电商生态，拓展与品牌和供应链合作。[①]

二、电子支付与电子商务安全

互联网和相关电子信息技术的虚拟特点使得利用电子商务渠道进行交易所面临的支付和安全问题更为突出。因此，我们需要讨论电子商务涉及的电子支付和安全问题。

（一）电子支付

概括来说，电子支付就是借助互联网或电子信息化的手段，实现资金的流通和价值的交换。与传统的支付方式相比，电子支付具有方便、快捷、经济、高效等优势。具体来说，电子支付有以下几种主要的实现形式。

1. 银行卡

按照资金的不同结算方式，可将银行卡分为贷记卡和借记卡两种，前者提供给持卡人一定额度免息的短期消费信贷，后者的持卡人只能在账面金额的范围内消费。使用银行卡进行支付时，首先要确认银行卡是否激活以及是否有足够的余额，之后才可以进行支付。这两个阶段的具体实现形式因银行卡种类以及商家采用的电子支付系统配置的不同而有所差别。一般情况下，商家采用的电子支付系统配置有三种形式[②]：（1）自行购买一套支付系统软件，并使之与自己的电子商务系统相结合。（2）利用收款银行的销售时点信息系统。在这种情况下，商家仅需处理顾客的购买信息，转账结算功能由收款银行完成。单个收款银行由于所能处理的银行卡种类有限，往往需要与多个收款银行进行联系，这增加了操作的复杂性。（3）利用第三方支付服务提供商的销售时点信息系统。第三方支付服务提供商是独立于商家和收款银行的第三方企业，以中国银联为例，它支持多种银行卡的支付，将商家的电子商务系统与收款银行的系统联系起来，完成支付过程。

2. 智能卡

智能卡是包含能够存储信息和进行复杂计算的集成电路芯片的电子卡，主要类型有接触卡和非接触卡两种。其中涉及的“接触”对象指读卡器。读卡器是智能卡系统的关键部分，其作用在于激活并读取卡内信息，并将这些信息传送给完成支付交易的主机系统。接触卡必须插入读卡器方能工作，而非接触卡则不需此步。除了芯片之外，智能卡中还有一个内置天线，能够在一定距离范围内实现智能卡与读卡器之间的数据传输。智能卡的应用十分广泛，我们日常生活中使用的公交卡、医保卡以及第二代居民身份证都属于智能卡的范畴。

3. 电子支票

从本质上讲，电子支票与纸质支票的功能相同，且包含纸质支票的所有信息。可以说，电子支票是纸质支票的一种合法电子版本。在使用电子支票时，人们需要填写的内容与纸质支票大致相同，但通常使用数字签名和自动验证技术来确认其合法性。使用电子支票不但能够大大提高商家和金融机构的业务处理效率，而且能降低商家处理大量纸质支票的管理成本，提升支付速度。

4. 电子现金

电子现金是一种数字化形式的货币，适用于小额的在线支付。使用电子现金进行支付的

---

① 2020 年短视频营销行业研究报告.（2020-11-08）. https://www.360kuai.com/pc/9c90c97dff742dcb5?cota=4&kuai_so=1&tj_url=so_rec&sign=360_57c3bbd1&refer_scene=so_1.

② 特班，金，维兰，等. 电子商务管理视角：原书第 4 版. 严建援，等译. 北京：机械工业出版社，2007.

用户需要在开展电子现金业务的银行开设账户，并存入一定数额的资金。之后，登录网上银行下载成包的小额“电子硬币”，每个硬币会附带一个加密的随机序号以保证使用的安全性。电子现金由于具有不记名性，因而最大限度保护了用户的交易隐私。

5. 移动支付

移动支付是指借助手机等移动终端完成资金支付的一种电子支付方式，常见的支付宝支付和微信支付就属于这种类型。成立于 2004 年的支付宝公司是国内较完善的第三方支付平台，致力于提供简单、安全、快速的支付方案，“信任”为其产品和服务的核心。自 2014 年开始，支付宝成为全球最大的移动支付厂商。支付宝还与国内外多家银行展开合作，并与威士卡、万事达卡建立了战略伙伴关系。2019 年 2 月，支付宝获得国家认证，成为目前国内广为大众接受的支付方式。微信支付是腾讯公司于 2013 年推出的微信客户端的支付功能，用户可以将银行卡与微信钱包绑定，借助手机快速完成支付。2015 年，微信支付的零钱用户数达 3 亿。2016 年，微信支付提出无现金生活理念，致力于为用户提供更为高效的生活方式。需要指出的是，微信支付与支付宝支付有很多相似之处，两者不分伯仲，都是目前国内比较流行的非现金付款方式。中国支付清算协会发布的《2020 年移动支付用户问卷调查报告》显示，2020 年用户最常使用的移动支付产品是微信支付、支付宝和银联云闪付。

现阶段，应用较广的业务模式主要有两种：（1）以运营商为主体的模式，即借助移动运营商的计费系统缴纳用户消费的电子商务企业服务费用；（2）银行和运营商以及企业合作的模式，即将手机号码与用户的银行账户绑定，随时随地为用户提供各类非现金金融服务以及便捷的支付渠道。

这两种模式的共同点在于都依靠远程控制完成支付，但这种远程控制存在安全性差、耗时长以及交互性差等缺点。因此，许多国家日渐倾向于通过近场通信（NFC）等近距离非接触技术完成支付。

（二）电子商务安全

从整体上讲，电子商务的安全问题涉及三个方面，即网络技术安全、交易安全和政策法规环境安全。具体来说，开展电子商务过程中产生的安全问题主要包括：（1）认证，即确认一个实体身份与其所声称身份的一致性。这种认证可以通过密码、个人信息，甚至声音、指纹等生理特征来进行，也可采用数字签名和数字证书等形式来实现。（2）授权，即保证通过认证的用户或程序能够访问并获得特定的资源。（3）完整性，即保证数据在存储和转移的过程中不被修改或破坏，一般采用加密的方式，避免数据信息在传递过程中丢失和次序混乱。（4）保密性，即保护数据、信息等商业机密。例如，保证信用卡账号、密码、交易信息等不被未获授权的个人和实体等非法窃取。加密是确保保密性的重要手段。（5）有效性，即保证用户在确定的时刻和位置获得其所需要的信息和数据，这要求控制和预防硬件故障、系统错误以及避免被黑客和病毒入侵等问题的发生。（6）不可否认性，即限制合法交易被拒绝，保障履行合同契约的能力，这可以通过数字签名的形式得到确认。

下面，我们将简要介绍加密技术和数字签名技术。

1. 加密技术

加密技术通常由四个部分组成：明文、密文、加密算法和密钥。① 在实际应用中，有两类主要的加密系统，即对称加密和非对称加密。对称加密是指信息的发送者和接收者用同一个不为第三方所知的密钥来加密和解密信息，因此也称为私钥加密。由于目前广泛使用的数据加密

① 特班，金，维兰，等．电子商务管理视角：原书第 4 版．严建援，等译．北京：机械工业出版社，2007.

标准（DES）的加密算法是公开的，因此确保密钥的安全交换就是对称加密系统中的一个关键问题。在非对称加密系统中，密钥成对出现，一般分别称为公用密钥和专用密钥。利用这种系统进行信息交换的基本过程是：由甲方生成一对密钥并将公用密钥公开；乙方使用该公用密钥对信息进行加密后发送给甲方；甲方使用自己保留的专用密钥对信息进行解密。这种加密系统的最大问题是运算速度慢，因此人们常使用对称加密和非对称加密的组合来加密信息。

2. 数字签名技术

数字签名的作用在于确认信息由签名者发送，且信息的原始内容未被修改，这种技术能够有效防止伪造、冒用和抵赖行为的发生。运用数字签名技术的主要步骤为：发送方利用 HASH 函数将信息转化为字符串形式的数字摘要；发送方使用私钥对数字摘要进行加密，生成的结果即为数字签名；发送方使用接收方公用密钥对原始信息和数字签名进行加密后发送给接收方；接收方使用专用密钥解密，得到原始信息和数字签名，并使用发送方的公用密钥解密数字签名，得到数字摘要；发送方利用第一步的 HASH 函数对收到的原始信息进行加密并生成另一个数字摘要，然后将新生成的这一摘要与收到的数字摘要进行比对，如果吻合，则说明信息在传送过程中没有被修改或丢失。

除了上述的加密技术和数字签名技术之外，还有诸如防火墙、网络安全协议、数字证书和认证中心以及电子商务相关法律法规等与电子商务安全密切相关的问题，限于篇幅，在此不再赘述。

三、电子商务渠道的优势与不足

电子商务渠道的优势主要表现在：（1）将选择范围拓展至全球。无论是对于企业还是个人，互联网所带来的信息共享都使其拥有了在全球范围内进行选择的能力。企业可以花费较少的成本选择最具竞争力的供应商，寻找更多的顾客以及合作伙伴。顾客则有可能以更便宜的价格足不出户就购买到来自世界各地的多样商品。（2）简化交易流程，提高交易效率。对于企业而言，传统的供应链流程是依靠大量的订单、发票等书面单证进行的，而互联网和电子手段实现了供应链流程的电子化，企业信息处理的能力大幅提高，同时产生错误的可能性大幅降低。对于个人而言，这种交易的简化主要体现在顾客只需进行简单的鼠标操作和键盘输入便可完成交易，省时省力。（3）降低成本。首先，对于企业而言，由于大量传统的办公方式和纸质单据被取代，因办公用纸、打印以及邮寄等产生的大量管理成本得以减少。其次，利用互联网这一虚拟渠道进行销售可以使企业将库存集中，而不致分散在各个店铺，从而可以有效地降低货物的存储和运输成本。最后，不管是对于企业还是个人，通过互联网进行沟通的成本都远远低于传统的电信方式。（4）提高基于数据的关系管理能力。互联网有助于企业与顾客之间开展更为密切的互动，并可以利用数字技术追踪和记录顾客信息，从而使企业根据顾客的需要进行个性化定制。这一点在传统的分销渠道中很难实现。这种个性化的产品或服务将有助于提高顾客对企业的满意度和重视度。

电子商务渠道的不足主要表现在：（1）安全性差。关于电子商务存在的安全问题，我们在前面已有论述。总的来说，这些安全问题来自技术的不完善、道德缺失以及政策和法律法规方面的缺陷和漏洞。（2）虚拟性和无形性。顾客无法与通过电子商务渠道销售的产品进行直接接触，缺乏直观体验。（3）交易和物流分离。在互联网和电子条件下，在线交易和实体物流是两个相对独立的过程，这客观上造成了某些欺诈行为。尽管如此，我们仍可以预见随着物联网、人工智能等数字技术的进步，电子商务渠道必将得到更大的发展。

第 4 节　价值网络及其交付功能

营销的基本目的是实现顾客价值，这就意味着企业必须将其所创造的价值通过有效的渠道传递给顾客。因此，我们可以将分销渠道看成价值交付的中介，而生产商对于这一中介的基本着眼点就在于效率。近年来，许多企业发现单独依靠自己的实力，已经难以适应竞争性微利时代的要求。它们开始通过构建纵向和横向的合作网络来降低交易成本，提高对顾客需求的反应速度，从而赢得和保持竞争优势。

一、从价值链到价值网络

价值网络是一种新型的管理模式，它是在价值链和价值链系统的基础上演变和发展起来的。

（一）价值链

波特在《竞争优势》中提出了企业价值链的概念，他认为“每一个企业都是用来进行设计、生产、营销、交货以及对产品起辅助作用的各种活动的集合”。具体来说，企业价值链由基本活动和辅助活动两部分组成，如图 14－5 所示。

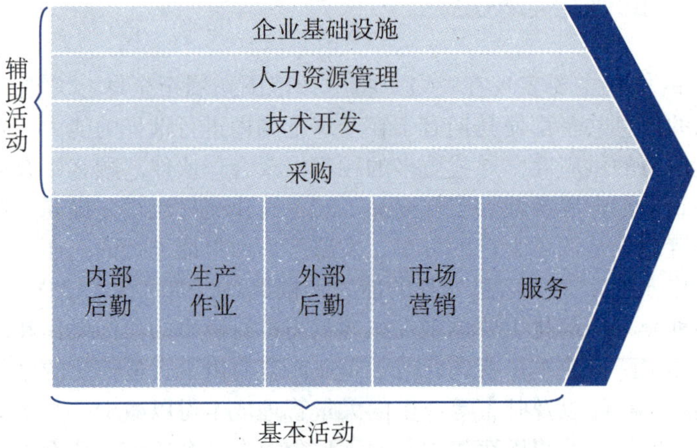

图 14－5　企业价值链

资料来源：科利斯，蒙哥马利．公司战略：企业的资源和范围．王永贵，杨永恒，译．大连：东北财经大学出版社，2005.

在整个企业价值链中，与分销渠道直接相关的活动包括：（1）外部后勤，即集中、储存并将产品发送给买方等的相关活动，主要包括订单管理、成品库存管理、运输和发货计划等。活动的本质是出货物流。（2）市场营销，即获得需求信息、吸引并说服顾客购买的各种活动，具体包括市场调研、广告促销、销售渠道选择、销售队伍管理以及定价等，是实现产品价值的重要环节。（3）服务，即与改善产品的质量和增加其价值有关的活动，具体包括产品安装、使用培训、产品调试、维修、零部件供应以及根据客户需要进行的产品调整等活动。这些活动的目的在于保证产品在到达顾客手中时状态完好，并能在一定程度上增加顾客价值。

上述三类活动构成了企业成本和竞争优势的三大来源，在实践中可以由生产商和中间商单独或共同完成。因此，管理人员的一项重要任务就是决定如何安排这些活动。① 进一步讲，管理人员必须把企业的价值链置于更为广阔的环境条件下进行分析。在这种情况下，出现了一个新的概念，即价值链系统。价值链系统从纵向角度考察生产企业同供应商、分销商、顾客的关系。这种观点认为企业的价值链并非处于一个真空地带，它与外界具有不可分割的价值联系。因此，应将企业的价值链与供应商、分销商和顾客的价值链整合成一个系统来考虑。在此基础上，我们讨论本节的重点问题——价值网络（value network）。

（二）价值网络及其特征

1998 年，亚德里安·斯莱沃斯基等在《发现利润区》一书中提出了价值网络的概念。他认为，“价值网络是一种新的业务模式，它将顾客日益苛刻的要求与灵活和有效率、低成本的制造相连接，采用数字信息快速配送产品，避开了代价高昂的分销层，将合作的提供商连接在一起，以交付定制的解决方案，将运营提升到战略水平，适应不断发生的变化”②。

美国人大卫·波维特等撰写了《价值网》一书，进一步阐述了这种新的业务模式。在价值链系统中，供应商与顾客主要是一种单向的顺序关系。在价值网络中，这一关系被打破，转而形成一种以顾客为中心的互动模式。不仅如此，其他与价值有关的组织和人员（如政府机构和大学里的研究人员）也被纳入价值网络的范畴。

具体来说，价值网络具有以下特点：（1）以顾客需求为中心。企业生产活动关注的重点是顾客的实际需求以及如何使顾客的价值最大化。因此，价值网络表现出明显的顾客参与的特点。（2）高度协作与系统化。价值网络中的企业关注网络整体共同效率的提高。因此，每项活动都交由最有能力的内部成员或外部专家来完成。不仅如此，网络成员之间还保持高度的互动性，以确保整个价值网络能以最高效的方式交付产品和提供服务。（3）快速响应与个性化定制。价值网络能够按照顾客要求以“端对端”的形式减少信息和物流的冗余层次。③ 与此同时，信息技术提高了网络成员的沟通能力和效率，使得整个价值网络能够及时对顾客需求做出反应。不仅如此，处于价值网络核心地位的顾客可以在企业的建议和帮助下，按照自己的喜好和需求设计出个性化的产品。（4）数字化。价值网络的成员通常通过数字化信息渠道进行沟通。因此，网络和信息系统建设是价值网络成员的重要任务之一。在数字技术快速发展的今天，价值网络成员纷纷发展在线电子商务。（5）快速流动。价值网络内部信息的快速流动大大缩短了获得订单、设计生产到交货运输所需的时间。物流速度的加快使得企业的资金周转更为迅速。（6）低成本。信息技术的应用能够带来沟通成本和交易成本的下降。同时，快速流动的价值网络意味着企业能够尽可能地降低存货水平，节约相应的仓储成本。总之，价值网络的这六个特征构成了一个具有竞争力的业务模式。在这种模式下，企业能够更有效地为顾客创造和传递价值。

二、价值网络的价值创造和交付过程

参照大卫·波维特等在《价值网》一书中所提出的价值网运行模式，我们用图 14－6 描绘通过价值网络进行价值创造和价值交付的主要过程：（1）顾客通过网络、信息系统或其他数字化通信手段，将自身的需求传递给核心企业的相关部门，通常可以把这个过程看作下订单。我

---

① 多伊尔．营销管理与战略．朱翊敏，杨艾琳，王远怀，译．北京：人民邮电出版社，2006.

② 斯莱沃斯基，莫里森，艾伯茨，等．发现利润区．凌晓东，刘文军，张春子，等译．北京：中信出版社，2003.

③ 郑称德．基于竞争优势的传统供应链向价值网络演变研究．南大商学评论，2004（3）.

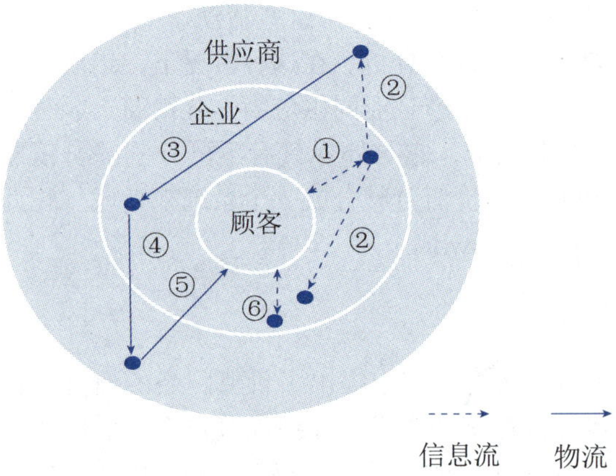

图 14－6　价值创造和交付过程

资料来源：波维特，玛撒，克雷默．价值网：打破供应链、挖掘隐利润．仲伟俊，钟德强，胡汉辉，译．北京：人民邮电出版社，2002.

们在这里假设核心企业是一家生产商。生产商在收到顾客的需求信息之后，向顾客发送确认信息。因此，第一步涉及顾客和生产商之间的双向信息流。（2）生产商将顾客订单的相关信息分别同步传递给企业的生产设计等部门以及外部的原材料供应商等。（3）外部供应商根据生产商发送的订单信息，将适当规格、数量的原材料发送给生产商。（4）生产商进行设计和生产，并交给外部的第三方物流机构。（5）第三方物流机构按照约定的日期和送货方式等订单信息，将产品交付给顾客。（6）最后一步涉及企业价值网络的售后服务系统。许多价值网络的售后服务系统都是通过网络自助的形式建立的。

上述六个步骤描述了价值网络中紧密联系的各个节点之间的信息交换和物流交换，它们一起构成了完整的价值传递和交付过程。在价值网络中，由于价值流动的非线性化，价值的交付过程成为影响顾客价值的重要因素。其中，价值交付过程的效率首先取决于各个价值网络成员企业创造价值的效率，这与各成员企业的核心能力密切相关。除此之外，企业所创造的价值与价值接受企业和最终顾客的价值标准的相容性以及价值网络成员之间的信息共享，也是影响价值交付的重要因素。从这个意义上讲，价值网络或价值链系统之间的竞争才是未来竞争的主体。

按照网红经济的产业链分布，上游是提供广告营销需求的品牌方；中游是内容创作端的网络红人、关键意见领袖与多渠道网络（MCN）机构，内容分发端的各类短视频、电商及社交平台；下游是最终消费者群体。表 14－1 是不同电商平台的核心商业变现模式、电商化拓展和价值拓展对比。

表 14－1　不同电商平台对比

		核心商业变现模式	电商化拓展	价值拓展
社交＋电商	微信	信息流广告的社交流量平台	• 微信小商店内测 • 微信小程序直播 • 开放 MCN 入驻	缩短交易路径
短视频＋电商	抖音	广告变现	• 电商广告系统 • 抖音小点直播带货 • 字节跳动成立电商部	内容引流，直播带货加快私域流量变现
游戏直播＋电商	斗鱼	直接打赏	• 斗鱼直播项目 • 增加斗鱼购物功能	增加带货途径，开拓营收渠道，平台多元化发展

资料来源：2020 年短视频营销行业研究报告．（2020-11-08）．https://www.360kuai.com/pc/9c90c97dff742dcb5?cota=4&kuai_so=1&tj_url=so_rec&sign=360_57c3bbd1&refer_scene=so_1.

由于千禧一代和 Z 世代消费者逐渐成为电商消费的主力，泛娱乐潮流影响其消费行为，他们在消费中更倾向于娱乐化、互动化和内容化，是内容的生产者、分享者、消费者。随着线上购物、社交媒体、在线娱乐、移动支付等消费习惯与生活方式紧密相连，千禧一代和 Z 世代消费者会分配大量时间在内容消费上，如在抖音、快手、B 站等视频平台浏览短视频，通过微博、微信等社交平台分享日常生活。①

新消费场景包括线上购物、社交电商、直播带货、社区拼团、无人零售等，利用新科技优化产业价值链，推动线上、线下消费场景深度融合。新消费浪潮下，零售商利用大数据技术快速收集用户基础、行为、交易数据，快速获取用户真实需求，将需求反馈给生产商。生产商快速改进产品外观、性能，增加数据可用性并实现差异化、提升效率。随着产业数字化进程的加速，新消费模式逐渐由传统的“生产商—经销商—零售商—用户”商业流程向“用户—生产商”的商业逻辑转变。②

总的来说，分销渠道的选择与管理是一项重要的营销决策。鉴于零售分销对销售的重要性，制定适当的零售分销策略在营销中非常重要。消费者的喜好以及生产和分销成本随品牌、产品形式和零售渠道的不同而不同。忽略分销而仅关注价格竞争会导致制造商的利润率被高估。③ 渠道的效率也是决定企业成本和利润的关键因素之一。不仅是效率，分销渠道对企业的整体经营效果也至关重要。渠道成员的能力和绩效对企业增加附加值、赢得顾客满意和创造竞争优势都有非常重要的影响。

案例

直播电商营销体系搭建——以抖音、快手为例

党的十九大报告指出，要推动“大智移云”与实体企业深度融合，充分发挥数字技术对零售业的赋能优势。随着数字经济的飞速发展，营销方式也随之发生变革。直播营销作为新兴的网络营销方式，能满足消费者个性化需求、增强消费者科技与购物体验、提高顾客黏性。因其具有的高度互动性与直播激励，获得了消费者的广泛关注。

影响者营销是利用社交媒体影响者的优势推广消费者认可的品牌产品和服务的营销战略。通过影响者在社交媒体向关注者推广产品已成为传统营销管理者关注的新领域。Z 世代和千禧一代消费者是在互联网技术和社会化媒体环境中成长起来的，他们渴望乐趣、挑战、社交，倾向于在社交媒体上实时进行信息交流。影响者营销凭借社交媒体的发展和信息传播，成为一种高效的新型信息传播和营销手段。

当今流行的直播作为一种新的电子商务模式，本质也是一种精准营销方式，主要是利用主播的公众影响力和知名度，采取变现渠道来获取经济利益，其范围延伸至以主播为核心的整个产业链。直播带货影响粉丝购买决策的关键环节在关注、兴趣、搜寻三个阶段，其中优秀内容、激励机制、主播影响力、良好互动、对主播的信任能显著正向影响粉丝的购买决策。

抖音是一个专注于年轻人音乐短视频创作分享的社区平台，在 2016 年 9 月上线。其采用人工智能技术为用户创造各式玩法，用户可以选择歌曲，拍摄音乐短视频，生成自己的作品。2018 年 3 月 19 日，抖音发布全新标语“记录美好生活”。2021 年 1 月，抖音支付在抖音 APP 正式上线。2019 年，抖音与京东、考拉、唯品会等电商平台打通，支持带货，并推出小程序电商。

快手是由快手科技开发的一款短视频应用 APP，2013 年正式上线，用照片和短视频记录生活的点滴，通过直播与粉丝实时互动。随着智能手机的普及和移动流量成本的下降，快手转

① 国泰君安新兴消费行业深度报告：变革与创新，新消费时代.（2021-02-26）. http://finance.sina.com.cn/stock/y/2021-02-26/doc-ikftpnny9870266.shtmll.

② 同①.

③ Cai Y J，Lo C K. Omni-channel management in the new retailing era：a systematic review and future research agenda. International Journal of Production Economics，2020，229，107729.

型发展为短视频社区。2016 年初，快手上线直播功能。2018 年，快手发布麦田计划，以“内容＋社交”为驱动，打通快手电商和其他生态形式。

抖音和快手作为头部短视频平台，在不同算法机制和用户画像下，它们的电商模式有一定的差别，抖音与快手均在加速电商体系搭建，形成人货场差异化布局。详见表 14－2。

表 14－2　抖音和快手短视频平台的直播电商生态环境

项目	抖音	快手
算法机制	爆款机制，“千人千面”的个性化推荐算法，将海量内容高效分发	普惠机制，社区属性更强，通过内容、用户、环境特征进行推荐
用户画像	一二线城市用户为主，25～35 岁用户较多	新二三线及以下城市用户为主，24 岁以下更爱使用
用户黏性	用户与主播互动较弱，对作者作品内容感兴趣，对作者信任度较低，用户黏性较低	用户与主播互动频繁，对作者的认可度较高，信任度较强，用户黏性较高
带货品类	美妆个护和网红产品为主，品牌产品较多	食品、农产品、服饰、生活用品为主，性价比高的产品较多
带货店铺	淘宝、天猫、京东、考拉、唯品会、苏宁易购、抖音小店等	淘宝、京东、拼多多、快手小店、有赞等
主播带货本质	属于内容营销，注重关键词和算法	属于社交属性，强社交链，强私域化

资料来源：直播电商下半场，抖音快手加速电商体系搭建，人货场差异化布局.（2020–08–18）. https://baijiahao.baidu.com/s?id=1675349454795064687.

抖音努力提升电商业务，加快推进电商闭环形成。“人”：抖音搭建主播体系并提高主播的直播频次及活跃度。邀请明星、名人直播，利用粉丝效应积累直播间人气，提高直播观看的活跃度。搭建原生带货关键意见领袖体系，提高主播直播频次。“货”：根据卡思学院 2020 年公布的数据，抖音主播带货的商品有 88% 来自淘宝，抖音为淘宝提供增量流量。根据自媒体三声的数据，头部的淘宝店铺已有 30% 流量来自抖音。抖音自身加强供应链体系建设，积极同其他平台合作。如抖音与苏宁易购达成合作，苏宁易购全线商品入驻抖音小店。抖音也鼓励自有供应链的主播入驻。“场”：抖音以“短视频＋直播＋抖音小店”为载体，为品牌提供良好的运营环境，以吸引品牌入驻。

快手以内容和社交为驱动，调整组织架构，在人货场方面为用户赋能。“人”：原生主播自带供应链，进行常态化直播，形成粉丝黏性。“货”：与京东合作，搭建供应链体系。除与电商平台合作之外，逐步搭建自己的供应链体系。更早提出为用户提供性价比高的“源头好货”，目前快手电商在货的布局上进一步强调“品质好物”。“场”：快手搭建基础设施的同时，将组织架构调整为涉及商业、运营、产品等多个部分，加快电商布局。

2021 年初统计数据公布显示，抖音电商 2020 年全年 GMV（商品成交总额）超过 5 000 亿元，是 2019 年的三倍多。电商直播在飞速发展的同时，也在努力打开海外直播带货的序幕，力争在经济和科技全球化发展浪潮中，推动整个商业业态健康良性快速发展。

资料来源：2020 年短视频营销行业研究报告.（2020–10–19）. https://www.sohu.com/a/424957296_468675；2020 年直播电商数据报告：抖音 VS 快手.（2020–07–03）. https://m.sohu.com/a/405481206_501610/；孙婧，王新新. 网红与网红经济：基于名人理论的评析. 外国经济与管理，2019，41（4）：18–30；贾微微，别永越. 网红经济视域下的影响者营销：研究述评与展望. 外国经济与管理，2021，43（1）：23–43；Ki C W C，Kim Y K. The mechanism by which social media influencers persuade consumers：the role of consumers’ desire to mimic. Psychology & Marketing，2019，36（10）：905–922；Wong V C，Fock H，Ho C K. Toward a process-transfer model of the endorser effect. Journal of Marketing Research，2020，57（3）：565–581.

案例

传统零售连锁超市大润发的转型之道

大润发是一家大型连锁超市。作为传统零售的典型代表，大润发以“新鲜、便宜、舒适、便利”为经营理念，20 多年来在中国市场创造了无数奇迹，战胜了其他零售对手，甚至包括沃尔玛等行业巨头。2010 年，大润发一举超过家乐福，成为中国零售行业第一名。近几年来，在网络零售以及地产经济的冲击下，大润发的年盈利率不断下滑，门店拓展速度有所放缓，全年新开门店总数从 2011 年的 42 家下降至 2017 年的 17 家。2017 年 11 月，大润发被阿里巴巴收购，迈上了深度转型之路。

被阿里巴巴收购之前，大润发曾试图改革，于 2014 年推出 B2C 在线全品类综合购物平台——飞牛网。与京东等网络电商巨头相比，由于消费流量不足、物流配送系统能力欠缺、网站运营技术不成熟、产品品类少等因素，飞牛网从 2014 年正式运营以来就连续亏损，最后以失败告终。后来，凭借阿里巴巴的新零售之道及其旗下的淘宝和天猫两大电商平台，大润发的电商业务重焕新生。

大润发对现有门店进行了改造，截止到 2018 年上半年，全国已有 100 家门店进行“天猫新零售升级改造”，实现了线上线下业务的深度整合。在线下业务方面，这 100 家门店均设有专门的天猫超市商品货架，出售由阿里巴巴根据大数据筛选出来的商品，商品价格与天猫平台保持一致。为了实现双向引流，大润发使到店购物的消费者有机会获得天猫购物红包，而在天猫平台上，消费者也可以领取大润发的优惠券。

在线上业务方面，借助手机淘宝的“淘鲜达”板块，大润发主推“新鲜食材 + 快捷配送”，为消费者提供“3 公里以内 1 小时送货上门”服务，且承诺满 39 元免配送费。通过该渠道，这 100 家门店的线上日均订单达到 1 000 单左右。值得一提的是，这 100 家门店除了与淘宝平台实现对接，在商品供应和配送上也与盒马鲜生实现了渠道统一，配送服务由盒马鲜生完成。

除此之外，大润发还保留了自己的电商业务，即由飞牛网退化而来的生鲜互联网超市——大润发优鲜。目前，所有门店都在该平台上架，消费者可以通过大润发优鲜应用程序购买生鲜、百货以及一些快消品。对于与淘鲜达和盒马鲜生重叠的商品，三者在供应、配送以及价格上实现了基本一致。

在大数据、云计算和移动互联网迅猛发展的背景下，传统零售商的升级是必然趋势，除了大润发外，其他一些零售巨头也纷纷选择与电商企业展开合作，如沃尔玛与京东结成战略合作伙伴关系，借助“京东到家”O2O 平台为门店引流；家乐福与腾讯和永辉合作，将经营重心转向电子商务。传统零售商的转型之路还在继续，至于未来如何，让我们拭目以待。

资料来源：又一龙头企业倒下，创始人竟无能为力，传统零售业出路究竟在哪.（2019-03-26）. https://baijiahao.baidu.com/s?id=1629038434799823584&wfr=spider&for=pc；如何看待大润发被阿里收购后，创始人离职.（2018-03-22）. https://www.sohu.com/a/226111715_324615；被阿里投资半年后，大润发做了个和之前一样的电商业务.（2018-06-18）. http://www.sohu.com/a/236338087_104421.

本章小结

分销渠道决策是市场营销组合决策的重要方面。分销渠道作为一系列组织的集合，其存在目的是促使产品和服务顺利地被使用或消费。它承担着调节生产商和消费者在产品供求种类和数量方面的差异、促进交易、收集和传递信息以及提供服务和实现融资等职能，往往涉及一系列的流程（如实体流程、所有权流程、支付流程、信息流程、谈判流程和促销流程等）。在实践中，渠道的参与者主要包括批发商、零售商和其他辅助机构。其中，作为联系生产商和零售商的纽带，批发商发挥着重要的协调和支持作用，其主要功能在于将产品出售给进行再销售的零售商或其他批发商。零售商指向个人和家庭等最终消费者出售产品并提供服务的企业。根据所有权结构的不同，可将零售商分为连锁店和独立零售商两种形式。

分销渠道的结构问题主要涉及渠道的长度、渠道的宽度、渠道的广度和基于成员关系的渠道系统四个方面。其中，渠道的长度指产品和服务从生产商到消费者所经过的中间环节的数量。根据渠道长度的不同，可以将分销渠道分为直接渠道和间接渠道。渠道宽度与每个渠道层级中间商的数量有关。一般情况下，有三种战略可供选择：独家分销、选择性分销和密集性分销。渠道的广度指企业是采用单渠道、多渠道、跨渠道还是全渠道等战略进行产品分销。在影响渠道选择的因素中，市场因素、产品因素、生产商自身因素和渠道成员因素这四个方面是最为重要的。其中，每一个因素又包含若干个方面，企业的营销人员在进行渠道决策时需依据具体情况做出判断。同时，营销人员还需要对整个渠道进行管理，这里涉及渠道成员的选择、渠道成员的激励与控制以及渠道冲突的管理。

随着互联网和信息技术的突飞猛进，电子商务这一新兴的电子分销渠道获得了快速的发展。同时，不断演化而成的价值网络作为一种新型的管理模式，具有以顾客需求为中心、高度协作与系统化、快速响应与个性化定制、数字化、快速流动和低成本等特点，关乎价值的传递和交付。

思考与练习

1. 什么是分销渠道？分销渠道的功能是什么？
2. 如何选择渠道成员？评价渠道成员的标准有哪些？
3. 激励渠道成员的方式有哪些？
4. 渠道冲突有哪些类型？产生渠道冲突的原因有哪些？如何解决渠道冲突问题？
5. 什么是电子商务？电子商务的优势和不足有哪些？
6. 举例说明价值链与分销渠道的关系。
7. 举例说明价值网络的价值交付过程。

基本概念　第14章

延伸阅读　第14章

第15章

营销计划、组织、执行与控制

本章要点

目前，我国正着力加强供给侧结构性改革，着力提高供给体系质量和效率。企业组织应全力完善组织结构，有效实现高质量的资源配置，以提高企业的产品或服务的供给质量。而这一切都少不了企业中营销计划、组织、执行与控制的作用。营销工作缺乏计划将会导致行动和经费开支的混乱，使企业资源不能得到有效配置，使企业在市场竞争中处于劣势地位，因此每个企业必须制订营销计划以应对市场竞争。在制订合理的营销计划以后，企业还需要根据计划确定相应的组织结构和组织模式，营销组织是执行计划的主体。同时，在执行计划的过程中企业还要进行监控，掌握营销组织执行计划的进度和结果，并根据环境的变化进一步改进和完善企业的营销计划，据此指导企业的经营实践。总之，营销计划、组织、执行与控制是企业不可或缺的部分，也是帮助企业更好地实现去产能、去库存和降成本并优化其资源配置效果的重要手段。

学习目标

- 掌握营销计划的内涵及内容。
- 熟悉管理营销组织的措施。
- 掌握企业提升营销执行能力的方法。
- 掌握企业营销控制的方法。

第1节　营销计划

无计划的营销工作会造成企业行动的混乱和经费支出的增加，容易使企业受到竞争者的攻击，企业可能因此被市场淘汰。因此，每一个企业都必须有计划地应对市场。[①] 换句话说，

① 李延凤. 论市场营销计划的制定策略. 商场现代化，2007（25）.

基于组织未来发展所做出的长远、合理且具有灵活性的计划是每个企业在竞争激烈的大环境中谋求生存和发展的必需品。那么，什么是营销计划？营销计划的内容是什么？在制订营销计划的时候应该注意哪些问题？

一、营销计划的作用

在定义营销计划之前，首先要明确制订营销计划究竟能够为企业带来哪些好处。具体而言，营销计划的作用主要体现在三个方面。

（一）营销计划对企业的作用

对于企业来说，一个好的营销计划能够使企业更加从容地应对环境的复杂性、激烈的竞争以及急剧的技术变革[①]；能够帮助企业确定实现计划所需的资源，识别资源的竞争优势，预测企业的资源需要量，并据此判断企业所承担的成本，这有利于企业进一步节约费用和开支。因此，好的营销计划可以帮助企业提升质量和效率，实现高效的资源配置。

（二）营销计划对管理者的作用

对于管理者来说，营销计划设定了一定时间内必须实现的目标、重点和策略，可以帮助企业管理者适时地评价计划的实施情况和目标的达成情况，以适应不断变化的环境并及时利用变化产生的机会，采取正确的行动来实现预期目标，从而达到事半功倍的效果。

（三）营销计划对员工的作用

对于企业的员工来说，营销计划描述了其将要进行的任务和采取的行动，使员工更加清楚自己的工作职责，并鼓励员工认真承担责任和相互配合，有目标、有步骤地完成各项任务。[②]此外，营销计划有利于员工内部达成共识，从而更有效地提高整合营销传播的效果。

二、营销计划的内涵

营销计划是指帮助企业协调外部环境和内部资源，以达到理想效果的一系列过程或活动。企业利用这一系列过程和活动能够更加理性、更加科学和更有目的性地制定营销决策，从而使企业的资源配置更加合理，进而改善企业的营销绩效。[③]因此，任何想要改进营销效率和效果的企业都必须学会如何建立和实施完善的营销计划。

营销视角15-1 可口可乐的营销计划

一般而言，营销计划主要有两种类型：概要性计划和适应性计划。其中，概要性计划（synoptic planning）是指正式、全面且合理的自上而下的计划过程；适应性计划（adaptive planning）是指采用自下而上的模式来解决问题的办法，这种计划往往具有应对突发事件的卓越能力。显然，上述两

① McDonald M H B. Ten barriers to marketing planning. Journal of Service Marketing，1990，4（2）：5–18.

② 魏斌．制定市场营销计划值得注意的几个问题．辽宁行政学院学报，2008（2）.

③ Pulendran S，Speed R，Widing R E. Marketing planning，market orientation and business performance. European Journal of Marketing，2003，37（3–4）：476–497.

种类型的营销计划各有优势与劣势，其主要差异表现在四个方面：正式化程度、广泛性程度、理性化程度和计划过程中的交互作用程度。[①] 正式化是指通过一系列的正式计划活动产生最终结果，涉及结果的可控程度。在实践中，正式化往往能够使计划过程更加规范，但也会延迟组织对变化的反应。广泛性是指计划过程鼓励信息利用的最大化程度，它要求一个组织充分地分析营销目标、可选择的策略和策略可能产生的结果。企业必须确保被选择的策略相互之间具有一致性，并通过具体的计划加以改善。理性化要求在进行决策制定的时候，相关人员能够采用客观的分析方法。根据相关研究，理性化程度会对营销计划的质量产生积极影响。[②] 此外，职能部门和个人在计划执行中的交互作用也能够改善计划的质量。这是因为交互程度越高，信息的交换和利用水平就越高。同时，员工的交互也会鼓励他们朝着同一个目标努力。但是，高水平的交互通常与非正式性相关，并且会降低决策的速度。[③]

三、营销计划的内容

内容全面的营销计划应该能够回答企业营销中的三个基本问题，不论是概要性计划，还是适应性计划。

（1）回答“我们现在在哪里”这一问题，即对企业的营销现状进行分析，描述企业当前的营销环境。通过回答这些问题，营销管理者可以深入分析并理解影响企业营销的关键因素。

（2）回答“我们想到哪里去”这一问题，即明确企业的营销目标是什么，涉及市场占有率、市场份额增长率、销售收入总额与增长率、品牌资产的价值、顾客资产的价值、营销投资回报率和顾客满意度等。

（3）回答“我们怎样到那里”这一问题，即明确为实现企业的营销目标而应采取的具体行动，包括企业的营销战略和一系列具体的行动计划。这些行动计划应该能够让企业明确如何才能实现既定的目标以及什么时候能够实现、谁应该对此负责、将花费多少成本等。

针对上述三个基本问题，营销计划应包括：（1）执行概要。营销计划的开头部分应该有一个关于营销计划的主要目标和措施的概要性说明。执行概要可以把计划的核心内容描述出来，以利于上级主管在审核时迅速了解并把握计划的要点。（2）当前营销状况。营销计划要对某项产品的当前营销状况进行简要明确的分析和概括，内容包括市场状况、竞争状况、产品状况、分销状况、宏观环境状况等。（3）机会与问题分析。这是指对计划期内市场营销活动所面临的主要威胁和机会以及自身的优势与劣势进行分析，为后期确定营销目标做准备。（4）营销目标。主要包括财务目标和市场目标。企业在计划期内完成任务之后必须实现盈利性目标和市场目标。由于企业的产品只有在市场上实现销售以后才能转化为货币，进而实现企业的财务目标，所以企业必须首先把财务目标转化为具体的市场目标。在实践中，常见的市场目标可以表现为销售收入、市场占有率、品牌知名度、分销网点数目等。（5）营销战略。这是指达到上述营销目标的基本途径或手段，主要包括目标市场、营销组合（4P）、市场定位、营销费用水平以及整合营销传播等。（6）行动方案。企业需要把营销战略转化成具体的活动与程序，其中包括应该做什么、谁来做、如何做、何时开始、何时结束、需要多少成本等。（7）预算方案。营

---

① Pearce J A，Robbins D K，Robinson R B. The impact of grand strategy and planning formality on financial performance. Strategic Management Journal，1987，8（2）：125-134.

② Eisenhardt K M，Bourgeois L J. Politics of strategic decision making in high-velocity environments：toward a midrange theory. The Academy of Management Journal，1988，31（4）：737-770.

③ Hickson D J，Butler R J，Cray D，et al. Top decisions：strategic decision-making in organizations. San Fransisco：Jossey-Bass，1986.

销计划需要编制出各项活动收支的预算。其中，在收入方面要说明预计的销售量及平均单价；在支出方面要说明生产成本、实体分销和其他营销费用，收支的差额为预计的利润。这种预算一旦得到批准，就成为制订营销计划和确定材料采购、生产调度、人力补充与营销活动安排的基本依据。（8）营销控制。这是指用以监督计划进程的工具和手段。典型的做法是将计划规定的目标和预算按季度进行分解，以便企业的上层管理部门进行有效监督和检查，督促未完成任务的部门进行改进，以保证营销计划顺利完成，如表 15－1 所示。

表 15－1　营销计划的内容

内容	目的
执行概要	提供所建议计划的概要
当前营销状况	提供与市场、竞争、产品、分销和宏观环境有关的背景数据
机会与问题分析	概述主要的机会和威胁、优势和劣势以及在计划中可能面临且必须处理的关键问题
营销目标	确定计划中想要达到的关于销售量、市场份额和利润等的目标
营销战略	描述为实现计划目标而必须采用的主要营销战略
行动方案	回答应该做什么、谁来做、如何做、何时开始、何时结束、需要多少成本等
预算方案	概述计划所预期的财务收益情况
营销控制	说明如何监控计划

资料来源：科特勒，凯勒．营销管理：第 13 版．王永贵，于洪彦，何佳讯，等译．上海：格致出版社，2009.

四、制订营销计划应该注意的问题

首先，制订营销计划需要掌握大量真实准确的市场营销活动方面的具体信息，这些信息主要来源于企业的内部和外部。内部信息主要来自企业的推销员、市场分析人员、中高层管理人员和股东以及记录企业市场交易的部门；外部信息往往来自顾客、经销商、代理商、竞争者和供应商以及其他信息提供者。

在当今的数字经济时代，企业往往可以运用先进的大数据技术获取外部信息。无论是内部信息，还是外部信息，都有好坏之分，即都存在信息质量问题。尤其是大数据情境下，数据量庞大，企业对数据质量的判断能力十分重要，企业既要保证数据的广泛性，也要兼顾数据的严谨性，只有这样才能提高数据结果的准确性，不至于出现大的决策偏差。数据的误读对企业营销的负面影响巨大。例如，2008 年，谷歌推出了一款名为“谷歌流感趋势”（Google Flu Trends）的产品。工程师假定人们一旦患上流感，就会在搜索引擎中输入特定的检索词条以获得与流感相关的信息。通过汇总和分析这些检索词条，谷歌能预测流感将在何时何地暴发。2009 年，这款产品在甲型 H1N1 流感暴发几周前成功预测了其在全美范围内的传播，反响巨大。一时间，有关大数据开启公共卫生变革的观点不断涌现。然而，“谷歌流感趋势”之后的表现并不尽如人意。2011—2013 年，该产品大多高估了流感发病率。在一次预测流感暴发趋势时，谷歌所预测的流感病例数目几乎是美国疾病控制与预防中心统计数据的两倍。[①] 流感预测失败的原因在于搜索关键词和疾病暴发是相关关系，不是因果关系，一个人搜索感冒不一定代表他生病了，可能是因为身边人生病而检索以预防疾病，这种预测存在很大的偏差。因此，营销管理人员在制订营销计划之前一定要学会收集和整理信息，把有用和无用的信息区分开来，对有用的信息进行处理。

① Lazer D，Kennedy R，King G，et al. The parable of Google Flu：traps in big data analysis. Science，2014，343：1203-1205.

其次，制订营销计划应该符合客观要求。这要求企业根据自身的特点和性质，有重点地选择和确定营销计划的内容，不能牵强附会、僵化呆板。而且，重点是准确地确定和详细地描述企业的发展机会，以此鼓励员工为之努力奋斗，实现预期目标。

再次，制订营销计划中的目标时应锁定在通过努力可以实现的目标上。营销人员绝不能好高骛远，一定要在市场细分的基础上确定目标市场，科学合理地进行产品定位，重点关注五个方面。第一，目标的可衡量性，即目标能够被衡量的程度。第二，目标的可实现性，指通过不懈努力实现目标的程度。第三。目标的可盈利性，即实现目标能为企业带来收益。第四，目标的可行性，即目标的可操作程度。第五，目标的激励性，即所确定的目标在多大程度上能够对员工产生有效的激励作用。

最后，制订营销计划时，企业一定要结合环境分析工具，客观地分析企业的内部与外部营销环境。而且，营销管理人员要学会分析环境、改造环境、利用环境和创造环境，善于分析和观察营销环境变化中的市场机会。

第 2 节　营销组织

营销组织是企业组织体系的重要组成部分。当今，由于企业面临的营销环境更加复杂和难以预测，所以营销组织设计是否具有灵活性和创造性变得更加重要。营销组织设计的优劣不仅关系到企业的营销效率与管理成本，而且直接影响企业的经济效益和发展潜力。

一、营销组织的概念

国内外对营销组织概念的研究经历了四个阶段，下面对不同阶段对营销组织的定义进行简要的阐述。①

在第一阶段，营销组织往往等同于销售部门。早期的大部分企业都采用这一形式的营销组织结构，这也是营销组织发展的初级阶段。此时的销售部门主要负责产品的销售，只能被动地推销生产部门生产出来的产品，对于产品的内容和数量没有太多发言权，市场调研和广告促销等少量的营销职能归于此时的销售部门中。

在第二阶段，营销组织等同于狭义的营销部门。随着市场竞争的加剧和企业规模的扩大，原本销售部门的市场营销研究、广告、促销、新产品开发、附加服务等职能变得日益重要，于是专门的营销部门在企业中成立，负责以上事务，和销售部门处于并列地位。在不同企业或同一企业的不同发展阶段，上述两个部门可能归一个上级管理，也可能由两个上级管理。

在第三阶段，营销组织等同于广义的营销部门，即等同于狭义的营销部门和销售部门。这种营销组织观念认为，营销组织是指企业内部涉及营销活动的各个职位及其结构。可以说，这种营销组织是企业内部的营销组织，往往由营销（销售）副总裁 / 营销（销售）副总经理直接领导。这种营销组织的特点是企业实行的经营观念充分体现了市场营销观念，销售部门只是营销部门的一个职能部门，同属一个上级管理，各个营销职能部门分工合作、密切配合。

在第四阶段，营销组织等同于整个企业组织，即现代营销型企业。具体而言，这种组织以顾客为导向，要求全体员工意识到他们是为顾客工作的。只有当全体员工意识到“他们的就业岗位是由选择本企业产品的顾客创造的”，企业才能成为有效的营销型企业。这种类型的企

① 张善轩．企业营销组织研究．北京：中国社会科学院，2001.

业往往会按照订单协调生产与交付活动，而顾客获取和顾客挽留等流程或结果则涉及包括营销部门在内的企业所有职能部门，这在很大程度上改变了原来按照职能对营销人员和销售人员进行分工组织的方式。

总体来说，在当今时代，营销组织是综合开展经营决策、计划实施以及管理控制营销活动的组织，主要包括两种类型：企业内部推进营销活动的组织和企业外部的商品销售组织。

二、营销组织的演变趋势

从营销组织概念的演变趋势可以看出，企业组织已经从传统的以产品为导向朝着以顾客为导向转变。[①] 其中，传统的以产品为中心的组织结构（见图 15－1）早已无法有效适应当今的市场环境及其变化。现代企业必须以顾客价值为出发点，捕捉持续变化的顾客需求。换句话说，在顾客中心时代，最卓越的企业应该是顾客驱动型的，即企业把顾客视为最重要的利益相关者，并主张首先满足目标顾客的需要。这也就意味着营销部门在企业中的地位越来越重要，营销部门的结构设计也将直接关系到企业的发展。

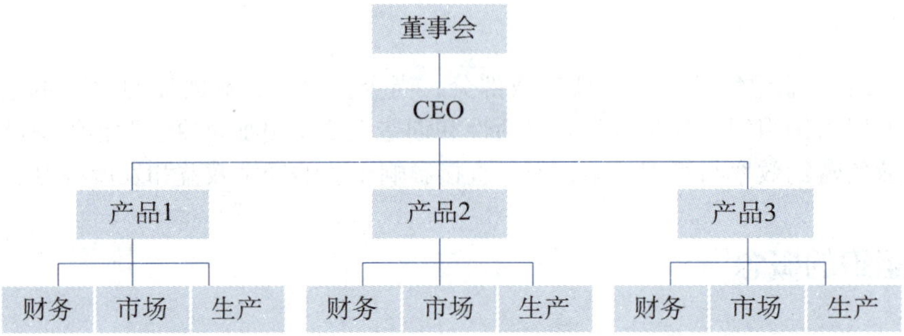

图 15－1　以产品为中心的组织结构

资料来源：覃蓉芳，武振业．一个以顾客价值为中心的组织结构框架．世界科技研究与发展，2001（2）．

因此，以顾客价值为中心的企业会深入理解顾客价值以及顾客价值对经营活动的意义，并对传统的职能部门（如财务、生产与市场等部门）进行改造，使组织结构和资源集中于顾客价值的关键驱动因素，即加强对营销组织的重视。现代的营销组织结构主要按照四种方式进行设计。

1. 按照职能划分营销组织结构

构建营销组织最常见的方法之一是按职能将员工根据他们的特定技能和履行的职责进行组织安排，例如数字营销、产品营销、内容营销、创意营销等。每个职能部门通常都是独立管理的，职能部门负责人直接向营销副总裁或首席营销官报告。

在这种结构中，具有类似技能的个人被分在一起，使得组织中不同职能更加专业化，同一职能下的工作也将更快速地响应和更高效地开展。使用这种方法，重要的是确保职能团队彼此紧密协作以支持总体营销目标。潜在的不利因素是，营销组织的各个职能之间交流不畅，导致营销活动的不一致或冗余。

2. 按照顾客旅程划分营销组织结构

有一些公司围绕顾客旅程的各个阶段划分营销组织团队。每个团队都拥有其所在顾客阶

---

① Homburg C，Workman J P，Jensen O. Fundamental changes in marketing organization：the movement toward a customer-focused organizational structure. Journal of the Academy of Marketing Science，2000，28（4）：459–478.

段的特定指标，并向营销副总裁或首席营销官报告总体进度。具体而言，顾客旅程可以划分为顾客获取、顾客转化和顾客保留三个阶段。直到顾客找到公司，顾客转换才可以发生。同样，顾客必须等到真正转换后才能保留。

这种设计使每个团队都可以专注于它们负责的目标，从而确保所负责的顾客可以更加优化地转移到顾客旅程的下一阶段。但是，需要注意，在这样的结构中，每个团队都需要掌握在顾客旅程的特定阶段进行营销活动所需的所有技能，这可能会造成企业资源的浪费。同时，使用此模型的团队必须在团队之间紧密合作，以确保为其顾客提供无缝的体验。

3. 按照地理区域划分营销组织结构

全球性组织经常在多个国家运营，这样的组织按国家、地区或区域进行营销组织结构设计可能更加有效。按照地域划分之后，营销组织能够针对特定受众优化和本土化营销策略。这使本地团队拥有更大的自主决策权，可以快速行动并创建与其所在地区相匹配的营销计划。这种按照地理区域划分的各个营销组织结构最终由一个中央公司的营销组织进行整体控制。例如，一些跨国企业将全球划分为亚太区、欧洲区、北美区等区域，其中亚太区也会按照国家再进行划分。

企业使用这种模式构建营销组织明显会增加垂直管理的幅度。但由于全球企业的营销活动任务复杂，销售人员对利润影响很大，这种垂直分层是必不可少的。无论组织结构如何，协作和沟通都是必要的。避免混淆或交叉工作的关键是中央集成的营销规划。统一的规划有助于各个区域的营销组织进行一致的工作。这样可以使每个人都了解跨团队工作，达成营销和业务目标。

4. 按照顾客群划分营销组织结构

有一些组织在构建营销组织时，专注于不同的顾客群，例如行业、市场或规模。一些企业使用这些细分来指导其组织结构的建立，即针对不同的顾客群体，设计多条产品线，在每一条产品线上生产或组装多种产品。当企业把某一条产品线上的多种产品向不同的顾客群营销推广时，即可采取这种营销组织结构。通过关注特定的顾客群，产品团队可以专注于特定群体进行产品设计，营销人员可以制作与不同顾客群深刻共鸣的信息和广告，从而使销售人员更加有效地推销产品。

根据顾客群的划分构建营销组织结构的优点在于，企业的市场营销活动是按照特定的顾客需求组织安排的，这有利于企业销售工作的深入和市场的开拓。这种营销组织结构的缺点在于有时候会由于权责划分不清和多头领导产生管理上的矛盾和冲突。

近年来，随着数字技术的兴起，消费者的零售购物过程发生了根本性的变化。早些时候，购物还只能从一家商店到另一家商店进行货比三家。如今，在在线网站、智能手机应用、社交媒体盛行的时代，购物正发生在多种渠道之中。与此同时，企业也正在朝着全渠道营销的方向迈进，为顾客提供无缝的跨渠道购买体验，将实体店、在线和移动手机购物整合在一起。因此，在这种情况下，企业的营销组织可能还需要将其结构划分为电商和实体两大部分，再进一步根据如上的组织结构将这两大部分进行组织结构设计。

需要注意的是，在数字化时代，企业进行全渠道经营时并不是简单地将组织结构进行拆分，不仅要让实体店部门和电商部门各司其职，还要考虑全渠道经营过程中消费者的线上线下无缝衔接的购物体验。因为，在全渠道时代，消费者随时随地在线购物。他们可能在搜寻网站和社交媒体时，就产生了购买灵感。他们还可能在商店中看到商品后，在线比对价格，然后从网上购买，或者是在网上看到商品后去线下购买，或者是在线购买商品然后选择门店取货或送货上门。因此，负责传统的实体店铺业务的部门和数字化时代的电商业务部门就需要时刻通力合作，以期为顾客创造最大价值，并从中获取利润。同时，在数字化时代，消费者有着丰富的购物渠道选择，这意味着企业在设计自身营销组织结构的同时，还要对自身的数字化技术能力进行提高，确保其在实际运营时，不会出现差错，改善顾客体验。

实际上，不论是哪一种营销组织结构，都离不开企业以顾客为导向的核心目标，顾客是组织管理中的一个重要组成部分，经营者要对顾客负责（传统企业组织中的经营者往往对股东负责）。[①] 也就是说，随着顾客权力的扩张，企业营销中最重要的一条原则可能是如实为自己的顾客代言，为顾客提供完整、透明、诚实、毫无偏见的信息，从而把自己的品牌打造成值得顾客信赖的品牌。在实践中，品牌个性的塑造固然重要，但更重要的是用寥寥数语给顾客留下深刻的印象，使品牌折射出公司产品和公司本身的良好信誉。例如，某保险公司投放了这样一个电视广告。在广告中，一个女孩信步走在塞伦盖蒂大草原上，一头犀牛快速冲向她，这个女孩没有停下脚步，最后犀牛在离女孩几英寸的地方停了下来。女孩摸了摸犀牛的脸，此时画外音响起，“信任就是你在遭遇危机时毫不畏惧”。这是对信任的一个绝好定义。遭遇风险和危机是顾客需要信任和代言的最重要原因。如果顾客易遭遇风险，那么企业的责任就是向顾客提供可靠的产品，把顾客可能遭遇的产品风险和决策风险等各种风险降到最低。[②] 显然，企业的营销部门乃至整个企业都需要为此做出转变。

不论如何，顾客管理都在现代营销组织结构中扮演着至关重要的角色。一个成功的顾客管理实践应该能准确地分辨出顾客价值驱动因素中的关键要素，同时能认识到它们之间的协同作用，从而把注意力集中在能使顾客满意的战略与战术上。这里所说的顾客价值驱动因素主要包括三个方面的内容：产品价值、品牌价值和关系价值。产品价值是指顾客对使用某一品牌产品的客观评价，是顾客与企业间关系维持的基础，包括产品的价格、质量、购买便利性等客观因素。品牌价值是指顾客对品牌超越其客观价值的主观和无形的评价，它代表着企业产品的附加价值。较高的品牌价值往往能够建立企业的知名度并吸引顾客，促使顾客采取重复的购买行为和口碑推荐行为，维系与顾客的情感纽带。关系价值是指顾客坚持购买一种品牌的倾向。显然，它超越了对品牌的主观和客观评价，较高的关系价值能够带来更多的顾客忠诚。

除了顾客管理以外，企业的信息管理也很重要。组织设计的重心由产品向顾客转移，信息库的重心也会随之由产品数据库转移到顾客数据库。企业应该借助信息技术建立起内容翔实的顾客信息系统，及早发现顾客需求的变化，并及时对产品和服务做出调整。

三、选择营销组织模式应该考虑的因素

营销组织模式选择要从多种因素综合作用的角度来考虑，其中有两类基本因素对营销组织模式的选择有重要影响：企业内部因素和企业外部因素。[③]

（一）企业内部因素

影响企业营销组织模式与形式选择的企业内部因素有很多。具体而言，主要包括企业经营战略、经营规模、技术条件、产品和经营复杂程度等。不同的企业营销战略往往要求不同的营销组织模式与之相适应。同时，经营规模的大小也对企业营销组织模式选择有直接的影响。营销规模大、用户多且复杂的企业往往要求强有力的营销组织，以适应复杂业务环境的需要；技术条件较差的企业对营销组织的要求会更高。

① 覃蓉芳，武振业. 一个以顾客价值为中心的组织结构框架. 世界科技研究与发展，2001（2）.
② 厄本. 顾客利益代言. 王永贵，冯慧，译. 北京：中国人民大学出版社，2009.
③ 刘玉来. 试论企业营销组织建设与管理. 商场现代化，2006（27）.

（二）企业外部因素

类似地，影响营销组织形式的企业外部因素也很多。具体而言，主要包括：（1）顾客状况。它直接影响企业营销组织模式的选择，如顾客的购买批量、购买批次、采购方式以及地理区域分布等。（2）市场状况。在现在的买方市场情况下，营销组织必须承担大量的市场营销相关工作，因此市场状况直接影响企业营销组织模式的选择，如市场规模、区域分布状况、增长状况等。（3）竞争对手。竞争对手的产品状况、营销手段、营销重点以及所采用的营销组织模式等都会直接影响本企业营销组织模式的选择。（4）地理位置。它直接影响企业的市场布局。距离远、运费高、与顾客沟通不便和运输受限等因素都会影响企业营销组织模式的选择。此时，为保住市场，企业必须在其他方面下功夫，如提供技术支持、保证及时供货等，并与顾客保持良好的关系。①

四、管理营销组织的措施

在动态和复杂的环境下，对营销组织进行管理的难度增加了，这要求营销组织具备适应环境的能力，有一定的灵活性。

实际上，动态地设计营销组织结构的过程是企业营销组织再造的过程，即通过变革企业原有的营销组织结构和营销业务流程中的不适合因素，进行营销组织的再造，实现营销主体和营销环境的动态平衡。管理营销组织的具体措施主要有：（1）选拔营销人才，加强营销部门的建设，充分发挥营销部门对企业营销工作的战略指导作用。（2）提高销售人员素质，改进销售部门的管理，加强销售人员的推销能力和信息收集能力。（3）进行渠道设计和建设时注意各种渠道之间的协同效应，渠道管理要以关系营销为导向，密切关注渠道成员的关系，确保渠道畅通。（4）加强营销信息管理系统和客户关系管理系统的建设，提高营销管理的效率。（5）整合与创新营销组织，在营销环境发生深刻变化之际，企业应结合自身的条件和特点，及时灵活地调整相应的战略和策略，动态地设计营销组织结构形式，进行营销组织再造。

一般而言，可供管理者选择的营销组织再造方法主要有：（1）建立以顾客利益为中心的营销组织。企业应从顾客需要出发决定所有的营销业务内容，对业务流程进行重新组织，通过调整、信息反馈、全员参与的持续改善等一系列活动，为顾客提供及时有效的服务，提高顾客的满意度和忠诚度。（2）改变传统的“金字塔型”营销组织，构建基于数字化技术的网络型扁平化组织结构，减少营销组织结构的层次，使营销组织富有弹性和灵活性，在大数据驱动的顾客分析预测和顾客关系管理中针对顾客需求和市场竞争的变化做出快速反应。（3）加强营销组织的横向沟通。市场营销不仅仅是营销部门的事，它依赖企业各部门的共同努力与协同。只有企业内实现真正的营销协同，才能提高企业的整体竞争力。企业应通过横向交流的方式，让营销真正融入每个部门的日常工作，使每个部门都认识到自己是企业营销的一个重要环节，促进各部门共同为满足顾客需要工作。（4）对顾客和企业整体目标负责，以群体和协作优势解决具体的营销问题。企业应建立跨职能的营销管理团队，在解决完某个营销问题之后，小组应宣告解散。营销管理团队由于机动性强，富有弹性，在处理大型营销策划方案和解决各种市场突发问题等方面具有很大的优越性。（5）把营销组织看作学习型组织。学习型组织是具有持久创新能力的创造未来的组织，具体表现是共享营销愿景、开放性和学习投入以及跨组织边界的知识共享等。企业应在营销组织内部建立完善的自我学习机制，把员工与工作结合起来，使营销组

① 郭国庆．市场营销管理：理论与模型．北京：中国人民大学出版社，1995.

织在个人、团队以及整个系统三个层次上得到发展，形成“学习—持续改进—共享—建立营销优势”的良性循环。[①]

第3节 营销执行

营销计划是对整个营销业务活动开展的指导，该阶段的营销管理制度旨在从策略方向确保营销业务的正确性，核心是“做正确的事”。营销执行阶段反映的是对营销计划内容的贯彻与实施。即使一个企业的营销计划与另一个企业的营销计划雷同，也可能通过更好或更快的实施在市场上取得胜利。因此，一个好的计划是否有一个有序的组织来顺利贯彻执行十分关键。

一、营销执行的概念

所谓营销执行，就是将营销计划转化为行动和任务的部署过程，即对企业组织在达到市场营销目标过程中所有影响最终效果的因素进行规范、控制及整合运用的过程，最终目的是实现营销计划目标。

需要注意的是，提升企业的营销执行能力不仅仅局限于执行环节。实际上，营销执行是一个体系，往往不可避免地涉及组织、流程、绩效考评与领导力等方方面面的管理要素。可见，营销执行离不开科学的结构、流程和机制设计。因此，应这样描述执行的定义：执行是指建立科学的运作流程，同时设立目标与评估标准，明确奖惩规则，通过组织结构内外部的检查互动，推进人员的奖优罚劣及优胜劣汰，确保目标的实现。[②]

二、影响有效实施营销计划的因素

对于一项好的营销计划来说，如果执行不当，其成效会大打折扣。概括而言，能够影响营销计划有效实施的因素主要有四类：发现和诊断的技能，对企业存在问题的层次做出评估的技能，执行计划和评估执行结果的技能，以及功能、方案和政策方面的分配技能。著名营销管理大师菲利普·科特勒围绕这些技能做出了一些描述。[③]

（一）发现和诊断的技能

当营销计划执行的结果未达到预期目标时，战略和执行紧密的内在关系就会导致一些难以解决的、需要诊断的问题。例如，低销售率究竟是战略欠佳造成的，还是执行不当的结果？此外，企业还需确定究竟是什么问题、如何解决等。在管理手段和解决措施方面，有多种不同的组合可供选择。

（二）对企业存在问题的层次做出评估的技能

营销执行问题可能发生在三个层次上。第一个层次是营销功能，例如，企业需要思考如何从广告代理商处得到更多的创造性广告。在数字化时代，随着移动营销、社交媒体、在线社

① 胡旺盛．跨世纪企业营销组织再造．中国软科学，1999（6）．
② 周溢．提升企业市场营销执行力．北方经贸，2006（2）．
③ 科特勒，凯勒．营销管理：第13版．王永贵，于洪彦，何佳讯，等译．上海：格致出版社，2009．

区的发展，除了广告代理商之外，UCG（用户生成内容）也是一个热门话题，在抖音、微信、今日头条、知乎等自媒体平台中，关键意见领袖对企业产品和服务产生的力量要远远大于传统形式的广告。第二个层次是营销规划，它把各种营销功能协调地组合在一起，决定了企业能否把产品更好地推向市场。在这个层次中，企业需要运用大数据技术，精准地计算和预测顾客的需求和偏好，并制定营销组合战略。第三个层次是营销政策，如企业希望每个员工都把顾客放在第一位。

（三）执行计划和评估执行结果的技能

营销者必须掌握一套能有效执行营销计划或政策的技能。这种基本技能主要表现为分配、监控、组织和相互配合方面的技能。

（四）功能、方案和政策方面的分配技能

管理者应用监控技能来评估营销活动的结果，应用组织技能来开发一个有效的工作组织。他们要应用相互配合技能，通过影响别人来完成自己的工作。营销者不仅要动员企业员工有效地实施预期的战略，而且要学会利用外部的力量，如调研公司、广告代理公司、经销商、批发商、代理商等。

三、提升营销执行能力的方法

既然营销执行能力如此重要，企业在实践中应如何持续不断地提升自己的营销执行能力？对此，无数成功企业的实践表明，管理者可以从五个方面入手来提升本企业的营销执行能力。

（一）确立明晰的营销战略目标

战略目标是营销执行各环节的指路航标，能够为执行层面的人员提供明确的行动方向。因此，要想确保营销执行能力不打折扣，首先要确定明晰的营销战略目标，并在确保明晰的营销战略目标与企业总体战略目标一致的基础上，对其进行合理的分解，实施有效的营销目标管理。

（二）建立健全的营销文化体系

企业文化是组织的灵魂和精神支柱，是决定营销执行能力是否强大的根本。企业内部应该形成一种在行动中培养执行能力的文化。在提高营销执行能力的过程中，最关键的是心态和观念的转变。通常情况下，一个人如果不愿意做一件事情，会有一千个借口。因此，一个人只有心中想做一件事情的时候，才不会去找各种借口。所以，培养和建立执行能力的企业文化对组织中的每个成员满怀激情地做事是非常重要的。

（三）完善营销管理体制

实际上，完善营销管理体制要求企业的营销管理系统全面、系统、控制力强且可操作程度高。其中，营销激励机制的完善是十分重要的一个环节。合理的薪酬体系、公平的考核机制以及适当的奖惩制度，可以激励员工以饱满的热情投入工作，提高企业的营销执行能力。

（四）成立项目小组或监督小组

在成立项目小组以后，项目的进度及结果往往由项目小组成员全权负责。项目小组成员

通过各种手段与渠道，对各地的项目执行情况进行指导和跟踪，时时监测项目的进度和质量，及时解决项目中出现的问题，及时和总部人员联系沟通，并对项目进行调整。目前，不少国内企业采取一种督导制度，由高层领导组成督导小组。我们完全有理由相信，如果运用得当，这种督导制度将是一种提高执行能力的好方法。[①]

（五）重视计划与沟通

有相当多的企业不会制订详细的年度战略计划方案，而只是初步确定大致的行动思路，并在进入某一时点后，进行产品、市场、广告方面的策划活动。如果遇到不良突发事件，这些企业就会乱了手脚。因此，企业必须提前制订好营销计划，并做好备用方案。如果某种方案在特殊情况下不能使用，企业可以启动备用方案。只有这样，才有可能让企业制定的目标顺利实现。

第 4 节　营销控制

在营销计划实施过程中，有可能发生意外情况。因此，营销管理者必须持续不断地监督和控制各项营销活动。本节将从营销控制的概念、类型和方法三个方面对营销控制进行阐述。

一、营销控制的概念

所谓营销控制，是指营销管理者检查营销计划的执行情况，查看计划与实际是否一致，如果不一致或没有完成计划，就要找出原因所在，并采取适当措施和正确行动，以保证营销计划的完成。

一般而言，营销组织执行控制系统的发展程度主要依赖组织自身的性质。[②] 在实践中，适当的控制系统将管理任务分成两个工作小组，即管理小组和执行小组。其中，管理小组的责任是长期考虑并制定关于几年内能够使组织有效运作的政策和计划；执行小组的责任是执行管理小组制定的政策和计划，从而保证组织成功地实现目标。

二、营销控制的类型

营销控制可以分为正式控制和非正式控制。正式控制是指由管理层制定的机制和书面规定，如计划、预算、规章制度及规划的工作任务，它会影响员工对既定营销目标的支持程度。进一步来说，正式控制按照管理干预时间又可分为事前控制、过程控制、结果控制三个阶段。其中，事前控制是公司在进行某一活动之前采取的可衡量的行为，一般包括标准选择、人员组织配置、培训计划、整章建制、战略计划及其他形式的资源配置。过程控制关注的焦点是行为或活动而不是最终结果。在完全过程控制的情况下，管理层只能使员工遵守既定的过程，而不能使每个人对结果负责。结果控制是指设立明确的业绩标准，并进行监督评估，这种方式不关注工作过程，只追求工作成果。

非正式控制分为自我控制、团队控制和文化控制三种类型。通过自我控制，每个人建立个人目标并监督达标情况，出现偏差时进行自我调整。自我控制往往需要个人具备极高的素

---

① 付世琦．市场竞争的关键：营销执行力．商场现代化，2006（22）．

② Hersey M L .The elements of a system of marketing control. Journal of Marketing，1937，2（10）：201–208.

质、道德水准和强烈的事业心、责任心以及经验和随机应变等能力。团队控制主要通过营销组织内在人际交往中流行的社会观点模式、共同的价值观、共同的目标愿景和利益的高度相关性等因素发挥作用。文化控制通过组织中的故事、仪式、传奇和社会交往规范的缓慢积累来实现。

营销视角15-2　新康泰克通气鼻贴的营销计划、执行和控制

三、营销控制的方法

根据控制的内容、控制的客体以及营销管理各个层次涉及的具体管理活动的控制任务，可以把营销控制的方法分为三种：战略层控制方法、管理层控制方法和操作层控制方法。①

（一）战略层控制方法

战略层控制是指市场营销管理者采取一系列行动，使实际市场营销工作与原有规划尽可能一致，确保公司目标、战略以及制度最大限度地适应公司当前状况，以及预测将来的营销环境，在控制中通过不断的评审和信息反馈，对战略进行修正。市场营销战略的控制很重要，但难以做到精确，这是因为企业战略是总体性的和全局性的，战略控制关注的是控制未来的事件，即目前没有发生的事件。战略控制必须根据最新的情况重新估计相应的计划和进展，因而难度比较大。在实践中，企业在进行战略控制时，可以运用市场营销审计这一重要工具。

所谓市场营销审计，是指对企业市场营销环境、目标、战略、组织、方法、程序和业务等进行综合的、系统的、独立的和定期的核查，以确定困难和各种机会，并提出行动计划建议，改进市场营销管理效果。② 市场营销审计的基本内容包括市场营销环境审计、市场营销战略审计、市场营销组织审计、市场营销系统审计、市场营销效率审计和市场营销功能审计，如表 15－2 所示。③

表 15－2　市场营销审计的基本内容

基本内容	概要介绍
市场营销环境审计	分析宏观和微观环境中影响公司目标的关键因素。市场营销策略和规划都是在分析营销环境的基础上进行的，通过分析营销环境关键组成部分的现状和变化趋势，从中寻找会给企业带来机会和威胁的因素，做出适当的战略选择。这方面审计的内容包括：市场规模，市场增长率，现有顾客与潜在顾客对企业的评价，竞争者的目标、战略、优势、劣势、规模、市场占有率，供应商的推销方式，经销商的贸易渠道等
市场营销战略审计	考察企业的各种营销目标、战略与预测的营销环境的适应程度。具体内容主要包括：企业的营销目标是否明确；能否选择与企业任务、目标相一致的竞争地位；企业的营销战略与竞争者相比有何优势和劣势；企业在市场定位、企业形象、公共关系等方面的战略是否卓有成效；企业的市场营销资源是否按照不同的细分市场、地区和产品做了适当的配置
市场营销组织审计	检查营销组织在预期环境中的选择和控制决策能力。具体内容主要包括：审查营销组织的建立是否符合有效性原则；明确营销组织系统是否完善；确定各层次的权责范围是否明确；分析营销组织结构是否与营销目标相适应；分析营销部门与企业其他部门之间的沟通和协作状况；对营销人员素质、员工培训及激励等进行分析与评价，提出改进建议

① 王婷婷．市场营销控制理论及应用研究．长春：吉林大学，2005.

② 谢获宝．市场营销审计研究．武汉：武汉大学出版社，2003.

③ 张旺玉．发达国家企业市场营销审计的经验值得借鉴．经济纵横，2008（2）.

续表

基本内容	概要介绍
市场营销系统审计	审查企业有无健全有效的信息系统、营销计划系统、营销控制系统和新产品开发系统。对信息系统的审计是指审计企业能否正确、及时、有效地收集和整理市场发展变化方面的信息；对营销计划系统的审计是指审计企业是否有效地编制了计划及计划系统预期目标的达成率；对营销控制系统的审计是指审计企业对年度计划目标、盈利能力、市场营销成本等是否有准确的考核和有效的控制；对新产品开发系统的审计主要是指审计企业开发新产品的系统是否健全，是否组织了新产品创意的收集与筛选，新产品开发的成功率如何，是否在新产品正式上市前进行过适当的产品试验和市场试销等
市场营销效率审计	审核企业不同产品、不同市场、不同地区和不同分销渠道的盈利能力，以及市场营销费用支出情况及其效益。具体内容主要包括：销售收入绩效审查、销售费用绩效审查、成本支出审查等
市场营销功能审计	审计企业的市场营销组合（4P）效率。具体内容主要包括：审计企业的产品受欢迎程度、企业定价目标和战略的有效性、企业分销商与代理商以及供应商等渠道成员的效率、广告预算、媒体选择与广告效果以及销售队伍的工作效率等

资料来源：王精杰．企业市场营销审计的现状、问题与对策分析．当代审计，2000（5）．

（二）管理层控制方法

管理层控制是一种为了确保整体目标能够进一步分解，落实部门目标和日常任务，并确保所有组织成员以一种合作的形式执行计划，以最终实现组织的营销战略目标的控制方法。这一层次的控制方法以分析为主，通过对各地区或各部门营销数据的统计与分析，对各种营销活动及其关键因素进行控制，达到分解整体营销目标的目的。① 在实践中，这类方法主要包括销售分析、市场占有率分析、营销费用与销售额分析、顾客态度追踪等。

1. 销售分析

销售分析主要用于衡量和评估经理人员制定的计划销售目标与实际销售之间的关系。主要有两种方法。第一，简单控制法。简单控制法是指根据各部门提交的各种报表和其他数据资料进行简单的分析来对营销活动进行控制，这种方法可以测评未能达到预期销售额的特定产品、地区等。假设企业在三个地区销售产品，其预期销售额分别为 1 000 元、500 元和 2 000 元，总额为 3 500 元，实际销售额分别是 1 400 元、525 元、1 075 元。就预期销售额而言，第一个地区有 4% 的超出额，第二个地区有 5% 的超出额，第三个地区约有 46% 的未完成额。可见，主要问题显然在第三个地区。因此，企业应深入分析第三个地区未完成目标的具体原因并找出应对方案。第二，对比控制法。对比控制法是指通过企业营销活动及其成果与不同指标的对比，分析其差异以及差异产生的原因，进而采取相应的措施以完成计划。例如，假设企业年计划要求第一季度销售 4 000 件产品，每件 1 元，即销售额为 4 000 元。该季度结束时，只销售了 3 000 件，每件 0.8 元，即实际销售额为 2 400 元。那么，销售绩效差异就是预期销售额的 40%。由此产生的问题是，绩效的降低有多少归因于价格下降？有多少归因于销售数量的下降？这些问题值得思考。

2. 市场占有率分析

企业的销售额说明了一个组织经营的绝对量水平，并未反映出相对于其竞争者，企业的经营状况如何。企业销售额增加可能是由于企业所处的整个经济环境的发展，也可能是因为市场营销工作较竞争者有所改善。因此，需要引入市场占有率来对组织经营进行分析。如果企业

① 科特勒，凯勒．营销管理：第 13 版．王永贵，于洪彦，何佳讯，等译．上海：格致出版社，2009.

的市场占有率升高，表明企业的情况比竞争者好；如果下降，则说明企业的绩效比竞争者差。分析市场占有率的第一步是根据组织目标选择合适的市场份额衡量标准。一般来说，主要有四种衡量方法：（1）总体市场占有率。它用企业的销售额占全行业销售额的百分比来表示。在这种市场占有率的计算方式下，组织市场份额的绝对值与组织所确定的总体市场有关系。（2）可达市场占有率。它运用销售额占企业所服务市场的百分比来表示。所谓可达市场，一是指企业产品最适合的市场，二是指企业市场营销努力所及的市场。一般来说，组织的服务市场份额要大于组织的总体市场份额。（3）相对市场占有率（相对于三个最大竞争者）。它用组织的销售额除以三个最强大的竞争者销售额总和的百分比表示。（4）相对市场占有率（相对于最大的竞争者）。它用组织的销售额占最大竞争者销售额的百分比表示。如果相对市场占有率超过100%，表明企业是市场领先者；如果相对市场占有率正好是100%，表明企业与最大竞争者实力相当；如果相对市场占有率在上升，则表明企业正在占领最大竞争者的市场。

在了解市场占有率之后，企业还需正确解释市场占有率变动的原因。具体而言，企业可通过产品线、顾客类型、地区以及其他方面来考察市场占有率的变动情况。根据科特勒的研究，市场占有率的变动可以通过以下公式进行分析[①]：

总的市场顾客＝顾客渗透率 × 顾客忠诚度 × 顾客选择性 × 价格选择性

其中，顾客渗透率是指购买组织产品的顾客占所有顾客的百分比；顾客忠诚度是指顾客购买组织产品的数量占他们从其他竞争者那里购买产品数量的百分比；顾客选择性是指顾客购买组织产品的平均量占他们购买其他组织产品平均量的百分比；价格选择性是指组织产品的平均价格占所有公司产品平均价格的百分比。

根据以上公式，如果某组织的市场占有率下降，那么可能有四种原因：组织失去一部分顾客（顾客渗透率下降）、顾客忠诚度下降、组织保留的顾客规模缩小（顾客选择性下降）、组织的价格竞争力减弱（价格选择性下降），也可能是四种原因综合作用的结果。

3. 营销费用与销售额分析

为了避免企业的营销活动在实现组织目标过程中投入过多的成本，企业必须检查与销售有关的营销费用，以确定企业达到销售目标时的费用支出，而营销费用与销售额分析就是一种主要的检查方法。市场营销管理人员的工作就是密切注意这二者的比率。如果这个比率在正常范围内波动，或者只是偶然异常，可以不做重大调整，如果波动幅度超出正常范围，就应该分析原因，进行严格控制，做出相应的调整。

4. 顾客态度追踪

管理层控制所采用的衡量标准大多是以财务分析和数量分析为特征的，它们没有对市场营销的发展变化进行定性分析和描述。因此，企业需要建立一套系统来追踪顾客、经销商以及其他市场营销系统参与者的态度。企业一般利用三种系统追踪顾客的态度：

（1）抱怨和建议反馈系统。企业对顾客书面或口头抱怨进行记录、整理和分析，并据此做出适当的反应。在数字化的今天，顾客可以利用电子商务的购后评价、电话客服和网络客服留言，甚至可以在社交媒体上对企业的产品和服务进行抱怨和提出建议。数字化时代的口碑传播更加迅速，早已不是简单的一传十、十传百了，企业要谨慎对待顾客的反应，迅速采取行动。

（2）固定顾客样本。有些企业建立了由具有一定代表性的顾客组成的固定顾客样本，定期通过电子邮件或电话访问等方式了解顾客的态度状况及其变化。有时，这种做法比抱怨和建议反馈系统更能代表顾客态度的变化和分布范围。

（3）顾客调查。企业定期让一组随机抽取的顾客填写标准化的调查问卷，问题往往涉及对

---

① 王婷婷．市场营销控制理论及应用研究．长春：吉林大学，2005.

员工态度的感知、对服务质量的感知以及顾客的行为意向等。通过对这些问卷进行统计分析，企业可以及时发现问题并采取措施加以修正。①

（三）操作层控制方法

操作层控制是为了确保营销作业和营销任务的可靠执行，主要对从事具体营销工作的人员和最基层的营销工作过程进行控制，以效率控制为主，具体包括工作表现控制和效率控制两个方面。

1. 工作表现控制

工作表现控制的目的是通过设立及运用工作表现管理系统，提高销售队伍的效率。其中，销售代表的工作表现标准可以分为三个方面，即销售技巧、产品知识和区域管理。例如，销售代表的工作往往可以从计划销售拜访、确认需求、有效运用产品知识、获得反馈、达到拜访目的及定制跟进计划、销售过程六个项目进行评估。销售经理的工作表现往往可以从四个方面加以评估，即业绩、队伍工作表现的管理工作、队伍的工作表现和其他业务工作。在实践中，企业可以用工作表现的辅导技巧与过程来进行工作表现的控制。其中，辅导技巧包括观察工作表现、引导自我评估、提升反馈水平、指导改善工作表现及取得承诺、制订改善计划五个方面。通过辅导，企业可以找到销售代表表现优良和不足的地方，针对不足之处制订改善计划，以改善销售代表的工作表现。

2. 效率控制

如果盈利能力分析显示出企业的某一产品、地区或市场所获的利润很少，那么企业就要反思到底有没有以高效率的方式管理销售人员、广告、促销及分销。

（1）销售人员效率。企业的各地区销售经理往往需要记录本地区销售人员的效率，主要指标可能包括：销售人员每天的平均销售访问次数；每次访问的平均时间；每次销售访问的平均收益；每次销售访问的平均成本；每次访问的招待成本；每百次销售访问导致订购的百分比；每期间的新顾客数；每期间流失的顾客数；销售成本占总销售额的百分比。

（2）广告效率。在这方面，企业至少应该做好几个方面的统计：每一媒体的千人广告成本；广告注意率、阅读率；顾客对广告内容和效果的意见；广告前后消费者对产品态度的改变；广告刺激引起的询问次数。企业管理高层可以采取若干步骤改善广告效率。例如，进行更加有效的产品定位、确定广告目标、利用计算机技术来指导广告媒体的选择、寻找更佳的媒体、进行广告反馈调查等。

（3）促销效率。在实践中，存在几十种激发消费者购买兴趣和使用产品的销售促进方法。为了提高促销效率，管理人员应该坚持记录每一次促销活动及其成本对销售产生的影响。同时，管理人员应该注意对以下统计资料的收集与分析：因优惠新增的销售所占的百分比，每一销售额的陈列成本，赠券收回率，示范引起的询问次数。当然，企业也应该观察不同销售促进手段的具体效果，选择最有效的促销手段。

（4）分销效率。利用分销效率可对企业存货水准、仓库位置及运输方式进行分析和改进，以达到最佳配置并找到最佳运输方式和途径。②

如果企业能够与时俱进，积极利用大数据时代的便利性，进行营销计划、组织、执行和控制，那么企业的市场营销将更加容易进行。企业在数字化时代应该提高自身的数字化能力，发展数字化技术，利用好数字化时代为营销分析带来的红利。但是，通过大数据技术获取的数

① 王永贵．市场营销辞典．北京：化学工业出版社，2009.

② 效率控制．http://wiki.mbalib.com/wiki/%E6%95%88%E7%8E%87%E6%8E%A7%E5%88%B6.

据归根结底是用户的行为结果，是营销人员分析和判断所能借助的工具。如果想探究顾客产生某种行为的动机以及如何更好地服务顾客，为企业和顾客创造价值，企业仍需依赖营销人员对市场和顾客群体的洞察力。

案例

武汉科诺生物科技股份有限公司的营销控制

武汉科诺生物科技股份有限公司原名为武汉科诺生物农药有限公司，是由红桃K集团股份有限公司控股的武汉东湖高新集团、武汉东湖高新农业生物工程有限公司和湖北省植保总站于1999年5月共同组建的一家高科技企业，注册资本为7 920万元，主要从事生物农药及其他高效、低毒、无公害农药的研发、生产、销售和推广工作，目前主要有以生物杀虫剂Bt、生物杀菌剂农抗120、井冈毒素和微生态制剂（益生菌）为主导的三大类产品，广泛应用于农业、畜牧业、水产养殖、污水处理等领域。公司产品包含10大系列30多种产品，行销中国、日本、美国、比利时、泰国、韩国、朝鲜、越南、印度尼西亚以及西班牙等多个国家。公司秉承“科诺生物，真诚为农”的营销理念，目标是发展成为一个以发酵技术为核心竞争力的全球农用微生物制造基地。

截止到2000年5月，科诺共有员工1 033名，其中有601名销售人员，这些销售人员分布在全国各市场片区。这充分体现了营销工作在公司的重要地位，同时反映了营销工作的成败直接影响公司的生存和发展。目前，该公司的营销管理工作主要有四个特点：（1）不少产品已经进入产品生命周期的成长期，因此开拓市场和实现销售额最大化是公司的首要目标。（2）主要产品是生物农药，属于有形产品，销售业绩目标的可量化程度较高。（3）销售区域分布广，销售过程透明度不高，公司总部对各片区销售人员行为的可控性较低。因此，销售人员可能“粉饰”销售业绩，通过牺牲公司长期发展来获取个人短期利益。（4）生物农药产品直接面对的是农村市场，销售人员主要与农民消费者打交道，大多数销售人员是在当地市场直接招募的，因此综合素质不高。为此，该公司在市场部设置了督办部，设计了一种“双回路”的营销控制模式。事实证明，这种营销控制模式对企业早期的快速成长以及规范销售人员的行为发挥了重要作用。“双回路”营销控制模式主要强调用工作计划与督办落实“两条腿”走路。一方面，它要求销售人员制订详细的工作计划，包括具体的销售业绩目标。另一方面，它要求督办人员不定期地到市场一线检查工作计划的完成情况，并及时反馈检查的结果。督办人员的工作目的不是“挑刺”或找出销售人员工作中的不规范行为，而是帮助销售人员解决工作中的实际困难，及时纠偏，从而确保其顺利实现销售目标。同时，营销控制紧紧围绕团队控制和文化控制展开。例如，该公司的标识是一个红黑相间的向上箭头，这意味着公司积极向上和个性鲜明的企业形象，同时象征着公司蒸蒸日上和不断向前发展的趋势。标识的外观造型是“K”的变体，像鼠标的箭头，意为公司将始终以高科技武装自己。标识中的英文“KERNEL”的意思是“核仁”“精髓”，表明公司决心成为农药行业的主导、龙头和核心。此外，公司提出“科诺农药，一诺千金”的口号，奉行“只有真情奉献才能真心理解，只有乐于谦让才能从容进取，只有淡泊所得才能大有作为”的文化精髓，突出以“树立全员市场意识、树立全员科技意识、树立全员质量意识、树立全员成本意识、树立全员安全意识、树立全员规范管理意识”为主体的科诺意识。

由此可见，该公司的这种营销控制模式实际上把结果控制、过程控制、他人控制以及团队控制与文化控制等几种类型的营销控制有机地结合起来，如图 15－2 所示。每种类型营销控制中设计和运用的具体方法和流程是相互联系、相互支撑的。因此，这种整合营销控制模式能够较好地弥补单一营销控制模式的诸多不足，很好地发挥了“1+1>2”的作用。

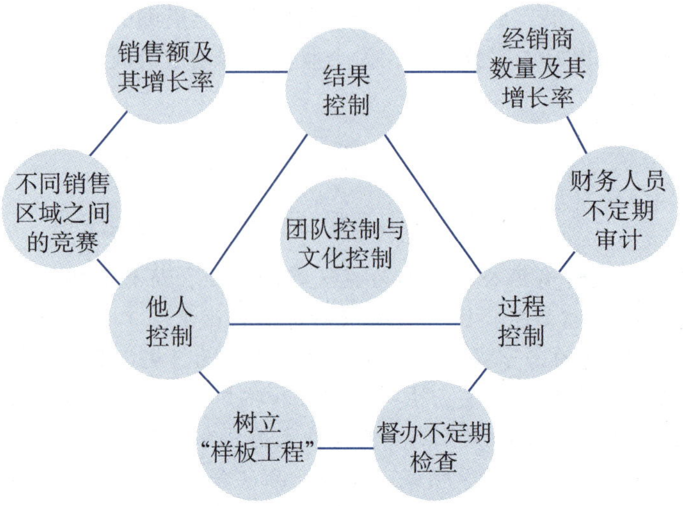

图 15－2　科诺公司营销控制模式图

资料来源：陈昀，贺远琼．我国企业营销控制模式研究．商业研究，2006（8）；武汉科诺生物科技股份有限公司官网（http://www.biokn.com/）．

本章小结

本章介绍了市场营销工作的一系列过程：营销计划—营销组织—营销执行—营销控制。首先是营销计划，本章在介绍营销计划作用的基础上阐明了营销计划的内涵、内容以及制订营销计划应该注意的问题。其次是营销组织，本章在探讨营销组织概念和结构演变趋势的基础上，剖析了选择营销组织模式需要考虑的因素。再次是营销执行，本章主要从营销执行的概念、影响有效实施营销计划方案的因素以及提升营销执行能力的方法三个方面进行分析。对于企业来说，制订好的营销计划比有效地执行营销计划容易得多。因此，提升企业的营销执行能力往往是至关重要的。最后是营销控制，本章从营销控制的概念、类型以及方法三个方面进行阐述。对于企业来说，存在三个层面的营销控制，分别是战略层、管理层和操作层。

思考与练习

1. 营销计划的内容有哪些？制订营销计划需要注意哪些问题？
2. 请结合顾客价值的重要性，谈谈营销组织的演变趋势。
3. 对于企业来说，正式的营销执行和非正式的营销执行对实施营销计划有什么作用？
4. 什么是营销审计？它主要包括哪些内容？通过营销审计对企业进行营销控制有什么意义？

基本概念　第15章

延伸阅读　第15章

07

第 7 篇

提升价值

随着信息技术的飞速发展以及营销手段的日新月异，提升价值在企业的成功营销实践中所处的地位日益提高。换句话说，现代企业的营销实践离不开持续和成功的营销创新。在当今的网络经济和顾客关系时代，顾客关系管理和网络营销逐渐成为企业提升价值的必备工具。

每一个人都是责、权、利的中心，“人人是经理，人人是老板”把每个人的潜能释放出来。

——张瑞敏

第16章

数字化营销

本章要点

随着互联网和数字化技术的发展，数字化营销在组织的市场营销实践中所发挥的作用越来越不容忽视，诸如基于移动互联网的营销、基于社交媒体的营销、基于物联网的营销和基于大数据的营销等数字化营销形式层出不穷。毫无疑问，这些发展对传统的营销方式和营销策略产生了十分重要的影响。

学习目标

- 明确数字化营销的含义。
- 了解数字化营销的新趋势及其与传统营销的整合。
- 掌握数字化时代的营销组合策略。
- 掌握数字化时代顾客关系管理、顾客价值的提升以及存在的道德与伦理问题。

第1节　数字化营销概述

互联网以及数字化技术的出现极大地改变了全球范围内的经济、社会和商业乃至人们的生活方式。对于企业的营销管理实践而言，这些技术变革意味着巨大的机遇与挑战。

一、数字化时代的互联网

互联网技术的发展突飞猛进，用户数量的增长速度也远远超出人们的想象。加拿大品牌服务公司 Hootsuite 联合 We are social 发布的全球网络调查报告显示，从世界范围来看，2020 年全球超过 51.9 亿人拥有手机，用户数量较之上年增加 2.4%；全球互联网用户规模已达到

45.4 亿，较上年增长了 7%。[①] 国家互联网信息办公室的有关数据显示，截止到 2020 年 12 月，我国网民规模为 9.89 亿，互联网普及率达 70.4%；网络购物用户规模达 7.82 亿，占整体网民规模的 79.1%。[②] 如此庞大的互联网用户群体预示着巨大的潜在消费市场。

什么是互联网？互联网（Internet）泛指一类由具有普遍性和开放性等特征的计算机硬件和软件组成的全球性信息基础设施。[③] 在日常的使用过程中，人们通常将互联网等同于一个包括政府、企业、组织和个人网络以及电子邮件、全球广域网、USE-NET 新闻组在内的全球性网络。[④] 互联网技术的出现与发展正在改变市场主体行为的渠道与方式，其创造的崭新环境使传统营销活动的范围更广、形式更加灵活高效。一般来说，作为一种营销渠道，互联网具有以下基本特征：分散的海量信息共享、低廉的信息获取和传播成本、实时快速的多对多互动以及低进入成本的虚拟交易媒体等。

特别是在数字化时代，大数据技术的出现为商业实践带来了深刻的变革，数据的量级（volume）、速度（velocity）、多样性（variety）、真实性（veracity）都发生了巨大变化。此外，云计算、虚拟现实、人工智能、物联网的发展也为企业的营销活动带来深刻的变革，而这一切都与互联网的发展紧密相连，并日益为互联网的更新迭代注入新的活力。

互联网的上述特征以及新数字化技术的层出不穷，为企业的营销人员创造了许多新的营销机会。例如，企业可以通过大数据技术对市场需求和顾客的线上线下行为进行实时和全方位的分析和预测，并在此基础上研发新产品；也可以通过新型社交媒体（如微博、微信、短视频等）与顾客进行即时的一对一双向互动，以获得有价值的市场信息；还可以通过互联网信息流、短视频等新的广告形式来实现产品与服务信息在全球范围内的传递等。对于顾客而言，借助互联网平台，他们可以获得更多、更自由的机会，选择期望的产品或服务。

二、数字化营销的含义

数字化营销（digital marketing）扎根于以数字化技术为主要驱动力的背景，具体而言，这是一种适应性的、基于技术的过程，企业、合作伙伴以及顾客共同在这个过程中创造、沟通、传递和维系所有利益相关者的价值。[⑤]

在过去，互联网营销的目的与传统营销基本相同，都是通过促进交换来满足顾客和组织的需求。互联网营销的核心在于实现营销活动与互联网的结合，以互联网为媒介和手段，借助互联网的优势扩大传统营销的范围，提升传统营销活动的效率，催生新的营销策略，实现价值交换，并最终促进企业营销战略和经营目标的实现。数字化背景下，营销效率大大提升，新的营销概念、策略、手段、工具等不断出现，如何在这一浪潮下善用营销职能是企业能否在未来的竞争中脱颖而出的关键影响因素。

温德（Wind）和马哈詹（Mahajan）对数字化时代消费者行为和技术变革带来的变化进行预测，指出了传统营销向数字化营销转变的几个重要方面：从单一职能向跨职能整合转变，企业在实施定制化时需要营销、运营和客服等部门的协同整合；从过去的企业导向战略向网络导

---

① Digital 2020 global overview report. https://seo.ericanfly.com/digital-2020-global-overview-report/.

② 第 47 次《中国互联网络发展状况统计报告》.（2021-02-03）. https://www.cnnic.net.cn/hlwfzyj/hlwxzbg/hlwtjbg/202102/t20210203_71361.htm.

③ Peterson R A，Balasubramanian S，Bronnenberg B J. Exploring the implications of the Internet for consumer marketing. Journal of the Academy of Marketing Science，1997，25（4）：329-346.

④ 斯特劳斯，弗罗斯特. 电子营销：第 2 版. 李欣，刘薇，译. 北京：社会科学文献出版社，2003.

⑤ Kannan P K，Li H. Digital marketing：a framework，review and research agenda. International Journal of Research in Marketing，2017，34（1）：22-45.

向战略转移，如企业集中于核心业务，其他业务被分割和外包；从垂直式整合向最大化利用外部资源的虚拟集成转变等（见表 16－1）。①

表 16－1　传统营销向数字化营销转变的重要方面

传统营销	数字化营销
技术作为推动者	技术作为驱动者
以销售为中心	以顾客为中心
有形资产	知识资产
垂直式整合	虚拟集成
单一职能	跨职能
计划过程	敏捷性反应和学习
企业导向战略	网络导向战略
规模报酬递减	规模报酬递增

资料来源：Wind Y J，Mahajan V. Digital marketing：global strategies from the world's leading experts. New York：John Wiley & Sons，2001：5.

营销视角16-1　支付宝的“信用就医”颠覆了传统就医体系

数字化营销根植于互联网与数字化技术背景，与传统营销相比，有很多不同的地方。具体而言，互联网与数字化技术的发生使得数据产生的量级和速度都极大改变，线上线下多种数据的融合是 21 世纪营销的关键。② 例如，移动互联网的发展使得过去不存在的位置信息数据也开始加入企业决策信息库。再如，消费者在使用移动应用程序的过程中，可以易于获取有关产品的价格、功能、购买渠道等多方面的信息，消费决策可能发生在任何时间、任何地点。因而，企业的价值主张和定位策略不仅要比以往拥有更快的传播速度，还要精准地利用这些消费行为数据，选择符合顾客新需求的价值主张。在这种情况下，借助数据库及数字化分析技术进行决策对企业而言至关重要。相应地，传统的营销组合战略也需要因地制宜做出诸多调整。

三、数字化营销新趋势

互联网为企业的营销活动创造了更加灵活的渠道和环境，数字化技术则为企业做出更优化的营销决策和提升营销效果提供了重要的支持。与传统营销相比，数字化营销展现出更多的独特优势，主要体现在以下几个方面。

（一）消除时间和地域的限制

在互联网条件下，虚拟市场的建立使得时间和地域不再成为交易的限制，买卖双方的互动可以随时随地展开。与此同时，互联网海量信息的共享以及搜索的便利性，也使顾客能够以较低的成本获得大量的相关信息。因此，顾客比较与选择产品或服务的机会相应增加，价格更加透明，竞争更加激烈。例如，网站上有许多关于某一产品或品牌的社区或在线论坛，如华为

① Wind Y J，Mahajan V. Digital marketing：global strategies from the world's leading experts. New York：John Wiley & Sons，2001：5.

② 全世界 90% 的数据是近两年产生的，你还信大数据吗？.（2017-05-01）. http://www.sohu.com/a/137630674_358836.

的花粉俱乐部，成员可以随时随地在社区或论坛内部分享产品价格、渠道、售后服务以及促销等各方面的信息，也可以交流产品使用经验，甚至可以进行产品无偿或有偿的转让或者交换。同时，互联网以及移动平台中产生的海量交互数据可以为企业所用，企业需要采用适宜的分析方法对这些数据进行分析，并在此基础上制定和开展营销策略，以更好地满足顾客需求。例如，在移动互联网背景下，移动设备终端会与服务器产生大量的交互日志数据，特别是 GPS（全球定位系统）数据，移动应用程序可以在授权的情况下获得用户的位置信息。①

（二）高度互动性

在利用传统媒体进行沟通的过程中，信息的传递往往是单向的，而且通常由卖方主动向买方传递。在这种推式信息传递过程中，卖方与顾客的互动程度十分有限。即使卖方有时采取一定的刺激手段，以鼓励顾客对相关信息做出响应，效果也并不理想。换句话说，这种传统方式的响应速度相对较慢，而且响应率较低。互联网的出现则创造了一种全新的由顾客发起的主动搜寻信息的模式，这是一种与推式相对应的拉式模式。在这种模式中，顾客愿意并能够以较低的成本获取有关所需产品的信息。顾客的主动搜寻意愿使得通过互联网进行各种双向交流更加容易、更加普遍。不仅如此，这种实时的、有针对性的沟通还有助于产生更高的顾客满意度，从而有利于企业与顾客长期关系的建立与强化。

移动互联网和社交媒体的出现更是促进了企业和顾客互动营销的变革，企业不仅可以一对一地与顾客通过社交媒体进行沟通，还可以通过建立群组的方式管理特定的顾客群体。企业可以通过在社交媒体渠道建立产品用户群（如微信群、品牌社区等），与多个顾客开展群组会话和沟通。同时，对双方沟通过程中产生的图文和语音等多种格式的信息进行分析和处理能为企业进行产品改进提供丰富的参考依据，这大大地提高了服务改进、新产品开发和改良的效率。因此，数字化背景下，善用数字技术的企业在顾客互动策略方面的选择空间要远远大于传统企业。例如，招商银行借助微信漂流瓶功能，鼓励用户通过回复漂流瓶来换取积分以帮助自闭症儿童；红米手机通过 QQ 空间开展竞猜活动来聚拢人气，以此进行产品的发布和预售等。②这些基于使能技术发起的互动大大地扩展了企业的互动营销策略选择集。

（三）高度个性化

越来越多的公司开始重视产品和服务个性化，以满足顾客的特定需求。③数字化时代，移动互联网、大数据、云计算等技术使个性化定制更加便利。例如，在戴尔公司的网站上，顾客只需根据自己的需求选择网站上提供的有关电脑配置零部件和图形设计方案，便可获得具有个性化配置的个人电脑。除此之外，在大数据技术的支持下，个性化推荐愈发成为企业获客的重要能力。④例如，淘宝网平台主页上设有“猜你喜欢”栏目。在这一栏目中，淘宝会根据顾客曾经使用的搜索关键词和访问记录推荐产品；网易云音乐平台则根据用户的历史音乐曲风为每位用户推送不同类型的“每日推荐”和“私人 FM”歌单。这种基于大数据的个性化推荐极大地改变了过去那种向所有人传递无差别信息的方式，针对个体用户特征传播个性化的内容无疑是一种全新的营销传播方式。

---

① 从 HTTP 到 MQTT：一个移动后端案例概述 .（2016-12-04）. http://www.oschina.net/news/79631/http-mqtt.

② 十大新媒体营销经典案例分享 .（2014-04-09）. https://club.1688.com/threadview/37311455.html.

③ Wang Y G，Li D H. Testing the moderating effects of toolkits and user communities in personalization：the case of social networking service. Decision Support Systems，2013，55（1）：31-42.

④ Olsen G D，Pracejus J W. Customized advertising：allowing consumers to directly tailor messages leads to better outcomes for the brand. Journal of Business Research，2020，116：245-257.

（四）高度整合性

企业可以通过互联网对线上和线下活动进行整合。互联网不但可以作为一个直接沟通的渠道，还可以提供支持性信息以促进间接或线下的交易或沟通行为。如今，移动互联网的发展使得过去只能在线下进行消费的产品或服务都可以通过网络获取。以在线点餐服务平台饿了么为例，过去外卖需要通过电话等传统方式预订，效率低下；现在通过移动应用程序即可快速下单，用户能在短时间内（如半小时内）享受上门送餐服务。这一商业模式的出现大大拓展了线下餐饮企业的经营范围，促进了店面经营方式从单一的线下经营向线上线下融合经营的方向转变。

此外，数字化营销在很大程度上缩小了大型企业与中小企业之间的巨大差异。例如，在传统的营销模式中，为了更好地宣传自己的产品或服务，许多实力雄厚的大型企业争相投资中央电视台黄金时段的广告。这种情况下，很难想象中小企业有能力投入巨资来争夺这种广告资源。但在数字化营销模式下，小企业能够通过进入门槛低的互联网平台来有效地回避企业规模的劣势。实际上，在互联网时代，“精耕细作”“小而美”的企业逐渐成为一股重要的商业力量。一些拥有巨大销量的企业并不是大品牌或大企业，而是规模不大的企业。这种现象与互联网的发展催生了多元化的细分市场和更加注重个性化的差异密不可分。例如，近些年出现的热门互联网电商平台小红书深深扎根于社区属性，专注于打造网络社区，发布的内容覆盖服装、美妆、美食、旅行等多个方面。这是一个以不同用户经验为基础的内容型社区平台，通过对内容管理的运营策略成功地在电商市场建立了强有力的竞争地位。①

四、顾客中心化与数字化营销

互联网的飞速发展产生了更多的信息、更新的选择和更简便的交易方式，也使得顾客权力快速加大，从而进一步改变了企业的营销战略和营销活动。实际上，在当前的市场上，存在众多以顾客为中心的关键驱动因素，它们与数字化营销一起改变着顾客的消费行为和企业的营销实践。②

概括而言，这些因素主要包括：（1）时间缩水。人们把更多的时间抽出来用于工作或从事与家人有关的活动，这意味着有更少的时间去做自己不愿意做的事情，如家务和烹饪。消费者对产品和服务价值进行评价时，越来越看重时间的节约和选择的便利。显然，数字化营销的应用，如个性化推荐顾客偏好的产品，无疑可以为顾客带来更大的便利或时间成本的节约。（2）联结。根据预测，网络将成为人们寻求社区感的一种工具——在买者和卖者、信息提供者和顾客、朋友和家人之间。社交媒体的出现与快速发展正在加速这一预测的实现。现在，人们通过微信等社交媒体进行数小时的聊天司空见惯。基于互联网技术的社交媒体等沟通工具对企业的营销活动产生了深远的影响。③例如，腾讯公司于 2015 年开始在微信朋友圈尝试品牌广告推荐。庞大的微信用户和活跃度为这种营销模式提供了广阔的市场。截止到 2020 年，基于朋友圈的社交广告业务收入逐步发展成为腾讯广告业务收入的主要来源。④（3）兼顾身体与精神。“新一代的消费者将更多地待在家里购物、调节和呵护他们的身体”，同时他们也期待更高标准的娱乐（如更大屏幕的液晶电视等）。显然，数字化营销恰恰可以很好地适应顾客的这一

① 小红书：一些社区运营的新思考 .（2018-06-13）. http://www.woshipm.com/operate/1058624.html.

② 勒曼，温纳. 营销策划分析. 王永贵，译. 北京：北京大学出版社，2008.

③ Li F，Larimo J，Leonidou L C. Social media marketing strategy：definition，conceptualization，taxonomy，validation，and future agenda. Journal of the Academy of Marketing Science，2021，49：51-70.

④ 从落寞到逆势而上，腾讯广告经历了什么 .（2020-07-20）. https://www.sohu.com/a/408694518_120726622?_trans_=000014_sgss_sgnbaxw.

需求变化趋势。例如，近几年出现的可穿戴设备，如 Apple Watch、小米手环等，能够实时监测用户的运动情况并收集相关运动数据，便于用户管理自身健康。这无疑是未来巨大的数字化市场之一。（4）个人主义。大众定制化和个人主义保持一致，能够更好地满足不同消费者的独特要求。从耐克公司基于顾客设计的跑鞋到戴尔公司根据订单生产的个人计算机来看，顾客希望企业可以为他们“量身定做”产品或者产品能够体现自身的特色。伴随大众定制化产品的日益流行和市场营销方案的个性化，一对一数字化营销将成为一种时尚。

展望未来，这股潮流将影响越来越多的行业，其中包括金融、房地产、保险、零售和组织市场营销等行业，并促使越来越多的企业抛弃日益低效的推 / 拉式营销战略，逐步向顾客代言转变。例如，在旅游、汽车和医疗保健等行业，不少企业从传统的推 / 拉式营销战略转向基于信任的营销战略——顾客代言战略。表 16－2 概括了旅游业、汽车业和医疗保健业中互联网的应用和顾客权力的表现。

营销视角16-2 数字化营销与消费扫码

表 16－2 三个行业中互联网的应用和顾客权力的表现

行业	顾客使用互联网的比率	产业结构和主导地位的变化	顾客权力的表现	公司做出的反应
旅游业	63% 的休闲旅游者利用互联网调研；20% 以上的机票是通过网络销售的	消费者不通过传统的旅行社，而是在网上计划和安排行程，旅行社发挥的作用正在减弱	航空公司不再给旅行社提供佣金，将近 4 500 个旅行社退出该行业	提供第三方信息的网站大获全胜；传统的旅行社重新定位，努力成为个性化旅行服务的提供商
汽车业	64% 的新车购买者使用互联网调研；10.6% 的人使用网上购车服务	第三方信息和网上销售服务随处可获；虽然汽车经销商依旧很重要，但地位和作用发生变化	利用网上购车服务相较于传统购车渠道可节省 450 美元	许多汽车经销商提供网上购车服务和雇用特殊的网上销售代表
医疗保健业	超过 66% 的成人通过网络进行保健方面的调研	消费者可以通过广泛的调研网站搜索和解答医疗保健问题	消费者选择健康维护机构，在网上看病调研，指定医生开某种药品并通过网上社区进行交流	网上保健论坛 / 社区比比皆是；制药公司直接面向消费者进行广告宣传，促使消费者要求医生开某种特定的药品

资料来源：厄本．顾客利益代言．王永贵，冯慧，译．北京：中国人民大学出版社，2009.

五、整合数字化营销

在数字化时代，顾客的消费行为有了非常大的转变。企业可以采用的营销工具也有了更多的选择，如社交媒体、大数据技术、移动应用程序、短视频等。那么，如何运用数字化营销？或者说，数字化营销与传统营销到底是替代关系还是互补关系？

不可否认，数字化营销能够在很多方面替代传统营销，特别是在定制化信息的传播方面。但数字化营销不是完全替代传统营销，两者之间还有一定的互补关系。以企业的品牌营销为例，如图 16－1 所示，企业在进行品牌营销时，可以通过传统营销和数字化营销的互补对品牌营销过程进行干预，提升品牌竞争力。具体来看，早期需要借助传统营销手段，通过建立品

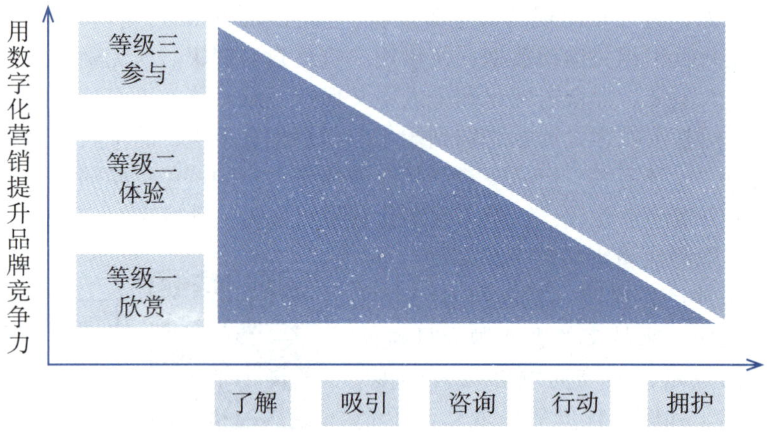

图 16－1　整合数字化营销

资料来源：科特勒，卡塔加雅，塞蒂亚万．营销革命 4.0：从传统到数字．王赛，译．北京：机械工业出版社，2018.

牌知名度来引发顾客的了解，吸引并提升顾客的兴趣，此时顾客与品牌的关系处于欣赏这一等级。随着企业和顾客的互动程度增加，数字化营销的重要性和地位得以体现。企业需要利用数字化营销来洞悉顾客的品牌需求，为顾客进行品牌特质解读并提供个性化营销，以提升顾客的体验感。最终，企业通过数字化技术手段的应用，为顾客需求表达和更深层次的顾客参与提供多种渠道，以此实现顾客购买行动的增加并赢得顾客的拥护。

概括而言，传统营销更注重单向的市场路径，由企业引导顾客，向顾客提供产品和配套服务，通过定位和细分市场策略实施 4P 营销组合。数字化营销则更加注重交互，价值不再由企业单独创造，而是由企业与顾客共同创造；存在大量用户社区，企业需要洞悉用户社区机制；更加关注 4C，即消费者（customer）、成本（cost）、便利（convenience）以及沟通（communication）；品牌传播等方面更加个性化、人格化，体现与用户合作的人文关怀。不过，两者在以顾客为中心这一点上是相同的。无论是传统营销还是数字化营销，重心永远是顾客，顾客行为发生转变，营销的方式也需要更迭和与时俱进。

在商业实践中，不是每个企业都能完全践行数字化营销，因为数字化技术本身需要较大的成本投入，同时需要组织结构和流程的匹配。因此，一个传统企业转变成数字化企业并不是一蹴而就的，而是一个适应性过程。正是因为如此，各个企业在整合数字化营销理念和工具方面存在很大的差异。玛丽亚（Maria）等根据企业的收益以及数字化营销的践行程度，从企业利益感知以及数字化营销采纳两个维度，将企业划分为数字化落后者、数字化学习者、交互性使用者、数字化整合者四种类型，如图 16－2 所示。

其中，企业利益感知包括企业通过数字化实践获得的信息搜集、竞争、顾客数据获取、创新、支持型信息、信息 / 知识分享、社会化沟通、价值创造、员工管理培训、活动监测等多个方面的收益；数字化营销采纳则指企业在网站和网页、IP（互联网协议）视频及会话、移动网络、移动应用、会话、社交媒体等方面的投入情况。对数字化落后者而言，这类企业主要使用传统营销方法，对数字化工具仅有最低限度的关注和采纳，最常用的传播工具依然是网页及以语音为主的沟通方式。对数字化学习者而言，这些企业有积极采纳数字化营销工具的意向，但对数字化所能带来收益的预期不高。除了网站，这些企业还会使用社交媒体作为营销工具。交互性使用者通常来自信息技术通信行业，这类企业对数字化的投资通常不高于 30%，也没有意向对其继续投资。这些企业注重对移动网络及移动应用程序的使用，是数字化工具使用程度

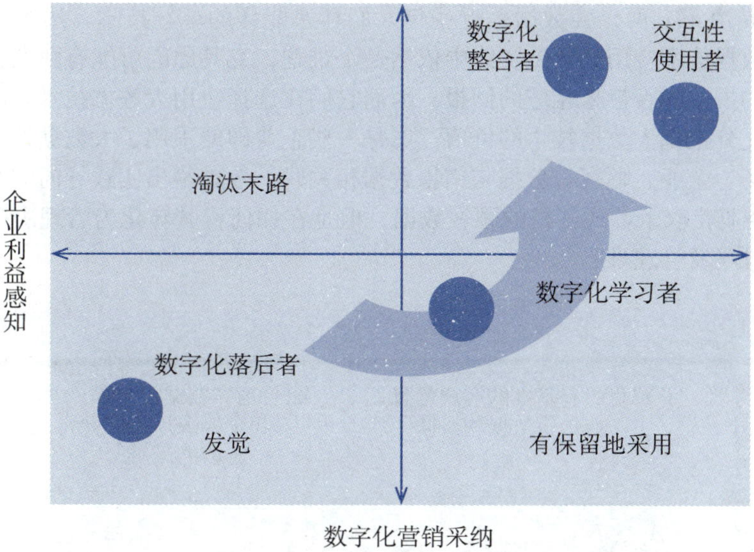

图 16－2　企业数字化营销矩阵

资料来源：Tiago M T P M B，Veríssimo J M C. Digital marketing and social media：why bother？. Business Horizons，2014，57：703-708.

最高的一类企业，但会忽视对传统网站等传统营销工具的使用。数字化整合者整合了企业传统的营销工具，以提高效率为主要目的。这些企业存在于各行各业，它们对数字化所能带来的收益充满信心。不过相比之下，其数字化的使用以整合为导向，在使用程度方面不如交互性使用者。

在企业实践层面，我们已经知悉数字化时代不断催生新的技术，那么，能应用于企业营销的数字化营销工具有哪些？从传播媒介来看，数字化营销至少有 11 项可以应用的工具，如图 16－3 所示。

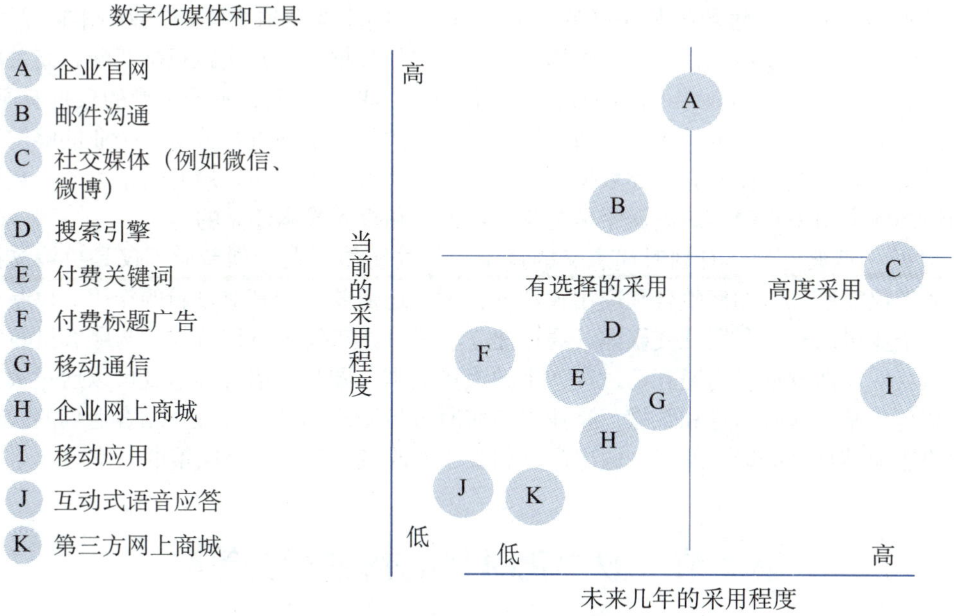

图 16－3　数字化营销工具的现在与未来

资料来源：Leeflang P S，Verhoef P C，Dahlström P，et al. Challenges and solutions for marketing in a digital era. European Management Journal，2014，32（1）：1-12.

在数据支持决策方面，大数据是近些年人们耳熟能详的革新技术。然而，对很多企业而言，如何将大数据技术应用到营销实践中依然是个难题，究其原因可能有两点：一是传统企业难以预见技术的投入能否带来相应的回报，因而它们在选择应用大数据技术方面存在疑虑，结果往往是未能充分挖掘大数据技术的价值；二是一些企业即便采用了大数据技术，也往往仅从技术角度将市场、企业、顾客等数据与销售数据相关联，较难给出实践导向的经营洞见。如图16－4 所示，企业获取了各式各样的顾客数据，但是在如何将其转化为管理决策的支持方面存在诸多技术性难题及管理难题。

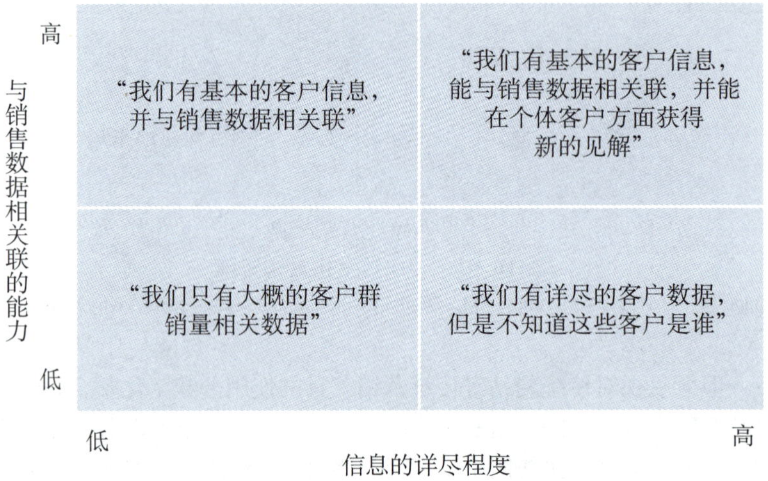

图 16－4　不同类型顾客数据的使用

资料来源：Leeflang P S，Verhoef P C，Dahlström P，et al. Challenges and solutions for marketing in a digital era. European Management Journal，2014，32（1）：1-12.

具体而言，从与销售数据相关联的能力来看，不同企业获取数据的能力不同。低关联能力是指企业只有部分或不完整的客户数据，或者无法将数据与经营实践正确匹配；高关联能力则是指企业能够获得与绩效相匹配的数据。在信息详尽程度方面，不同类型的数据有所不同，越详尽的数据越能产生见解。例如，通过对某些顾客的位置信息进行分析，企业能够得知其大致的消费路径和习惯，而没有此类数据的企业无法针对线下消费路径展开营销策略。数据详细且能与销售数据相关联的客户数据库是企业需要思考和投入成本建立的。

大数据一直被视为具有划时代意义的技术，其主要作用在于创新而不仅是决策支持。因而，企业不仅需要思考如何整合和应用大数据技术，还需要善用其对创新的作用。以新产品开发为例，企业可以充分利用社交媒体，通过建立在线群组来管理试用群体，与顾客进行实时的沟通，以获取反馈意见。沟通互动过程产生的大量文本、图片、语音等信息可以通过大数据分析技术获得。基于这些信息和数据，企业能够实时分析新产品开发过程中顾客遇到的问题和症结，并快速地结合这些即时的观点做出产品和服务的改进决策，提高决策的效率。

第 2 节　数字化时代的营销组合策略

营销组合是营销理论的核心部分。因而，在有关数字化营销的讨论中，营销组合将成为关注重点。互联网与数字化技术的出现极大地改变了顾客的消费行为，更为营销人员践行营销组合的多样化提供了新的机遇。概括而言，本节将要讨论的关键问题是：数字化对传统营销组合产生的影响以及这些影响带来的营销创新手段。

一、对产品与服务策略的影响

营销的目的是通过促进交换来创造与交付顾客价值，进而满足顾客与企业的需求。其中，顾客价值包括利益和成本两个方面，而产品与服务则是顾客价值中利益的核心部分——所有价值的载体。在典型的营销战略中，有关产品与服务的决策往往涉及产品属性、品牌、支持服务、商标和包装等方面。[①] 本节将借鉴朱迪·斯特劳斯（Judy Strauss）和雷蒙德·弗罗斯特（Raymond Frost）的观点，重点讨论数字化时代背景对产品与服务属性、品牌策略、支持服务方式和商标设计的影响。

（一）产品与服务属性的优化

产品与服务属性主要涉及产品与服务的特征与质量。根据科特勒的观点，广义的产品包含核心利益、基础产品、期望产品、附加产品和潜在产品五个层次。在实践中，营销管理人员需要确定企业将在每个层次提供哪些具体属性以及各个属性的水平。具体而言，在核心利益方面，互联网的直接影响体现为促进数字产品的多样化。软件、视频、音乐和游戏等都是数字产品的典型代表，这些产品具有高度的无形性，并且能够通过互联网直接交付。与此同时，互联网为大规模定制提供了便利。因此，高度个性化的产品与服务大量出现。例如，美克家居通过实行“互联网 + 工业”模式直接将工厂与消费者联系起来，通过数字化技术的支持，实现了对顾客个性化需求的快速响应，这为制造业在数字化时代的转型提供了重要的参考。[②]

除此之外，通过互联网进行在线顾客调查、建立在线顾客反馈机制等还为企业提供了一种进行市场研究的便利渠道。再者，互联网这种开放式的交流环境也有利于顾客表达自己的意愿或期望。顾客的主动反馈或者在网络上的交互数据都能被企业利用大数据等新型数字技术所获取，企业可以获得的数据因而空前丰富。因此，企业能够以较低的成本掌握顾客对现有产品的评价以及潜在需求。显然，这种持续的顾客输入对于企业的新产品开发是至关重要的。在过去，新产品开发失败的原因与缺乏市场研究、顾客预测、产品管理密不可分。数字化营销的运用使企业能够利用大量的数据进行多维度的市场分析、预测和产品的改进与管理。可以说，数字化信息已经成为企业产品知识的重要来源，其在为企业厘清产品生命周期和实施产品改进策略方面的优势鲜明地体现了数字化营销的特征和重要性。

（二）可选择品牌策略的创建

从某种程度上讲，品牌形象是顾客感知利益的重要组成部分。与互联网有关的品牌选择策略主要包括三种：使用现有品牌；创建全新的线上品牌；品牌联合。

1. 使用现有品牌

如果企业现有的线下品牌知名度较高且拥有雄厚的品牌资产，考虑到建立一个新的强势品牌需要大量的时间和资金投入，企业在开展线上业务时可以考虑继续使用现有品牌。毫无疑问，这是一种最简便易行的方式，投入少、风险低，而且线上线下可以产生品牌协同作用，提高品牌的影响力。例如，苏宁易购依托线下品牌资源向线上渠道迁移，通过设立独立的苏宁易

① 斯特劳斯，弗罗斯特．电子营销：第 2 版．李欣，刘薇，译．北京：社会科学文献出版社，2003.

② 美克家居“个性化定制智能制造项目”列为中国“互联网 +”在工业应用领域十大新锐案例．(2016-10-27)．https://news.ifeng.com/c/7fbY7aDJdj7.

购官网和天猫苏宁易购官方旗舰店的方式，继续经营现有知名度较高的电器品牌。

在互联网时代，线上品牌向线下转移是另一种使用现有品牌的方式。随着互联网品牌的增多，竞争空前激烈。以在线品牌亚马逊为例，2015 年其在西雅图开设了首家实体店铺出售图书，其后又开了一家亚马逊实体超市。[①] 随着互联网企业品牌与日俱增、流量成本越来越高，打通线上线下双渠道吸引新的客户流量，为品牌商业经营模式注入活力，成为广受欢迎的经营之道。

2. 创建全新的线上品牌

除了建立一家全新的在线企业之外，还有一些因素促使传统企业在开展在线业务时选择创建全新的品牌。首先，现有的品牌与互联网这一新兴媒体相比可能过于传统或陈旧；其次，如果线上业务是在原有线下业务的基础上有所扩展，使用现有品牌可能会限制顾客数量的增长；最后，企业可能希望借助互联网对产品进行重新定位或同线下产品进行区分。

在实践中，面对同质性带来的竞争压力，营销管理者需要努力提高在线品牌的知名度，并最终实现顾客的品牌忠诚。与传统的线下品牌建设不同，顾客能够在互联网上通过多种渠道频繁且主动地参与品牌体验和品牌互动，并提供反馈信息。因此，在互联网条件下，顾客是品牌价值的积极创造者。一般而言，要建立一个成功的在线品牌，营销管理者往往需要考虑兑现如下的品牌承诺[②]：（1）便利承诺，即在线购买比线下或从竞争者那里购买更加便利；（2）成就承诺，即支持顾客达成其目标；（3）娱乐和冒险承诺，即提供新颖的消费体验；（4）认可承诺，即可以通过个性化实现；（5）归属承诺，即可通过在线社区实现。

3. 品牌联合

企业可以通过与其他在线品牌的联合来宣传产品。以电影《唐人街探案 2》为例，该电影在宣发过程中充分利用了品牌联合营销，如联合抖音、快手等主流短视频平台推广电影主题曲，与必胜客、小米、三只松鼠等品牌联手打造唐探 IP 衍生产品，这一系列营销活动为该电影带来了票房和口碑的双丰收，也创新了互联网时代电影品牌的营销模式。[③]

营销视角16-3 传统企业百雀羚的数字化营销活动

在互联网背景下，一个与品牌相关的重要概念是网络域名。在域名中使用企业名称或品牌名称，有助于消费者记住并访问企业网站。因此，企业在注册时，最好尽可能购买与企业名称和下属品牌有关的域名。这种做法既能为顾客提供便利，也可以避免域名被恶意抢注，以致给企业和品牌形象带来负面影响。

在数字化时代，数字技术的发展为国货品牌的崛起注入了新鲜血液和力量。越来越多的年轻消费者青睐国货品牌，这一现象背后既体现出国货品牌在与消费者形成文化认同和共鸣方面所做的努力，也折射出年轻一代对民族文化的自信心。以李宁为例，作为老牌国货，李宁基于“数字技术 + 中国独特元素”，将传统文化元素与潮流元素相结合进行品牌重塑，同时利用敏捷的数字化供应链和灵活多样的数字化营销渠道，不断扩大消费者群体，实现了从经营亏损到稳步增长的跨越。[④] 对于国货品牌企业而言，在数字化时代，应该始终坚持以中国文化传

① 电商巨头居然纷纷回归实体店，线上 + 线下新玩法要火 .（2016-12-05）. https://www.maigoo.com/best/18965.html.

② 查非，迈耶，约翰斯顿，等. 网络营销：战略、实施与实践：原书第 2 版. 吴冠之，译. 北京：机械工业出版社，2004.

③ 电影宣发进入 CP 时代？这波捆绑营销还真是玩出了新花样.（2018-02-27）. https://www.sohu.com/a/224418357_757761.

④ 数字化成功转型，国货之光李宁的品牌 DTC 策略分析.（2021-04-21）. https://runwise.co/dtc/78382.html.

播和消费者文化素养培育为己任，在抓住数字技术带来的丰富资源以实现产品和品牌提升的同时，讲好中国故事、传播中国文化，为中国特色社会主义文化建设贡献力量。

（三）支持服务方式的多样化

这里所说的支持服务主要是指企业在顾客购买前、购买期间以及购买后向其提供的支持活动，目的是促进购买、方便使用以及提高顾客满意度。大部分企业网站都提供有关产品的常见问题解答、分销商查询以及在线咨询等服务。尤其是电子数码类产品，一般会为顾客提供在线软件升级及相关资源的下载服务。例如，如果登录微软的在线帮助网站，用户可以很容易地获悉微软公司是如何开展在线顾客帮助和支持服务的。微软的帮助向导为顾客提供了自我帮助、获得协助以及电话和在线联系三种获得支持的方式，同时还提供了知识库资源，以利于顾客自学。在移动互联网和社交媒体的发展背景下，很多企业还推出了自有的应用程序或官方微信公众号、微信小程序、微博或抖音，顾客可以非常方便地通过这些入口获得感兴趣的信息，同时也更加便于企业为顾客提供支持服务。

除此之外，还有一种类型的支持服务，即企业通过自己的网站向顾客提供有关线下销售产品的信息，以鼓励顾客在发现自己感兴趣的产品之后前往实体店交易。这种情形常见于传统的销售企业网站。例如，依赖于线下红星美凯龙商城渠道的家装行业企业大多会在官网公布全国各地线下店铺的位置和相关信息。

（四）商标设计的多样化

商标是用以识别企业的一系列图案或符号，而动画和 Flash 等技术的广泛应用则使得在线企业商标的表现形式更加丰富多样。在数字化产品中，生动的形象符号已经成为企业商标必不可少的表现形式，许多门户网站纷纷推出代表网站形象的标识，如搜狐的狐狸、新浪的“小浪”以及腾讯 QQ 的企鹅等。

二、对定价策略的影响

2020 年，党的十九届五中全会提出坚持扩大内需这个战略基点。结合消费需求来看，稳定和扩大内需离不开老百姓的敢消费、能消费和愿消费，要让老百姓能够消费得起、消费得好。因此，在利用数字技术为消费者提供更多新的产品和服务的同时，产品和服务的价格和质量不容忽视，这关乎人民美好生活需要的满足和幸福感的提升。产品价格是企业实现利润目标的关键要素之一，也是营销组合中唯一直接产生收入的要素，因此对企业而言极其重要。营销组合中的价格变量主要涉及企业的定价政策，即企业是如何为其产品定价的。在数字化时代，数字技术对产品价格和企业定价方式的影响体现在四个方面。

（一）价格更加透明

营销视角16-4 DealNews——每天都是“黑色星期五”

在非互联网环境中，由于存在地域和时间等方面的壁垒性限制，买卖双方之间的信息具有高度不对称性。同时，信息的获取成本也较高。显然，这些都为卖方进行歧视性或差别性定价创造了有利条件。但互联网的出现大大增强了信息搜索和获取的便利性。通过互联网，顾客能够很容易地发现产品或服务的价格差异，进而转换交易对象。在这种情况下，市场的有效性得以提高。例如，在淘宝、京东、苏宁易购等电商平台，买家可以很容易地对同一种产品按照价格进行排序。当然，也存在许多在线购物代理商为顾客提供专门的价格比较信息。通过这些访问，顾客可以获得同类产品的最低价格信息。因此，在互联网时代，缺乏价格竞争力的卖家很容易被淘汰。在这种情况下，企业未必需要制定最低的价格，而应在其传递价值主张的基础上，思考如何制定对消费者有说服力的价格。为了应对价格日趋透明的情况，卖家应着重强调产品品牌、企业信誉和可靠性等其他方面的特征。

（二）定价水平较低

有两个因素导致产品的网上价格往往显著低于线下竞争对手的价格。

一方面，较低的价格来自互联网带来的降价压力。首先，由于互联网的进入成本较低且价格透明，因此这样的市场与传统市场相比接近完全竞争状态。竞争的加剧导致企业必然积极响应竞争者的价格调整，这种竞争导向的定价方式可能会导致实际的降价行为。其次，价格搜索的便利性也可能在某种程度上提高价格弹性。对于书籍、机票和音像制品等同质性较高的产品来说，在线市场往往比离线市场具有更高的价格弹性。在价格弹性较高的情况下，降价显然成为一种理性的选择——率先降价成为获利的一种手段。最后，参与在线竞争的企业往往会通过价格折扣来吸引顾客。虽然这种方式有可能产生渠道冲突，但许多企业仍然坚持这样做，以提高市场占有率。

另一方面，较低的价格可能来自利用互联网带来的成本节约。这主要表现在：（1）营业成本的节约。在线经营由于不涉及实体店面，也不需要对商品进行实体展示，所以往往不需要支付高昂的场地租赁费用、卖场的入场费等。在实践中，有些企业甚至不需要建立分销网络。（2）无纸化订单处理带来的节约。由于顾客可以通过互联网自行填写订单，所以企业不但可以节省相关的人员和纸张支出，而且通过互联网处理订单能够提高处理效率和准确性。（3）广告费用的节约。传统媒体的广告费用通常是网络广告的几倍甚至几十倍，而且投放形式和时间相对固定且不易更新。与此相对，利用公司自己的网站公布和更新产品目录是一种近乎零成本的信息传播方式。（4）数字产品的分销成本节约。由于通过网络渠道分销软件、音乐、电影和网络游戏等虚拟产品和服务不需要昂贵的存储介质，所以分销成本相对较低。（5）电子支付中介带来的节约。电子化的资金划拨以及支付中介手段的创新，可以加快企业的资金周转速度，使资金得到更充分的利用，这间接降低了企业的财务成本。

不过，随着互联网竞争的加剧，网络平台模式所带来的成本与日俱增。以流量最大的淘宝网和京东为例。尽管商铺入驻淘宝网不需要缴纳费用，但是该平台为个体商铺带来的流量逐日递减，个体卖家不得不通过付费点击广告（如直通车等形式）来引入流量，这种渠道通常占到店铺流量来源的 80%。① 以当日或次日达物流效率为一大竞争优势的京东也面临如何降低物流成本来维系现有网络平台竞争优势的问题。② 这也是很多互联网平台在达到一定的市场渗透率后开始逐渐提高价格的原因，在如今人口红利逐渐稀释、流量难引的情况下，互联网运营的成本问题成为继续采用低价策略的企业亟须解决的问题。

（三）定价方式革新

在互联网条件下，传统营销中的众多定价方式得到了新的发展，主要表现在：（1）动态定价。动态定价并非一种具体的定价策略，而是一种定价思维，即价格具有适应性，可以随

① 每天 100 多访客，八成来自直通车，这样淘宝小卖家怎么寻突破？.（2017-02-15）. http://www.sohu.com/a/126346741_468709.

② 京东物流又涨价，财报揭示原因：物流成本增幅陡升.（2018-03-03）. https://www.iyiou.com/analysis/2018030367182.

环境变量的变化而变化。互联网为这种定价方式的实现提供了新的机遇，使价格调整更加容易。例如，花小猪等打车平台会根据顾客用车时段的不同，动态调整计费价格，在出行早晚高峰时段，用车单价明显高于其他时段。需要指出的是，企业应合理利用这种基于顾客个人数据的灵活定价方式，否则可能会增加顾客的感知歧视性，进而造成负面影响。[①]（2）拍卖。传统拍卖存在的最大问题是在同一时间把足够多的买家集中到同一个地点往往花费很高。互联网的出现从根本上改变了这一状况，很大程度上消除了时间与空间的限制，给买家带来了充分的自由。例如，eBay 和淘宝网采用如下拍卖方式：卖家出售多件相同的商品，由卖家设定最低价格及出售商品的数量，出价高者优先获得商品，价格相同的话，先出价者先得。再如，美国的 priceline.com 网站采用另外一种拍卖方式——反向拍卖，即在顾客给出自己愿意支付的客房或机票的价格后，网站会据此为顾客寻找合适的商家，以为顾客提供满足其价格需求的产品或服务。

（四）支付技术与定价策略形成

随着移动互联网的发展，智能手机的支付功能愈加完善，无论是手机自带的功能（如 Apple Pay），还是通过安装应用程序获得的功能（如支付宝、微信支付等），顾客已逐渐养成用智能手机支付的习惯。特别是在中国，个体与个体之间、个体与企业之间的支付都可通过手机完成。考虑到各种支付场景中的支付模式或自身习惯，用户在做出购买决策时会将便利性纳入考虑，而不会过度追逐最低价格。

三、对渠道策略的影响

科特勒认为渠道是“促使产品或服务顺利被消费者使用或消费的一整套相互依存的组织”[②]。根据职能的不同，可以把渠道分为分销渠道、交易渠道和沟通渠道三种类型。[③]一方面，在互联网条件下，上述三种渠道类型都受到不同程度的影响；另一方面，出现了一系列新的渠道模式。

（一）互联网对渠道的影响

分销渠道主要与渠道的物流职能有关，包括实体产品的运输和仓储等功能。即使通过网络进行产品的销售，大部分产品仍然需要通过传统渠道进行实体分销。同时，由于分销渠道对信息交换的依赖性最小，所以在上述三种渠道中，互联网对分销渠道的影响相对最小。不过，有一种例外情况，那就是软件、音乐、视频和网络游戏等数字产品的分销。这些产品可以通过网络直接交付，而且对于这些产品而言，互联网是成本最为低廉的分销渠道。

交易渠道是买卖双方开展销售活动的场所。通过交易渠道，买方能够找到满足其需要的产品，买卖双方能够协商价格、处理交易并最终实现产品所有权的转移。互联网的出现为这些职能的实现提供了新的、更为便利的途径，主要表现在：（1）提供新的交易平台。互联网为顾客提供了一个新的交易平台。在这个覆盖全球的虚拟市场上，顾客能够快速搜索需要的产品信息，而且交易的发生不再受时间和空间的限制。更为重要的一点是，互联网为个性化需求的满足提供了更大的可能性。（2）提供信息中介。互联网为信息发布提供了多种载体，增强了企业

---

① Li X，Li K J，Wang X. Transparency of behavior-based pricing. Journal of Marketing Research，2020，57(1)：78–99.

② 科特勒，凯勒．营销管理：第 13 版．王永贵，于洪彦，何佳讯，等译．上海：格致出版社，2009.

③ Peterson R A，Balasubramanian S，Bronnenberg B J. Exploring the implications of the Internet for consumer marketing. Journal of the Academy of Marketing Science，1997，25（4）：329–346.

向顾客传递信息的能力。同时，通过开展在线营销调研，企业可以收集有关现有顾客和潜在顾客、竞争对手以及其他利益相关者的信息。毫无疑问，这些信息对于企业营销战略的制定具有重要意义。（3）提供交易中介。除了开展直接的销售活动以外，互联网上还出现了许多代理商和经纪人等中间商，它们可以帮助顾客寻找符合自己需求的卖方，比较价格并进行在线支付。（4）协商价格。在互联网条件下，在线拍卖、在线招标和直接的讨价还价等方式增强了买方在价格方面的主动权。（5）提供电子订单。互联网电子订单系统不但能够提高交易处理的效率，而且可以为企业节约大量成本。当然，沟通渠道承担着信息传递的传统职能。互联网的出现则创造了一种全新的沟通环境，不但强化了原有的一对一、一对多沟通方式，而且使得多对多的沟通模式成为可能。多样化的沟通工具和平台也使买卖双方的互动更加充分、及时和有效。

除了上面讨论的积极影响以外，互联网的出现也可能导致企业内部线上与线下渠道之间或供应链中制造商与零售商之间的竞争效应。[①] 为了避免渠道冲突，企业在决定开展营销活动时必须选择适当的渠道组合。例如，在价格存在巨大地区差异的情况下，尽量避免开展在线直销，仅将互联网作为沟通渠道。另外，在已经拥有传统分销机制的情况下，企业必须决定由自己开展在线销售还是由销售商开展在线销售。可供选择的一种避免冲突的方式是使传统渠道与线上渠道分别扮演不同的角色。例如，线上渠道主要提供产品信息或促销信息，线下渠道主要提供在线上渠道无法购买的最新产品等。

（二）数字化背景下的渠道模式选择

从一般的分类角度来看，与传统营销一样，数字化营销也可分为直接销售和间接分销两种模式。

1. 直接销售模式

直接销售模式意味着由制造商直接向个人或企业销售产品，不经过任何中间商。在传统的线下营销中，这种方式得到了广泛应用。例如，我们熟知的雅芳公司和安利公司都是直销的典范。这些进行线下直销的企业往往面临着巨大的人员成本。互联网的出现则使制造商越过中间商直接向个人或企业销售产品成为可能。这样做的好处是可以为制造商带来大量的成本节约，使其获得原本被中间商分享的利润。最终，这种成本的节约很可能会带来价格的降低，从而有助于增强制造商的竞争力。

具体而言，在企业间市场上，直接销售模式的运用可以为企业节省大量的人员和订单处理成本。在线帮助和支持系统的建立也能更好地辅助顾客进行产品的安装和调试，并对产品使用中出现的问题及时加以解决。在企业对顾客市场中，直接销售模式主要包括三种形式：（1）制造商在自己的网站上加入在线订购功能。例如，戴尔公司允许顾客直接在公司网站提交订单。（2）对于数字内容类产品采用在线直销的方式，从而为企业节约数字内容类产品实体化所需的大量成本。不过，这种方式也面临一系列知识产权问题。与线下销售相比，其面临的威胁可能更大。（3）制造商选择完全的网络直销模式。比如，国内早期服装网络直销公司批批吉完全不采用传统分销渠道，这种类型的制造商常常表现出低成本和大规模定制等特征。

此外，也可以把在线订阅看作一种网上直销方式。例如，顾客可以通过互联网订阅电子杂志，关注微博 / 博客账号，关注微信公众号等。

2. 间接分销模式

间接分销模式即采用中间商进行销售的一种方式。一方面，互联网为制造商提供了消除

① Tang T P，Fu X，Xie Q. Influence of functional conflicts on marketing capability in channel relationships. Journal of Business Research，2017，78：252–260.

中间商的可能性，另一方面，为其创造了可利用的新的互联网中间商。根据朱迪·斯特劳斯和雷蒙德·弗罗斯特的观点，可以把互联网中间商细分为三种类型。①

（1）经纪人。经纪人是中立的一类群体，既不代表卖方，也不代表买方，只是在提供信息和促成交易后收取一定的中介费用。通过经纪人的中间作用，买卖双方均可获得相应的利益。网络经纪人的典型代表是在线拍卖网站。例如，按照不同的交易产品类别和成交金额，eBay 向卖方收取一定的交易服务费，天猫商城向企业征收入驻费用。当然，还有一类特殊的中介，如对比网站和产品搜索引擎，它们尽管没有促成直接的交易，但增加了交易的便利性和可能性，因此也可以将其归入经纪人这一类别。

（2）代理。代理可分为两种类型，即卖方代理和买方代理，如何分类主要取决于由哪一方支付报酬。其中，卖方代理的主要形式有制造商代理、媒体广场和虚拟购物中心三种。② 制造商代理是一种卖方集合，涵盖了不同制造商所提供的大量不同产品。与线下代理商不同，基于互联网的制造商代理不仅销售互补型产品，而且代理相互竞争的产品。例如，对于机票和酒店预订类平台（如携程、艺龙）而言，它们所代理的就是相互竞争的同质产品。媒体广场类似于我们通常所说的“一站式”或“一条龙”购物。围绕某一特定事件（如结婚），人们可能需要进行一系列采购。媒体广场的便利性就在于它节省了大量信息搜索的时间，而且能够向顾客提供较为公正和权威的推荐信息。关于虚拟购物中心，可以简单地将其理解为在线的大型购物中心，包含众多的商家为顾客提供丰富多样的产品。例如，淘宝网的品牌商城就可以看成一个虚拟购物中心。对于买方代理而言，一种典型形式是在线团购。建立专门的团购网站，集中众多的买者，可以提高买方的议价能力。目前，国内的团购网站发展迅速，所涉及的产品类别也很广泛，大到住宅和汽车，小到日常生活用品。例如，近几年发展迅速的拼多多，通过运用社交网络邀请其他顾客参与拼团或砍价的方式来为顾客提供价格低廉的产品。

（3）在线零售商。这是一种最为常见的通过网络进行销售的方式，即商家依靠自身或第三方平台建立在线商店，向顾客提供产品或服务。毫无疑问，顾客关心的一个主要问题是从在线零售商那里能够买到什么。实际上，不管是数字化产品，还是实体产品，都可以通过在线零售的方式销售。顾客完全可以足不出户完成大部分购买活动。二者的不同之处在于：音乐、视频、电子书和在线杂志等数字内容产品可以通过互联网直接交付，实体产品在完成在线交易之后还需经过一个实体交付过程。一般而言，这种实体交付往往借助现有的快递公司等第三方物流机构来实现。不仅如此，有些在线零售商还支持送货上门和货到付款，为顾客提供了便利，也赢得了顾客的信任。

如今，移动互联网和社交媒体的发展增加了企业营销渠道选择的多样性。在渠道管理层面，企业应该有选择性地决定铺设或放弃某些渠道，以避免渠道冲突带来的负面影响。以跨境电商和海外代购为例，伴随着我国海淘用户需求和群体数量的不断增加，跨境电商和海外代购等新型营销渠道相继涌现。同时，国家针对跨境电商出台了一系列政策，如《关于跨境电子商务零售进出口商品有关监管事宜的公告》《国家外汇管理局关于支持贸易新业态发展的通知》以及对跨境电商等新业态的改革和扶持政策等，进一步促进和规范了海淘市场的发展。鉴于跨境电商和海外代购涉及国际国内两个市场，其监管存在一定难度，不乏有些企业在商品质量、物流配送以及税收等方面存在一系列机会主义行为。基于此，企业应该践行正确的营销伦理和道德，合理构建并利用跨国营销渠道，参与到全球价值链体系中。

---

① 斯特劳斯，弗罗斯特. 电子营销：第 2 版. 李欣，刘薇，译. 北京：社会科学文献出版社，2003.

② 同①.

四、对营销传播的影响

传播指企业利用各种信息载体与目标市场进行的沟通活动。传统营销传播一般包括广告、销售促进、公共关系、人员推销和直复营销等。与其他营销策略类似，移动互联网、大数据、人工智能等信息技术的发展促进了传播方式的多样化，消除了时间和地域的限制，为买卖双方提供了全新的沟通渠道——把产品信息传递给顾客，促进买卖双方的充分互动，并使顾客对信息的浏览和获取拥有更大的主动权。

（一）互联网广告市场的涌现

目前，中国互联网广告市场整体稳步增长，各垂直领域呈现不同的发展态势。据相关数据统计，2019 年中国互联网广告规模已达到 4 319.4 亿元，同比增长 14.9%。其中，电商广告仍旧保持稳定增长。而新兴媒体、新技术的发展使得社交媒体如 B 站、知乎等发展迅猛，社交广告整体市场潜力巨大；短视频和直播带货等营销模式的创新发展，推动直播广告成为新的增长亮点。①

一般而言，网络广告有四种具体表现形式：（1）旗帜型广告。旗帜型广告又叫横幅式广告，尺寸和类型多种多样，可以是静态的，也可以是动态的或交互的，大都置于网站页面的顶端或两侧。顾客通过点击进入相关的页面，从而获得更为详细的产品和服务信息。这里所说的交互是指标题广告中带有下拉菜单和复选框等内容，顾客可进行选择和填写获得相应信息。（2）分类广告。分类广告通常出现在各大门户网站和专门的分类资讯网站上。按照性质的不同，各种广告可归入不同的子栏目，方便顾客查找。这种广告往往篇幅短小、制作简便、传播迅速、价格低廉，比较适合个人、小企业或小团体使用。（3）空隙广告。空隙广告泛指在页面之间播放的广告。弹出广告是空隙广告最常见的类型，在用户加载页面的过程中会弹出一个小的广告窗口。这种广告形式易于吸引视觉注意，但也可能招人反感。（4）富媒体广告。富媒体广告将动画、Flash、视频和流媒体等多种元素组合起来，使广告形式更加生动活泼，表现力更强。② 需要指出的是，不管企业采用哪一种广告形式，效果都是网络广告决策的根本。因此，企业必须在广告点击质量和成本之间进行衡量，仔细考虑广告的设计以及投放媒体、投放时间和位置的选择。另外，企业应建立良好的网站基础设施和回应机制，以利于顾客在看到广告后访问企业网站。

在数字化技术的支持下，个性化和定制化广告成为当下广告发展的主流趋势。基于位置定位、大数据分析等数字化技术，企业可以针对每个消费者进行个性化的信息推送。③ 例如，企业能根据 IP 地址获取用户的位置信息，根据登录时间获取用户的活跃时段，并能获取用户使用的设备类型等数据。通过对这些数据的挖掘，企业能够向不同时期、不同地域、拥有不同设备的用户推送不同的广告信息。除此之外，诸如 Ad Choice 等广告技术的发展使得顾客可以向企业表达甚至自行选择其偏好的广告类型，而不是一味地接受企业推送的、具有盲目性的横幅广告。④ 通过这种定制化形式，广告的效率和效果得以真正提升。

---

① 2020 中国互联网广告市场年度综合分析.（2020-09-03）. https://www.sohu.com/a/416307348_114819.

② 杜骏飞，孙艺. 做足富媒体大文章. 广告大观（综合版），2006（5）.

③ Olsen G D，Pracejus J W. Customized advertising：allowing consumers to directly tailor messages leads to better outcomes for the brand. Journal of Business Research，2020，116：245-257.

④ Kim N Y. The effect of AD customization and AD variation on Internet users' perceptions of forced multiple advertising exposures and attitudes. Journal of Interactive Advertising，2018，18（1）：15-27.

（二）促销活动的线上化

传统的促销活动有打折、电子优惠券、免费试用、赠品、有奖竞赛、交叉促销和联合促销等多种形式。这些形式的促销活动在互联网条件下得到了广泛应用和延伸，下面简要介绍其中的几种。

1. 电子优惠券

不同于传统的纸质优惠券，企业可以直接在自有网站、微信或微博等社交媒体平台提供电子优惠券，不断优化优惠券的使用方式。例如，顾客可以在微信公众号或小程序上一键获得麦当劳提供的多种类型的电子优惠券，同时无须打印或输入优惠券信息即可直接用于购买商品。

2. 免费试用

许多软件公司向用户提供软件的免费试用版，允许用户免费下载并免费试用一段时间。到期后，用户可以选择停用或购买该软件。类似地，大部分在线课程、电影、音乐和电子书的提供商也会提供相应的免费试听或试看的内容，吸引顾客做出购买决策。还有一些市场调研公司、资讯公司会在其网站上提供少量的数据信息，以吸引顾客购买全部数据或其他内容。除此之外，许多生产实体产品的企业开始利用互联网发送免费试用品。例如，日本化妆品公司 DHC 承诺顾客只要登录其网站，填写个人皮肤状况、日常护肤品的使用习惯以及电话、住址等个人信息，就会定期收到 DHC 寄送的免费试用装。

3. 有奖竞赛

许多企业会借助网络平台举办各种竞赛和抽奖活动以吸引顾客参与，这种做法通常会为企业赢得更多的潜在顾客。此外，社交媒体的出现也丰富了有奖竞赛的形式，参与者可以在微信或微博上转发相关活动的信息，邀请好友进行组队或换取更多参与机会。

4. 交叉促销和联合促销

交叉促销和联合促销往往能够为合作双方带来双赢的结果。例如，小米在推出红米 Note 4X 时，选择与初音未来这一虚拟偶像进行合作营销。这一举措在为小米增加潜在二次元顾客群体的同时，也提升了初音未来在年轻群体中的知名度。①

（三）社区营销的发展

社区是一系列关系的集合体，而关系意味着义务、信任与承诺。在社区中，关系建立的基础是成员拥有共同的兴趣与爱好。创建社区是开展在线公共关系活动的一种有效形式。在线社区的形式有很多种，如在线聊天室、论坛或讨论小组等。有些企业会在自己的网站上建立虚拟社区，如华为花粉俱乐部、小米社区论坛，便于为顾客提供信息和服务或鼓励顾客提供有关企业产品的反馈。一般而言，虚拟社区提供的是一种平等开放的交流环境，具有相同爱好和兴趣、购买和使用相同产品或者关注同一热门话题和事件的用户可以畅所欲言，彼此交流观点或对他人的观点发表评论。这种高度互动的交流往往有助于加强社区成员之间的情感联系，使其产生信任并形成一种虚拟的社交圈。在这种社交圈中，口碑传播的力量十分强大。

一般情况下，社区的发展需经历一个从建立到成熟的过程。拉菲・默罕默德等学者认为社区的发展有三种水平②：（1）初生水平。这种水平的社区刚刚建立，成员局限于社区创始人和少数核心推动者。（2）成型水平。这种水平的社区处于成长和发展阶段，社区成员的数量不断增加，社区功能不断完善，影响力不断增强。（3）成熟水平。这种水平的社区已接近或达到

---

① 最新五大联合营销案例．（2017-04-14）．https://www.sohu.com/a/134003236_651653.

② 默罕默德，菲谢尔，杰沃斯基，等．网络营销：第 2 版．王刊良，译．北京：中国财政经济出版社，2004.

临界规模和维持能力，结构和功能相对稳定。社区是有效的平台，但创建成功的社区并非易事。在成千上万的在线社区中，只有极少数能够脱颖而出。因此，要确保在线社区的成功，必须根据社区发展的不同水平制定相应的战略和营销计划，推动成员与社区关系从初始的一般接触向紧密接触转变。虚拟社区成功的另一个关键在于以顾客为中心的交流。因此，除了组织并推动周期性的社区活动、制定社区规范和维持秩序等，企业或其他类型的社区创始人应尽可能不干预社区。最理想的结果是，社区中形成一种良性的互动机制和积极的反馈链条。也就是说，社区成员的互动和反馈促进社区的成熟，进而促进顾客增强对作为社区载体的网站和企业的归属感，最终实现顾客忠诚度的提高，并使其以更积极的姿态投入社区的互动。

（四）搜索引擎营销的发展

搜索引擎营销主要由搜索引擎优化和付费搜索引擎广告两部分构成。在网络时代，搜索引擎是互联网用户寻找信息的重要手段。因此，利用搜索引擎成为互联网条件下企业传播推广的重要方式。一般情况下，大部分互联网用户喜欢选择位于搜索结果前列的网站，尤其是出现在搜索结果第一页的网站。鉴于此，对于企业而言，简单地进行搜索引擎注册是远远不够的，还必须优化自己在搜索结果页面中的位置。一方面，搜索引擎的优化技术有很多，包括关键词、链接、页面、元标记、出现的频率和创意等；另一方面，付费搜索引擎广告可以竞价排名，包括点击付费、固定的包年或包月等付费形式。

需要指出的是，付费搜索引擎广告和搜索引擎优化有一个共同点，那就是企业排名不是一成不变的，而是实时波动的。例如，Google AdWords 以关键字定位的广告在搜索结果页面上的排名往往取决于匹配关键字的每次点击费用和质量得分，每次点击费用较高、广告文字相关性较强的广告往往能够得到较高的排名。

（五）直复营销方式的变化

直复营销的基本思想是通过与特定目标市场进行直接交流获得顾客响应。在互联网条件下，企业经常采用电子邮件营销和病毒营销。

电子邮件营销的优点在于及时性好、针对性强、保护隐私、便于顾客回应以及成本较低等。在实践中，最常见的形式就是向潜在顾客发送电子邮件广告。顾客名录一般来自企业自己的信息数据库，或是第三方市场调研机构等。除了发送广告，企业也利用电子邮件定期提醒顾客回访企业网站，告知顾客有关公司发展近况的信息，甚至是向顾客发送生日祝福等，以增进与顾客的关系。不过，随着这种营销工具为越来越多的企业所使用，市场上存在明显的滥用倾向，招致潜在顾客的投诉或不满。因此，为了增强电子邮件营销的有效性，营销管理人员应该谨慎使用这种方式并对电子邮件进行精心的设计。例如，拟定有吸引力的标题以抓住顾客的注意力；使正文信息简短、明确；提供企业网站链接，方便顾客进一步查阅更详细的信息；使用个性化的称谓，即尽量使用顾客姓名而非一般性称呼，并努力提供符合顾客个性化需求的信息；在发送时间的选择上，尽可能考虑接收方使用电子邮件的可能时间；对电子邮件的回复和响应率进行跟踪和评价。需要指出的是，随着社交媒体的发展，越来越多的企业选择通过微信公众号或微博、抖音平台的私聊功能与顾客进行直接沟通，这提升了双方沟通的便利性和效率。

病毒营销是一种比喻，其实质是利用互联网的几何效应，使营销信息以类似于病毒扩散的速度迅速传播，诸如电子邮件和微信、微博等新型社交媒体都可以成为病毒营销的具体手段。例如，企业可以通过要求顾客在微信、微博、抖音等平台上的内容转发、集赞或者邀请新用户参与等形式，提升营销传播的力度。虽然这种营销方式的成本极低，但易引起顾客的反感。

（六）新营销传播——直播营销的出现

在互联网的早期发展阶段，组织乃至个人都可以通过博客（blog）与顾客进行交流，这种方式具有简便快捷、情感化、个性化和成本低以及传播广泛等特点，易于为人们所接受。在不断发展的数字化技术的支持下，博客逐渐升级为微信、微博以及短视频、直播平台等新型互动传播媒介，企业或个体可以通过短视频或在线平台直播开展营销活动，直播营销崭露头角。直播营销近几年得到井喷式发展，其内容丰富多样，如真人秀、体育和游戏竞技等；直播平台品牌繁多，如娱乐类的美拍、游戏类的斗鱼等。当下，通过直播平台植入企业信息（如网络红人代言）以及销售产品成为营销传播的流行趋势。直播营销可以看作嵌入实时社交互动的电商营销，两者之间既有一些相似之处，也存在一定的区别，具体如表 16－3 所示。

表 16－3 电商营销与直播营销的区别

电商营销	直播营销
时空分离	空间分离但时间连续，可以实时互动
有限的交流形式，主要以文字到文字的在线书面交流为主	基于虚拟网络的面对面交流
买家的信息有限，需卖家主动提供	可以实时观测到卖家的身份特征
产品评估较为困难，卖家可以主观编辑产品或服务的信息	实时视频使产品评估更加容易
卖家通过聊天框与一位顾客进行互动	卖家与许多顾客同步进行互动

资料来源：Wongkitrungrueng A，Dehouche N，Assarut N. Live streaming commerce from the sellers' perspective：implications for online relationship marketing. Journal of Marketing Management，2020，36（5-6）：488-518.

党的十九届五中全会指出，到 2035 年基本实现社会主义现代化远景目标，其中包括人民生活更加美好，人的全面发展、全体人民共同富裕取得更为明显的实质性进展。脱贫攻坚战的全面胜利，是推进并实现共同富裕的坚实基础。在全国脱贫攻坚实践中，直播营销发挥了重要的助力作用。为了更好地助力贫困地区的农民实现脱贫，随着直播营销的兴起，国内不少地区开始推行各式各样的直播助农活动，如由当地基层干部或明星等作为主播进行特色农产品线上推广销售以及风景名胜打卡宣传等。在这一系列消费扶贫活动中，得益于微博、微信、抖音等社交媒体，淘宝、京东等电商平台，以及农产品加工和物流配送服务企业等的协同参与，来自贫困地区的特色农产品和旅游服务产品能够直接触达全国乃至全球的消费者，拓宽了农民的增收渠道，进而推动了区域协调发展，有利于共同富裕目标的实现。

总之，数字化营销传播一定要关注不同顾客群体行为的新变化，保持对数字化平台中顾客偏好变化的知觉，知悉顾客整个消费旅程中的所有接触点，明确影响每个接触点的因素。不过，数字化传播并不是说企业一定要采用先进的数字化技术，企业依然可以沿用一些传统营销的沟通方式，但是应知悉每一种线上或线下传播渠道的优势和劣势。换句话说，企业应具有整合观念，其传播策略可以整合传统与数字化技术，并能够与顾客旅程无缝连接，发挥各个要素的协同作用，最终促进顾客的契合与融入。

五、整合数字化技术与营销策略

在数字化时代，消费者行为发生了相当大的改变，因而数字化营销组合的制定尤其需要注意顾客旅程的新变化，并运用整合的理念将所有的要素很好地融入顾客旅程。实际上，在数字化时代，顾客旅程与以往相比有了很大的变化，企业在实施营销策略之前首先要认识到顾客发生了哪些变化，因地制宜地做出调整。①

如图 16－5 所示，传统的顾客旅程遵循既定有序的决策路径，在需求受到刺激后，顾客首先会根据自身需求建立产品备选方案，然后通过有权重的评价标准初步筛选并选出可行的购买方案，最后实施购买行为以完成交易。如今，顾客旅程不再遵循以交易为导向的有序步骤，而遵循一个包含考虑、评估、购买、享乐、口碑以及纽带的多层次多阶段的环形路径。在考虑阶段，由于经常面临广告轰炸，顾客通常会从较少的偏好选择集入手。在评估阶段，顾客所能获取的信息范围更加广泛，如从其他顾客、在线评论、零售商及其竞争对手等多个信息源获取信息。在这个过程中，顾客评估标准可能会发生变化，比如剔除一些选项，或加入一些新的选项。在购买阶段，数字化技术的发展使得商家和顾客的接触点（如包装、地理位置、物流、促销活动等）更深、更广，因而互动营销在促进购买决策方面的影响力比以往要大得多。在购后阶段，顾客的接触点变得更加丰富，顾客很可能会在社交网络上分享产品购买或使用体验，这些信息为其他顾客的决策提供了依据。值得一提的是，如果顾客与特定品牌产生了强劲的纽带关系，那么顾客后续的消费过程就会跳过考虑和评估阶段，直接进入享乐—口碑—纽带这一忠诚回路。

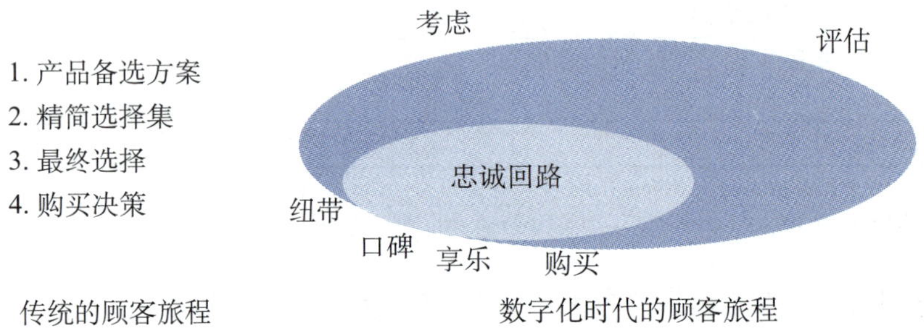

图 16－5　传统与数字化时代的顾客旅程对比

资料来源：Edelman D C. Branding in the digital age. Harvard Business Review，2010，88（12）：62–69.

营销视角16-5　数字化背景下的内容策略

除了需要认识到顾客行为的新变化，企业还应该如何将数字化技术与营销策略整合到经营实践中？图 16－6 提供了一个可供探讨的思考框架。企业面临的环境存在诸多要素的交互，具体而言，企业需要重点考察外部情境和竞争两个主要方面。在数字化时代，平台市场、搜索引擎以及社交媒体等多种技术支持的环境要素与顾客的行为产生各式各样的交互，并对顾客行为带来不同程度的影响，因而顾客的行为必然存在动态的变化，企业应对此保持敏锐的知觉和关注。再者，竞争对手的反应及其速度也可能发生相应改变。这些都是企业需要关注的外部环境要素。企业需要搜集和整合这些信息，在深入、全面分析之后，将其应用到企业的 4P 营销组合策略。这些信息的价值需要企业通过市场研究来实现，并最终转化为品牌资产、关系资产以及顾客满意和顾客价值。此外，企业可以基于此有针对性地展开顾客获取、顾客保留和顾客盈利分析等顾客关系管理工作，以最终实现企业的绩效与利润增长。在这个过程中，企业的营销策略应贯彻始终。因而，企业应在战略高度上清晰地把握

① Kuehnl C，Jozic D，Homburg C. Effective customer journey design：consumers' conception，measurement，and consequences. Journal of the Academy of Marketing Science，2019，47（3）：551–568.

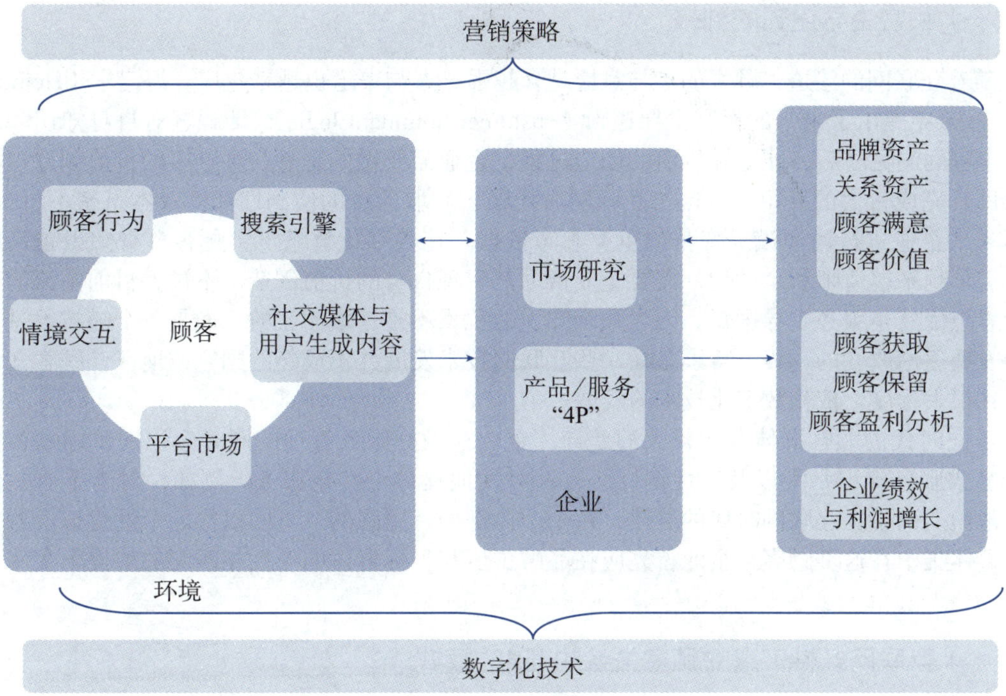

图 16－6　整合数字化技术与营销策略框架

资料来源：Kannan P K，Li H. Digital marketing：a framework，review and research agenda. International Journal of Research in Marketing，2017，34（1）：22–45.

数字化时代的环境要素，并因地制宜地调整和整合既有的营销策略和资源，时刻关注顾客、企业双方的利益要素。

第 3 节　数字化营销与顾客

互联网和数字化技术为营销组合的应用与创新提供了丰富的媒介和手段，促进了数字化营销策略的多样化。不过，与传统营销相同，顾客及其需求的满足依然是数字化营销的着眼点。下面将重点从数字化营销对顾客关系管理、顾客体验和顾客价值的影响入手，进一步探讨数字化营销的相关问题，以帮助营销管理人员提升数字化营销的价值。

一、数字化营销与顾客关系管理

获取一位新顾客的成本远远高于挽留一位老顾客所需的支出，这显然为企业提高顾客忠诚度的决策提供了最充分的理由。不仅如此，高度忠诚的顾客往往表现出相对较低的价格敏感性，倾向于定期购买或大量购买企业的产品，而且会主动充当企业的免费宣传员，向其他顾客推荐企业的产品，从而为企业带来巨大的收益，这正是关系营销和顾客关系管理备受企业关注的真正原因。在关系营销中，企业的目的不再是"做一锤子买卖"，而是赢得顾客、挽留顾客和提升顾客终身价值。那么，数字化时代企业与顾客的关系有哪些变化？对企业有何管理启示？

（一）顾客主导逻辑的到来

随着互联网的渗透，顾客的参与意愿越来越强，参与渠道也越来越广。海诺宁（Heinonen）等于 2015 年提出了未来的顾客主导逻辑（customer-dominant logic），即顾客对自身知识和需求有了丰富的洞见之后，能主导价值的创造过程，企业需要做的是参与到顾客的价值创造过程中并协助其完成价值的获得。[①] 这与互联网时代顾客获取信息的便利性和低成本是密不可分的，也是未来企业进行商业模式变革的重要参考依据。在数字化背景下，顾客自身知识越来越丰富，需求越来越清晰和个性化，需要企业帮助其实现自身的价值创造。不过，目前主流的营销管理思想依然是服务主导逻辑，因为顾客知识的积累不是一蹴而就的，而是一个随技术进步和社会发展逐渐改变的过程。特别是在一些互联网技术发展并不成熟的国家或地区，顾客知识的积累在很大程度上依赖数字化技术的发展。

不同时代的顾客群体存在较大的差异，企业在做好服务管理的同时应识别目标顾客群体的产品或服务知识水平以及个性偏好，有针对性地提供个性化服务。例如，对于千禧一代而言，他们是出生在互联网时代的群体，每个个体都拥有更强的、不同以往的个性意识。若目标顾客群体集中在这类顾客，企业首先应在品牌价值与目标群体的个性相匹配的前提下实施营销策略。[②]

（二）互联网条件下建立顾客关系的 IDIC 模式

IDIC 模式是由唐·佩珀斯与玛莎·罗杰斯提出的企业进行顾客关系管理的一种参考框架，目前这一框架已经成功地应用到网络顾客关系管理实践中。简单地说，IDIC 模式就是顾客识别、顾客区分、顾客互动和顾客定制四个阶段的统称。[③]

1. 顾客识别

顾客识别要求在顾客访问时，网站或社区能够准确识别出顾客的身份。在前文中我们已经介绍过识别顾客的方法，在此不再赘述。与顾客识别相关的另一个重要问题是顾客信息的收集，识别顾客的前提就是网站拥有相关顾客的个人资料。为此，营销管理人员必须采取有效措施，鼓励顾客进行信息的更新和补充。

2. 顾客区分

在实践中，提高营销效果的重要一环是确定目标受众，并根据各个细分变量对目标受众进行有效的区分。在互联网条件下，企业通过网络接触的顾客大多是主动访问或经过注册的。其实，顾客的这一行为本身已经表明他们的兴趣所在。接下来，企业可以根据顾客提供的个人信息，如不同的偏好或兴趣等，对顾客进行区分。此外，企业还可以根据顾客的访问情况和在线成交情况等信息对顾客进行区分，进而根据不同细分市场的不同特征来提供不同的产品和服务。

3. 顾客互动

在顾客互动这一环节，互联网的优势往往更为突出。企业可以通过电子邮件、虚拟社区和企业微信、微博等多种形式与顾客进行双向沟通。也就是说，企业不但可以聆听顾客的反馈或向顾客征求建议，而且可以为顾客提供在线咨询和帮助等支持性服务。不仅如此，互联网这一沟通渠道具有开放性、平等性、迅速性、成本经济性和不受时空限制等特点，显然，这些优

---

① Heinonen K，Strandvik T. Customer-dominant logic：foundations and implications. Journal of Services Marketing，2015，29（6–7）：472–484.

② 千禧一代为什么成了品牌最难取悦的人.（2018–08–09）. https://m.sohu.com/a/246168174_750151.

③ 佩珀斯，罗杰斯. 一对一企业：互动时代的竞争工具. 屈陆民，译. 北京：华文出版社，2002.

势是传统沟通渠道无法比拟的。

4. 顾客定制

顾客定制指的是企业调整产品或服务来满足顾客的不同需要。显然，这与个性化密切相关。企业不但可以通过互联网向细分市场（甚至是单个顾客）推送个性化的产品或服务信息，而且可以支持个性化的产品定制。顾客只需通过网页提交带有各种选项的订单，就可以获得独具个人特色的产品或服务。

（三）在数字化时代管理顾客关系信息

数字化时代的顾客关系管理主要体现在技术提升管理效率方面。具体来说，企业应善用数字化技术来提升现有顾客关系管理的效率。与传统营销相比，数字化技术能够为企业带来更多数据方面的支持。因而，在顾客关系方面，企业若能实现对数据的优化管理和分析，势必能在顾客关系管理中更具效率和实践洞见。罗文（Rowan）在研究数字化与传统营销顾客关系方面的差异时指出：在传统环境下，为顾客关系管理提供个性化服务时，企业一般需要使顾客信息经历记录（record）、存储（store）、分析（analyze）和个性化（personalize）的过程，如图 16－7 所示。

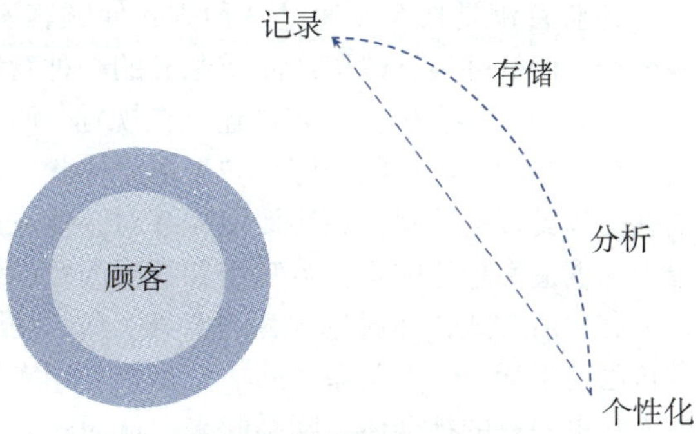

图 16－7 传统营销管理顾客关系信息的路径

资料来源：Rowan W. Digital marketing：using the new technologies to get closer to your customers. Kogan Page Business Books，2002：48.

在这个过程中，传统营销在第一个记录阶段就存在诸多问题，因为很少有企业能获取所有渠道中的顾客信息。此外，存储以及分析方面也受到数据存储和分析技术的限制，无法获得关于具体顾客的信息全貌，顾客关系管理势必存在知识盲区。然而，数字化技术的发展为解决上述问题提供了机会，例如大数据技术能够为企业采集多个渠道的顾客接触点信息，扩大了企业所能获取的数据范围。另外，先进的云计算、云存储等技术也为管理大量数据带来了便利。在分析方面，Python、R 语言等分析工具的普及使企业的分析能力得到了质的飞跃。在此基础上，企业所能实施的个性化的范围和深度大幅增加，如图 16－8 所示。

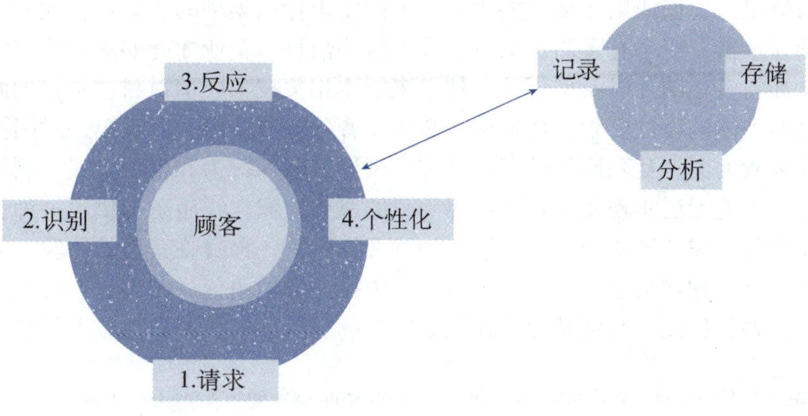

图 16－8 数字化营销管理顾客关系信息的路径

资料来源：Rowan W. Digital marketing：using the new technologies to get closer to your customers. Kogan Page Business Books，2002：50.

在数字化时代，顾客能够通过各种线上和线下渠道主动反馈请求（request），越来越多的移动终端技术支持顾客数据的实时采集，企业需要注意的是快速地识别（recognize）出海量信息中的重要信息，并且有效地做出反应（react），继而为顾客提供高质量的个性化服务并对其进行改进。整个过程的推进依赖企业的记录、存储和分析能力，而这些与数字化技术的运用紧密相连。

二、数字化营销与顾客体验

体验营销是指企业通过各种方式使顾客实际感知到产品或服务的品质或性能，从而促使顾客产生偏好并最终购买产品或服务的一种营销方式。在实践中，这种体验主要包括五种主要形式[①]：（1）感官体验。它是建立在视觉、听觉、触觉、味觉和嗅觉基础之上的体验，能够引发顾客直接的反应，如美感。（2）情感体验。它体现为顾客内在的感情与情绪，使顾客在消费中感受到美好的情感，最终促使顾客对企业或产品产生偏好。（3）思维体验。它是启发人们的智力、创造性地让顾客获得知识和解决问题的体验。（4）行动体验。它的目的在于影响人们的行为和生活方式，即通过顾客的亲身实践，使顾客了解做事情的替代方法或以新的生活方式丰富自己的生活。（5）关系体验。它是指利用人们完善自我和期望得到他人认可的个人愿望，把个人与更广泛的社会体系联系起来，从而建立强有力的品牌关系和品牌社区。

从表面上看，互联网的虚拟特点似乎与亲身体验存在矛盾，但互联网实际上为顾客体验提供了一种更为广阔的平台，甚至使许多现实生活中难以实现的体验成为现实。总的来说，数字化技术对感官体验、行动体验和关系体验的重要性与日俱增。从感官的角度来说，过去互联网条件下的有效感官主要是视觉和听觉，如今虚拟现实技术（VR）以及增强现实技术（AR）的普及使得顾客体验的范围极大扩展。例如，虚拟现实技术近几年开始在游戏领域发挥作用，各大商场都有运用虚拟现实技术和增强现实技术的机器的身影。顾客可以通过佩戴感知设备在线下游戏区域感受非凡的场景体验，这种体验是过去不曾有的。[②]在这种情况下，企业产品和服务的展示不再仅仅依靠文字、图片和影音资料媒介，在未来，虚拟现实技术一定是更优的选择。例如，亚马逊已经将增强现实技术运用到购物过程中。顾客通过智能手机的摄像头，可将网店中的产品摆放到现实场景中，如可直接体验佩戴某块手表的感觉。[③]因此，企业在未来为优化顾客体验而采用的技术将越来越丰富。为此，企业必须考虑：顾客是谁？他们来自哪里？他们使用什么样的语言？他们使用什么类型的浏览器？他们的下载速度是多少？他们的显示器分辨率有多高？只有获取了这些信息，企业才能够决定采用哪种语言、使用哪种颜色、如何美化图片以及采用什么技术来制作相关技术展示材料。不仅如此，企业还必须考虑这些材料载体的设计要素，如框架、款式、音乐及选项等，以在第一时间抓住顾客的注意力。在行动体验方面，互联网能够帮助顾客尝试许多新的行为和生活方式。例如，受时间或收入限制，顾客可能无法实现实地观赏世界美景的愿望，但在线旅游提供了一种替代方式，电子地图、游览行程、虚拟导游和景点介绍等为顾客提供了一种身临其境的体验。另一种典型的行动体验是虚拟社区和网络游戏，用户可以在其中扮演虚拟角色，回到过去或模拟未来，体验不同的生活。此外，目前一些网站提供在线装扮类的服务项目，用户可以上传自己的照片，对

---

① Nagasawa S. Customer experience management：influencing on human Kansei to management of technology. The TQM Journal，2008，20（4）：312-323.

② 虚拟现实-增强现实-混合现实结合使用案例 .（2018-07-09）. http://www.sohu.com/a/240007763_100118875.

③ 陈鹏. 亚马逊一项专利申请展示了 bling bling 的 AR 购物体验 .（2017-07-28）. http://www.87870.com/news/1707/26900.html.

自己的发型和服饰等进行设计，寻找自己喜欢或适合的装扮，这在现实生活中通常是难以实现的。在关系体验方面，互联网平台可以为发展个人关系提供一种更为便利的渠道。各种类型的在线社区、社群和博客圈形成了各种各样的虚拟交际圈，其成员具有相同的兴趣与爱好，或者购买和使用相同的产品。对于这些成员而言，在线社区就是他们的另一个“家”，能够使其产生强烈的归属感。

由此可见，数字化营销在创造顾客体验方面具有巨大的发展潜力。因此，企业在开展数字化营销的过程中，应该主动进行顾客体验设计，积极开发新的在线顾客体验项目。

三、数字化营销与顾客价值

不管是传统营销，还是数字化营销，都以顾客价值的创造与交付为核心。其中，顾客价值包含利益和成本两个方面。增加顾客价值的方式不外乎三种：提高顾客获得的利益，降低顾客付出的成本，以及两者兼而有之。数字化技术往往可以给顾客带来相应的利益，如丰富的产品信息、多样化的数字产品、更多的在线支持服务、价格比较中介、定价中的主动权、多种在线交易中介、多样化的在线沟通渠道等。同时，数字化技术的使用也可以对成本产生重要影响。

（一）数字化营销带来的成本节约

概括而言，数字化技术带来的成本节约主要表现在时间的节省、金钱的节省以及精力的节省三个方面。

时间的节省主要表现在：（1）互联网平台全天 24 小时开放，不受地域限制，省去了顾客四处奔波选择商品的时间；（2）搜索引擎的强大功能使顾客几乎在点击鼠标的瞬间就可以完成信息的搜寻与获取；（3）门户网站的信息整合使顾客可以在一个网站上迅速查阅新闻、天气和股价等各方面的完整信息；（4）信息订阅功能省去了顾客查找信息的时间，顾客只需要登录就可以获取相关信息，或者网站定时通过在线消息、电子邮件、应用程序信息推送的形式将信息发送给顾客；（5）一站式购物的媒体广场能够节省顾客搜索、比较与购买的时间；（6）企业可以通过网络提供各种自助服务，如问题解答、追踪订单、电子支付、证券买卖和账户查询等，这显然可以为顾客节省大量的时间；（7）简单便捷，即通过互联网技术平台几乎可以完全消除现实生活中令人头痛的排队问题。

金钱的节省主要表现在：（1）数字化平台促进了产品价格的下降，这无疑给顾客带来了直接的金钱节省；（2）强大的价格查询和比较功能使顾客能够便利地获取同类产品的最低价格信息，从而更加便利地购买相对便宜的产品；（3）与传统的电话或传真等沟通方式相比，通过互联网平台进行沟通所需的花费更少。如果考虑到移动技术平台应用程序为顾客提供的多种多样的在线沟通方式，利用互联网进行沟通对顾客的吸引力就更大了。

在精力的节省方面，移动智能应用程序可以通过个人设置或企业自行推送提醒功能提醒顾客下一步应开展什么行动。例如，单就移动应用程序提醒功能而言，企业就有诸多选择，这一点体现在提醒场景的设计方面。这里涉及几个问题：企业轻度提醒完就自行删除消息还是需要用户勾选再清除提醒；用户截屏后是否直接跳出分享按钮；提醒的方式是否需要背景音等。[①]

（二）数字化营销带来的成本增加

尽管互联网技术平台能够为顾客节省时间、金钱和精力，但其有时会给顾客带来成本的

① 案例超多！3 大类 APP 弹窗提醒方式总结 .（2018-07-28）. https://www.uisdc.com/3-categories-of-app-popup-reminder.

增加，这通常表现在时间成本和心理成本方面。例如，网络可能会出现拥塞，搜索的信息可能过于宽泛而不具有针对性。同时，技术方面的因素可能会导致顾客信息丢失或信息错误。一旦发生这种情况，不但会耽误顾客的时间，还有可能给顾客造成金钱方面的损失。更为重要的是，这些情况的出现往往容易导致顾客的烦躁、沮丧郁闷等不良情绪，这些都属于顾客付出的心理成本。

总之，顾客价值是营销管理的永恒话题。借助数字化技术开展营销活动的企业必须加强网络基础设施建设，逐步建立起良好的应急和补救机制，以最大限度地发挥互联网平台对顾客价值的积极影响，减少或消除消极影响。

四、数字化营销中的道德与伦理问题

不容否认，数字技术可以为企业的营销活动提供巨大的便利，但实践表明，企业也绝对不能忽略网络中的道德与伦理问题，它们已经对企业的营销实践提出了巨大的挑战。以大数据为例，海量数据的获取和利用在为企业营销活动提供数据支持的同时，也使消费者面临着数据泄露和网络欺诈等风险。因此，企业必须重视这些问题并采取适当措施，在利用数字技术时能够兼顾效率与公平、经济利益与伦理道德，并不断强化法治意识，履行对利益相关者应尽的责任与义务。下面仅以网络欺诈、泄露顾客隐私和侵犯知识产权为例进行简要说明。

（一）网络欺诈

由于互联网是一个完全虚拟的营销环境，买卖双方呈现出新的信息不对称性。具体表现为，企业没有实体店铺，顾客只能通过文字和图片等信息了解企业、产品和相关的服务，然后进行在线或离线支付。顾客如果购买的是数字产品，往往可以立即收到产品；如果购买的是实体类产品，则需要经历送货过程。整个交易过程的每一个环节都存在欺诈的可能性。例如，产品描述可能是夸大的，图片可能是经过技术处理的，在线填写银行账号和密码可能存在极大的泄露风险等。同时，货币支付和货物运送的分离可能导致已经完成支付却收不到货的情形。

网络欺诈的形式多种多样，以“网络钓鱼”为主体的网络欺诈活动危害巨大。“网络钓鱼”的手法主要有：通过电子邮件发送虚假信息引诱用户上当；通过建立假冒的网上银行或网上证券网站等骗取用户的银行账号及密码，然后实施盗窃；利用木马和黑客技术等手段窃取用户信息，之后实施盗窃等。[①] 比如，在钱宝网案件中，犯罪分子通过高利息的发放方式吸引消费者加入平台，最终以资金链断裂等理由关闭平台，致使消费者血本无归。[②] 网络欺诈的存在使得信任在互联网条件下愈加重要。这要求企业在开展数字化营销的过程中，重视信任机制的建立。具体而言，这种信任机制可以通过提供保证服务、退款服务、身份认证服务、先行赔付和履约保障服务等保障机制以及各种沟通互动渠道等加以建立。不仅如此，网络声誉体系的建立还要求企业必须在开展营销活动的过程中注重企业声誉的建立和维护。

（二）泄露顾客隐私

在与顾客进行在线互动以及建立在线顾客关系的过程中，企业可以获得大量的顾客个人信息。那么，这些信息是否得到了合理的存储？是否会在未经允许的情况下被其他公司共享或被出售？在日常生活中，我们经常会收到大量的垃圾邮件，或接到陌生的广告短信。究其原

① “网络钓鱼”等网上诈骗盗窃活动防范知识.（2007-06-11）. http://net.it168.com/a2007/0611/1102/000000110266_all.shtml.

② 从“钱宝事件”看金融监管.（2018-01-02）. http://www.sohu.com/a/214221776_655070.

因，可能是我们曾经在某个网站注册的个人信息遭到了泄露。当然，也存在这样一种情形：信息确实被泄露，但原因不在于在线企业的主动行为，而在于其互联网基础设施的技术缺陷被黑客所利用。

因此，开展数字化营销的企业必须在保护顾客隐私方面有所作为。例如，建立明确的隐私保护政策，在提供个性化服务的同时消除顾客对个人信息泄露的担忧；针对是否公开顾客个人信息、如何使用和分享顾客个人信息等事项给予顾客选择权；做好网站的基础设施和安全保障工作，确保数据安全。近年来，移动端隐私问题逐渐暴露出来，如一些团购平台被披露存在“窃听”用户语音并以此提供个性化推荐的嫌疑，引起了广泛关注。[①] 数字化时代的顾客隐私问题被日益关注，企业应坚守商业伦理底线，避免出现危机公关的情况。

（三）侵犯知识产权

在数字化技术条件下，信息传递的高速化、公开性和无国界等特点以及信息复制的便利性等都使知识产权的保护受到严峻的挑战。随着互联网的发展，知识产权纠纷和诉讼案件越来越多。例如，国内著名的搜索引擎网站百度就曾连续因侵犯音乐和电影的著作权问题被起诉；著名的搜索引擎公司谷歌也因图书版权等问题在多个国家遭到起诉。值得注意的是，顾客对在互联网环境中侵犯知识产权的行为往往缺乏应有的意识。例如，不少用户认为，利用百度网盘获取和传播数字资源十分方便，但很少有人思考自己的做法是否合法。

为此，在实践中，企业可以从三个方面来强化对知识产权的保护：（1）在技术方面，可以提升加密、防火墙和防复制等高科技手段的应用；（2）通过呼吁或倡导等宣传活动，唤起广大网络用户的知识产权保护意识；（3）通过法律手段对知识产权进行保护。这方面问题的解决需要政府相关部门和社会各界的支持，尤其是法律界人士的长期努力，如帮助建立和完善适用于网络环境的知识产权法。

总之，数字化时代在为企业的营销活动带来巨大利益的同时，也存在一定的挑战与风险。因此，在开展营销活动的过程中，企业必须以积极的姿态主动加以应对，扬长避短。

案例

数字化时代爱尔康的顾客关系管理

爱尔康（Alcon Laboratories）成立于 1947 年，是全球范围内最大的眼科医疗器械与药品专业公司，经营范围涉及眼科手术设备装置、眼部医药品、隐形眼镜护理等产品的研发、生产和销售。目前，爱尔康在全球拥有 15 000 多名员工，产品销售覆盖 180 多个国家和地区。

爱尔康采取供应商到企业到消费者（Business-to-Business-to-Customer，B2B2C）的商业模式。这种经营模式存在的潜在弊端将爱尔康置于营销困境之中。具体表现为：由于中间环节的经销商掌握着消费者的相关信息，很大程度上隔断了品牌与消费者之间的交流和沟通。同时，传统的营销沟通方式已经无法有效触达用户，即使能够接触到会员用户，也存在数据分散、零碎且关联性较低的问题，这些导致爱尔康线上线下会员未能整合成一体，现有系统的所有应用也难以有效地连接互通。因此，爱尔康希望通过制定和实施有效的营销策略，建立与顾客的数字化连接，进而掌握顾客的真实信息，在满足顾客需求的同时，构建与顾客之间的长期稳定关系。

① 美团饿了么竟会偷听用户说话？官方曝真相.（2019-03-19）. http://www.techweb.com.cn/it/2019-03-19/2728219.shtml.

爱尔康首先结合社交媒体和大数据技术，调整并制定了新的营销策略，具体如下：

（1）创立线下和线上营销矩阵，相互配合拉动会员增长

1）通过对线下渠道的管理，驱动越来越多的会员在线上进行注册。

2）凭借做好线上会员运营服务工作，促进线下会员数量和产品购买数量的增加，实现线上与线下渠道的互补。

（2）以会员体系为核心运营客户

1）整合线上线下的所有会员数据，通过对用户行为数据的密切跟踪与深度挖掘，刻画360度用户画像。

2）对会员体系和积分体系进行优化，促使会员的满意度和活跃度得以提升。

（3）借助大数据分析功能，充分挖掘会员的潜在商业价值

数据分析的对象主要是会员的社交和购买行为，通过相关策略的制定促进销售转化和提升。

为建立完整的会员体系，爱尔康搭建了SCRM系统，从会员数量增长、会员数据整合、会员忠诚度提升以及销售转化提升四个方面展开：

（1）促进会员增长

首先对爱尔康的客户群进行细分，依据不同层级进行渗透和转化。具体包括以下三个层级：1）借助SCRM的筛选功能，筛选出尚未绑定企业微信公众号的老会员，鼓励其完成微信公众号绑定，实现老会员的激活；2）为新会员创建全渠道的营销生态系统，提升新会员的沟通渠道使用频次。

（2）整合会员数据

首先，对既有数据进行精准匹配，尽可能增加老会员的机会比例；其次，将会员处于线下客户关系管理的数据和线上官网的数据统一到SCRM系统中，完成数据的统一整合。

（3）提升会员忠诚度

对已有会员体制进行更新，降低会员的注册门槛，同时结合会员类型设计新的会员积分机制，使积分更加合理。除此之外，为会员提供便利的物流查询、积分实时推送以及会员卡升级等关怀服务，不断优化客户体验，提升忠诚度。

（4）提升销售转化

一方面，向会员分发特定门店的活动卡券，将线上会员引导到线下实体门店进行体验，另一方面，对于线下会员，通过LBS技术实现附件门店位置和活动信息的实时查询，增加门店的潜在客户流。

经过营销策略和会员体系的建立，爱尔康实现了会员数量的显著增加，各社交媒体的粉丝数量和互动次数呈倍数增长。此外，会员的活跃度也从20%提升至78%，且商品的购买频率以及竞品转化率也实现了大幅提高。

资料来源：爱尔康. https://www.social-touch.com/showcase/default/view?id=28.

本章小结

互联网以及数字化技术的出现为营销变革带来了新的机遇。与传统营销相比，数字化营销具有分散的海量信息共享、低廉的信息获取和传播成本以及实时快速的多对多互动等特征。数字化营销是一种基于技术的适应性过程，企业、合作伙伴以及顾客共同在这个过程中创造、沟通、传递和维系所有利益相关者的价值。

数字化营销存在消除时间和地域限制、互动性强、个性化强、整合性高等优点，与传统

营销既存在替代关系又存在互补关系，两者统一于以顾客为中心创造价值的营销实践中。不同企业对数字化收益的预期和投入水平有所差异，因而存在不同类型的数字化企业。值得一提的是，在企业获取的数据规模空前庞大的情况下，企业应着力培养自身分析数据的能力，并将其运用到产品改进、创新以及顾客关系管理等方面。

新时代背景下，顾客旅程发生了显著的变化，企业展开营销活动的方式应因地制宜地加以转变。例如，产品改进应更加注重对顾客信息的分析和挖掘，善用社交媒体网络，制定灵活的定价策略，加强对多渠道管理利弊的理解，将互联网传播工具等数字化工具统一于为企业、顾客创造价值的最终目标上来。

数字化营销能为企业管理顾客关系带来显著的效率提升，企业应选择能为顾客体验、顾客价值带来优势的数字化技术，以更好地实施个性化营销策略。同时，企业应注意应用数字化技术过程中可能出现的道德与伦理问题。

思考与练习

1. 什么是数字化营销？数字化营销与传统营销的联系与区别何在？
2. 数字化营销如何与传统营销进行整合？
3. 举例说明数字化营销对企业 4P 营销策略带来的影响。
4. 试阐述数字化技术如何提升企业的顾客关系管理？
5. 对于数字化营销中存在的道德与伦理问题，企业和营销人员应该采取哪些措施加以应对？

基本概念　第16章

延伸阅读　第16章

第17章

顾客营销学

本章要点

2021年，经过全党全国各族人民的持续奋斗，我国全面建成了小康社会，实现了“两个一百年”奋斗目标中的第一个百年目标。然而，当今世界正面临百年未有之大变局，国际竞争日益加剧，我们面临着前所未有的机遇和挑战。为了应对这一局势和实现中华民族的伟大复兴，党中央提出加快构建以国内大循环为主体、国内国际双循环相互促进的新发展格局。显然，企业与顾客之间互动关系的构建与发展，是畅通国内国际双循环的微观基础，企业需要树立起顾客营销学的理念，努力提升自身的产品或服务竞争力，更好地满足顾客需求，进而构建并维持与海内外顾客的关系。只有这样，扩大内需和加速国内国际双循环的相互促进才不是一句空话。同时，习近平总书记在庆祝中国共产党成立100周年大会上再次强调，要继续为实现人民对美好生活的向往而不懈努力。对于人民消费需求的挖掘和满足是企业为之努力的重要方向，而这无疑离不开构建、维持并强化与顾客的关系。本章通过对关系营销和顾客关系管理的相关问题的论述，重点探究企业应如何践行以顾客为中心的顾客营销学。本章中，可以学习到关系营销的概念与特征、顾客关系管理与顾客资产、关系质量与关系价值等问题。

学习目标

- 了解什么是顾客营销学。
- 掌握关系营销与交易营销的差异。
- 理解顾客资产、顾客终身价值及顾客关系生命周期。
- 理解顾客关系的动态管理模型。

企业的营销管理活动正在从以产品为中心向顾客为中心进行转变。早期的大部分企业中，营销管理就是负责产品的销售，只能被动地推销生产部门生产出来的产品，顾客也只能被动地挑选由企业推出的产品。随着企业的增多和产品种类的丰富，顾客可以挑选的产品的丰富度增加。相应地，企业的营销管理也需要承担更多的功能，即对于市场的研究和产品的广告、促销、开发与附加服务。当今，在构建国内国际双循环相互促进的新发展格局下，随着市场日益加速的技术变化、顾客需求的多样性以及竞争对手之间的互动等因素的综合作用，企业的经营环境正在发生根本性的转变，给企业带来了前所未有的机会、风险与竞争压力。为了实现人民对美好生活的向往，企业需要以全新的理念重新思考经营活动的方式，传统的以产品为中心的企业经营理念已经不再适用。现代企业必须以顾客价值为出发点，捕捉持续变化的顾客需求。换句话说，在顾客中心时代，最卓越的企业应该是顾客驱动型的，即企业把顾客视为最重要的利益相关者，并主张首先满足目标顾客的需要。相应地，顾客营销学理念因其优越性而备受关注，逐渐替代了传统的市场营销学以产品为中心的理念，获得快速发展。所谓顾客营销学就是指企业践行以顾客为中心的营销管理实践，并将关系营销和顾客关系管理作为实现长期增长的重要工具。本章将重点为大家介绍关系营销及顾客关系管理的相关内容。

第 1 节 关系营销概述

不论是在服务企业、制造企业还是在公共部门，与顾客的接触不仅不可避免，而且至关重要，企业的成功越来越依赖同顾客的密切互动。在这种情况下，顾客关系问题日益成为企业关注的焦点，关系到企业的成败。其中，关系营销的核心是企业与顾客的关系问题，通过同顾客建立、维护和强化（包括中止）关系来向顾客提供高质量、高价值的产品或服务，在企业提高顾客满意度和塑造顾客忠诚进而获得竞争优势的实践中扮演着十分重要的角色。

一、关系营销的概念

对于关系营销的研究始于 20 世纪 80 年代。1983 年，贝里（Berry）率先把关系营销的概念引入市场营销理论，并给出这样的界定：关系营销的基本目标是建立和维持对组织有益的、有一定承诺（commitment）或投入的顾客基础。为了实现这一目标，企业把注意力集中在开发、维持和强化与顾客的关系上。[①] 随后，有关关系营销的文献越来越多。[②]

（一）关系营销的内涵

关于关系营销的内涵，目前仍存在不同的见解。例如，贝里指出，关系营销的目的在于挽留顾客，因为挽留老顾客往往比获取新顾客的成本低得多，而且对企业利润的正面影响较大，还易于从老顾客那里获得积极的口碑。[③] 摩根（Morgan）和亨特（Hunt）指出，"关系营销是指建立、发展和保持一种成功的关系交换""关系营销是一种有关承诺和信任的理论"。[④] 诺丁服务市场营销学派的代表人物格罗鲁斯则认为，关系营销是一种与顾客共同创造价值的市场营销理念，它决定服务供应商与顾客之间的关系，也决定企业如何管理与顾客的关系。[⑤] 综上所述，关系营销是识别、建立、维护和巩固企业与顾客及其他利益相关者关系的一系列活动。

---

① Berry L L，Shostack G L，Upah G D. Emerging perspectives on services marketing. American Marketing Association，1983：25–28.

② 王永贵. 客户关系管理. 精要版. 北京：高等教育出版社，2018.

③ 同①.

④ Morgan R M，Hunt S D. The commitment-trust theory of relationship marketing. Journal of Marketing，1994，58（3）：22.

⑤ 格罗鲁斯. 服务管理与营销：基于顾客关系的管理策略：第 2 版. 韩经纶，等译. 北京：电子工业出版社，2002.

企业通过努力，以诚实交换与履行承诺的方式，使双方的利益和目标在关系营销活动中得以实现。[①]

（二）关系营销与交易营销的差异

通过对关系营销内涵的探讨可以看出，关系营销与传统的交易营销有很多差异（见表17－1），主要表现在：（1）二者的理论基础不同。传统的交易营销以 4P 理论为基础，强调的是以生产商为中心的交易行为；而关系营销以 4R 为基础，主张以系统论为基本指导思想，即以市场反应（reaction）、顾客关联（relativity）、顾客关系（relationship）和利益回报（retribution）为基础，重视顾客的需求和欲望，并以整合营销传播为手段开展全面的市场营销活动。（2）交易营销的核心是交易，看重的是在每笔交易中实现利润最大化，强调企业利益的最大满足，因此，交易营销的理念是以生产商为导向；而关系营销将与利益相关者建立长期合作关系看作市场营销的核心，通过与各方的互动来建立关系营销网络。在这个网络中，企业的市场营销目标不是追求每次交易的利润最大化，而是追求网络成员利益的最大化，最后形成网络成员共同发展的局面。[②]（3）关注的焦点不同。交易营销关心如何生产，注重一次交易，希望获得更多的新顾客，管理人员更看重市场占有率；而关系营销强调充分利用现有资源，尽最大努力挽留现有顾客，注重与顾客建立长期的合作关系，以使企业获得长期利益，企业管理人员更看重的是顾客的保持率与顾客份额。（4）着眼点不同。交易营销关注的目标主要是市场，即各种顾客群体；而关系营销关注的对象包括各个利益相关者，如顾客、竞争者、供应商、分销商、政府、银行、社会团体及股东、合伙人和内部员工等。（5）市场风险不同。由于交易营销只强调交易行为，在市场竞争十分激烈、新产品不断涌现的情况下，顾客很容易转而购买其他产品，企业随时有失去顾客的可能，导致较大的市场风险；而在关系营销的指导下，企业通过重视顾客需求和以之为起点的市场营销活动，使顾客建立品牌忠诚，使市场的不确定性降低，因而风险变小。（6）交易营销不太注重为顾客提供服务、承诺和信任，而关系营销恰恰相反，它高度重视顾客服务及对顾客服务的大量投入，维持并发展与顾客的长期关系和承诺是重要内容。[③]

表 17－1　交易营销和关系营销的对比

交易营销	关系营销
以 4P 为基础	以 4R 为基础
交易导向，看重在交易中实现利润最大化	关系导向，追求网络成员利益的最大化
关注吸引顾客和一次交易	关注提高顾客忠诚度
主要关注顾客	关注各个利益相关者
新产品涌现导致企业面临较大风险和市场不确定性	建立关系以使不确定性和风险降低
有限的顾客服务和承诺	高度的顾客服务和承诺

二、服务中的关系营销

在关系营销中，服务是非常重要的一个元素，其最大的特点是：服务消费是一种过程消费，而不是结果消费，消费者或使用者把服务生产过程看成服务消费的一部分。在这种情况下，服务消费和服务生产的同时性（双方的交互过程）构成顾客服务感知和行为的关键。服务

① 王永贵．顾客资源管理．北京：北京大学出版社，2005.
② 刘铁明．关系营销与传统营销观念之比较．税务与经济，1998（3）.
③ 埃特泽尔，沃克，王永贵，等．市场营销．第 14 版．南京：南京大学出版社，2009.

供应商与顾客存在直接接触。在这些接触中，企业和顾客进行交流，了解各自的特点和对自己有利的信息，这有助于关系的建立和维持。这种互动过程也是企业和顾客的沟通过程，又称对话过程。实施关系营销的三个关键过程分别是价值过程、交互过程和对话过程。

（一）价值过程

关系营销的理论基础是：双方关系的存在能够为顾客提供产品或服务，能够提供价值和创造附加值。① 因此，关系营销往往要比交易营销付出更多的努力，以为顾客和其他关系方创造比纯粹交易更大的顾客价值。这里的顾客价值是指顾客的感知价值。根据泽丝曼尔的定义，顾客感知价值是"顾客对利得（产品 / 服务的效用）与利失的综合评价"。其中，顾客利得包括顾客获得的所需产品或服务的数量、质量和其他便利，顾客利失包括货币成本、时间成本和精力成本等，价值是顾客利得和利失的权衡结果。② 由于关系涉及一个长期过程，因此顾客价值的创造、交付与评价往往是在一段较长的时间内发生的，我们称之为价值过程。企业要想在关系营销实践中获得成功并得到认可，必须设计并切实实施与顾客对话和互动过程并行的得到顾客认可的价值过程。

（二）交互过程

成功的市场营销需要为顾客提供足够好的解决方案。在基于产品的交易营销中，这种方案就是实体产品。在关系营销中，好的方案就是"解决顾客的难题并使顾客的心理需求与社会需求得到满足"。关系涉及实体产品或服务产出的交换或转移，也涉及一系列服务要素。没有这些服务要素，实体产品或服务产出可能只存在有限的价值，或对顾客根本没有价值可言。顾客在与实体产品、服务过程、服务系统和技术、电子商务过程、管理和财务过程等接触后，才能满足自己的需求，这就是交互过程或互动过程。关系一旦建立，便会在交互过程中得以延续。由于具体的服务和营销情境不同，企业与顾客之间发生的接触存在不同的类型，有些是人与人之间的接触，有些则是顾客与机器或系统之间的接触。无论是何种接触，都必须对关系的持续做出贡献。

（三）对话过程

持续的关系能够为顾客提供安全感、信任感并降低交易风险。③ 要想为顾客带来收益，供应商必须与顾客进行信息共享，相互沟通并提出能够满足需求的解决方案。沟通可以发生在关系互动的各个环节，如产品交付、抱怨处理、发送货物和了解个人情况等。在关系营销中，市场营销沟通的特点是试图创造双向的甚至是多维的沟通过程。与互动过程相同，对话过程也必须能维护和促进顾客关系。在实践中，企业与顾客的对话沟通形式多样，如销售活动、大众沟通、直接沟通和公共关系等。其中，大众沟通包括传统的广告、宣传手册和销售信函等不寻求直接回应的活动；直接沟通包括含有特殊提供物和信息以及确认已经发生交互的个性化联系或信函等。在数字化时代，企业通过社交媒体与顾客进行对话成为一种主要的沟通方式。不论企业通过哪种途径与顾客进行沟通，目的都是在沟通过程中，努力从以往的互动中得到某种形式

---

① Ravald A，Grönroos C. The value concept and relationship marketing. European Journal of Marketing，1996，30（2）：19–30.

② Zeithaml V A. Consumer perceptions of price，quality and value：a means-end model and synthesis of evidence. Journal of Marketing，1988，52（3）：2–22.

③ Grönroos C. Creating a relationship dialogue：communication，interaction and value. The Marketing Review，2000，1（1）：5.

的反馈，获得更多的信息、有关顾客的数据以及可能的顾客反应。[①]

在关系营销过程中，价值过程、交互过程和对话过程是三个十分重要的环节。其中，交互过程是关系营销的核心，对话过程是关系营销的沟通方面，而价值过程则是关系营销的结果。关系营销在服务中的实施效果取决于这三种过程的有机整合。

第2节 顾客关系管理概述

一、顾客关系管理的内涵

顾客关系管理是企业的一种经营战略，贯穿企业的每个部门和经营环节，要求全体员工共同参与。顾客关系管理涉及战略、过程、组织和技术等各方面的变革。在当今的大数据时代，信息技术实现了对数据的快速获得和对顾客偏好与行为模式的挖掘。顾客关系管理的目的是实现顾客价值最大化和企业收益最大化之间的平衡。其中，顾客价值最大化主要通过对顾客行为和特性进行分析，取得对顾客及其偏好、愿望和需求的完整认知，然后应用这些知识制定营销战略、编制营销计划和开展营销活动，以使顾客获得超值服务；企业收益最大化是通过关注最有价值的顾客来实现的。顾客关系管理强调企业要鉴别有利可图的顾客关系和没有价值的顾客关系，并加以区别，发展与特定顾客之间的长期关系，剔除没有培养前景的、毫无价值的顾客关系。顾客关系管理是企业的一种经营哲学和总体战略。在数字化时代，企业采用先进的信息工具和技术获取顾客数据，运用发达的数据分析工具分析顾客数据，挖掘顾客的行为模式以及需求和偏好的变化趋势，从而有针对性地为不同顾客提供优质的定制化产品或服务，对处于不同生命周期的顾客关系及其组合进行差异化管理，并通过有效的顾客互动来提高企业与顾客之间的关系质量，最终实现顾客价值最大化和企业收益最大化之间的合理平衡。

企业进行顾客关系管理应重点关注三个方面的内容，即顾客价值、关系价值和数字化技术。[②]第一，实现顾客价值最大化是顾客关系管理的出发点，也是企业发展长期顾客关系的必然要求。实现顾客价值最大化、提高顾客满意度能够增强顾客对企业的忠诚度，发展长期的顾客关系。第二，关系价值是企业关心的通过建立和维护与特定顾客的关系为企业带来的价值。关系价值的高低主要取决于能够给企业带来高利润或者潜在高利润的顾客关系。因此，终止价值低、没有价值或没有培养前景的顾客关系是企业提升关系价值的明智选择。第三，数字化技术是顾客关系管理的支持因素，有助于企业有效分析顾客数据，积累和共享顾客知识，根据不同的顾客提供差异化产品和服务，从而提高顾客价值。[③]

实际上，顾客价值和关系价值之间存在密切的互动关系。企业应利用数字化技术对顾客进行分析，结合顾客关系管理，将资源和能力集中在最具价值的顾客身上，为其提供高质量的产品或服务，满足其需求，进而实现顾客价值的最大化。同时，从顾客的角度看，顾客价值能够提高企业与顾客之间的关系质量，如顾客对企业更加满意，增强顾客对企业的信任和承诺，从而令

营销视角17-1 海尔公司的顾客关系管理

① 埃特泽尔，沃克，王永贵，等．市场营销：第14版．南京：南京大学出版社，2009.

② 王永贵．客户关系管理．精要版．北京：高等教育出版社，2018.

③ 王永贵，董大海．客户关系管理的研究现状、不足和未来展望．中国流通经济，2004（6）.

顾客更加忠诚，提升企业绩效。

在明确顾客关系管理的内涵之后，就应了解如何有效地对顾客关系进行管理。对于这个问题，可以先从顾客关系管理的终极目标谈起。

二、顾客关系管理的终极目标——顾客资产

（一）顾客资产

布拉塞格（Blattherg）和戴顿（Deighton）1996 年提出了顾客资产（customer equity）的概念，他们认为企业若想获得高价值的顾客，进而获得高收益，就要把顾客视为资产，实施资产化管理。[①] 例如，SAS 公司认为，在公司资产负债表的资产栏里记录几十亿美元的飞机价值是不对的，应该在资产栏中记录上一年公司拥有多少满意和忠诚的顾客，因为公司唯一能得到的资产是对公司的服务满意并愿意再次消费的顾客。

与股东资产类似，资产负债表中也应设立顾客资产项目。所谓顾客资产，是指企业现有顾客与潜在顾客的货币价值潜力，即在某一计划期内，企业现有的与潜在的顾客在忠实于企业的时间里产生盈利的折现价值之和。[②] 企业要真正贯彻以顾客为中心的经营思想，就必须重视顾客的终身价值，把顾客作为企业最重要的资产进行管理，通过顾客资产的最大化来构建强大的顾客忠诚，塑造动态竞争优势和获取持续的超额收益。

（二）顾客终身价值

顾客资产是所有顾客的终身价值折现值之和。因此，每个顾客的终身价值都是影响顾客资产的重要因素。下面将介绍顾客终身价值的概念及其影响因素，并分析顾客终身价值与顾客资产的关系。

顾客终身价值（customer lifetime value，CLV）是由雷奇汉（Reichheld）于 1990 年提出的，被定义为顾客在未来生命周期内对企业利润的贡献总和，也是来自某个顾客所有未来收益的净现值总和。[③] 该概念的提出提醒企业对顾客当前价值和未来价值保持关注，避免短期、狭隘的视角。近年来，顾客终身价值备受关注，原因在于它是唯一整合收入、支出及驱动利润的顾客行为的面向未来的衡量尺度。顾客终身价值是以顾客在其生命周期中给企业带来的收入和利润贡献来看待顾客的概念或计算方法。[④] 通过计算顾客终身价值，企业可以有效地识别最有利可图的顾客群，营销和服务等策略也可以相应地做出调整，以获得尽可能多的具有较高终身价值的顾客。

（三）顾客关系生命周期

如果不考虑货币的时间价值，顾客终身价值就等于顾客关系生命周期内各个时期顾客盈利性的简单加总。在计算单个顾客的终身价值时，对该顾客在顾客关系生命周期内不同年度为企业带来的净利润进行折现再加总就可得到该顾客的终身价值。下面将介绍顾客关系生命周期的概念及其在数字化时代的新内涵。

---

① Blattberg R C，Deighton J. Manage marketing by the customer equity test. Harvard Business Review，1996，74（4）：136-144.

② Bayón T，Gutsche J，Bauer H. Customer equity marketing：touching the intangible. European Management Journal，2002，20（3）：213-222.

③ 拉斯特，齐森尔，勒门. 驾驭顾客资产. 张平淡，译. 北京：企业管理出版社，2001.

④ 泽丝曼尔，比特纳. 服务营销：原书第 2 版. 张金成，白长虹，译. 北京：机械工业出版社，2002.

1. 传统的顾客关系生命周期

在传统的营销管理中，产品生命周期（product life cycle）(包括导入期、成长期、成熟期和衰退期）以及顾客生命周期（customer life cycle）(包括出生期、就学期、就业期、结婚期、生子期和退休期等）的发展最为成熟。其中，产品生命周期描述了产品战略的演化，强调营销战略需要随产品生命周期阶段的不同进行调整，因为导入期或成长期的战略未必适合成熟期或衰退期的特点。类似地，在关系营销中，企业在进行顾客关系管理时，若想更好地计算顾客终身价值及顾客资产，构建长久的顾客关系，一个有效的方法就是运用顾客关系生命周期的概念确定不同顾客所在的阶段，从而制定差异化的营销战略。

按照格罗鲁斯和霍高（Hougaard）等的观点，顾客关系生命周期往往包括五个主要阶段：吸引获取阶段、挽留阶段、延伸或扩展阶段、充分运用阶段以及终止阶段。[①] 通过对许多企业顾客关系管理实践的观察，学者们发现随着时间的推移和经验的积累，顾客关系不断演化，顾客的盈利性逐渐提高，而交易成本逐渐下降。在经历充分运用阶段之后，交易成本会缓慢上升，而顾客的购买水平则开始下降，最后很可能进入终止阶段，如图 17－1 所示。[②] 由于不同阶段有不同的侧重，企业需要相应地调整其战略、策略和资源分配计划。其中，吸引获取阶段关注的是扩大顾客关系的范围，创建更多的顾客关系；挽留阶段关注的是如何让顾客关系更加持久；延伸或扩展阶段强调的是加大关系的深度；充分运用阶段强调的是提高关系组合的盈利性。

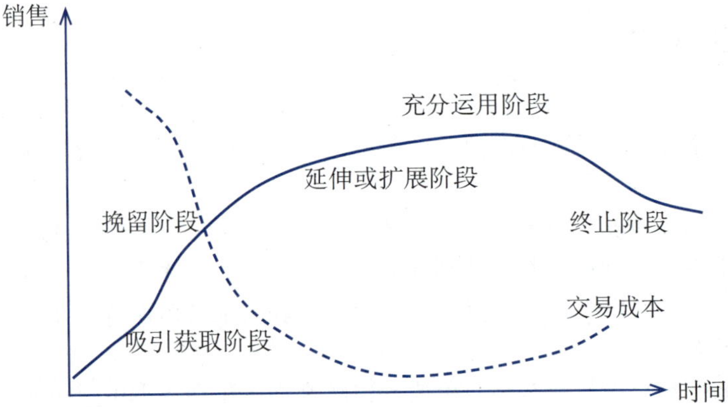

图 17－1　顾客关系生命周期

资料来源：Hougaard S，Bjerre M. Strategic relationship marketing. Springer，2002.

一般而言，顾客关系生命周期始于初期的吸引获取阶段，企业的目标是识别和吸引大量高质量顾客（或其他利益相关者），使他们加入企业的价值网络。为此，企业需要在顾客关系获取方面投入大量资源，并努力寻求最大化的潜在顾客数量。同时，企业需要运用有效机制来筛选潜在顾客，并通过共同活动努力提升学习曲线。例如，在构建新的伙伴关系时，网络企业思科从五个方面来评价潜在的关系，分别是共同收入投入、共同投资投入、愿景与目标的共性、组织的文化兼容性以及关系深度与广度。在挽留阶段，重心开始转移，企业关注的是顾客关系的深化，强调对顾客、伙伴和员工挽留计划的投资。其中，顾客挽留受不断改善的服务水平和忠诚项目的影响，伙伴挽留效果取决于伙伴业务开发资助与营销资助、伙伴培训和认证

① Grönroos C. Service management and marketing：a customer relationship management approach. 2nd ed. John Wiley & Sons Ltd.，2000；Hougaard S，Bjerre M. Strategic relationship marketing. Springer，2002.

② 王永贵. 顾客资源管理. 北京：北京大学出版社，2005.

等。就供应商而言，它们可以签署供应协议、分担风险和增加基于关系的独特投资。同时，企业还需要逐步改善组织的一致性，扩大和增加合作活动的范围与深度，并努力提升信任度。与挽留阶段强调关系的深化不同，延伸或扩展阶段旨在增加企业关系的广度。对于顾客关系而言，企业需要通过提供互补产品与服务、增设新的顾客服务渠道和延长产品线等途径来为顾客创造新的选择。对于渠道伙伴和供应商而言，增加关系广度包括在生产、研究、设计和经营等方面充分利用企业专长，密切合作。对于员工关系而言，投资的重心在于增加和扩大员工基础的经验和技能范围。在充分运用阶段，企业可以获取关系利益，重点是提高关系盈利性。例如，美国在线和亚马逊是电子商务市场上的两个巨擘。通过充分运用自己现有的顾客基础和与合作伙伴共享顾客信息等手段，双方获得了大量收益。亚马逊允许其伙伴电路城和玩具反斗城共享其顾客基础，美国在线则实现了顾客关系的资本化，使顾客以优惠条件加入伙伴网络。表 17－2 从顾客、供应商、渠道伙伴和员工四个方面概括出顾客关系生命周期不同阶段可供企业选择的不同战略。其中，最重要的是企业的战略与资源分配必须与顾客关系生命周期的当前阶段相适应。随着进入不同的顾客关系生命周期阶段，企业的战略与策略必须做出相应的调整。例如，顾客获取与顾客挽留的平衡取决于顾客关系的持续时间和成熟程度。①

表 17－2　顾客关系生命周期管理战略

项目	吸引获取阶段	挽留阶段	延伸或扩展阶段	充分运用阶段
顾客	强调顾客获取支出、促销和直销；推荐参照能力	强调质量、选择和便利性；改善顾客服务；实施忠诚营销项目	涉足新的产品市场；提供互补服务；开拓新的渠道和接触点	推荐伙伴；向现有顾客转售第三方的产品；通过提价提高盈利性
供应商	识别与企业需求和能力最匹配的供应商；强调供应商的开发与培训	通过合作计划提升供应商的盈利性；签订风险与回报共享合同	巩固供应商基础；增强与供应商的密切程度；扩大供应关系	利用供应商的作业来创造终端对终端虚拟制造系统；进行延伸并与供应商的供应商建立联系
渠道伙伴	提供销售诱因；对渠道营销和合作广告进行投资	通过合作营销提升转售商的盈利性，并为其提供支持和培训	管理转售商的库存和业务流程；对转售商的市场覆盖范围进行投资	运用转售商的伙伴网络；安排第三方企业与渠道伙伴建立联系
员工	在员工招聘和推荐方面进行投资；提供启动奖金和其他诱因以鼓励加盟	强调培训和学习；提供挽留诱因（如股票期权等）；创造提升机会	扩展技能与经验基础；强调跨边界角色	帮助培训 / 指导新员工；获取隐性知识以最大化组织学习收益

资料来源：王永贵．客户关系管理．精要版．北京：高等教育出版社，2018.

2. 数字化时代的顾客关系生命周期

在大数据时代，随着网络技术和数字化工具的应用，顾客关系生命周期被赋予新的内涵并表现出新的特征。在吸引获取阶段，大数据的深度应用可以有效地对顾客群进行细分，更加精准地识别不同的顾客群体，并锁定目标顾客。在大数据时代，顾客的定位方式越来越丰富，企业可以通过先进的数据获取和分析技术收集更多、更详细的顾客触点数据，了解顾客的实时需求，创建顾客专属的“营销画像”。其中，营销画像是新的营销工具，营销人员可以利用它更好地把握顾客的偏好，与顾客建立更加紧密的联系。在该阶段，企业可以应用大数据进行顾

① 王永贵．顾客资源管理．北京：北京大学出版社，2005.

客洞察和需求分析、产品和服务的定制化设计、精准定价和精准营销等，在高效获取潜在顾客的同时，让顾客获得更高的感知价值。例如，《小时代》电影预告片发布之后，通过豆瓣、微博等社交平台的大数据分析可知，其主要观众为90后年轻女性，且很大一部分喜欢小说《小时代》或者郭敬明的其他作品，因此电影后续的宣传多围绕这类目标群体展开，最后取得了票房胜利。

挽留阶段主要通过产品和服务组合刺激顾客更多地消费，从关系中获取更多的价值。在该阶段，为了留住新顾客，企业应该洞察这些顾客的信息，捕获他们的实时需求，并利用数字化方法提供解决方案，以激发进一步合作和消费的动机。企业可以通过数据分析，开发符合顾客需求的附加服务，进一步提高关系质量，让顾客持续地维持与企业的关系。例如，航空公司通过大数据分析可以获知哪些顾客的飞机延误，这时可以提供关怀服务，给顾客制造惊喜，从而从情感投入的角度建立顾客忠诚，挽留顾客。

顾客延伸或扩展阶段的主要目标是进一步挖掘顾客的深层次需求。这一阶段的顾客已经对企业建立了一定程度的忠诚，企业需要进一步提升顾客的感知价值，从而获取持续的收益。在这一阶段，企业需通过大数据分析明确顾客的核心诉求，筛选并保留企业提供的优质业务，剔除劣质业务。此外，还可以利用大数据，推算和预测顾客未来的消费趋势，通过精准营销挖掘顾客未能发现的需求，从而实现交叉销售。例如，淘宝应用程序主页设有“猜你喜欢”功能，其原理是根据用户的搜索记录进行定制化商品推荐，不仅为消费者推荐同类产品，让消费者择优选择，还为消费者推荐目标购买商品的关联产品，刺激其额外需求。

处在充分利用阶段的顾客具有稳定的忠诚度和盈利性，但是由于需求未能得到满足或者外界环境恶化，顾客关系随时可能淡化。因此，为了保证这一阶段的顾客能够为企业的长期盈利提供有力支持，在大数据的背景下，企业应该利用数据分析手段，洞察顾客的实时状态，及时发现和掌握顾客需求的新变化，并迅速应对，以保证顾客关系的延续。例如，饿了么、美团等应用程序通过大数据检测一段时间内没有使用软件购买产品的用户，向其发送短信并发放诱人的优惠券，鼓励其再次使用软件订购商品，以实现顾客挽留。若顾客关系进入终止阶段，企业的主要任务就是赢返顾客。在这一阶段，大数据有助于企业更加准确地找到顾客终止关系的原因，对症下药，赢返顾客。

总之，在顾客关系生命周期的各个阶段，大数据都可以帮助企业对不同的顾客进行定制化和差异化的分析和洞察，从而更加准确地发现顾客、获取顾客、挽留顾客、延续关系和找寻不足。

（四）顾客终身价值、顾客生命周期与顾客资产

顾客资产是企业顾客终身价值之和，可用顾客终身价值来测度，即顾客资产 = 单个顾客的终身价值 × 顾客基础。如果不考虑货币的时间价值，顾客终身价值就等于顾客关系生命周期内各个时期顾客盈利性的简单加总。在计算单个顾客的终身价值时，对该顾客在顾客关系生命周期内不同年度为企业带来的净利润进行折现再加总就可得到该顾客的终身价值。此外，针对不同顾客在其关系生命周期所处的关系阶段，可以为其制定差异化的营销战略，进而构建更加长久的顾客关系，让顾客更加满意、更有获得感。同时，这也将最大化顾客终身价值，最终有利于扩大内需和加速双循环进程。

然而，影响顾客终身价值的因素除了顾客盈利性、顾客关系生命周期的长度和贴现率以外，还有顾客关系的维系成本、口碑效应、营销费用、购买升级等。顾客资产的每一种价值源泉都由许多其他因素驱动。例如，顾客对特定营销活动的反应率除了与顾客自身的偏好和习惯

等因素有关，还会受到企业产品与服务的质量、竞争情况和企业与顾客的关系等因素的影响。毫无疑问，这为企业更有效地管理顾客资产提供了思路。

因此，在计算顾客终身价值及企业的顾客资产时，应该把这些潜在效果及价值计算进去，而非仅仅计算顾客的表面货币价值。要提高顾客的终身价值，可以通过增强顾客关系、提高顾客盈利性等方法实现。接下来的章节将进一步为大家讲解如何提升顾客资产。

第 3 节　提升顾客资产

一、顾客关系管理的任务

为了获得更高水平的顾客资产，更有效地进行顾客关系管理，首先要明确顾客关系管理的主要任务。虽然目前尚无统一的说法，但比较公认的任务包括：挖掘、获得、发展和避免流失有价值的现有顾客，更好地认识实际 / 潜在的顾客，避免或及时处理“恶意”顾客等。总体而言，这里涉及三种基本途径：获取新顾客、增强现有顾客盈利性和延长顾客关系。顾客关系管理的主要任务是要求管理者实现顾客关系在更多、更久、更深维度的发展。在图 17－2 中，顾客关系经过三个维度的发展，实现了顾客关系在多、久、深三个方向的全面发展。图 17－3 运用三维坐标的形式反映了顾客关系在三个维度上的成长。

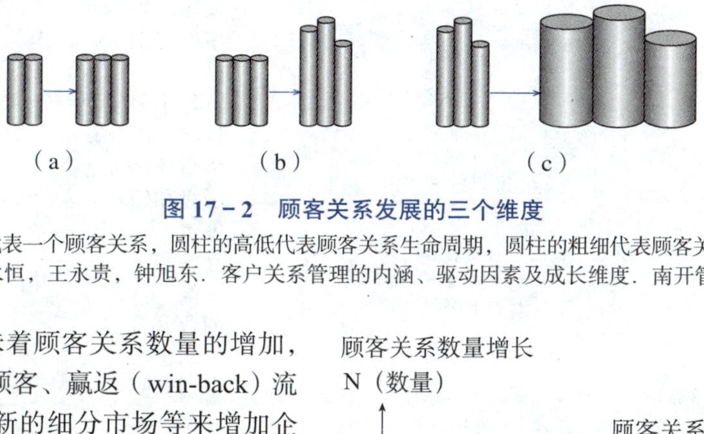

图 17－2　顾客关系发展的三个维度

注：一个圆柱代表一个顾客关系，圆柱的高低代表顾客关系生命周期，圆柱的粗细代表顾客关系质量。

资料来源：杨永恒，王永贵，钟旭东．客户关系管理的内涵、驱动因素及成长维度．南开管理评论，2002（2）．

“更多”意味着顾客关系数量的增加，即通过获取新的顾客、赢返（win-back）流失的顾客和识别新的细分市场等来增加企业拥有的顾客关系数量，如图 17－2（a）所示。“更久”表示现有顾客关系生命周期的延长，即通过培养顾客忠诚、挽留有价值的顾客关系、减少顾客叛逃和流失、改变或放弃无潜在价值的顾客等来延长关系生命周期的平均长度，发展与顾客的长期关系，如图 17－2（b）所示。“更深”意味着现有顾客关系质量的提高，即通过交叉销售和刺激购买等手段使顾客购买的数量更多、购买的品种和范围更广，从而加深企业与顾客之间的关系，提高每个顾客关系的质量，如图 17－2（c）所示。

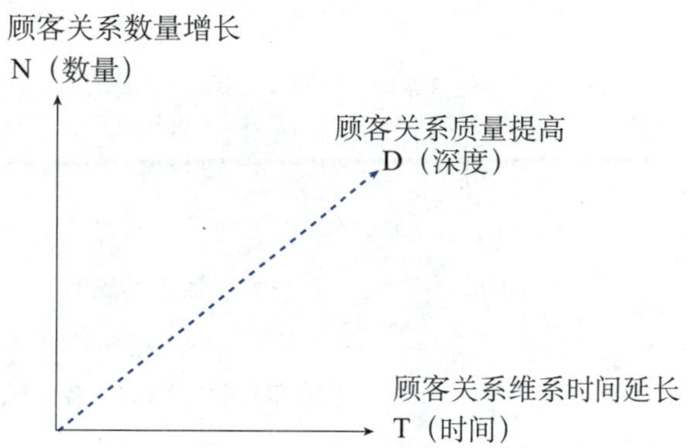

图 17－3　顾客关系发展的三个维度

资料来源：杨永恒，王永贵，钟旭东．客户关系管理的内涵、驱动因素及成长维度．南开管理评论，2002（2）．

在图 17－3 中，企业通过顾客关系在三个维度上的延伸，使顾客关系朝更多、更久和更深的方向发展，实现顾客关系体的不断成长。顾客关系体的成长意味着企业拥有更多、更好的良性顾客关系，而这些都是企业核心竞争优势的重要组成部分。

（一）“更多”——顾客关系数量增长

1. 挖掘和获取新顾客

虽然赢得一个新顾客的成本要高于挽留一个老顾客，但是企业不能保证不发生顾客流失，因此企业在挽留老顾客的同时，应当发展新顾客。发展新顾客和赢返流失顾客都可以起到补充和稳定顾客源的作用。

对大多数企业而言，获取新顾客是企业扩大顾客基础、实现企业成长的一种重要手段。所谓新顾客，指的是以前并不知道企业产品或者不消费企业产品的顾客。例如，未成年时期从未用过信用卡的顾客在有固定收入后才会考虑办理信用卡业务。获取新顾客就是探询新的顾客关系、评估潜在顾客的需求与市场供应物的匹配程度、确定重点、进行首次销售和完成订单并使顾客完全满意的过程。图 17－4 描绘了顾客获取的“探询漏斗”。领先的营销管理人员往往把顾客获取看作一个精选过程。在这一过程中，企业从大量的潜在顾客入手，有序地排除难以交付和分享价值的顾客，并在最后保留大量有利可图的新顾客。

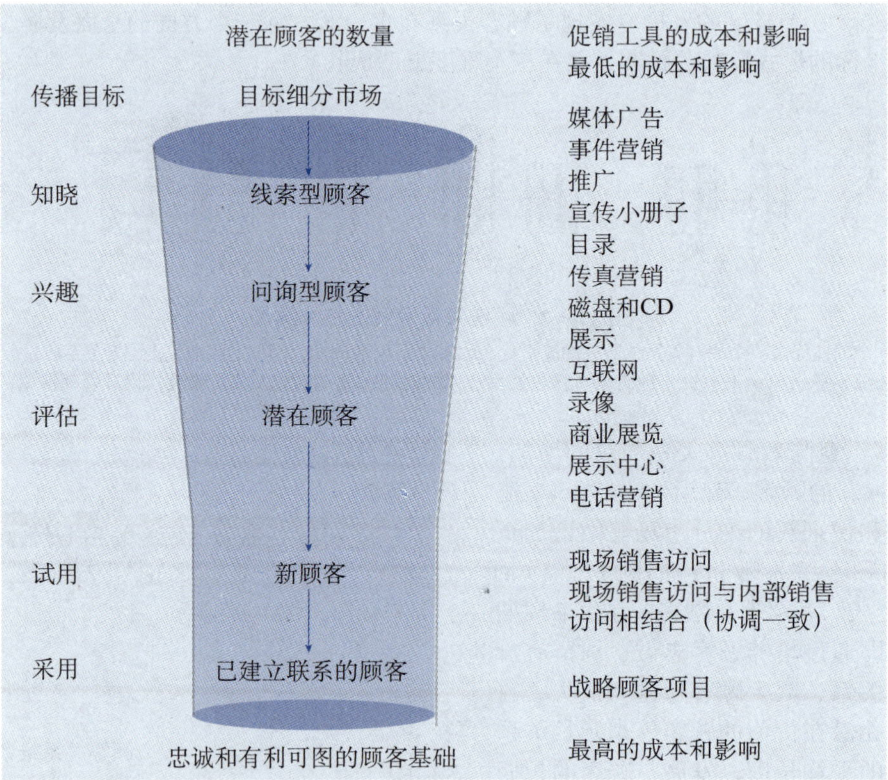

图 17－4 顾客获取的“探询漏斗”

资料来源：安德森，纳罗斯．组织市场管理：理解、创造和传递价值：第 2 版．王永贵，译．北京，北京大学出版社，2007.

在获取顾客的实践中，进行探询时，企业往往需要区分三类潜在顾客：线索型顾客是数据库中产生的、可能的顾客；问询型顾客是主动发起与供应商联系的顾客；潜在顾客是供应商经过资格审查识别出的、认为有销售和利润潜力的线索型顾客和问询型顾客。因此，探询过程实际上包括一系列相关的活动：借助数据库在内部产生线索型顾客，从外部市场引发和收集问询型顾客，对上述两种顾客进行资格审查并识别出潜在顾客。正如图 17－4“探询漏斗”里的箭线所显示的，这些相关的探询活动就像最出色的“筛子”一样，只有那些具有高潜力的顾客才能通过审查。尽管所有的探询努力都包含上述三类活动，但它们的本质存在差异，且是以下因素的函数：潜在顾客的数量、企业识别这些顾客的难易程度、出售的市场供应物的类型、企业获取顾客的总体战略意图。[①]

2. 赢返流失顾客

所谓赢返流失顾客，指的是恢复和重建与已流失顾客的关系，主要针对的是那些曾经是企业顾客、出于某种原因终止与企业关系的顾客。对于此类顾客，一方面，企业拥有大量数据，便于其分析顾客行为特征和购买偏好等。另一方面，由于此类顾客可能是因不满意企业的产品和服务质量而离开的，因此需改变企业在该类顾客心目中的形象，不过使其重新使用企业的产品并非易事。

在决定开展赢返流失顾客行动之前，企业首先要辨别出赢返哪些顾客，即企业要针对所有流失的顾客细分出最具潜在价值的流失顾客，根据其价值进行排序，而后按顺序对有潜在价值的顾客进行重点突破，争取赢返。在这里，可以借鉴司道斯（Stauss）和弗雷吉（Friege）提出的细分流失顾客的两种方法。第一种方法是对流失顾客的重生终身价值（second lifetime value）进行细分和排序。对于流失顾客，其“重生”后的第二个生命周期的价值将不同于第一个生命周期的价值，原因主要在于：流失顾客较熟悉企业的产品或服务；企业能够根据其拥有的大量流失顾客数据更有针对性地进行产品或服务的设计开发；与第一次接触的新顾客相比，成功赢返的流失顾客可以增强企业对顾客的认知；在第二个生命周期内，从潜在顾客向实际顾客转换的时间更短。第二种方法是对流失顾客离开的原因进行细分和排序。了解流失顾客离开的原因有助于进一步分析该类顾客的赢返前景。司道斯和弗雷吉将流失顾客大致分为五类：蓄意摒弃（intentionally pushed away）顾客，即不具有潜在价值而被企业放弃的顾客；非蓄意摒弃（unintentionally pushed away）顾客，即企业努力挽留的因需求无法得到满足而流失的顾客；被竞争对手吸引（pulled away）顾客，即因竞争对手提供价值更高的产品（而非价格吸引）而流失的顾客；低价寻求（bought away）顾客，即因竞争对手的价格较低而转向竞争对手的顾客；条件丧失（moved away）顾客，即因顾客年龄、生命周期阶段或地理位置的变化而流失的顾客。[②]

在完成了上述识别和分类之后，企业要结合各方面的因素对流失顾客进行综合细分和排序，然后编制一个完整的赢返计划。一般来说，企业没有必要赢返蓄意摒弃顾客、低价寻求顾客和条件丧失顾客。[③]

3. 识别新的细分市场

识别新的细分市场可以有效地增加企业的顾客关系数量。例如，强生公司原来的细分市场是婴儿用品市场，后来经过新的关系细分，又定位到成人市场，即向成人推销婴儿护肤品，开发新的市场和新的顾客。

（二）“更久”——顾客关系维系时间延长

顾客关系管理的首要任务是构建企业与顾客之间的牢固关系，通过培养顾客忠诚来实现

---

① 安德森，纳罗斯. 组织市场管理：理解、创造和传递价值：第 2 版. 王永贵，译. 北京：北京大学出版社，2007.

② Stauss B，Friege C. Regaining service customers：costs and benefits of regain management. Journal of Service Research，1999，4（1）：347–361.

③ 杨永恒. 客户关系管理：价值导向及使能技术. 大连：东北财经大学出版社，2002.

长期的顾客挽留。“更久”维度关注的是顾客关系的持续时间，加强顾客忠诚和顾客挽留，延长顾客关系的生命周期。

1. 顾客忠诚

很多人把顾客的重复购买行为视为“顾客忠诚”。实际上顾客忠诚可能是形成重复购买行为的一种原因，但重复购买行为并不意味着顾客忠诚。真正的顾客忠诚包括行为和态度两个层面的忠诚，它意味着顾客对自己偏爱的产品和服务具有强烈的在未来持续购买的愿望，并且付诸实践进行重复购买。这种顾客不会因为外部环境变化或竞争对手的营销活动而改变行为。[①] 格雷芬（Griffin）和劳恩斯坦（Lowenstein）认为忠诚的顾客具有五个特征：（1）有规律的重复购买行为；（2）愿意购买供应商的多种产品和服务；（3）经常向其他人推荐；（4）对竞争对手的拉拢和诱惑具有免疫力；（5）能够忍受供应商偶尔的失误，不会流失。[②]

克里斯托弗（Christopher）和佩恩（Payne）等提出了顾客忠诚梯模型，如图 17－5 所示。[③] 该模型将顾客忠诚分为不同的阶段。其中，位于顾客忠诚梯顶端的是具有伙伴关系的顾客；倡导者是积极向他人推荐，为企业做宣传的顾客；支持者是喜欢企业，但是被动支持的顾客；客户是多次与企业进行交易的顾客，这些顾客对企业的态度可能是积极、消极或中性的；采购者是与企业只进行过一次交易的顾客；潜在顾客是企业预期可能会与自己进行交易的顾客。就实质而言，企业进行顾客关系管理就是要把潜在顾客一步步培养成采购者、客户、支持者、倡导者乃至伙伴。企业一旦获得了顾客忠诚，就可以使顾客在关系生命周期内为企业带来的回报最大化。在顾客关系管理中，培养顾客忠诚的目的正是延长顾客与企业的关系生命周期，增加顾客的终身价值，进而增加顾客在关系生命周期内为企业创造的利润。

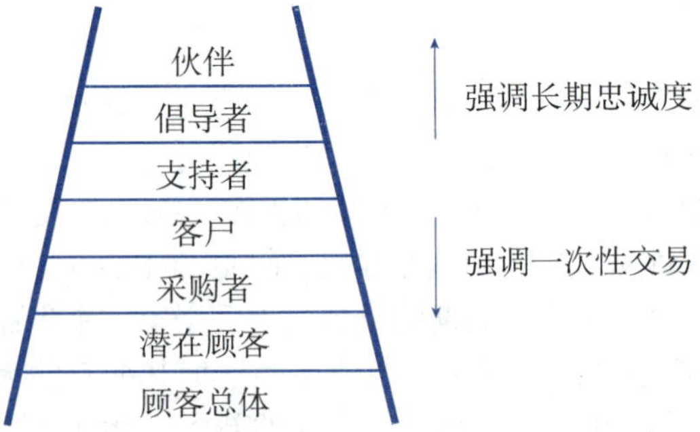

图 17－5 顾客忠诚梯

资料来源：Christopher M，Payne A，Ballantyne M. Relationship marketing：bringing quality，customers service and marketing together. Oxford：Butterworth Heinemann，1991：321.

2. 顾客挽留

越来越多的证据表明，挽留一个现有顾客比吸收一个新顾客更经济。[④] 美国学者雷奇汉通过对美国信用卡业务的研究发现，顾客挽留率每增加 5%，可为公司带来 60% 的利润增长。[⑤] 为了获取这些收益，营销管理者开发了正式的顾客挽留计划。

顾客挽留的基本做法是实时监控和评估顾客与企业的关系质量。在实施顾客挽留计划的过程中，营销管理者主要关注以下活动：（1）对顾客挽留情况进行追踪；（2）评估顾客流失的原因；（3）分析抱怨和服务数据；（4）建立流失响应程序；（5）重新设计与创造预期市场供应物。

① Oliver R L. Whence consumer loyalty. Journal of Marketing，1999，63（4）：33–44.

② Griffin J，Lowenstein M W. Customer winback：how to recapture lost customers and keep them loyal. Jossey-Bass，2001：23.

③ Christopher M，Payne A，Ballantyne M. Relationship marketing：bringing quality，customers service and marketing together. Oxford：Butterworth Heinemann，1991：321.

④ Perrien J，Rogers M.The one to one future：building business relationships one customer at a time，London：Piatkus，1993：215.

⑤ Reichheld F F. Loyalty-based management. Harvard Business Review，1993，71（2）：64–73.

格雷芬和劳恩斯坦将顾客挽留的对象分为两种：留住的顾客和危险的顾客。[①] 前者指的是曾多次购买且表现出五种忠诚特征中的一种或多种的顾客；后者指的是多种迹象表明在未来有可能流失的顾客。对于留住的顾客，企业应通过为其提供更高价值的产品或服务，培养顾客的忠诚；对于危险的顾客，企业则应积极探寻其不满意的原因，针对存在的问题，采用服务挽救或其他措施，力争改善这种危险关系，将顾客拉回企业的怀抱，避免顾客流失。[②]

在实践中，营销管理者必须持续地追踪顾客挽留的情况。最好、最灵敏的顾客挽留测量指标是供应商在顾客采购中所占的份额（顾客份额），它是“在顾客对所有供应物的总体购买需求中，某供应商的市场供应物所占的百分比”。对于每一个顾客而言，管理人员要监控每一个顾客的顾客份额以及服务该顾客所需的总成本和该顾客的利润贡献。之所以要这么做，是因为每一个顾客都提供了供应商工作关系方面做得是否出色的有用反馈，而且这些顾客提供的反馈是不同的。同时，营销管理者不会让顾客一声不响地流失，而是会追踪流失者并将其作为企业产品或服务存在不足的关键信息来源。精明的管理者还会定期联系流失的顾客，确定这些顾客为什么转向其他供应商。此外，营销管理者还需要对抱怨进行分析。聪明的营销管理者不会把流失顾客的抱怨当成一种麻烦，而是将他们作为改进企业产品或服务的依据。当某种类型的顾客流失时，营销管理者会立即做出反应。他们还会提前设定相应的程序，构建相应的系统，从而保证出现问题时迅速采取行动，如重新设计或者改进企业的产品和服务。

营销视角17-2　海底捞成功的秘诀之一——顾客关系管理

某些企业会通过预先设立转移壁垒来防止顾客流失。转移壁垒包括共享信息系统、高度定制化的市场供应物以及独特的服务等。企业不是以转移壁垒为阻碍，让顾客无法抽身，而是利用转移壁垒创造出对顾客问题做出反应并加以纠正的机会。根据伯纳姆（Burnham）等的研究成果，可以把转移成本分成程序转移成本、财务转移成本和关系转移成本三大类，如图 17－6 所示。其中，程序转移成本主要由经济风险成本、评估成本、调整成本和学习成本构成，主要与时间和精力方面的付出有关；财务转移成本主要包括收益损失成本和货币损失成本，主要是可量化的财务资源损失；关系转移成本包括个人关系损失成本和品牌关系损失成本，主要指关系瓦解给心理或情感方面带来的不适感。作为对策，企业可以从顾客对产品与市场特征的感知（如产品或服务的差异性与复杂性等）、顾客的资源投入（如产品自身的用途和顾客购买产品的种类）、转换供应商的经验等方面来管理转移成本，以实现提升顾客投入度和忠诚度的目的。[③]

程序转移成本	财务转移成本	关系转移成本
• 经济风险成本 • 评估成本 • 调整成本 • 学习成本	• 收益损失成本 • 货币损失成本	• 个人关系损失成本 • 品牌关系损失成本

图 17－6　转移成本的类型

资料来源：Burnham T A，Frels J K，Mahajan V. Consumer switching costs：a typology，antecedents，and consequences. Journal of the Academy of Marketing Science，2003，31（2）：109–126.

① Griffin J，Lowenstein M W. Customer winback：how to recapture lost customers and keep them loyal. Jossey-Bass，2001：30.

② 杨永恒．客户关系管理：价值导向及使能技术．大连：东北财经大学出版社，2002.

③ 王永贵．顾客资源管理．北京：北京大学出版社，2005.

（三）“更深”——顾客关系质量提高

顾客关系质量的提高涉及两个方面，一是交叉销售，二是追加销售与购买升级。

1. 交叉销售

交叉销售（cross selling）指的是借助顾客关系管理发现现有顾客的多种需求，并为满足他们的需求销售多种产品或服务的销售方式，是使顾客使用同一企业的产品或服务的销售方法。事实证明，顾客往往倾向于从同一企业购买更多种类的产品。有关交叉销售的例子在生活中随处可见。例如，一家在线书店根据顾客的购买记录向顾客推荐其他可能需要的书籍；一家大型超市把啤酒和婴儿尿布摆放在相邻的货架上，因为家中有婴儿的男性顾客来购买尿布时会顺便带瓶啤酒回家。事实证明，交叉销售是一种培养稳固顾客关系的重要工具。交叉销售不仅可以增加现有顾客对不同产品的购买，拓宽与现有顾客的接触范围，增强对顾客关系的支撑力度，分散关系破裂的风险，而且可以大幅提升顾客对企业的忠诚度，减少顾客转移到竞争对手那里的可能性，使顾客关系更为牢固，从而提高顾客关系的质量。

2. 追加销售与购买升级

追加销售与购买升级强调的是顾客消费行为的升级，以及顾客由购买低盈利性产品转向购买高盈利性产品的现象。其特点是向顾客提供的新产品或服务是建立在顾客现有消费的产品或服务的基础上的。例如，购买海尔电脑的顾客会从海尔购买电脑外围设备和家庭影院系统。

必须指明的是，顾客关系的三个成长维度不是严格意义上的划分，而是一种理念上的考虑，为顾客关系的发展提供了可能的成长方向。事实上，各成长维度相互影响，如关系质量的提高本身就蕴涵着关系周期的延长，而关系周期的缩短可能会导致关系数量的减少。如果将潜在的顾客关系视为一种特殊的顾客关系，则新顾客的增加就可以看作顾客关系质量提高的结果，即关系在数量维度上的发展是潜在关系在质量维度上发展的结果，潜在的顾客关系变成了现实的顾客关系。此外，关系在质量维度上的发展扩大了顾客与企业的接触范围，这无疑可以分散关系风险，有利于关系在时间维度上的发展。三个成长方向的实现手段并非完全独立，为实现某个方向的成长而做出的努力很有可能促进或阻碍关系其他方向的成长。因此，企业在进行顾客关系管理时，应充分考虑各种因素，实现关系在三个方向上的协调发展。

二、顾客关系管理的衡量标准

（一）关系质量的概念

伴随着企业对建立关系的日益重视，关系质量逐渐成为关系营销和服务营销中十分重要的概念。好的关系质量是顾客价值感知的结果，也是好的顾客关系管理的一种体现。企业通过对顾客关系进行管理可以让顾客获得感知价值，进而提升企业与顾客的关系质量。克劳斯比（Crosby）等从人际关系的角度出发剖析关系质量的内涵，认为销售人员与顾客之间的关系质量是顾客在过去满意程度的基础上，对销售人员未来诚实与信任的依赖程度。[①] 以此为基础，利扬德等根据顾客感知的特点，进一步指出情境质量与关系质量的区别，将服务行业中的关系质量界定为顾客在对关系和感知服务与某些内在的或外在的质量标准进行比较之后形成的认知评

① Crosby L A，Evans K R，Cowles D. Relationship quality in services selling：an interpersonal influence perspective. Journal of Marketing，1990，54（3）：68–81.

价。[①] 格罗鲁斯则从关系互动的角度提出，关系质量是顾客与服务供应商在长期的互动关系中形成的动态的质量感知。[②] 综合以上界定可以看出，关系质量是企业和顾客对关系属性的一种感知状态，是在互动过程中通过信息、服务和其他有价值的东西进行交换形成的，反映的是总体的关系属性及其满足关系各方需求与期望的程度。[③] 因此，若想提升顾客资产，构建卓越的顾客关系管理，企业就需要提升与其顾客之间的关系质量。

（二）关系质量的评价指标

关系能够给顾客带来个性化服务、定制化产品和其他关系收益，这些都能够增强顾客的满意、信任和承诺。[④] 因此，满意、信任和承诺构成了关系的实质，也是关系质量的重要评价指标。根据克劳斯比等的界定，信任是指顾客相信销售人员会为其提供长期的利益服务。信任的增强会推进关系质量的提高，而信任的削弱会降低关系质量。关系中的满意是针对交互体验的评估而产生的感情状态，是关系建立过程中顾客基于个人体验以及期望与实际绩效的比较形成的主观和富有影响力的评价。一般而言，满意的顾客会增强对企业的好感，保持持久的关系，并不断提高关系质量。承诺是参与方相互交往的行为倾向或态度，较强的关系价值感知会对承诺的形成和强化产生良好的影响。

1. 信任与承诺

信任（trust）是指在特定的条件下一方对另一方行为的期望。如果一方没能按照对方所期望的去做，那么怀有信任的一方（如顾客）就会对对方（如企业）失望或者不满。[⑤] 一般而言，可以依据不同的来源把信任分为四个层次：（1）一般性信任，即来自对一般性社会准则的信任；（2）系统性信任，即来自对法律、行业规则、协议和对方职业化程度的信任；（3）基于个人品德的信任，这取决于双方对对方个人品德的事先肯定；（4）经验性信任，这取决于双方所具有的行业经验和过去的经历。[⑥]

承诺（commitment）是指合作关系中的一方在某种程度上有与另一方合作的积极性，即承诺是双方对珍视关系的一种长期愿望。[⑦] 与承诺概念中体现的双方相互性相比，忠诚（loyalty）更强调一方对另一方保持长期关系的重视。从某种意义上讲，忠诚就是一种对双方关系的单方承诺。一般而言，关系承诺主要包括三个维度：（1）经济维度。它代表关系中顾客的自私自利动机。[⑧] 该承诺被视为一种算计性行为，即权衡成本与收益的行为。（2）情感维度。它是一种态度性结构要素，也称为态度性承诺。[⑨] 这种承诺表示对企业的一种情感性导向以及与企业价

---

① Liljander V，Strandvik T. The nature of customer relationships in services. Advances in Services Marketing and Management，1995，4：141.

② 格罗鲁斯．服务管理与营销：基于顾客关系的管理策略：第 2 版．韩经纶，等译．北京：电子工业出版社，2002.

③ 石贵成，王永贵，邢金刚，等．对服务销售中关系强度的研究：概念界定、量表开发与效度检验．南开管理评论，2005（3）.

④ Gwinner K P，Gremler D D，Bitner M J. Relational benefits in services industries：the customer's perspective. Journal of the Academy of Marketing Science，1998，26（2）：101–114.

⑤ 同②.

⑥ 王永贵．客户关系管理．精要版．北京：高等教育出版社，2018.

⑦ 同②.

⑧ Meyer J P，Allen N J. A three-component conceptualization of organizational commitment. Human Resource Management Review，1991，1（1）：61–89.

⑨ Gundlach G T，Achrol R S，Mentzer J T. The structure of commitment in exchange. Journal of Marketing，1995，59：78–92.

值观的契合性，超越了单纯意义上的功利性价值。[①]（3）时间维度。它体现了长期关系承诺的本质，企业深深地嵌入关系，关系因此具有持久性和长期性的本质。[②]

根据摩根和亨特的看法，信任和承诺对关系质量是非常重要的。[③] 这主要是因为它们可以对企业管理者产生三个方面的激励作用：（1）与现有伙伴合作并一同致力于维持现有关系的投入；（2）抵制短期行为，以利于同现有伙伴建立可预期的长期互利关系；（3）对潜在的高风险行为采取审慎的态度，相信企业的伙伴没有机会主义这种侥幸心理。当双方的互相信任和承诺存在时，它们可以提高效果、生产率以及效率方面的产出。简而言之，信任与承诺可以直接导致双方的合作行为，从而对营造高质量的关系产生积极的影响。那么，信任与承诺是如何影响关系质量的？信任与承诺二者存在什么样的关系？我们可以借助关系营销的中介变量模型来简要分析。图 17－7 描绘的是信任与承诺的五个关键驱动因素对它们的影响，以及这些影响通过信任与承诺产生的结果，即对另外五个关键变量的影响。

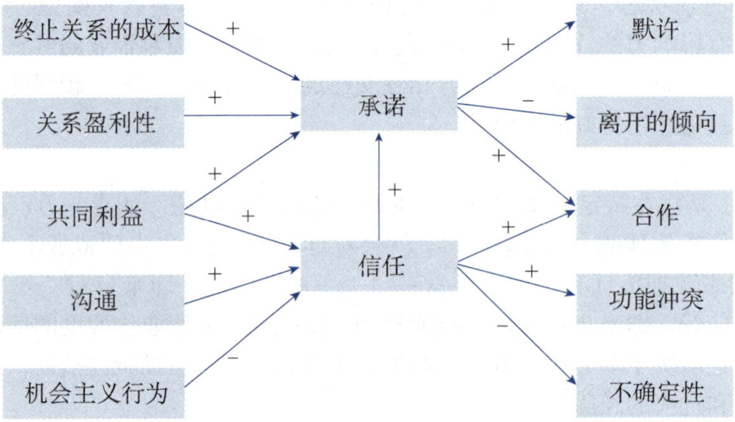

图 17－7　关系营销的中介变量模型

注：“+”表示有正相关关系的影响作用；“—”表示有负相关关系的影响作用。

资料来源：Morgan R M，Hunt S D. The commitment-trust theory of relationship marketing. Journal of Marketing，1994，58（3）：22.

上述十个关键变量与信任和承诺存在正或负的相关关系，这些关系对关系质量的高低有重要影响。一方面，终止关系的成本、关系盈利性、共同利益都会对承诺产生积极影响，共同利益和沟通会对信任产生积极影响，机会主义行为会对信任产生消极的影响。另一方面，承诺会对默许与合作产生积极影响，并有效防止离开倾向的产生，而信任有助于减少不确定性，并对合作和功能冲突产生积极影响。此外，从图 17－7 中还可以发现，信任影响承诺，而且信任与承诺存在正相关关系。也就是说，高度信任总伴随着高度承诺。

2. 顾客满意

顾客满意概念由卡多佐（Cardozo）于 1965 年引入市场营销学范畴。[④] 其后，学者们对顾客满意的研究兴趣日益高涨。科特勒将顾客满意定义为顾客将一种产品的可感知效果（或结果）与

---

① Buchanan B. Building organizational commitment：the socialization of managers in work organizations. Administrative Science Quarterly，1974，19（4）：533–546.

② Kin K，Frazier G L. On distributor commitment in industrial channels of distribution：a multicomponent approach. Psychology and Marketing，1997，14（8）：847–877.

③ Morgan R M，Hunt S D. The commitment-trust theory of relationship marketing. Journal of Marketing. 1994，58（3）：22.

④ Cardozo R N. An experimental study of customer effort，expectation，and satisfaction. Journal of Marketing Research，1965，2（3）：244–249.

其期望值比较后形成的愉悦或失望的感觉状态。[①] 奥利弗（Oliver）认为，顾客满意可以表示为一个函数，等于期望对满意的直接影响加上感知质量与期望的不一致对顾客满意的影响。[②] 约翰逊（Johnson）和福内尔（Fornell）从累积的角度将顾客满意定义为顾客对某一产品或者服务提供者迄今为止全部消费经历的整体评价。[③] 泽丝曼尔等在奥利弗定义的基础上将顾客满意总结为消费者根据其需要或期望是否被满足对产品或服务进行的评价，没能满足需要和期望的产品或服务被假定为导致不满意的因素。[④] 因此，顾客满意依赖顾客感知价值的提高。同时，要想实现较高的关系质量，企业必须保证顾客具有较高的满意度，让企业在关系中获得价值。实际上，虽然顾客满意与企业获得的关系价值（顾客忠诚和顾客盈利性）具有正相关关系，但它们不一定是线性相关关系，有很多中介因素对它们的关系产生影响。无论怎样，在自由竞争的市场上，顾客只有获得较高的满意度才能对企业忠诚，忠诚顾客是企业长期盈利的重要来源。

（三）关系质量的维度

顾客感知价值带来企业与顾客之间关系质量的提升，即增强了顾客的信任、承诺和满意。关系质量的提升可使企业获取更多的关系价值。企业可以通过评估顾客的信任、承诺和满意评价关系质量。关系质量包括关系强度和关系长度两个维度。关系强度是由购买行为、沟通行为（口碑、抱怨）、忠诚行为（重复购买行为）等顾客的积极承诺来衡量的关系牢固程度。关系长度是指关系持续的时间。[⑤]

较大的关系强度能够阻止顾客流失。那些对企业服务非常满意的顾客与企业的关系更为牢固，这些顾客的重购率可以达到 80% 甚至更高。除了顾客满意，能够提高关系强度的因素还有转移成本和顾客承诺。有时候满意的顾客也会离开企业。雷奇汉曾做过调查，发现 65% ～ 85% 的顾客会对自己原来的供应商表示一般满意或非常满意，但他们最终选择了其他供应商。[⑥] 不满意的顾客可能仍是企业的顾客，这是因为转移成本对顾客存在约束作用，从而在一定程度上增加了关系的强度。转移成本是顾客为建立与企业的联系所作出的所有投入，包括时间、金钱、感情等。顾客要想与其他企业开始一段新的联系，就要作出这些投入。因此，转移成本阻碍了顾客的流失。另外，顾客对关系的承诺也增加了关系的强度。顾客承诺建立在顾客意图和预期计划的基础之上。关系强度影响顾客重新选择的范围和服务过程中的重要情节（主要指服务失误）。关系越牢固，顾客重新选择的范围就越小。顾客对企业的承诺无疑会减少不利于双方关系发展的情况，甚至使顾客忽略轻微的服务失误。[⑦] 可以说，顾客信任、承诺和满意增加了关系强度，关系强度延长了关系长度，关系长度带来了顾客关系的盈利。

毫无疑问，关系强度对关系长度有极大的影响。关系强度越大，关系长度就越长，持续的时间也越久。但是，关系长度并不总是关系强度的必然结果，现实中存在很多可变因素影响着关系的发展状况。根据斯托巴卡（Storbacka）等的研究，关系强度和关系长度存在密切的联系，如图 17－8 所示。

---

① 科特勒，凯勒. 营销管理：第 13 版. 王永贵，于洪彦，何佳讯，等译. 上海：格致出版社，2009.

② Oliver R L. A cognitive model of the antecedents and consequences of satisfaction decisions. Journal of Marketing Research，1980，17（4）：460–469.

③ Johnson M D，Fornell C. A framework for comparing customer satisfaction across individuals and product categories. Journal of Economic Psychology，1991，12（2）：267–286.

④ 泽丝曼尔，比特纳. 服务营销：原书第 3 版. 张金成，白长虹，译. 北京：机械工业出版社，2004.

⑤ Storbacka K，Strandvik T，Grönroos C. Managing customer relationships for profit：the dynamics of relationship quality. International Journal of Service Industry Management，1994，5（5）：21–38.

⑥ Reichheld F F. Loyalty-based management. Harvard Business Review，1993，71（2）：64–73.

⑦ 石贵成，王永贵，邢金刚，等. 对服务销售中关系强度的研究：概念界定、量表开发与效度检验. 南开管理评论，2005（3）.

关系强度 \ 关系长度	短	长
小	预期结果	由于某种约束，客观存在的不可选择或者可察觉的不可选择延续的关系
大	某些关键情节疏于管理，或者服务补救措施不当造成的关系终止	预期结果

图 17－8　关系强度与关系长度的联系

资料来源：Storbacka K，Strandvik T，Grönroos C. Managing customer relationships for profit：the dynamics of relationship quality. International Journal of Service Industry Management，1994，5（5）：21-38.

从图 17－8 中可以看出，即使关系强度非常大，由于某些关键情节疏于管理以及服务补救措施不当等，关系长度也会很短；即使关系强度很小，由于存在转移成本等约束条件或者顾客没有选择其他服务的机会，关系长度也会很长。关系长度还受到顾客参与程度和关键情节的影响。顾客参与程度用惠顾频率（patronage concentration）表示。惠顾频率就是顾客选择购买供应商提供的产品产生的现金流出次数。[①] 顾客和企业都从关系发展过程中学会了互相适应，顾客对服务的消费感知更为满意，对服务失误的计较也更少，企业更了解顾客的需求，也为推出新产品减少了阻碍，关系的持续时间越来越长，顾客和企业都会从长久的关系中获益。关键情节是顾客在服务过程中非常关注的点。顾客如果对关键情节满意，就可能忽略非关键情节的服务失误；顾客如果对关键情节不满意，则会夸大非关键情节的服务失误。因此，关键情节和情节组合对关系长度有重要影响。

三、顾客关系组合管理

在实践中，企业必须正确认识顾客关系。为此，企业必须注意以下两点内容。首先，关系是指事物之间相互作用、相互影响的状态，顾客关系管理强调的就是对这种状态的管理。但是，关系本身并不是企业所强调的，企业更看重的是关系能否为其带来利润和竞争优势。只有把关系内化为企业可营利的资产，这种关系对企业才有意义。其次，一个企业绝对不会只与一个顾客存在关系。顾客是众多的，不同的顾客对于企业的意义也是不同的，企业与不同类型顾客之间的关系具有多样性和复杂性。这决定了企业不能用一种模式管理众多不同类型的顾客，而应该使用组合管理，即通过组合管理指标将多样和复杂的顾客划分为不同的群组，以专业化的方式对不同群组的顾客进行差异化管理。

具体而言，企业可以借鉴产品组合管理的分析思路和方法来管理顾客关系组合。在产品组合管理中，可分别用静态指标（市场相对份额）和动态指标（市场增长率）来界定每个产品项目。在顾客资产组合管理中，也可以用静态指标和动态指标来界定顾客关系。

（一）静态指标

顾客关系组合管理的静态指标涉及当前的顾客关系对企业的意义，可用顾客的关系价值

① Storbacka K，Strandvik T，Grönroos C. Managing customer relationships for profit：the dynamics of relationship quality. International Journal of Service Industry Management，1994，5（5）：21-38.

来表示。可以从两个维度衡量顾客关系价值：顾客盈利性和顾客忠诚度。其中，盈利是指获得利润，盈利性高低可帮助企业识别顾客处于亏损到高获利的哪个区间。忠诚度代表情感依赖和重复购买的倾向。之所以强调忠诚，是因为对老顾客进行挽留的成本要大大低于争取新顾客的成本，并且老顾客能够给企业带来更多的收入。如果顾客忠于企业，企业不但能把争取新顾客的费用降至最低，还可以充分利用忠诚顾客带来的溢价效应，即老顾客比新顾客更愿意以较高的价格接受企业的服务。这是因为企业了解自己的老顾客，可以为老顾客提供维持长期关系所需成本最低的服务组合，这使得企业有依据向顾客提出较高的服务价格。对于长期顾客，企业还可以减少很多成本，如解答顾客问题、补救服务失误等产生的成本。因此，特定顾客惠顾的频率越高，企业的收入就越高。

单独来看，这两个指标都可以衡量顾客关系质量是否为企业带来了好的关系价值。基于这两个维度，企业也可以将顾客关系分为问题类顾客关系、时尚类顾客关系、优质类顾客关系、低质类顾客关系。问题类顾客是忠诚度高但盈利性较差的顾客，问题类顾客关系一般是企业资金损失的重要原因。大多数企业都面临一种两难境地，即是把这些顾客拒之门外，还是通过开发新产品或其他途径把低盈利性顾客转化为高盈利性顾客。时尚类顾客关系是盈利性高但忠诚度低的顾客关系类型，时尚类顾客是企业最应该施加影响的一类群体。只要通过适当的营销策略增加顾客的忠诚度并使之成为现金牛类顾客，企业就能大量增加现金流。优质类顾客关系是盈利性和忠诚度都高的顾客关系，是企业的双高资产，也是企业拥有的最好的顾客关系。企业只需要花较少的关系维系费用就可以获得大量利润。低质类顾客关系是盈利性和忠诚度都低的顾客关系，即双低资产。企业会为这类关系付出一定的代价，但代价相对来说比较小。不过，大量低质类顾客关系会影响企业的利润。顾客关系组合管理的静态分析是指识别和监控顾客关系价值，并利用上述提及的四种关系区分顾客关系价值。

（二）动态指标

顾客关系组合管理的动态指标用顾客所处的顾客关系生命周期阶段来表示，它是对顾客关系发展潜力的分析判断，即对顾客未来购买量与购买频率的预测。在实践中，要分析顾客的发展潜力，首先要对顾客关系生命周期进行分析。其中，顾客关系生命周期是顾客资产管理中的一个重要概念，是指某个顾客开始对企业进行了解或企业想对某个顾客进行开发到顾客与企业的业务关系完全终止，与之相关的事宜完全处理完毕的这段时间。根据顾客关系生命周期理论，我们有以下结论：顾客与企业业务关系的存续时间是有限的；在顾客关系生命周期的不同阶段，顾客对企业的贡献是不一样的；在顾客关系生命周期的不同阶段，企业的管理方法是不一样的。所以，当顾客关系成为企业获得核心竞争力的战略资源时，企业应当建立顾客关系组合管理模型，描述模拟管理顾客关系发展轨迹及顾客关系组合健康发展战略；从战略的角度判断企业的顾客关系组合，兼顾短期利益和长期利益，保持健康的顾客关系组合，使各阶段的顾客关系占有合适的比例。

第 4 节　顾客关系的动态管理模型

图 17 - 9 描述了顾客关系的动态管理模型，它建立在顾客信息类型与关系演化阶段的基础之上。在整个关系动态管理过程的初始阶段，结合产业特点，企业通过收集和记录有关顾客的信息并进行数据分析，识别顾客所在的顾客关系生命周期阶段和关系组合（问题类顾客关系、

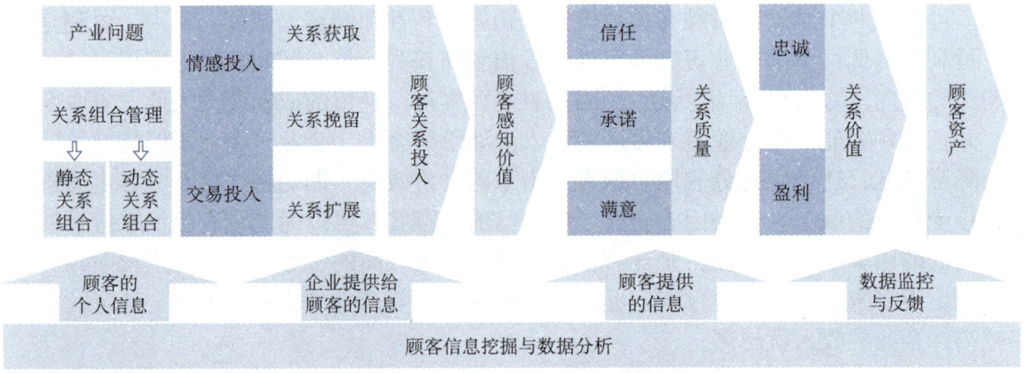

图 17－9　顾客关系的动态管理模型

资料来源：王永贵．客户关系管理．精要版．北京：高等教育出版社，2018.

时尚类顾客关系、优质类顾客关系、低质类顾客关系）阶段，为特定群体的顾客进行顾客关系投入（包括情感投入和交易投入），进而分门别类地对顾客进行获取、挽留和扩展，让企业获得“更多”“更久”“更深”的顾客关系，并通过各种关系营销手段让顾客获得感知价值，对企业产生信任、承诺和满意，提高企业与顾客之间的关系质量，实现关系在强度和长度两个维度上的发展。在此基础上，企业获得了更高的关系价值，同时随着关系价值的提升，企业获得了更多的顾客终身价值和顾客资产。例如，在航空公司，营销人员通过使顾客登记成为里程奖励计划或积分奖励计划的会员，获取顾客的数据，很好地实现了识别顾客的目标。之后，他们面向识别出的顾客，有针对性地提供有关产品与服务的信息，如特殊促销通知、积分状况信息和定制化顾客服务等。

在经历一段令人满意的顾客关系之后，有些顾客最后演化成了核心顾客，企业因而把顾客关系推向了更加成熟稳定的阶段。核心顾客开始积极参与双向的互动并通过积极的口碑为企业的顾客基础扩大做出贡献。同时，来自他们的反馈或建议还可以为新产品的推出、业务流程的改进和顾客需求的满足做出重大贡献。相应地，企业也能获得更多的利润。鉴于前面已经对构成图 17－9 的关键要素——关系组合管理，关系的获取、挽留和扩展，关系质量以及顾客资产等内容进行了阐述，这里不再赘述，只重点剖析源于产业特性的问题、关系投入和顾客信息类型。①

一、源于产业特性的问题

在顾客关系管理实践中，多数企业没有根据所在产业的特殊性确定存在的关键问题，也没有采取有针对性的措施来解决相关问题。例如，在零售业中，由于价格竞争压力，许多企业把降低交易成本作为一个关键问题，结果不少零售企业关注交易速度而不是交易的有效性。顾客很少有机会把自己的数据贡献给零售企业，企业也无法有效运用顾客信息来改进自己的服务；企业很少有机会向顾客传递有关产品与服务的信息。同时，较高的员工流动性也是一个关键问题。这种流动性不利于获取和积累顾客知识以及顾客需求信息，可导致顾客信息的大量流失。此外，不少企业关注的是员工和系统在交易中的效率。显然，这些问题和应对措施都不利于顾客关系管理的成功实施。因此，没有一概而论的顾客关系管理，企业若想与顾客建立更优质的关系，就必须结合行业特点对顾客关系管理进行设计并将其应用到实践中。

① 王永贵．客户关系管理．精要版．北京：高等教育出版社，2018.

二、关系投入

长期而言，投入关系的顾客往往对企业更有利可图。当顾客期望得到满足、顾客从企业的关系中实现公平价值时，就会形成顾客投入。从企业的角度看，这种价值反映了顾客资产。但从顾客的角度看，它代表了顾客对关系的感知价值。通过适当的关系价值分析和关系定位，可以使顾客关系拥有较高的投入水平，这里的投入包括情感投入和认知投入两个方面。就认知投入而言，企业应该根据顾客的忠诚度（基于购买行为的评价）提供额外收益和价值（经济价值或心理价值）。例如，为了巩固与顾客的关系，零售连锁店和信用卡公司开始实施常客计划，为大批量采购或拥有重复购买行为的顾客提供积分奖励或送货上门的服务。与此相对，情感投入指非交易性投入，以企业与顾客之间的信任和情感联系为基础。企业可以通过关系沟通和顾客参与提升顾客的情感投入水平。例如，在推出新产品时，软件企业常常对最终用户进行测试，并聘请用户小组评价服务质量。

三、顾客信息类型

顾客信息为成功的关系管理提供了基础。在信息技术的帮助下，企业可以运用顾客信息强化顾客的情感与认知投入，这有助于企业竞争力的提升。企业信息系统可以记录、分享企业信息，并为企业关系决策提供支持，使核心企业的识别成为可能。

顾客信息可以分成三类：顾客的个人信息、企业提供给顾客的信息和顾客提供的信息。第一，顾客的个人信息是企业实施企业关系管理时收集的信息。企业通过获得顾客的个人信息，能够深入理解顾客的购买数量、盈利性及购买模式、频率、偏好等。例如，银行和信用卡公司通过数据库系统积累大量有关顾客的信息，并据此识别出最有利可图和最无利可图的顾客。数据库营销又叫目标营销，是对顾客信息的战略运用。第二，企业提供给顾客的信息包括顾客认为有用的服务与组织信息，是企业对关系的一种投入。通过不同的沟通媒体，如直邮、自动反应系统或社交媒体和在线社区等，企业可以向顾客提供这种信息，顾客可在获取和加工这些信息的基础上做出决策。第三，顾客提供的信息即非交易的顾客反馈信息，包括顾客抱怨、顾客建议、顾客索赔等。这类信息必须包含在对企业与顾客的关系质量的分析之中，因为它可以使企业与顾客互动更加有效，并可用来开发新的产品与服务或改进关键业务流程，从而实现更强、更长久的顾客关系。

顾客信息的类型固然重要，但最重要的是企业收集、分析和运用顾客信息的方式，即构建发达的顾客信息系统。从外部的角度看，顾客信息系统可以为后台用户与前台用户搭建桥梁，并为企业与顾客的直接互动与间接互动提供支持。传统的媒体包括电视、收音机、报纸、杂志、直邮和口碑等；新兴媒体包括微博、抖音等社交媒体和品牌在线社区。从内部的角度看，企业需要构建基于各种顾客信息的顾客数据库和关系管理决策支持系统，并努力与各种实际应用联系起来。①

需要注意的是，在收集顾客信息为顾客创造更好的价值时，企业需注重顾客的数据隐私。近年来，随着企业获取顾客信息的便利以及大数据的应用，新技术的涌现给企业带来了诸多便利，也频繁引发了数据隐私问题，企业被曝出数据泄露丑闻足以在顷刻间使其损失大量的顾客资产。例如，Facebook 在 2018 年被披露泄露了千万用户的数据。该公司利用用户在 Facebook 上点赞的情况推测用户的性别、受教育情况以及是否受过心理创伤，通过对这些顾客的准确把

① 王永贵．客户关系管理．精要版．北京：高等教育出版社，2018.

握，该公司向他们精准投放引导性信息，诱导其行为。该公司甚至被怀疑操纵了美国的大选。此事一经曝光，Facebook 市值蒸发 360 亿美元。由此可见，大数据是一把双刃剑，在为企业的顾客关系管理提供方便的同时也带来了诸多挑战，企业应该妥善运用顾客的数据信息，保护顾客的隐私安全，实现长久安全的顾客关系。

案例

迪克连锁超市的顾客管理实践

迪克连锁超市（以下简称“迪克超市”）在威斯康星州拥有多家分店，肯·罗布是该公司的高级营销副总裁。该公司主要拥有两大优势：了解顾客的需求和提供优质的服务。以下是它应对低价位竞争对手的主要工具。

1. 强大的数据优势

迪克超市采用了一种由康涅狄格州的关系营销集团开发的软件产品——数据优势软件（Data Vantage），它可以对扫描数据进行梳理，从而预测顾客什么时候会再次购买某些特定的产品。该系统还可以适时推出特惠的价格。具体而言，在迪克超市每周消费 25 美元以上的顾客每隔一周就会收到一份定制的购物清单。这种清单是在综合考虑顾客以往的采购记录、厂家所提供的商品现价和交易政策或折扣等因素的基础上生成的。当顾客到收银台结账时，收银员只要扫描一下印有条形码的购物清单或者顾客常用的优惠俱乐部会员卡，购物清单上的特价商品就会自动兑现，同时可刷新顾客的购物记录并生成下一份购物清单。

2. 顾客细分与基于信息的定制化

迪克超市依靠顾客的特定信息，针对一系列产品种类制订促销方案，精确地瞄准最有价值的顾客。例如，非阿司匹林产品（如泰诺）的服用者可以分成三组：国家品牌用户、商店品牌用户和摇摆不定用户。每组顾客又可以根据使用量分成高、中、低三组。其中，使用量往往代表某类产品中顾客为迪克超市提供的长期价值。假设该超市的目标是把泰诺用户转变成商店品牌用户，那么罗布就会将最具攻击性的营销活动专用于用量大的顾客，因为他们最有潜在价值。给予高用量顾客的初始折扣优惠往往远高于低用量和中用量顾客。一般来说，如果顾客所购商品中的大部分来源于迪克超市，通常可以得到相当的价值回报。例如，比较忠诚的顾客常常会随同购物清单得到价值 30 ~ 40 美元的折价券。

3. 独具匠心的频次营销计划

频次营销和优惠卡计划是收集顾客信息的有效途径，但常常遭到滥用。实际上，一对一营销的首要任务就是识别和区分顾客。在零售业里，迪克超市这样的频次营销计划成为一种不可或缺的辅助工具。它激励个体顾客每次踏进店门时就“表明身份”，以期获得打折优惠。同时，频次营销计划实际上提供了一个与顾客互动交流的良好平台。迪克超市会根据收集的信息，针对每个顾客制定相关的服务政策。这样，随着收集到的单个顾客信息的增多，针对顾客的服务政策就会越来越具体和准确。迪克超市还最大限度地为顾客提供定制化折扣优惠方案，以及一些价格以外的奖励，如食谱、每周饮食计划、产品使用技巧、健康营养知识、快速结账通道以及送货上门服务等，从而把顾客的信息与互动转变成一种学习型关系，使顾客认识到保持忠诚（而非参与竞争对手提供的类似活动）对他们更为有利。

4. 合作制胜是关键

迪克超市经常通过其他单位的赞助减少折扣优惠造成的经济损失。反过来，这些赞助单位也可以分享迪克超市不断收集到的信息。例如，生产商往往会为绝大多数的打折商品提供补贴。作为整个协议的一部分，生产商可以获得极为详尽的销售信息分析结果。

资料来源：迪克连锁超市客户关系管理案例.（2017-05-10）. https://www.docin.com/p-1919702887.html.

本章小结

在当今的市场上，顾客是企业的利润之源，而在以产品（业务）为核心的经营模式下，企业却把经营的重心倾斜到产品（业务）上，这是对顾客导向的背离。因此，企业必须践行以顾客为中心的营销管理思路，将关系营销策略和顾客关系管理作为企业自身的营销管理行动指南。

其中，关系营销是识别、建立、维护和巩固企业与顾客及其他利益相关者关系的一系列活动。企业通过努力，以诚实交换与履行承诺的方式，使双方的利益和目标在关系营销活动中得以实现。在服务中实施关系营销主要包括三个关键过程：价值过程、交互过程和对话过程。

顾客关系管理是企业的一种经营战略。在数字化时代，企业采用先进的信息工具和技术来获取顾客数据，运用先进的数据分析工具分析顾客数据，挖掘顾客的行为模式及需求和偏好的变化趋势，从而有针对性地为不同顾客提供优质的定制化产品或服务，对处于不同生命周期阶段的顾客关系及其组合进行差异化管理，并通过有效的顾客互动来提高企业与顾客之间的关系质量，最终实现顾客价值最大化和企业收益最大化之间的合理平衡。一般而言，典型的顾客关系管理往往包括三项主要任务，即使顾客关系在“更多”“更久”“更深”三个维度上全面发展。在此过程中，一个非常重要的概念是顾客关系生命周期。营销管理者需要针对处于不同关系生命周期阶段的顾客关系进行差异化管理。在顾客关系管理过程中，应结合产业特点，收集和记录有关顾客的信息并进行数据分析，识别顾客所处的顾客关系生命周期阶段和关系组合阶段，分门别类地对顾客进行获取、挽留和扩展，并通过这些关系营销手段让顾客获得感知价值，从而提高企业与顾客之间的关系质量。此外，在关系营销与顾客关系管理过程中，一个十分重要的问题是顾客的数据隐私，这是数字时代影响顾客关系的重要因素。

思考与练习

1. 讨论关系营销与传统营销有哪些不同。

2. 顾客关系质量包括哪些主要维度？它们的营销意义何在？

3. 以一家零售企业为例，谈谈其顾客关系管理的实施状况及存在的主要问题。

4. 忠诚的顾客是如何给企业创造价值的？

5. 对你所在学校的校友办公室的工作人员进行访谈，了解他们在校友管理方面是怎样做的、效果如何以及应该如何改进。

6. 结合某一国家、地区、行业或企业的顾客满意管理实践，探讨哪些因素会影响顾客满意与绩效水平之间的关系。

基本概念 第17章

延伸阅读 第17章

教师教学服务说明

中国人民大学出版社管理分社以出版经典、高品质的工商管理、统计、市场营销、人力资源管理、运营管理、物流管理、旅游管理等领域的各层次教材为宗旨。

为了更好地为一线教师服务，近年来管理分社着力建设了一批数字化、立体化的网络教学资源。教师可以通过以下方式获得免费下载教学资源的权限：

在中国人民大学出版社网站 www. crup. com. cn 进行注册，注册后进入"会员中心"，在左侧点击"我的教师认证"，填写相关信息，提交后等待审核。我们将在一个工作日内为您开通相关资源的下载权限。

如您急需教学资源或需要其他帮助，请在工作时间与我们联络：

中国人民大学出版社　管理分社

联系电话：010－82501048，62515782，62515735

电子邮箱：glcbfs@crup. com. cn

通讯地址：北京市海淀区中关村大街甲 59 号文化大厦 1501 室（100872）